W0371933

Du même auteur

La Force du préjugé. Essai sur le racisme et ses doubles, Paris, La Découverte, 1988, 647 p. ; 2e édition corrigée, Pâris, Gallimard, coll. « Tel », 1990.
Face au racisme (sous la direction de P.-A. Taguieff), Paris, La Découverte, 1991, 2 vol., 247 p. et 342 p.
Théories du nationalisme (co-direction avec Gil Delannoi), Paris, Kimé, 1991.

Collaboration à des ouvrages collectifs

Vous avez dit fascismes ?, Paris, Arthaud/Montalba, 1984 (épuisé).
Racismes, antiracismes (sous la direction d'A. Béjin et de J. Freund), Paris, Méridiens/Klincksieck, 1986.
Le Front national à découvert (sous la direction de N. Mayer et P. Perrineau), Paris, Presses de la Fondation nationale des sciences politiques, 1989.
Les droits de l'homme en questions, Paris, La Documentation Française, 1989.
Histoire politique des Juifs de France (sous la direction de P. Birnbaum), Paris, Presses de la Fondation nationale des sciences politiques, 1990.
Pourquoi nous ne sommes pas nietzschéens, Paris, Grasset, 1991.
Das Eigene und des Fremde. Neuer Rassismus in der Alten Welt ? (Uli Bielefeld éd.), Hamburg, Junius Verlag, 1991.
Razzismi (Carla Pasquinelli éd.), Milan, Franco Angeli, 1991.

Pierre-André Taguieff est né à Paris en 1946. Il est chargé de recherche au C.N.R.S. (Paris) et maître de conférence à l'Institut d'Etudes Politiques de Paris. Il collabore à de nombreuses revues, françaises et étrangères.

Les textes qui composent ce volume ne peuvent en aucun cas être séparés de leurs présentations ou de leurs annotations. Les éditions Berg International se réservent le droit d'en interdire la reproduction, la traduction, l'adaptation ou l'utilisation sous quelque forme que ce soit. Elles dégagent dès à présent leur responsabilité, dans le cas où ils seraient détournés en vue d'une diffusion illégale.

© 1992 Berg International Editeurs
129, boulevard Saint-Michel, 75005 Paris
ISBN : 2-900269-66-0

LES PROTOCOLES DES SAGES DE SION

I

introduction à l'étude des *Protocoles*
un faux et ses usages dans le siècle

Pierre-André Taguieff

« Faits et Représentations »
berg international

A la mémoire de Pierre Charles (S.J.) qui, dès 1921, alors que les *Protocoles* commençaient leur tour du monde, s'est engagé dans un long combat intellectuel contre l'imposture et le mensonge organisé.

Pour Flore et Dimitri

« J'étudie encore une fois à fond les Protocoles de Sion. (...) J'en ai parlé à midi au Führer. Il estime comme moi que les Protocoles de Sion peuvent être considérés comme absolument authentiques. »

Dr Joseph Goebbels, *Journal*,
jeudi 13 mai 1943.

« Rappelons pour plaisir et pour mémoire, les principales dispositions des Protocoles (souvenons-nous 1902). Rien n'est plus revigorant que cette lecture pour un Aryen. Elle vaut pour notre salut bien des prières qui se perdent... »

Louis-Ferdinand Céline,
Bagatelles pour un massacre,
Paris, Denoël, 1937, p. 277.

« Collées aux parois de ce minuscule temple, il y avait de petites plaques votives qui portaient de hautes et originales pensées telles que "Gloire à la France" ou "Liberté, Egalité, Fraternité". Mince de conspiration juive. Tout à fait *Protocoles des Sages de Sion*. »

Albert Cohen, *Le livre de ma mère*,
Paris, Gallimard, 1954, p. 49.

Remerciements

Je tiens à remercier tous ceux qui, de diverses manières, ont contribué à la réalisation et à la publication de cet ouvrage qui, en cours d'élaboration, a pris des dimensions imprévues. C'est à une lecture passionnée des grands livres de Léon Poliakov, de Norman Cohn et de Bernard Lewis que je dois l'inspiration première qui m'a conduit à composer un tel ouvrage, malgré l'évidence qu'il ne pouvait qu'être interminable.

Je remercie tout d'abord, bien sûr, les auteurs des études recueillies dans le tome II, spécialistes faisant autorité dans leurs domaines respectifs ou jeunes chercheurs, qui ont parfois dû répondre dans l'urgence à notre demande.

Ma gratitude, ensuite, va aux collègues et amis qui, tels le professeur Jean Leca ou le chercheur Alain Roussillon, ont bien voulu relire certaines parties du manuscrit du tome I, et dont les précieuses remarques critiques m'ont conduit à nuancer et préciser certaines de mes interprétations, dont je suis seul responsable. Parmi les spécialistes de sciences sociales et les érudits qui ont eu la générosité de répondre à mes questions et à mes demandes de textes parfois rares, j'ai une dette particulière envers Jean-François Moisan, Marc Knobel, Paul Zawadzky, Tal Aronson, Philippe Baillet, Philippe Boukara, Guy Michelat, David Marton, Marlène Nasr et Corine Touati-Pavaux. Je remercie les professeurs Louis Dupeux et Uli Bielefeld pour les précisions qu'ils m'ont fournies. Georges Marion, Laurent Bazin, Emmanuel Mourim et Nicolas Portier m'ont communiqué certains articles ou documents difficiles d'accès : qu'ils en soient remerciés. J'ai pu consulter, grâce à l'amabilité d'Alain de Benoist, une importante collection d'exemplaires rares des *Protocoles*.

Enfin, mes recherches ont été considérablement facilitées par la compétence et la courtoisie du personnel de ce lieu privilégié qu'est la Bibliothèque de l'Alliance Israélite Universelle. J'ai pu aussi bénéficier des excellentes conditions de travail que tout chercheur rencontre à la Bibliothèque du Saulchoir, des Pères Dominicains. La documentations réunie par la Licra et le Centre Simon Wiesenthal m'a été d'un grand secours. Je tiens à remercier également la direction de la bibliothèque de la Fondation nationale des Sciences politiques, pour la patience dont elle a fait preuve. L'amitié et l'efficacité de Mathilde et Guy Genovesi m'ont été d'un grand secours. Ma gratitude va aussi à mes amis libraires qui, connaissant les difficultés liées à la spécificité de mon champ de recherche, m'ont permis de compléter ma collection de documents inspirés par les *Protocoles*. Merci, notamment, à J.G. et Virginie. Les amicales incitations de Jacqueline Costa-Lascoux et de Patrick Weil m'ont aidé à surmonter l'inévitable phase de malaise, voire de rejet, provoquée par la fréquentation continue des habitants de l'univers idéologique faisant l'objet de ce livre. Sans la généreuse intelligence et les encouragements quotidiens d'Annick, ma compagne, ce livre n'aurait pu voir le jour.

AVANT-PROPOS

Le retour du plus célèbre faux de la littérature antijuive dans l'actualité récente nous a conduit à réunir cet ensemble d'études et de documents sur les *Protocoles des Sages de Sion*. Les *Protocoles*, de nombreux travaux historiographiques l'ont établi (voir notamment : J.S. Curtiss, 1942 ; W. Laqueur, 1965 ; N. Cohn, 1967)*, ont été fabriqués à Paris, en 1897-1898 (date la plus probable), par les services de la police secrète du Tsar, l'Okhrana, dirigée en France par Pierre Ivanovitch Ratchkovsky, un policier singulièrement doué pour les provocations, les mystifications et les intrigues de cour. Dès 1921, la démonstration philologique a été faite qu'il s'agissait d'un texte apocryphe : une importante partie du « document », censé révéler les terribles secrets des dirigeants du « judaïsme mondial », s'est avérée une simple paraphrase du *Dialogue aux Enfers entre Machiavel et Montesquieu*, pamphlet alors bien oublié de Maurice Joly, publié à Bruxelles en 1864, et dirigé contre « l'autocrate » Napoléon III. Le « document ultra-secret » n'était qu'un faux grossier, une fabrication réalisée à partir d'un plagiat par des faussaires : depuis le milieu de l'année 1921, le grand public du monde occidental était informé de l'imposture, et, les preuves de la falsification ayant été largement publiées, l'on pouvait penser que l'opinion était définitivement immunisée contre la puissance de séduction de ces pseudo-secrets « dévoilés ». On sait que les *Protocoles* n'en

* Pour les références de l'avant-propos, voir la bibliographie générale, placée à la fin de ce volume.

ont pas moins continué leur course, s'adaptant à des contextes fort divers, véhicule privilégié d'un mythe politique moderne, celui de la conspiration juive mondiale. S'il faut ajourd'hui se remettre à l'étude des *Protocoles*, c'est moins pour résoudre les quelques problèmes qui demeurent quant à leurs origines - l'identification nominale de leur(s) rédacteur(s) - ou à leur première circulation - la transmission du texte à Nilus, son principal propagateur, donc la série des intermédiaires entre la section française de l'Okhrana et le mystique russe Serge Alexandrovitch Nilus -, que pour s'interroger sur cette imperméabilité d'une construction mythique aux critiques rationnelles, y compris dans le monde moderne supposé désenchanté. S'il reste des énigmes à résoudre pour l'historiographie, c'est un continent qui s'ouvre pour l'anthropologue, le psychosociologue et le politiste : le continent de l'imaginaire diabolique dans le politique, celui de la démonologie réinvestie dans les modernes visions du monde. Car les *Protocoles* constituent un modèle-réduit de la vision antijuive du monde la plus propre à la modernité, vision centrée sur le thème de la domination planétaire.

Il convient tout autant de s'interroger sur l'étrange « fortune » d'une « forgery », sur l'étonnante carrière de *cette* contrefaçon, alors qu'il en existait tant d'autres qui, semble-t-il, eussent pu faire l'affaire. Le destin de ce médiocre faux devenu célèbre peut-il s'expliquer par le concours de facteurs rationnellement analysables ? Comment et pourquoi ce texte est-il devenu l'un des best-sellers de l'entre-deux-guerres ? S'il est de bonne méthode de distinguer entre l'origine et le fonctionnement du texte, il faut aussi remarquer la significative multiplicité de ses fonctionnements, et le fait que sa date de fabrication n'informe en aucune manière sur les contenus mythiques qu'il véhiculera. Les faussaires ont fait du mythe avec du mythe : pourtant, leurs intentions vraisemblables - telles que l'historien peut les reconstruire et les reformuler - n'étaient pas de réactiver un stock disponible de stéréotypes antijuifs, et de lui donner une apparente cohérence, au point de l'instituer en mythe planétairement diffusé au XXe siècle. Leurs visées étaient plus modestes, et leur « vision policière de l'histoire » limitée aux histoires de la cour impériale. Lorsque le faux a été forgé, à partir d'un certain nombre d'autres sources (parmi lesquelles d'autres faux, tel le « Discours du Rabbin Reichhorn ») dont l'étude reste à poursuivre, il s'agissait pour les faussaires de disqualifier toute tentative de modernisation « libérale » de l'Empire tsariste en la présentant comme une affaire juive. L'antisémitisme d'abord était pour eux, stratèges et intrigants, un fait idéologique susceptible d'être instrumentalisé. C'est pourquoi les faussaires se sont efforcés de produire une preuve décisive de ce que la modernisation industrielle et financière de la Russie n'était que l'expression d'un plan juif secret de domination du monde. Telle est du moins l'interprétation la plus compatible avec ce que nous savons des manœuvres initiées par les milieux ultra-réactionnaires russes pour convaincre le tsar de se débarrasser du comte Serge Witté, ministre des Finances, incarnation des tendances modernisatrices. Cette explication peut cependant n'être elle-même qu'une rationalisation fondée sur la concordance d'un certain nombre d'indices : les *Protocoles* contiennent en effet nombre de passages sur la modernisation financière, industrielle et politique des Etats de vieille civilisation chrétienne, et qui stigmatisent cette modernisation en la réduisant à une figure du plan juif de domination, en voie de réalisation. Dans cette hypothèse, on comprend que le « document révélateur » ait dû se présenter comme le compte rendu, à usage strictement interne, d'une réunion secrète de hiérarques juifs, les « Sages de Sion », exposant leurs sombres desseins de conspirateurs, confiant leur haine de la chrétienté et leur infini mépris pour les *« goym »*. La modernisation ne serait donc qu'une ruse utilisée par les « Sages » parlant en « maîtres du monde » en train de réaliser leur programme de domination par les moyens les plus vils.

Une seconde hypothèse avait été avancée par Henri Rollin, dans *L'Apocalypse de notre temps* (1939, rééd. 1991) : Elie de Cyon, adversaire de Witté, aurait pu être l'auteur d'une première satire démarquée du *Dialogue aux Enfers*. Il suffit ensuite de supposer, comme le fait N. Cohn (1967), que le texte satirique d'E. de Cyon, volé par les hommes de Ratchkovsky au cours d'un cambriolage de la villa de l'écrivain en 1897, a été « arrangé » et adapté par le très habile chef de l'Okhrana à Paris, pour donner naissance aux *Protocoles*.

Quelle que soit l'hypothèse avancée, la fabrication des *Protocoles* constitue une opération tactique inscrite dans une stratégie d'illégitimation visant une cible principale : en jouant sur l'antisémitisme aux tendances occultistes qui régnait dans l'entourage du tsar, il s'agissait, par la « révélation » des « secrets » des Juifs conjurés, d'éloigner de la cour certains hommes d'influence jugés dangereux. Fruit, à l'origine, d'une falsification policière, comme bien d'autres du même type, à base d'antisémitisme instrumental, dans une conjoncture politique définie (la Russie de la fin du XIXe siècle), le faux n'est devenu le principal vecteur du mythe de la conspiration juive mondiale qu'après 1917. C'est en effet après la Déclaration Balfour (novembre 1917) et la Révolution bolchevique, et aux lendemains de la défaite de l'Allemagne impériale, que les *Protocoles* furent traduits dans la plupart des langues européennes, de la fin de 1919 à 1921. Or, il est important de noter que les *Protocoles* furent « lancés » dans l'espace public en Grande-Bretagne (où le *Times* de Londres, le 8 mai 1920, en présente le contenu comme « une hypothèse de travail ») et aux Etats-Unis (où la presse du célèbre et richissisme Henry Ford, à partir de mai 1920, en diffuse massivement les thèmes). La carrière planétaire de ce faux, sélectionné parmi de multiples autres textes fabriqués ou falsifiés, a commencé dans le monde anglo-saxon, sous le signe de la lutte contre le « judéo-bolchevisme ». La France suivra dès 1920, et l'Allemagne prendra le relais, de façon quasi-exclusive à partir de 1933, mais avec un souci d'internationaliser la propagande antijuive fondée sur le texte des *Protocoles* - d'où la relance, dans les années trente, de la question de l'authenticité du « document » (procès de Berne, 1934-1937), défendue avec acharnement par les

« experts » nationaux-socialistes. Utilisés d'abord comme machine de guerre idéologique contre le bolchevisme (« complot judéo-bolchevique »), les *Protocoles* ont été exploités à d'autres fins, et recontextualisés par leurs glossateurs dans des conjonctures fort variables : expliquer après coup le déclenchement de la Grande Guerre non moins que la défaite de l'Allemagne par une machination juive, dénoncer le « capitalisme » ou la « haute finance internationale » comme l'organisation du monde sous l'influence juive, dénoncer parallèlement les régimes démocratiques comme masques d'une « ploutocratie mondiale » à « tête juive », stigmatiser la modernité comme règne de l'esprit juif sur les ruines de la civilisation chrétienne, « démystifier » le sionisme (le nationalisme juif) en le présentant comme la façade trompeuse d'une entreprise juive occulte de domination du monde, démoniser enfin l'Etat d'Israël, redéfini en tant que centre du complot juif mondial.

De cette grande variété des usages d'un tel document fabriqué à des fins plus limitées, nous avons voulu donner une idée suffisante au lecteur. Non seulement le faux a résisté aux preuves de sa « fausseté », mais il a depuis longtemps - vers le milieu des années vingt - traversé les frontières de l'Europe, en commençant à pénétrer dans le monde arabe, ce qui lui a ouvert les portes du continent islamique, où il se rencontre partout aujourd'hui. Cette extension planétaire des *Protocoles* a suivi celle de l'antisionisme démonologique, réaction arabe et musulmane à la création de l'Etat d'Israël, que la médiatisation contemporaine des mythes de propagande a planétarisé. Les *Protocoles* sont ainsi, fort significativement, présents dans l'attirail idéologique de ce qu'on a appelé le « nouvel antisémitisme » au début des années 1970. Or, cette nouvelle judéophobie s'est enrichie, depuis, des négations du « révisionnisme », qui tournent désormais autour de son noyau « antisioniste » (pour parler comme la mythologie satanisante qui se qualifie ainsi) : la métamorphose idéologique s'est opérée, la conspiration juive internationale est devenue le complot sioniste mondial. Aussi le texte des *Protocoles*, la charte de cette vision démonologique du « sionisme », a-t-il encore, malheureusement, de l'avenir. C'est pourquoi il convient de l'étudier non seulement dans sa préhistoire et dans son contenu thématique, mais encore et surtout dans sa puissance d'adaptation indéfinie, qu'illustrent la diversité de ses usages et la multiplicité de ses trajets. Nous espérons ainsi montrer aux chercheurs que la matière abonde, appelant de nouvelles investigations comparatives, et que les questions d'interprétation n'ont point cessé de se poser. Il s'agissait pour nous, tout à la fois, de faire un bilan des travaux sur la question des *Protocoles* et d'esquisser de nouvelles pistes de recherche, en présentant un premier échantillonnage documentaire centré sur les gloses accompagnant ordinairement le texte apocryphe. A celui-ci, la puissance de séduction du mythe (de la conspiration juive) a garanti non seulement la survie, mais encore un dynamisme qui renverse les démonstrations et se joue des preuves. Les mythologues de la modernité doivent expliquer comment les mythes politiques résistent et échappent aux procédures de la science normale : l'assimilation des objections par leur réinterprétation, et la métamorphose indéfinie. Les agents secrets du « complot juif mondial » incarnent, comme le Malin, le principe du mal dans l'histoire ; le « Juif international », comme Satan, est polymorphe : le Juif est partout, et sous différents masques, comme le diable est légion. Cette puissance du mythe conspirationniste, nous pouvons tous la constater. Il s'agit de montrer qu'il n'est pas vain de vouloir expliquer et comprendre un tel phénomène situé dans « l'irrationnel ».

« Il ne s'agit que d'une fable. Mais d'une fable calomnieuse, meurtrière, et qui a fait couler des flots de sang juif innocent. D'une fable qui a la vie dure »[1]. Cette remarque de Jules Isaac sur la fable du crime rituel juif s'applique tout autant au mythe de la conspiration juive mondiale diffusé principalement, au XXe siècle, par les *Protocoles des Sages de Sion.* Car en publiant les *Protocoles*, et quelles qu'aient été ses intentions, Nilus a « pavé le chemin du plus grand massacre de l'histoire mondiale », comme le rappelle Norman Cohn[2]. Un mythe ne se réduit pas en effet à un stock de représentations ou de stéréotypes : il est doté d'une puissance de séduction, en ce qu'il satisfait un besoin d'intelligibilité, et d'une puissance d'action, en ce qu'il mobilise ceux qui perçoivent le monde à travers ses catégories. Or, le mythe conspirationniste porté par les *Protocoles* est structuré par un dualisme manichéen : il montre à l'œuvre les forces du mal, en lutte contre celles du bien. Le mythe de la conspiration juive désigne clairement l'incarnation du mal : le « Juif

(1) Jules Isaac, « Histoire ancienne de la fable du crime rituel », *Evidence*, n° 13, octobre 1950, p. 1.

(2) N. Cohn, *Histoire d'un mythe. La « Conspiration » juive et les Protocoles des Sages de Sion*, tr. fr. Léon Poliakov, Paris, Gallimard, 1967, p. 101. Nous verrons que, dans la propagande antijuive des XIXe-XXe siècles, les deux grandes peurs ont souvent été couplées : d'une part, la peur de la souillure, de la contamination, de l'empoisonnement, du meurtre rituel, où le mythe du sang apparaît sous diverses figures (du mélange des sangs par le métissage au sang versé par le Juif sanguinaire, défini comme « criminel héréditaire », selon l'expression de Johannes von Leers [N. Cohn, *op. cit.*, 1967, p. 205]) ; d'autre part, la peur de la domination, de la conquête, de la colonisation et de l'exploitation, peur dont l'objet, le Juif, est toujours associé à d'autres figures répulsives (le jacobin, le franc-maçon, le bolchevik, le capitaliste, etc.). D'où les deux grands stéréotypes antijuifs régulièrement jumelés : cruauté et volonté de domination. A bien des égards, ces deux ethnotypes sont des rumeurs stabilisées dans l'histoire des mentalités en Occident. Pour une réflexion stimulante sur la notion de stéréotype, voir : Ruth Amossy, *Les idées reçues. Sémiologie du stéréotype*, Paris, Nathan, 1991.

international »[3]. Il donne ainsi une cible et un objectif aux mobilisations qu'il peut initier : en dévoilant le complot juif contre les peuples, les *Protocoles* indiquent leur devoir à tous les peuples. Les mobilisations contre les Juifs sont converties en un devoir sacré : il faut purifier la terre des « ennemis de la race humaine »[4], la

(3) Voir le célèbre recueil d'articles de Henry Ford, *The International Jew. The World's Foremost Problem* [Le Juif international. Le principal problème mondial], Dearborn, Michigan, novembre 1920. Sur l'importance de ce livre pour la diffusion des *Protocoles*, voir : Henri Rollin, *L'Apocalypse de notre temps*. Les dessous de la propagande allemande d'après des documents inédits, Paris, Gallimard, 1939, rééd., Paris, Editions Allia, 1991, pp. 38-39, 41, 609-612 ; N. Cohn affirme que « *Le Juif international* fut sans doute le livre qui contribua le plus à la célébrité des *Protocoles* à travers le monde » (*op. cit.*, 1967, p. 157). Le « Juif international », précisait H. Ford en 1920, c'est « le Juif qui exerce un contrôle international ». Dans son étude sur la vision hitlérienne du monde, Eberhard Jäckel a mis en évidence, avec l'érudition requise, que la principale accusation hitlérienne contre les Juifs dérive de leur internationalisme, conçu comme un attribut essentiel : dans *Mein Kampf*, « juif » et « international » sont devenus « des notions inséparables, des notions jumelles, et l'un des termes apparaît rarement sans l'autre » (*Hitler idéologue* [1969], tr. fr. J. Charry, Paris, Calmann-Lévy, 1973, p. 72). Comparaisons et métaphores abondent : les Juifs sont internationaux comme le capital (13 août 1920 ; *op. cit.*, p. 67) ; « Juda est la peste universelle » (août 1924 ; *op. cit.*, p. 77) ; « ... le danger démoniaque que représente le judaïsme international... » (8 novembre 1939 ; *op. cit.*, p. 87) ; le « judaïsme international, empoisonneur mondial de tous les peuples » (29 avril 1945 ; *op. cit.*, p. 90, etc.). Voir également : E. Jäckel, *op. cit:*, pp. 140-143.

(4) En 1906, Georges Vassilievitch Boutmi de Katzman (« G. Boutmi », ou « Butmi ») publie sa version des *Protocoles* (comprenant 27 « séances », contre 24 pour la version de Serge Alexandrovitch Nilus) sous le titre *Les ennemis de la race humaine* (Saint-Pétersbourg, janvier 1906), diffusée par l'Union du Peuple russe (les « Centuries Noires »). Voir H. Rollin (1939), 1991, pp. 35-36 ; N. Cohn, *op. cit.*, 1967, pp. 70-73, 115-116 (la version de Boutmi reproduit, à quelques variations près, celle du journal *Znamia* [*Le Drapeau*], publié à Saint-Pétersbourg par l'antisémite P.A. Krouchevan ; cette première édition des *Protocoles* parut sous le titre : « Programme juif de la conquête du monde », du 28 août au 7 septembre 1903, qui sera reprise en brochure, sous une forme plus développée, en 1905, et retitrée *La Source de nos maux*). En 1922, Mgr Jouin publiera une traduction française de la 4e édition de la version Boutmi : *Les ennemis du genre humain*, dédié à la Ligue du Peuple russe ; le texte des *Protocoles* y est ainsi présenté : « *"Protocols"* pris dans les Archives Secrètes de la Principale Chancellerie de Sion (Extraits des "Protocols" anciens et contemporains des Sages de Sion de la Société Universelle des Francs-Maçons) » (Mgr Jouin, *Le Péril judéo-maçonnique*, tome IV, *op. cit.*, Paris, Revue Internationale des Sociétés Secrètes [R.I.S.S.] et Emile-Paul, 1922, p. 25).

nettoyer des « pires ennemis de tous les peuples »[5]. Car le mythe déshumanise le Juif en le satanisant : face à un ennemi absolu et démoniaque, on ne discute pas, on ne saurait négocier, il s'agit d'engager contre lui une lutte à mort, qui ne peut se terminer que par la victoire du Juif ou de l'antisémite, du mal ou du bien. Croire à la conspiration juive mondiale en vue de ruiner et dominer tous les peuples, c'est se transformer en fanatique : il ne s'agit plus d'un antisémitisme fait de « préjugés » antijuifs, de stéréotypes négatifs, ou de rumeurs défavorables ; il s'agit d'une vision du monde, d'une conception de l'histoire qu'on accepte ou qu'on rejette en bloc. Par le mythe conspirationniste, la haine s'organise, s'inscrit dans une logique, imprègne une image du monde qui lui donne en retour une cohérence, la fixant sur un ennemi intrinsèquement haïssable.

Dans son étude sur la fable du crime rituel, Jules Isaac ajoutait : « Ne la repoussons pas d'un simple haussement d'épaule. Dans le Proche-Orient, croyance vivace, fortement enracinée dans la mentalité populaire, elle court encore les rues »[6].

(5) Ce type de caractérisation démonisante des « Juifs » ou des « Sionistes » a été standardisé par la propagande antisémite issue des *Protocoles*. Voir par exemple : Jean Boyer, *Les pires ennemis de nos peuples* (1976), édition française révisée, complétée et mise à jour par l'auteur, Bogota, Ediciones Libertad, mars 1979 (ne pas confondre avec l'abbé Jean Boyer, autre diffuseur et glossateur des *Protocoles*) ; Ahmed Hussein, *Palestine my Motherland. Zionism, the Eternal Enemy of the Peoples*, Beyrouth, Centre de recherches palestiniennes, 1976 (sur ce texte, *cf.* Yohanan Manor, « L'antisionisme », *Revue française de science politique*, vol. 34, n °2, avril 1984, p. 312).

(6) J. Isaac, *art. cit.*, 1950, p. 1.

I. QUESTIONS PREALABLES DE METHODE ET D'INTERPRETATION

En 1950, le vieil historien ne pouvait guère imaginer que la fable du complot juif courrait toujours à travers les esprits, en 1991, et qu'elle descendrait dans la rue sous la forme de slogans — et pas seulement au Proche-Orient. Ce qui est très remarquable, c'est le fonctionnement homologue des deux principaux mythes antijuifs dotés d'une efficacité symbolique dans la modernité, ainsi que leur jumelage idéologique récurrent, comme s'ils se renforçaient l'un l'autre : le mythe du meurtre rituel permet d'attribuer à l'essence du Juif un penchant sanguinaire, tandis que le mythe du complot pour la conquête du monde permet d'universaliser le champ des victimes de ce peuple « cruel », de fédérer aussi les peuples-victimes contre un ennemi unique. Un ennemi puissant et redoutable, certes, mais dont la puissance tient au secret entourant ses manœuvres : aussi, révéler les secrets des « Sages de Sion », c'est leur ôter la principale condition de leur puissance. La publication des *Protocoles* se conçoit dès lors comme un devoir et une méthode de lutte contre l'incarnation du mal. Car les mythologues antijuifs modernes ont besoin d'exhiber des « preuves » : ils produiront des faux afin de prouver l'existence du complot. Non sans paradoxe : si la société secrète est vraiment secrète, nul exposé écrit de ces secrets ne devrait en sortir. Il faut donc imaginer un concours de hasards et de ruses pour rendre crédible le fait d'être en possession de secrets, dont la divulgation mettrait en danger la « secte internationale » des Juifs[7].

(7) Les propagateurs des *Protocoles* caractérisent ladite « secte judaïque », à la fois unie et dispersée, par son objectif, qui serait « le Supergouvernement juif » (Mgr Jouin, *Le péril judéo-maçonnique*, t. III : *Les fidèles de la Contre-Eglise :*

C'est pourquoi le texte des *Protocoles* est régulièrement accompagné de commentaires et de gloses, comprenant le récit du vol du « document » en un lieu très secret où il était conservé.

1. Typologie des approches

La nature du texte des *Protocoles* fait que son étude implique plusieurs types d'approche. Nous en distinguerons brièvement quatre, en soulignant leur inséparabilité dans la perspective d'une histoire globale, comprenant une dimension interprétative s'inspirant librement des recherches en sciences sociales.

1) On peut étudier les *Protocoles* dans le cadre d'une histoire, d'une typologie ou d'une psychosociologie des théories du complot, liées au phénomène des sociétés secrètes modernes (fin XVIIIe-XIXe siècles) comme fait et comme mythe[8]. On a pu montrer que, pendant la période révolutionnaire, régnait une « obsession générale »[9] du complot : le schème du « complot contre-révolutionnaire » avait sa réplique dans celui du « complot révolutionnaire » des « sophistes » et des francs-maçons[10]. En même temps qu'il remplit le vide de l'imaginaire démocratique du pouvoir, le complot devient une

Juifs et Maçons, Paris, R.I.S.S. et Emile-Paul, 1921, pp. 5, 59 *sq.* ; Mgr Jouin concluait son étude par ce rappel de l'essentiel : « Le Juif est toujours juif, sa pensée est talmudique, sa volonté despotique et son bras déicide. Tant qu'il ne s'agenouillera pas au pied de la croix du Christ, il restera l'ennemi de l'humanité » (*ibid.*, p. 68).

(8) Voir par exemple : John M. Roberts, *The Mythology of the Secret Societies*, Londres, 1972 (puis Paladin, St Albans, 1974) ; Johannes Rogalla von Bieberstein, *Die These von der Verschwörung 1776-1945*. Philosophen, Freimaurer, Juden, Liberale und Sozialisten als Verschwörer gegen die Sozialordnung, Herbert Lang, Berne et Peter Lang, Frankfurt/M. 1976 ; James Webb, *The Age of the Irrational*, vol. I : *The Flight from Reason*, Londres, 1971, et vol. II : *The Occult Establishment*, La Salle (Ill.), 1977 ; Michael Billig, *Fascists. A Social Psychological View of the National Front*, Londres et New York, Harcourt Brace Jovanovitch, 1978, ch. 9 (« The Conspiracy Theory »), pp. 296-343.

(9) Voir : François Furet, *Penser la Révolution française*, Paris, Gallimard, 1978, pp. 78-83.

(10) F. Furet, *ibid.*, pp. 81, 83, 217.

« catégorie de l'explication politique »[11]. En ce qu'il constitue « la plus populaire de toutes les productions conspirationnistes »[12], le texte des *Protocoles* peut être analysé en tant qu'exemplaire de la mentalité conspirationniste. On peut également considérer les *Protocoles* comme l'expression d'un mythe politique moderne, dont on retrouve les principales articulations dans d'autres variantes (complot jésuitique, complot maçonnique, etc.)[13].

2) Les *Protocoles* peuvent aussi être étudiés dans le cadre d'une histoire de l'antisémitisme, et, plus précisément, dans le cadre d'une histoire des élaborations idéologiques antijuives aux époques moderne et contemporaine[14]. Plus particulièrement, ce faux, vecteur d'un mythe, peut être analysé en tant que mode de légitimation des persécutions contre les Juifs[15].

3) Les *Protocoles* peuvent être en outre étudiés en tant que faux, dans le cadre d'une histoire des fabrications, des « forgeries » liées à des manipulations policières ou à des provocations organisées par des agents secrets, ou encore dans le cadre d'une histoire des impostures textuelles ou des mystifications littéraires, des textes apocryphes et des pseudo-révélations liées à des « complots imagi-

(11) F. Furet, *ibid.*, p. 81 ; Pierre Nora, « 1898. Le thème du complot et la définition de l'identité juive », in *Pour Léon Poliakov. Le racisme, mythes et sciences*, Bruxelles, Editions Complexe, 1981, [pp. 157-165], p. 159 (repris in tome II) ; Marcel Gauchet, « Le démon du soupçon » (entretien), *L'Histoire*, n° 84, décembre 1985, [pp. 49-56], pp. 49-50, 54-56.

(12) M. Billig, *op. cit.*, 1978, p. 337.

(13) Voir : Léon Poliakov, *La causalité diabolique. Essai sur l'origine des persécutions*, Paris, Calmann-Lévy, 1980 ; Raoul Girardet, *Mythes et mythologies politiques*, Paris, Le Seuil, 1989, pp. 25-62 (« La Conspiration »).

(14) Voir notamment : Jacob Katz, *Jews and Freemasons in Europe, 1723-1939*, Cambridge, Mass., Harvard University Press, 1970 ; Id., *From Prejudice to Destruction. Anti-Semitism 1700-1933*, Cambridge, Mass., Harvard University Press, 1980 ; Léon Poliakov, *Histoire de l'antisémitisme*, t. IV : *L'Europe suicidaire 1870-1933*, Paris, Calmann-Lévy, 1977. Voir aussi : Pierre Pierrard, *Juifs et catholiques français. De Drumont à Jules Isaac (1886-1945)*, Paris, Fayard, 1970.

(15) Voir : John S. Curtiss, *An Appraisal of the Protocols of Zion*, New York, Columbia University Press, 1942 ; N. Cohn, *op. cit.*, 1967 ; L. Poliakov, *op. cit.*, 1977. Dans sa revue critique du livre de N. Cohn, Walter Laqueur reproche notamment à celui-ci d'être enclin à étudier l'antisémitisme et le mythe conspirationniste comme s'ils relevaient d'un seul et même ensemble de représentations, alors que leur fusion ne s'est opérée qu'au cours du XIXe siècle (« Anti-Semitism », *Commentary*, vol. 44, n° 1, juillet 1967, [pp. 80-84], p. 83).

naires »[16]. Mais les *Protocoles* sont un faux doté d'une différence spécifique : leur publication, comme telle, constitue une mise en accusation d'un peuple, le peuple gouverné par les « Sages de Sion » visant la conquête du monde.

4) Les *Protocoles* peuvent enfin être abordés dans le cadre d'une histoire ou d'une anthropologie des croyances démonologiques, des représentations du Diable, du satanisme. Il s'agit, dans le cas de ce faux, de représentations et de croyances à demi laïcisées : il comporte bien des récits sur une catégorie particulière de démons, mais il s'agit de démons modernes, voire modernistes ou hyper-modernes, qui vivent et agissent dans un monde désenchanté, où ne règnent que des rapports de force, sous le vernis civilisationnel de la morale et du droit[17]. Tandis que Satan est métamorphosé en « Sages de Sion », et que l'archétype religieux est converti en ethnotype négatif du Juif, cette renaissance paradoxale du satanisme obéit aux règles de formation des énoncés acceptables dans la modernité. Bref, s'il y a persistance des schèmes démonologiques, il y a aussi reconnaissance, dans le texte des *Protocoles*, des exigences de la rationalisation proprement modernes. Donnons quelques indices de l'appartenance du texte à la vision moderne de l'histoire :

- Les malheurs des hommes doivent s'expliquer et se dénoncer par

(16) M. Gauchet, *art. cit.*, 1985, p. 49 : le complot imaginaire « touche à la vulnérabilité des détenteurs du pouvoir, à la paranoïa inhérente, peut-être, à la fonction. (...) C'est la tentation de la "vision policière de l'histoire"... ». C'est dans cette perspective que H. Rollin (*op. cit.*, 1939 et 1991) étudie la fabrication et la circulation des *Protocoles*, non sans être lui-même fasciné par ce type de « vision policière de l'histoire » (Manès Sperber, 1953), qui privilégie les « dessous » révélateurs, les « coulisses » où se nouent des « intrigues », « l'ombre » où se conduisent des guerres secrètes, etc.

(17) Voir surtout : N. Cohn, *Les fanatiques de l'Apocalypse* (1957), tr. fr. S. Clémendot, Paris, Julliard, 1962, conclusions, pp. 293-305 ; Id., *op. cit.*, 1967, *passim*. La thèse centrale de N. Cohn est que « la forme première de l'antisémitisme fut l'antisémitisme démonologique, c'est-à-dire l'idée que le judaïsme est une organisation conspirative, placée au service du mal, cherchant à déjouer le plan divin, complotant sans trêve la ruine du genre humain. (...) L'antisémitisme démonologique est d'origine chrétienne » (*op. cit.*, 1967, pp. 13-14). Caractérisant l'objet de son livre, l'historien précise qu'« il relate comment l'antisémitisme démonologique fut *ranimé et modernisé* [je souligne] aux XIXe et XXe siècles... » (p. 14). L'une des sources de cette historiographie se trouve dans le livre de Joshua Trachtenberg, *The Devil and the Jews. The Medieval Conception of the Jew and its Relation to Modern Anti-Semitism*, New Haven, Yale University, 1943.

des facteurs ou des causes déterminables, qui conduisent à des responsables, à des agents du malheur. Rien n'est « sans pourquoi » : le négatif de l'existence historique, le tragique lui-même, doit avoir une « raison » sur laquelle on puisse agir.

- L'histoire doit être expliquée par la volonté et l'action des hommes : la théorie du complot juif mondial reconnaît ainsi les évidences de l'individualisme moderne[18], elle illustre à sa manière l'« interprétation par les intentions des acteurs »[19]. Les guerres et les révolutions sont des bouleversements et des ruptures dus à la volonté des hommes[20], même s'il s'agit d'une minorité active.
- La minorité active et secrète présente à la fois les caractères de la secte ou de la société secrète (un groupe « organisé selon des principes », selon G. Simmel)[21], ceux de l'élite dirigeante (mais ici invisible) et ceux de la race dominante, supérieure mais négative, car supérieure dans le mal. L'histoire s'explique essentiellement par les intentions mauvaises d'une minorité organisée à l'échelle mondiale.
- La minorité active connaît et utilise les méthodes modernes de propagande et de manipulation des foules ; ce qui marque l'époque de fabrication du faux : la fin du XIXe siècle. Son horizon politique et sociologique est celui d'une démystification radicale de la démocratie, dont l'envers serait la puissance réelle d'oligarchies interna-

(18) *Cf.* M. Gauchet : « Le complot reconnaît (...) la réalité de l'acteur collectif, mais il le ramène à une volonté unique et cohérente. Il reconstitue un monde où il n'y a que des acteurs individuels » (*art. cit.*, p. 56).

(19) F. Furet, *op. cit.*, 1978, p. 219.

(20) Telle est la présupposition de l'imaginaire moderne du complot, quelles que puissent être ses qualifications (contre-révolutionnaire, jacobin, maçonnique, jésuitique, juif, etc.) ; *cf.* M. Gauchet, *art. cit.*, pp. 49-50.

(21) Georg Simmel, *Secret et sociétés secrètes* [*Soziologie*, Leipzig, 1908, ch. V, pp. 337-402], tr. fr. S. Muller, Strasbourg, Editions Circé, 1991, pp. 82-83. Le paradoxe des « Sages de Sion », considérés comme membres d'une société secrète internationale, tient à ce que le principe sur lequel l'organisation est fondée (la domination du monde) est donné avec la naissance (le fait d'être né juif). Bref, le principe de construction de la société secrète relève moins de la volonté libre et consciente que de la nature héréditaire attribuée au groupe (essentialisme). Pour une présentation des considérations simmeliennes : François Léger, *La pensée de Georges Simmel. Contribution à l'histoire des idées au début du XXe siècle*, Paris, Kimé, 1989, pp. 195-198 ; voir aussi le libre commentaire de Pierre Nora, « Simmel : le mot de passe », *Nouvelle Revue de Psychanalyse*, n° 14, automne 1976, pp. 307-312.

tionales, par exemple celle d'une ploutocratie cosmopolite à dominante juive (le type Rothschild)[22].

- Quant au type de séduction exercé par le modèle d'intelligibilité qu'offre la théorie du complot (juif ou non), il est aussi proprement moderne, il répond au goût de la démystification, satisfait « le démon du soupçon »[23], excite la passion interprétative en quête d'indices[24].

(22) Les origines de ce démasquage de la démocratie se situent dans les traditions « de gauche » ou « révolutionnaires ». Voir par exemple le livre prototypique du fouriériste Alphonse Toussenel, *Les Juifs, rois de l'époque. Histoire de la féodalité financière* (1845), 3e éd., Paris, Marpon et Flammarion, 1886, 2 vol. ; dans l'introduction, Toussenel écrit : « J'appelle, comme le peuple, de ce nom méprisé de juif, tout trafiquant d'espèces, tout parasite improductif, vivant de la substance et du travail d'autrui. Juif, usurier, trafiquant sont pour moi synonymes. (...) Le Dieu du peuple juif n'est autre, (...) que Satan... (...). La religion du peuple juif en a fait fatalement un peuple ennemi de l'humanité... » (vol. I, pp. XXV, XXVII, XXXIV). C'est la construction du mythe Rothschild, celui de la puissance financière internationale, qui a préparé le terrain pour la réception de faux tels que le *Discours du Rabbin* (*cf.* N. Cohn, *op. cit.*, 1967, pp. 38-43 ; voir tome II où nous reproduisons le *Discours*) ou les *Protocoles*, censés dévoiler l'existence d'un complot juif. Sur la mise en place du mythe Rothschild, voir : L. Poliakov, *Histoire de l'antisémitisme*, t. III : *De Voltaire à Wagner*, Paris, Calmann-Lévy, 1976 (1re éd., 1968), pp. 354 sq., 382 sq. Sur l'exploitation catholique du mythe Rothschild dans une perspective conspirationniste, voir : Pierre Sorlin, *La « Croix » et les Juifs (1880-1899).* Contribution à l'histoire de l'antisémitisme contemporain, Paris, B. Grasset, 1967, pp. 172 sq. ; Jeannine Verdès-Leroux, *Scandale financier et antisémitisme catholique. Le krach de l'Union Générale*, Paris, Le Centurion, 1969, pp. 115 sq. Henry-Robert Petit (1899-1985), anti-judéo-maçon professionnel (secrétaire de Henry Coston, puis collaborateur, à partir de 1937, de Louis Darquier [de Pellepoix]), publie en 1941 une brochure titrée : *Rothschild roi d'Israël et les Américains* (Paris, Nouvelles Etudes Françaises, texte daté d'août 1941), fortement inspirée par la vision des *Protocoles* (expressément cités en conclusion, pp. 47-48 : « On reste perplexe et même sidéré en songeant que cela a été écrit il y a 50 ans, si l'on considère le déroulement des événements actuels » ; à propos du « protocole » VII, correspondant à la version U. Gohier, éd. 1925, p. 55). Sur les divers usages du *Discours du Rabbin*, voir : P. Sorlin, *op. cit.*, p. 176 ; Marc Angenot, *Ce que l'on dit des Juifs en 1889. Antisémitisme et discours social*, Presses Universitaires de Vincennes, Université Paris VIII (Saint-Denis), 1989, p. 42 (in Georges Corneilhan, *Juifs et opportunistes*, Paris, Sauvaître, 1889), p. 43 (in *Le Péril juif. Comment le conjurer ?*, [brochure anonyme], Rennes, 1889), p. 48 (in Augustin Hamon et Georges Bachot, *L'agonie d'une société*, Paris, Savine, 1889), etc.

(23) M. Gauchet, *art. cit.*, 1985, p. 56. La théorie du complot implique la réduction de la politique à des rapports de force et à la logique du soupçon ; voir Patrice Rolland, « Marat, ou la politique du soupçon », *Le Débat*, no 57, novembre-décembre 1989, pp. 129-148. P. Rolland montre avec finesse comment l'on passe insensiblement du *dévoilement* (percer les apparences, exhiber l'invisible du

Une source complémentaire de séduction réside dans la machine réductionniste qu'incarnent les *Protocoles* : le faux réduit la complexité de l'histoire moderne à un principe causal unique mais non transcendant, donc à portée de main, à la seule condition qu'il soit identifié et reconnu. Et, prime de séduction, le faux simplifie en compliquant : il confère un principe d'intelligibilité à l'histoire, apaisant ainsi le besoin de savoir autant que celui de se défendre contre la menace[25] ; mais il excite en même temps l'imaginaire en

pouvoir ou de l'anti-pouvoir) à la *dénonciation* (suspecter, surveiller, repérer ce qui se trame « dans les ténèbres ») ; *art. cit.*, pp. 138-139. Le paradoxe est le suivant : la généralisation du soupçon est engendrée par la recherche d'une certitude et d'un système de repères stables, mais elle produit l'effacement de toute certitude et de tout critère assuré de jugement dans la vie politique (*ibid.*, pp. 139-141). Le démasquage de la démocratie, selon la logique du soupçon mise en œuvre par les *Protocoles*, consiste à décrypter les élites politiques modernes comme élues en apparence et imposées en réalité ; plus précisément, les élus sont en apparence sélectionnés selon le principe méritocratique de compétence, et en réalité imposés par des archi-élus qui gouvernent les gouvernements derrière le décor politique officiel. Le « Juif international », ou les « Sages de Sion », permettent de qualifier cette oligarchie omnipotente et mondiale qui règne sur les gouvernements ; sur ce type de démystification de la politique moderne, voir : Giovanni Sartori, *Théorie de la démocratie* [1958, 1965], tr. fr. C. Hurtig, Paris, A. Colin, 1973, pp. 101 sq.).

(24) Il s'agit, d'une part, d'un modèle épistémologique, le *paradigme de l'indice*, dont l'émergence dans les sciences dites humaines date de la fin du XIXe siècle (*cf.* Carlo Ginzburg, *Mythes, emblèmes, traces. Morphologie et histoire* [1986], tr. fr. M. Aymard, C. Paolini, E. Bonan et M. Sancini-Vignet, Paris, Flammarion, 1989, pp. 139-180) ; et, d'autre part, d'une sécularisation, dans les « sciences occultes », de la divination, en tant qu'art de connaître l'avenir par l'interprétation des signes (*cf.* Raymond Bloch, *La divination. Essai sur l'avenir et son imaginaire*, Paris, Fayard, 1991). Dans le cas des *Protocoles*, le déchiffrement de l'avenir, ainsi que la réinterprétation du passé et le décodage du présent, s'opèrent à la lumière de la « grille de lecture » fournie par le document révélateur.

(25) Telles sont les « deux séries opposées de motivations » distinguées par Milton Rokeach (*The Open and Closed Mind. Investigations into the Nature of Belief Systems and Personality Systems*, New York, Basic Books, 1960, p. 70). Ceux qui croient sans réserve aux « révélations » des *Protocoles* peuvent être décrits selon les caractéristiques principales de l'esprit « fermé » et « dogmatique » selon Rokeach : 1) Incapacité de séparer une information de sa source (ici les séances secrètes des « Sages de Sion ») ; 2) Perception du monde comme une menace, d'où la recherche d'une certitude sécurisante fournie par une autorité (ou une source « autorisée ») ; 3) Soumission du besoin de savoir au besoin de se défendre à tout prix contre le monde « menaçant », en acceptant sans examen toutes les « informations » fournies par le principe d'autorité, qui leur permet d'interpréter tous les événements comme autant de vérifications, ou de preuves de vérité, de leur système

compliquant le tableau par des histoires de réseaux clandestins, de réunions occultes, d'actions souterraines, insufflant du fantastique à la simplification opérée. Si la vérité est cachée, cryptée, il faut pour l'atteindre percer les apparences, s'engager dans le labyrinthe, déjouer les pièges tendus par les puissances occultes et malfaisantes.

2. Vision providentialiste et vision conspirationniste : la conviction de savoir

La croyance au pouvoir des sociétés secrètes implique deux thèses proprement modernes, contradictoires entre elles : la thèse que les hommes peuvent agir efficacement sur le cours de l'histoire, et celle que les hommes ne sont que les instruments de mouvements ou de forces qui gouvernent le déroulement historique. On reconnaît dans l'opposition de ces deux thèses celle de deux héritages philosophiques modernes : le rationalisme de type cartésien et celui de type hégélien. Chacun de ces deux rationalismes implique un modèle de la raison en activité : d'une part, le modèle de la volonté rationnelle traitant tout phénomène comme moyen d'affirmer une capacité de maîtrise dans la réalisation d'un plan ou d'un programme rationnel, et, d'autre part, le modèle de la « ruse de la raison » instrumentalisant les sujets humains pour réaliser des fins qu'ils ne peuvent comprendre. La théorie du gouvernement secret de l'histoire du monde par une minorité agissante réalise précisément la synthèse magique de ces deux visions de l'action rationnelle : ce ne sont pas *les* hommes qui font l'histoire, mais *des* hommes ; il s'ensuit que ni l'Humanité, ni les peuples, ni les classes en lutte, ni les foules, ni les masses ne font l'histoire, qui est aux mains d'un petit groupe d'hommes éclairés mais mauvais, intelligents mais dotés de mauvaises intentions, et cyniques. La Providence est donc remplacée à la fois par la puissance d'une minorité active et secrète, et par l'idée

interprétatif. Ce qui suppose à la fois une haute capacité d'assimilation de l'imprévu à du « bien connu » - par surinterprétation -, et une sélection des faits, par filtrage à travers la grille herméneutique (les *Protocoles* et leurs gloses). D'où le cercle herméneutique : le complot juif explique tout/tout prouve le complot juif.

de la réalisation d'un plan humain. L'idée de destin s'humanise en se retraduisant par l'idée d'un accomplissement historique d'intentions mauvaises, suivant un plan déterminé. Mais il faut également présupposer l'écho subjectif de la désintégration moderne des communautés organiques, et l'interprétation subjectiviste, par le romantisme, du processus d'individualisation. Carl Schmitt décrit ainsi cette disposition à croire à la théorie du complot, née de la ruine de la pensée ontologique :
« [Le siècle romantique] révèle l'angoisse de l'individu isolé et son profond sentiment d'être trompé. L'homme est impuissant dans les mains du destin qui se joue de lui »[26].
Au centre de la théorie du complot, l'on rencontre en effet la représentation des humains en tant que marionnettes manipulées par d'invisibles puissances. Mais celles-ci sont humaines, et si elles sont sataniques, elles le sont sur le mode d'une inhumanité propre aux humains. La causalité diabolique prend dès lors un visage humain. Le Diable s'est fait homme, l'Antéchrist s'annonce dans les sociétés secrètes où le Mal s'incarne et s'active.

Carl Schmitt a bien caractérisé l'idéologisation conspirationniste des explications modernes, de type rationaliste, de l'histoire, sur fond d'un sentiment d'impuissance devant l'enchaînement inintelligible des événements :

« A la fin du XVIIIe siècle et plus tard encore, le pouvoir des sociétés secrètes n'existait pas seulement dans l'esthétique du roman-feuilleton : des gens parfaitement indemnes de romantisme croyaient alors aux intrigues secrètes des Jésuites, des Illuminés et des Francs-Maçons. Cette construction du "secret", l'idée d'une puissance agissant dans la coulisse et placée dans des mains peu nombreuses qui dirigent avec une méchanceté intangible l'histoire humaine, sont fondées tout ensemble sur l'idée rationaliste d'une influence consciente des hommes sur les événements et sur la peur démoniaque et fantastique devant une force sociale monstrueuse, auxquelles s'ajoute souvent une sorte de croyance sécularisée à la Providence. Les romantiques à la recherche de la réalité voyaient avec joie une puissance irresponsable et fantaisiste disposer des hommes » [27].

La théorie du complot enveloppe la thèse de l'effet pervers, pour

(26) Carl Schmitt, *Romantisme politique*, (1919 ; 2e éd. augmentée, 1925), tr. fr. P. Linn, Paris, Librairie Valois, 1928, p. 91.
(27) C. Schmitt, *op. cit.*, 1928, pp. 91-92.

autant qu'elle pose qu'une action dirigée par les meilleures intentions aboutit à un résultat ni voulu ni prévu et indésirable, ou que les mouvements animés par les meilleures intentions aboutissent au contraire de l'effet recherché, et partant, conduisent au pire. Mais la théorie du complot implique un axiome supplémentaire, à savoir que si le but de l'action se renverse dans son contraire, ou si le mouvement est dévié au point d'être inversé, c'est du fait de l'intervention secrète d'une puissance cachée, ce qui revient à une preuve irrécusable de l'efficience d'une « main invisible ». Dans la théorie du complot, cet axiome est suivi d'un autre : la puissance cachée n'est pas une force irrationnelle, elle est celle d'un groupe d'hommes à la fois décidés et dotés d'une faculté supérieure de calcul rationnel. En ce sens, la puissance conspirante est dotée d'une « Sagesse » située par delà le Bien et le Mal : de même que la Providence « vengeresse »[28] fait d'incompréhensibles détours pour donner aux humains de cuisantes leçons, de même les maîtres secrets du monde, cette élite du Mal, utilisent et exploitent les vertus comme les passions basses ou les intérêts sordides des humains, naïfs dans leur écrasante majorité, pour réaliser leurs propres fins. La « main invisible » est la sécularisation d'une contre-Providence, ou d'une Providence au service de Satan : ce qui arrive a été voulu par Satan, mais le principe du Mal n'est plus un être métempirique, et, s'il demeure invisible autant qu'invincible, il réside bien, comme ses victimes, ici-bas, dans le monde sub-lunaire. On voit la différence d'interprétation entre la vision conspirationniste, à demi laïque et économico-policière, et la vision providentialiste de la pensée contre-révolutionnaire, théologico-politique : elles partagent le postulat qu'une « force secrète qui se joue des conseils humains »[29] régit le

(28) *Cf.* Albert O. Hirschman, *Deux siècles de rhétorique réactionnaire*, tr. fr. P. Andler, Paris, Fayard, 1991, p. 59 : « La Providence vengeresse de Joseph de Maistre... »

(29) Joseph de Maistre, *Considérations sur la France* (1797), ch. IX, Paris, Garnier, 1980, p. 84 ; *cf.* A.O. Hirschman, *op. cit.*, 1991, pp. 37-38. Paul H. Beik distinguait quatre types d'explication du bouleversement révolutionnaire chez ceux qui le déploraient : « 1) Les Lumières, 2) des conspirateurs, 3) la Providence, 4) le changement des conditions matérielles accompagné par le changement des idées » (*The French Revolution seen from the Right. Social Theories in Motion, 1789-1799*, Philadelphia, 1956, p. 109 ; *cf.* Johannes Rogalla von Bieberstein, *op. cit.*, 1976, p. 40, et L. Poliakov, *op. cit.*, 1980, p. 180 ; voir aussi in tome II). Chez les penseurs strictement traditionalistes, l'explication de la Révolution par la

cours de l'histoire, mais se séparent autant sur l'identification de la « force secrète » que sur les objectifs attribués à celle-ci. La sagesse impénétrable et supra-humaine de la Providence n'est pas à confondre avec l'intelligence diabolique et négativement surhumaine des « Sages de Sion ». Et surtout, quant aux fins cachées, le plan judéo-maçonnique de domination du monde, visant la destruction totale du Christianisme et de toute Monarchie légitime, n'est pas une simple sécularisation du plan de la Providence, qui consiste à rétablir le Christianisme et la Monarchie[30] à travers même leur « avilissement » et leur « destruction »[31]. Il reste que la puissance cachée postulée respectivement par les deux théories, la providentialiste et la conspirationniste, est définie par deux caractères : cette puissance est intelligente, que ce soit pour le Bien (providentialisme) ou pour le Mal (conspirationnisme), et elle est en principe inaccessible aux simples mortels, impénétrable aux intelligences normales. Cette intelligence supérieure se manifeste par ses ruses et ses détours.

Il en résulte un paradoxe : celui qui est capable de voir l'invisible, le théoricien de la Providence ou celui de la Conspiration, doit posséder un regard si pénétrant que même l'impénétrable n'y puisse échapper ; cet humain accédant à l'inaccessible se rend ainsi surhumain. Il voit de haut ou des bas-fonds le cours énigmatique de l'histoire, et, ce faisant, convertit l'énigme en signe transparent. Et cette aptitude à pénétrer l'impénétrable, que s'attribue le décrypteur de l'histoire, s'accompagne d'un plaisir spécifique. La double conviction que la masse des humains est trompée par la « force secrète » ou la « puissance occulte », et que l'apparent chaos historique

Providence divine est privilégiée (*cf.* L. Poliakov, in tome II) : « Dieu se sert du mal, ou le permet, pour Ses fins bonnes », ainsi que Leo Strauss en résumait le contenu (*Droit naturel et histoire* [1953], tr. fr. M. Nathan et E. de Dampierre, Paris, Plon, 1954, p. 327). L'explication conspirationniste, qu'on trouve inauguralement chez l'abbé Barruel (*Mémoires pour servir à l'histoire du jacobinisme*, Londres, 1797-1798) à côté d'une classique vision providentialiste, montre une imprégnation anthropocentrique et l'influence des Lumières sur l'un de leurs pires ennemis : à la volonté insondable de Dieu se substitue insensiblement la « volonté consciente des hommes » (F. Furet, *op. cit.*, 1978, p. 217). Dans le processus de diabolisation de l'ennemi, le passage s'opère ainsi d'une vision religieuse du monde à une vision laïcisée de l'histoire, où les conspirateurs jouent le rôle principal (*cf.* L. Poliakov, in tome II).

(30) Voir J. de Maistre, *op. cit.*, 1980, pp. 83-84.

(31) J. de Maistre, *ibid.*, p. 84.

masque la réalisation d'un plan, cette double conviction ne va pas sans une contemplation satisfaite d'elle-même. Le plaisir spécifique du déchiffreur d'énigmes provient de l'auto-réflexion d'une telle conviction de posséder un savoir réservé. C'est ainsi que Joseph de Maistre ne cache pas le sentiment de supériorité que sa vision « de haut » lui procure :

« Il est doux, au milieu du renversement général, de pressentir les plans de la Divinité »[32].

C'est le moment gnostique de la vision providentialiste, qui refonde l'optimisme sur la théorie de la « main invisible » ou de l'effet pervers déjouant, avec une ironie impénétrable, les calculs des misérables humains. Cette vision implique une anthropologie ultra-pessimiste, et un anti-humanisme radical. Car ce qui réjouit ici le visionnaire, c'est précisément le fait que sous son regard les humains présomptueux sont réduits à leur petitesse et à leur misère, c'est le fait que « l'homme est tourné en ridicule - par la Providence, mais aussi par les quelques esprits d'élite qui ont qualité pour en pénétrer les desseins -, puisqu'en cherchant à amender le monde du tout au tout, il se fourvoie non moins totalement »[33]. Considérer l'homme, avec ravissement, comme un instrument dans les mains d'une « force secrète », et une victime tant de ses illusions généreuses que de ses passions mauvaises, c'est prendre plaisir à l'humilier et à le savoir humilié. Hirschman, à propos de l'effet pervers, remarque justement que, « pour faire voir l'homme tel qu'il est, mi-stupide, mi-criminel, le meilleur moyen n'est-il pas de montrer qu'en se démenant, il obtient le contraire de ce qu'il déclare chercher ? »[34].

Ce type de condescendance lié à l'assurance de posséder en propre un savoir aussi précieux que rare, voilà ce qu'exprime l'ironie, voire le sarcasme, visant le troupeau des victimes aveugles et consentantes : suffisance arrogante de celui qui s'accorde une lucidité ou une puissance de pénétration hors pair, liée à une intelligence

(32) J. de Maistre, *op. cit.*, ch. III, p. 49 ; voir Emile Dermenghem, *Joseph de Maistre mystique* (1923), nouvelle édition revue et corrigée, Paris, La Colombe, 1946, pp. 214 sq. A.O. Hirschman lit dans cette proposition l'aveu du « sentiment de supériorité » éprouvé par les « savants diagnosticiens de l'effet pervers » (*op. cit.*, p. 65).

(33) A.O. Hirschman, *op. cit.*, p. 39.

(34) *Ibid.*

supérieure. Or, le respect de la règle de vraisemblance semble avoir présidé à la rédaction des *Protocoles* : leurs principaux personnages, les « Sages de Sion », sont psychologiquement caractérisés par l'assurance de détenir la connaissance suprême et la tranquille jubilation de pouvoir contempler à la fois ce savoir et sa mise en œuvre dans l'histoire. Aux « Sages » est ainsi attribuée une psychologie de déchiffreur, alors même qu'ils sont désignés comme les agents ou les instigateurs de ce qui apparaît aux autres (le « troupeau des *goyim* ») comme la marche énigmatique de l'histoire.

Les *Protocoles* mettent ainsi en scène des « Sages » décrivant et contemplant avec cynisme leur plan diabolique en cours de réalisation convulsive dans l'histoire, à travers les actions hétérotéliques des aveugles et méprisables mortels *goym*, vues de haut. Le premier des « protocoles », dans la version de Nilus, décrit sans aménité la sous-humanité bestiale qui s'agite et s'enivre :

> « Voyez ces animaux ivres d'eau-de-vie, hébétés par le vin, auquel le droit de boire sans limites est donné en même temps que la liberté. Nous ne pouvons permettre que les nôtres tombent à ce degré... »[35].

La joie de savoir ce qui engendre secrètement le cours de l'histoire visible, et surtout le sentiment aristocratique d'être les seuls à savoir, et donc à pouvoir, voilà ce qui réjouit les « Sages de Sion ». Il s'agit, ici encore, d'un savoir réservé à une élite, d'une connaissance de type gnostique. Or, toute vision de type gnostique est apaisante, y compris pour le simple lecteur des *Protocoles*, s'égalant par sa lecture aux maîtres cachés du monde...

3. Satanisme et théorie de la conspiration : le doute en tant que preuve

Nous partirons de la variante théologique du principal argument *ad hominem* utilisé par les propagateurs des *Protocoles*, argument ainsi énonçable : quiconque, de bonne foi, doute de la véracité des *Protocoles*, c'est-à-dire de leur contenu authentiquement prophéti-

(35) *« Protocols » des Sages de Sion*, Paris, Grasset, 1937, ch. I, p. 9.

que ou de leur valeur de vérité, est possédé par Satan. On en trouve une frappante illustration dans une réaction de S.A. Nilus à une remarque sceptique d'A. du Chayla, en 1909. Après avoir lu chez Nilus le manuscrit des *Protocoles*, A. du Chayla réaffirme en présence du mystique orthodoxe son incrédulité :

« Je ne crois pas aux "Sages de Sion". Tout cela est du domaine de "Satan démasqué", du "Diable au XIXe siècle" et autres mystifications »[36]

A quoi Nilus réplique :

« Vous êtes vraiment sous l'influence du diable (...). La plus grande ruse de Satan est de faire nier non seulement son influence sur les choses de ce monde, mais jusqu'à son existence. Que diriez-vous donc si je vous montrais comment ce qui est dit dans les *Protocoles* s'accomplit, comment partout apparaît le mystérieux signe de l'Antéchrist proche, comme partout se fait sentir l'avènement prochain de son règne ? »[37]

La puissance de Satan comprend la capacité d'aveugler les humains sur sa puissance ; et, par exemple, de les empêcher de voir l'évidence, à savoir que le cours du monde se déroule très exactement selon les étapes décrites et prévues dans les *Protocoles*. Celui qui ne croit pas à la terrible révélation est donc un possédé. Il est littéralement aveuglé par d'obscures et malignes puissances. On reconnaît dans ce type d'argumentation ce que Karl Popper appelle la théorie conspirationniste de l'ignorance, ou théorie du complot obscurantiste *(conspiracy theory of ignorance)*, « qui interprète l'ignorance non pas comme un simple défaut de connaissance, mais comme l'ouvrage de quelque puissance inquiétante, origine des influences impures et malignes qui pervertissent et contaminent nos esprits et nous accoutument de manière insidieuse à opposer une résistance à la connaissance »[38]. Si donc, en présence de la lumière du vrai, l'on détourne le regard, l'on refuse de voir ou de croire, c'est que l'on est la victime d'une conspiration qui « déforme et censure la vérité »[39]. Dans le cas des *Protocoles*, censés dévoiler une conspi-

(36) Alexandre du Chayla, « Serge Alexandrovitch Nilus et les Protocoles des Sages de Sion (1909-1920) », *La Tribune Juive*, II, no 72, 14 mai 1921, p. 3.
(37) Cité par A. du Chayla, *ibid.*
(38) Karl R. Popper, *Conjectures et réfutations. La croissance du savoir scientifique* (1963 ; 4e éd. revue, 1972), tr. fr. M.-I. et M.B. de Launay, Paris, Payot, 1985, p. 18.
(39) K.R. Popper, *ibid.*, p. 23.

ration mondiale, les puissances redoutables qui empêchent les esprits d'êtres convaincus de la valeur de vérité du document ne peuvent qu'être celles qui sont au centre de la conspiration, à savoir les « Sages de Sion ». La théorie du complot fonctionne ici à plusieurs niveaux. D'une part, toutes les objections faites à la thèse de l'authenticité des *Protocoles*, toutes les raisons d'en douter, sont sans autre examen récusées en tant qu'elles seraient suggérées par les puissances occultes et maléfiques ayant un intérêt vital à demeurer inconnues ou méconnues (d'où la thèse du complot juif secondaire ou de second degré, visant à supprimer ou disqualifier les *Protocoles*, révélant le complot juif primaire visant la conquête du monde). D'autre part, tous les événements considérés comme des fléaux ou des catastrophes, toutes les tendances supposées désastreuses ou inquiétantes, sont expliqués par la théorie du complot. On en connaît le schéma général : « Tout événement mauvais est à imputer à la volonté mauvaise d'une puissance maléfique »[40]. De cette théorie conspirationniste de la société, ou théorie sociologique du complot, Popper remarque qu'elle « n'est qu'une variante de cette forme de théisme [qu'on rencontre par exemple chez Homère], de cette croyance en des dieux qui gouvernent toutes choses selon leur arbitraire »[41]. Ainsi, la théorie du complot peut jouer le rôle soit d'une théorie de la connaissance expliquant l'ignorance, l'erreur ou l'illusion par l'action de puissances maléfiques, soit d'une théorie

(40) K.R. Popper, *ibid.*, pp. 24-25. L'un des lieux communs de la rhétorique conspirationniste est l'attribution à la puissance juive, alliée à d'autres puissances occultes, de la responsabilité des guerres du XXe siècle. Voir par exemple, sur 1914-1918 : U. Gohier, *Protocoles des Sages d'Israël*, Paris, 1925, p. 143 (« les Juifs ont déchaîné la grande guerre ») ; Théodore Victorovitch Vinberg, *Krestny Pout* [*Chemin de Croix*], Munich, 1922 (cité par N. Cohn, *op. cit.*, 1967, pp. 134-135), etc. Sur la Seconde Guerre mondiale, l'application des *Protocoles* produira des interprétations du type : « La guerre déclarée le 2 septembre 1939, par le sinistre Daladier, a été l'aboutissement logique de la conjuration des trois fléaux de l'humanité moderne : le Juif, l'Anglais et le Maçon » (Institut d'Etudes des Questions Juives, *Le Parlement agent d'exécution de la Judéo-Maçonnerie*, Paris, Editions Nouvelles, novembre 1940, p. 78).

(41) K.R. Popper, *op. cit.*, 1985, p. 188. La vision du complot juif peut, dans cette perspective, se définir comme une spécification de la « théorie sociologique du complot », dans la mesure où son contenu antijuif provient d'une sécularisation de la démonologie de tradition chrétienne ; on pourrait, de la même manière, identifier la vision des *Protocoles* comme la variante chrétienne, modernisée, de la croyance à la « causalité diabolique » (L. Poliakov, 1980 et 1985).

sociologique expliquant tous les phénomènes de rupture, de dysfonctionnement ou d'anomie par la puissance manipulatoire de maîtres secrets. Mais Popper insiste à juste titre sur l'origine religieuse, disons plus précisément théologique, de la théorie du complot, qui présuppose que le monde visible où s'agitent les humains normaux est doublé d'un monde invisible où résident les puissances secrètes, qu'il s'agisse des Dieux ou de leurs substituts malins dans le monde moderne désacralisé : « La théorie sociologique du complot se développe après qu'on a abandonné Dieu en cherchant à répondre à la question de savoir qui joue son rôle. Sa fonction est alors assumée par différents détenteurs de pouvoir, groupes ou individus : des groupes de pression malveillants que l'on accuse d'avoir manigancé la grande dépression et de tous les maux que nous endurons »[42].

Les « Sages de Sion » désignent dans cette vision le « conspirateur animé d'intentions diaboliques »[43] ; mais, s'agissant d'une conspiration mondiale, le conspirateur doit lui-même être d'une nature telle qu'il soit doué d'ubiquité. Condition satisfaite par l'existence postulée du « Juif international »[44]. Il ne s'agit pas d'un complot contre telle nation, du complot par exemple de l'Anti-France dénoncé par Maurras dans sa « théorie des quatre Etats confédérés », mais d'un complot contre toutes les nations, voire contre le genre humain[45].

(42) K.R. Popper, *op. cit.*, p. 188.
(43) *Ibid.*, p. 499.
(44) Le Juif est « international » moins du fait qu'il est « internationaliste » qu'en raison de sa faculté d'ubiquité liée à sa puissance illimitée : l'omniprésence du Juif est inséparable de son omnipotence. D'où son caractère insaisissable : dans un univers conspirationniste, le Juif est à la fois indéterminable (son identité demeure énigmatique) et inlocalisable - il n'y a pas de réponse sûre aux questions pressantes : qui sont les Sages de Sion ? Combien sont-ils ? Où se cachent-ils ? Le centre de la puissance juive (ou « sioniste ») est partout (voir tome II, l'étude d'Alain Dieckhoff), et sa frontière nulle part - c'est ainsi que, pour Alfred Rosenberg (1923, p. 9), « le centre de la politique mondiale juive » est localisable à Londres ; d'autres glossateurs mentionnent Paris, New York, et aujourd'hui Tel Aviv. Ce thème de l'« empire invisible », s'il a été massivement diffusé par les *Protocoles*, est devenu dans les années 1960 et 1970 l'un des lieux communs de l'antisionisme radical, fondé sur la démonisation d'Israël ; voir : Léon Poliakov, *De l'antisionisme à l'antisémitisme*, Paris, Calmann-Lévy, 1969, pp. 147-148 (qui cite Philippe de Saint-Robert qualifiant l'Etat d'Israël de « métropole d'un empire insaisissable et omniprésent » [in *Le Monde*, 7 février 1969]).
(45) L'« antisémitisme d'Etat » de l'Action française est un antisémitisme politique,

Les « Sages de Sion » ne sont bien sûr pas les seuls à incarner ce type de puissance conspiratrice internationale : les divinités malfaisantes, les démons invisibles et autres diables, dans l'espace moderne laïcisé et désenchanté, ont moins disparu qu'ils ne se sont métamorphosés. Soit en entités dotées d'intentions conscientes, soit en déterminismes aux terribles effets (hérédités raciales ou morbides, puissance diabolique de l'Inconscient, etc.). Aussi peut-on formuler l'hypothèse de type évolutionniste, avec Popper, que les diverses variantes modernes de la théorie du complot, interprétées comme des survivances et des métamorphoses à la fois, sont des formes sécularisées de certaines croyances religieuses :
« La *théorie sociologique du complot* (...) est fondée sur l'idée que tous les phénomènes sociaux - et notamment ceux que l'on trouve en général malvenus, comme la guerre, le chômage, la pauvreté, la pénurie - sont l'effet direct d'un plan ourdi par certains individus ou groupements puissants. Or c'est là une conception très répandue, bien qu'il s'agisse sans aucun doute, à mon sens, d'un type assez primitif de superstition. Elle est plus ancienne que l'historicisme (où l'on peut même voir un avatar de cette théorie du complot) et, dans sa version moderne, elle est un produit caractéristique du processus de laïcisation des superstitions religieuses. On ne croit plus aux machinations des divinités homériques, auxquelles on imputait les péripéties de la Guerre de Troie. Mais ce sont les Sages de Sion, les monopoles, les capitalistes ou les impérialistes qui ont pris la place des dieux de l'Olympe homérique »[46].
Nous sommes ainsi conduits à distinguer les deux usages principaux de la théorie du complot. En premier lieu, son usage sociologique ou psychosocial : la représentation du complot permet de répondre à une demande sociale concernant les malheurs, les bouleversements et les catastrophes qui frappent l'humanité. La théorie du complot introduit une cohérence dans cet ensemble de phénomènes négatifs

fondé sur la désignation d'un ennemi historiquement défini (la République, instrumentalisée par une oligarchie à « tête juive »), alors que l'antisémitisme des *Protocoles* et de leurs gloses est de type théologico-métaphysique (le Juif y incarne le principe métaphysique du mal, les Juifs y sont des incarnations de démons). Voir *infra*, notre ch. III, et tome II, la contribution de Pierre Birnbaum.
(46) K.R. Popper, *op. cit.*, 1985, pp. 497-498. Voir aussi : L. Poliakov, *La Causalité diabolique*, 1980, pp. 26-27 ; Michel Winock, *Nationalisme, antisémitisme et fascisme en France*, Paris, Le Seuil, coll. « Points-Histoire », 1990, pp. 112-116.

et redoutables, elle affirme qu'il existe un lien, un enchaînement de toutes les formes de malheurs et de maux. Et le mythe de la conspiration juive mondiale précise la réponse, complète la désignation des responsables secrets par la détermination d'une finalité cachée, dont la connaissance permet de tout éclairer : la conspiration en vue de la domination du monde. En second lieu, la théorie du complot fournit une explication strictement psychologique, qui permet de répondre aux sceptiques ou aux naïfs posant la question suivante : pourquoi les hommes n'ouvrent-ils pas les yeux ? Par exemple, pourquoi ne croient-ils pas à l'authenticité ou à la véracité des *Protocoles* ? Pourquoi refusent-ils donc la lumière qui s'offre ? La réponse conspirationniste est simple, et d'une infaillible logique : les pauvres humains sont aveuglés par les conspirateurs, ce qui prouve en même temps la terrible puissance de ces derniers.

4. *Le complot dans la galerie des miroirs*

La fameuse loi économique de Gresham, selon laquelle la mauvaise monnaie chasse la bonne, s'est aussi particulièrement bien illustrée dans le champ idéologique, notamment dans le domaine des productions intellectuelles sur la « question juive », « l'antisémitisme », etc. Les visions mythiques y ont chassé les visions critiques. Selon l'expression de Jacob Burckardt, l'ère des « terribles simplificateurs » s'est imposée dans la vie intellectuelle, parasitée par les clivages idéologiques dont la logique consiste à traiter tout adversaire comme un ennemi absolu. C'est alors que l'ennemi peut être satanisé, en étant traité comme l'incarnation du Mal. Henri de Man, en 1951, dans son beau livre sur *L'Ere des masses et le déclin de la civilisation*[47], reprenait la prophétie burckardtienne :

« L'esprit de la masse ne réagit plus maintenant qu'aux effets de noir et blanc les plus grossiers. Plus le monde s'est compliqué, plus on incline

(47) H. de Man, *Vermassung und Kulturverfall*, Berne, A. Francke, 1951 ; tr. fr. F. Delmas, *L'Ere des masses et le déclin de la civilisation*, Paris, Au Portulan, chez Flammarion, 1954.

à ignorer les nuances et les détails et à s'en tenir à des images rudimentaires ne comportant qu'un aspect très clair et un aspect très sombre. Les notions opposées qu'on associe de la sorte, par exemple dans le couple thèse-antithèse, pour les mettre en valeur par contraste sont donc particulièrement propres à jouer le rôle de symboles d'un état d'excitation affective »[48].

La simplification manichéenne se marque dans le fait que « les idéologies elles-mêmes sont militarisées » :

« Quand on prend parti, il faut le faire à cent pour cent (...). Il n'y a plus que des amis et des ennemis, des héros et des traîtres (...). En dehors de ce modèle, toute vie morale et matérielle est impossible : il faut être pour ou contre la chose en "isme" qui gouverne les esprits au moment en question : entre ces deux partis, il n'y a pas de choix possible ; pas plus qu'au jugement dernier entre les justes et les damnés »[49].

Henri de Man avait bien aperçu le cercle clos des intolérances, le mauvais infini de l'intolérance réagissant à l'intolérance :

« Les hommes supportent journellement l'intolérance, le despotisme et la cruauté sans réagir autrement qu'en faisant preuve de la même intolérance, du même despotisme et de la même cruauté : tout cela serait inconcevable sans les *terribles simplificateurs* qui ont fabriqué le cerveau de la masse »[50].

La simplification est ce qui, au centre de la théorie conspirationniste[51], jette une fausse clarté sur le champ politique. Toute explication par un facteur unique et simple est une mythologisation. C'est ce qu'avait bien aperçu Daniel Bell, abordant la question de la démagogie « populiste » aux Etats-Unis. Quant aux populistes nord-américains de la fin du XIXe siècle et du début du XXe, qui

(48) *Op. cit.*, p. 169.
(49) *Ibid.*, pp. 169-170.
(50) *Ibid.*, p. 170.
(51) La simplification dérive d'une hyper-rationalisation du déroulement historique, réduit au déroulement d'un « plan » : l'histoire moderne est rendue ainsi parfaitement intelligible, mais au prix fort d'une abolition de tout ce qui, en elle, est événement, avènement, imprévisible, aléatoire. Cette réduction simplificatrice à un facteur explicatif paraît n'être que l'application de la « règle de l'ennemi unique » (Jean-Marie Domenach) constitutive du discours polémique, et dont l'amalgame constitue la réalisation textuelle la plus visible (« judéo-maçonnique », « judéo-capitaliste », « judéo-bolchevik », « judéo-britannique », « américano-sioniste », etc.) ; voir Marc Angenot, *La parole pamphlétaire. Contribution à la typologie des discours modernes*, Paris, Payot, 1982, pp. 126 sq.

dénonçaient d'un même mouvement le pouvoir de l'argent et celui des Juifs, Daniel Bell notait en 1960 :

« Ces hommes étaient de "terribles simplificateurs". Toute la politique était une conspiration, et au centre de la toile se trouvaient les "banquiers internationaux" et les "changeurs". Ainsi, lorsque la guerre se profila à la fin des années trente, la suspicion à l'égard des banquiers, qui était la racine de la mentalité populiste grincheuse, se polarisa sur les Juifs »[52].

Mais au processus de rivalité mimétique, analysé par René Girard[53], n'échappent pas plus les réactions contre la théorie de la conspiration juive mondiale. C'est ainsi que les attitudes anti-antisémites peuvent reproduire en miroir les attitudes antisémites qu'elles combattent : au complot juif international, l'on opposera un complot antisémite mondial. L'idée conspirationniste de l'orchestration occulte d'actions apparemment hétérogènes et spontanées apparaît dès lors comme partagée par les adversaires les plus irréductibles. La décentration cognitive la plus difficile à réaliser consiste précisément à sortir du cercle vicieux des accusations conspirationnistes réciproques. Dans son livre monumental sur les *Protocoles*, Henri Rollin n'a pas su y échapper, ni après lui Norman Cohn. L'un et l'autre ont reproduit spéculairement le type de pensée qu'ils analysaient et dénonçaient : répliquer par la dénonciation d'une « Internationale brune »[54] ou par celle d'une « Internationale antisémite »[55]

(52) Daniel Bell, *The End of Ideology. On the Exhaustion of Political Ideas in the Fifties* (1960), Revised Edition, New York, The Free Press, 1965, p. 117. Sur la demande de simplification, *cf.* M. Winock, *op. cit.*, 1990, p. 116. Si la simplification impliquée par toute interprétation moralisante de l'histoire joue le rôle d'un mécanisme de défense (voir Uli Windisch et al., *Xénophobie ? Logique de la pensée populaire*, Lausanne, L'Age d'Homme, 1978, en particulier, pp. 166 sq.), il faut aussi noter qu'elle satisfait le goût du fantastique en mettant les adeptes de la théorie du complot sur les multiples pistes conduisant aux comploteurs - bref, la simplification apaise en compliquant (tout phénomène devenant indice, trace ou signe annonciateur). La version la plus courante de théorie monocausale de l'histoire relève de la psychologie policière des intérêts : « tout ce qui arrive a été voulu par ceux à qui cela profite » (*cf.* L. Poliakov, *op. cit.*, 1980, p. 27).

(53) Voir : René Girard, *La Violence et le Sacré*, Paris, Grasset, 1972. Sur la construction de l'antiracisme par reproduction mimétique de ce qu'il combat (« le racisme »), voir : P.-A. Taguieff, *La Force du préjugé. Essai sur le racisme et ses doubles*, Paris, La Découverte, 1988, pp. 29 sq., 299 sq., 367 sq. (sur la vision conspirationniste du racisme), 393 sq.

(54) H. Rollin, *op. cit.*, 1939, ch. XIX, pp. 483 sq. (1991, pp. 609 sq.).

à la dénonciation de l'« Internationale juive » (ou « judéo-maçonnique »), c'est demeurer dans le champ polémique, galerie de miroirs, où le mythe du complot engendre des doubles à l'infini. A l'essentialisation satanisante du Juif comploteur répond celle de l'antijuif conspirateur. Rares sont les travaux sur « l'antisémitisme » qui ont su prendre distance par rapport à cet imaginaire « diabolique » du complot attribué à des instances ou des puissances occultes essentialisées[56].

Dans un texte d'une grande perspicacité, Maxime Rodinson avait rencontré le problème, à partir d'une réflexion critique sur le sociocentrisme implicite de l'évidence, largement reçue dans les communautés juives d'Occident, qu'il y aurait « une cohérence, une continuité, une unité profonde » des phénomènes d'hostilité envers les Juifs, postulat d'une hostilité antijuive une et permanente traversant l'histoire du monde[57]. Une telle vision éternitaire de l'antisémitisme consiste à naturaliser celui-ci, à le transformer en nécessité, voire en destin. Manière de normaliser, de « fataliser » la haine antijuive. Bref, M. Rodinson relevait ainsi, à sa manière, l'une des principales faiblesses épistémologiques de l'écriture dominante de « l'histoire de l'antisémitisme » : la double croyance à l'homogénéité et à l'invariabilité de toutes les manifestations d'hostilité et de haine visant les Juifs (catégorisées par l'expression « l'antisémitisme »). L'exclusivisme victimaire (nous les persécutés d'entre les persécutés, nous les seuls élus du malheur, etc.) est du reste l'une des convictions les mieux partagées par les groupes humains, comme

(55) N. Cohn, *op. cit.*, 1967, ch. XI, pp. 230 sq. ; L. Poliakov lui-même concluait son étude sur « la polémique arabe » : « Ainsi se tisse sous nos yeux une internationale antisioniste. Nous laissons au lecteur le soin d'établir en quoi elle diffère de l'internationale antisémite d'antan » (*op. cit.*, 1969, p. 148).

(56) Sur l'essentialisme, voir : Raymond Aron, *Les Désillusions du progrès. Essai sur la dialectique de la modernité*, Paris, Calmann-Lévy, 1969, pp. 86-87. Les accusations délirantes sont indéfiniment réversibles, et les diabolisations mutuelles, sur le mode spéculaire, paraissent suivre la pente du « mauvais infini » ; voir Maurice de Gandillac, in *Entretiens sur l'homme et le Diable*, Paris-La Haye, Mouton, 1965, pp. 204 sq. ; Jean-Jacques Wunenburger, « Imaginaire phobique et représentation diabolique », in Jean-Marie Paul (éd.), *L'Homme et l'Autre*, Presses Universitaires de Nancy, 1990, pp. 21-41.

(57) Maxime Rodinson, « Quelques thèses critiques sur la démarche poliakovienne », in *Pour Léon Poliakov. Le racisme, mythes et sciences*, Bruxelles, Editions Complexe, 1981, [pp. 317-322], p. 318.

la présomption ethnocentrique (nous sommes les meilleurs, les plus humains d'entre les humains, voire les seuls véritables humains). De telles illusions sociocentriques peuvent se constituer en noyaux de mythes politiques intégrables dans telle ou telle idéologie — du nationalisme au traditionalisme.

Rodinson proposait un néologisme pour désigner plus spécifiquement cette conviction d'être voué à la haine universelle : le *panekhthrisme*. Mais laissons-lui le soin d'exposer les raisons de sa position critique :

« Tout peuple, tout groupe social tend à voir dans les attaques dont il est l'objet — voire dans les résistances à ses propres attaques — les manifestations d'une haine gratuite du reste de l'humanité envers lui, d'une conjuration universelle du Mal contre le Bien qu'évidemment il représente. J'ai, avec quelque pédantisme peut-être, proposé ailleurs d'appeler ce phénomène très général le panekhthrisme (du grec *ekhthros* : ennemi). Les explications données (par exemple, dans le judaïsme religieux, la jalousie des "nations" contre le peuple élu par Dieu) ne sont que des explicitations de cette vision mythique. En contrepartie, parallèlement, la démarche antisémite a précisément pour mythe central la malfaisance permanente, fondamentale, essentielle des Juifs, à travers l'histoire, que l'explication de cette caractéristique imaginaire soit cherchée dans une problématique religieuse ou laïque, psychologique, sociologique, biologique ou autre »[58].

Ce cercle vicieux naît donc du face à face conflictuel de deux entités malfaisantes, fonctionnant dans le cadre d'un mythe manichéen réversible. Mais peut-on sortir du cercle ? Echapper aux stigmatisations symétriques, aux redoublements polémiques ? On ne peut sortir du cercle qu'en le connaissant. Telle est notre hypothèse.

(58) M. Rodinson, *ibid.* Le mythe du complot peut être réduit à trois croyances de base : (1) la croyance qu'il existe des ennemis « en soi » ou « objectifs », définis non par leurs actes, ni même par leurs intentions, mais par le fait qu'ils seraient « porteurs de tendances » (*cf.* H. Arendt, *Le système totalitaire, op. cit.*, 1972, pp. 155-156) ; (2) la croyance que ces ennemis « en soi » sont partout ; (3) la croyance que ces ennemis sont organisés, que leur action est orchestrée, en vue de réaliser un plan secret. Le concept de « panekhthrisme » peut trouver un équivalent dans le « syndrome de Massada » défini par D. Bar-Tal (« The Masada syndrome : A case of central belief », in N. Milgram (éd.), *Psychological Stress and coping in Time of War*, New York, Brunner/Mazel, 1985 ; voir tome II, les études de C. Touati-Pavaux et A.W. Kruglanski).

II. LA DIFFUSION MONDIALE DES *PROTOCOLES* : LANCEMENT, COUPS D'ARRET, RELANCES

1. Lancement et coups d'arrêt : 1920-1921

1.1. Le rôle du *Times* en 1920.

Ce fut le *Times* de Londres, journal réputé pour son sérieux et sa modération, qui, le 8 mai 1920, « opéra le lancement mondial des *Protocoles* », comme l'écrira deux ans plus tard Urbain Gohier[1]. Le 17 novembre 1921, le même Gohier précisait :
« Le *Times* de 1920 avait dénoncé au monde, comme preuve de l'effroyable complot juif contre les peuples, le document des *Protocoles* »[2].
L'éditorial non signé (dû à Wickham Steed)[3] du *Times* était intitulé « "Le Péril juif" [The Jewish Peril], un pamphlet dérangeant. Demande d'enquête »[4]. Il commençait ainsi :

(1) Urbain Gohier, in *La Vieille-France*, 6 avril 1922, p. 17 ; *cf.* Léon Poliakov, *Histoire de l'antisémitisme*, tome IV, Paris, Calmann-Lévy, 1977, p. 232.
(2) U. Gohier, in *La Vieille-France*, 17 novembre 1921 ; repris in *Protocoles des Sages d'Israël*, Paris, Edition nouvelle de *La Vieille-France*, 1925, p. 206.
(3) *Cf.* Colin Holmes, *Anti-Semitism in British Society 1876-1939*, Londres, Edward Arnold, 1979, p. 148, 279 note 56 ; Gisela C. Lebzelter, suivant une indication de W. Laqueur (*Russia and Germany, op. cit.*, 1965, pp. 311-314), attribue l'article à Robert Wilton, correspondant du *Times* en Russie (*Political Anti-Semitism in England 1918-1939*, Londres et Basingstoke, The Macmillan Press/St Antony's College, Oxford, 1978, p. 183 note 49). Sur cette affaire, voir : Jean-François Moisan, *Contribution à l'étude...*, thèse, 1987, pp. 51 sq. (et p. 108 note 45).
(4) « A Disturbing Pamphlet : a Call for Enquiry », *The Times*, 8 mai 1920. Dans

« Le *Times* n'a pas, jusqu'à présent, fait état de ce singulier petit livre [les *Protocoles*]. Sa diffusion est, cependant, en plein essor, et sa lecture est susceptible de perturber le public qui réfléchit. Jamais auparavant, une race et une religion n'ont été accusées d'une conspiration plus sinistre »[5].

Dès le 20 mai 1920, Urbain Gohier ne cachait pas sa divine surprise :

« Le *Times* proclame le péril juif. (...) Le *Times* s'est ébranlé enfin. Jusqu'à la direction Northcliffe *[sic]*, le *Times* était cyniquement enjuivé. Maintenant, il a des velléités d'indépendance »[6].

Le thème du « péril juif », et plus précisément celui du complot juif mondial, entrait dans le champ du discutable, c'est-à-dire de l'acceptable, voire du respectable. Et surtout, la thématique des *Protocoles* pouvait ainsi trouver une large audience, toucher désormais des publics diversifiés, sa diffusion sortait du cercle restreint des consommateurs habituels de nourritures psychiques antijuives. Sortant du cercle réservé aux antisémites patentés, les *Protocoles* étaient ainsi placés sur la voie du futur « best-seller ». Roger Lambelin, en 1921, avait parfaitement saisi la mise en place de cette condition de recevabilité culturelle :

« Il semble bien que le péril juif, qui se manifestait par tant de symptômes et par tant de faits, ne fut vraiment révélé au grand public que lorsque

la « note préliminaire » de la seconde édition des *Protocoles* par « The Britons », en 1920, référence est faite à l'article du *Times*, partiellement cité en tant qu'autorité reconnue (*The Jewish Peril. Protocols of the Learned Elders of Sion*, 2e édition, Londres, The Britons, 1920, p. 2 de couverture ; 1re éd., janvier 1920). Sur le contexte de cette publication, voir : G.C. Lebzelter, *op. cit.*, 1978, pp. 21 sq. ; C. Holmes, *op. cit.*, 1979, pp. 141 sq. ; J.-F. Moisan, thèse, 1987, pp. 46 sq.

(5) *The Times*, 8 mai 1920, p. 15 ; *cf.* J.-F. Moisan, *op. cit.*, 1987, p. 51. L'article a été largement reproduit dans le livre d'A. Netchvolodow, *L'Empereur Nicolas II et les Juifs*, Paris, E. Chiron, 1924, pp. 263-269.

(6) U. Gohier, in *La Vieille-France*, 20 mai 1920 ; repris in *« Protocols ». Procès-verbaux de réunions secrètes des Sages d'Israël*, Paris, Edition de La Vieille-France, 1920, introduction, p. 5 (éd. 1925, pp. 9-10) ; voir tome II. La logique de la passion antijuive égare Gohier, comme suffit à le montrer cette remarque de Netchvolodow : « La publication de cet article justement dans le *Times* provoqua quelque étonnement dans les milieux nationaux anglais vu que le propriétaire de ce journal, Lord Northcliffe, qui décéda en août 1922, était lui-même d'origine juive (Harmsworth-Stern). L'impression que produisit cet article n'en fut que plus grande » (*op. cit.*, pp. 269-270). Voir aussi : S. Nilus, *L'Internazionale Ebraica. Protocolli dei « Savi Anziani » di Sion*, Rome, La Vita Italiana, 1921, appendice, pp. 160-161 (G. Preziosi).

parut la traduction d'un fragment d'un livre russe enregistré au British Museum en août 1906, et qui avait pour titre : *Le Grand dans le Petit et l'Antéchrist comme une possibilité politique immédiate* (Notes d'un Orthodoxe, 2e édition, corrigée et augmentée. Tsarskoïe-Selo, 1905). Cette traduction fut éditée en décembre 1919, chez Eyre et Spottiswoode, et intitulée : *The Jewish Peril : Protocols of the Learned Elders of Sion*. Elle serait restée longtemps ignorée en Angleterre, si un rédacteur du *Times* n'avait eu l'idée de lui consacrer un article, d'en donner un compte rendu assez détaillé qui peut se résumer en une angoissante interrogation : Si ce livre est l'expression de la vérité, n'aurions-nous échappé à une paix germanique que pour subir les conditions d'une paix juive ? »[7].

L'éditorial du *Times*, en dépit de ses prudentes nuances[8], ne cessera plus de constituer une garantie d'authenticité - ou un argument d'appoint en faveur de la thèse de l'authenticité du document - dans la littérature para-protocolaire du complot juif mondial, produite par les diffuseurs et adaptateurs des *Protocoles* dans les contextes les plus divers : pour « les agitateurs antisémites de l'ère pré-hitlérienne », note Léon Poliakov, « cet article marqua l'an zéro de leur hégire »[9]. Voilà un fait de diffusion qui a souvent été négligé par une historiographie ultérieure, centrée sur le phénomène national-socialiste : l'exploitation nazie des *Protocoles* n'aura été qu'un avatar, mais le plus visible, de ce processus de mondialisation d'une brochure de combat qui eût pu demeurer relativement confidentielle (rester par exemple un instrument de propagande utilisé ponctuellement par certains Russes blancs de 1917 à 1921).

(7) Roger Lambelin, introduction [1921] aux *« Protocols » des Sages de Sion*, Paris, Grasset, 1937, p. XIV. L'imprégnation de l'évidence du complot juif est alors telle que *La Croix*, le 7 octobre 1920, consacre un article au « péril juif » commençant par l'énumération des indices déjà standardisés : « On en reparle. La part considérable prise par les Juifs à la révolution bolcheviste, dont ils sont les chefs avérés ; la place qu'ils occupent dans les congrès politiques et financiers ; les attaches qu'ils ont un peu partout avec les personnages officiels ; les faveurs exceptionnelles dont ils sont comblés en Palestine par le gouvernement anglais, attirent de nouveau l'attention sur le péril juif qu'on semblait avoir oublié sous l'angoisse du péril germanique. (...) Dans son immense majorité, le peuple israélite est passé de l'adoration du vrai Dieu à l'adoration de Satan. »

(8) *Cf.* les remarques critiques de L. Poliakov, *op. cit.*, 1977, pp. 231-232 ; voir aussi J.-F. Moisan, thèse, pp. 51 sq., et sa contribution, tome II.

(9) L. Poliakov, *op. cit.*, p. 232. Etrangement, ni H. Rollin ni N. Cohn n'ont relevé l'importance de l'acte légitimatoire accompli par l'article du *Times* ; voir H. Rollin, *op. cit.*, 1939, pp. 38, 181 ; N. Cohn, *op. cit.*, 1967, pp. 75, 154.

Ce qui a été retenu de l'éditorial légitimatoire du *Times*, c'est d'abord l'analyse en forme de résumé qu'il donnait des *Protocoles*, indéfiniment reproduit par les professionnels de l'antisémitisme[10] ; c'est ensuite une série de questions rhétoriques agitant avec une habile prudence le thème du « péril juif », et centrées sur l'argument des « coïncidences troublantes », renvoyant à la puissance « prophétique » dégagée par le texte. Paradoxal contenu « prophétique », puisque les « Sages de Sion » racontent ce qu'ils ont fait, décrivent ce qu'ils font et annoncent ce qu'ils feront : la valeur de vérité des *Protocoles* leur sera attribuée par leurs diffuseurs notamment au moyen de cet argument, qui postule que l'histoire se déroule conformément aux plans d'une minorité active et sur-puissante. Paradoxe, puisque l'on se réfère à la dimension prophétique dans un univers où l'idée même de prophétie est dénuée de sens : le destin et la Providence, dans la modernité comme processus indéfini de laïcisation et de suppression des transcendances, sont remplacés par la puissance du vouloir humain. C'est cette surestimation de la puissance de la volonté humaine, ainsi que celle de la puissance des minorités agissantes, qui constituent la dimension proprement moderne de la vision conspirationniste exprimée par les *Protocoles* et issue de leur exégèse.

Le résumé en 7 points - « scrupuleusement exact », juge Urbain Gohier[11] - que donne le *Times* est immédiatement cité et utilisé par les propagateurs et glossateurs des *Protocoles*. Il fera vite le tour du monde antisémite, ou plutôt contribuera à faire un monde antisémite, ce monde où nous vivons en partie - parfois sans le savoir - à la fin du XXe siècle. Le journaliste anonyme du *Times* en justifiait ainsi la présentation et l'analyse :

« Quelles sont donc ces maximes que formulent les *Protocoles* et que les lecteurs anglais sont obligés de commenter de leurs propres forces vu qu'aucun débat public n'est intervenu à ce sujet ? Dans leur ensemble ces maximes disent ce qui suit... »[12].

(10) Voir J.-F. Moisan, thèse, 1987, p. 108 note 44. Dans son édition des *Protocoles* (version de S.A. Nilus), Mgr Jouin traduit également le résumé donné par le *Times* : *Le Péril judéo-maçonnique*, t. I : *Les « Protocols » des Sages de Sion*, Paris, R.I.S.S. et Emile-Paul, 1920, p. 155.

(11) U. Gohier, introduction à *« Protocols »...*, *op. cit.*, 1920, p. 6.

(12) *The Times*, 8 mai 1920 ; cité par A. Netchvolodow, *op. cit.*, 1924, p. 264.

Le 20 mai, Urbain Gohier, lecteur des publications anglo-saxonnes sur la question, donne de ce résumé, dans *La Vieille-France*, une traduction qui deviendra vite standard dans l'antisémitisme de langue française :

« 1) Il y a, et il y a eu depuis des siècles, une organisation politique internationale des Juifs.
2) L'esprit de cette organisation paraît être une haine traditionnelle, éternelle, de la Chrétienté, et une ambition titanique de domination sur le monde.
3) Le but poursuivi à travers les siècles est la destruction des Etats nationaux et la substitution à ces Etats d'une domination juive internationale.
4) La méthode apportée pour affaiblir, pour détruire les Etats politiques existants, consiste à leur injecter des idées aboutissant à leur désagrégation, suivant une progression habilement calculée du libéralisme au radicalisme, ensuite au socialisme, au communisme, finalement à l'anarchie, *reductio ad absurdum* des principes égalitaires. Pendant ce temps, Israël reste indemne des doctrines corrosives...
5) Les dogmes politiques évoluant dans l'Europe chrétienne, sa politique et ses constitutions démocratiques sont toutes en égal mépris chez les *Anciens* ou *Sages* d'Israël. Pour eux, le gouvernement est un art sublime et secret, acquis seulement par une culture traditionnelle et départi à une élite très réduite, en quelque sanctuaire occulte...
6) Dans cette conception du Gouvernement, les masses ne sont qu'un misérable troupeau ; et les meneurs politiques des *Goym*, à peu près aussi aveugles que leur bétail, de simples marionnettes aux mains des Anciens d'Israël : le plus souvent corrompus, toujours impuissants, facilement asservis par la flatterie, par la menace ou par le chantage au profit de la domination *Juive [sic]*.
7) La Presse, le Théâtre, la Bourse, la Science, la Loi, dans les mains qui détiennent tout l'or terrestre, sont autant d'instruments pour affoler l'opinion publique, pour la démoralisation de la jeunesse, l'excitation générale au vice, pour la destruction des aspirations idéalistes (culture chrétienne), pour l'instauration du culte de l'argent comptant, du scepticisme matérialiste, du cynique appétit de plaisir »[13].

Ce résumé « autorisé » des *Protocoles* sera intégralement cité dans *l'Action Française*, le 28 janvier 1921[14], par Léon Daudet, qui

(13) Cité par U. Gohier, in *« Protocols »*..., 1920, introduction, pp. 5-6 (nouvelle éd., 1925, pp. 9-10).

(14) Léon Daudet, « Un document saisissant : les "Protocols" des Sages d'Israël »,

recommandera chaudement la lecture de la version française des *Protocoles* publiée par Urbain Gohier.

1.2. Le témoignage d'Alexandre du Chayla (mai 1921)

Tous les témoins directs, déclarant avoir vu le manuscrit des *Protocoles*, affirment que le texte était écrit en français, mais par des mains différentes[15], d'écritures différentes[16], avec des encres

L'Action Française, 14e année, no 28, 28 janvier 1921, p. 1. L. Daudet ne cache pas son enthousiasme : « Sous ce titre général, la *Conspiration juive contre les peuples*, Urbain Gohier, directeur de la *Vieille-France*, vient de publier la traduction, de l'anglais en français, d'un document d'un intérêt extraordinaire (...). Après l'édition savante de Mgr Jouin, voici l'édition populaire à la portée de toutes les bourses. Ces *Protocols* - que j'engage tous mes lecteurs à se procurer immédiatement aux bureaux de la *Vieille-France* - semblent en somme une adaptation des principes du *Talmud* à la société contemporaine (...). Il faut féliciter grandement Gohier d'avoir osé, au moment où nous sommes, cette publication salutaire, dont les conséquences peuvent être infinies. (...) Je vous dis simplement : Lisez ce livre, vous qui cherchez à comprendre les événements contemporains autrement que comme une suite d'accidents (...). Lisez, et quand vous aurez lu, méditez et surtout propagez ! (...) ». Par la suite, les relations entre Gohier et Daudet se détérioreront. Dans *Les Israélites dans la société française*, « Gygès » (pseudo. de Henry Coston) rappelle l'épisode : « Lorsque Gohier publia en français le texte des fameux "*Protocoles des Sages de Sion*", Daudet consacrait plusieurs "leaders" au prétendu "plan de domination mondiale" que son ami Jacques Bainville qualifiait de "faux grossier" dans les colonnes du *Petit Parisien*. Tout au long de la vive polémique qui s'ouvrit à propos de ce "document", le directeur de *L'Action Française*, qui était alors député de Paris, soutint avec chaleur son confrère de *La Vieille-France*, y allant même parfois de son obole. Puis, un beau jour de 1923 (...), la querelle éclata. Pour Daudet, Gohier ne fut plus que "Dégoulet-Dégueulasse", et pour *La Vieille-France*, le fils d'Alphonse Daudet devint Daoudé-ben-Daoud, le "décerveleur de la putré*faction française*." » (Paris, Documents et Témoignages, 1956, p. 52). Dans une brochure publiée en 1934, *Mon Jubilé, après cinquante ans de journalisme*, U. Gohier raconte la rupture à sa manière : « En 1920, je révélai aux Français les fameux *Protocols des Sages de Sion* ; j'en fis une édition pour la propagande, que je vendais à perte ; aussitôt, M. Lambelin, rédacteur à *L'Action Française*, en fit une édition soignée qu'il vendit à grand profit. Le plaisant fut que, dans son propre journal, son collaborateur Badstadt-Bainville le traita de faussaire : ce qui permit à *L'Action Française* d'amadouer les antijuifs avec Lambelin et d'apaiser les Juifs avec Bainville » (cité par Jean Drault, *Histoire de l'antisémitisme*, Paris, Editions C.L., 1942, p. 146). Sur la rupture, voir également : P. Pierrard, *Juifs et catholiques français, op. cit.*, 1970, p. 239.

(15) A. du Chayla, « Serge Alexandrovitch Nilus et les *Protocols des Sages de Sion* (1909-1920) », *La Tribune Juive*, 2e année, no 72, 14 mai 1921, p. 3 ; Henriette Hurblut, interview in *American Hebrew*, no 16, 4 mars 1921, repris dans *La Tribune Juive*, 2e année, no 66, 1er avril 1921, p. 2. L'article d'A. du Chayla a

différentes[17]. Tous se souviennent aussi du papier jaunâtre[18], ou de nuance jaune[19]. Tous se souviennent encore avoir remarqué, sur la première page du manuscrit, une tâche d'encre : une « grande » ou une « énorme » tâche d'encre bleue[20], en 1904-1905[21] ; « une large tâche d'un lilas très clair ou bleuâtre », précise A. du Chayla, racontant ses entretiens avec S.A. Nilus en 1909. Du Chayla ajoute cette précision : « Je reçus l'impression qu'une fois on y avait renversé un encrier, mais que l'encre avait été enlevée et lavée »[22]. A. du Chayla, qui dit avoir lu chez Nilus le manuscrit, déclare avoir été « frappé de certaines particularités du texte. Il y avait des fautes d'orthographe et, surtout, les tournures n'en étaient pas françaises. Il s'est passé trop de temps depuis lors [de 1909 à 1921] pour que je puisse dire que le texte contenait des "russicismes". Une chose est hors de doute, le manuscrit avait été rédigé par un étranger »[23]. Le témoignage du comte Alexandre du Chayla sur S.A. Nilus et l'origine des *Protocoles* est certainement le plus important et le plus digne de foi (en dépit de certaines erreurs et imprécisions), parmi ceux qui ont été rendus publics au cours du long débat de la première moitié des années 1920. C'est dans le journal russe publié à Paris, *Poslednyia Novosti* [Les Dernières nouvelles], le 12 mai 1921[24], que son témoignage paraît d'abord. Deux jours plus tard,

également été publié en russe dans la revue *Poslednyia Novosti* [Les Dernières Nouvelles], 12 mai 1921 (revue dirigée à Paris par Paul N. Milioukov) ; voir : J.S. Curtiss, *op. cit.*, 1942, p. 69 (et L. Fry, *op. cit.*, 1931, pp. 114-115).

(16) A. du Chayla, *art. cit.*, p. 3 ; Princesse Catherine Radziwill, interview in *American Hebrew*, nº 15, février 1921, repris dans *La Tribune Juive*, 2e année, nº 66, 1er avril 1921, p. 2.

(17) A. du Chayla, *ibid.*

(18) A. du Chayla, *ibid.* ; H. Hurblut, *art. cit.*, p. 2 ; Princesse C. Radziwill, « Les Protocoles des Sages de Sion », *La Revue Mondiale*, 32e année, vol. CXLII, 7e série, 15 mars 1921, nº 6, [pp. 151-155], p. 154.

(19) Princesse C. Radziwill, *art. cit.*, 1er avril 1921, p. 2.

(20) Princesse C. Radziwill, *art. cit.*, 15 mars 1921, p. 154, et 1er avril 1921, p. 2 ; H. Hurblut, *art. cit.*, p. 2.

(21) « Je parle des années 1904 et 1905 » (Princesse C. Radziwill, 1er avril 1921, *ibid.*, et 15 mars 1921, p. 154 : hiver 1905). Sur l'invraisemblance de cette datation, *cf.* H. Rollin, *op. cit.*, 1939, rééd. 1991, p. 478 (les *Protocoles* ayant été publiés en 1903).

(22) A. du Chayla, *art. cit.*, p. 3.

(23) A. du Chayla, *ibid.*

(24) Voir *supra*, note 15. P.M. Milioukov, directeur de *Poslednyia Novosti*, était un historien connu, leader du parti des démocrates constitutionnels, en exil à Paris

le 14 mai, l'hebdomadaire *La Tribune Juive* publie la version française de ce long témoignage, sous le titre « Serge Alexandrovitch Nilus et les *Protocoles des Sages de Sion* (1909-1920) »[25]. L'article d'A. du Chayla est précédé d'une notice de présentation :

« L'auteur de l'article sur Nilus et les *Protocols de Sion* que nous publions ci-dessous, M.A.-M. du Chayla, Français d'origine, capitaine en retraite des Cosaques du Don, a passé toute l'année 1909 au couvent Optina Poustine, où il s'était rendu dans le but d'étudier la vie intérieure de l'Eglise russe. En 1910, M. du Chayla est entré à l'Académie de théologie de Saint-Pétersbourg, dont il suivit les cours pendant quatre ans. Il écrivit quelques études, en français, sur l'histoire de la culture russe, sur les questions slaves et les problèmes de la religion. A partir de 1914, M. du Chayla appartint à l'armée ; il a commandé un détachement de transports à la 101e division de l'infanterie. Dans ses fonctions et pour sa participation directe aux combats, il a reçu les médailles de guerre de Saint-Georges de tous les quatre degrés. De décembre 1916 jusqu'au mois d'août 1917, il a appartenu à la 8e division d'autos blindées. Il a passé de là à l'Etat-Major de la 8e armée, où il est resté jusqu'à la prise du pouvoir par les bolcheviks. En 1918, M. du Chayla a fait partie de l'Etat-Major de l'armée des Cosaques du Don. A partir de 1919, il exerça successivement les emplois d'officier d'Etat-Major attaché aux Affaires diplomatiques et de chef du Département politique »[26].

En raison de son importance, nous reproduisons intégralement l'article d'A. du Chayla, quitte à corriger ou préciser par des notes additionnelles telle ou telle de ses affirmations[27].

(J.S. Curtiss, *op. cit.*, 1942, p. 69). Sur la tentative d'assassinat de Milioukov par le fanatique antisémite P.N. Chabelski-Bork - diffuseur professionnel des *Protocoles* (*cf.* H. Rollin, *op. cit.*, 1991, pp. 605-606) -, le 28 mars 1922 à Berlin, voir : H. Rollin, *ibid.*, p. 193 (qui indique avril 1922) ; W. Laqueur, *op. cit.*, 1965, p. 110 ; N. Cohn, *op. cit.*, 1967, p. 146.

25) *Art. cit.* (*supra*, note 15), pp. 1-7. Voir aussi : Salomon L. Poliakoff, « La lumière est faite. A propos des « Souvenirs » de M.A. du Chayla », *La Tribune Juive*, no 73, 20 mai 1921, p. 1 (et la réplique d'A. Netchvolodow, *op. cit.*, 1924, p. 297).

(26) *Art. cit.*, 14 mai 1921, p. 1.

(27) Ce témoignage a été pris en considération et discuté par la plupart des historiens qui se sont occupés des *Protocoles*, et particulièrement de leurs origines. Voir notamment : H. Rollin, *op. cit.*, 1939, 1991, pp. 478 sq. ; J.S. Curtiss, *op. cit.*, 1942, pp. 68-72 ; W. Laqueur, *op. cit.*, 1965, pp. 100-101 ; N. Cohn, *op. cit.*, 1967, pp. 89-97.

Introduction

Dans les premiers jours d'avril 1921, après l'évacuation de la Crimée et un séjour de 4 mois à Constantinople, je suis arrivé à Lyon. Quel fut mon étonnement de voir parmi les nouveautés, aux vitrines des librairies de la place Bellecour, l'édition française des *Protocols des Sages de Sion*, c'est-à-dire le même livre que Serge Alexandrovitch Nilus, que je connus personnellement, avait édité en 1902[28].

Le vaste avant-propos rédigé par l'éditeur français, Monseigneur Jouin, tend à donner une analyse critique des éditions précédentes, à établir l'origine du document et à déterminer la personnalité de l'éditeur russe. Il contient certaines inexactitudes d'ailleurs bien compréhensibles.

Ensuite, à la lecture des journaux russes paraissant à Paris, je me suis convaincu qu'une polémique s'est engagée dans diverses parties du monde et au sein même de la presse russe autour des *Protocoles.*

L'ensemble de ces observations m'a incité à faire part de mes souvenirs sur S.A. Nilus et son œuvre.

Je dois déclarer ici, afin de n'y plus revenir que les renseignements donnés sur la personne et l'œuvre de S.A. Nilus ont été recueillis au cours de rapports prolongés et immédiats avec lui et des personnes le connaissant bien. De plus, ces sources de renseignements ne peuvent être l'objet de suspicion ni sous le rapport de l'honnêteté ni sous celui de l'impartialité.

Je ne nourris aucun mauvais sentiment à l'égard de Serge Alexandrovitch Nilus et n'ai pas de raison d'en nourrir. C'est pourquoi, sous de nombreux rapports, j'ai conscience d'être obligé d'épargner sa personnalité et de ne toucher sa vie privée que dans les côtés qui en sont connexes à la vie publique et pour autant que le nécessite la révélation de la Vérité, me rappelant la sentence : *Amicus Plato, sed magis amica Veritas.*

I. Comment j'ai connu S.A. Nilus

Vers la fin de janvier 1909, mû par la recherche religieuse, je m'établis, sur le conseil du défunt Métropolite de Saint-Pétersbourg, Monseigneur Antoine, près du célèbre cloître nommé « Optina Poustyne ».

Ce Monastère est situé à six verstes de la ville de Kozelsk dans le

(28) A. du Chayla, ici, se trompe de date : la première édition du livre de Nilus, *Le Grand dans le Petit, l'Antéchrist est une possibilité politique imminente*, date de 1901, et ne contenait pas le texte des *Protocoles* ; c'est seulement dans l'édition de 1905 (2e éd. ; Tsarskoïe Selo, près de Saint-Pétersbourg) que Nilus publie les *Protocoles* dans le chapitre XII de son livre, ainsi que dans les éditions postérieures (1911, 1912, 1917). Voir : H. Rollin, *op. cit.*, 1991, p. 33 ; J.S. Curtiss, *op. cit.*, 1942, pp. 2-3 ; W. Laqueur, *op. cit.*, 1965, p. 101 ; N. Cohn, *op. cit.*, 1967, pp. 71 (mentionne une 2e éd. en 1903 ; ?), 91, 289. L'erreur de datation est répétée par A. du Chayla dans la suite du texte.

gouvernement de Kalouga, entre l'orée d'une grande forêt de sapins et la rive gauche de la Rivière Jizdra. Auprès du monastère se trouve un certain nombre de villas où résidaient les laïcs désireux de vivre à un degré quelconque la vie monastique.

A l'époque à laquelle se rapportent mes souvenirs, la communauté comprenait environ 400 moines qui s'occupaient d'agriculture et menaient aussi une vie contemplative sous la direction spirituelle de 3 « Anciens ».

Il fut un temps où le Monastère d'Optina fut la source d'une influence spirituelle remarquable sur l'un des courants les plus importants de la pensée russe. L'Institut des « Anciens » d'Optina, en la personne des Pères Macaire et Ambroise, fut considéré par les premiers slavophiles comme un centre directeur. Au cimetière monastique, auprès des Pères Macaire et Ambroise, reposent leurs disciples, les deux écrivains frères Kiréevsky. Deux autres célèbres publicistes, Khomiakoff et Aksakoff, visitèrent souvent le monastère, où passa les dernières années de sa vie un autre écrivain célèbre, Constantin Léontieff, devenu oblat.

La bibliothèque monastique garde une très précieuse correspondance avec ces écrivains, ainsi qu'avec Gogol et Dostoïevsky. Ce dernier a immortalisé sous l'image artistique de l'ancien Zocime (dans le roman *Les frères Karamazoff*) les traits vivants du Père Ambroise et son enseignement mystique.

Même L.N. Tolstoï visita souvent Optina, et certainement que tous se souviennent que c'est là que fut l'avant-dernière étape, si mystérieuse et encore non expliquée, de sa vie.

Il ne sera pas superflu de souligner ici que les anciens d'Optina, que j'ai connus, les P.P. Varsonophie, Joseph et Anatole n'avaient rien de commun avec les aventuriers de Cour qui entourèrent le trône du dernier Tsar. Les anciens d'Optina étaient des gens éclairés, pénétrés d'un esprit de charité et de tolérance, toujours libres à l'égard des puissants de ce monde et attentifs à la seule douleur humaine ; proches du peuple et comprenant son affliction illimitée, ils consacraient tout leur temps à consoler les malheureux et les offensés qui par milliers venaient les trouver.

L'existence de cet institut et la prolongation de certaines traditions intellectuelles religieuses attiraient donc à Optina les intellectuels russes que passionnait la recherche religieuse.

Le jour qui suivit mon arrivée, le Supérieur du Monastère, l'Archimandrite Xénophon, me proposa de me faire faire connaissance de M. S.A. Nilus, écrivain religieux, vivant également auprès du Monastère. J'en avais déjà entendu parler à Pétersbourg par M. W.A. Ternawtseff, fonctionnaire pour les missions spéciales auprès du Procureur Général du Saint-Synode et membre de la Société Philosophique religieuse. Il m'en avait parlé comme d'un homme intéressant, mais fort original.

Après dîner, dans l'appartement du Supérieur, je fis connaissance de Serge

Alexandrovitch Nilus. C'était un homme de 45 ans, un vrai type russe, grand et fort, avec une barbe grise et des yeux profonds, bleus, mais comme légèrement couverts d'un voile trouble. Il était en bottes et vêtu d'une chemise russe, ceinte d'un ruban brodé d'une prière.

S.A. Nilus parlait fort bien le français, ce qui était alors très précieux pour moi. Nous étions tous deux fort contents d'avoir fait connaissance et je ne manquais pas de profiter de son invitation. Il habitait une grande villa de 8-10 pièces, où demeuraient avant les évêques retraités. La maison était entourée d'un grand jardin fruitier clos d'une palissade de bois, au-delà de laquelle noircissait la forêt. Serge Alexandrovitch et sa famille composée de trois personnes n'occupaient que quatre pièces ; dans les autres se trouvait un asile entretenu sur la pension que le ministère de la Cour payait à la femme de S.A. Nilus. Cet asile abritait toutes sortes d'estropiés, d'idiots et de possédés, attendant une guérison miraculeuse. En un mot, cette partie de la maison était une véritable Cour des Miracles.

Le logement de Nilus était meublé dans le genre des vieilles demeures seigneuriales avec quantité de portraits impériaux portant des autographes et donnés à la femme de Nilus ; il y avait quelques bons tableaux et une importante bibliothèque touchant toutes les branches de la connaissance humaine. Il y avait aussi un oratoire où Nilus célébrait, selon le rite des laïcs, le culte domestique. Dans la suite, l'évocation de tout cela s'unissait toujours dans mon imagination avec ces hermitages de vieux croyants que nous a dépeints Lieskoff.

La famille Nilus provenait d'un émigré suédois venu en Russie au temps de Pierre Ier. Serge Alexandrovitch assurait qu'en ligne féminine coulait dans ses veines le sang de Maliouta Skouratoff (le bourreau d'Ivan le Terrible). Peut-être est-ce pour cela qu'étant lui-même grand admirateur du servage et de la fermeté antique, il aimait à défendre la mémoire du Terrible.

Personnellement Nilus était un propriétaire ruiné du Gouvernement d'Orel. Il était voisin de terres avec M.A. Stakhovitch, dont il parlait souvent, d'ailleurs pas en bons termes, à cause de « sa libre pensée ». Son frère, Dmitry Alexandrovitch Nilus, était président du Tribunal de Moscou. Les deux frères étaient ennemis. Serge Alexandrovitch tenant Dmitry pour un athée et celui-ci considérant Serge comme un fou.

S.A. Nilus était certainement un homme instruit. Il avait terminé avec succès le cours de la Faculté de droit à l'Université de Moscou. De plus, il possédait à la perfection le français, l'allemand et l'anglais et connaissait à fond la littérature contemporaine étrangère.

Ainsi que je l'appris plus tard, S.A. Nilus ne pouvait s'entendre avec personne. Son caractère tumultueux, cassant et capricieux, l'avait obligé à abandonner le service au ministère de la Justice, où il avait reçu un poste de juge d'instruction en Transcaucasie, sur la frontière de Perse. Il avait essayé d'un [*sic*] faire-valoir dans sa propriété, mais il s'était trouvé trop intellectuel pour cela. Il se passionna pour la philosophie de Nietzsche, l'anarchisme théorique et la négation radicale de la civilisation actuelle[29]. Dans un tel état d'esprit S.A. Nilus ne pouvait vivre en Russie. Il partit pour l'Etranger avec une dame K.[30] et vécut ainsi longtemps en France, en particulier à Biarritz, tant que son intendant ne lui eût appris que sa propriété d'Orel et lui-même étaient ruinés.

C'est alors, aux environs de 1900, que sous l'influence de déboires matériels et de graves épreuves morales, il vécut une crise spirituelle qui l'amena au mysticisme. Il en sera question plus bas.

S.A. Nilus me présenta à sa femme, Hélène Alexandrovna Ozerova, ancienne demoiselle d'honneur de l'impératrice Alexandra Féodorovna ; elle était fille de M. Ozeroff, Maître de la Cour et ancien ministre de Russie à Athènes. Son frère, le Major-Général David Alexandrovitch Ozeroff, était Maréchal du Palais d'Anitchkoff.

Mme H.A. Nilus, était, au plus haut point, une femme bonne, soumise, et absolument subordonnée à son mari jusqu'à complète abnégation de soi-même, au point d'être dans les meilleurs rapports avec l'ancienne amie de M. Nilus, Madame K., qui, s'étant aussi ruinée, avait également trouvé asile chez eux, dans leur apportement personnel.

C'est ainsi que mes relations avec S.A. Nilus, commencées dans ces conditions, continuèrent pendant 9 mois de mon séjour à Optina jusqu'au 10 novembre 1909. Quand j'y revins dans la suite je faisais toujours mes

(29) Voir : *Les « Protocols »*..., éd. Jouin, *op. cit.*, 1920, deuxième séance, p. 42 : « Considérez le succès de Darwin, Marx et Nietzsche, préparé par nous. » Ce passage n'est pas un emprunt au *Dialogue* de Maurice Joly (H. Rollin, *ibid.*, p. 413). Mais l'on peut faire deux hypothèses sur sa présence (contrairement à : H. Rollin, *ibid.*, pp. 337-338) : la référence à Nietzsche pourrait être une interpolation due à Nilus, et la référence à Darwin provenir d'un des nombreux textes d'Elie de Cyon consacrés à la critique du darwinisme (voir H. Rollin, *ibid.*, pp. 413, 424). Voir par exemple : E. de Cyon, *Dieu et Science. Essais de psychologie des Sciences*, Paris, F. Alcan, 1910, IIIe partie : « Evolution et transformisme », pp. 263-382 (où l'auteur reprend et développe ses critiques publiées dans les deux dernières décennies du XIXe siècle).

(30) A. du Chayla précisera plus tard qu'il s'agissait de Mme Natalia Afanassievna Komarovsky, la maîtresse de S.A. Nilus (*cf.* K. Bergmeister, *Le plan juif de conspiration mondiale*, Erfurt, U. Bodung-Verlag, 1937, p. 6). Comme la suite du témoignage le précise, Mme Komarovsky habitera à Optina Poustyne avec S.A. Nilus et son épouse, Hélène Alexandrovna Ozerova, une « sainte femme » (« une amie intime de Nilus et de sa femme », écrit A. Netchvolodow, *op. cit.*, 1924, p. 293 n. 1). Voir aussi le témoignage de la comtesse Kachkina, in N. Cohn, *op. cit.*, 1967, p. 98 (qui décrit Nilus vivant entouré de sa femme légitime et de ses deux maîtresses, dont « sa première compagne, une femme divorcée », Mme K.). Sur le mariage de Nilus, voir : N. Cohn, *ibid.*, p. 90 (et H. Rollin, *ibid.*, p. 480).

visites à S.A. Nilus, mais bientôt son intolérance à l'égard des « hérétiques » me força de suspendre nos rapports.
En 1918, il habitait à Kieff l'hôtellerie du Monastère de femmes, dit de la Protection de la Sainte Vierge. J'ai appris que l'hiver de 1918-1919, après la chute du Hetman, il aurait passé en Allemagne et aurait habité Berlin. Ces renseignements me furent confirmés en partie en Crimée par l'ancienne demoiselle d'honneur Kartzeva, sœur supérieure du Lazaret de la Croix Blanche où je me trouvais.

II. « La charte du Royaume de l'Antéchrist »*

Dès leur début, mes rapports avec S.A. Nilus furent marqués par des discussions sans fin. C'est qu'en nous se rencontraient les adversaires les plus décidés qu'il soit, des gens qui marchent vers une même idée en partant de points opposés, prétendant également la posséder et lui être fidèles.
De sa pensée antérieure anarchiste, S.A. Nilus avait conservé la négation absolue de la civilisation contemporaine ; et cette attitude négative il l'adoptait à l'égard de la pensée religieuse en rejetant la possibilité d'appliquer des procédés scientifiques à la connaissance religieuse. Il protestait contre les Académies Ecclésiastiques, tendait vers la « foi du charbonnier » et montrait une grande sympathie pour les « Vieux Croyants » dont il identifiait la confession avec la foi sans mélange de science et de civilisation. Il rejetait tout cela avec la culture contemporaine, considérant dans toutes ses manifestations « l'abomination de la désolation dans le Lieu Saint » et la préparation de l'avènement de l'Antéchrist qui coïncidera avec le plus haut développement de la « pseudo-civilisation chrétienne ».
Contrairement à cette thèse, ce sont les courants libéraux du Christianisme Occidental, ces courants qui lavent les Eglises des couches historiques artificielles et étrangères à l'enseignement du Christ - qui m'avaient porté dans le sillage de l'Orthodoxie. Le Modernisme et la critique ancienne-catholique, comme méthodes indépendantes de connaissance scientifique de la religion, avaient restauré dans ma conscience l'image de la véritable Eglise chrétienne. Sa révélation ultérieure s'était effectuée sous l'influence de A.S. Khomiakoff et de W.S. Solovieff et d'autres représentants plus nouveaux de la pensée religieuse russe.
Cependant, en dépit de nos discussions passionnées, S.A. Nilus me pardonnait beaucoup d'« erreurs ». Mon séjour près du Monastère et mes bons rapports avec les « Anciens » en étaient la cause ; c'est pourquoi, en attendant, il ne me vouait pas encore à l'excommunication, mais s'efforçait de me « convertir ».
Le troisième ou le quatrième jour après avoir fait connaissance, pendant

* Les expressions entre guillemets appartiennent à S.A. Nilus.

une discussion habituelle sur les rapports entre la civilisation et le Christianisme, S.A. Nilus me demanda si j'avais connaissance des *Protocoles des Sages de Sion* édités par lui. Je répondis négativement.
Alors, S.A. Nilus prit dans sa bibliothèque son livre et se mit à me traduire en français les endroits les plus remarquables du texte et de ses commentaires. Il observait en même temps l'expression de mon visage, car il présumait que je serais abasourdi par cette révélation. Lui-même fut assez troublé quand je lui déclarai qu'il n'y avait rien de nouveau pour moi et que visiblement ce document devait être proche parent des pamphlets d'Edouard Drumont ou de la vaste mystification de Léo Taxil, à laquelle s'était laissé prendre tout l'univers catholique, sans en excepter Léon XIII, homme si intelligent et perspicace.
S.A. Nilus fut ému et déçu ; il m'objecta que j'en jugeais ainsi parce que ma connaissance des *Protocoles* revêtait un caractère superficiel et fragmentaire, de plus, la traduction verbale affaiblit l'impression. Il est indispensable que l'impression soit pleine. Or il me serait facile de prendre connaissance des *Protocoles*, car leur original était rédigé en français.
S.A. Nilus ne gardait point chez lui le manuscrit des *Protocoles* craignant qu'il ne lui fût volé par les Juifs. Je me rappelle comme il m'amusa et quelle inquiétude l'agita quand un pharmacien juif de Kozelsk, venu se promener avec quelqu'un des siens dans la forêt monastique, cherchant le chemin le plus court pour gagner le bac, se trouva par mégarde dans le jardin de Nilus. Notre pauvre Serge Alexandrovitch fut longtemps convaincu que le pharmacien était venu effectuer une reconnaissance.
Plus tard j'appris que le cahier contenant les *Protocoles* se trouvait en dépôt jusqu'en janvier 1909 chez le Prêtre Moine Daniel Bolotoff (portraitiste assez renommé à Pétersbourg) et, après sa mort, au Skyte de Saint-Jean-le-Précurseur, se trouvant à une demi-verste du Monastère, chez le Moine Alexis (ancien ingénieur).
Quelque temps après notre première conversation concernant les *Protocoles de Sion*, vers 4 heures de l'après-midi, une des infirmes de l'asile Nilus m'apporta un billet : S.A. me priait de venir le voir pour affaire urgente.
Je trouvai Serge Alexandrovitch dans son cabinet de travail ; il y était seul, sa femme, [et] Madame K., étant allées aux vêpres. Le crépuscule tombait, mais il faisait clair, car la neige couvrait la terre. Je remarquai sur sa table à écrire une sorte d'assez grande enveloppe en étoffe noire décorée d'une grande croix à trois branches et de l'inscription « Par ce signe Tu vaincras ». Une petite icône de l'Archange Mikhaïl, en papier, était aussi collée sur cette enveloppe. Visiblement, tout cela avait un caractère d'exorcisme.
Serge Alexandrovitch se signa trois fois devant la grande icône de la Mère de Dieu de Smolensk, copie de la célèbre icône devant laquelle pria l'Armée Russe la veille de Borodino, et ouvrit l'enveloppe dont il retira un cahier

dans une reliure de cuir. J'appris ensuite que l'enveloppe et la reliure avaient été préparées dans l'atelier du Monastère sous la surveillance immédiate de Nilus qui apportait et emportait lui-même le manuscrit, craignant qu'il ne fût volé. La croix et autres symboles avaient été dessinés par Hélène Alexandrovna sur les indications de son mari.

« La voilà - dit S.A. Nilus - la charte du Royaume de l'Antéchrist. »

Il ouvrit le cahier.

Sur la première page on remarquait une large tache d'un lilas très clair ou bleuâtre. Je reçus l'impression qu'une fois on y avait renversé un encrier, mais que l'encre avait été enlevée et lavée. Le papier était épais et jaunâtre ; le texte écrit en français de mains différentes et - me semble-t-il - avec des encres différentes.

« Voilà, dit Nilus, pendant les séances du Kahal, à des époques différentes, diverses personnes remplissaient les fonctions de secrétaire, d'où diverses écritures. »

Visiblement, Serge Alexandrovitch voyait en cette particularité comme une preuve de ce que ce manuscrit était un texte original. Cependant, il n'avait point à cet égard d'opinion constante, car je l'entendis dire une autre fois que ce manuscrit n'est qu'une copie.

Après m'avoir montré le manuscrit, Serge Alexandrovitch le posa sur la table, l'ouvrit à la première page et me donnant son fauteuil dit : « Eh bien, maintenant, lisez ! »

En lisant le manuscrit je fus frappé de certaines particularités du texte. Il y avait des fautes d'orthographe et, surtout, les tournures n'en étaient pas françaises. Il s'est passé trop de temps depuis lors pour que je puisse dire que le texte contenait des « russicismes ». Une chose est hors de doute, le manuscrit avait été rédigé par un étranger.

Pendant deux heures et demie se prolongea ma lecture. Quand j'eus terminé, S.A. Nilus prit le cahier, le remit dans son enveloppe et l'enferma dans le tiroir de sa table à écrire.

Pendant la lecture, Hélène Alexandrovna Nilus et Madame K. étaient revenues de l'église, de sorte qu'au moment où je terminais, le thé était servi. Je ne savais pas à quel point Madame K. était initiée au secret du manuscrit, de sorte que je me taisais. Or, Nilus désirait vivement connaître mon opinion, et, me voyant gêné, il devina exactement la cause de mon silence :

« Allons, dit-il en plaisantant, Thomas l'incrédule, avez-vous la foi maintenant que vous avez touché, vu et lu les *Protocoles*. Dites-nous votre opinion. Ici, il n'y a pas d'étrangers ; ma femme sait tout et, pour ce qui est de Madame K., c'est donc grâce à elle qu'ont été découverts les complots des ennemis du Christ. D'ailleurs, ici, il n'y a pas de mystère. »

Je fus très intéressé. Etait-il donc possible que les *Protocoles* fussent parvenus par Madame K. en la possession de Nilus ? Il me semblait étrange que cette femme extrêmement obèse jusqu'à presque entière immobilité, brisée par les épreuves et la maladie, eût pu pénétrer dans le « Kahal secret des Sages de Sion »[31].

« Oui, - dit Nilus, Madame K. a vécu très longtemps à l'étranger, en France même. C'est là-bas, qu'à Paris, elle a reçu d'un Général russe ce manuscrit, et elle me l'a transmis. Ce Général a réussi à l'arracher aux archives maçonniques. »

Je m'informais si le nom de ce Général était un secret.

« Non - répondit Nilus, c'est le Général Ratchkovsky*, un brave homme, très actif, qui a beaucoup fait en son temps pour arracher l'aiguillon aux ennemis du Christ. »

Alors je me souvins que, encore en France, quand je prenais des leçons de langue et de littérature russe chez un émigré étudiant en lettres, nommé Ezopoff, ce dernier m'avait raconté que la police politique russe ne laissait pas en paix les révolutionnaires même sur la terre française et qu'à la tête de la police avait été un certain Ratchkovsky.

Je demandai à S.A. Nilus, si le Général Ratchkovsky n'avait pas été chef de la police politique russe en France.

Serge Alexandrovitch fut surpris et même quelque peu mécontent de ma question[32] ; il répondit d'une façon indéfinie, mais souligna fortement que Ratchkovsky lutta avec abnégation contre la maçonnerie et les sectes sataniques.

Avant tout, Serge Alexandrovitch voulait connaître l'impression produite par la lecture.

Je lui déclarai sans ambages que je demeurais sur ma position antérieure ; je ne crois pas aux « Sages de Sion ». Tout cela est du domaine de « Satan démasqué », du « Diable au XIXe siècle » et autres mystifications[33].

Le visage de Serge Alexandrovitch s'assombrit.

« Vous êtes vraiment sous l'influence du diable - dit-il. La plus grande ruse de Satan est de faire nier non seulement son influence sur les choses de ce monde, mais jusqu'à son existence. Que diriez-vous donc si je vous

* Ratchkovsky était un Général au titre civil - Conseiller d'Etat actuel [note de *La Tribune Juive*].

(31) Il s'agit des prétendues « archives secrètes de la Chancellerie centrale de Sion, qui actuellement se trouve en France » (S.A. Nilus, *op. cit.*, 1905, p. 394 ; cité par N. Cohn, *op. cit.*, 1967, p. 73).

(32) Sur les vraisemblables contacts secrets entre Ratchkovsky et Nilus, voir : N. Cohn, *ibid.*, p. 91-92.

(33) Référence, notamment, à la mystification de Léo Taxil ; voir : Eugen Weber, *Satan franc-maçon*, Paris, Julliard, coll. « Archives », 1964 ; Jean-Pierre Laurant, « Le dossier Léo Taxil du fonds Jean Baylot de la Bibliothèque nationale », *Politica Hermetica*, n° 4, 1990, pp. 55-67. Et les remarques de H. Rollin, *ibid.*, pp. 349-351, et de N. Cohn, *ibid.*, p. 52.

montrais comment ce qui est dit dans les *Protocoles* s'accomplit, comment partout apparaît le mystérieux signe de l'Antéchrist proche, comme partout se fait sentir l'avènement prochain de son Règne ? »

Serge Alexandrovitch se leva et tous nous passâmes dans son cabinet. Il prit son livre et un dossier, apporta de sa chambre un petit coffre que j'ai appelé plus tard le « Musée de l'Antéchrist ». Il se mit de nouveau à lire des fragments de son livre et des matériaux préparés pour l'édition. Il lisait tout ce qui pouvait exprimer l'attente eschatologique du Christianisme contemporain : les songes du Métropolite Philarète, des citations d'une encyclique de Pie X ; des prédictions de Saint-Séraphin de Saroff et de saints catholiques romains, des fragments d'Ibsen, de Solovieff et de Merejkovsky.

Il lut très longtemps.

Ensuite, il passa aux « pièces à conviction ». Il ouvrit son coffret. Dans un désordre indescriptible s'y trouvaient des faux-cols, des caoutchoucs, des ustensiles de ménage, des insignes de diverses écoles techniques, même le chiffre de l'Impératrice Alexandra Féodorovna et la croix de la Légion d'honneur. Sur tous ces objets son hallucination lui montrait le « sceau de l'Antéchrist », sous l'aspect d'un triangle ou de deux triangles croisés. Sans parler des caoutchoucs de la Fabrique de Riga « Treougolnik » (Triangle), la combinaison de deux initiales russes stylisées de l'Impératrice régnante (« A » et « θ »), ainsi que la croix à cinq branches de la Légion d'honneur se réflétaient dans son imagination enflammée comme deux triangles croisés - le signe de l'Antéchrist et le sceau des Sages de Sion. Il était suffisant qu'un objet portât une marque de fabrique évoquant même peu distinctement les contours d'un triangle, pour qu'il entrât dans son musée.

Presque toutes ces observations sont entrées dans son édition des *Protocols* de 1911.

Avec une émotion et une inquiétude grandissantes, sous l'influence d'une sorte de terreur mystique, mon interlocuteur m'expliqua que le signe du « Fils de l'iniquité » a tout souillé, qu'il flamboie même dans les dessins des ornements d'églises et dans les rinceaux de la grande icône qui se dresse derrière l'autel dans l'église du Skyte.

Je sentais une sorte d'effroi.

Il était près de minuit. Le regard, la voix, les gestes semblables à des réflexes, tout dans S.A. Nilus créait la sensation que nous marchions au bord d'un gouffre et qu'il ne fallait encore qu'un moment pour que sa raison se dissolve dans la démence.

Un fait psychologiquement extrêmement curieux se produisit.

Je tâchais de calmer S.A. Nilus, de lui démontrer que dans les *Protocoles* mêmes il n'est pas question de ce signe sinistre, et c'est pourquoi il n'y a entre eux aucun rapport. Je m'efforçais de le convaincre qu'il n'avait

L'édition Roger Lambelin chez Bernard Grasset (1921, 1925, etc.) présente cette image comme le fac-similé de la couverture de l'édition russe des *Protocoles* de 1912. Il s'agit en fait d'un talisman « contre les forces du mal » repris d'une édition (1911 ou 1912) du livre de Serge Nilus, *Velikoie v Malom i Antikhrist*, où se retrouve le texte intégral des *Protocoles*.

rien découvert, parce que ce signe est noté dans tous les travaux d'occultisme depuis Hermès Trismégiste et Paracelse, qui n'étaient pas des « Sages de Sion », jusqu'à nos contemporains Papus, Stanislas de Guaïta, etc., qui n'étaient pas juifs. Du reste le fameux « signe de l'Antéchrist » ne contient rien d'antichrétien, exprimant la descente de la Divinité dans l'Humain et l'ascension de l'Humanité vers le Divin.

Serge Alexandrovitch notait fiévreusement mes arguments et bientôt je vis que ma tentative de le ramener à la raison, loin d'atteindre le but, avait seulement exaspéré jusqu'à l'extrême limite ses sensations morbides.

Quelques jours plus tard, il expédiait à Moscou, à la librairie Gauthier, une grande commande de livres concernant les sciences hermétiques, et 2 ans plus tard, en 1911, parut la 3e édition[34] des *Protocoles* avec de nouvelles données tirées de l'occultisme et des illustrations empruntées aux auteurs cités. Sur la couverture, sous un titre nouveau : « Près de l'Antéchrist qui est proche ou le Royaume du diable sur la terre », on voyait la carte du Roi dans le jeu de Tarot avec cette inscription : « Le voilà l'Antéchrist ! »

Ainsi le portrait même n'y manquait pas.

Je terminerai ce chapitre par deux traits qui caractérisent assez nettement la physionomie de S.A. Nilus.

En 1909, pendant mon séjour à Optina, se déroulait à Pétersbourg le procès du Conseiller d'Etat actuel Lopoukhine, ancien Directeur du Département de Police. Involontairement, le sous-sol policier de l'Ancien Régime s'ouvrait à la curiosité publique. Je demandais à Serge Alexandrovitch, lui rappelant ce que j'avais entendu dire du « Général Ratchkovsky » :

- « Ne pensez-vous pas, Serge Alexandrovitch, qu'un Azef quelconque a pu duper le Général Ratchkovsky et que vous opérez sur des faux. »

- « Vous connaissez - rédondit-il, - ma citation préférée de saint Paul : « La force de Dieu s'accomplit dans la faiblesse humaine. » Admettons que les *Protocols* soient faux. Mais est-ce que Dieu ne peut pas s'en servir pour découvrir l'iniquité qui se prépare ? Est-ce que l'ânesse de Balaam n'a pas prophétisé ? Est-ce que Dieu, en considération de notre foi, ne peut pas transformer des os de chien en reliques miraculeuses ? Il peut donc mettre dans une bouche de mensonge l'annonciation de la vérité ! »

En juin-juillet 1909, les journaux russes annonçaient la seconde révolution jeune-turque. L'armée de Mahmoud-Schefket-Pacha s'approchait de Constantinople. Un jour, je vins voir Serge Alexandrovitch et le trouvais dans un état d'excitation extraordinaire. Devant lui se trouvait déployée la carte d'Europe donnée en supplément par le *Rousskoié Znamia* dont

(34) Il s'agit en fait de la 3e édition du *Grand dans le Petit*, et de la 2e éd., par Nilus, des *Protocoles* (inclus dans l'ouvrage pré-cité).

il est question à la page 128 de l'édition française des *Protocoles*[35]. Sur cette carte est représenté un serpent rampant et se trouve tracé son chemin historique à travers les Etats d'Europe qu'il a conduits. Constantinople est la dernière étape avant Jérusalem.
Je demandais à Serge Alexandrovitch :
- « Qu'est-il arrivé ? »
- « La tête du serpent s'approche de Constantinople, répondit-il ».
Ensuite, S.A. Nilus se rendit à l'église commander un service propitiatoire pour que Dieu accordât la victoire au Sultan. Le prêtre hebdomadaire ne consentit pas à commémorer le serviteur de Dieu Abdoul-Hamid. Nilus s'en fut se plaindre à l'« Ancien » Varsonophie, qui dut, d'ailleurs bien en vain, employer beaucoup d'efforts pour le convaincre que le Sultan Rouge recevait une juste punition de ses massacres de chrétiens et de ses persécutions contre nos coreligionnaires. Au reste, Serge Alexandrovitch ne se calma point et revint dans une grande colère et vraiment révolté des raisonnements de l'« Ancien ».

III. Comment A.S. Nilus édita les *Protocoles*

En commençant l'exposé de mes souvenirs sur S.A. Nilus et les *Protocoles des Sages de Sion*, je concevais que les données dont je dispose ne sont que des matériaux pour ceux qui, se fondant sur un éclaircissement de tous les aspects du problème, pourront solutionner la question d'origine de ces *Protocoles.* C'est pourquoi j'ai fermement décidé de ne pas entrer en polémique ni avec l'éditeur français, ni avec les organes de presse qui ont traité de cette question.
Cependant, j'estime absolument indispensable, avant d'exposer l'enchaînement de circonstances qui rendit S.A. Nilus possesseur des *Protocoles*, de porter l'attention du lecteur sur une particularité de l'édition de 1917, qui a été relevée par Monseigneur Jouin. J'ai en vue la déclaration de S.A. Nilus, que le manuscrit lui aurait été remis *par le Maréchal de Noblesse Alexis Nicolaïevitch Soukhotine*. Cette version contredit l'autre déclaration que me fit Serge Alexandrovitch, selon laquelle le manuscrit fut reçu de Ratchkovsky par Madame K.

(35) Voir : Mgr Jouin, *Le Péril judéo-maçonnique*, vol. IV : *Les « Protocols » de 1901 de G. Butmi, op. cit.*, 1922, pp. 128-130 (description par G. Butmi des étapes du trajet mondial du « Serpent symbolique »). Le dessin de référence n'est pas reproduit dans l'édition de 1922 ; on le trouve dans la réédition des *Protocoles*, en 1934, par la Ligue « Franc-Catholique », de la version Butmi, pour illustrer le début de la « 27e séance », consacrée au « Serpent symbolique » (*op. cit.*, pp. 136-137) : « Lorsque ce cercle [du « Serpent symbolique, symbole de notre peuple »] sera définitivement fermé, tous les Etats de l'Europe se trouveront enserrés comme par de fortes griffes » (p. 138). Voir la reproduction du dessin, in N. Cohn, *ibid.*, planche 3 ; et tome II.

Connaissant la vie intime de Nilus, je comprends fort bien qu'il ne pouvait mettre en lumière, dans un écrit public, Madame K. ; la mystérieuse dame, dont il est question dans ses éditions.

Je suis éloigné de penser que A.N. Soukhotine soit un personnage mythique, mais je suis convaincu qu'il fut l'intermédiaire, le courrier chargé par Madame K., se trouvant alors en France, de remettre le précieux manuscrit à S.A. Nilus qui se trouvait déjà en Russie. Pour des considérations d'ordre intime Soukhotine devint le paravent cachant au lecteur la dame mystérieuse, Madame K.

En ce qui concerne la transmission du manuscrit, elle eut lieu dans les circonstances suivantes :

En 1900, Serge Alexandrovitch Nilus, absolument ruiné, rentra en Russie converti. Il se mit à voyager, plus exactement à faire des pèlerinages, de monastère en monastère, se nourrissant parfois de seul pain bénit. C'est alors qu'il écrivit ses *Notes d'un Orthodoxe ou le Grand dans le Petit*[36], qui grâce au concours de l'Archimandrite (ensuite évêque et archevêque de Vologda) Nicone furent imprimées dans les *Feuillets de la Trinité* à Serghiev Possad (70 verstes de Moscou) et en brochure détachée.

Ce petit livre, décrivant la conversion d'un intellectuel athée et le processus de sa renaissance mystique, fut l'objet de comptes rendus donnés par le directeur des *Moskovskia Viédomosti*, M.L. Tikhomiroff, un révolutionnaire russe converti et par l'Archimandrite Nicone dans la *Semaine Religieuse* de Moscou. Ces notes de la presse bien-pensante parvinrent jusqu'à la grande-duchesse Elisabeth Féodorovna qui s'intéressa à l'auteur.

La grande-duchesse Elisabeth Féodorovna avait toujours lutté contre les aventuriers mystiques qui entouraient Nicolas II et surtout contre l'influence du magnétiseur lyonnais Philippe[37]. Elle n'aimait pas le confesseur de leurs Majestés, l'archiprêtre Yanyscheff qui n'avait su préserver le tsar de ces influences mystiques malsaines. La grande-duchesse pensait que S.A. Nilus, comme russe et mystique orthodoxe, pourrait avoir une influence favorable sur le tsar.

Le Major-Général Michel Pétrovitch Stépanoff, frère de Philippe Pétrovitch Stépanoff, procureur du Comptoir Synodal à Moscou, et parent éloigné de la famille Ozeroff, était attaché à la personne d'Elisabeth Féodorovna dont il possédait toute la confiance, de sorte qu'il resta attaché à sa personne même quand la grande-duchesse prit le voile. C'est par son intermédiaire que Serge Alexandrovitch fut envoyé à Tsarskoié Siélo et

(36) Il s'agit de la première édition du *Grand dans le Petit* (1901), ne contenant pas les *Protocoles* (N. Cohn, *ibid.*, p. 89).

(37) Sur le guérisseur Philippe, introduit à la cour par le « mage Papus », voir : H. Rollin, *ibid.*, pp. 432 sq. ; sur l'antipathie de la grande-duchesse Elisabeth Feodorovna à l'égard de Philippe, voir : H. Rollin, *ibid.*, pp. 479-480, W. Laqueur, *ibid.*, p. 100, et N. Cohn, *ibid.*, p. 90.

présenté à la demoiselle d'honneur Hélène Alexandrovna Ozeroff. Cela se passait en 1901.

Quand Serge Alexandrovitch avait quitté la France, il y avait laissé à Paris une personne fort proche, Madame K. Ayant perdu presque toute sa fortune, abattue par la séparation, la malheureuse femme s'inclina aussi du côté du mysticisme et s'intéressa aux petites chapelles occultistes de Paris. C'est dans ces conditions qu'elle aurait reçu de Ratchkovsky, lequel fréquentait également dans ces cercles, le manuscrit des *Protocoles des Sages de Sion* qu'elle expédia à Nilus.

Il est fort possible que Ratchkovsky, qui s'efforçait à ce moment, dit-on, d'annihiler l'influence de Philippe sur le Tsar, ayant été informé du rôle que l'on prédestinait à S.A. Nilus, eut un désir de profiter de la circonstance pour éliminer définitivement Philippe et s'assurer les bonnes dispositions du nouveau favori. Quoi qu'il en soit, quand, en 1901, S.A. Nilus vint à Tsarskoié, il était déjà en possession des *Protocoles.*

S.A. Nilus produisit une forte impression sur H.A. Ozerova et la coterie de Cour adverse de Philippe. C'est grâce à l'aide de ces personnes qu'il fit paraître en 1902 la première édition des *Protocoles*, à titre d'annexes au texte transformé de sa brochure sur ses propres expériences religieuses. Le livre parut sous le titre : *Le Grand dans le Petit et l'Antéchrist comme possibilité politique proche*[38].

Le livre fut alors présenté à l'impératrice et au tsar.

Simultanément, en rapport avec la campagne menée contre Philippe, ses adversaires conçurent la combinaison suivante : le mariage de S.A. Nilus et H.A. Ozerova, son ordination et introduction auprès de l'empereur dont il serait devenu le confesseur. L'affaire marchait si bien que S.A. Nilus avait déjà commandé ses vêtements de prêtre.

Je me souviens qu'au printemps de 1909 on mettait à l'air divers vêtements dans lesquels je remarquai les soutanes de Nilus confectionnées en 1902.

Cependant, le parti Philippe réussit à parer le coup en informant les autorités ecclésiastiques de l'existence d'un empêchement canonique, dont la nature m'est connue, prohibant l'ordination de S.A. Nilus.

Après cela, Nilus tomba en disgrâce et dut s'éloigner de Tsarskoié-Siélo. De nouveau, sans d'autres ressources que les maigres honoraires reçus pour sa collaboration aux *Feuillets de la Trinité*, il recommença à errer de monastère en monastère. Le mariage était impossible, car H.A. Ozerova ne possédait d'autres ressources que la pension, liée avec la charge de cour et le service diplomatique de feu son père, pension dont elle eût été privée si elle se fût mariée.

En 1905, il n'y avait déjà plus l'influence de Philippe, hostile à Nilus. Les

(38) Erreur déjà commise par A. du Chayla : la première édition des *Protocoles* par Nilus est contenue dans la deuxième édition, en 1905, du *Grand dans le Petit*.

amis de H.A. Ozerova à la Cour obtinrent de Nicolas II le consentement impérial à ce qu'il lui fut concédé le droit de recevoir sa pension, même au cas où elle se marierait. C'est alors aussi que par les soins de H.A. Ozerova parut la deuxième édition des *Protocoles*, avec de nouveaux matériaux concernant Saint-Séraphin de Saroff. Il me souvient que cette édition portait un titre modifié ; elle parut à Tsarskoié-Siélo et, me semble-t-il, sous les auspices de la communauté locale de la Croix-Rouge, avec laquelle était en rapport H.A. Ozerova[39].

S.A. Nilus épousa H.A. Ozerova, mais l'empêchement canonique dont il a été question demeurait en vigueur et il était impossible de penser au sacerdoce ou à une influence spirituelle sur le tsar. Au reste, S.A. Nilus était un homme trop simple et trop rude pour exercer une influence prolongée sur le tsar et je doute même que personnellement il en eût le désir.

Après leur mariage, les Nilus abandonnèrent pour toujours Tsarskoié et Pétersbourg ; ils s'installèrent d'abord près du monastère de Valdaï et ensuite, en 1907, près d'Optina Poustyne, où je les trouvais en 1909.

Leur genre de vie, je l'ai dit, était des plus modestes et la plus grande partie de la pension de 6 000 roubles, reçue par Hélène Alexandrovna, était affectée à l'entretien des pèlerins, des idiots et des infirmes qui trouvaient asile chez eux. C'est chez eux aussi qu'après sa ruine définitive, se réfugia, malade, Madame K., grâce à laquelle virent le jour et firent assez de bruit et de mal, les *Protocoles des Sages de Sion*, la remarquable découverte du « général Ratchkovsky ».

IV. L'église russe, l'opinion russe et les *Protocoles de Sion*

Les deux premières éditions (1902-1905)[40] des *Protocoles* passèrent complètement inaperçues. Il me semble que seulement en 1907, L. Tikhomiroff répondit à leur apparition, en insérant dans ses *Moskovskia Viédomosti* un article de fond d'un caractère eschatologique, intitulé : « Hannibal est aux portes ». Peut-être est-ce l'édition de Boutmy, parue en 1907, qui en fut le prétexte[41].

(39) L'exactitude de ce détail montre que la mémoire d'A. du Chayla, douze années après les événements rapportés, demeure fidèle (*cf.* N. Cohn, *ibid.*, p. 91).
(40) Encore les mêmes erreurs de date, pour la première édition tant du *Grand dans le Petit* (1901) que des *Protocoles* par Nilus (1905).
(41) La version de G. Boutmi des *Protocoles* parut en 1906 sous le titre : *Les ennemis du genre humain* [ou : « de la race humaine »], dont trois tirages eurent lieu en 1906 ; une « 4e édition » revue et complétée parut en 1907, également à Saint-Pétersbourg, à l'Imprimerie de l'Institution des Sourds-Muets (*cf.* H. Rollin, *ibid.*, p. 35 ; J.S. Curtiss, *op. cit.*, 1942, p. 3 ; N. Cohn, *ibid.*, pp. 70-71 ; et Mgr Jouin, *op. cit.*, vol. IV, 1922, p. 1).

Les revues théologiques, qu'éditaient nos Académies de théologie, ne dirent mot ni de ces éditions, ni des suivantes. Au reste, il est douteux que les premières éditions aient pu pénétrer jusqu'à l'opinion, car leur tirage était limité et il n'y avait aucune vente.

De tout l'épiscopat, seul l'archevêque Nicone de Vologda, membre du Conseil de l'Empire, connu par ses appels aux persécutions contre les dissidents, accordait une importance à ce livre et lui consacra une note dans les *Feuillets de la Trinité*.

Les hauts représentants de la hiérarchie considéraient non seulement avec défiance l'édition de Nilus, mais craignaient d'y trouver un nouvel aspect de secte, parce que si l'on prophétise l'avènement de l'Antéchrist, il faut annoncer aussi le second avènement du Christ. Il m'arriva de causer de Nilus et de son œuvre avec des hiérarques connus de l'Eglise russe, le métropolite Antoine et l'archevêque Serge. Tous deux eurent à souffrir pour avoir ouvertement dénoncé le péril venant de Raspoutine et étaient des adversaires déclarés des influences secrètes sur le tsar. Ils ne connaissaient Nilus que par ses œuvres et en avaient une mauvaise opinion, supposant qu'il poursuivait un but non désintéressé, ce que je ne crois pas, car je continue à le considérer comme un fanatique convaincu.

Pour ce qui est des anciens d'Optina, tant que Nilus s'abstenait de la propagande de ses idées, ils le considéraient avec une grande condescendance et même une certaine attention. En effet, la dernière édition des *Protocoles* se référait à l'année 1905 et, dans l'intervalle entre 1905 et 1911, Serge Alexandrovitch, arrivé à Optina en 1908, en dehors de la bienfaisance et de l'observation rigoureuse des règles ecclésiastiques, ne s'occupait qu'à écrire des tracts spirituels et des Vies de Saints. Il fit paraître en 1907 un petit recueil de récits ayant trait à la mort du Juste.

Il est indispensable de remarquer qu'à cette époque même, on ne pouvait compter les « Anciens » au nombre des disciples de Nilus. Je me souviens entre autres que le père Varsonophie me demanda plusieurs fois si Nilus ne m'importunait pas avec ses *Protocoles* ; il lui faisait aussi grief de vouloir ériger en dogme son opinion personnelle.

Leur attitude envers Nilus fut tout autre après son édition de 1911, effectuée aux frais d'un marchand, vieux croyant de Kozelsk.

S.A. Nilus avait combiné avec la sortie de cette édition de sous la presse, l'inauguration de sa prédication sur le prompt avènement de l'Antéchrist. Il s'adressa aux patriarches d'Orient, au Saint-Synode et au pape, avec une épître réclamant la convocation du VIIIe Concile œcuménique, pour y prendre des mesures communes à toute la chrétienté contre le prochain avènement de l'antéchrist. En même temps, prêchant aux moines d'Optina, il fixa à 1920 cet avènement. La paix monastique étant troublée, on le pria d'abandonner le cloître pour toujours.

J'ai remarqué les premiers indices d'un intérêt public pour les *Protocoles* en 1918, aux temps de l'ataman Krasnoff, quand je me trouvais au Don[42]. L'édition de 1917 avait passé tout à fait inaperçue à cause des troubles révolutionnaires. L'émission d'une nouvelle édition à bon marché était dirigée en 1918, à Novotcherkassk, par M. Ismaïloff, avocat du barreau de Moscou, et le lieutenant-colonel Rodionoff[43], auteur du roman intitulé : *Notre crime*. Le journal *La Sentinelle*, connu par ses appels aux pogroms, faisait la réclame.

Encore bien avant la démission de Krasnoff, la Diète du Don avait exigé la suppression de tout subside à ce journal, qui cessa de paraître en février 1919.

C'est alors que le centre de la propagande antisémite et le dépôt de l'édition des *Protocoles* furent transférés à Rostoff où, après la démission de N.E. Paramonoff, qui géra pendant un très court laps de temps le département de la Propagande du Gouvernement Denikine, la propagation de cet écrit reprit de nouveau. Comme ancien chef du service politique à l'armée du Don, service qui préparait pour le commandement d'armée des rapports sur la politique intérieure et extérieure, j'ai disposé de données attestant que ce n'est pas seulement Pourischkiévitch, mais encore bien d'autres publicistes, affiliés à la Propagande du gouvernement de Denikine, qui s'occupaient de la diffusion des *Protocoles* à Rostoff, Kharkoff et Kieff[44].

(42) Voir : H. Rollin, *ibid.*, pp. 36, 207 ; N. Cohn, *ibid.*, p. 225 (lettre-témoignage du général Krasnoff lors du procès de Berne).

(43) A. Rodionoff, *Les Protocoles sionistes. Le plan de conquête mondiale des judéo-maçons*, Novotcherkassk, 1918 (texte de S.A. Nilus, imprimerie de l'armée des Cosaques du Don) ; voir l'extrait de la préface dans : N. Cohn, *ibid.*, p. 123. Le lieutenant-colonel Rodionoff avait été consulté par les émissaires de Henry Ford en 1920 (N. Cohn, *ibid.*, p. 161 note 1). Les « 13 Protocoles » auxquels Rodionoff faisait allusion pourraient avoir été publiés en Crimée, par un certain « Ovod », à suivre une indication de G. Bostunič rapportée par Mgr Jouin (*op. cit.*, 1922, p. 193 note 1) ; nous avons pu en consulter les 12 premières pages (les quatre premiers de ces *Protocoles* supplémentaires), qui faisaient partie des papiers laissés par Michel Raslovleff (exemplaire prêté par J.-F. Moisan, que je remercie). Le titre en est : *13 Protocoles des Sages de Sion, ou que veut la juiverie et vers quoi s'achemine-t-elle ?* ; on lit aussi sur la page de couverture : « Il y a des pogromes parce qu'il n'est pas permis d'écrire la vérité sur les Juifs, et que celle-ci est interprétée comme une provocation » (je remercie Paul Zawadzki pour la traduction française). Voir : G. Bostunič, *La Vérité sur les « Protocoles » sionistes*, Mitrovitza (Serbie), 1921, p. 18. Sur Grigorij Bostunič (né en 1883 à Kiev), qui changea en 1924 son nom pour celui de Gregor Schwarz-Bostunitsch, voir notamment : W. Laqueur, *op. cit.*, 1965, pp. 122-155 ; Nicolas Goodrick-Clarke, *Les racines occultistes du nazisme* (1985), tr. fr. P. Jauffrineau et B. Dubant, Puiseaux, Pardès, 1989, pp. 238-241 (Bostunitsch travaillera pour le *Weltdienst* et deviendra un homme de confiance de Heinrich Himmler).

(44) Voir : H. Rollin, *ibid.*, p. 207 ; W. Laqueur, *ibid.*, p. 87 ; N. Cohn, *ibid.*, p. 123

Les *Protocoles* étaient expédiés aux unités de l'armée volontaire, aux troupes cosaques du Kouban, d'ailleurs sans la participation du gouvernement koubanais. Ils servaient de nourriture à une agitation en faveur des pogroms qui donna, sous ce rapport, des résultats à la fois brillants et des plus pernicieux. Cette propagande démoralisa les troupes en justifiant les pillages et fut une des causes de notre défaite.

Une circulaire contre cette propagande fut bien expédiée aux aumôniers de régiments par l'archiprêtre Georges Schavelsky, chef du clergé militaire, mais ses effets furent paralysés par l'attitude d'une partie des officiers.

Pendant l'été 1918 arriva à Rostoff un ancien professeur de l'Académie de Moscou, M. Malakhoff, qui commença une agitation antisémite en se basant sur les *Protocoles*. Le lieutenant-général Semenoff, préfet de la ville, n'y put faire obstacle, car ces conférences étaient organisées par le département de la Propagande du gouvernement Denikine.

Au Don, à partir de février 1919 et tant que le pouvoir d'Etat de la République du Don exista de fait comme un pouvoir indépendant, la diffusion des *Protocoles* ne fut pas autorisée.

Les *Protocoles* ont eu une signification importante dans les pogroms d'Ukraine. Un de mes amis, le colonel Dzougaeff, d'origine ossète*, m'a raconté ce fait caractéristique. Se trouvant à Kieff pendant la lutte entre le hetman Skoropadsky et Petlioura, il s'en était échappé sous un déguisement, pour se rendre au Don. A Loubny il fut arrêté par les gens de Petlioura qui, l'ayant d'abord pris pour un Juif, voulaient le fusiller. Un des chefs lui en avait donné la raison au cours de l'interrogatoire : « Vous voulez, dit-il, nous donner un roi à la tête d'or (!). Cela fut dit à la séance de vos Sages de Sion »[45]. La cause de la vague de pogroms qui couvrit l'Ukraine résidait visiblement dans cette agitation et non dans la politique du Directoire.

Le gouvernement de la Crimée par le général Wrangel fut l'époque par excellence de la propagande antisémite basée sur les *Protocoles*. Le professeur Malakhoff, le prêtre Vostokoff, les journalistes Nojine et Rouadze, subsidiés par le Gouvernement, criaient à tous les carrefours le danger des *Protocoles* et le complot universel judéo-maçonnique. Cependant, cette bruyante campagne n'eut pas de résultats réels et importants.

* Montagnards du Caucase [note de *La Tribune Juive*].
(et pp. 128-130 : le témoignage d'Ivan Derevensky sur le pogrome accompli par un régiment cosaque à Fastov, près de Kiev, en septembre 1919).

(45) Sur le rôle des *Protocoles* dans les activités pogromistes des armées blanches en 1918-1920, voir : N. Cohn, *ibid.*, pp. 122-130. Il faut préciser que le « Roi d'Israël » tel que les *Protocoles* le décrivent n'est nullement doté d'une « tête d'or », mythe engendré par la rumeur qu'avait initiée les *Protocoles* (voir, dans la version de Nilus, les 23e et 24e « séances », in Mgr Jouin, *op. cit.*, 1920, pp. 140-143).

En résumé, en Russie même où virent le jour les *Protocoles*, leur influence fut longtemps nulle. Elle se manifesta seulement comme tentative de justifier en principe les brigandages de la guerre civile. C'est pourquoi je fus assez étonné de voir les *Protocoles des Sages de Sion* traduits en les principales langues d'Europe.
On est fondé de supposer que cet intérêt s'est manifesté en rapport avec les événements vraiment apocalyptiques de notre époque, événements inexplicables pour un grand nombre. Mais il me semble que ce mode d'explication d'un cataclysme historique ressemble fort aux pratiques divinitoires des femmes d'Orient sur le Quai de Galata, où, dans les linéaments capricieux de pierres et de monnaies jetées au hasard, on vous montre les traits indécis du présent et de l'avenir.
Dans l'histoire de la propagation des *Protocoles*, il est digne d'être remarqué qu'à l'exception d'un petit groupe de personnes, les représentants de l'Eglise russe, malgré les fautes d'un passé récent, ont su s'abstenir d'y coopérer. Particulièrement significative fut l'attitude des « Anciens » d'Optina envers Nilus.
Je suis convaincu que ce ne sont pas les Vostokoff et les Malakhoff qui expriment l'esprit de l'Eglise, mais bien les solitaires qui ont compris la sagesse du Maître. Pour les gens vraiment religieux, pour ceux qui ne considèrent pas la foi comme « l'ancilla politica », l'eschatologie chrétienne ne s'exprime pas dans les révélations morbides d'un Nilus, prophète de la décadence spirituelle, mais bien dans le lumineux enseignement de W.S. Solovieff, ce docteur contemporain de l'Eglise universelle, qui avait pressenti dans son 3e *Dialogue* sur les temps derniers, l'unité proche de tous les fils du Dieu unique pour la défense du patrimoine commun, car toute notre culture spirituelle repose également sur les fondements éternels des deux Testaments.

1.3. **Réactions au témoignage d'Alexandre du Chayla**

Le témoignage d'A. du Chayla était fort gênant pour les défenseurs inconditionnels des *Protocoles* : ceux-ci avaient mis au point une argumentation auto-défensive consistant à disqualifier par leurs origines ou leurs accointances juives tous les esprits critiques ou sceptiques qui osaient mettre en question l'authenticité du document. Or, A. du Chayla était un aristocrate français fasciné par la religion orthodoxe, à l'évidence plus proche des antisémites russes que des Juifs bolcheviques, et un soldat qui s'était librement engagé dans l'Armée blanche. La ceinture de sécurité rhétorique ne pouvait guère s'appliquer à lui. D'où un changement de tactique : il suffisait de disqualifier la personne morale, de présenter le témoin comme douteux. C'est ce que fera L. Fry, en citant un contre-témoignage (vraisemblablement suscité) d'une « dame Russe, Mme Fermor », laquelle aurait connu A. du Chayla en Russie. L'image donnée du personnage est celle d'un « aventurier »[46], d'un arriviste et d'un opportuniste prêt à toutes les palinodies pour arriver à ses fins. De là à suggérer que ce *goy* indigne ait pu se faire plus juif que les Juifs... Ladite Mme Fermor l'énonce par analogie :

« [Il] se montra plus orthodoxe que le patriarche lui-même. (...) C'est par lui que j'ai appris l'existence des livres de Drumont dont il faisait le plus grand éloge ; il me recommandait d'en prendre connaissance poùr pouvoir juger à quel point les Juifs avaient conquis la France, et il prédisait le même sort à la Russie. (...) Grande fut ma surprise en lisant ses accusations actuelles contre Drumont, dont il qualifie la littérature de provocation et de mensonge. Lui qui l'avait tellement admiré ! (...) »[47].

C'est ainsi que le témoignage le plus précis sur le contexte où surgissent les *Protocoles* a pu être retourné en preuve de la toute-puissance juive, selon un raisonnement simple : A. du Chayla est un opportuniste, toujours situé du côté de l'« orthodoxie » établie ; or, celle-ci est juive ; donc, A. du Chayla fera de l'ultra-orthodoxie juive, en jetant la suspicion sur les *Protocoles*. Avec le *goy* A. du Chayla, la puissance juive avait donc réussi un « coup ». L. Fry n'ira pas plus loin, et ne prendra pas la peine de discuter tel ou tel point du témoignage trop dérangeant : il suffisait d'y voir l'ombre de la « main invisible ». L. Fry concluait et enchaînait avec la sérénité de qui croit avoir démontré :

« Non satisfaits - et à bon droit - du résultat de ces efforts pour discréditer les *Protocoles*, et ne parvenant pas à décrocher la signature d'un auteur

(46) L. Fry, *op. cit.*, 1931, p. 114.
(47) Tatiana Fermor, lettre-témoignage datée du 9 juin 1921 (Paris), citée par L. Fry, *ibid.*, pp. 115-117. Il est vraisemblable qu'il s'agit de l'épouse de N.M. Fermor, collaborateur de V.M. Pourichkevitch, co-fondateur de l'Union du Peuple russe en 1905 (N. Cohn, *op. cit.*, 1967, p. 115), avant de créer sa propre organisation, la Confrérie de saint Michel Archange (H. Rollin, *op. cit.*, 1991, p. 207 ; W. Laqueur, *op. cit.*, 1965, p. 82). Pourichkevitch fut l'un des plus actifs diffuseurs de textes antisémites dans les deux premières décennies du XXe siècle (W. Laqueur, *ibid.*, pp. 85 sq.). Il fonda avec N.M. Fermor, en 1919 (Rostov-sur-le-Don), le « Parti du Peuple et de l'Etat », dont le programme violemment antijuif était celui d'un gouvernement post-bolchevique (H. Rollin, *ibid.*, pp. 207-209). Voir aussi : N. Cohn, *ibid.*, p. 123.

goy de renom pour l'apposer en bas de leurs dénégations, les Juifs imaginèrent un autre expédient : l'approbation de l'un des journaux les plus en vue ne manquerait pas d'impressionner le grand public »[48].

Voilà donc la puissance invisible à la recherche d'un grand journal, à la réputation bien établie : pourquoi pas le *Times* ? C'est ainsi que, dans la perspective conspirationniste, tous les arguments critiques et toutes les preuves de plagiat visant les *Protocoles* sont présentés ; comme autant de manœuvres et de ruses des Juifs. Il suffit donc de réduire tout argument formel ou matériel à une « affaire juive » pour le disqualifier.

1.4. **Le retournement du *Times* (août 1921) : la « fin des *Protocoles* » et les premières réactions des antisémites professionnels**

Comme nous l'avons vu, c'est le très honorable *Times* de Londres qui, le 8 mai 1920, avait pour ainsi dire « lancé » les *Protocoles*, conférant un label de légitimité à la notion de « péril juif » - ordinairement interprété comme péril judéo-bolchevique. Les *Protocoles* devaient, à suivre le *Times*, être pris au sérieux, être soumis à une discussion approfondie, et leurs révélations testées par des investigations. C'est le même *Times* qui, l'année suivante, les 16, 17 et 18 août 1921, publiera les articles de Philip Graves, son correspondant à Constantinople, démontrant que le texte des *Protocoles* était un grossier plagiat du *Dialogue aux enfers entre Machiavel et Montesquieu*, un pamphlet bien oublié de Maurice Joly contre le « despote » Napoléon III, paru en 1864 à Bruxelles[49]. Les trois articles de P. Graves étaient suivis d'un éditorial dénué d'ambiguïté,

(48) L. Fry, *op. cit.*, 1931, pp. 117-118.

(49) Cet ouvrage a été réédité en 1987 par les éditions Allia, Paris. Voir notamment : Hermann Bernstein, *The Truth about « The Protocols of Zion »*, New York, 1935, pp. 15 sq. ; John S. Curtiss, *An Appraisal of the Protocols of Zion*, New York, 1942, pp. 44 sq. ; N. Cohn, *op. cit.*, 1967, pp. 76-77 ; L. Poliakov, *op. cit.*, 1977, p. 233, qui commente : « L'histoire est presque trop belle pour être vraie ; compte tenu des qualités professionnelles de Philip Graves, auteur de remarquables ouvrages sur la Turquie et le Moyen-Orient, elle peut être considérée comme véridique » (p. 233 note 3). Ni H. Rollin (*cf.* rééd. 1991, pp. 225 sq.) ni N. Cohn (1967) n'avaient pu identifier l'informateur russe exilé de P. Graves, à savoir Michel Raslovleff. Les chercheurs contemporains qui ont pu travailler sur les archives du *Times* ont reconstitué l'histoire de la « découverte » du plagiat et de sa publication : G.C. Lebzelter, *op. cit.*, 1978, p. 25 ; C. Holmes, *op. cit.*, 1979, pp. 151-155. Voir aussi : J.-F. Moisan, thèse, 1987, pp. 58 sq. et sa contribution, tome II.

titré : « La fin des *Protocoles*[50] ». L'inauthenticité des *Protocoles* était désormais matériellement prouvée, son caractère apocryphe enfin bien établi. Quelques années plus tard, Roger Lambelin évoquera avec ironie et malveillance cet épisode :

« Le comité de presse institué par les organisations juives de Londres pour combattre ce qu'on appelait "un nouvel antisémitisme" était à bout de souffle quand, soudain, le *Times* annonça une mirifique découverte. C'en était fini du mystère cachant l'origine des *Protocoles*. Le pamphlet était bien un faux, une *forgery* ; Israël pouvait se réjouir, remercier Jéhovah : ses ennemis étaient confondus, pulvérisés... »[51].

La réception française des révélations et de la démonstration du *Times* fut en effet immédiate et enthousiaste de la part des milieux directement intéressés, croyant non sans naïveté qu'un point final avait été mis à l'imposture. Le témoignage d'A. du Chayla (paru dans *La Tribune Juive* du 14 mai 1921) avait apporté des précisions décisives sur les rapports entre le mystique plutôt naïf S.A. Nilus, le policier efficace et cynique P. Ratchkovsky et les intrigues compliquées tissées autour du tsar, auquel il s'agissait de faire croire que la modernisation libérale du pays n'était qu'une diabolique ruse des Juifs pour détruire la vieille Russie. Il manquait toutefois, en dépit de nombreux témoignages, l'établissement des preuves matérielles de la fabrication du faux par les services de l'Okhrana, liés à Paris aux milieux antisémites et occultistes. Il fallait pour cela découvrir le prototype démarqué par le plagiat[52]. Les articles de

(50) *The Times*, 18 août 1921 (éditorial). Au cours des recherches qu'il a effectuées pour la rédaction de sa thèse, J.-F. Moisan a retrouvé la trace, en France, de Michel Raslovleff, le fameux « X » qui, d'après P. Graves, ne désirait pas se faire connaître du public ; voir les extraits de la correspondance entre M. Raslovleff et le *Times*, en annexe de la thèse de J.-F. Moisan (pp. 303 sq.). Il reste à exploiter de façon systématique les archives disponibles.

(51) R. Lambelin, *« Protocols »*..., *op. cit.*, 1937, préface de février 1925, p. II. Sur l'itinéraire de Roger Lambelin (1857-1929), nous ne disposons guère que d'une biographie à forte tendance hagiographique : *Un royaliste, Roger Lambelin*, Paris, Editions Bossard, 1930, 202 p.

(52) Dans ses premières réactions critiques à la diffusion des *Protocoles*, Lucien Wolf avait notamment insisté sur les emprunts au mythique « Discours du Rabbin Reichhorn », extrait d'un roman (*Biarritz*, Berlin, 1868) du pseudo- « Sir John Retcliffe » (Hermann Goedsche), devenu dans la propagande antisémite « fin de siècle » Sir John Readclif ; *cf.* L. Wolf, *The Jewish Bogey*..., Londres, 1920, et C. Holmes, 1979, p. 150.

P. Graves apportaient enfin la preuve décisive, le texte original plagié était enfin découvert. A la fin de l'été 1921, le mythe de la conspiration juive mondiale pouvait paraître démontré, et la légende satanique réduite à une misérable manœuvre policière qui, pour diverses circonstances (la Grande Guerre, la révolution bolchevique et les réactions contre-révolutionnaires qu'elle avait déclenchées), avait débouché sur une imposture mondialement diffusée.

C'est ainsi que *La Tribune Juive*, dans sa livraison du 2 septembre 1921, publie un article résumant les découvertes de P. Graves, suivi d'une lettre d'Israël Zangwill au *Times*, publiée par celui-ci le 20 août. L'article s'intitule également « La fin des "Protocoles de Sion" » :

« Le *Times* a publié une série d'articles de son correspondant de Constantinople qui a fait une intéressante découverte complétant les révélations de la *Tribune Juive* et mettant définitivement fin à la discussion sur les fameux *Protocoles des Sages de Sion*.

Le correspondant reçut un jour la visite d'un certain X., sujet russe, orthodoxe, monarchiste constitutionnel convaincu, s'intéressant depuis longtemps à la question juive. Pendant son séjour en Russie méridionale, au temps de Denikine, M. X. s'occupa en particulier de savoir s'il existait dans le pays qu'il habitait, des organisations "maçonniques" pareilles à celles que décrivaient les *Protocoles*. Il réussit à découvrir l'existence d'une seule loge, mais elle était monarchistel !

Il y a quelque temps M. X. acheta à Constantinople chez un ancien officier de l'Okhrana, réfugié de Russie, un stock de vieux livres. Parmi eux se trouvait un volume quelque peu abîmé, sans titre ; le correspondant du *Times* l'appelle simplement "livre de guerre", ce livre a été édité à Genève vers 1860. Au premier coup d'œil M. X. fut convaincu que cet ouvrage avait servi de modèle à un grossier plagiat dont le résultat fut les *Protocoles*.

Disons tout de suite que la rédaction du *Times*, sur les indications de son correspondant, retrouva au British Museum un exemplaire de la seconde édition du livre.

Il est intitulé *Dialogue aux Enfers entre Machiavel et Montesquieu ou la politique de Machiavel au XIXe siècle* ; son auteur est l'avocat publiciste parisien Maurice Joly ; la 2e édition parue à Bruxelles, indique que Joly fut déféré devant les tribunaux par le Gouvernement de Napoléon III pour la publication de ce livre et condamné à 18 mois de prison. Les deux éditions sont identiques.

Ce *Dialogue* est un pamphlet contre le régime politique de Napoléon III. En 25 dialogues l'auteur caractérise le système policier et financier du second Empire, la “Haussmanisation” à Paris, la politique extérieure de Napoléon, ses relations avec l’Eglise et la presse, son attitude envers les sociétés secrètes. Machiavel, dans ces dialogues, représente Napoléon III et par ses lèvres s’expriment, en formules cyniques, la théorie et la pratique du Gouvernement napoléono-machiavélique. Montesquieu a un rôle plus modeste, il pose des questions, s’étonne et parfois donne de brèves répliques.

En lui-même ce livre n’a aucun rapport avec la question juive. Mais en le confrontant avec les *Protocoles* on a découvert un plagiat vaste, grossier et assez négligent. L’auteur du plagiat a eu recours à un procédé fort simple : tout le système compliqué des raisonnements de Machiavel est mis au compte des “Sages de Sion” ; une série de pages des *Dialogues* se retrouve presque intacte dans les *Protocoles* ; beaucoup de comparaisons, d’exemples, d’expressions ont été conservés. Les Dialogues 1-17 correspondent aux “Protocoles” 1-19, à peu d’exceptions près. Le 18e “Protocole” est composé de parties du 17e et 25e dialogues. Les derniers 5 “Protocoles” (no 20 à 24) ne sont pas une reproduction littérale des *Dialogues*, mais ils sont émaillés d’emprunts textuels. Cela s’explique par le fait que la dernière partie des *Dialogues* se prête moins à une adaptation concernant la question juive ; elle traite des détails de la politique financière du second Empire, alors que les *Protocoles* parlent de l’avenir financier des Etats contemporains.

Le plagiat est particulièrement net dans les dialogues consacrés aux moyens de lutte contre les ennemis extérieurs et intérieurs, au despotisme et à la ruse comme méthodes d’action gouvernementale, à l’amoralité comme sa base. Le correspondant du *Times* cite un grand nombre d’exemples d’emprunts littéraux ou presque faits aux *Dialogues*.

Les deux livres renient la conception du droit et la remplacent par la conception de l’utilité. Les moyens de lutte contre la Russie ont été également copiés en entier.

Machiavel-Napoléon expose son système d’impôt sur les livres, ayant pour but de forcer les auteurs à publier de gros volumes qui se répandront moins, en raison de leur prix élevé. Ce passage se retrouve sous la même forme dans les *Protocoles*. La caractéristique du journalisme comme une organisation franc-maçonne dont les membres sont liés par des secrets professionnels fait également partie des *Protocoles*.

Machiavel explique que le peuple ne supporte pas un régime libre et se soumet volontiers à la tyrannie. Les “Sages de Sion” disent la même chose et dans les mêmes termes, non du peuple en général, mais du peuple chrétien.

Les deux livres recommandent de rendre les attentats politiques impopulaires en les représentant comme des trahisons à la patrie.

Les deux livres prêchent une lutte énergique contre le trône papal, pour se dresser, au moment voulu, en défenseur des choses saintes.
Comment le plagiat a-t-il eu lieu et quel est son véritable auteur ?
La voie par laquelle les *Dialogues* de Genève ont pénétré en Russie est inconnue au correspondant du *Times*. Il ignore apparemment l'histoire décrite par M. du Chayla et suppose que le livre a été apporté en Russie par les Corses qui servaient dans la police secrète de Napoléon et qui, après sa chute, passèrent dans la police de palais des tsars ou dans la police secrète.
Mais à côté de cette hypothèse, le correspondant du *Times* rappelle le rôle d'Alexis Nikolaïevitch Soukhotine. Comme l'on sait, dans la préface d'un de ses livres, Nilus a déclaré que le manuscrit des *Protocoles* lui a été envoyé de Paris par A.N. Soukhotine, qui fut, par la suite, vice-gouverneur de Stavropol. Le *Times* dit à ce sujet que la reliure de l'exemplaire des *"Dialogues"*, qui lui a été envoyé par son correspondant de Constantinople, porte les initiales A.S. Le journal suppose - avec vraisemblance - que c'est précisément cet exemplaire qui appartenait à Soukhotine et a servi de matière au plagiat. Il est très possible, dit le *Times*, que ce livre fut donné à Soukhotine par Ratchkovsky à Paris avec le manuscrit des faux *Protocoles*.
Résumant les résultats de sa découverte, le correspondant du *Times* arrive aux conclusions suivantes :
1) Les *Protocoles* sont un plagiat des *Dialogues* de Genève.
2) Ils ont été fabriqués par les milieux réactionnaires de la cour pour lutter contre les libéraux et pour faire pression sur le tsar.
3) Le plagiat a été fait en hâte et négligemment.
4) Certaines parties des *Protocoles* ne sont pas empruntées aux *Dialogues* et ont été sans doute ajoutées par les soins de la police secrète russe »[53].

Dix ans plus tard, L. Fry se contentera de remarquer, affectant l'ironie :
« Tous les Juifs acclamèrent la publication de cette grande nouvelle venue de Constantinople, et leur ardent enthousiasme n'est pas moins révélateur que la lettre suivante d'un Sioniste [il s'agit de la lettre d'I. Zangwill que nous citons ci-dessous]. (...) Depuis lors, les *Protocols* ont été oubliés jusqu'à un certain point. (...) Le "correspondant" du *Times* veut nous convaincre qu'on trouve dans les *Protocols* et les *Dialogues* des passages similaires ou même identiques, nous l'admettons volontiers. Nous allons même plus loin :

(53) T.J., « La fin des "Protocoles de Sion" », *La Tribune Juive*, 2e année, n° 88, 2 septembre 1921, pp. 3-4.

il existe dans *certains protocols* qui remontent au temps de la *diaspora* des passages identiques à quelques passages des *Protocols* »[54].

La lettre d'Israël Zangwill parue le 20 août 1921[55] indique à la fois la conviction, désormais établie, que les *Protocoles* sont une fabrication politico-policière, et le déplacement de la discussion vers l'identité des falsificateurs, leurs véritables intentions, le lieu de la confection du faux, et aussi sur l'identité des passeurs et diffuseurs des *Protocoles*, et leurs motivations. Pour trouver des réponses précises à ces questions, il faudra attendre la publication des résultats de l'extraordinaire enquête d'Henri Rollin, parue en 1939 sous le titre *L'Apocalypse de notre temps*[56]. Cette lettre de Zangwill est la suivante :

« Monsieur. Votre correspondant de Constantinople qui a rendu un service au monde en pourchassant jusqu'à leurs sources les *Protocoles des Sages de Sion*, - car ils avaient été soigneusement publiés dans le monde entier - écrit : "Il n'apparaît pas clairement comment les *Dialogues de Genève* sont parvenus en Russie." Dans votre article de tête vous suggérez cependant que les *Protocoles* ont été forgés sous les auspices de Ratchkovsky, le chef de la police secrète russe à Paris. M.A. du Chayla, Français, qui étudiait en 1910 la théologie à Saint-Pétersbourg, qui était en 1918 à l'état-major de l'armée des cosaques du Don, a témoigné dans la *Tribune Juive* de Paris (n° du 14 mai) que Nilus en personne lui raconta que les *Protocoles* lui avaient été envoyés de Paris par son amie Mme K., qui les avait reçus du général Ratchkovsky. M. du Chayla croit - confirmant ainsi encore une de vos suggestions - que le courrier qui apporta le manuscrit de Paris était Alexandre Soukhotine. Il a vu le manuscrit lui-même qui, étant en fort mauvais français et écrit de diverses mains, faisait penser à une collaboration complète du bureau de police russe. Le fait que les *Dialogues* de Genève ont été achetés par un de ses ex-membres complète la chaîne.

(54) L. Fry, *Le Juif, notre maître*, Paris, Editions R.I.S.S., 1931, pp. 119-120, 122.
(55) Cette lettre est datée du 18 août 1921 ; *cf.* L. Fry, *op. cit.*, 1931, pp. 120-121, qui reproduit la lettre.
(56) H. Rollin, *op. cit.*, 1939, rééd. 1991. L'interminable procès de Berne (1934-1937) avait permis de rendre publics nombre de témoignages directs (A. du Chayla, V. Bourtsev, S. Svatikov, B. Nicolaïevsky, etc.), précieuse matière première pour les historiens du faux - de sa fabrication et des conditions de sa première circulation (avant 1920) en particulier. Voir notamment : H. Rollin, 1939, rééd. 1991, pp. 220-223, 641 sq. ; N. Cohn, *op. cit.*, 1967, pp. 215-229.

Que l'objet de la publication de 1905 fut de tremper la Révolution russe dans le sang juif c'est ce que, comme vous, j'ai affirmé. Mais il apparaît qu'il y eut en 1907 une édition préalable sous la forme d'un appendice à la réimpression d'un livre piétiste de Nilus. Le motif qui se cache derrière cette publication plus récente jette une autre lumière curieuse sur l'ancienne cour russe. Car cette publication était un atout dans le jeu qui cherchait à discréditer en faveur de Nilus, le mystique de Lyon, Philippe, dont le pouvoir sur le tsar était mal vu par la grande-duchesse Elisabeth. Sachant que Nilus était désigné comme successeur de Philippe, Ratchkovsky, pense-t-on, voulait se concilier ses bonnes grâces en lui fournissant une arme considérable contre le libéralisme russe.
Je regrette que votre correspondant conclue en suggérant que les fragments des *Protocoles* qui ne se trouvent pas dans les *Dialogues* de Genève ont pu être fournis par les Juifs qui espionnaient leurs coreligionnaires, car cette hypothèse tirée par les cheveux donne une lueur d'espoir à un nombre considérable de journaux qui, à travers l'Europe, ne vivent que des *Protocoles*. Votre correspondant se trompe également lorsqu'il pense que ce faux historique n'a causé qu'un tort moral. M. du Chayla trouve qu'il a aidé ces indicibles progroms d'Ukraine que l'Europe Occidentale ignore presque. Quant à Nilus lui-même, il apparaît comme fanatique mystique, assez honnête, sauf lorsque la casuistique le trahit et lorsqu'il répondit, comme on lui représentait que les *Protocoles* pouvaient être faux : "Même s'ils l'étaient, Dieu qui a pu parler par l'entremise de l'âne de Balaam, a pu également mettre la vérité dans la bouche d'un menteur" »[57].

Si l'on peut considérer, avec N. Cohn, qu'« il est certain que Ratchkovsky et Nilus ont tous les deux pris part à l'intrigue montée contre Philippe, et [qu'] il est même possible qu'ils se soient entendus pour utiliser les *Protocoles* dans ce but commun »[58], ce qui est compatible avec l'hypothèse de Zangwill, il est insoutenable de supposer que les *Protocoles* ont été « expressément fabriqués afin de noircir Philippe aux yeux du tsar ». En effet, alors que Philippe était un adepte du martinisme et un guérisseur, les *Protocoles* ne font aucune allusion au rôle éventuel joué par les martinistes ou les guérisseurs dans la conspiration juive[59].
Roger Lambelin, qui venait de publier sa version des *Protocoles* de

(57) « Une lettre de M. Zangwill au *"Times"* », *La Tribune Juive*, 2e année, n° 88, 2 septembre 1921, p. 4.
(58) N. Cohn, *op. cit.*, 1967, pp. 101-102.
(59) *Cf.* N. Cohn, *op. cit.*, 1967, p. 102. Sur le guérisseur Philippe à la cour de Russie, voir : H. Rollin, *op. cit.*, rééd. 1991, pp. 432 sq.

S.A. Nilus, répliqua par un article intitulé « Maurice Joly et les "Protocoles" », paru le 17 décembre 1921 dans la *Revue hebdomadaire*[60]. Sa conclusion, après bien des concessions faites à l'adversaire, se réduit pour l'essentiel à insister sur la part d'inconnu qui demeure (concernant le rédacteur ou les rédacteurs du texte) et sur la valeur prophétique apparente du document :

« De cet ensemble de plagiats, de rapprochements de textes, de comparaisons d'idées, que faut-il conclure ? Le *Times* n'hésite pas. Il affirme que les "Protocoles" ont été imaginés par la police russe pour provoquer des pogroms et combattre la politique des libéraux. Comme objet immédiat, la brochure aurait amené l'éloignement de la cour d'un Français nommé Philippe, hypnotiseur et diseur de bonne aventure qui était en train d'acquérir de l'influence sur le tsar et la tsarine » [*The Times*, 18 août 1921] ! (...) Les révélations du *Times* ont-elles donné de ce mystérieux problème une solution véritable ? Avant comme après, l'auteur reste inconnu. (...) Enfin, ce livre a prophétisé la guerre mondiale, la paix wilsonienne, l'influence grandissante d'Israël. (...) Maurice Joly était un écrivain de talent ; son *Dialogue aux Enfers* est attachant, mais n'a désormais qu'une valeur rétrospective puisque Napoléon III perdit son trône, il y a plus de cinquante ans. Les *Protocoles* n'ont pas le même mérite littéraire, mais ils offrent un intérêt puissant et actuel, contiennent de graves avertissements et font toucher du doigt de redoutables périls »[61].

Tel est le principal argument avancé par les propagateurs des *Protocoles* contre ceux qui en contestent l'authenticité, preuves à l'appui : l'argument du « tout se passe comme si », situé par delà les critères du réfutable. C'est l'argument de la « troublante » valeur prophétique des *Protocoles*, qui permet aux esprits crédules d'en accepter la « véracité », et aux plus exigeants d'avouer leurs doutes sur les preuves de l'authenticité.

Dans la préface, datée de février 1925, de la seconde édition des *« Protocols »* chez Grasset, Roger Lambelin réplique une nouvelle fois aux « organisations juives » sans pour autant nier le fait des emprunts au pamphlet de M. Joly, ainsi qu'à d'autres textes :

(60) R. Lambelin, « Maurice Joly et les "Protocoles" », *La Revue hebdomadaire*, 30e année, n° 51, 17 décembre 1921, pp. 308-322. Nous reproduisons intégralement cet article dans le présent ouvrage (voir tome II) avec les soulignements et annotations de la main de M. Raslovleff ; nous remercions J.-F. Moisan de nous avoir communiqué ce document.

(61) R. Lambelin, *art. cit.*, 1921, pp. 319-321.

« Du fait que certains passages des *Protocoles* sont calqués sur des paragraphes du *Dialogue aux Enfers*, toute la presse juive et même certains journaux qu'on croyait indépendants, en ont déduit que le petit livre révélé par Nilus et Butmi était une supercherie, un "faux" au même titre que les *Monita Secreta* attribués naguère aux Jésuites. Cependant Maurice Joly était un républicain fanatique, peu suspect de s'être prêté à une manœuvre contre la démocratie et les Juifs. Qui donc avait pu se servir de son pamphlet pour le transformer en arme de guerre, en char d'assaut manié par les antisémites ? Le *Times* et quelques autres feuilles donnèrent libre cours à leur imagination et firent intervenir dans l'affaire l'hypnotiseur Philippe, le grand-duc Serge Alexandrovitch, une princesse Radziwill, et finirent par attribuer la paternité des *Protocoles* à un trio de policiers russes. Mais cette attribution n'était encore qu'une hypothèse et aucune application plausible, aucun témoignage valable n'en établissait la véracité. En nous maintenant strictement sur le terrain de la critique historique, il faut reconnaître que l'origine des *Protocoles* demeure mystérieuse et que son auteur ou ses auteurs restent inconnus. Toutefois quelles que soient les sources du document, son texte vaut d'être retenu et divulgué. Sans doute certains passages ressemblent étrangement à des extraits du pamphlet de M. Joly, d'autres présentent de curieuses analogies avec les préceptes formulés par Weishaupt à l'usage des "Illuminés". On y trouve aussi des idées émises par Vindex, de la haute vente romaine, par Bakounine, de "l'Alliance sociale démocratique", par Lénine même »[62].

Comme J.-F. Moisan, après N. Cohn et L. Poliakov, l'a bien établi, la contre-offensive intellectuelle lancée par Philip Graves, Lucien Wolf et Herman Bernstein a eu pour effet de briser, en Grande-Bretagne et aux Etats-Unis, l'intense campagne antijuive centrée sur les *Protocoles*. En France, en Pologne et surtout en Allemagne, en dépit des études critiques parallèlement publiées, il n'en a pas été de même[63].

(62) R. Lambelin, *« Protocols »...*, préface (février 1925) à la 2e éd., Paris, 1937, pp. III-IV.

(63) Voir notamment : H. Rollin, *op. cit.*, 1939, rééd. 1991, pp. 609 sq. (ch. XIX) ; W. Laqueur, *op. cit.*, 1965, pp. 79 sq. (ch. 5 et 6) ; N. Cohn, *op. cit.*, 1967, ch. VI, pp. 131-152.

2. *Relances du mythe*

2.1. **Une contre-argumentation des antisémites professionnels : les réactions juives d'hostilité aux *Protocoles* comme preuves de leur authenticité ou de leur véracité**

Mgr Jouin, en 1921, définit deux « tactiques juives » face à la diffusion des *Protocoles* : les supprimer, en empêcher la publication, ou les dénoncer comme un faux ; ce qui, à suivre l'axiome « il n'y a que la vérité qui blesse », constituerait une double preuve indirecte soit de l'authenticité soit de la véracité du document :

« Les Juifs combattent les *"Protocols"*, d'abord par la suppression, ensuite par la négation. Cette double attitude nous apporte de sérieuses présomptions touchant l'authenticité de ce fameux document ; et, en tout cas, d'indéniables certitudes de sa véracité. Israël se prend dans ses propres filets »[64].

Urbain Gohier, en 1924, pose de la même manière le problème de l'authenticité :

« Tant que les chefs de la Nation juive gardèrent l'espoir d'empêcher la publication des *Protocols*, ils imposèrent le silence à la presse dans tous les pays sur cette dangereuse affaire. (...) Quand les *Protocols*, en dépit de cet effort, furent enfin publiés (...), le Gouvernement de la Nation juive organisa une campagne formidable pour contester l'authenticité du document »[65].

La première « tactique juive opposée aux *"Protocols"* » aurait donc été la suppression, comme par une action internationalement concertée :

« En Russie, l'édition de Nilus en 1917 fut brûlée dans une gare, et (...) le Juif Kerensky, arrivé au pouvoir, fit rechercher et détruire tous les exemplaires des *"Protocols"* à Petrograd et à Moscou. En Pologne, on essaya le même jeu, et le traducteur dut taire son nom pour sauver sa vie. Des tentatives similaires eurent lieu en Allemagne et en Angleterre.

(64) Mgr Jouin, *Le Péril judéo-maçonnique*, vol. III, Paris, R.I.S.S. et Librairie Emile-Paul, 1921, Appendices, I : « Les Juifs et les "Protocols" », p. 69.
(65) U. Gohier, *Protocoles des Sages d'Israël*, Paris, Ed. nouvelle de « La Vieille-France », 1924, éd. revue, 1925, p. 16 ; voir aussi : U. Gohier, in *La Vieille-France*, nº 170, 6 mai 1920, p. 20.

Enfin l'article suivant de notre correspondant de New York [L. Fry] est la confirmation irréfutable de la première tactique juive »[66]...

Leslie Fry concluait son article par un appel à la lutte contre la domination juive (ou plus précisément judéo-britannique), seul

(66) Mgr Jouin, *op. cit.*, 1921, p. 69. Voir L. Fry, « Les "Protocols" des Sages de Sion et l'Indépendance américaine », in *op. cit.*, pp. 69-78. « L. Fry » était le pseudonyme de Mme Chichmarev (N. Cohn, *op. cit.*, 1967, pp. 74, 165), ainsi présentée par un défenseur national-socialiste des *Protocoles* : « Madame L. Fry, femme de lettres américaine, à la suite de recherches entreprises en Russie, avec l'aide financière de Henry Ford, affirme qu'ils [les *Protocoles*] sont l'œuvre de l'écrivain juif Achad Ha-am (Ascher Ginzberg) » (Dr. Karl Bergmeister, *Le plan juif de conspiration mondiale.* Les *Protocoles des Sages de Sion* devant la Chambre correctionnelle de Berne, Erfurt, U. Bodung-Verlag, 1937, p. 4). L. Fry est en effet connue pour sa « thèse » sur les origines sionistes des *Protocoles*, lesquels auraient été primitivement rédigés en hébreu, à Odessa, par Ascher Ginzberg, lus par ce dernier devant un cercle d'initiés vers 1890, puis traduits en français, et envoyés à l'Alliance Israélite Universelle (Paris), pour être enfin présentés en allemand au Congrès sioniste de Bâle en 1897 (l'argument avancé est que peu de congressistes connaissaient l'hébreu, Theodor Herzl compris) ; *cf.* H. Rollin, *op. cit.*, 1939, 1991, pp. 219-220 et N. Cohn, *op. cit.*, 1967, pp. 74-75. Cette reconstruction « historique » a été exposée par L. Fry dans *La Vieille-France*, n° 218, 31 mars-6 avril 1921 ; voir aussi : L. Fry, *Le Juif, notre maître*, Paris, 1931, pp. 40-49 (voir tome II). La « thèse » de L. Fry permettait de rejeter celle de S.A. Nilus qui, en 1917, avait attribué à Herzl la rédaction des *Protocoles* (*cf.* H. Rollin, *op. cit.*, 1939, 1991, p. 217), qui se heurtait à trop d'invraisemblances. On note que la fiction de « Mrs Fry » avait l'avantage d'inclure l'Alliance Israélite Universelle, considérée par nombre de propagateurs des *Protocoles* comme le centre du judaïsme mondial (Nilus en 1905 ; Boutmi en 1907 ; le colonel Vinberg en 1919 ; Gohier en 1920 ; etc.). Le débat interne sur les origines des *Protocoles* ne cessera pas pour autant après 1921 ; voir par exemple : Mgr Jouin, *Le Péril judéo-maçonnique*, vol. IV, 1922, pp. 199-203 (penche pour l'hypothèse Ginzberg, mais en réinterprétant le récit de L. Fry) ; A. Netchvolodow, 1924, pp. 327-339, 359-373 (« nous pensons qu'il ressort une très grande probabilité que les assertions de Madame Fry soient justes... », p. 373) ; W. Creutz, *Les Protocoles des Sages de Sion. Leur authenticité*, Brunoy, Les Nouvelles Editions Nationales [éd. de *La Libre Parole*, dirigée par Henry Coston], 1934, p. 10 (accord avec L. Fry ; « Les *Protocoles* constituent un plan stratégique, une compilation de documents authentiques juifs, tenus secrets à travers les âges. La nouvelle édition (...) fut élaborée par le *Kahal*, le formidable Gouvernement Occulte Juif. L. Fry a émis la thèse que la compilation fut exécutée par Ascher Ginzberg (...). Ce personnage important fut un des quatre Juifs qui dictèrent à Balfour la célèbre "*Déclaration*" du 2 novembre 1917, octroyant aux Juifs des droits sur la Palestine. Cet "*Acte*" constitue l'accomplissement d'un des objectifs formulés dans les *Protocols* ») ; Ligue « Franc-Catholique », *Les Protocoles des Sages de Sion*, Paris, R.I.S.S.,

moyen pour les Etats-Unis de recouvrer leur indépendance confisquée :

« On ne peut cependant pas ne pas constater que les Etats-Unis n'échappèrent à la domination de l'empire britannique que pour tomber sous le joug de l'empire sioniste ; et comme aujourd'hui ces deux empires n'en font qu'un, car qui dit Anglais dit Juif, alors les Américains sont tombés de Charybde en Scylla. Et l'Indépendance, qu'en fait-on ? (...) Les *"Protocols"*, comme Weisshaupt dans ses Statuts des Illuminés, disent nettement dans les passages où l'on traite de la presse que les Juifs doivent devenir maîtres des écrivains et des éditeurs, en ayant soin d'ajouter qu'on étouffe quiconque veut résister. C'est vrai. Après tout, les Juifs auraient tort de se gêner, ils achètent des esclaves à si bon marché ! Décidément l'Amérique a besoin d'une seconde Mrs Beecher Stowe pour écrire *La Case de l'Oncle Sam* et produire un nouvel effort par lequel les Américains blancs et noirs s'uniraient afin de se délivrer ensemble de l'envahisseur sémite, le vrai corrupteur qui les a asservis »[67].

Mgr Jouin infère de ces tentatives de censure qu'elles révèlent au moins la véracité du document :

« Cet historique de l'édition des *Protocols* aux Etats-Unis prouve l'importance que les Juifs attachent à leur suppression. En vérité, si ce document ne jouissait d'aucune authenticité et ne s'imposait pas par sa véracité, rien n'expliquerait une persévérance si tenace, une corruption si coûteuse et la poursuite de rétractations si humiliantes »[68].

La revue italienne *Fede e Ragione* raisonnait de la même manière, sur la base de l'évidence que « les *Protocols*, d'un bout à l'autre, proclament ce signe infaillible de leur authentique origine juive », à travers les deux stigmates du « juif tout entier », à savoir « rusé comme un vieux renard, nerveux comme un jeune singe » ; les Juifs ont ainsi voulu faire disparaître ce document qui leur renvoyait leur image d'une insupportable ressemblance :

« Cela explique la crise de fureur de la synagogue et du ghetto devant la

1934, préface (non signée), pp. 16-18 (l'auteur ne tranche pas entre l'hypothèse Herzl, défendue notamment par Victor Marsden et l'association nationaliste « The Britons », et l'hypothèse Ginzberg). La fiction de L. Fry a été mise en pièces lors du procès de Berne ; *cf.* H. Rollin, *op. cit.*, 1939, 1991, p. 219-223 (notamment à partir des archives policières russes).

(67) L. Fry, in Mgr Jouin, *op. cit.*, vol. III, 1921, pp. 77-78.

(68) Mgr Jouin, in *op. cit.*, 1921, p. 78.

publication des *Protocols*, fureur proportionnelle à la neurasthénie endémique de ce peuple, fureur qui l'a porté à demander, en plein Parlement britannique, la suppression de ce livre. (...) Pendant que les Reinach tentent de dérouter le public en affirmant la fausseté et l'absurdité des *Protocols*, Israël se fait prendre la main dans le sac, dans ses efforts désespérés pour faire disparaître cette... absurdité. Il avait, en effet, reconnu ses idées propres, son style propre dans le document publié par Nilus »[69].

La seconde « tactique juive opposée aux *Protocols* », la négation, se présente d'abord, selon Mgr Jouin, sous la forme de la « négation juive de l'authenticité » du document :

« La suppression des *Protocols* n'ayant pas réussi, les Juifs ont nié leur authenticité. Une négation, fût-elle un mensonge, est toujours facile. La presse juive de tous les pays a crié au faussaire, sans apporter la moindre preuve de cette affirmation. (...) Les Juifs intelligents se contentent de nier l'authenticité des *Protocols*. (...) [Mais] l'embarras des Juifs est si grand, qu'à la négation succède le mensonge. (...) Les Juifs usent aujourd'hui de cette arme favorite du mensonge contre la publication des *Protocols*, où ils peuvent en puiser la méthode et l'exemple. (...) Le mensonge judéo-maçonnique, en usage et en honneur chez les Humanistes, les Philosophes et les Francs-Maçons, ne s'est jamais affiché chez nous aussi effrontément que dans le développement anticatholique et antisocial du plan révélé par les *Protocols*. (...) N'est-il pas écrit dès le premier procès-verbal : "Celui qui veut gouverner doit recourir à la ruse et à l'hypocrisie" [Mgr Jouin, éd. 1920, p. 34] ? Ce principe s'impose pour la défense du plan d'Israël »[70].

(69) *Fede e Ragione*, 27 mars 1921 ; cité par Mgr Jouin, *op. cit.*, 1921, p. 79. Sur cette publication italienne, à laquelle collaborait Mgr Benigni, voir les travaux d'Emile Poulat : « Bimensuelle, puis mensuelle à partir du troisième numéro, *Fede e Ragione* ne paraissait que depuis le 1er décembre 1919. "Revue catholique de culture et de critique", elle était dirigée à Florence par don Paolo De Töth, ancien directeur et collaborateur de l'*Unità catholica* (...). Devenue hebdomadaire au début de 1923, elle sortira pour la dernière fois le 31 décembre 1929 » *(Intégrisme et catholicisme intégral. Un réseau secret international antimoderniste : La « Sapinière » (1909-1921)*, Tournai, Casterman, 1969, p. 595 ; *cf.* aussi p. 437). Mgr Umberto Benigni (1862-1934) a publié en 1922 une édition italienne des *Protocoles* aux éditions *Fede e Ragione*, à Florence (voir bibliographie générale, *infra*), et, sous le pseudonyme de « H. Brand », divers textes (articles et brochures) sur le meurtre rituel chez les Juifs et la domination juive mondiale ; *cf.* E. Poulat, *Catholicisme, démocratie et socialisme. Le mouvement catholique et Mgr Benigni de la naissance du socialisme à la victoire du fascisme*, Tournai, Casterman, 1977, pp. 442 sq., 500-504.

(70) Mgr Jouin, *op. cit.*, vol. III, 1921, pp. 80-84, 86.

Mais l'usage même du mensonge, une fois reconnu comme tel, étant en adéquation avec le contenu même des *Protocols* recommandant le recours au mensonge, devient preuve infaillible de l'authenticité du document :

« Négations, mensonges, diversions, fictions, trop apparents pour donner le change, n'ont fait que divulguer et confirmer les *Protocols* »[71].

La tactique de négation se présente, en second lieu, sous la forme de la « négation juive de la véracité des *Protocols* ». Mgr Jouin y insiste particulièrement :

« Le point capital de la question juive réside dans la véracité des *Protocols*. Personne ne s'y trompe. Sans remonter plus haut que la première édition russe de 1901[72], ce document contient des réalisations si lumineuses depuis la guerre de 1914, que sa véracité est manifeste, et, d'autre part, des révélations tellement imprévues dans leur ensemble que leur prédiction devient inexplicable sans la connaissance détaillée du plan juif tel que nous l'avons donné. Aussi, les écrivains en renom, les Reinach et les Wolf[73] de tous les pays, s'efforcent-ils de persuader d'abord leurs lecteurs de l'inexistence de toute idée d'hégémonie mondiale juive, et, ensuite, de la participation prépondérante des Juifs, dans le bolchevisme, spécialement en Russie. Les faits démentent ces deux énormes mensonges d'Israël (...). Il

(71) Mgr Jouin, *ibid.*, p. 86.

(72) Dans une note, Mgr Jouin n'hésite pas à affirmer : « Nous avons entre les mains cette *édition russe de 1901*, plus complète que la traduction de Nilus » (*op. cit.*, 1921, p. 95 note 1). Le curé de Saint-Augustin entend vraisemblablement renvoyer, non sans aplomb dans l'erreur chronologique, à l'édition de G.V. Boutmi, parue en janvier 1906 sous le titre *Les ennemis de la Race humaine* (Saint-Pétersbourg), avec pour sous-titre : « Protocoles provenant des archives secrètes de la Chancellerie centrale de Sion (qui est la source des désordres sociaux présents de l'Europe en général et de la Russie en particulier) » (voir N. Cohn, *op. cit.*, 1967, pp. 70-71). L'assurance de Mgr Jouin dans l'énoncé d'une erreur factuelle est exemplaire de sa méthode de travail : il accepte sans examen critique tous les textes et toutes les informations paraissant confirmer ses convictions de base ; or, dans son édition française de la version de Boutmi, Mgr Jouin affirmera d'emblée, montrant une naïveté, feinte ou non : « Le texte protocolaire est daté de 1901, comme en fait foi le fac-similé de la dernière page que nous reproduisons » (*Le Péril judéo-maçonnique*, vol. IV, *Les « Protocols » de 1901 de G. Butmi*, Paris, 1922, avertissement, p. 1 ; et la « preuve » textuelle est reproduite à la p. 24 : à la p. 101 de la version russe de Boutmi, d'après la « 4e » édition de 1907, c'est bien la date de 1901 qui est mentionnée...). Rappelons que le véritable patronyme de Boutmi était « de Katzman » (ou Katsman), selon Walter Laqueur (*Russia and Germany, op. cit.*, 1965, p. 100 et 337 note 15).

nous suffira de répondre ici au premier mensonge par la publication d'un opuscule anglais intitulé : *Les Juifs parmi les Chefs de l'Entente* ; et, au second, par cette autre brochure : *Qui gouverne la Russie ? Personnel de la Bureaucratie soviétique* »[74].

C'est le document antibolchevique cité par Mgr Jouin qui exemplifie le mieux les applications immédiates de la grille des *Protocoles* à l'analyse de l'histoire contemporaine : une simple liste de patronymes et de pseudonymes démasqués, dénoncés comme noms de Juifs, permet de « vérifier » l'hypothèse centrale des *Protocoles*, à savoir que les révolutions modernes ne sont que l'un des instruments de la conquête juive du monde. La brochure *Qui gouverne la Russie ?* avait été publiée à New York par l'Association « Unité de la Russie », en 1920. La brochure, visant à démontrer que « l'Etat russe est actuellement dominé par la nation Juive »[75] est présentée comme révélant la vérité sur le régime bolchevique :

(73) Voir notamment : Lucien Wolf, *The Jewish Bogey and the Forged Protocols of the Learned Elders of Zion*, Londres, Press Committee of the Jewish Board of Deputies, 1920 ; la démonstration de L. Wolf était centrée sur le fait que les *Protocoles* constituaient une imitation du pseudo- « Discours du Rabbin Eichborn » (ou « Reichhorn »), agrémentée de diverses variations (*cf.* Colin Holmes, *op. cit.*, 1979, pp. 150 sq.). Dans son livre, A. Netchvolodow cite longuement certains articles de L. Wolf parus en juin et juillet 1920 (*op. cit.*, 1924, pp. 271 sq.).
(74) « Les Juifs et les *"Protocols"* », in Mgr Jouin, *op. cit.*, vol. III, 1921, p. 95. La brochure anglaise, *The Jews among the Entente Leaders* (Londres, R. Clay and Sons Ltd., 1918), n'est qu'une suite de courtes biographies de personnalités britanniques d'origine juive. C'est pourquoi Mgr Jouin précise : « Les vrais maîtres de la situation ne figurent pas dans ce court exposé. Une étude spéciale sur la Haute Banque Juive Internationale peut seule dénouer le nœud du plan des *"Protocols"* » (*op. cit.*, 1921, pp. 95-96).
(75) *Qui gouverne la Russie ? Personnel de la bureaucratie soviétique*, New York, 1920, conclusion (in Mgr Jouin, *op. cit.*, vol. III, 1921, p. 128). L'association « Unité de la Russie » est vraisemblablement la variante américaine de l'Union du peuple russe, transportée dans leurs bagages culturels par les émigrés russes antisémites et antibolcheviques. L'exemple le plus célèbre de ce type d'agitateur est représenté par Boris Brasol, ancien collaborateur de Chtcheglovitov, l'organisateur du procès Beiliss en 1913 pour meurtre rituel (H. Rollin, *op. cit.*, 1939, 1991, p. 611 note 4 ; N. Cohn, *op. cit.*, 1967, p. 158). Boris Brasol, qui travaillait alors pour les services de renseignements américains, rédigea un rapport (daté du 30 novembre 1918) intitulé *Bolshevism and Judaism* (voir : L. Poliakov, *Histoire de l'antisémitisme*, t. IV, 1977, pp. 253-254 ; le nom de B. Brasol, en tant qu'auteur du rapport, n'a été rendu public qu'en 1960). Ledit rapport, qui citait en introduction et en conclusion le « Protocole Sioniste Secret » de 1897 *(sic)*,

« La question : *Qui gouverne la Russie ?* reçoit une réponse catégorique par la simple énumération des fonctionnaires responsables du gouvernement irresponsable des Soviets. (...) Il peut arriver (...) que, *dans quelques cas très rares* où une personne est marquée comme Russe, elle se trouve être Juive, ou *vice versa*. Mais le fait fondamental reste incontestable : la bureaucratie soviétiste est presque absolument entre les mains de Juifs et de Juives, tandis que le nombre des Russes qui participent au gouvernement des Soviets est ridiculement faible. Impossible d'esquiver ce fait qui se dresse comme un avertissement solennel devant les pays et les États qui se réclament du nom de chrétiens et qui croient à des modes nationaux d'existence, en contradiction avec l'internationalisme illimité dans lequel la nation juive est la puissance dominante »[76].

fournissait des « informations » sur les « personnes » et les « firmes » engagées dans l'« œuvre de destruction » de la révolution bolchevique (*cf.* A. Netchvolodow, *op. cit.*, 1924, pp. 97-103). Ce rapport fut largement diffusé ailleurs qu'aux Etats-Unis : en Russie, en Grande-Bretagne, en France, en Allemagne, etc. (*cf.* L. Poliakov, *op. cit.*, 1977, p. 255). C'est encore B. Brasol qui, en 1920, fait publier à Boston une traduction américaine des *Protocoles* (*cf.* N. Cohn, *op. cit.*, 1967, pp. 158-159, 290), en même temps qu'il s'emploie, avec d'autres Russes « blancs », à initier au « complot juif mondial » l'industriel Henry Ford, moyennant finances ; il collaborera tout naturellement à la rédaction de *The International Jew* (Dearborn, 1920). La « révélation » centrale du rapport Brasol est celle du financement de la révolution bolchevique par le banquier Jacob Schiff, directeur de la banque « Kuhn, Loeb, et C° ».

(76) *Qui gouverne la Russie ?...*, in Mgr Jouin, *op. cit.*, 1921, p. 109 (préface). L'énumération des noms des dirigeants bolcheviques, classés par institutions (Commissariats), est accompagnée de calculs de pourcentages tendant à établir que le pouvoir bolchevique est essentiellement un pouvoir juif (*ibid.*, pp. 109-128), conformément au « rapport » rédigé par B. Brasol ; sur le même thème, voir les extraits du *Morning Post* et de l'*Excelsior* qui suivent (*ibid.*, pp. 129-136). Dans la nouvelle édition qu'il publie en 1925 des *Protocoles*, U. Gohier consacre la plus importante de ses « annexes » au dossier intitulé « Le Bolchevisme, œuvre juive » (*op. cit.*, pp. 145-238), reprise de toutes les rumeurs, voire de tous les ragots, qui couraient sur la question. *Cf.* aussi, par exemple : *Protocolli dei "Savi Anziani" di Sion*, Rome, 1921 (éd. G. Preziosi), appendice, pp. 167 sq. : « L'internazionale ebraica conquista la Russia. » Le genre idéologico-littéraire institué par les brochures de propagande anti-« judéo-bolchevique » de 1918-1920 sera systématiquement exploité par les professionnels nationaux-socialistes ; voir par exemple : Alfred Rosenberg, « L'heure décisive de la lutte entre l'Europe et le bolchevisme » (discours prononcé au Congrès du N.S.D.A.P. à Nuremberg en 1936), Munich, Franz Eher, 1936, rééd. Paris, 1986, pp. 10-15 ; pour le cadre idéologique, où « Zionismus » et « Weltbolschewismus » désignent la même réalité mythique, voir : A. Rosenberg, « Der Bolschewismus als Aktion einer fremden Rasse » (1935), in *Gestaltung der Idee*, Munich, Franz Eher, 14e éd., 1943, pp. 364-378.

Des brochures de propagande anti-bolcheviques ainsi fabriquées (selon la stratégie de la dénonciation anthroponymique) ne cesseront de circuler entre les deux guerres mondiales, avant de réapparaître dans les années cinquante. L'amalgame polémique entre Juifs et Bolcheviks (« judéo-bolchevisme ») est lui-même susceptible d'être reformulé par la substitution d'expressions telles que la « Haute Finance », la « Haute Banque » ou la « Fortune anonyme et vagabonde », au terme « Juif(s) ». C'est ainsi qu'en avril 1963, Henry Coston publie un numéro spécial de son mensuel *Lectures Françaises*, consacré à la secrète alliance de l'Or juif et des révolutions : *La Haute Finance et les Révolutions*[77]. Il y reprenait et résumait diverses analyses précédemment présentées, de façon plus détaillée, dans les livres suivants : *Les Financiers qui mènent le monde*[78], *La Haute Banque et les trusts*[79]. L'explication par le financement judéo-cosmopolite secret est indéfiniment extensible :

« Le rôle des puissances d'argent n'a pas été moins déterminant dans la révolution bolchevique que dans les révolutions mussolinienne et hilérienne. Les écrivains "de gauche" (...) ont systématiquement passé sous silence la cynique alliance des communistes et de la haute finance »[80].

Quelles que soient les variantes interprétatives du schéma explicatif, la « main invisible », c'est-à-dire la puissance de manipulation, est attribuée à l'entité désignée par euphémisme en tant que « Haute Finance »[81]. Henry Coston conclut ainsi sa brochure de 1963 :

(77) Henry Coston et al., *La Haute Finance et les Révolutions*, n° spécial de *Lectures Françaises*, avril 1963 ; reprint, Paris, Publications Henry Coston, 1987. La présentation du livre, en deuxième page de couverture, illustre bien la rhétorique conspirationniste : « Les naïfs croient volontiers que les révolutions sont spontanées (...). Mais ceux qui ont appris à regarder dans les coulisses de l'Histoire savent qu'il n'en est rien. » Dans le même style, voir : H. Coston, préface à Jacques Bordiot, *Le gouvernement invisible*, Paris, Documents et Témoignages, 1983, 2e éd., Paris, Avalon, 1987, pp. 7-11.

(78) H. Coston, *Les Financiers qui mènent le monde*, Paris, Diffusion : La Librairie Française, 1955.

(79) H. Coston, *La Haute Banque et les trusts*, Paris, Diffusion : La Librairie Française, 1958.

(80) Pierre Saint-Charles, « Banquiers et bolchevicks [*sic*] », in *La Haute Finance et les Révolutions*, *op. cit.*, 1963, p. 38.

(81) Henry Coston, sous l'Occupation, avait en effet publié un livre intitulé sans fard : *La Haute Finance juive et les trusts*, Paris, Editions Jean-Renard, 1942. Mais il faut ici insister sur le retour du mythe conspirationniste fabriqué par Boris

« Ce qui paraît indéniable (...), c'est que la Haute Finance, éternelle pêcheuse en eau trouble, a soutenu des groupes, des partis, des journaux, révolutionnaires, marxistes ou révolutionnaires nationaux dont elle n'escomptait pas le ralliement au sacro-saint capitalisme, mais qu'elle voulait ou utiliser ou désarmer »[82].

Brasol en 1918, à savoir le récit du financement de la Révolution bolchevique par le banquier juif américain Jacob Schiff et la banque Kuhn, Loeb et C°, dans le cadre d'un plan juif de destruction du régime tsariste (*cf.* A. Netchvolodow, *op. cit.*, pp. 97-98). La fable est indéfiniment reprise par H. Coston ; *cf.* par exemple : *Les Financiers...*, 1955, ch. XII, pp. 108 sq. (« Haute Finance et tsarisme »), ch. XIII, pp. 112 sq. (« La cynique alliance »), pp. 124, 271 ; *La Haute Banque...*, 1958, p. 14 ; *La Haute Finance...*, 1963, pp. 39-47 (art. signé P. Saint-Charles) ; H. Coston (dir.), *Le Secret des Dieux*, n° spécial de *Lectures Françaises*, décembre 1968, p. 120 (« nous avons publié (...) les documents démontrant que l'entreprise communiste de 1917 avait été commanditée par le banquier Schiff »), p. 140 (« Jacob Schiff, le n° 3 de la Révolution bolchevique ») ; H. Coston, *La Fortune anonyme et vagabonde*, Paris, Publications H. Coston, 1984, pp. 86 sq. Dans ce dernier livre, H. Coston ajoute : « Trois quarts de siècle après [l'affaire J. Schiff], rien ne semble changé. Sauf que le Jacob Schiff actuel s'appelle Hammer » (*op. cit.*, p. 94). Il s'agit de Armand Hammer (né en 1898), « ancien médecin juif émigré de Russie aux Etats-Unis » et « "patron" de la firme *Occidental Petroleum* » *(ibid.)*. La même fable de la ténébreuse alliance judéo-bolchevico-capitaliste est soutenue par le « vieil ami » d'H. Coston, Jacques Bordiot, dans divers ouvrages ; par exemple : *Le gouvernement invisible, op. cit.*, 1983 et 1987, pp. 93-95 ; *Une main cachée dirige...*, Paris, La Librairie Française, 1974, 2e éd. revue et corrigée, 1984, ch. IX, pp. 115-124 (« La Révolution russe d'octobre 1917 (...) fut (...) le résultat d'une longue manipulation de l'"intelligentsia" par des éléments non slaves », p. 115 ; « on [y] retrouve les mêmes caractéristiques que dans la Révolution française : la faiblesse du pouvoir en place et l'action d'une société secrète révolutionnaire avec l'appui de l'étranger et de la Haute Finance internationale », p. 124). Dans ses nombreux livres de compilation, Yann Moncomble, disciple appliqué de Coston, ne manquera pas de « prouver » la « collusion entre les bolcheviks et la Haute Finance internationale » par la référence à l'affaire Schiff ; *cf.* par exemple : Y. Moncomble, *L'irrésistible expansion du mondialisme*, Paris, Chez l'auteur, 1981, p. 185.

(82) H. Coston, *La Haute Finance..., op. cit.*, 1963, p. 98. Sur les origines et la première circulation de la fable du judéo-bolchevico-capitaliste Schiff, quelques illustrations : Boris Brasol, *The World on the Cross Road*, Boston, Small, Maynard and C°, 1921 ; G. Preziosi, *Protocolli..., op. cit.*, 1921, p. 140 ; A. Netchvolodow, *op. cit.*, 1924, ch. I, pp. 71-104 ; Alfred Rosenberg, *Die Protokolle der Weisen von Zion und die jüdische Weltpolitik*, Munich, Deutscher Volks-Verlag, 1923, pp. 10, 23, 45, 53, 85 ; U. Gohier, *« Protocols »...*, 1920, pp. 90-93 ; *id.*, *Protocoles...*, 1925, pp. 137-140 (« Derrière tout le bolchevisme universel, il y a eu Jacob Schiff », p. 140). Une étude reste à faire sur le rôle joué par les pamphlets antisémites de Louis-Ferdinand Céline dans la circulation, à la fin des

La conviction première de la vision conspirationniste est qu'une oligarchie financière internationale constitue le super-gouvernement secret du monde ; la tradition antijuive instituée par la diffusion des *Protocoles* désigne les maîtres secrets du monde comme Juifs. La dénonciation de la ploutocratie juive internationale se donne pour une explication, la véritable explication ; la séduction de ce type de

années trente, de ces « révélations » fictives. C'est ainsi que, dans *Bagatelles pour un massacre* (Paris, Denoël, 1937), vite devenu un best-seller, Céline recopie ou paraphrase 17 pages d'un texte antijuif de Henry Coston, « La Conspiration Juive » (*Le Siècle nouveau*, 3e année, n° 1, octobre 1937, pp. 4-21), citant aussi bien le « Discours du rabbin Reichhorn » que les *Protocoles*, le « Rapport du Service secret américain » ou le livre de Nesta H. Webster, *The Surrender of an Empire* (Londres, 1931) ; voir : *Bagatelles..., op. cit.*, 1937, pp. 277-288. Sur ce plagiat célinien d'un plagiaire de plagiaire, voir : Alice Yaeger Kaplan, *Relevé des sources et citations dans Bagatelles pour un massacre*, Tusson, Ed. du Lérot, 1987, pp. 19, 200-235 (étude minutieuse des sources des 12 pages de *Bagatelles*). Exemple d'usage du rapport Brasol : « Ce sont ces mêmes Juifs du Grand Veau d'Or qui commandent avec la Cité, New York et Moscou, le monde, la guerre et la paix, à savoir Jacob Schiff, Gugenheim, Barush, Breitung, Loeb et C°, Felix Warburg, Otto Kahn, Mortimer Schiff, Hanauer. (Rapport du Service secret américain, 1917, 2e Bureau) » (*Bagatelles*, p. 281) ; voir A. Yaeger Kaplan, *op. cit.*, pp. 216-217. Ledit « rapport » est cité par deux auteurs dont les principaux livres étaient connus de Céline : Léon de Poncins, *La mystérieuse internationale juive*, Paris, G. Beauchesne, 1936, pp. 90 sq. ; Herman de Vries de Heekelingen, *Israël, son passé, son avenir*, Paris, Librairie Académique Perrin, 1937, pp. 84-87 (puis pp. 88 sq. : extraits de la liste publiée par l'« Unité de la Russie » en 1920 ; voir ci-dessus, note 75). Par les pamphlets, et surtout par *Bagatelles...*, Céline s'est inscrit dans la série des propagateurs des *Protocoles*, et a contribué par son prestige littéraire à légitimer nombre de pseudo-« révélations » et d'accusations délirantes colportées par les textes fabriqués qu'il citait ou plagiait ; sur la diffusion de *Bagatelles...*, voir : Jean-Pierre Dauphin et Pascal Fouché, *Bibliographie des écrits de Louis-Ferdinand Céline*, Bibliothèque de Littérature française contemporaine de l'Université Paris 7, 1985, qui cite le relevé établi par les éditions Denoël fin 1947, indiquant un tirage total de 86 642 exemplaires pour *Bagatelles* (chiffrage indicatif, et minimal, que Céline contestait...). Un saisissant résumé de la vision du complot juif mondial est donné par Céline : « Mon premier possède toutes les richesses du monde. Mon second possède tous les cadres de la Révolution. Mon troisième est un Banquier richissime qui subventionne toutes les Révolutions. Mon tout est un Juif » (*Bagatelles...*, p. 290). Sur l'affaire Schiff, voir quelques études historiques et critiques : W. Laqueur, 1965, pp. 89-91 ; N. Cohn, *op. cit.*, 1967, p. 131 ; L. Poliakov, *op. cit.*, 1977, pp. 253 sq. ; L. Poliakov, *La Causalité diabolique*, II : *Du joug mongol à la victoire de Lénine 1250-1920*, Paris, Calmann-Lévy, 1985, pp. 337-338 ; Sharman Kadish, « "Boche, Bolshie and the Jewish Bogey" : The Russian Revolution and Press Antisemitism in Britain 1917-21 », *Patterns of Prejudice*, vol. 22, n° 4, hiver 1988, pp. 29-30.

A

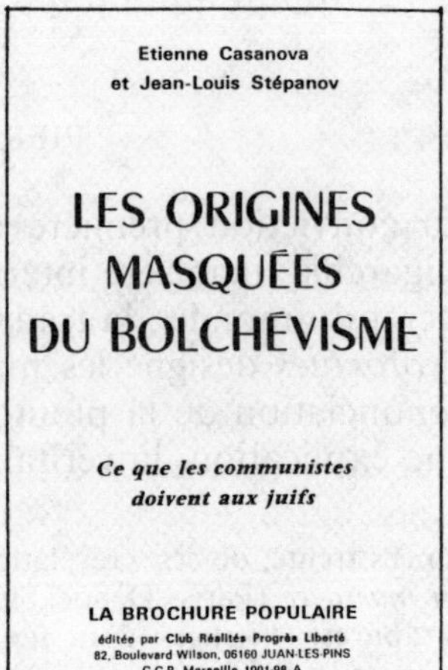

B

C

D

E

Brochures récentes d'inspiration conspirationniste, rédigées d'après les ouvrages anti-judéo-maçonniques de Jacques Bordiot et de Henry Coston.

A. Sans date (après 1985) ; seule indication : Publications Henry Coston, B.P. 92-18, 75862 Paris Cedex 18.

B. Dépôt légal : avril 1988.

C. Dépôt légal : juillet 1990 ; p. 4 de couverture : publicité pour les ouvrages d'Henry Coston.

D. Sans date (fin 1985 ou 1986) ; adresse : B.P. 290-05, 75228 Paris Cedex 05.

E. Daté du 28 mai 1985 ; adresse : Robert Camman, B.P. 23, 31290 Villefranche-de-Lauragais.

discours explicatif parallèle vient précisément de ce qu'il s'oppose au savoir officiel, à l'histoire « conformiste », se constituant ainsi comme savoir alternatif, non reconnu par le « pays légal » en raison de sa valeur de vérité, et sa puissance de dévoilement supposée gêner les « maîtres du monde ». La tradition fixée par les *Protocoles* peut être analysée comme une « science » historique parallèle, dans l'élément d'une contre-culture fondée sur la condamnation globale du monde moderne. Les seuls titres des plus récentes brochures françaises de propagande inspirées par la littérature anti-judéo-maçonnique, largement dérivée des livres de Coston (et plus lointainement, par sa médiation et ses mises à jour, des *Protocoles*), témoignent de la vitalité de cette contre-culture conspirationniste : *Les véritables maîtres du monde*[83] ; *Le Grand Orient ordonne*[84] ; G.V. [Georges Virebeau, alias Henry Coston], *Le monde secret de Bilderberg*[85] ; Etienne Casanova et Jean-Louis Stépanov, *Les origines masquées du bolchevisme. Ce que les communistes doivent aux Juifs*[86] ; *Une nouvelle synarchie internationale*[87] ; Georges Virebeau [H. Coston], ... *Mais qui gouverne l'Amérique ?*[88].

(83) [Robert Camman], *Les véritables maîtres du monde*, Villefranche-de-Lauragais, chez l'auteur, 1985, 24 p.
(84) *Le Grand Orient ordonne. Quand les Francs-Maçons gouvernent la République*, Paris, Avenir International, s.d. [1985], 32 p.
(85) G.V. [Georges Virebeau, pseudonyme de H. Coston], *Le monde secret de Bilderberg. Comment la Haute Finance et les technocrates dominent les nations*, Paris, Publications Henry Coston, 1987, 33 p.
(86) E. Casanova et J.-L. Stépanov, *Les origines masquées du bolchevisme...*, Juan-les-Pins, La Brochure Populaire (éditée par le « Club Réalités Progrès Liberté », 1988, 23 p. ; parmi les nombreuses et douteuses « révélations » exposées dans cette brochure, on trouve bien sûr le récit standard concernant les activités secrètes de Jacob Schiff en 1916-1917 : pp. 6-7).
(87) *Une nouvelle synarchie internationale. La Trilatérale domine les nations et asservit les peuples. Voici ses agents secrets dans le monde*, Paris, Publications Henry Coston, 1990, 32 p. ; d'autres brochures ont été publiées, relevant du même genre (le dévoilement des « secrets »), par exemple : *Le fric est à gauche. Comment les héritiers des « 200 familles » ont séduit les enfants du Front populaire*, Paris, Publications H. Coston, 1991, 32 p.
(88) Georges Virebeau, ... *Mais qui gouverne l'Amérique ?*, Paris, Publications H. Coston, 1991, 64 p.

2.2. **Brève typologie des contre-argumentations. Des preuves malgré tout**

Nous venons d'analyser l'une des stratégies argumentatives par lesquelles les antisémites professionnels ont réagi à la mise en évidence, par un examen critique du texte relevant de la philologie historique, du caractère apocryphe du « document ». On peut distinguer six positions argumentatives idéal-typiques dans la littérature produite par les glossateurs des *Protocoles*. Nombre d'entre eux ont en effet répliqué à la démonstration du plagiat par un cumul de certains de ces arguments-types. Exposons-les, du plus simple au plus sophistiqué.

1) La preuve de l'authenticité des *Protocoles* par les tentatives « juives » de les faire disparaître ou d'en établir la nature de « faux ». La négation de l'authenticité devient preuve d'authenticité[89], ou preuve qu'il s'agit de secrets devant rester, aux yeux des Juifs, absolument inaccessibles à leurs victimes, car celles-ci, prévenues, pourraient alors déjouer les pièges tendus par les « Sages de Sion »[90].

(89) Voir ci-dessus (2.1.). Voir également : *Auf Vorposten* [Aux avant-postes], juin-juillet 1921; cité par A. Netchvolodow, 1924, p. 304 (*Auf Vorposten* était la revue dirigée par Gottfried zur Beek, qui traduisit le premier en allemand les *Protocoles*, à la fin de 1919) ; Eric Ludendorff, *Conduite de la guerre et politique*, tr. fr. L. Koeltz, Paris, Berger-Levrault, 1922, pp. 405-406 (et note 1). L'argument se rencontre chez la plupart des propagateurs des *Protocoles* : Victor E. Marsden, *Protocols...*, Londres, 1922 (1re éd., 1921), pp. 45-46 ; *Le Péril juif...*, Paris, O.P.N., 1938, p. 3 [éd. H. Coston/ *La Libre Parole*] ; W. Creutz, *Les Protocoles des Sages de Sion*, Brunoy, Les Nouvelles Editions Nationales, s.d. [1934], p. 5 ; L. Fry, *Le Juif, notre maître*, Paris, Ed. R.I.S.S., 1931, pp. 97 sq.

(90) *Cf.* l'axiome de Mgr Jouin : « La Judéo-Maçonnerie est maîtresse du monde, mais à condition de rester une société secrète » (*Le Péril judéo-maçonnique*, vol. I, 1920, p. 1). Voir : A. Rosenberg, *op. cit.*, 1923, p. 5 ; W. Creutz, *op. cit.*, 1934, pp. 12, 14-15 ; Darquier de Pellepoix, in *La France enchaînée*, septembre 1938 (cité par H. Rollin, *op. cit.*, 1939, pp. 555-556 ; rééd. 1991, p. 706) ; Henry Ford, in *The Dearborn Independent*, 24 juillet 1920 (« l'arme principale à employer contre un programme de cette sorte, (...) c'est une éclatante publicité ») ; Theodor Fritsch, *Die Zionistischen Protokolle*, Leipzig, Hammer-Verlag, 1933, préface de 1931, pp. 6-8 ; *Fede e Ragione*, 27 mars 1921 (cité par Mgr Jouin, vol. III, 1921, p. 80) ; Douglas Reed, *The Controversy of Zion*, Durban, Dolphin Press, 1978, p. 571 ; *« Protocols » des Sages de Sion*, Téhéran, Organisation pour la Propagande Islamique, 1985, introduction, p. 7 (dévoiler les *« plans d'Israël »*, « tant pour l'information des Musulmans et faire connaître la nature de ces envahisseurs, (...) que pour extirper les racines de la corruption, de l'iniquité et du crime sur toute la surface de la terre) ; voir tome II.

C'est ainsi que la presse « juive » ou « enjuivée », une fois dévoilée comme telle au grand jour, ne pourrait plus manipuler les esprits[91]. C'est par un bref exposé de cet argument qu'Adolf Hitler commence le paragraphe qu'il consacre, dans *Mein Kampf*, aux *Protocoles* :

« Les "*Protocoles des Sages de Sion*", que les Juifs renient officiellement avec une telle violence, ont montré d'une façon incomparable combien toute l'existence de ce peuple repose sur un mensonge permanent. "Ce sont des faux", répète en gémissant la *Gazette de Francfort* et elle cherche à en persuader l'univers ; c'est là la meilleure preuve qu'ils sont authentiques »[92].

Les deux inférences sur lesquelles se fonde l'argument sont :
a) « Il n'y a pas de fumée sans feu » ;
b) « Il n'y a que la vérité qui blesse. »
Les défenseurs des *Protocoles* voyaient dans le revirement du très puissant Henry Ford, sur l'authenticité du « document », d'abord la preuve de la puissance juive, ensuite la preuve que les *Protocoles*, en révélant ladite puissance, disaient la vérité, étaient donc authentiques. Léon de Poncins lui-même, plutôt réservé vis-à-vis des *Protocoles* dont il partageait néanmoins la vision conspirationniste, écrivait :

« Le grand industriel Henry Ford, au cours d'une lutte célèbre, essaya de passer outre. Son journal, le *Dearborn Independent*, publia sur ce sujet de longs articles qui furent par la suite réunis en volumes. De violentes attaques juives furent aussitôt déclenchées contre Ford. De gros procès

(91) Voir S.A. Nilus, *Il est tout près, à la porte...*, Moscou, 1917, cité par U. Gohier, 1920, p. 10.
(92) Adolf Hitler, *Mein Kampf*, tome I (1924), ch. XI, tr. fr. J. Gaudefroy-Demombynes et A. Calmettes, Paris, Nouvelles Editions Latines, 1934, p. 307. Werner Maser précise : « C'est après 1919 et grâce surtout au "Russe" Alfred Rosenberg, arrivé à Munich le 19 février 1923, qu'Hitler approfondit le sens des procès-verbaux des Sages de Sion. (...) Il semble bien qu'Hitler, comme la plupart des antisémites allemands, ait pris ces procès-verbaux au sérieux » (*Hitler inédit. Ecrits intimes et documents* [1973] tr. fr. J.-M. Fitère, Paris, A. Michel, 1975, p. 206). W. Maser, dans sa précieuse étude sur *Mein Kampf*, n'hésitait pas à énoncer : Hitler « mentionne lui-même expressément (très rarement il est vrai) l'une de ses sources principales [en matière d'antisémitisme] : les prétendus "*Protocoles des Sages de Sion*" auxquels il attribuait l'importance d'un document » (*Mein Kampf d'Adolf Hitler* [1966], tr. fr. A. Vandevoorde, Paris, Plon, 1968, p. 245). Voir aussi : A. Stein, *Adolf Hitler Schüler der « Weisen von Zion »*, Karlsbad, Verlagsanstalt « Graphia », 1936, pp. 15-17.

lui furent intentés, des difficultés financières lui furent suscitées ; finalement, il faillit perdre la vie dans un accident d'auto que l'on considéra généralement comme un attentat. Ford céda et abandonna publiquement la lutte. A des degrés divers, il en est de même un peu partout en Europe »[93].

Les Juifs, et plus largement « les Forces secrètes de la Révolution »[94], ont ainsi manifesté leur capacité de bâillonner leurs ennemis les plus puissants.

2) L'affirmation qu'il existe des « preuves surabondantes », selon l'expression de W. Creutz en 1934[95], lequel, après Gottfried zur Beek, n'en avance guère qu'une, à savoir la révélation que Maurice Joly était lui-même juif, qu'il « fut circoncis sous le nom de Moses Joel »[96]. Voilà qui suffirait à prouver que le document est bien authentiquement juif... L'argument sera souvent utilisé dans la littérature national-socialiste consacrée aux *Protocoles*, notamment à l'époque du procès de Berne (1934-1937) : les brochures d'E.F. von Engelhardt (1936) et de K. Bergmeister (1937) en témoignent[97]. Autre

(93) Léon de Poncins, *Refusé par la presse*, Paris, Librairie de la Revue Française, Alexis Redier, 1931, pp. 16-17 ; voir aussi : L. de Poncins, *La mystérieuse internationale juive, op. cit.*, 1936, p. 241.

(94) L. de Poncins, *op. cit.*, 1931, p. 13. Céline n'évite pas de répéter en écho : « Le Juif peut faire le désert autour de n'importe quel business, banque, industrie, théâtre ou journal... Ford qui les a en horreur, il a fallu qu'il ferme sa gueule, pourtant bien puissante. Il allait sauter dans les huit jours ! » (*Bagatelles*..., 1937, p. 62). Voir aussi : Pierre-Antoine Cousteau, *L'Amérique juive*, Paris, Les Editions de France, 1942, pp. 81-87 (voir tome II).

(95) W. Creutz, *op. cit.*, 1934, pp. 7-9.

(96) *Ibid.*, p. 7. Lors du procès de Berne, le colonel Ulrich Fleischhauer, directeur de la maison d'édition antisémite U. Bodung (Erfurt) et du *Weltdienst* (« Service mondial »), est intervenu en tant qu'expert des accusés nationaux-socialistes (suisses) ; au cours de son expertise, qui dura cinq jours (!), Fleischhauer affirma notamment que « si les *Protocoles* rappellent en maints endroits le pamphlet de Maurice Joly, c'est que le juif Joly a été un agent du gouvernement occulte juif. Par l'entremise d'Adolphe Crémieux, il aurait été chargé de préparer la première version des *Protocoles* » (« Le procès des *Protocoles des Sages de Sion* à Berne », *Paix et Droit*, 15e année, nº 5, mai 1935, p. 6.) Pour plus de détails : U. Fleischhauer, *Gerichtsgutachten zum Berner Prozeß*, Erfurt, U. Bodung-Verlag, 1935.

(97) Voir : E. Frhr. von Engelhardt, *Jüdische Weltmachtpläne*, Leipzig, Hammer-Verlag Theodor Fritsch, 2e éd., 1943 (1re éd., 1936), ch. 5, pp. 19 sq., ch. 6, pp. 22 sq. ; Karl Bergmeister, *Le plan juif de conspiration mondiale*, Erfurt, U. Bodung-Verlag, 1937, pp. 6-7, 19.

type de preuve : les témoignages d'auteurs juifs, affirmant eux-mêmes l'authenticité des *Protocoles*. On cite alors volontiers certains Juifs antisémites, tel Arthur Trebitch, comme le fait par exemple H. de Vries de Heekelingen dans sa « Réponse au R.P. Charles » publiée le 1er novembre 1938 dans la *Revue Internationale des Sociétés Secrètes*[98].

3) La preuve de l'authenticité par « l'esprit juif » qui imprégnerait le texte des *Protocoles* : U. Gohier soutient ainsi la thèse de « l'authenticité substantielle » des *Protocoles*, même si leur rédacteur n'a pas été - hypothèse fictive pour Gohier - l'un des « Sages de Sion »[99]. L'argument principal tient dans l'interprétation de l'élection d'Israël comme fondatrice d'un droit de conquête sur le monde ; d'où la recherche d'« aveux » antérieurs et confirmatoires dans la littérature talmudique, ou dans certains propos tenus par de « grands Juifs », tels Disraeli ou Rathenau, ayant dévoilé par inadvertance les « secrets » de Sion[100]. T. Fritsch et A. Rosenberg insisteront sur

(98) Hermann de Vries de Heekelingen, « Encore les *Protocols* », *Revue Internationale des Sociétés Secrètes*, n° 19, 1er novembre 1938, [pp. 601-606], p. 604 ; l'auteur cite « quelques déclarations juives », extraites des livres d'Arthur Trebitsch (*Deutscher Geist oder Judentum*, Vienne, 1921) et d'Alfred Nossig (*Integrales Judentum*, Vienne, 1922), ainsi que d'un article de Marcus Elie Ravage (1884-1965) [sur ce dernier auteur, juif roumain fixé à Paris : A. Yaeger Kaplan, *op. cit.*, 1987, p. 59]. L'écrivain juif autrichien A. Trebitsch, qui croyait à l'authenticité des *Protocoles*, sera souvent cité dans la littérature national-socialiste. Voir par exemple : K. Bergmeister, *op. cit.*, 1937, p. 21 ; *Les « Protocoles » des Sages de Sion*, Paris, Ed. C.E.A. [Centre d'Etudes Antibolcheviques], 1943, introduction [non signée], p. 15 (« Leur authenticité a même été reconnue par des Juifs ; en particulier par l'écrivain autrichien Arthur Trebitsch, Juif cent pour cent mais de tendance très antisémite »). Sur A. Trebitsch, voir : Theodor Lessing, *La haine de soi. Le refus d'être juif* (1930), tr. fr. M.-R. Hayoun, Paris, Berg International, 1990, pp. 79 sq. (sur les *Protocoles*, pp. 93 sq.). U. Gohier (*op. cit.*, 1925, pp. 143-144) citait plus volontiers l'anglais Oscar Lévy.

(99) U. Gohier, introduction à : *Protocoles...*, 1925, p. 17.

(100) Il s'agit notamment d'une phrase extraite d'un roman de Disraeli, *Coningsby* (1844) : « Le monde est gouverné par de tout autres personnages que ne se l'imaginent ceux qui ignorent les coulisses » ; cet « aveu » d'un « grand Juif » sera inlassablement cité en tant que preuve du complot judéo-maçonnique par les propagateurs des *Protocoles*. Voir par exemple : A. Netchvolodow, 1924, p. 236 (Disraeli) ; Mgr Jouin, *op. cit.*, 1920, pp. 28-29 (Disraeli) ; P. Milès, *Voici la cause de nos maux : la Juiverie*, Paris, Sorlot, s.d. [1938], pp. 20-21 ; Comm. J.S. Drummond, *The Twentieth Century Hoax*, Londres, Panorama Press, 1961, p. 23. Sur la question : N. Cohn, *op. cit.*, 1967, pp. 36-37 ; L. Poliakov, *Histoire*

l'existence d'« affinités » entre le texte des *Protocoles* et les textes de la tradition juive[101]. Dans *Mein Kampf*, Hitler avancera également ce type d'argument :

« [Les *Protocoles*] exposent clairement et en connaissance de cause ce que beaucoup de Juifs peuvent exécuter inconsciemment. C'est là l'important. Il est indifférent de savoir quel cerveau juif a conçu ces révélations ; ce qui est décisif, c'est qu'elles mettent au jour, avec une précision qui fait frissonner, le caractère et l'activité du peuple juif et, avec toutes leurs ramifications, les buts derniers auxquels il tend »[102].

Telle est la preuve « spirituelle » de l'authenticité des *Protocoles*, dont on rencontre diverses variantes. Jean Drault affirme ainsi, en 1942, que les *Protocoles* « sont le *Talmud* adapté aux circonstances actuelles »[103] ; quant à Julius Evola, il voit toujours en 1953 une

de l'antisémitisme, vol. III, 1968, pp. 339 sq. ; *id.*, vol. IV, 1977, pp. 180-181, 235-236 ; J.-F. Moisan, thèse, 1987, pp. 243 sq. (« L'exploitation antisémite de Disraeli »). Quant à l'« aveu » de W. Rathenau (*Wiener Freie Presse*, 24 décembre 1912, précisent les commentaires), il est le suivant : « Trois cents hommes, dont chacun connaît tous les autres, gouvernent les destinées du continent européen, et choisissent leurs successeurs dans leur entourage » (cité par U. Gohier, *op. cit.*, 1925, p. 200). Voir par exemple : T. Fritsch, 1931, in 1933, p. 7 ; L. Fry, *op. cit.*, 1931, pp. 136-137 ; P. Milès, *op. cit.*, 1938, p. 21 ; Drummond, *op. cit.*, 1961, p. 24 ; Jacques Bordiot, *Une main cachée dirige*, 2e éd., 1984, p. 5 (la phrase de Rathenau est citée en épigraphe) ; J. Bordiot, *Le Gouvernement invisible*, 2e éd., 1987, p. 19, etc. Sur la question : N. Cohn, *op. cit.*, 1967, pp. 148 sq. (et W. Laqueur, *op. cit.*, 1965, p. 93). Dans *Bagatelles pour un massacre*, Céline ne manque pas de citer les « aveux » de Disraeli (p. 276) et de Rathenau (p. 94, citation falsifiée : « Le Monde entier est gouverné par 300 Israélites que je connais »). D'après A. Yaeger Kaplan, cette citation falsifiée est directement reprise d'un tract de Joseph Santo, « La Prochaine Révolution des travailleurs. S.O.S. par le camarade J. Santo », Paris, Centre de Documentation et de Propagande [fondateur : L. Darquier de Pellepoix ; gérant : H.-R. Petit], s.d. (A. Yaeger Kaplan, *op. cit.*, 1987, pp. 61, 95-96).

(101) A. Rosenberg, *op. cit.*, 1923, pp. 6, 9, etc., 145 (voir tome II) ; T. Fritsch, introduction d'octobre 1931, in *op. cit.*, 1933, p. 8 (voir tome II). Voir aussi : L. Fry, *op. cit.*, 1931, p. 43 ; A. Netchvolodow, *op. cit*, 1924, pp. 246-247 ; Louis Massoutié, *Judaïsme et marxisme*, Paris, Librairie Académique Perrin, 1938, pp. 115-119 ; Josef Goebbels, in *Le Journal du Dr Goebbels*, Paris, 1948, notes du 13 mai 1943, pp. 360-361 (voir tome II).

(102) A. Hitler, *op. cit.*, 1934, p. 307 ; voir le bref commentaire de Hannah Arendt, in *Le système totalitaire*, 1972, p. 259 note 42.

(103) Jean Drault, *Histoire de l'antisémitisme*, Paris, Editions C.L., 1942, p. 146 ; dans le même sens : Henry Coston, « Du *Talmud* aux *Protocoles*. Le plan juif de domination ne date pas d'hier », in *Je vous hais !*, Paris, avril 1944, pp. 10-14.

marque juive dans le document, mais qui renvoie plutôt au judaïsme moderne :

« On pourrait montrer sans peine que, quand bien même les *Protocoles* seraient un faux et leurs auteurs des agents provocateurs, ils n'en reflètent pas moins des idées typiques de la Loi et de l'esprit d'Israël »[104].

4) La preuve de l'authenticité par la puissance prophétique ou la valeur prédictive du document. L'argument revient à interpréter le cours de l'histoire comme strictement conforme au plan des « Sages de Sion » : la série des faits historiques survenus depuis la publication du document en 1905 aurait le caractère d'une prophétie en cours de réalisation. Gohier rentrait dans les détails :

« *La Grande Guerre est réellement sortie du Congrès de Bâle* (1897), (...) elle fut délibérément préparée et déclenchée par les complices de la *Nation juive*, pour l'accomplissement du dessein juif »[105].

Il en va de même pour la Déclaration Balfour (novembre 1917) et la Révolution bolchevique, sans compter la création de la Société des Nations... Hitler est plus que d'accord pour considérer, à l'instar de la plupart des glossateurs des *Protocoles*, ce type de preuve comme le plus décisif, en ce qu'il éclaire toute l'histoire moderne, rendue enfin intelligible par la vision de la « main invisible » qui la dirige :

« Le meilleur moyen de juger ces révélations est de les confronter avec les faits. Si l'on passe en revue les faits historiques des cent dernières années à la lumière de ce livre, on comprend immédiatement pourquoi la presse juive pousse de tels cris. Car, le jour où il sera devenu le livre de chevet d'un peuple, le péril juif pourra être considéré comme conjuré »[106].

(104) Julius Evola, *Les hommes au milieu des ruines* (1953, 1972), tr. fr. revue, corrigée et complétée par G. Boulanger, Paris et Puiseaux, Guy Trédaniel/Editions de la Maisnie et Editions Pardès, 1984, p. 189. L'antisémitisme spirituel/culturel d'Evola est centré sur la stigmatisation de « l'esprit juif ». Voir notamment : J. Evola, *Tre aspetti del problema ebraico*, Rome, Ed. Mediterranee, 1936, rééd., Padoue, Ed. di Ar, 1978 ; *id.*, « L'autenticità dei "Protocolli" provata dalla tradizione ebraica », appendice à la rééd. de la version Preziosi des *Protocoles*, Rome, La Vita italiana, 1937 et 1938, repris in Claudio Mutti, *Ebraicità ed Ebraismo. I Protocolli dei Savi di Sion*, Padoue, Ed. di Ar, 1976, pp. 173-183. Theodor Fritsch raisonnait de la même manière concernant le « Discours du Rabbin » ; *cf.* W. Laqueur, *op. cit.*, 1965, p. 95.

(105) U. Gohier, *op. cit.*, 1925, p. 22 (et p. 17).

(106) A. Hitler, *op. cit.*, 1934, p. 307. Voir aussi : *Fede e Ragione*, 27 mars 1921, cité par Mgr Jouin, *op. cit.*, vol. III, 1921, pp. 78-80.

Bref, le savoir offert par les *Protocoles* constitue par lui-même un pouvoir : connaître les secrets de l'ennemi, c'est l'affaiblir.
Une variante plus subtile de l'argument se rencontre chez les auteurs qui, à la suite de Giovanni Preziosi (1921), distinguent la question de l'« authenticité » de celle de la « véracité » (ou « véridicité », à suivre René Guénon)[107]. Par cette distinction, on peut accepter la démonstration philologique de l'inauthenticité (le fait du plagiat), tout en sauvant l'essentiel, à savoir la conviction que « toute l'orientation du monde moderne répond à un "plan" établi et imposé par quelque organisation mystérieuse », comme l'écrit Guénon, dans son compte rendu (janvier 1938) de la réédition de la version italienne du texte de S.A. Nilus, préfacée par Julius Evola[108]. En 1953, Evola défend toujours l'idée que « la valeur du document, comme hypothèse de travail, est incontestable », car :

« il expose les divers aspects de la subversion mondiale - dont un grand nombre devaient se dessiner et s'affirmer bien des années après sa publication - en fonction d'un tout dans lequel ils trouvaient leur raison suffisante et leur enchaînement logique »[109].

L'essentiel serait là, qui conférerait au document son authenticité supérieure, disons spirituelle ou intellectuelle, par delà la question de l'authenticité matérielle posée par les sciences historiques et philologiques. Si donc les *Protocoles* doivent être lus et médités,

(107) G. Preziosi, avant-propos à S. Nilus, *L'Internazionale Ebraica. Protocolli...*, Rome, 1921, p. 6 (autenticità *versus* veridicità) ; voir tome II. Dans son introduction de 1937 (1938), J. Evola reprend la distinction de Preziosi ; voir : « Introduzione ai protocolli », in C. Mutti (éd.), 1976, pp. 47-48. Dans un article récent, Piero di Vona écrit : « Evola avait été influencé, dans ses idées politiques, par Preziosi bien plus qu'on ne le pense communément. Ce dernier avait vu dans les *Protocoles* (...) un plan de subversion comportant les étapes suivantes : « du libéralisme au radicalisme, du radicalisme au socialisme, du socialisme au communisme, du communisme à l'anarchie (en portant jusqu'à l'absurde les principes d'égalité) » [G. Preziosi, *Giudaismo, Bolscevismo, Plutocrazia, Massoneria*, Cremona, Mondadori, 1943, pp. 52-53] » (« L'antistoricismo di René Guénon », *Diorama Letterario*, n° 151, septembre 1991, p. 13) ; *cf.* J. Evola, *op. cit.*, 1984, p. 190.
(108) René Guénon, in *Etudes Traditionnelles*, janvier 1938, p. 38 ; repris in R. Guénon, *Le Théosophisme. Histoire d'une pseudo-religion* (1922), rééd. augmentée de textes ultérieurs, Paris, Editions Traditionnelles, 1986, p. 416 ; voir tome II.
(109) J. Evola, *op. cit.*, 1984, p. 187 (*cf.* p. 181 : l'idée d'une « logique » à laquelle semble obéir le cours de l'histoire).

pour leurs défenseurs et utilisateurs, c'est parce qu'ils constituent un principe d'intelligibilité du déroulement historique moderne, lequel, par sa conformité aux différentes étapes prévues par le plan de domination du monde, constitue une preuve de la valeur (d'« d'authenticité » ou de « véracité ») du document. L. Fry résumait ainsi son argumentation en faveur de l'authenticité des *Protocoles* :

« Nilus et Butmi publièrent ledit document sans commentaires. Son succès fut donc exclusivement dû :
1) Au caractère d'évidence que porte en soi le document.
2) A la logique d'un raisonnement exprimé en termes simples et clairs.
3) A l'explication qu'il donne de la politique internationale.
4) Au fait que les événements qui y sont prédits se sont depuis longtemps réalisés »[110].

5) Le cinquième type d'argument est en fait un argument d'appoint : il n'apparaît guère seul, sa fonction étant soit de déblayer le terrain pour une preuve d'authenticité, soit de laisser planer le mystère, ce qui joue en faveur de la présomption d'authenticité ou de « véracité ». C'est ainsi qu'en 1938, H. de Vries de Heekelingen introduit sa « Réponse au R.P. Charles » :

« Le P. Charles est persuadé que les *Protocoles* (...) sont un faux. C'est son droit. Mais pourquoi ne discuterait-il pas les faits sur lesquels je m'appuie, lorsque je constate que la preuve de ce faux n'a jamais été fournie »[111].

Cette relativisation des « opinions » sur les *Protocoles* permet de relancer le débat, en faisant comme si la preuve du plagiat n'avait pas été apportée. Et l'auteur antisémite d'« authentifier » les *Protocoles* en citant les « avertissements » lancés au « monde chrétien » par des « Juifs convertis » (il n'en cite qu'un, l'ex-rabbin Drach)[112]. C'est le même type de ceinture de sécurité que l'on rencontre dans

(110) L. Fry, *op. cit.*, 1931, p. 97.
(111) H. de Vries de Heekelingen, « Encore les *Protocols* », *art. cit.*, 1938, p. 601 ; *id.*, « Encore les *Protocols*. II », R.I.S.S., n° 8, 15 avril 1939, [pp. 238-245], p. 238.
(112) H. de Vries de Heekelingen, *art. cit.*, 1938, p. 603. Le Juif converti au catholicisme le plus cité par les antisémites français est l'abbé Joseph Lémann (1836-1915) ; voir : *L'entrée des Israélites dans la société française*, Paris, Victor Lecoffre, 1886 (rééd., Paris, Avalon, 1987) ; *La prépondérance juive*, Paris, V. Lecoffre, 1889 (rééd., Paris, Avalon, 1988, première partie) ; la seconde partie, *Napoléon Ier et les Israélites*, fut publiée en 1894.

l'article consacré aux *Protocoles*, en 1967, dans le mensuel fondé par Henry Coston, *Lectures françaises* : l'auteur dessine une position dubitationniste, qui consiste à osciller entre deux thèses - ou bien l'on insiste sur l'absence de preuves de l'inauthenticité (on connaît la stratégie consistant à exiger des preuves matérielles impossibles à rapporter, pour diverses raisons), ou bien l'on fait mine de concéder que l'inauthenticité est aussi douteuse que l'authenticité[113]. 6) La preuve de l'authenticité par l'absence d'indices matériels d'authenticité, ou par l'absence de preuve claire et décisive - comble du paradoxe. L'argument, dans sa version la plus subtile, consiste à postuler « qu'une organisation vraiment et sérieusement secrète (...) ne laisse jamais derrière elle de documents écrits »[114]. Dès lors, l'authenticité du document ne peut qu'être une authenticité selon l'esprit, ce qui nous ramène à une variante de la preuve n° 4. Et les surinterprétations peuvent commencer, notamment celle de l'antisémitisme-diversion volontairement provoqué par le caractère pseudo-juif du document, destiné à brouiller les pistes conduisant aux véritables « Supérieurs inconnus ». Les *Protocoles* seraient eux-mêmes un instrument de la « guerre occulte » : à travers ledit document, il s'agirait donc de « percevoir les forces dont le judaïsme moderne peut n'avoir été qu'un instrument »[115], voire la victime de la « tactique du bouc émissaire »[116].

(113) Voir J.-L. M., « Nouvelle controverse autour des *Protocoles* », *Lectures Françaises*, n° 124-125, août-septembre 1967, pp. 1-13 (voir tome II).
(114) René Guénon, *art. cit.*, 1938, in *op. cit.*, 1986, p. 414. Il s'agit d'un truisme, par lequel Maurice Talmeyr commençait son livre *La Franc-Maçonnerie et la Révolution française*, Paris, 1904, rééd. Paris, Ed. du Trident, 1988, p. 1. Dans sa « Notice sur les Juifs » précédant son édition des *Protocoles* en 1907, G. Boutmi cite, parmi d'autres auteurs français, M. Talmeyr, et précisément le livre de 1904 (*cf.* Mgr Jouin, *op. cit.*, vol. IV, 1922, p. 16).
(115) J. Evola, *op. cit.*, 1984, p. 190.
(116) *Ibid.*, p. 198.

3. *Echos et avatars du résumé du* Times. *De Gohier à Coston : une tradition française*

3.1. **Les questions rhétoriques du *Times* et leur avenir. L'exemple français**

L'article publié par le *Times* le 8 mai 1920 comportait l'énoncé d'un certain nombre de questions fort suggestives, parfois insidieuses ; disons des questions rhétoriques, manière indirecte d'affirmer des thèses susceptibles de paraître scandaleuses, ou simplement choquantes. Ces questions, jouant sur le sous-entendu, portent sur le « péril juif », et ne seront pas moins citées et exploitées que le résumé standard du « document » par la propagande antijuive ultérieure :

« Que signifient-ils, ces *Protocoles* ? Sont-ils authentiques ? Si oui, quelle assemblée malveillante a concocté ces plans et se réjouit en ce moment même de leur réalisation ? Sont-ils des faux ? Mais comment expliquer alors cette mystérieuse note de prophétie, prophétie en partie réalisée, en partie en voie de réalisation ? N'aurions-nous lutté au cours de ces années tragiques dans le but de détruire et d'extirper l'organisation secrète de la domination mondiale de l'Allemagne que pour trouver derrière elle une autre organisation, plus dangereuse, parce que plus secrète ? N'aurions-nous, en tendant chaque fibre de notre corps national, échappé à une "Pax Germanica" que pour tomber sous une "Pax Judaïca" ? Les "Sages de Sion", tels qu'ils sont dépeints dans leurs "Protocoles", ne sont, à aucun point de vue, des maîtres plus doux que Guillaume II et ses acolytes ne l'auraient été »[117].

Et l'éditorial poursuivait dans le même sens, en affirmant une vraisemblance et en posant une insidieuse question, légitimant la thèse de l'authenticité du document :

« D'après l'analyse interne, ils sembleraient avoir été écrits par des Juifs, pour des Juifs, ou être présentés sous la forme de conférences ou notes prises par des Juifs, pour des Juifs. Si tel est le cas, dans quelles circonstances ont-ils été rédigés, et pour faire face à quelle situation d'urgence interne au monde juif ? »[118].

(117) *The Times*, 8 mai 1920, p. 15 ; texte in J.-F. Moisan, thèse, 1987, p. 53 (trad. modifiée) et in A. Netchvolodow, 1924, pp. 268-269 ; trad. partielle et approximative dans N. Cohn, *op. cit.*, 1967, pp. 75-76, et dans L. Poliakov, *op. cit.*, 1977, p. 232.
(118) *The Times*, 8 mai 1920, p. 15 ; *cf.* A. Netchvolodow, 1924, p. 269, et J.-F. Moisan, thèse, 1987, p. 53.

Urbain Gohier pouvait dès lors, en 1920, se contenter de formuler l'« alternative » admise par l'honorable *Times* :

« - Ou les *Protocoles* sont bien l'œuvre des Anciens d'Israël ; alors tout ce qu'on peut dire, tenter, exécuter *contre les Juifs* devient légitime, nécessaire, urgent.
- Ou les *Protocoles* sont l'œuvre d'un faussaire ; mais le faussaire était un prodigieux voyant, puisqu'il a décrit dès *1906*, détail par détail, tout ce qui est "en voie d'accomplissement" dans l'Europe centrale et occidentale »[119].

En 1925, dans sa réédition des *Protocoles*, U. Gohier ajoutait, supprimant ainsi l'alternative : « Cette hypothèse d'un prophète inspiré n'est guère plausible »[120]. Le lecteur pouvait dès lors aisément conclure par ses propres moyens...

Dans l'édition des *Protocoles* - sous le titre : *Le Péril juif*. « Texte intégral des Protocols des Sages d'Israël »[121] - qu'il publiera (sans date ; en fait 1938) à la fin des années trente et diffusera (par le Centre d'Action et de Documentation, le C.A.D., qu'il fonde en mars 1941) sous l'occupation allemande, aux éditions de *La Libre Parole* (« l'organe de l'anti-judaïsme français ») qu'il dirigeait (ainsi que l'Office de Propagande Nationale, situé à la même adresse : 5, rue Cardinal-Mercier, Paris 9e), Henry Coston reprendra textuellement, dans sa brève préface (non signée), les extraits de l'éditorial du *Times* dont le montage en texte de propagande avait été réalisé par Urbain Gohier, son prédécesseur immédiat et maître. Après avoir mentionné l'« article sensationnel » paru dans le *Times* « le 8 mai 1921 » (*sic* ; l'antisémite professionnel marque ici son peu de professionnalisme : il n'est pas à une année près !), le préfacier anonyme écrit :

(119) U. Gohier, *« Protocols »*..., *op. cit.*, 1920, introduction, p. 7 (éd. 1925, p. 11 ; « dès 1906 » devient « en 1905 »).
(120) U. Gohier, *op. cit.*, 1925, p. 17.
(121) Paris, O.P.N. [Office de Propagande Nationale]/ La Libre Parole, s.d., 94 p. ; le C.A.D., dirigé par Henry Coston, publiait un hebdomadaire, le *Bulletin d'Information Anti-maçonnique*, éditait « des tracts, des brochures de propagande et des ouvrages de doctrine et de documentation sur la question judéo-maçonnique » (« But et action du C.A.D. », in Jean Bertrand et Claude Wacogne, *La fausse éducation nationale. L'emprise judéo-maçonnique sur l'école française*, Paris, C.A.D., 1943, p. 2). Sur le C.A.D., voir : Dominique Rossignol, *Histoire de la propagande en France de 1940 à 1944*, Paris, P.U.F., 1991, pp. 244-246.

« Nous en extrayons quelques passages saillants : "Que signifient ces *Protocols* ? Sont-ils authentiques ? Une bande de criminels a-t-elle élaboré ces plans diaboliques ? Voit-elle aujourd'hui avec triomphe leur réalisation ? Sont-ils falsifiés ? Mais alors, comment expliquer ce don de prophétie qui fit décrire les événements par anticipation ? Avons-nous lutté pendant ces années terribles afin d'écraser l'impérialisme allemand, pour être confrontés aujourd'hui avec une Puissance encore plus menaçante ? Quoi ! N'aurions-nous échappé au prix d'immenses efforts à une PAX GERMANIA *[sic]*, que pour succomber ensuite à une PAX JUDAICA ?" Le *Times* finit l'article sur ces mots : "Si les *Protocols* sont réellement l'œuvre des Sages d'Israël, alors tout ce que l'on pourra dire, entreprendre et accomplir contre les Juifs devient légitime, nécessaire et urgent !" Or, tout ce qui est écrit dans les *Protocols* se réalise : concluez ! »[122].

Sur la dernière page de couverture du *Péril juif*, version costonienne, l'on pouvait s'informer sur les « ouvrages sur la juiverie et la franc-maçonnerie », « en vente chez M.H. Coston » ; avec cette précision : « Adresser commandes et fonds à H. Coston, directeur de l'O.P.N... »[123]. Dans la liste des ouvrages proposés, l'on rencontrait les deux célèbres faux rédigés par Urbain Gohier sous le pseudonyme d'Isaac Blumchen - *Un Juif vous parle (Le Droit de la Race supérieure)*, et *A nous la France* -, la brochure de P. Milès *(La Juiverie...)*, deux opuscules de Jacques Ploncard (dit « d'Assac ») - *Le Juif démasqué (aveux juifs, tirés de la presse juive), Pourquoi je suis antijuif* -, et une série de livres et brochures du directeur Henry Coston : *« Les Francs-Maçons célèbres, Les Juifs contre la France, La Conjuration juive, Juifs et Francs-maçons démasqués, La Conspiration juive, La France colonie juive, Les Mystères de la Franc-maçonnerie »*[124].

(122) [H. Coston], « Les Protocols des Sages de Sion » [préface non signée], in *Le Péril juif, op. cit.*, pp. 3-4 ; voir aussi tome II.

(123) *Le Péril juif, op. cit.*, p. 4 de couverture. L'« éditeur-responsable » des publications de l'O.P.N. était F. de Boisjolin (*cf.* Alice Yaeger Kaplan, *Relevé des sources et citations dans "Bagatelles pour un massacre"*, Tusson, Charente, Editions du Lérot, 1987, p. 66).

(124) Dans le même ouvrage, *Le Péril juif*, la p. 3 de couverture proposait la « collection complète » de *La Libre Parole*, « l'organe de l'anti-judaïsme français ». Henry Coston dirigeait *La Libre Parole* depuis 1930 ; en 1934, il entre en relation avec les nationaux-socialistes, et Ulrich Fleischhauer, directeur du *Weltdienst* [« Service mondial »], fait sur lui un rapport très favorable, destiné à Alfred Rosenberg : « Les royalistes peuvent être éventuellement anti-juifs mais pour le

A cette liste, il faudra bientôt ajouter, du même auteur : *Les 200 familles* (Paris, O.P.N., 1938), *Les Juifs et leurs crimes* (O.P.N., 1938), *Les Juifs en France* (Paris, C.A.D., 1941), *Quand la Franc-Maçonnerie gouvernait la France* (C.A.D., 1941), *L'Amérique, bastion d'Israël* (C.A.D., 1942), *La Haute Finance Juive et les Trusts* (Paris, Editions Jean Renard, 1942), *La Franc-Maçonnerie sous la IIIe République* (Paris, C.A.D., s.d. [fin 1942 ou 1943]), etc.

A la fin de la « 24e séance » des *Protocoles*, version « Libre Parole »/ O.P.N., l'on ne pouvait être surpris de lire dans un encadré publicitaire :

« Si vous avez compris la gravité du *Péril Juif*, venez à nous ! L'Office de Propagande Nationale (...) se tient à votre disposition »[125].

Lorsqu'en avril 1944 paraîtra la violente brochure antijuive *Je vous hais* ![126] - « 150 pages, 500 documents, absolument sensationnel », lit-on en première page de couverture -, on ne s'étonnera ni d'y apprendre que « les articles et documents de cette publication ont été réunis par Henry Coston, directeur du C.A.D. »[127], ni d'y lire

moment ils sont réactionnaires et chauvins. Il ne faut pas s'y fier. Les catholiques non plus. Seuls les gens de Coston se sont mis au-dessus de tout cela et pourraient devenir des alliés précieux pour réaliser ce que le Führer propose comme but » (24 février 1934 ; archives de Nuremberg au C.D.J.C., dossier n° CXLV-532 ; cité par A. Yaeger Kaplan, *op. cit.*, 1987, p. 53). On comprend dans ces conditions qu'il ait pu témoigner en faveur de l'authenticité des *Protocoles* au procès de Berne. Sous l'Occupation, les nazis ne le prendront plus guère au sérieux : tout en l'aidant à créer le C.A.D., ils le considéreront, étant bien placés pour le savoir, comme un antisémite de profession, plus intéressé que convaincu ; le S.D., dans un rapport daté du 26 mai 1941, le caractérisera comme un « vieil antisémite mais personnellement sans importance » (C.D.J.C., dossier Rosenberg). Rappelons néanmoins qu'en 1941, Coston n'avait que 31 ans ! C'est qu'il avait commencé fort tôt dans la carrière... Sur les relations avec les nazis, voir : Michaël R. Marrus, Robert O. Paxton, *Vichy et les Juifs*, tr. fr. M. Delmotte, Paris, Calmann-Lévy, 1981, pp. 53 (et p. 345 note 57), 90.

(125) *Le Péril juif*, *op. cit.*, p. 94.

(126) *Je vous hais !*, Paris, avril 1944 (sous la direction de Maurice-Yvan Sicard et Henry Coston).

(127) *Je vous hais !, op. cit.*, précisions données à la fin du volume, comprenant la liste des collaborateurs (G. Montandon, J. Drault, J. Ploncard, etc.). Aujourd'hui, Jacques Ploncard d'Assac tient une rubrique régulière dans le mensuel *Lectures Françaises*, fondé en 1957 par son vieux compagnon H. Coston... L'un comme l'autre considèrent comme une divine surprise la « montée de Le Pen ».

Couverture d'une édition « populaire », Paris et Brunoy, Les Nouvelles Editions Nationales (éditions de la Libre Parole, dirigées par Henry Coston), 1934 ; nombreuses rééditions (la dernière en date : 1978).

La Libre Parole

(Ouvrages édités par)

Manuel anti-maçonnique .... Répandre à profusion.	**3 fr.**
Les FF.·. MM.·. dans l'Enseignement, avec liste importante d'universitaires FF.·. MM.·. et nombreux articles sur la question (N° d'Août 1932)	**3 fr. 50**
Guerre mondiale. Crise économique universelle. Révolution internationale (N° de Septembre 1932)	**3 fr. 50**
L'Annuaire général de la F.·. M.·.	**12 fr. 65**
Le Rôle de la F.·. M.·. pendant la dernière guerre et pendant la prochaine (N° d'Octobre 1932)	**3 fr. 50**
Y a-t-il des Femmes dans la F.·. M.·.? (N° de Nov. 1932).	**3 fr. 50**
Le Gouvernement et la F.·. M.·. La Dictature maç.·. au Mexique. L'Assassinat rituel de Damas (N° de Janvier 1933)	**5 fr.**
L'Assassinat maçonnique. Le Crime rituel chez les Juifs. La Délation maç.·. dans l'Armée et dans l'Enseignement (N° de Février 1933)	**3 fr. 50**
L'Accord franco-soviétique et la F.·.M.·.(N° de Mars 1933)	**3 fr. 50**
Mussolini et la F.·. M.·. (N° d'Avril 1933)	**3 fr. 50**
L'Invasion Juive (N° de Mai 1933)....................	**3 fr. 50**
La Ligue des Droits de l'Homme, filiale de la F.·. M.·. (N° de Juillet 1933)	**5 fr. 50**
La France est-elle une colonie Juive (N° de Sept. 1933)	**3 fr. 50**
Les Juifs chez nous (N° d'Oct. 1933)	**3 fr. 50**
Le Rôle des Juifs dans la guerre qui vient (N° de Nov.1933)	**3 fr. 50**
La Finance Juive et notre anti-capitalisme (N° de Décemb. 1933)	**3 fr. 50**
Juifs Indésirables (N° de Janv. 1934)	**3 fr. 50**
Le Cinéma aux mains des Juifs (N° de Fév. 1934)	**3 fr. 50**
Réflexions sur la République judéo-maç.·.	**3 fr. 50**

Le Rôle des Juifs et de la Franc-Maçonnerie dans l'affaire Stavisky	**2 fr. 50**
Répertoire des journalistes Juifs	**2 fr.**
Au Petit Poste d'observance, par J. André	**12 fr.**
La Franc-Maçonnerie Féminine .... avec liste et portraits de FF.·. et de SS.·. du Droit Humain, par Switkow.	**10 fr.**
Les Protestants à travers l'Histoire .... par A.-J.-S.-M. de la Cambre-Mialet.	**7 fr. 50**
Les FF.·. MM.·. célèbres	**7 fr.**

Adresser commandes et fonds aux « NOUVELLES EDITIONS NATIONALES »
15, Avenue du Parc, à BRUNOY (Seine-et-Oise)

(15 % à ajouter pour le port)

PARIS. — IMP. RAMLOT ET Cie, 52, AVENUE DU MAINE.

Quatrième page de couverture de : *Le Péril juif. Les Protocoles des Sages de Sion*, Paris et Brunoy, Les Nouvelles Editions Nationales, 1934.

l'article introductif signé par Henry Coston, sur le thème qui lui est le plus cher, et qu'il a fait profession d'exploiter, sa vie durant[128] : « Du Talmud aux *Protocols*. Le plan juif de domination ne date pas d'hier »[129]. L'article s'ouvre par une adresse au Français moyen, à « l'Aryen » (pour parler comme Drumont) de base, naïf, qu'on peut aisément tromper, surtout lorsqu'on est, comme le juif, un ennemi non déclaré, et une « race » hostile invisible :

« Le Français moyen, imprégné de christianisme depuis vingt siècles, ne peut se faire à l'idée qu'il existe d'autres races d'hommes dont la conception du bien et du mal est totalement différente, voire même diamétralement opposée à la sienne propre. Le Christ ayant dit : AIMEZ-VOUS LES UNS LES AUTRES, et cette maxime étant adoptée par les peuples européens, le Français moyen croit tout naïvement que c'est là un principe de morale universelle. Certes, il sait qu'il existe dans le centre de l'Afrique des nègres qui ne pratiquent guère cet amour du prochain, et qui vont jusqu'à se régaler des meilleurs morceaux tranchés dans la chair de quelque explorateur ou missionnaire égaré dans leur contrée. Mais ce sont là des sauvages. Comment pourrait-il se douter qu'il côtoie chaque jour, dans la rue, au spectacle ou au stade, d'autres hommes parfaitement policés qui professent une opinion guère différente de celle du cannibale bien que plus hypocrite ? Et cependant, ce n'est que la stricte vérité : le Juif hait le non-Juif - le *goy*, comme il l'appelle dans son jargon hébraïque, - autant, sinon plus que le nègre anthropophage de l'Afrique centrale. Mais cette haine du Juif pour l'Aryen diffère en ceci de la seconde qu'elle est habilement cultivée, entretenue, développée dans l'âme des petits Israélites, tandis que la haine du Mombouttou pour le civilisé est purement animale et instinctive. L'hypocrisie du Juif a su, longtemps, cacher aux non-Juifs les véritables sentiments qui animent tout le peuple d'Israël. La Bible, qui mentionne les innombrables massacres dont les fils d'Abraham et de Jacob se sont rendus coupables, ne donne qu'un faible aperçu de cette haine quatre fois millénaire. C'est dans le Talmud qu'il faut rechercher les témoignages de cette aversion, de cette hostilité à l'égard du *goy*. Ce recueil

(128) Voir l'esquisse biographique de Pierre Assouline, « Henry Coston : itinéraire d'un antisémite », *L'Histoire*, n° 148, octobre 1991, pp. 56-58 ; à compléter par : Dominique Rossignol, *Vichy et les francs-maçons. La liquidation des sociétés secrètes 1940-1944*, Paris, J.-Cl. Lattès, 1981 ; A. Yaeger Kaplan, *op. cit.*, 1987, pp. 52-53, 55, 62-63, etc. ; D. Rossignol, *op. cit.*, 1991 ; Marc Knobel, « Les "mondanités" de l'Association des journalistes antijuifs », *Le Monde juif*, n° 135, septembre-octobre 1989, pp. 136-139 ; *id.*, « Culture, tradition et presse d'extrême-droite », *Le Droit de Vivre*, mars-avril-mai 1990, pp. 19-21.
(129) *Je vous hais !*, *op. cit.*, pp. 10-14.

des lois religieuses et sociales du Judaïsme ne peut être comparé à aucun des livres sacrés des autres religions. Le Talmud n'est pas seulement un traité dogmatique, il est aussi un code civil et pénal : il est le LIVRE DE LA MORALE JUIVE. C'est dans le Talmud que les Israélites puisent les raisons de cet exclusivisme religieux, national et ethnique qui en a fait des individus nettement différents des autres hommes parmi lesquels ils vivent, et dans lequel ils puisent cet orgueil démesuré et cette soif de domination que nous connaissons bien »[130].

Après avoir repris les principaux clichés et stéréotypes antijuifs diffusés par les classiques de l'anti-talmudisme (tel *Le Juif-talmudiste*, d'A. Rohling, tr. fr. M. de Lamarque, Bruxelles, Alfred Vromant, 1888), H. Coston présente le « manifeste » qu'en 1860 les fondateurs de l'Alliance Israélite Universelle « lancèrent (...) aux Juifs de l'Univers » comme « un résumé remarquable, mais succinct du plan de domination juive, qui devait être considérablement développé et mis au point dans les fameux *Protocols des Sages de Sion*, rédigés quelque quarante ans plus tard »[131].
Puis Coston introduit un choix d'extraits des *Protocoles* de la façon suivante, bel échantillon du discours orthodoxe sur la question dans les milieux antisémites professionnels :

« Inutile de dire que les *Protocols* ont été aussitôt répudiés par les Juifs, qui allèrent jusqu'à poursuivre en 1935, devant la Cour de Berne, les éditeurs suisses d'un livre reproduisant les passages essentiels de ce document. Mal leur en prit puisque les prétendus faussaires furent acquittés, les Juifs n'ayant pu prouver que les *Protocols* étaient un faux, et les avocats de la défense ayant démontré, par contre, que depuis 1905 - date d'une édition en langue russe (déposée au *British Museum* de Londres, en 1906) - tous les événements : guerre, révolution russe, hongroise, allemande, crise économique, qui se sont produits, sont prévus et décrits dans ce prétendu faux. La publication des 80 pages des *Protocols* dépasserait les cadres de ce magazine. Qu'il nous soit permis cependant d'en extraire quelques passages suggestifs, en rappelant qu'il s'agit là d'un plan rédigé en 1897 »[132].

La brève anthologie commentée se termine, dans un texte publié au printemps 1944 (!), par un ultime appel à la mobilisation contre les « Juifs et leurs "alliés" » :

(130) *Ibid.*, p. 10.
(131) *Ibid.*, p. 13.
(132) *Ibid.*

« Les auteurs des *Protocols* en arrivent à souhaiter la guerre pour hâter la venue de la Révolution juive universelle : "L'intensification de l'armement et l'augmentation des forces de police sont essentielles à la réalisation des plans ci-dessus mentionnés. Dans toute l'Europe, et avec l'aide de l'Europe, sur les autres continents, nous devons susciter la sédition, les dissensions et l'hostilité mutuelle..." Et voici la menace directe : "Nous devons être à même de répondre à toute opposition par une déclaration de guerre du pays voisin de l'Etat qui ose se mettre au travers de notre route ; mais si ces voisins, à leur tour, devaient se décider à s'unir contre nous, il faudrait leur répondre en déchaînant une guerre mondiale..." C'est d'abord l'Europe qu'il faut asservir : "Bref, afin de démontrer que tous les gouvernements des Gentils d'Europe nous sont asservis, nous manifesterons notre pouvoir à l'un d'eux au moyen de crimes, de violences, c'est-à-dire par un régime de terreur, et au cas où ils se révolteraient tous contre nous, nous répondrions avec des fusils américains, chinois ou japonais..." Le Japon, qui a conscience du péril, n'est pas entré dans les vues d'Israël. Au contraire, il s'est élevé contre ses prétentions à la dictature mondiale. Mais le plan juif ne s'est-il pas réalisé en partie en ce qui concerne l'Amérique de F. Roosevelt, juif d'origine, et la Chine du F.'. Tchang Kaï Cheik ? Les fusils américains et chinois ne se sont-ils pas mis au service d'Israël pour combattre l'antijuif Hitler et l'Europe aryenne ? Cette guerre constitue l'ultime phase de la lutte millénaire que le Judaïsme mène contre les peuples non juifs. Le triomphe des Juifs et de leurs "alliés" signifierait l'asservissement total de notre planète aux "Sages de Sion". Français, veux-tu devenir l'esclave du Juif ? »[133]

On s'étonnera longtemps qu'un Coston ait pu échapper à l'épuration, alors que tant d'autres écrivains et journalistes, moins engagés que lui dans l'antisémitisme d'appel au meurtre et dans la Collaboration de plume active, ont été poursuivis et durement sanctionnés, de l'emprisonnement à la condamnation à mort. Coston termine aujourd'hui paisiblement son existence bien remplie, rééditant régulièrement ses multiples ouvrages des années 50 et 60, certes plus présentables, mais où l'on retrouve la même théorie du complot juif mondial - judéo-ploutocratique, judéo-bolchevique et judéo-maçonnique à la fois ; le costonisme est un synthétisme...[134]

(133) *Ibid.*
(134) P. Assouline écrit : « On ignore tout de la façon dont Coston vécut la période de l'épuration » (*art. cit.*, 1991, p. 58). On sait néanmoins qu'il partit pour l'Allemagne le 12 août 1944 et qu'il fut jugé par la Cour de Justice le 15 mars 1947, pour être condamné aux travaux forcés à perpétuité (A. Yaeger Kaplan, *op.*

3.2. Coston et costoniens : les *Protocoles* aujourd'hui

En 1980, dans le second tome de son *Dictionnaire de la politique française* (1re édition 1972), monument de fichage policier malveillant, de rumeurs rapportées comme des révélations, et d'interprétations conspirationnistes, Henry Coston consacre un article aux *Protocoles*[135], où il reproduit à son tour le fameux résumé du *Times* dans la traduction donnée par U. Gohier[136]. Héritage idéologique fort significatif, pour autant que Coston est à bien des égards un continuateur de cet agitateur anti-judéo-maçon fanatique, mi-pamphlétaire mi-archiviste, qu'était Gohier. Les *Protocoles* sont encore et toujours, à l'aube des années 80, présentés par Coston comme un « surprenant document » dont la valeur prophétique demeure troublante, raison pour laquelle son authenticité a été mise en doute par « les Israélites ». Cet article étant caractéristique de la nouvelle rhétorique antijuive, illustrant notamment les stratégies de pseudoneutralité, de suggestion et d'affirmation indirecte propres à l'antisémitisme symbolique, il convient de le lire de près. L'article commence par une présentation historique du document, qui rapporte comme vraisemblable la thèse de l'origine « sioniste » des *Protocoles*, avant d'en citer, comme par un rite académique, l'analyse faite par le *Times* :

« *Protocoles des Sages de Sion*. Nom donné à des "procès-verbaux" de réunions qui se seraient tenues en marge du congrès sioniste de Bâle en 1897. Ce document indique comment les Juifs devraient opérer pour assurer l'hégémonie d'Israël sur le monde. Ces *Protocoles* furent publiés pour la première fois en Russie au début du siècle. Un exemplaire de l'édition russe de 1905 fut déposé au *British Museum* de Londres le 10 août 1906. Après la Première Guerre mondiale, l'ouvrage fut traduit et répandu en Europe occidentale, puis dans le monde entier. C'est à Londres, chez *Eyre et Spotteswoode Ltd*, imprimeurs du gouvernement britannique,

cit., 1987, p. 53). Ce qui ne l'a pas empêché de reprendre ses activités ordinaires au début des années cinquante...

(135) *Dictionnaire de la politique française* (publié sous la direction de Henry Coston), Paris, Publications Henry Coston (diffusion : La Librairie Française), t. II, édition revue et corrigée, 1980 (1re éd., 1972), art. « Protocoles des Sages de Sion », pp. 553-554.

(136) La traduction de Gohier est scrupuleusement reproduite, mais corrigée en l'une de ses formulations : au § 2, « domination sur le monde » devient, plus ordinairement, « domination du monde »...

que les *Protocols of the Learned Elders of Zion* parurent pour la première fois en anglais. *The Times* donna de ce surprenant document cette analyse dans son numéro du 8 mai 1920 [suit la reproduction du résumé dans la traduction donnée par U. Gohier] »[137].

Après cette désormais classique caractérisation du contenu des *Protocoles*, le *Dictionnaire* costonien procède à un bref rappel du débat sur l'authenticité du document, en mettant sur le même plan les deux partis en conflit d'interprétation, « les Israélites » et « les antisémites ». Il s'agit là, en outre, d'une stratégie du discours polémique, souvent utilisée par la pseudo-historiographie parallèle de type conspirationniste, visant à présenter comme légitime une hypothèse scientifiquement controuvée en affectant la neutralité dans la position du problème. L'auto-justification principale de ce mode d'argumentation polémique consiste à supposer qu'il existe deux conceptions antagonistes, l'une officielle et « conformiste », l'autre censurée et « non conformiste », cette dernière caractérisant l'historiographie parallèle ou alternative qui dévoile les « secrets » soigneusement conservés par les « puissances occultes » qui dirigent le cours de l'histoire. Il suffit dès lors au lecteur de procéder à une simple inférence : les maîtres cachés qui mènent le monde sont les mêmes que ceux qui censurent ou interdisent les documents contenant des révélations sur leurs activités occultes. Ils ont deux noms : « les Israélites », euphémisme employé par les antisémites prudents, et « les Juifs », pour les désigner sans fard (c'est ainsi que les nomme l'obscur abbé Boyer, cité comme une autorité intellectuelle). L'application aux « Israélites » du schéma d'inférence va de soi :

« On voit qu'il s'agit là d'accusations graves, très graves. On comprend que les Israélites se soient émus de cette publication. Par la suite, le *Times* mit en doute l'authenticité des *Protocoles.* "Il a cédé aux pressions des financiers juifs de la City", s'écrièrent les antisémites. "Il n'a fait que reconnaître son erreur", rétorquèrent les Israélites. Et ceux-ci s'employèrent à démontrer qu'il s'agissait d'une machination ourdie par la police tsariste. Un agent de l'Okhrana russe avait composé ce document en s'inspirant d'un volume publié à Paris sous le Second Empire, *Dialogue aux Enfers entre Montesquieu et Machiavel* [*sic*], dont l'auteur était un avocat républicain, Maurice Joly, ami d'Adolphe Crémieux. Dans ce livre, Montesquieu, qui représente la politique du droit, converse avec Machia-

(137) *Dictionnaire..., op. cit.*, 1980, p. 553.

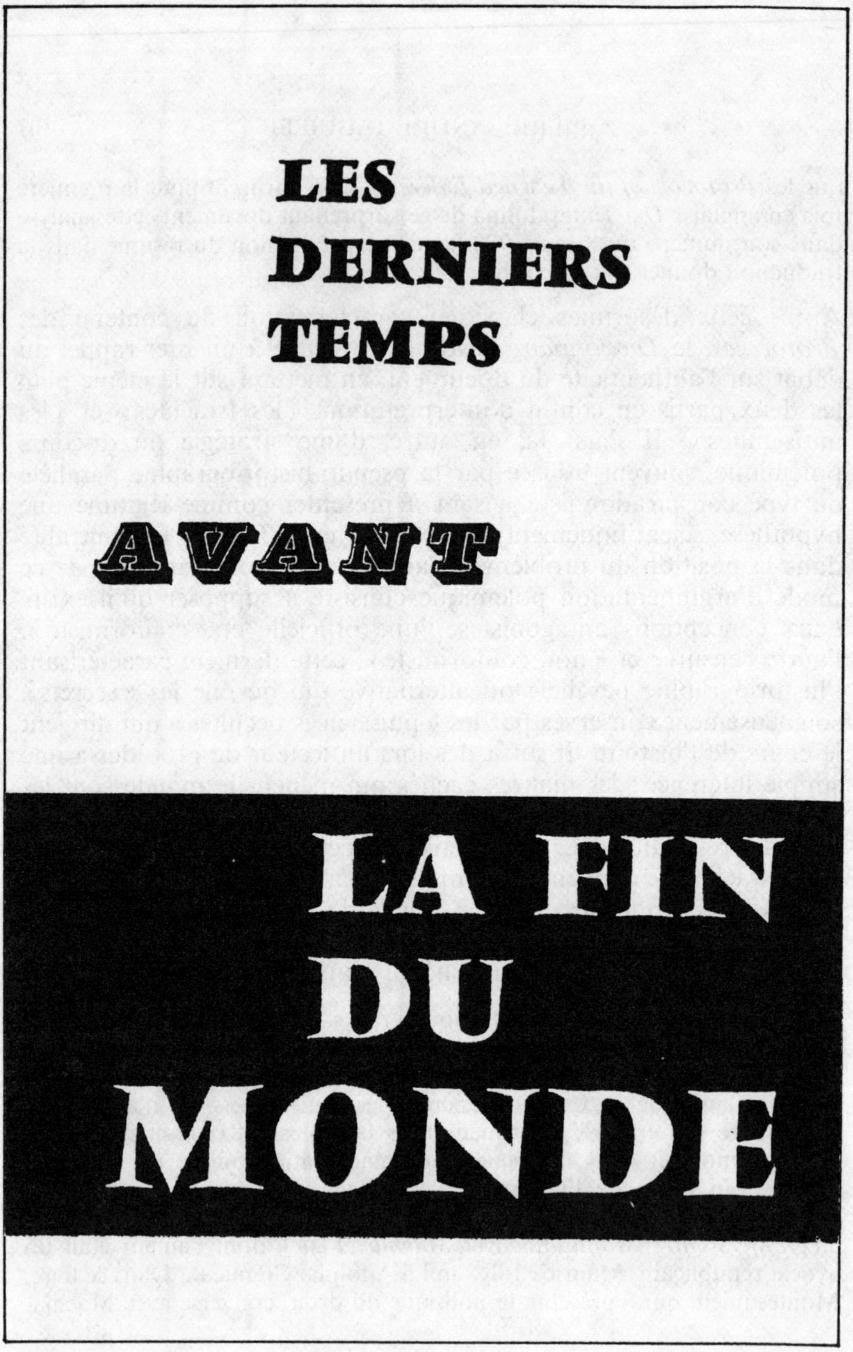

Livre de l'abbé Jean Boyer (ne pas confondre avec son homonyme), qui comporte, parmi d'autres textes « prophétiques et mystiques », *Les Protocoles des Sages de Sion* d'après l'édition de Paris, 1943. Edité par Action Fatima-La-Salette, Seignosse (Landes) 1965.

vel, personnifiant la politique de la force, c'est-à-dire celle de *Napoléon III*. L'œuvre de Joly est bien composée, d'un style alerte : c'est un pamphlet brillant. Par contre, les *Protocoles* sont lourds et touffus. Entre les deux textes, "il y a un monde. Le but poursuivi, le plan proposé, le champ d'action parcouru, tout diffère" écrit l'abbé Boyer dans l'étude qu'il a consacrée aux *Protocoles*, voici quelques années (*Les derniers temps... Avant la fin du monde*, 1965). "Et pourtant, il y a dans l'un et dans l'autre plusieurs passages d'une ressemblance telle qu'il est impossible de supposer que les auteurs respectifs des deux ouvrages aient par hasard trouvé sous leur plume les mêmes mots, les mêmes locutions. Il s'agit non seulement de sentences d'une portée générale telles que tout homme cultivé peut les ruminer dans son cerveau, mais d'images, d'enchaînements d'idées, de chiffres identiques. Alors, de deux choses l'une : ou bien l'auteur des *Protocoles* a trouvé quelques-unes de ses idées dans Maurice Joly, ou bien l'un et l'autre ont puisé à une source commune. Les Juifs - et on le conçoit - se sont accrochés désespérément à la première hypothèse" »[138].

(138) *Ibid.*, pp. 553-554. Dans la référence qu'il fait au livre de l'abbé Jean Boyer, Coston se montre fort imprudent. Présenter en effet le texte sur les *Protocoles* reproduit dans le délirant ouvrage signé Jean Boyer (*Les derniers temps avant la fin du monde*, Seignosse [Landes], édité par Action Fatima-La Salette, 1965, 256 p., Annexe III : *Les Protocols des Sages de Sion*, pp. 57-180) comme une respectable « étude » que celui-ci leur aurait « consacrée », voilà qui relève de la désinformation. Car l'abbé Boyer ne fait que reprendre textuellement (intertitres compris !), dans sa quasi-totalité, l'introduction de l'édition des *Protocoles* parue à Paris en 1943, édition réalisée par le Centre d'Etudes Antibolcheviques dirigé par Louis-Charles Lecoc (*cf.* D. Rossignol, *op. cit.*, 1991, pp. 289-290) : *Les « Protocoles » des Sages de Sion*, Paris, Editions C.E.A., 96 p., dont une introduction (pp. 3-15, datée du 1er août 1943), précédant le texte des *Protocoles* dans la version de Nilus (en 24 « protocoles »). Il s'agit réellement d'un plagiat : l'abbé Boyer reproduit les pp. 8-15 de l'introduction du C.E.A. sans indication d'origine (*cf.* les pp. 58-64 de son livre) ; il saute les premières pages de l'introduction sur « la genèse des *Protocoles* », ne mentionne pas la date du 1er août 1943, et ne reproduit pas les dernières phrases du texte plagié, trop évidemment liées au contexte, à savoir : « Le texte du *document prouve* suffisamment qu'*aucun cerveau aryen au monde n'aurait été capable d'élaborer un tel programme* » (éd. C.E.A., p. 15, dernière phrase de l'introduction). Le plagiat se double d'un montage de textes : l'abbé Boyer fait d'abord suivre l'introduction tactiquement tronquée du C.E.A. par la reproduction de l'« avertissement » et de la « préface » de l'édition des *Protocoles* publiée en 1934 par la Ligue « Franc-Catholique » (*Les Protocoles des Sages de Sion*, nouvelle édition, Paris, R.I.S.S., 1934, 164 p. ; les pp. 5-38 sont reproduites aux pp. 64-87 du livre de l'abbé Boyer) ; puis, au lieu de la version de Nilus, l'on rencontre le texte de la version de Boutmi, conforme à l'édition de Mgr Jouin, dont l'abbé Boyer reproduit aussi la « conclusion » (publiée en 1922 dans le t. IV du *Péril judéo-maçonnique*). Bref, la fameuse « étude » de l'abbé

La démonstration philologique du plagiat se réduit dès lors, selon Coston, à la position reçue dans les milieux officiels et « conformistes », suivant l'« hypothèse » soutenue « désespérément » par « les Juifs », mais efficacement imposée par eux - preuve de leur puissance réelle. La théorie du plagiat, laisse-t-il entendre, est une théorie juive. Avant de conclure, l'auteur de l'article énumère quelques éditions françaises des *Protocoles*, pour présenter le procès de Berne comme un échec cuisant subi par « les communautés juives » dans leur tentative de faire reconnaître par un tribunal « leur » démonstration du caractère apocryphe des *Protocoles* :

« Les *Protocoles* furent traduits en français, en allemand, en italien, en espagnol, puis dans presque toutes les langues. En France, l'éditeur Grasset publia la traduction due à Roger Lambelin ; la *Vieille-France* fit paraître une traduction d'Urbain Gohier ; la *Revue internationale des Sociétés Secrètes* édita celle de Mgr Jouin ; *La Libre Parole* en sortit trois éditions entre 1933 et 1938 ; pendant l'occupation un autre tirage fut effectué par le *Centre d'Etudes Antibolcheviques*, animé par Charles-Louis Lecoc et André Chaumet, organisme chargé de la propagande du *Comité d'Action Antibolchevique* de Paul Chack. Les communautés juives protestèrent, mais c'est en Suisse qu'elles portèrent le débat au prétoire. Une organisation anticommuniste helvétique ayant publié, de ce livre, une édition en allemand, fut poursuivie devant le tribunal de Berne. Celui-ci, par jugement en date du 14 mai 1935, condamna les éditeurs du livre reproduisant les *Protocoles* et qualifia l'ouvrage de *"littérature immorale"* ; mais, sur appel, la Cour de Berne infirma le 1er novembre 1937 ce premier jugement : elle reconnut que la loi sur les écrits immoraux ne s'appliquait pas à ce livre et que les *Protocoles* ne tombaient donc pas sous le coup de la loi. Les juges, ni en première instance, ni en appel ne se prononcèrent sur le fond »[139].

L'article *« Protocoles... »* se termine, conformément au standard mis en place par les premières présentations du début des années vingt

Boyer se révèle le produit d'un habile montage de plagiaire et de faussaire, que l'article du *Dictionnaire* de Coston prolonge à sa manière. Nous sommes bien dans le même univers de mystification et de falsification qui fut celui de la fabrication des *Protocoles* à la fin du siècle dernier.

(139) *Dictionnaire...*, *op. cit.*, 1980, p. 554. L'auteur de l'article se garde bien de rappeler que le responsable des éditions des *Protocoles* réalisées par *La Libre Parole* n'était autre que son directeur, Henry Coston lui-même. Sur le Comité d'Action Antibolchevique, voir : D. Rossignol, *op. cit.*, 1991, pp. 270, 277-289.

(Gohier, Jouin, Preziosi, etc.), par la minimisation de la question philologique de l'authenticité, et le recours à l'argument de la troublante valeur prophétique du document :

« Authentiques ou faux, les *Protocoles* sont un étonnant document. Car, dès 1905, ils décrivent ce qui allait s'accomplir dans le monde au cours de la première moitié de notre siècle »[140].

Le lecteur non prévenu conclura de lui-même, sur la base de la série des suggestions contenues dans l'article, que le caractère prophétique des *Protocoles* ne peut s'expliquer qu'en ce qu'ils dévoilent bien les intentions et le plan d'une puissante minorité secrète, qui se confond avec la « main invisible » dirigeant le cours moderne de l'histoire mondiale.

Dans la livraison de février 1991 de *Lectures Françaises* (mensuel fondé en 1957 par Henry Coston), on trouve, à la rubrique bien nommée « échos et rumeurs », un morceau d'anthologie concernant les *Protocoles*[141], laissant entendre à la fois que la thèse du plagiat n'est qu'une thèse propre aux « organisations israélites » ou « juives », reprise par la France « politico-médiatique », c'est-à-dire le « pays légal », et que la censure frappant le « document russe » est imposée par ces organisations, du décret Marchandeau de 1939 au décret Joxe de juin 1990. L'écho-rumeur reprend l'essentiel de l'argumentation du *Dictionnaire* costonien, mais en insistant, manière de réactualiser l'article, sur la « preuve » indirecte de véracité, voire d'authenticité du document, que constitueraient les tentatives répétées d'en interdire la diffusion. La plupart des propagandistes des *Protocoles* ont de fait recouru à cette prétendue évidence de sens commun : « il n'y a que la vérité qui blesse » ; prémisse d'un raisonnement qui se poursuit de la sorte : or, les Juifs ont été blessés par le contenu des *Protocoles* ; donc, les *Protocoles* disent la vérité sur les Juifs.
L'autorité de l'éminent abbé Boyer est encore appelée en renfort :

(140) *Dictionnaire*..., *op. cit.*, 1980, p. 554. On reconnaît l'argument de la puissance prophétique du « document » ; *cf.* U. Gohier, *op. cit.*, 1920, introduction, p. 7 (éd. 1925, p. 17).
(141) Louis Marin, « Echos et rumeurs », *Lectures Françaises*, 35e année, no 406, février 1991, p. 42.

« Le ministère de l'Intérieur a frappé, ces derniers temps, un certain nombre de publications considérées par lui comme *racistes* ou *antisémites* [soul. dans le texte]. Il a notamment signé un arrêté interdisant la vente et la distribution en France des *Protocoles des Sages de Sion*. Il l'a fait en vertu d'une loi qui permet d'interdire en France toute publication d'origine étrangère. Or, les *Protocoles des Sages de Sion*, publiés en France dès 1920 par Mgr Jouin et par Urbain Gohier - deux traductions différentes de l'édition anglaise - puis en 1926 [*sic* ; 1921] par Roger Lambelin, chez l'éditeur Grasset, sont bien la traduction d'un livre paru en Russie au début du siècle et dont un exemplaire (russe) est déposé au British Museum de Londres depuis 1906. En fait, depuis le décret Marchandeau (1939) interdisant tout écrit défavorable aux Juifs, les *Protocoles* ont disparu des devantures des librairies et sont devenus introuvables, même chez les bouquinistes. M. l'abbé Jean Boyer avait publié, il y a plusieurs lustres, un livre, *La Fin du monde*, dans lequel il faisait une critique pertinente de ce document russe. Il rendait compte du procès que des organisations israélites ont fait à l'éditeur helvétique des *Protocoles* en 1935. Le tribunal de Berne, sans se prononcer sur l'authenticité de l'ouvrage, l'a condamné comme littérature immorale. Les juges ont estimé qu'il est parfaitement immoral d'expliquer comment on peut dominer le monde »[142].

La suite de l'écho-rumeur consiste à relégitimer l'interrogation sur l'authenticité des *Protocoles*, la thèse de l'inauthenticité étant attribuée en propre aux « organisations juives », comme si elle ne constituait qu'une réaction d'autodéfense bien compréhensible, mais devenue, en raison de la puissance desdites organisations, une vérité officielle, une thèse d'Etat :

« Les *Protocoles* sont-ils authentiques ou est-ce une falsification ? Pour se défendre des accusations portées contre elles par les éditeurs et les lecteurs de cet écrit, des organisations juives ont déclaré que ce texte avait été *forgé*, fabriqué de toutes pièces par la police du Tsar. C'est cette thèse qui prévaut encore dans les médias et les explications officielles. Il eût été aisé aux autorités soviétiques de faire une mise au point dès 1920. Les archives impériales russes sont en effet tombées aux mains de Lénine et de ses amis

(142) L. Marin, *art. cit.* ; les *Protocoles* font en effet partie des cinq ouvrages qui ont fait l'objet d'une mesure d'interdiction en vertu de l'article 14 de la loi du 29 juillet 1881 (arrêté du 25 mai 1990 ; J.O. du 26 mai 1990, p. 6253). Le texte des *Protocoles* en langue française est interdit à la circulation, à la distribution et à la mise en vente en France (voir : Commission nationale consultative des droits de l'homme, *1990. La lutte contre le racisme et la xénophobie*, Paris, La Documentation française, 1991, pp. 152-153).

en 1917-1918 ; elles ont été utilisées, il y a soixante-dix ans, pour révéler les dessous des emprunts russes. Sous le titre : *L'abominable vénalité de la presse française*, la librairie du Parti communiste (S.F.I.C.) a publié, en 1920, la correspondance et les rapports trouvés dans les archives des divers ministères du régime impérial. Au moment où le régime soviétique édictait une loi prononçant la mort pour tout acte d'antisémitisme - les Juifs étant alors très nombreux dans le nouveau gouvernement - il eût été normal qu'il publie les archive de l'Okhrana concernant l'origine des *Protocoles* si, comme on l'a affirmé, ceux-ci sont un faux fabriqué par la police secrète impériale. Il ne l'a jamais fait. Si bien que l'on est dans l'incertitude et qu'il est impossible de se prononcer sur l'authenticité ou la non-authenticité des *Protocoles*. Les antisémites disent qu'ils sont vrais puisque la plupart des événements qui sont évoqués dans cet écrit se sont réalisés au cours des années qui ont suivi. Les organisations juives répliquent qu'il s'agit d'un faux grossier dont le canevas a été fourni par un livre de Maurice Joly, un ami d'Adolphe Crémieux, dans son livre *Dialogue aux Enfers entre Montesquieu et Machiavel* [*sic*] (cf. *Dictionnaire de la Politique française*, tome II, pages 553 et 554). Le débat reste ouvert »[143].

Telle est l'opération, caractéristique de l'antisémitisme symbolique, qu'on retrouve sous une autre forme dans le « révisionnisme » de type faurissonien : instituer « les antisémites », face aux « Israélites » (ou aux « organisations juives »), comme des interlocuteurs légitimes dans un débat nécessaire. Les disciples de R. Faurisson demandent, quant à eux, qu'ait lieu un « débat » entre « révisionnistes » et « exterminationnistes »...

(143) L. Marin, *art. cit., ibid.* On voit que les défenseurs contemporains des *Protocoles* affectent la neutralité, miment la discussion critique et argumentée, afin d'installer l'évidence que le débat se réduit à l'éternelle mésentente entre Juifs et antisémites, mis sur le même plan. Une stratégie rhétorique du même type est suivie par les « révisionnistes » de type faurissonien, *mutatis mutandis* : il s'agit aussi de présenter un « débat » mettant aux prises deux camps ou deux « écoles » : les historiens « officiels » liés au « sionisme mondial », et les « historiens » révisionnistes, qui ne recherchent que « la vérité ».

III. DEUX INTERPRETATIONS DU « COMPLOT JUIF » : DEUX FIGURES DE L'ANTISEMITISME DOCTRINAL MODERNE

Lorsque les *Protocoles* sont diffusés en France, au début de 1920, les structures d'accueil ne manquent pas, qui leur assurent une réception favorable dans des milieux fort diversifiés. Outre le public quasi spécialisé dans l'anti-judéo-maçonnisme qui suivra Urbain Gohier et Monseigneur Jouin dans la nouvelle phase, para-« protocolaire », de leur propagande contre le « péril judéo-maçonnique », il faut considérer le public de l'Action française, depuis longtemps préparé à recevoir une explication des malheurs de la France par l'action occulte de puissances comploteuses. De nombreuses schèmes explicatifs se retrouvent dans l'une et l'autre de ces deux variantes de la théorie du complot : la distinction entre pouvoir réel et pouvoir apparent, l'idée que le pouvoir réel est occulte, celle qu'une petite minorité l'exerce (qu'elle soit ou non l'expression d'une caste, d'une secte ou d'une race), la caractérisation de cette minorité réellement et secrètement dominante comme totalement amorale et cynique, ne gouvernant que selon la logique de ses propres intérêts. Il reste qu'en dépit de cet outillage cognitif commun, la théorie conspirationniste des *Protocoles* diffère à certains égards de la théorie maurrassienne de « l'anti-France ».

1. Complot judéo-ploutocratique et complot judéo-républicain

Le message central des *Protocoles*, c'est le dévoilement d'un complot international contre toutes les nations, à commencer par celles qui se rattachent à la civilisation chrétienne, particulièrement haïe par les rédacteurs supposés des *Protocoles* ou ceux dont ils « rapportent » les propos. Non seulement les agents comploteurs forment une « secte internationale », mais ils ne visent pas la domination de la France comme telle, leur visée est autre et plus vaste, ils veulent dominer le monde. Les « Sages de Sion » ne sont pas des parasites-exploiteurs comme les autres, ils sont par nature impérialistes, et leur « universalisme » impérial est la doctrine d'une domination totale du monde. Les *Protocoles* présentent en outre ces singuliers dominateurs comme d'impitoyables destructeurs, ne reculant devant aucune cruauté, leur barbarie, loin de n'être qu'instrumentale, étant une manifestation de leur nature. Le clivage principal se situe, dans les *Protocoles*, entre le peuple de Sion et tous les autres peuples ; l'opposition manichéenne s'énonce : *les Juifs contre les « Goym »*.

Considérons maintenant le complot au sens maurrassien, attribué à « l'anti-France », et expliqué par la « théorie des quatre Etats confédérés » : il est essentiellement un complot de *l'étranger contre la France*. L'opposition manichéenne suppose le face à face du Français authentique (l'« héritier », l'enraciné) et de l'étranger menaçant, d'autant plus dangereux qu'il est un étranger de l'intérieur, un déraciné inassimilable voué à être un irréductible ennemi de la nation française, de son unité et de son identité. Le complot n'est pas une structure universelle, la lutte à mort ne se situe pas - en tout cas pas exclusivement - entre le « Juif international » et tous les autres peuples.

Alors que le complot dénoncé par les *Protocoles* est un complot mondial, une guerre faite sans être déclarée à toutes les nations - par delà le cercle des seules nations chrétiennes -, et un complot dirigé par l'irréductible ennemi de tous les peuples, le Juif, le complot de « l'anti-France » dénoncé par l'Action française est un complot spécifié, particularisé, en ce qu'il est dirigé contre la nation française, et vise à la dominer par la destruction de son identité propre, de ses héritages et de ses traditions - lesquels enveloppent l'héritage catholique parmi d'autres.

En outre, le complot international, selon les *Protocoles*, est essentiellement un complot *judéo-ploutocratique*, alors que le complot de « l'anti-France », selon l'Action française, est essentiellement un complot *judéo-républicain*, originellement judéo-jacobin. L'imaginaire antijuif des *Protocoles* est centré sur la figure du Juif d'argent, sur le type du ploutocrate Rothschild, le détenteur du pouvoir économique supra-national par nature, tandis que l'imaginaire antijuif du « nationalisme intégral » est centré sur le Juif jacobin, sur le type du Juif moderne irréligieux - maçon et républicain -, qui cherche à exercer le pouvoir politique à tout prix, y compris au prix de la désorganisation et de l'affaiblissement de la vieille nation française. C'est en ce sens qu'on peut grossièrement caractériser la judéophobie des *Protocoles* comme une judéophobie *économique*, visant la haute finance apatride supposée juive et favorable aux révolutions (d'où la dénonciation du « judéo-bolchevisme »), alors que la judéophobie d'obédience maurrassienne définit un antisémitisme politique au sens strict, visant le « Juif d'Etat » et, à travers lui, le régime républicain[1]. Mais il ne s'agit là que d'une distinction idéal-typique, tant le stock des stéréotypes antijuifs constitue un héritage commun. Quant à la dimension antimaçonnique, elle forme pour ainsi dire l'invariant idéologique de ces deux imaginaires antijuifs modernes. La figure du franc-maçon est inséparable de celle du Juif : le complot dénoncé est toujours un complot judéo-maçonnique. Et ce, que la maçonnerie soit dénoncée comme une création de la « juiverie » (interprétation dominante dans la littérature para-« protocolaire »), ou qu'elle soit stigmatisée en tant que puissance négative seconde et ancillaire, subordonnée à la puissance juive. Pour saisir correctement la spécificité de l'argumentation antijuive des *Protocoles*, il convient donc de la confronter avec celle de l'antisémitisme politique au sens strict, élaboré par Maurras et devenue l'une des composantes de la doctrine de l'Action française. Les exigences propres du raisonnement nationaliste nous paraissent en effet rendre compte de la spécificité de « l'antisémitisme d'Etat » élaboré par Maurras. Le complot judéo-républicain est essentiellement un dispositif *antinational*, et plus précisément antimonarchique, alors que le complot judéo-ploutocratique se caractérise d'abord comme un dispositif *anti-traditionnel*, et plus précisément anti-chrétien (anti-catholique pour Mgr Jouin, anti-orthodoxe pour S.A. Nilus). Aussi est-il indispensable d'exposer précisément la « théorie des quatre Etats confédérés », en ses principes et ses raisons.

(1) Voir : Pierre Birnbaum, *Un mythe politique : la « République juive ». De Léon Blum à Pierre Mendès France*, Paris, Fayard, 1988, et sa contribution, tome II.

2. La dénonciation maurrassienne de « l'anti-France » : la « théorie des Quatre Etats confédérés »

Dans un article publié par *l'Action française* du 15 août 1904, et repris en 1906 dans *Le Dilemme de Marc Sangnier*[2], Charles Maurras pose la question de savoir pourquoi, sous le régime républicain, les forces proprement françaises « ne cessent d'être très régulièrement battues, dominées, gouvernées par les forces de l'adversaire »[3]. En réponse à cette question, Maurras caractérise la domination étrangère en France par l'alliance ténébreuse du « parti républicain » et de quatre puissances unies par divers intérêts :

« Cet adversaire, on le connaît. Il est en France, il rallie des multitudes françaises ; mais il n'est pas Français. Et de là vient sa force. Les Français sans leur roi n'ont plus rien qui leur soit bien vraiment, profondément et *sensiblement* commun. Le parti républicain en France serait donc, lui aussi, dépourvu d'intérêt commun, sans cette qualité d'étranger ou de demi-étranger qui distingue pareillement les Juifs, les protestants, les francs-maçons et les métèques, lesquels forment l'axe de ce parti. Leur intérêt commun, c'est que nous sommes leur conquête. Ils sont unis par le sentiment, - nécessairement ombrageux, - des différences caractéristiques entre nos mœurs, nos idées et nos traditions indigènes et leurs mœurs, coutumes et traditions à eux. Tout nous condamne donc aux rivalités et aux divisions intestines (...) pendant que l'armée ennemie qui campe en temps de paix sur notre territoire subit des conditions qui la tiennent unie et disciplinée. (...) Les Français, les fruits de la France, sont partagés toutes les fois qu'il s'agit de savoir où gît un intérêt commun - tandis que nos conquérants judéo-protestants s'assemblent et se forment en bataillon de marche toutes les fois que l'intérêt de leur communauté se trouve en question. Cet intérêt du conquérant est donc pressant, décisif, net, distinct. L'autre intérêt, celui du conquis, est donc lointain, discutable, trouble ou confus. L'un mène aux discussions. L'autre pousse à l'action pratique »[4].

Dans ce texte se trouvent exposées les prémisses de la doctrine du nationalisme intégral : description de l'Etat où se trouve la France

(2) Charles Maurras, *Le Dilemme de Marc Sangnier*, Paris, Nouvelle Librairie Nationale, décembre 1906 ; repris in *La Démocratie religieuse*, Paris, Nouvelle Librairie Nationale, 1921, rééd., Paris, Nouvelles Editions Latines, 1978.
(3) C. Maurras, *La Démocratie religieuse*, *op. cit.*, 1921, p. 60.
(4) *Ibid.*, pp. 60-61.

divisée et conquise, identification des puissances conquérantes, détermination des liens unissant le système républicain et les étrangers de l'intérieur. Esquisse, à la fois, d'un diagnostic et d'une étiologie : la France privée de monarchie est vouée à l'anarchie, dont profite une « oligarchie héréditaire, mais étrangère au sol français »[5]. La France sous la République est la France conquise, la République est la « systématisation de la décadence acceptée »[6]. Et la faiblesse comme l'impuissance de la France conquise s'indiquent et se mesurent à l'apparition de ce que Donoso Cortés appelait la « discussion perpétuelle »[7], symptôme majeur du « démolibéralisme ». Il s'agit donc, pour Maurras, non seulement de faire le diagnostic du déclin de la France moderne, mais encore et surtout de l'expliquer par ses causes. La démarche maurrassienne s'opère en trois moments :

1. Description de la domination étrangère en France et dévoilement du véritable pouvoir, sous le pouvoir républicain apparent : c'est la théorie dite des « Quatre Etats confédérés ».
2. Identification de la véritable cause de la domination étrangère en France, ou détermination des conditions historiques de la conquête de la France par des puissances étrangères liguées : la Révolution et la soumission de l'esprit public aux « principes individualistes »[8] du libéralisme et/ou de la démocratie.
3. Vérification de l'« axiome fondamental » du nationalisme intégral sur l'exemple même de sa contrefaçon démocratique/républicaine : il n'est de gouvernement qu'héréditaire[9]. C'est ce qu'illustre à sa manière l'existence même de « l'oligarchie républicaine »[10].

Reprenons chacun de ces moments du raisonnement nationaliste.

(5) *Ibid.*, p. 93.
(6) *Ibid.*
(7) Donoso Cortés, *Essai sur le catholicisme, le libéralisme et le socialisme* (1851), Paris, 1859, rééd., Bouère, Ed. Dominique Martin Morin, 1986, p. 223. Sur les critiques traditionalistes du « démolibéralisme », voir : P.-A. Taguieff, « Le paradigme traditionaliste : horreur de la modernité et antilibéralisme. Nietzsche dans la rhétorique réactionnaire », in *Pourquoi nous ne sommes pas nietzschéens*, Paris, Grasset, 1991, pp. 223, 231 sq., 264 sq. ; *id.*, « Le nationalisme des "nationalistes". Un problème pour l'histoire des idées politiques en France », in Gil Delannoi et P.-A. Taguieff (éd.), *Théories du nationalisme*, Paris, Kimé, 1991, pp. 97 sq.
(8) C. Maurras, *op. cit.*, 1921 (1978), p. 242.
(9) *Ibid.*, pp. 90, 95, etc.
(10) *Ibid.*, p. 100.

2.1. La théorie des « Quatre Etats confédérés »

Dans *l'Action française* du 1er octobre 1906, on trouve cette définition destinée aux militants :

« Les *Quatre Etats confédérés* sont les quatre puissantes communautés antifrançaises qui forment le gouvernement de l'Etranger, à l'intérieur de la France : *Juifs, Protestants, Maçons, Métèques* (...) et de toute race »[11].

En 1905, Maurras définissait ainsi chacun des quatre « Etats confédérés » :

« Les métèques sont nos hôtes exotiques, domiciliés ou naturalisés de fraîche date, ou leurs enfants. Les Juifs sont des étrangers établis en France depuis un temps plus ou moins long. Les protestants sont des Français qui, depuis trois siècles, subissant une cause plus politique que religieuse, tendent à se "défranciser" pour adopter les idées de la Suisse, de l'Allemagne ou de l'Angleterre. Les maçons sont les valets des uns et des autres, recrutés parmi les besogneux ou les ambitieux de toute condition et de toute race »[12].

Les quatre Etats confédérés sont à la fois « l'axe » du « parti républicain »[13], l'âme ou la tête du régime républicain et son personnel, son « corps » :

« Otés ces Juifs et ces Protestants, ces Métèques et ces Maçons, ôtée leur clientèle, ôtée l'oligarchie étrangère ou semi-étrangère aujourd'hui maîtresse de tout, et la République actuelle se trouve décapitée de tous ses grands et petits chefs ; le personnel de la République s'évanouit ! »[14].

(11) Commentaire non signé au « rapport Morel » du Groupe toulousain d'Action française, in *L'Action française*, 8e année, t. XXIV, nouvelle série, t. XVI, no 175, 1er octobre 1906, p. 73.

(12) C. Maurras, *op. cit.*, 1921 (1978), p. 90 note 1. Les esquisses pré-maurrassiennes de la « théorie des quatre Etats confédérés » ne manquent pas ; elles se présentent comme des visions d'un complot judéo-maçonnico-protestant. Pour une version « matérialiste » dans le cadre de la théorie des races : Jules Soury, *Campagne nationaliste, 1899-1901*, Paris, Imprimerie de la Cour d'Appel, L. Maretheux, 1902, pp. 12-14, 128, 206 ; pour une version catholique traditionaliste : I. Bertrand, *L'Occultisme ancien et moderne*, Paris, Bloud et Barral, 1900, ch. VI, pp. 37 sq. ; *id., La Franc-Maçonnerie secte juive*, Paris, Bloud, 1905, en particulier, pp. 57 sq.

(13) C. Maurras, *op. cit.*, 1921 (1978), p. 60.

(14) *Ibid.*, p. 201.

Enfin, il s'agit pour Maurras de montrer que ces quatre puissances sont liées entre elles à la fois par des intérêts communs et des traits communs de nature :

« [Royalistes et républicains patriotes ont] vu à l'œuvre le groupe juif, étranger par définition aux races françaises, et le groupe protestant, ce dernier français par ses origines, mais qui se détache de siècle en siècle de la civilisation nationale pour se pénétrer des influences anglo-germaniques : monde fermé et retranché, fort par sa communauté d'intérêts et de rancunes, sinon de foi, surtout par l'harmonie de ses principes religieux et moraux avec les principes politiques du régime établi [en particulier le principe du libre examen][15]. Entre le Juif et le protestant, leur servant de syndicat ou du bureau d'affaires, s'étend le groupe maçonnique, ses domesticités et ses convoitises. Vient enfin le groupe des "métèques", souvent juifs, souvent protestants, souvent maçons, souvent aussi dépourvus de tout lien personnel avec ces trois communautés, mais liés entre eux par le fait d'ignorer, de méconnaître, ou de haïr à l'unisson les sentiments et les intérêts de notre pays »[16].

La cohésion interne de la confédération anti-française, supposant une certaine division de travail, est la condition de son efficacité :

« De profondes sympathies de culture, des affinités mentales et morales indiscutables (Bible et Talmud, culture anglaise, culture allemande, rituel maçonnique), la communauté de position naturelle aux conquérants dans le peuple conquis, tout fédérait et confédérait ces groupes voisins. La confédération de leurs quatre Etats (juif, protestant, maçon, métèque) en multipliait la puissance totale, l'or juif consolidant la discipline spontanée, la pensée protestante y faisant régner un certain type d'intelligence, la servilité maçonnique assurant l'exécution du détail, l'essaim volant des métèques établissant les relations et les connivences nécessaires avec l'Etranger... »[17]

(15) Maurras place ici une note : « Je rappelle ici le mot synthétique de M. Waldeck-Rousseau au pasteur de Saint-Etienne, le 12 janvier 1902 : "Il existe une entente naturelle entre le régime républicain et le culte protestant, car l'un et l'autre reposent sur le libre examen" » (*op. cit.*, 1921, p. 247 note 1). Voir aussi C. Maurras, *Pour un jeune Français*, Paris, Amiot-Dumont, 1949, p. 30 et note 1).
(16) C. Maurras, « L'individu contre la France » (10 mai 1908), repris dans *La Politique religieuse* (Paris, 1912), puis dans *La Démocratie religieuse, op. cit.*, p. 247.
(17) C. Maurras, *op. cit.*, 1921, p. 249.

2.2 L'explication de la conquête de la France par les « Quatre Etats confédérés »

La conquête de la France est donc un fait, elle peut être constatée, observée, décrite. Mais une nouvelle question se pose : comment expliquer le fait que les étrangers dominateurs, n'ayant sur les Français authentiques nulle supériorité en nombre ni en aptitudes, aient pu conquérir la France ? Comment une minorité sans réels avantages particuliers sur la majorité de souche a-t-elle pu assujettir celle-ci ?

Dans un article publié le 10 mai 1908, et repris dans *La Politique religieuse*[18], Maurras pose ainsi le problème avant d'en indiquer la solution :

« Ces étrangers sont peu nombreux (tout au plus neuf cent mille). S'ils s'attribuent une extrême supériorité d'esprit, d'activité et de valeur morale sur l'ensemble de la multitude française, ils n'ont jamais donné le moindre commencement de preuve de cette prétention. Il est inexact que le juif soit supérieur par la vivacité de l'intelligence ou l'esprit de suite aux Français. Ni les mœurs ni l'esprit critique du protestant ne témoignent non plus d'aucun avantage sérieux. Le franc-maçonnerie ne représente pas davantage une élite, et ce n'est point la fine fleur de leurs habitants que nous envoient l'Angleterre et la Suisse, l'Allemagne et l'Asie Mineure, la Belgique et le Portugal. (...) Ils nous dominent, c'est certain. Méritaient-ils de nous dominer ? Ou cette conquête peut-elle s'expliquer autrement ? »[19].

Le principe de la solution du problème ainsi posé, Maurras le trouve dans la détermination de *causes internes*, relevant de l'histoire moderne de la France : c'est parce que la nation française a été, par la Révolution et ses suites, désorganisée, « dissociée et et décérébrée » selon l'expression de Barrès, que les « communautés antifrançaises » ont pu réaliser leur conquête de la France. La domination de la France par un ennemi intérieur polymorphe et organisé en confédération n'aura été qu'un effet de la « désagrégation élémentaire » subie par la nation, une conséquence immédiate de la destruction individualiste/révolutionnaire des liens sociaux. L'explication sera donc la suivante :

(18) C. Maurras, cité ci-dessus (note 16).
(19) C. Maurras, *op. cit.*, 1921, p. 248.

« En vertu de son principe individualiste, la Révolution a relâché ou dissous les liens sociaux des Français : elle a réduit notre peuple à un état de division atomistique, où tout individu vit isolé des individus concurrents. Toutes les sociétés secondaires dont se compose cette société générale, une nation, ont été frappées par le régime nouveau. (...) Comment la famille française eût-elle conçu *la pensée* de lutter contre les dispositions obliques du Code civil, ou la province française contre la division du département, ou les corps de métiers français contre la "liberté du travail"? Ces collectivités n'étaient représentées par aucun organe vivant. Des ouvriers souffraient et criaient, des patriotes s'indignaient, des chefs de famille gémissaient, rusaient, trichaient. Mais ces résistances particulières et quelquefois contradictoires contre un mal général engendraient parfois des maux équivalents ou supérieurs ; elles ne pouvaient s'opposer à la conséquence directe de cette désagrégation élémentaire : l'ennemi de l'intérieur, à petits pas muets et sûrs, s'emparant des clefs du pays »[20].

Il faut dès lors présupposer une connaturalité de la démocratie, de la République et du libéralisme :

« Une démocratie en France ne peut vivre qu'appuyée sur des *tempéraments républicains* qu'il faut *chercher surtout dans la minorité protestante et juive.* Il y a douze ans [i.e. depuis 1900] que nous répétons la formule complète : *juifs, protestants, maçons, métèques* »[21].

C'est pourquoi « la République a tiré son existence réelle et sa forte substance de sa zone protestante, maçonnique et juive, laquelle est naturellement en opposition historique, morale et sociale avec le catholicisme »[22]. L'opposition principale se situe entre les défenseurs de l'Eglise, de la patrie et de l'armée et les partisans du « principe individualiste et libéral »[23], c'est-à-dire entre les représentants de « l'état d'esprit nationaliste et traditionnel »[24] et les tenants des idées libérales. Or, « le fondement judéo-protestant [du libéralisme] ne fait plus de doute aujourd'hui »[25] : il peut se résumer par « le primat de

(20) *Ibid.*, pp. 248-249.
(21) *Ibid.*, p. 200 note (fin de la note 1 de la p. 199).
(22) *Ibid.*, p. 198.
(23) *Ibid.*, p. 242.
(24) *Ibid.*, p. 201 (voir aussi p. 90 : les « calculs les plus étroitement "réactionnaires", traditionnels et nationalistes » ; et *Pour un jeune Français, op. cit.*, 1949, p. 38).
(25) *Ibid.*, p. 199.

l'individu »[26]. C'est sur ce socle que se dresse la République, « c'est-à-dire (...), précise Maurras, l'absence de chef et (...) la division fatale de la patrie »[27] ; c'est derrière le décor républicain qu'agissent « les quatre nations campées en France, mais ennemies de la France »[28]. L'affaire Dreyfus est analysée, illustrant une telle perspective, selon l'opposition de l'« instinct de conservation nationale » au « principe individualiste et libéral »[29] : d'une part, « le nationalisme instinctif de l'Action française »[30] ; d'autre part, l'individualisme du « parti de Dreyfus »[31]. Revenant sur l'Affaire décryptée selon l'alternative « l'individu ou la patrie », Maurras met en cause, dans son explication de « l'émeute hébraïque »[32], autant l'imprégnation individualiste des esprits républicanisés que la manipulation des « principes individualistes » par les quatre « Etats confédérés » :

« Telle était, en ces années 1897 et 1898, l'importance du cas Dreyfus : en se posant, il posait le cas de conscience du siècle. Prendre partie pour la société contre Dreyfus, contre l'individu, contre l'*Un*, c'était se mettre en mesure de retrouver la morale et la politique des beaux siècles antérieurs, morale et politique tellement oubliées qu'elles en furent toutes neuves. (...) C'est au nom des principes individualistes, reçus jusque-là pour indiscutablement vrais, que l'adversaire les [à savoir : M. Vaugeois, M. Pujo, M. Lasserre] somma de revenir au parti qui s'y conformait en sacrifiant *la patrie entière* à un simple doute en faveur de Dreyfus, de l'*Un*. Et l'adversaire ne se trompait pas : si rien n'est plus sacré au ciel et sur la terre que le corps vivant d'un individu quel qu'il soit, il n'est pas besoin d'un doute sérieux, ni de l'ombre même d'un doute, pour remettre en question une condamnation prononcée : du fait même qu'elle *est*, la condamnation est suspecte ; le condamné est sympathique du fait qu'il est

(26) *Ibid.*, p. 201. Rappelons ici que la dénonciation du « poison du libéralisme » est l'un des thèmes fondamentaux des *Protocoles* (*cf.* éd. R. Lambelin, ch. X, 1937, pp. 62-63), en parfaite consonance avec la récusation nationaliste/traditionaliste de l'individualisme libéral.

(27) C. Maurras, *La Démocratie religieuse, op. cit.*, 1921, p. 203 ; voir aussi C. Maurras, *Réflexions sur la Révolution de 1789*, Paris, Les Iles d'Or, 1948, pp. 161-162.

(28) C.Maurras, *op. cit.*, 1921, p. 203 (« ces quatre Etats », ajoute Maurras dans la même phrase).

(29) C. Maurras, *Ibid.*, p. 242.

(30) *Ibid.*, p. 243.

(31) *Ibid.*

(32) *Ibid.*, p. 240.

un condamné. La société qui condamne est la vraie coupable. (...) Si l'individualisme est vrai, il sera juste et bon de tout secouer, de tout ébranler et bouleverser pour effacer la condamnation de n'importe quel individu : désorganiser l'opinion, l'armée, les lois et l'Etat, détruire la paix, la défense et la sécurité de la nation, tout est légitime pour *Lui*. Un certain nombre de braves gens à l'esprit faux ou bien faussé par cette doctrine devaient être dociles aux suggestions intéressées des meneurs protestants, étrangers, francs-maçons et juifs ; ils n'hésitèrent point à pratiquer ces maximes absurdes : elles s'imposaient avec une rigoureuse logique ; et, pour les rejeter, il eût fallu d'abord abandonner le principe individualiste et libéral »[33].

Bref, le dreyfusisme est un enfant naturel de l'individualisme libéral et un instrument de gouvernement des esprits dans les mains des puissances formant « l'anti-France ».
Réponse est ainsi donnée à la question posée : si l'ennemi intérieur, en dépit de sa faiblesse numérique et de sa relative médiocrité, a pu conquérir la France, c'est parce que celle-ci, sans le savoir ni le vouloir, était déjà offerte, désarmée par la Révolution, aux forces conquérantes organisées. Maurras peut conclure :

« Comment la France désorganisée eût-elle résisté à cette organisation aussi solide que souple ? Ce n'était pas en tant que France qu'elle se trouvait dominée, mais en tant que nation dissociée ; ce n'était pas en tant que juifs, protestants, métèques et maçons que les vainqueurs devaient vaincre, mais en tant qu'armée manœuvrant contre une multitude confuse. Chacun d'eux n'était aucunement supérieur à chacun de nous : mais chacun de nous était seul contre leur force à tous. (...) Maîtres de l'Etat, ils distribuaient libéralement à notre peuple les mirages de l'idée individualiste et démocratique, le dogme du moindre effort et de la consommation sans réserve »[34].

2.3. **L'axiome fondamental de la « science politique » illustré par la République elle-même**

En 1905, dans un article de combat contre Marc Sangnier, Maurras écrivait :

« Ce qui n'a point changé dans l'histoire du monde, c'est notre axiome fondamental que *les sociétés sont gouvernés, - quand elles le sont, - sur*

(33) *Ibid.*, p. 242.
(34) *Ibid.*, p. 249.

une base héréditaire. A tout élément d'ordre et de prospérité correspond toujours un élément d'hérédité politique. Cela se vérifie même en France où notre minimum de stabilité et d'administration, ce qu'on appelle la continuité républicaine, s'explique par l'hégémonie des quatre Etats confédérés - juif, protestant, maçon, métèque, - dont trois au moins sont héréditaires : sans eux, tout se serait effondré dans la plus grossière anarchie, mais ils présentent cet inconvénient politique de ne rien avoir de français en possédant toute la France et d'être intimement hostiles à tout l'intérêt national qu'ils ont cependant assumé le soin de gérer »[35].

Tel est le paradoxe incarné par le contre-gouvernement occulte, par ce simulacre de gouvernement qu'est la République, anarchie maintenue par la seule force de l'oligarchie héréditaire qui en profite :

« La seule oligarchie héréditaire qui puisse dominer dans notre pays est celle qui y domine effectivement, celle qui lui est étrangère par la race ou la tradition : c'est l'oligarchie juive, protestante et métèque, servie par l'organisation maçonnique »[36].

La contrefaçon républicaine de gouvernement n'échappe donc pas elle-même à la « loi éternelle de l'hérédité »[37]. Et Maurras précise : ce qui est l'immuable et l'absolu en science politique, « ce n'est pas la monarchie ou gouvernement d'un seul, c'est le gouvernement héréditaire, qu'il soit exercé par un chef de famille ou par plusieurs chefs de famille »[38]. D'où l'alternative : ou bien l'oligarchie héréditaire est enracinée, ou bien elle est étrangère - et, en ce cas, définit le gouvernement réel derrière le pseudo-gouvernement républicain. En 1912, revenant sur la question, Maurras réaffirme cette vérification de son axiome par le cas-limite de la République :

« La bonne République a besoin des pires républicains, juifs, protestants, maçons, métèques ; en les caressant, en s'alliant à eux ou à leurs alliés, la bonne République avoue son sentiment secret que l'oligarchie étrangère ou demi-étrangère doit aussi demeurer son *ossature* »[39].

A ces trois moments, il faut enfin ajouter une réinterprétation

(35) C. Maurras, *Le Dilemme de Marc Sangnier*, in *op. cit.*, 1921 (1978), p. 90.
(36) *Ibid.*, p. 95.
(37) *Ibid.*, p. 90.
(38) *Ibid.*, p. 95.
(39) C. Maurras, *La Politique religieuse*, in *op. cit.*, 1921 (1978), p. 201 ; *cf. Pour un jeune français, op. cit.*, pp. 28 sq. (« L'Oligarchie »).

générale, montrant la centralité de l'antisémitisme politique dans la vision maurrassienne du complot contre la France.

2.4. **Une structure à dominante juive : les « Quatre Etats confédérés »**

Dans un livre publié en 1930, *De Démos à César*, Charles Maurras expose une fois de plus « la théorie des quatre Etats confédérés maîtres de la France » :

« Lorsqu'on passe en revue les rois de la République, on s'aperçoit que ce sont tous des juifs, des protestants, des métèques ou des francs-maçons. Lorsqu'on étudie les causes de leur puissance, on s'aperçoit qu'elles se ramènent toutes à ce fait que la nature et l'histoire ont organisé très solidement ces quatre groupes en petits corps d'Etat, de manière que leurs membres, soutenus et poussés par leur communauté, aient toujours raison des Français que leur constitution politique et civile a divisés à l'infini »[40].

La puissance de l'« anti-France » ne peut s'exercer qu'à la condition que la France ait perdu son unité, qu'elle ait été transformée en anarchie, en pur désordre. Les métaphores polémiques de la « poussière » et de l'« émiettement » sont récurrentes. Par l'effet de la Révolution, « l'individu sans lien est devenu poussière »[41]. La « dis-

(40) C. Maurras, *De Démos à César*, Paris, Editions du Capitole, 1930, vol. 2, pp. 33-34 ; dans le même sens : C. Maurras, *Réflexions sur la Révolution de 1789, op. cit.*, pp. 161-163 (on retrouvera cette image de l'émiettement, de la pulvérisation d'une unité organique, chez Gustave Le Bon [voir *infra*, notre ch. IV ; dans les *Protocoles*, la réduction des peuples en « foules aveugles » est l'une des conditions de la conquête juive [éd. R. Lambelin, ch. I et II]). L'expression « les rois de la République » est empruntée au livre ainsi titré d'Auguste Chirac, l'un des principaux théoriciens de l'antisémitisme socialiste ; voir A. Chirac, *Les Rois de la République. Histoire des juiveries. Synthèse historique et monographies* (1883-1885), Paris, E. Dentu, 1888, 2 vol. Sur cette tradition antijuive « révolutionnaire », voir : Zeev Sternhell, *La Droite révolutionnaire, 1885-1914. Les origines françaises du fascisme*, Paris, Le Seuil, 1978, ch. I, IV, V ; M. Angenot, *Ce que l'on dit des Juifs en 1889, op. cit.*, 1989, pp. 44 sq., 113 sq.

(41) C. Maurras, *Mes idées politiques*, Paris, Fayard, 1937, p. 156. L'attribution à « la puissance juive » d'une tactique de division et de fragmentation des corps nationaux est un lieu commun de la rhétorique du complot juif ; voir par exemple : Léon de Poncins, *Israël destructeur d'Empires. Un document prophétique de 1899*, Paris, Mercure de France, 1942, en partic. pp. 140 sq. (« l'invasion juive » s'opère par la « décomposition intérieure » du pays en voie d'être conquis). Ledit « document prophétique » est le livre de François Trocase, *L'Autriche juive*, Paris, A. Pierret, 1899. Il a été récemment redécouvert et partiellement réédité en feuilleton par le « post-révisionniste » Alain Guionnet, dans sa revue *Revision*

cipline intérieure » des « organisations étrangères », précise Maurras, « se maintenait et s'affermissait à la faveur de notre émiettement. (...) Empêcher les Français de s'organiser et de se qualifier en dehors de l'Etat, de l'Administration, dont elles [les "organisations étrangères"] font leur instrument, tel est donc le programme naturel nécessaire de ces organisations pour peu qu'elles désirent continuer leur domination parmi nous »[42].

Cette « théorie », pour être explicative, implique qu'il y ait une « étroite relation de l'Etat dit français avec les quatre Etats étrangers qui l'ont subjugué »[43], une relation intime de « l'Etat démocratique et républicain » avec la « Confédération juive, protestante, maçonnique et métèque dont cet Etat n'est que le serf »[44]. Maurras affirme, par exemple, esquissant une théorie de la conspiration supposée démystifier l'Etat-providence :

> « La doctrine démocratique qui fait de l'Etat une providence, du citoyen l'administré et le pensionné est leur [des "organisations étrangères"] plus puissant instrument de propagande et de conquête »[45].

L'Etat démocratique, économiquement et socialement interventionniste, corrompt les citoyens en les transformant en assistés, en « pensionnés » de la République. Bref, l'Etat démocratique et les Etats confédérés conspirent ensemble pour exercer leur domination sur la France. Mais le vrai sujet de la domination, c'est l'Etranger, ce sont les puissances étrangères organisées, à l'intérieur de la nation, en confédération secrète. Or, c'est l'Etat juif qui est le « plus puissant

(n° 22, décembre 1990, « *L'Autriche juive*. Un combat désespéré ? », pp. 3-14 ; suite dans les n°s 23 et 24). Guionnet en justifiait ainsi la republication : « Sa particularité ? Celle d'un écrit prophétique, dans lequel figurent la majeure partie des thèmes évoqués dans les *Protocoles des Sages de Sion* » (*art. cit.*, p. 3). Et de suggérer que Trocase est « un auteur possible des *Protocoles* » *(ibid.)*, en raison des « ressemblances frappantes » (p. 4) entre son livre et le fameux « document ». La revue *Revision* avait précédemment publié la version Boutmi des *Protocoles* (en 27 « séances ») : du n° 3 (mai 1989) au n° 7 (septembre 1989) - « Voici la quatrième et dernière partie des *Protocoles* (...), cet écrit machiavélique toujours très actuel, dont la publication s'imposait » (n° 7, p. 17).

(42) C. Maurras, *Mes idées politiques, op. cit.*, pp. 156-157.

(43) C. Maurras, *De Démos à César, op. cit.*, p. 34.

(44) *Ibid.*, p. 35.

(45) C. Maurras, *Mes idées politiques, op. cit.*, p. 156.

des quatre Etats »[46]. L'action de la Confédération judéo-centrée est ainsi décrite :

« Notre doctrine avait constaté, depuis longtemps, que la race juive est une des quatre nations qui sont les maîtresses de cette France et que, lorsqu'un Français tente quelque chose d'indépendant, d'heureux, de puissant, ces quatre nations, auxquelles il menace de porter ainsi quelque ombrage, usent des forces de l'Etat, qu'elles ont à leur discrétion, et de leurs propres facultés, qui sont immenses, pour détruire ou pour asservir l'œuvre de cet impertinent »[47].

Si tous les Etats confédérés sont dominés par l'Etat juif, l'Etat français est aussi, en dernière analyse, dominé par celui-ci.
La complicité de ces quatre « Etats » ou « nations » complotant avec l'Etat démocratique dans et contre la nation permet d'expliquer la plupart des malheurs qui frappent la France. Mais, comme dans la lettre de Simonini publiée par Barruel, la conspiration contre la « vieille France » est à tête juive : les principes mauvais de destruction sont ordonnés selon une hiérarchie, et la souveraineté de l'empire satanique revient au Juif. La « synagogue de Satan » continue de mener le bal funeste.

(46) C. Maurras, *De Démos..., op. cit.*, p. 60. L'exceptionnalité du Juif dans l'antisémitisme politique maurrassien paraît être un héritage de l'antisémitisme catholique : maçons et protestants sont des phénomènes observables, alors que « le Juif » est érigé en abstraction insaisissable autrement qu'en tant que menace. C'est pourquoi la démonisation du Juif est maximale ; voir : Pierre Sorlin, *"La Croix" et les Juifs, op. cit.*, 1967, p. 132 ; P. Birnbaum, *Un mythe politique..., op. cit.*, 1988, p. 306.
(47) C. Maurras, *De Démos..., op. cit.*, pp. 59-60. Pour une adaptation contemporaine, par l'un des chefs de file du traditionalisme catholique français, de la théorie maurrassienne, voir : Jean Madiran [directeur du quotidien lepéniste *Présent*], « Les quatre ou cinq Etats confédérés », *Itinéraires*, n° spécial hors série, octobre-novembre 1979, pp. 3-17 ; sur cette mouvance traditio-nationaliste (« nationale-catholique »), voir : P.-A. Taguieff, « Nationalisme et réactions fondamentalistes en France. Mythologies identitaires et ressentiment antimoderne », *Vingtième Siècle. Revue d'histoire*, n° 25, janvier-mars 1990, pp. 49-73.

REVISION

n° 3 15 F. Mai 1989

Aux membres du lobby juif,

Toute reculade n'est pas honteuse, loin de là. Il arrive même qu'elle soit conseillée. L'assassinat de François Duprat, par exemple, a manifestement desservi vos intérêts.
Il est vrai que la France est un pays à part, puisque les révisionnistes de la dernière guerre y sont très forts. Dans leurs rangs, on trouve pêle-mêle des nazebroques, des « intégristes », des ultra-gauchistes et un très grand nombre de gens de toute obédience.
Et puis, demain, l'Europe. Il faudra vous résigner à adopter une nouvelle politique, qui vous permettra de dire : « Voyez, c'est dans le plus grand pays juif d'Europe qu'on trouve le plus de publications antijuives, en vente libre ! Ce qui prouve que nous sommes d'authentiques démocrates. »
D'ici là, vous feriez mieux de laisser tomber ces foutues chambres à gaz, ce terrain sur lequel vous êtes et serez forcément perdants. Vous n'avez qu'à détourner l'attention des gogos. Par exemple, vous pourriez dénoncer les affabulations de *Revision*, qui revendique cette formule : « L'antisémitisme est une création juive »!

Attila Lemage

M 1522 - 3 - 15,00 F
3791522015005 00030

Dans ce numéro :
L'histoire du plouc émissaire,
Le rien sémitique,
Guerre et stratégie,
Le blasphème suprême,
La solution finale,
Les cavaliers de l'Apocalypse maintenant,
Ce qui est grand dans ce qui est petit...

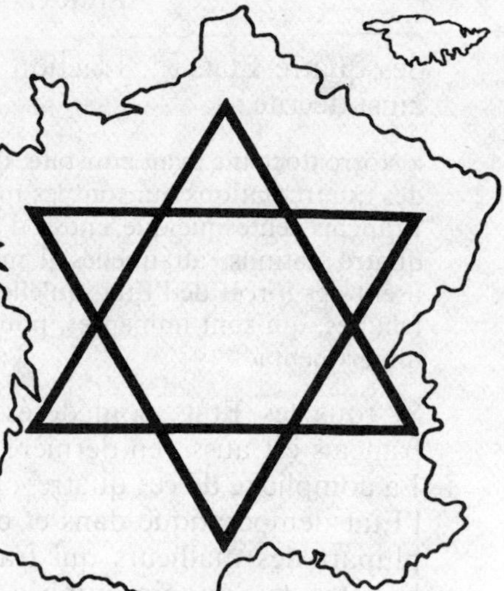

SOMMAIRE

Protocoles des sages de Sion

Le texte des *Protocoles des sages de Sion* que nous allons reproduire intégralement dans la version de Butmi demeure des plus mystérieux. Qui l'a écrit ? Quand et dans quelles conditions ? S'agit-il d'une provocation ? d'un faux antisémite, d'une imposture, d'un plagiat ?

Nombreuses sont les questions qui demeurent en suspens. Toujours est-il que dans de très nombreux pays occidentaux l'impression et la diffusion de ce livre sont totalement libres. D'ailleurs, au terme d'un procès qui dura plus de quatre ans, la cour d'appel de Berne relaxa Silvio Schnell et Theodor Forster le 1er novembre 1937, qui avaient été accusés par des organisations juives d'avoir enfreint la loi suisse réprimant les activités subversives, pour avoir publié les *Protocoles*.

Seulement, la condamnation prononcée en première instance l'avait été par un tribunal cantonal, qui avait commis plusieurs erreurs de procédure, et la cour d'appel fédérale a considéré que l'accusation retenue à l'encontre des éditeurs, celle d'avoir publié de la « Schundliteratur », c'est-à-dire de la littérature de bas étage, était irrecevable en l'état et impropre à motiver une condamnation (voy. la revue italienne *Orion* n° 42, juillet 1988, pp. 410-419).

Cependant, cette littérature « de bas étage » n'en continue pas moins de faire couler beaucoup d'encre et à exciter les passions. En 1988, à Paris, des jeunes juifs, auxquels des révisionnistes parlaient de leur infirmité, s'exclamèrent soudainement : « Tsahal, bombe atomique, BETHAR, Protocoles ! » Ce en quoi ils pouvaient difficilement être plus éloquents.

Ainsi certains juifs paraissent se reconnaître dans le plan des « sages de Sion », tel qu'il a été décrit dans les *Protocoles*.

LES PISTES

L'étude du texte et son histoire sont riches d'enseignement. Par-là, le chercheur est amené à redécouvrir les salons parisiens de la fin du 19e siècle et les discussions de leurs habitués. Aussi est-il incité à reconsidérer certaines questions en s'intéressant aux thèmes débattus à l'époque et aux arguments échangés, tant à propos des rapports tumultueux entre ésotérisme et matérialisme, voire déterminisme, qu'en ce qui concerne les menées politiques de la haute finance ou bien l'histoire des coteries, des sectes, des superstitions, en ce temps où l'arrivisme des hommes prenait des formes les plus variées.

Eh oui, la clé de voûte des *Protocoles* se trouve à Paris, et non pas vraiment en Russie. Son ou ses auteurs étaient manifestement familiers des salons parisiens et des thèmes qui y étaient débattus. On pourrait même donner à connaître nombre de choses à ce sujet de façon beaucoup plus précise et référencée, mais pas maintenant.

D'autant plus que certaines recherches entreprises n'ont pas encore abouti. Ainsi, la deuxième version du *Dialogue aux enfers entre Machiavel et Montesquieu*, par Maurice Joly, qui était sous presse fin 1870, nous demeure malheureusement inconnue. Toujours à propos de Maurice Joly, il semble que les archives de police portant sur sa mort suspecte le 17 juillet 1878, survenue 5 quai Voltaire, aient été détruites pendant la première guerre mondiale. Des exemples de ce type pourraient être multipliés. Simplement, ces deux pistes valaient d'être signalées dans la mesure où il n'est pas impossible que quelque lecteur dispose d'informations sur ces questions, tandis que les pistes en rapport avec la vie à la cour de Russie au début du siècle intéressent plutôt les spécialistes, comme Mme Carrière-Encausse, mais elle se taira, par peur de voir s'effondrer du jour au lendemain son avenir professionnel, qui pourrait être réduit à néant en un clin d'œil.

UNE CREATION LITTERAIRE FAITE DE BRIC ET DE BROC ?

Seuls des ignorants, des non initiés ont pu voir dans les *Protocoles* une littérature de bas étage.

Rien n'y est le fruit du hasard. Tout en étant parfaitement datable, dans un laps de temps inférieur à 10 ans, ce livre n'est fondamentalement pas contredit par les premiers des historiens, ceux de l'antiquité. A commencer par Tacite, qui écrit à propos de la prise de Jérusalem par Titus en 70 (*Annales* V, III) :

« on entendit une voix surhumaine crier : « Les dieux s'en vont ! » Et en même temps il y eut un grand mouvement comme celui d'un départ. Peu de Juifs interprétaient ces prodiges dans le sens de la crainte ; plus nombreux étaient ceux qui avaient l'intime conviction qu'il fallait croire à ce que contenaient les livres antiques de leurs prêtres : il y était dit que précisément en ce temps-là l'Orient prévaudrait et que les gens partis de Judée deviendraient les maîtres du monde. »

Ce n'est là, bien sûr, qu'une illustration de l'antique volonté des juifs de devenir maîtres du monde. Cependant, elle est particulièrement fiable dans la mesure où les historiens modernes n'ont jamais fait que trouver des confirmations, tant archéologiques que philologiques, de la pertinence du propos de ces deux grands historiens antiques que sont Hérodote et Tacite. A lui seul, ce récit de Tacite devrait inciter tout un chacun à ne pas exclure l'hypothèse, qu'aujourd'hui comme hier, les « prêtres » des juifs veuillent dominer le monde, le soumettre à leur hégémonie.

Dans ces conditions, les *Protocoles* ne font jamais qu'envisager ce cas de figure, tout en reprenant des idées qui étaient dans l'air du temps à la fin du 19e siècle. Après tout, la démocratie ne serait-elle pas un masque et un moyen transitoire permettant d'instaurer une forme de despotisme d'origine orientale. C'était là, en tout cas, chose que pressentait le marquis de Custine, dans ses *Lettres de Russie*, dès la première moitié du 19e siècle.

Introduction à la réédition des *Protocoles*, en 1989-1990, par la revue « post-révisionniste » *Revision*, n° 3, mai 1989.

L'EGLISE ET LA REVISION DES *PROTOCOLES*

Etablies à partir du texte français des *Protocoles*, aujourd'hui disparu, nous disposons de deux traductions russes, celles de Nilus et de Butmi. En effet, l'original aurait été rédigé en français, ce que personne ne conteste. Puis, les deux versions russes ont été retraduites en français, mais, là encore, traductions françaises et répartition du texte varient selon les éditions.

La traduction de Roger Lambelin, publiée chez Grasset, a été délaissée. Et ce, comme dirait actuellement le politologue juif Raphaël Draï, parce que cette version est un pur produit du « révisionnisme de l'Eglise ». Ainsi, Lambelin a traduit *goy* par « chrétien ». Or un *goy* est un « non juif », ni chrétien, ni idolâtre.

Depuis longtemps l'Eglise nous a habitués à de pareils quiproquos, qu'on les baptise paraboles ou bien équivoques. Parfois aussi le Vatican passe délibérément sous silence certains éléments de la théologie juive. Telle la fameuse phrase d'*Aboda zara*, qui enjoint aux fidèles juifs : « Le meilleur parmi les *goyim*, tue-le ! » (B26 b), voy. *Textes rabbiniques des deux premiers siècles chrétiens*, édités par le Pontifico Istituto Biblico, Rome, 1955, p. 550.

Sans doute y aurait-il beaucoup à dire sur le philo- et antisémitisme de l'Eglise. Tout comme il y aurait certaines des hypothèses de Raphaël Draï sur le révisionnisme de l'Eglise — qui n'est jamais que « second » mais qui est peut-être plus dangereux encore à ses yeux que le premier —, qui gagneraient à être éclairées par l'histoire des *Protocoles.* D'autant plus que le haut clergé gallican, pris en la personne de Mgr Jouin, a joué un rôle décisif dans la diffusion de ce livre en France...

Mais là n'est pas la question pour nous. Signalons simplement que le texte que nous reproduisons est tiré de la version russe de Butmi, traduite en français. Pour des raisons de place, les différences entre ce texte et celui de Nilus, daté de décembre 1901 et qui serait de quelques années antérieur à celui de Butmi, ne sont pas indiquées. De même les intertitres des alinéas n'ont pas été reproduits.

En revanche, chaque paragraphe est numéroté, de façon à ce que dans les discussions qui suivront la parution de ce texte les références données renvoient le plus facilement possible aux passages évoqués.

Alain Guionnet

3. *Deux Juifs face à l'imaginaire du complot juif : René Groos et Salomon Reinach*

L'imaginaire de la conspiration juive contre les nations constitue le fonds commun du mythe des *Protocoles des Sages de Sion* et de la « théorie des quatre Etats confédérés » de Charles Maurras. La dénonciation de la double face de « l'internationale juive » - finance et révolution - en représente l'argument principal : le discours antijuif moderne oscille entre les deux pôles de l'anti-judéo-capitalisme et de l'anti-judéo-communisme. Mais cette première oscillation (qui peut cesser pour se faire synthèse) interfère avec une seconde, entre vision nationaliste (politique) et vision raciale (biologique) du fondement de l'hostilité visant les Juifs. Ce que nous voudrions suggérer, en tant qu'hypothèse, c'est que la conception essentialiste du Juif, telle qu'elle est présupposée par le texte des *Protocoles*, est susceptible d'une réception nationaliste, par exemple de type maurrassien (le nationalisme intégral impliquant la monarchie), autant que d'une réception raciste (ce sera la lecture faite par Urbain Gohier en France, Giovanni Preziosi en Italie, Alfred Rosenberg en Allemagne, etc.). Mais la dénonciation nationaliste du complot juif international n'en est ni moins violente ni moins délirante. Simplement, elle ne ferme pas définitivement la porte des nations à tous les Juifs, parce que Juifs. Elle propose de distinguer, de discriminer parmi les Juifs : la naissance n'est pas tout, bien qu'elle soit l'essentiel ; il y a encore la volonté, l'effort, le mérite, les épreuves décisives et réussies... Qu'on en juge sur pièces.

Dans un article publié en mai 1922, « Requête aux Juifs bien nés »[48], René Groos, écrivain d'origine juive et militant d'Action française, dénonçait la menace juive planant sur la France après la victoire de 1918 :

« Le 11 novembre 1918, l'Allemagne dut déposer les armes, se déclarer vaincue. Il en avait coûté seize cent mille morts à la France, le sacrifice de son plus beau sang, de sa plus ardente jeunesse. (...) Il n'est pas certain qu'un tel sacrifice ait servi à quelque chose. (...) Qu'on n'y prenne point garde, et les vaincus d'hier, victorieux aujourd'hui, seront les conquérants

(48) R. Groos, in *Le Nouveau Mercure*, Paris, 1er mai 1922, pp. 11-24.

de demain. Les deux internationales de la finance et de la révolution y travaillent avec ardeur, qui sont les faces de l'internationale juive. La démonstration n'est plus à faire. (...) Les criminels se sont démasqués avec trop d'impudence et dans un trop grand nombre de nations à la fois ; l'incendie de la Russie a éclairé le crime de flammes trop hautes et trop lumineuses. Il y a une conspiration juive contre toutes les nations. Et d'abord contre la France, contre le principe d'ordre qu'elle représente dans le monde. Cette conspiration occupe, un peu partout, les avenues du pouvoir. En France, elle règne véritablement. (...) Avais-je tort de parler d'un règne juif ? Pour être moins apparent qu'en Russie ou en Hongrie bolcheviste, il n'en est pas moins réel »[49].

Deux ans plus tard, René Groos fait paraître son *Enquête sur le problème juif* [50], recueil des réponses reçues de nombreuses « personnalités » dont l'avis avait été sollicité par l'auteur ; à la manière de Maurras (voir l'*Enquête sur la monarchie*), René Groos publiait les lettres reçues en les accompagnant de gloses et commentaires. La « lettre omnibus » envoyée à des personnalités diverses (savants, politiques, romanciers, essayistes, poètes, etc.), datée du 22 mai 1922, tout en insistant sur la distinction entre les « Juifs bien nés » et les autres, est centrée sur la dénonciation des « deux faces de l'Internationale juive ». Elle doit être lue comme un mixte de la théorie maurrassienne de l'antisémitisme d'Etat et de la vision conspirationniste diffusée par les *Protocoles*. Est-il besoin de préciser que la notion de « Juifs bien nés », capables de passions nobles et d'idées désintéressées, Juifs pouvant et devant « devenir complètement français », puisqu'ils s'efforcent de « mériter de l'être »[51], cette notion

(49) R. Groos, *art. cit.*, cité par A. Netchvolodow, *L'Empereur Nicolas II et les Juifs. Essais sur la Révolution russe*, tr. fr. I.M. Narischkina, Paris, Etienne Chiron, 1924, pp. 244-245.

(50) R. Groos, *Enquête sur le problème juif*, préface d'Eugène Marsan, Paris, Nouvelle Librairie Nationale, s.d. [1924], 271 p. ; l'auteur réaffirme qu'« il y a une conspiration juive contre toutes les nations » (p. 18) et s'émeut de « la progression de cette conspiration juive universelle » (p. 19).

(51) Voir la présentation ironique faite de la notion (« Juifs bien nés ») par R. Lambelin, dans *L'impérialisme d'Israël*, Paris, Grasset, 1924, pp. 296-297 (Lambelin avait lui-même brièvement répondu à l'*Enquête*.) Le « Juif bien né » René Groos contribuera, dans la presse d'Action française, à judaïser tous les ennemis en « -isme » du nationalisme ; voir par exemple : « Romantisme et judaïsme », *Cours et Conférences d'Action française*, 3e année, nouvelle série, n° 1, juin 1925, pp. 63-120 ; « Origines juives du socialisme », *Cours et Conférences*

est incompatible autant avec une vision antisémite strictement bioraciale du Juif (pour laquelle tous les Juifs, par déterminisme racial, sont « mal nés » !) qu'avec la vision essentialiste de la « solidarité » juive supra-nationale reprise et propagée par les *Protocoles*. C'est précisément parce que, pour R. Groos, il y a Juifs et Juifs que, d'une part, l'antisémitisme politique se justifie, et que, d'autre part, la « solution monarchique » vaut pour « l'élite de Juifs bien nés », patriotes français à part entière. Etrange et significative lettre, où ce Juif nationaliste français et royaliste tente d'expliquer et de légitimer sa difficile position :

« Monsieur,
Après quarante-deux mois de victoire, d'armistice et de paix, il n'est sans doute pas aujourd'hui un esprit un peu informé, un patriote un peu clairvoyant qui puisse envisager l'avenir sans terreur. De palabres en palabres, de concessions en concessions, la France, trahie par ses institutions, marche vers un nouveau sacrifice de ses forces et de son sang. Les deux internationales de l'Or et de la Révolution s'efforcent de l'y entraîner, qui sont les deux faces de l'Internationale juive. Quiconque sent et pense français discerne la conjuration.
Seul, l'Etat ne semble point la voir ; domestiqué par l'Or juif, soumis à l'Idée juive, il est sans force contre elle.
Aussi la "question juive" se pose-t-elle aujourd'hui avec plus d'acuité que jamais. Il est urgent de la résoudre : il s'agit de la vie même de la France. C'est à la solution de ce problème capital que nous nous permettons, Monsieur, de vous convier par la présente enquête.
Cette enquête, il appartenait à un Juif patriote français de l'entreprendre. L'élite de Juifs bien nés que, selon le mot de notre maître Charles Maurras, "la guerre a décidément agrégés au peuple français" ne peuvent, en effet, rester neutre dans l'aventure tragique de cet assaut de leur race contre leur Patrie. Pareille neutralité serait une trahison. Il leur faut prendre parti. Comme en 1914. Pour la France. Né d'une famille juive établie en France depuis quatre générations, Français de cœur et de raison, je ne saurais faillir à ce devoir. Dans une "Requête aux Juifs bien nés", parue dans le numéro de la revue *Le Nouveau Mercure* du 1er mai 1922 que nous avons l'honneur de vous faire tenir par ce même courrier, j'ai tenté de poser, en toute loyauté, les termes du problème. Nous vous demandons seulement

d'Action française, 4e année, nouvelle série, nº 5, juillet 1926, pp. 69-111. Voir aussi la mise au point publiée par R. Groos dans *La Revue fédéraliste*, 106e Cahier, 1928, pp. 108-115 : « La Monarchie et le problème juif ».

de prendre connaissance de cette étude et de vouloir bien nous en dire votre sentiment.

Nous nous permettons d'aiguiller particulièrement votre attention sur les points suivants :

1) L'antisémitisme ne se trouve-t-il pas justifié par le fait même que, la communauté juive restant unie par une mystique commune et formant ainsi une véritable nation dispersée à travers le monde, la fiction légale qui accorda à tous les Juifs *en bloc* la qualité de "citoyens actifs" constitua (comme l'a fort bien montré Bernard Lazare) un privilège à leur avantage ? Ainsi, en effet, les droits des nationaux furent accordés à qui n'en reconnaissait point les devoirs et continuait d'appartenir à une nation étrangère. De là, et aussi du fait que la Révolution émietta la nation française, l'extraordinaire fortune d'Israël depuis l'avènement de la Démocratie. De là le règne de l'Or juif, entraînant celui de la Mystique juive, qui n'est - précisément - que celle de la Démocratie.

2) Pensez-vous que la solution du problème ainsi posé, et plus pressant que jamais en ces jours où se prépare l'assaut final d'Israël contre la France et le principe d'ordre qu'elle représente dans le monde, soit possible sous le régime actuel qu'asservissent l'Or juif et l'Idée juive ? - Pensez-vous qu'elle soit possible en Démocratie - quelle que soit celle-ci - alors que c'est l'Or qui fait les élections ?

3) Sinon - puisque ainsi la démocratie ne saurait mener qu'à la mort de la France, à la mode russe - ralliez-vous la solution monarchique ? La Monarchie, libre de l'Or juif puisqu'elle est le Sang français, libre de l'Idée juive puisqu'elle est l'Idée française, n'est-elle point de salut public ?

4° Le devoir des Juifs bien nés, patriotes, "que la guerre agrégea décidément à la France", n'est-il pas alors de travailler à la Monarchie ? En tout cas, le groupement des Juifs patriotes décidés à servir la France contre les agissements de ceux de leurs congénères qui rêvent son anéantissement ne vous paraît-il pas souhaitable ? Nos correspondants "vieux Français" ne le verraient-ils pas se constituer avec sympathie ? Et nos correspondants juifs ne pensent-ils pas qu'il est de notre devoir strict de nouveaux Français de constituer, sous le signe de nos Morts, cet organe qui nous permettra de servir plus efficacement ?

J'espère, Monsieur, que vous voudrez bien m'honorer d'une réponse, et je vous prie de croire à mes sentiments très distingués »[52].

Par sa verve et son intelligence moqueuse, la lettre adressée par Salomon Reinach à l'« enquêteur » René Groos mérite d'être intégralement citée ; outre le fait qu'elle constitue une rigoureuse analyse

(52) R. Groos, *op. cit.*, 1924, pp. 50-53 (lettre datée du 12 mai 1922).

généalogique de l'antisémitisme moderne en tant que laïcisation polymorphe de l'antijudaïsme chrétien, inscrite dans la perspective d'une critique rationnelle des « préjugés », cette lettre, ferme mise au point, montre l'importance, au début des années vingt, de la réception française des *« Protocoles »*, expressément mentionnés par S. Reinach :

« Monsieur,
La haine du Juif - *antisémitisme* est un mot aussi idiot que la chose, *made in Germany*, à l'usage des semi-lettrés - est fondée sur un préjugé religieux intense et général, fondé lui-même sur la légende évangélique. Comme tout ce qui est religieux à l'origine, ce sentiment tend à se laïciser. Devenant laïc, il doit faire appel à des arguments laïcs. Les Juifs ne sont plus, comme pour Bossuet, des déicides, des négateurs méchamment obstinés de l'application des prophéties juives à la légende chrétienne, mais : 1) des criminels de droit commun (meurtre rituel) ; 2) des traîtres (affaires Esterhazy et Miassoiédoff) ; 3) des accapareurs de richesses (culte du Veau d'Or) ; 4) des conspirateurs révolutionnaires (protocoles de Sion). Ils sont coalisés entre eux par leur haine commune du reste de l'humanité (Peste noire), etc.
Si ces sornettes étaient neuves ! Mais ce sont précisément les accusations que les païens lançaient contre les premiers chrétiens à l'époque où l'antichristianisme se laïcisait (il se laïcisa de bonne heure, parce que les Grecs et les Romains, heureusement pour eux, ont créé le mot *fanatisme*, mais n'ont guère connu la chose). La seule différence, c'est que les Romains n'ont pas accusé les chrétiens d'accaparer la richesse ; mais Tertullien lui-même, qui était du midi, ne s'est-il pas vanté, dès l'an 200, que les chrétiens eussent mis la main sur tout l'Empire, ne laissant aux païens que leurs temples ?
Parler des Juifs comme d'une collectivité consciente, d'une entité physiologique ou psychologique, c'est être dupe des mots ; parler des deux Internationales de la finance et de la révolution (quelle alliance de l'eau et du feu !), de la conspiration juive contre toutes les nations, c'est tenir des propos vides de sens, bons tout au plus pour ceux que Victor Hugo appelait des "niais fougueux". Un marxiste a dit autrefois que l'antisémitisme était le socialisme des imbéciles ; mais tous les imbéciles ne sont pas socialistes ; il y a aussi parmi eux des conservateurs.
Pour être extrêmement répandue, une bêtise n'est pas moins une bêtise ; témoin le préjugé contre treize à table, lui aussi d'origine religieuse, et mal laïcisé. Il y a aussi des bêtises malfaisantes : ce sont surtout celles qu'alimentent l'envie des ratés ou des paresseux, le besoin de trouver un bouc émissaire quand les choses ne vont pas à notre gré, la joie perverse et sadique de dénoncer non seulement Pierre ou Paul, mais tout un groupe

d'hommes qui se différencient des autres par la survivance de formules religieuses, d'ailleurs caduques.
Prenez 75 grammes de bêtise ; joignez 25 grammes de méchanceté ; *misce secundum artem* et servez chaud : voilà la recette du gâteau antijuif. C'est malpropre et ce n'est pas nourrissant.
Entre ce gâteau et la question de Démocratie ou de Monarchie, il n'y a pas le moindre rapport. Le salut de la France est dans l'accroissement de la production utile, spirituelle et matérielle, dans l'économie de ce qui est superflu et malfaisant. Sous cette dernière rubrique se classent les polémiques inspirées par ce qu'Anatole Leroy-Beaulieu appelait si bien les "doctrines de haine". Dans quelque voie constitutionnelle que la France s'engage, elle a besoin, en paix comme en guerre, du concours de tous, du travail de tous ; les luttes civiles sont une dépense de force que lui interdisent le patriotisme et le bon sens »[53]

Cette lettre témoigne ainsi du fait que les *Protocoles*, au début des années vingt, étaient utilisés de façon préférentielle par la propagande anti-bolchevique, comme si « l'Or » ne pouvait être qu'au service de « la Révolution ».

(53) « Lettre de M. Salomon Reinach » [1922], citée in R. Groos, *op. cit.*, 1924, pp. 56-58 (la lettre avait précédemment été publiée dans *Le Nouveau Mercure*, octobre 1922, pp. 46-48). S. Reinach, qui participa activement aux controverses autour des *Protocoles*, fut l'une des bêtes noires des défenseurs du faux ; voir Mgr Jouin, *Le Péril judéo-maçonnique*, t. III, 1921, p. 95 (« les Reinach et les Wolf de tous les pays... »). S. Reinach avait notamment préfacé la *Lettre ouverte aux Cent Noirs de Russie* de J. Isaievitch (Lausanne, Ruedi, 1920).

IV. LA « PSYCHOLOGIE DES FOULES » DES *PROTOCOLES*

A la lecture des *Protocoles*, on est d'emblée frappé par l'importance qui s'y trouve accordée à des considérations sur les foules, sur leurs caractères psychologiques et l'art de les manier. A bien des égards, les *Protocoles* peuvent être lus comme un traité populaire de psychologie des foules, comprenant à la fois une partie théorique (description de « l'âme » des foules, de leurs tendances, etc.) et une partie pratique, relevant de la psychologie collective appliquée. Dans la version de S.A. Nilus, les deux premiers « protocoles » (ou « chapitres ») sont expressément consacrés à l'exposition des principes d'une telle psychologie théorico-pragmatique des foules[1]. Mais la référence à tel ou tel thème de la psychologie des foules revient dans presque tous les « protocoles », notamment à propos de la presse et de l'opinion publique, qu'il s'agit, aux dires des « Sages de Sion », de manipuler avec intelligence. Les questions posées sont du type : « Comment prendre en mains l'opinion publique ? »[2], et les réponses du type : mettre par exemple en place un « système de répression de la pensée », au moyen de « l'enseignement par l'image »[3].

(1) Voir : *« Protocols » des Sages de Sion*, traduits directement du russe et précédés d'une introduction par Roger Lambelin, Paris, Bernard Grasset, 1937, ch. I, pp. 1-14 ; ch. II, pp. 15-18. Nous nous référerons à cette édition par la mention : « Lambelin, 1937 ».

(2) Lambelin, 1937, ch. V, p. 39.

(3) *Op. cit.*, ch. XVI, p. 111 ; Léon Bourgeois y est présenté comme « un de nos meilleurs agents », qui, en France « a déjà proclamé le nouveau programme d'éducation par l'image » *(ibid.).*

Cette psychologie appliquée des foules se présente comme une psychologie politique pratique, elle fournit des réponses à la question souvent posée à la fin du XIXe siècle : comment manipuler les foules par nature irrationnelles et barbares ? S'il faut donc connaître « l'âme » ou « l'esprit » des foules, c'est d'abord pour réaliser de façon efficace un objectif politique, à savoir maîtriser la puissance de désordre incarnée par les foules, déchaînées dans et par la modernité, du fait de leur irruption dans l'espace politique ouvert par la démocratie et ses idéaux, fondés sur le culte du nombre, le principe d'égalité et la règle de majorité. Le postulat fondamental des « psychologies des foules » surgissant à la fin du XIXe siècle en Europe[4] est que « l'avènement des foules »[5] représente un danger de mort pour la civilisation, constitue une menace pour tout ordre social et politique. Gustave Le Bon, en 1895, se demande comment « empêcher » cet « avènement des foules », pour autant que « leur domination représente toujours une phase de désordre »[6]. Il y voit la menace d'un « retour vers ces périodes d'anarchie confuse précédant l'éclosion des sociétés nouvelles »[7]. Car le surgissement des foules est un symptôme de perte d'identité organique, un indice de décomposition d'un corps collectif : l'entrée dans l'âge des foules marque « l'affaiblissement de l'idéal qui soutenait l'âme de la race »[8] ; tandis que, parallèlement, « la race perd de plus en plus ce qui faisait sa cohésion, son unité et sa force »[9], pour devenir « une poussière

(4) Voir surtout : Scipio Sighele, *La Foule criminelle. Essai de psychologie collective* (1891), tr. fr. P. Vigny, Paris, F. Alcan, 1892 ; Gustave Le Bon, *Psychologie des foules*, Paris, F. Alcan, 1895 (nous citerons d'après la 31e édition, datant de 1925). Sur la psychologie des foules dans ses rapports avec la critique de la « démocratie de masse », voir : Robert A. Nye, *The Origins of Crowd Psychology. Gustave Le Bon and the Crisis of Mass Democracy in the Third Republic*, Londres et Beverly Hills (Calif.), Sage Publications, 1975 ; Susanna Barrows, *Miroirs déformants. Réflexions sur la foule en France à la fin du XIXe siècle* (1981), tr. fr. S. Le Foll, Paris, Aubier, 1990 ; Serge Moscovici, *L'âge des foules. Un traité historique de psychologie des masses*, Paris, Fayard, 1981 ; Jaap Van Ginneken, *Crowds, Psychology and Politics 1871-1899*, thèse, Université d'Amsterdam, 1989.
(5) Le Bon, *op. cit.*, 1895, 31e éd., 1925, p. 5.
(6) Le Bon, *ibid.* ; *cf.* S. Sighele, *op. cit.*, 1892, pp. 92 sq.
(7) Le Bon, *op. cit.*, 1925, p. 5.
(8) Le Bon, *op. cit.*, 1925, p. 179 ; *cf.* Le Bon, *Lois psychologiques de l'évolution des peuples* (1894), 15e éd., Paris, Alcan, 1919, p. 191.
(9) Le Bon, *op. cit.*, 1925, p. 179.

d'individus isolés », bref redevenir « ce qu'elle était à son point de départ : une foule »[10]. Etat d'instabilité, qui se nourrit de violences, d'impulsions et d'illusions. Dès lors, la psychologie politique des foules devient une psychopathologie collective, et le psychologue des foules s'érige en « médecin de la civilisation »[11]. C'est pourquoi les premiers traités de psychologie des foules, à l'instar du best-seller de Gustave Le Bon, *Psychologie des foules*, paru en 1895[12], prennent l'allure de manuels destinés aux gouvernants de l'avenir, leur prodiguant conseils et recettes pour contrôler et maîtriser la puissance déchaînée des foules. Par la publication de ces nouveaux manuels d'instruction civique, il s'agit de faire entendre une menace, et de prévenir un danger. L'objectif déclaré est de défendre la civilisation menacée par l'irruption des masses barbares dans l'espace politique ; mais en s'adressant au démagogue intelligent et cynique, au despote éclairé de l'« ère des foules »[13].

L'axiome fondamental de Le Bon sur le caractère involutif ou régressif de l'existence grégaire est ainsi énoncé :

« Par le fait seul qu'il fait partie d'une foule, l'homme descend (...) plusieurs degrés sur l'échelle de la civilisation. Isolé, c'était peut-être un individu cultivé, en foule c'est un instinctif, par conséquent un barbare »[14].

Il en résulte une nouvelle position du problème politique : comment gouverner à l'époque de l'irruption des foules dans l'histoire du monde ? Ou encore : comment dominer les foules, à « l'ère des foules », si celles-ci ont « la spontanéité, la violence, la férocité, et aussi les enthousiasmes et les héroïsmes des êtres primitifs »[15] ? Il s'agit de satisfaire à la fois la pulsion destructrice des foules et leur besoin de dévouement ou de sacrifice. Mais c'est bien entendu la destructivité des foules qui constitue une menace de régression vers la barbarie. Car les foules « n'ont de puissance que pour détruire »[16].

(10) *Ibid.* Sur la « peur des foules » chez Le Bon, voir S. Moscovici, *op. cit.*, 1981, pp. 74 sq.
(11) Cette expression nietzschéenne caractérise bien le projet de Le Bon. *Cf.* R.A. Nye, *op. cit.*, 1975, pp. 64 sq. ; S. Barrows, *op. cit.*, 1990, pp. 149 sq.
(12) Sur l'influence intellectuelle polymorphe du best-seller de Le Bon, voir S. Moscovici, *op. cit.*, 1981, pp. 81 sq.
(13) Le Bon, *op. cit.*, 1925, introduction : « L'ère des foules », pp. 1-9.
(14) Le Bon, *ibid.*, p. 19.
(15) *Ibid.* ; dans le même sens : S. Sighele, 1892, p. 94.
(16) Le Bon, *op. cit.*, 1925, p. 5.

Le Bon énonce en principe que les foules anarchiques ont besoin d'un maître, qui seul peut fonder l'ordre impliqué par toute civilisation :

« Une civilisation implique des règles fixes, une discipline, le passage de l'instinctif au rationnel, la prévoyance de l'avenir, un degré élevé de culture, conditions totalement inaccessibles aux foules, abandonnés à elles-mêmes »[17].

Lisons maintenant un passage du premier des *Protocoles* dans la version de Nilus, dont certaines phrases sont inspirées du *Dialogue aux Enfers entre Machiavel et Montesquieu* de Maurice Joly :

« Il faut tenir compte de la lâcheté, de l'instabilité, de l'inconstance de la foule, de son incapacité à comprendre et à estimer les conditions de sa propre vie et de sa prospérité. Il faut comprendre que la puissance de la foule est aveugle, insensée, ne raisonne pas, écoute à droite et à gauche. Un aveugle ne peut conduire un aveugle sans le conduire au précipice ; de même les membres de la foule, sortis du peuple, - fussent-ils doués d'un esprit génial, - faute de rien comprendre à la politique, ne peuvent prétendre la guider sans perdre toute la nation. Seul, un individu préparé dès l'enfance à l'autocratie peut connaître le langage et la réalité politiques. (...) Un plan, divisé en autant de têtes qu'il y en a dans la foule, perd son unité ; il devient inintelligible et irréalisable. Il n'y a qu'un autocrate qui puisse élaborer des plans vastes et clairs. (...) Sans le despotisme absolu, la civilisation ne peut exister ; elle n'est pas l'œuvre des masses, mais de leur guide, quel qu'il soit. La foule est un barbare qui montre sa barbarie en toute occasion. Aussitôt que la foule prend en mains la liberté, elle la transforme bien vite en anarchie, qui est le plus haut degré de barbarie »[18].

Les « Sages » des *Protocoles* savent donc les secrets éternels du gouvernement efficace : la violence et la terreur[19], alliées à la ruse et à l'hypocrisie[20].

Cependant les « Sages » s'ils décrivent l'irrationalité de l'âme et du comportement de la foule comme Le Bon, n'exposent pas comme celui-ci une théorie de la modernité en tant qu'ère ou âge des foules. De celles-ci, ils ne font que constater la puissance croissante. Mais

(17) *Ibid.*
(18) Lambelin, 1937, ch. I, pp. 7-9 ; pour le rapprochement avec le livre de M. Joly, voir H. Rollin, *op. cit.*, 1939, rééd. 1991, pp. 229-230.
(19) Lambelin, 1937, ch. I, p. 2.
(20) *Ibid.*, p. 5.

ils partagent avec Le Bon une même évidence sur les moyens de « manier » les foules : celles-ci étant irrationnelles, toute action efficace sur elles suppose un bon usage de l'irrationnel, comme nous le verrons.

Il ne s'agit donc pas de proposer un programme de réforme ou d'éducation de « l'âme des foules », car les foules sont inéducables. Mais elles sont éminemment manipulables, par divers moyens relevant de la suggestion et des techniques de persuasion. Si l'on peut agir sur les foules, ce n'est pas pour transformer ces entités barbares en peuples civilisés, c'est pour les illusionner, les conduire là où leur puissance de chaos sera inoffensive ou inopérante, canaliser leurs pulsions irrationnelles ou les satisfaire par des leurres ; bref, les séduire. Dans son livre de 1895, théorique et pratique, Le Bon se propose, en conseillant le nouveau Prince de l'ère des foules, de sauver la civilisation moderne. Il pose le problème sous la forme d'une alternative tragique :

« Les foules sont un peu comme le sphinx de la fable antique : il faut savoir résoudre les problèmes que leur psychologie nous pose, ou se résigner à être dévoré par elles »[21].

Quant au mini-manuel de psychologie politique contenu par les *Protocoles*, il décrit les conditions d'instauration de la monarchie juive universelle : l'évidence supposée par les « Sages de Sion » (ou leur porte-parole qui dit « je » dans le texte des *Protocoles*), c'est qu'il faut connaître l'âme des foules pour agir sur elles, pour exploiter leurs pulsions et leur suggestibilité au profit du futur « roi-despote du sang de Sion »[22]. Mais, dans l'esprit prêté aux « Sages de Sion », établir le règne universel du roi des Juifs n'est rien d'autre que faire advenir la vraie civilisation, instaurer la civilisation supérieure, même si cette dernière doit être incarnée dans une minorité d'élite, et symbolisée par la personnalité du « souverain universel ». Le vingt-quatrième et dernier « protocole » de Nilus est sur ce point fort clair :

« Nous dirigerons la pensée de toute l'humanité. (...) Le roi des Juifs ne doit pas être sous l'empire de ses passions (...) : il ne doit donner par aucun

(21) Le Bon, *op. cit.*, 1925, p. 84.
(22) Lambelin, ch. III, p. 27.

côté de son caractère prise à ses instincts animaux sur son intelligence. (...) Le pilier de l'humanité en la personne du souverain universel de la sainte semence de David doit sacrifier à son peuple tous ses goûts personnels. Notre souverain doit être d'une irréprochabilité exemplaire »[23].

Avant de montrer, avec plus de détails, la similitude des thèmes et l'analogie des argumentations entre la théorie des foules dans les *Protocoles* et la *Psychologie des foules* de Gustave Le Bon, - prise comme texte-témoin paradigmatique de la littérature semi-savante sur la question, - nous voudrions problématiser un tel rapprochement en posant deux hypothèses distinctes (mais non logiquement exclusives l'une de l'autre) : une hypothèse « faible » et une hypothèse « forte ». L'hypothèse interprétative la plus prudente que ces ressemblances textuelles peuvent faire surgir, consiste à considérer la *Psychologie des foules* et les *Protocoles*, textes rédigés dans la même courte période (de 1894 à 1898), comme deux synthèses « populaires » d'évidences et de maximes tirées, d'une part, de la Sagesse des Nations plus ou moins adaptée à la conjoncture « fin de siècle », et, d'autre part, de la vision désenchantée du pouvoir politique (comment y parvenir ? Comment le conserver ?, etc.) qui, à la fin du XIXe siècle, donne lieu à de multiples tentatives de théorisation (de Taine et Le Bon à Pareto et Weber). Ces théorisations ont toutes en commun une position « cynique » du problème politique, fondée sur une anthropologie pessimiste (« les hommes sont par nature méchants ») alimentée par la nouvelle grande peur de l'irruption des foules irrationnelles[24]. Bref, la communauté d'inspiration entre les deux textes, que paraissent notamment manifester nombre de ressemblances lexicales et rhétoriques, serait à mettre au compte de « l'esprit du temps »[25].

(23) Lambelin, ch. XXIV (et dernier), pp. 150, 153.

(24) Voir : S. Moscovici, « La psychologie des foules à l'origine du fascisme », in Maurice Olender (éd.), *Pour Léon Poliakov. Le racisme, mythes et sciences*, Bruxelles, Editions Complexe, 1981, pp. 277-288 ; Albert O. Hirschman, *Deux siècles de rhétorique réactionnaire* (1991), tr. fr. P. Andler, Paris, Fayard, 1991, pp. 45 sq., 88 sq.

(25) Les versions françaises des *Protocoles* ayant été retraduites du russe ou de l'anglais en 1920, les passages concernant la manipulation des foules ont bien évidemment pu être traduits par recours au lexique et aux formules de la vulgate issue du best-seller de Le Bon. Cette considération n'exclut ni l'hypothèse forte ni l'hypothèse faible.

Mais il n'est pas dénué de sens de faire une hypothèse forte sur la présence de ces similitudes observables, à savoir l'hypothèse que les rédacteurs des *Protocoles*, autour de 1897-1898, résidant et travaillant à Paris, connaissaient le plus célèbre ouvrage de Gustave Le Bon, la *Psychologie des foules*, qui venait de paraître (en 1895), et qu'ils se sont efforcés d'en tirer parti. Car l'une des préoccupations majeures des « Sages de Sion » concerne l'art de manipuler les foules, notamment en vue de les pousser à la révolution violente. Dans le plan des « Sages », les révolutions en chaîne s'imposent en tant que moyens de détruire tous les obstacles auxquels pourrait se heurter leur entreprise de domination du monde. Le premier « protocole » de S.A. Nilus l'énonce clairement, et décrit la conception instrumentale des idéaux révolutionnaires ou des « immortels principes », que la stratégie des « Sages de Sion » implique, en insistant sur la puissance mobilisatrice de certains mots aptes à faire surgir des images dotées d'un pouvoir dynamisant :

« Dans le monde, les mots Liberté, Egalité, Fraternité mirent dans nos rangs, par l'entremise de nos agents aveugles ["inconscients", traduit Mgr Jouin], des légions entières d'hommes qui portèrent avec enthousiasme nos étendards. Et cependant, ces mots étaient des vers qui rongeaient la prospérité de tous les non-juifs, en détruisant partout la paix, la tranquillité, la solidarité, en sapant tous les fondements de leurs Etats. Vous verrez par la suite que cela servit à notre triomphe ; cela nous donna, entre autres, la possibilité d'obtenir l'atout le plus important, autrement dit, d'abolir les privilèges, l'essence même de l'aristocratie des chrétiens, et l'unique moyen de défense qu'aient contre nous les peuples et les nations. Sur les ruines de l'aristocratie naturelle et héréditaire, nous avons élevé notre aristocratie de l'intelligence et de la finance. Nous avons pris pour critérium de cette nouvelle aristocratie la richesse, qui dépend de nous, et la science qui est dirigée par nos sages »[26].

L'aristocratie issue de « Sion » est conçue comme éclairée, ce qui la distingue de la foule. Or, le postulat fondamental de la psychologie de Le Bon est que les foules sont particulièrement sensibles à la suggestion, et partant, d'une grande crédulité[27]. Les foules « ne pouvant penser que par images »[28], c'est par des images qu'il faut les terrifier ou

(26) Lambelin, ch. I, pp. 12-13.
(27) Le Bon, *op. cit.*, 1925, pp. 26 sq.
(28) *Ibid.*, p. 52.

les séduire pour les inciter à l'action. Le Bon résume ainsi ce qu'il nomme les « caractéristiques générales des foules » : « Simplisme des idées, irritabilité, suggestibilité, exagération des sentiments, influence prépondérante des meneurs »[29].

Les techniques de persuasion adaptées à l'esprit des foules, techniques constituant la rhétorique grégaire, se fondent ainsi sur l'axiome que les foules sont éminemment sensibles aux suggestions « présentées sous formes d'images »[30]. Or, ces images peuvent être évoquées notamment, mais Le Bon y insiste, « par l'emploi judicieux des mots et des formules »[31] :

« Maniés avec art, ils possèdent vraiment la puissance mystérieuse que leur attribuaient jadis les adeptes de la magie. Ils provoquent dans l'âme des multitudes les plus formidables tempêtes, et savent aussi les calmer »[32].

Pour agir directement sur les croyances et les opinions des foules, il faut et il suffit de bien choisir les mots évoquant avec le plus de force les images qui les frappent. Le Bon se fait ici conseiller du nouveau Prince de l'ère des foules, tout en paraissant ne faire que décrire la magie exercée par certains « grands » mots conceptuellement indéterminés. Le postulat rhétorique de la psychologie des foules est ainsi énonçable : la force d'un mot varie généralement en raison inverse de sa précision conceptuelle. La magie verbale n'exerce ses effets qu'à la condition de rompre avec l'argumentation rationnelle :

« La puissance des mots est liée aux images qu'ils évoquent et tout à fait indépendante de leur signification réelle. Ceux dont le sens est le plus mal défini possèdent parfois le plus d'action. Tels par exemple, les termes : démocratie, socialisme, égalité, liberté, etc., dont le sens est si vague que de gros volumes ne suffisent pas à le préciser. Et pourtant une puissance vraiment magique s'attache à leurs brèves syllabes, comme si elles contenaient la solution de tous les problèmes. Ils synthétisent des aspirations inconscientes variées et l'espoir de leur réalisation. La raison et les arguments ne sauraient lutter contre certains mots et certaines formules. On les prononce avec recueillement devant les foules ; et, tout aussitôt,

(29) *Ibid.*, p. 162.
(30) *Ibid.*, p. 84.
(31) *Ibid.*
(32) *Ibid.* ; voir aussi Le Bon, *op. cit.*, 1894, 15e éd., 1919, introduction, pp. 15 sq. (l'exemple des « idées égalitaires modernes »).

les visages deviennent respectueux et les fronts s'inclinent. Beaucoup les considèrent comme des forces de la nature, des puissances surnaturelles. Ils évoquent dans les âmes des images grandioses et vagues, mais le vague même qui les estompe augmente leur mystérieuse puissance »[33].

Telle est donc la règle : tous les mots vagues ne sont pas magiques, mais tous les mots magiques sont des mots vagues.
Le pouvoir rhétorique des hommes de pouvoir, à l'âge des foules, peut ainsi être techniquement ou opératoirement défini, en tant que pouvoir de nomination tactico-stratégique consistant à débaptiser et rebaptiser les choses en fonction des variations de la force attractive ou répulsive de certains mots :

« Quand les foules, à la suite de bouleversements politiques, de changements de croyances, finissent par professer une antipathie profonde pour les images évoquées par certains mots, le premier devoir du véritable homme d'Etat est de changer ces mots sans, bien entendu, toucher aux choses en elles-mêmes. (...) Une des fonctions les plus essentielles des hommes d'Etat consiste donc à baptiser de mots populaires, ou au moins neutres, les choses détestées des foules sous leurs anciens noms. La puissance des mots est si grande qu'il suffit de termes bien choisis pour faire accepter les choses les plus odieuses. Taine remarque justement que c'est en invoquant la liberté et la fraternité, mots très populaires alors, que les Jacobins ont pu "installer un despotisme digne du Dahomey, un tribunal pareil à celui de l'Inquisition, des hécatombes humaines semblables à celles de l'ancien Mexique". L'art des gouvernants, comme celui des avocats, consiste principalement à savoir manier les mots »[34].

Les techniques de manipulation des foules décrites par les *Protocoles* accordent également le premier rôle à la capacité des « Sages » d'exploiter l'illusion de la perception grégaire consistant à prendre les mots-images pour les choses mêmes :

« De tout temps les peuples, de même que les simples individus, ont pris les paroles pour des faits, car ils se contentent de *l'apparence des choses*, et se donnent rarement la peine d'observer si l'accomplissement a suivi les promesses qui touchent à la vie sociale. C'est pourquoi nos institutions auront une belle façade, qui démontrera éloquemment leurs bienfaits en ce qui concerne le progrès »[35].

(33) Le Bon, *op. cit.*, 1925, pp. 84-85.
(34) *Ibid.*, p. 88.
(35) Lambelin, ch. V, p. 39.

La théorie de l'action sur les foules exclut expressément, à suivre un passage du premier « protocole » partiellement inspiré par le *Dialogue* de M. Joly, tout recours à l'argumentation rationnelle :

« Un esprit bien fait peut-il espérer mener avec succès les foules par des exhortations sensées ou par la persuasion, quand la voie est ouverte à la contradiction, même déraisonnable, pourvu qu'elle paraisse séduisante au peuple qui comprend tout superficiellement ? Les hommes, qu'ils soient de la plèbe ou non, sont guidés exclusivement par leurs petites passions, par leurs superstitions, par leurs usages, par leurs traditions et leurs théories sentimentales »[36].

Tout se passe comme si les rédacteurs des *Protocoles* avaient attribué à leurs « Sages » fictifs les théories de Le Bon. Un autre constat fait par ce dernier est partiellement partagé par le personnage disant « je » et « nous » dans les *Protocoles* : depuis la fin du XIXe siècle, « le droit divin des foules remplace le droit divin des rois »[37]. Mais, nous l'avons déjà noté, les « Sages » n'ont pas de théorie générale de la modernité politique (la démocratie comme l'âge de la puissance du nombre) : le rédacteur des *Protocoles* attribue plutôt à ses « Sages » une version simplifiée de la théorie classique de la démagogie comme art de « manier » les foules. C'est en ce sens que le « droit divin des foules » apparaît comme une opération stratégique réussie par les « Sages », seuls véritables titulaires et bénéficiaires du droit divin de dominer et de gouverner. Plus précisément, il s'agit pour les « Sages de Sion » de nourrir de nouveaux dieux fictifs les foules apparemment souveraines, afin de se rendre maîtres de celles-ci. C'est d'abord le rôle des idéologies politiques modernes, dérivées de la science ou de la philosophie, ainsi que l'expose le second « protocole » :

« Remarquez les succès que nous avons su créer au Darwinisme, au Marxisme, au Nietzchéisme. Pour nous au moins, l'influence délétère de ces tendances doit être évidente »[38].

(36) *Ibid.*, ch. I, pp. 4-5 ; pour le rapprochement avec le *Dialogue* de M. Joly, *cf.* H. Rollin, *op. cit.*, 1991, p. 229. Comparer avec Le Bon, *Psychologie du socialisme*, Paris, Alcan, 1898, préface, p. V, et p. 475.
(37) Le Bon, *op. cit.*, 1925, p. 4.
(38) Lambelin, 1937, ch. II, p. 17 ; H. Rollin émet l'hypothèse vraisemblable que ce passage est inspiré de certains écrits d'Elie de Cyon (*op. cit.*, 1991, p. 413 ; contre le darwinisme, *cf.* E. de Cyon, *Dieu et Science. Essais de psychologie des sciences*, Paris, Alcan, 1910, pp. 269 sq.).

C'est ensuite le rôle des maîtres mots idéologiques : Liberté, Egalité, Fraternité, Justice, Démocratie, etc.[39]. Le second « protocole » affirme :

« Il nous est nécessaire de compter avec les idées, les caractères, les tendances modernes des peuples pour ne pas commettre d'erreurs en politique et dans l'administration des affaires »[40].

Dès lors, « l'avènement des foules », dont Le Bon redoutait tant les conséquences décivilisatrices, ne serait qu'apparent. Leur visibilité au premier plan de l'histoire masquerait l'action manipulatrice des puissances occultes, opérant à l'arrière-plan de l'histoire, et le désordre réel qu'entraîne leur irruption dans l'histoire ne serait que l'annonce de l'instauration d'un nouvel ordre politique mondial, gouverné par « le roi des Juifs » [41].

La psychologie des foules de Le Bon, dans cette perspective, ne vaudrait qu'en tant que description correcte de l'histoire visible, empiriquement observable, et partant superficielle, l'histoire des historiens positivistes modernes, alors qu'au regard décrypteur des « Sages », l'histoire invisible et secrète constitue la véritable histoire. Le pessimisme du conservateur Le Bon dériverait précisément de sa trop courte vue, de sa croyance naïve qu'avec la démocratie triomphante ce sont réellement les foules qui prennent le pouvoir. D'où le faux problème posé par Le Bon : comment maîtriser la puissance des foules ? Car les foules sont déjà maîtrisées, gouvernées en secret, manipulées avec cynisme et habileté. Les « Sages », quant à eux, gardent l'optimisme supérieur des cyniques qui voient de haut, et ont la faculté de plonger leur regard cryptanalytique dans les coulisses ou les arrière-fonds. Mais s'ils ont ce regard archéologique, c'est parce qu'ils sont eux-mêmes les habitants des souterrains de l'histoire, dont ils tirent les ficelles. La vraie psychologie des profondeurs appartient à la seule « sagesse » réservée des « Sages »... Aussi les « Sages de Sion » doivent-ils nécessairement être à la tête d'une armée secrète de « meneurs » apparents (car eux-mêmes « menés »), de démagogues de diverses obédiences aptes à canaliser

(39) Lambelin, ch. I, pp. 11-13 ; ch. III, pp. 28-29 ; Le Bon, *op. cit.*, 1925, pp. 49-50, 85 sq., etc.
(40) Lambelin, ch. II, p. 17.
(41) *Ibid.*, ch. XXIII et ch. XXIV.

le désir d'action des foules, c'est-à-dire leur désir de destruction. Le Bon, étudiant le fonctionnement des assemblées parlementaires, décerne quant à lui aux meneurs des foules le titre de « vrais souverains des assemblées »[42]. Car, évidence première bien partagée, « les hommes en foule ne sauraient se passer de maître »[43]. La mystérieuse qualité qui fait le « maître », c'est le prestige : « Le meneur doué d'un prestige suffisant possède un pouvoir presque absolu »[44]. Un meneur ainsi qualifié doit en outre « connaître surtout la fascinante influence des mots, des formules et des images »[45]. C'est par là qu'il devient le pourvoyeur d'illusions dont les foules ne peuvent se passer. C'est pourquoi l'art de mener (« manier ») les foules revient d'abord à répondre de façon efficace à leur besoin d'illusions :

> « Depuis l'aurore des civilisations, les peuples ont toujours subi l'influence des illusions. C'est aux créateurs d'illusions qu'ils ont élevé le plus de temples, de statues et d'autels. (...) Avec tous ses progrès, la philosophie n'a pu encore offrir aux peuples aucun idéal capable de les charmer. Les illusions leur étant indispensables, ils se dirigent d'instinct, comme l'insecte allant à la lumière, vers les rhéteurs qui leur en présentent. Le grand facteur de l'évolution des peuples n'a jamais été la vérité, mais l'erreur. Et si le socialisme voit croître aujourd'hui sa puissance, c'est qu'il constitue la seule illusion vivante encore. (..) Les foules n'ont jamais eu soif de vérités. Devant les évidences qui leur déplaisent, elles se détournent, préférant déifier l'erreur, si l'erreur les séduit. Qui sait les illusionner est aisément leur maître ; qui tente de les désillusionner est toujours leur victime »[46].

C'est donc, pour le demi-sage Le Bon comme pour les « Sages », par un usage systématique et cynique des chimères que l'on peut agir sur « l'âme des foules », l'impressionner et la guider comme un aveugle. Mais Le Bon ne pose pas la question conspirationniste par excellence : qui manipule les meneurs ? Il s'en tient à la question positiviste : comment opèrent-ils ? Les moyens d'action des meneurs peuvent se réduire, à suivre Le Bon, aux « trois procédés suivants :

(42) Le Bon, *op. cit.*, 1925, p. 164.
(43) *Ibid.*
(44) *Ibid.*, p. 165.
(45) *Ibid.*, p. 166.
(46) *Ibid.*, pp. 90-91 (nous avons corrigé, dans la deuxième phrase citée : « ils » à la place de « elles »).

l'affirmation, la répétition, la contagion »[47]. Encore faut-il préciser : « l'affirmation pure et simple, dégagée de tout raisonnement et de preuve », et la répétition constante, dans les mêmes termes, de l'affirmation.

Les « Sages » des *Protocoles* paraissent savoir, comme Le Bon citant Napoléon, qu'il « n'existe qu'une seule figure sérieuse de rhétorique, la répétition »[48] :

« C'est nous, qui les premiers, dans ce qui est [*sic*] encore l'Antiquité, avons jeté au peuple les mots "Liberté, Egalité, Fraternité" : paroles répétées tant de fois dans la suite par des perroquets inconscients, qui, attirés de toutes parts par cet appât, n'en ont usé que pour détruire la prospérité du monde, la véritable liberté individuelle, autrefois si bien garantie de la contrainte de la foule. Des hommes qui se croyaient intelligents n'ont pas su démêler le sens caché de ces mots, n'ont pas vu qu'ils se contredisaient, n'ont pas vu qu'il n'y a pas d'égalité dans la nature, qu'il ne peut y avoir de liberté, que la nature elle-même a établi l'inégalité des esprits, des caractères et des intelligences, si fortement soumis à ses lois ; ces hommes n'ont pas compris que la foule est une force aveugle ; que les parvenus qu'elle élit pour la gouverner, ne sont pas moins aveugles en politique qu'elle même... »[49]

Une condition supplémentaire de l'efficacité symbolique est définie par la théorie plus élaborée de Le Bon : la construction d'une image ou d'une vision cohérente, d'une façade logique et partant acceptable[50]. Car une croyance générale qui n'est qu'une fiction, ne pouvant « subsister qu'à la condition d'échapper à l'examen »[51], ne peut guère se soustraire à la discutabilité qu'en étant protégée par une telle ceinture de sécurité : l'apparence logique.

Les foules sont ainsi, à suivre Le Bon comme les « Sages de Sion »,

(47) *Ibid.*, p. 103 ; voir Le Bon, *Psychologie du socialisme, op. cit.*, 1898, p. 476 : « L'affirmation, la répétition, la contagion et le prestige ».
(48) Le Bon, *op. cit.*, 1925, p. 104.
(49) Lambelin, 1937, ch. I, pp. 11-12.
(50) *Cf.* S. Moscovici, *op. cit.*, 1981, p. 199 (sur l'apparence d'un enchaînement logique) ; sur la séduction exercée sur les masses par la cohérence apparente, voir Hannah Arendt, *The Origins of Totalitarianism* (1951), IIIe partie, tr. fr. J.-L. Bourget, R. Davreu et P. Lévy, Paris, Le Seuil, 1972, p. 78.
(51) Le Bon, *op. cit.*, 1925, p. 121. En 1894, Le Bon écrivait : « L'âge de la décadence pour les dieux, les institutions et les dogmes a toujours commencé le jour où ils ont supporté la discussion » (*op. cit.*, p. 156).

à la foi « peu aptes au raisonnement » et « très aptes à l'action »[52]. Il s'ensuit qu'elles n'obéissent qu'à des motifs irrationnels, dérivés de leur « nature impulsive »[53]. Dès lors, ceux qui prétendent les gouverner doivent nécessairement utiliser les techniques permettant seules de les diriger, parce qu'adaptées à leurs caractéristiques psychologiques. Cette logique pragmatique de l'irrationnel en politique reste néanmoins conforme à la maxime expérimentaliste de Francis Bacon : « on ne commande à la nature qu'en lui obéissant ». Les « Sages » des *Protocoles*, psychologues des foules et stratèges

(52) Le Bon, *op. cit.*, 1925, p. 4.

(53) *Ibid.*, p. 7. Il a été établi qu'Adolf Hitler a lu la traduction allemande de la *Psychologie des foules* (trad. R. Eisler, *Psychologie der Massen*, 2e éd, 1912), et s'en est inspiré pour définir sa conception de la propagande, au point de paraphraser le texte de Le Bon dans *Mein Kampf* (I, ch. VI, et II, ch. XI ; pour les passages correspondants, voir : tr. fr. J. Godefroy-Demombynes et A. Calmettes, Paris, Nouvelles Editions Latines, 1934, pp. 180-181). Sur l'influence de Le Bon, voir : Alfred Stein, « Adolf Hitler und Gustave Le Bon », *Geschichte in Wissenschaft und Unterricht*, 6 (1955), pp. 362-368 ; Werner Maser, *Mein Kampf d'Adolf Hitler* (1966), tr. fr. A. Vandevoorde, Paris, Plon, 1968, pp. 102 sq. ; R.A. Nye, *op. cit.*, 1975, p. 179 ; S. Moscovici, *op. cit.*, 1981, pp. 93-95, 143-144. En dépit du caractère douteux du document, on peut se reporter au « témoignage » de Hermann Rauschning, *Hitler m'a dit* (1re éd. all., 1939 ; nouvelle édition [française] revue et complétée, Paris, L.G.F., 1979, coll. « Pluriel »), ch. XIV, § 2 : « Le secret de la domination des masses » (*op. cit.*, pp. 281-287), où l'on retrouve les formules de Le Bon, démarquées à la manière de *Mein Kampf*. Disciple et vulgarisateur de Le Bon (W. Maser, 1968, p. 103), Hitler a pu être considéré comme un élève appliqué des « Sages de Sion » ; voir notamment : Alexander Stein, *Adolf Hitler, Schüler der « Weisen von Zion »*, Karlsbad, 1936 ; Ruben Blank, *Adolf Hitler, ses aspirations, sa politique, sa propagande et les « Protocoles des Sages de Sion »*, Paris, 1938 ; Hannah Arendt, *The Origins of Totalitarianism* (1951), IIIe partie, tr. fr. 1972, pp. 85-86 ; W. Maser, 1968, pp. 245 sq. On trouve un écho de cette hypothèse interprétative dans *Hitler m'a dit* (ch. XV, § 3, *op. cit.*, 1979, pp. 317 sq.) : « Quand j'ai lu, il y a longtemps, les *Protocoles des Sages de Sion*, j'en ai été bouleversé. (...) J'ai compris tout de suite qu'il fallait faire comme eux, à notre façon bien entendu. (...) Ils [les *Protocoles*] m'ont guidé jusqu'au moindre détail. J'ai appris énormément de choses dans ces *Protocoles*. J'ai toujours appris beaucoup de mes adversaires » (pp. 317-318). A la question « Mais qu'avez-vous donc pris dans les *Protocoles des Sages de Sion* ? », Hitler aurait répondu : « L'intrigue politique, la technique, la conspiration, la désagrégation révolutionnaire, l'art de déguiser, de tromper, l'organisation. Est-ce que ce n'est pas assez ? » (p. 321). L'aveu paraît ici trop beau (pour la propagande antifasciste de l'époque) pour ne pas avoir été, pour le moins, « arrangé » par H. Rauschning...

Qui VEUT la GUERRE ?

LE JUIF !

Voici des preuves :

Les Juifs ont été à la base de la guerre de 1914-1918.

Un million sept cent mille Français sont tombés au Champ d'honneur pour assurer la domination d'Israël sur le Monde.

C'est le Juif Hardon qui l'a déclaré :

NOUS AVONS VOULU LA GUERRE, NOUS, LES JUIFS.

Son congénère le juif Marcus Elie Ravage a proclamé en Janvier 1928 dans un article du « Century Magazine » :

Nous avons été au fond, non seulement de la dernière Grande Guerre, mais de presque toutes les guerres de l'histoire et de toutes les révolutions majeures.

Cette guerre de 1914-1918 était prévue depuis longtemps déjà par les Protocoles des Sages de Sion qu'on en juge :

Quand viendra le moment de notre règne universel, tous les moyens nous permettront de balayer tout ce qui pourrait nous faire obstacle. (Chapître 3)

A l'heure présente, des pays d'Europe ont fermé les loges maçonniques et mâtés les Juifs, en leur faisant rendre gorge (Allemagne, Italie, Hongrie, Espagne Nationaliste, Pologne, Roumanie Japon, Turquie) d'autres Pays s'apprêtent à se libérer de l'emprise d'Israël.

Les Juifs ont lancé le signal de détresse et veulent mobiliser les grandes démocraties pour assurer leur défense (France, Angleterre, Etats-Unis, Tchécoslovaquie)

Nous devons être à même de détruire toute opposition, en faisant déclarer par ses voisins la guerre au pays qui ose se dresser contre nous. Si cependant ces voisins s'allient contre nous, nous répondrons par une guerre universelle. (Protocoles Chapître 7)

D'ailleurs, cette guerre universelle est prévue;

La Juiverie internationale a forcé l'Europe à faire cette guerre (1914) *non pas pour amasser de grosses sommes d'argent, mais aussi pour pouvoir recommencer une nouvelle guerre mondiale juive, au moyen de cet argent.* (Jevish World du 19 Janvier 1919)

Savez-vous qu'aucune guerre ne peut-être conduite sans l'assistance financière des Juifs (Dr Samuel Malamed)

Les Juifs savent que leur omnipotence sur le monde est à son terme et ce cri d'alarme des Rabbins de New-York nous donne la clé de l'énigme:

Le nationalisme est un danger pour le peuple Juif. Les Juifs ne peuvent demeurer dans les Etats forts ou s'est développée une haute culture nationale. (The Sentinel du 24 Septembre 1936).

Ceci explique la campagne de haine déclenchée contre l'Allemagne, l'Italie et l'Espagne Nationaliste.

Ce tract, distribué à la fin de 1938 et en 1939 par le Rassemblement antijuif de France, dirigé par Darquier de Pellepoix, est une illustration de la dénonciation de la « guerre juive » avec référence aux *Protocoles* (verso au dos).

Ecoutez le Juif Pierre Créange dans « Epîtres aux Juifs » » fulminer contre nos voisins :

Notre Action (contre l'Allemagne) *doit aller jusqu'aux confins du possible et toutes nos forces doivent s'y donner.*

Israël est attaqué, défendons Israël.

A l'Allemagne réveillée, opposons Israël ressuscité.

Et le monde nous défendra.

Les Juifs ont donc déclaré la guerre aux Etats qui ont démasqué leur malfaisance :

Pas de pitié pour nos ennemis ! Il faut leur ôter leurs chefs. Il faut la haine entre les classes et le reste de la population. (Proclamation de l'Union Internationale Juive de l'U.R.S.).

Les Juifs préparent donc une conflagration mondiale pour abattre leurs ennemis. Les hommes de confiance de la Juiverie sont déjà en place... et les Juifs chantent déjà la victoire.

Lisez et méditez attentivement cette citation extraite de The American Hebrew de Juin 1938 :

« Il peut donc arriver que ces trois fils d'Israël (Leslie Hore Belisha, Léon Blum et Maxime Litvinoff) ces trois représentants de la race, créeront la combinaison qui enverra le frénétique dictateur Nazi qui est devenu le plus grand ennemi des Juifs de nos jours, dans cet enfer auquel il a condamné tant des nôtres.

Il est presque certain que ces trois nations (France, Angleterre et Soviets) liées par de nombreux contrats et dans un état d'alliance virtuel, sinon déclaré, resteront unies pour empêcher la marche ultérieure d'Hitler vers l'Orient. L'ordre qui enverra le premier Nazi au pas de parade franchir la frontière Tchèque, sera l'étincelle qui plongera l'Europe, encore une fois, dans le néant.

Et quand la fumée des batailles sera dissipée, que les trompettes se seront tues et que les balles auront cessé de siffler, alors on peut se représenter le tableau qui montrera la descente, pas trop douce, dans un trou de la terre, de celui qui voulait jouer le rôle de Dieu, de Christ à croix gammée, tandis que les trois non-aryens (Blum, Belisha et Litvinoff entonneront en chœur un requiem, qui rappellera d'une façon surprenante à la fois « La Marseillaise », « God Save The King » et « L'Internationale » et qui se terminera par l'éblouissant chant final guerrier, fier et belliqueux : Elie ! Elie !

Ce texte concorde avec la proclamation du Juif Kubowitski, Président des associations juives de Belgique qui a déclaré :

C'est parce que vous ne voulez pas vous battre pour les Juifs que vous aurez cette guerre. Ne pensez pas que vous vous sauverez en nous laissant tomber.

FRANÇAIS :

C'EST CLAIR, LES JUIFS VEULENT VOUS METTRE LE SAC AU DOS POUR QUE VOUS DEFENDIEZ LEUR CAUSE.

On trouve ce tract :

au **Centre de Documentation et de Propagande**

10, Rue d'Argenteuil - PARIS Ier

Prix par quantité :

les 10 : 1 fr. 25 ; les 50 : 5 fr. 50 ; les 100 : 10 fr.

les 500 : 45 fr. ; les 1.000 : 90 fr. — Port 15 °/. en plus

éclairés, exposent le même type de recommandations, à un écart près : la puissance occulte des « Sages de Sion », finalisée par la seule domination totale du monde, remplace la puissance tactico-stratégique des « meneurs des foules » étudiés et implicitement conseillés par Le Bon[54], « meneurs » dont l'action manipulatrice est justifiée par le plus noble objectif, sauver la civilisation de la régression vers la barbarie. Chez Le Bon, les meneurs peuvent être des sauveurs ; pour les « Sages », les meneurs sont des manipulateurs manipulés par les véritables « maîtres du monde », eux-mêmes.

Le stéréotype traditionnel du Juif fourbe, menteur et manipulateur est ainsi susceptible d'être adapté au contexte de la société démocratique moderne, conçue comme l'incarnation du règne de l'opinion publique. L'axiome attribué aux manipulateurs sera dès lors : celui qui maîtrise l'opinion, maîtrise la société politique moderne. C'est pourquoi le thème de l'inféodation de la presse (et de l'édition) à la haute finance juive (ou judéo-maçonnique) est présent dans toutes les variantes de la littérature du complot centrée sur la dénonciation de la puissance juive (ou judéo-ploutocratique). Les propagateurs et glossateurs des *Protocoles*, dans les années 1920, n'auront guère qu'à recopier ou paraphraser ces « révélations » accusatoires diffusées dans le dernier tiers du XIXe siècle (voir le célèbre « Discours du Rabbin Reichhorn »), et dont le texte même des *Protocoles* porte de nombreuses traces.

N'en prenons qu'un exemple, qui montre l'extrême banalité de la représentation dans le corpus des textes anti-judéo-maçonniques « populaires » (opuscules ou brochures à large diffusion) des années 1900-1919, précédant l'exploitation publique internationale des *Protocoles*.

Dans *La Franc-maçonnerie, secte juive* (1905), Isidore Bertrand décrit ainsi les « moyens d'action des chefs inconnus »[55], et insiste sur la manipulation juive de l'opinion publique à travers la presse, propriété quasi exclusive des Juifs :

« La Franc-Maçonnerie est d'origine sémitique et dérive du Talmud. Je crois l'avoir établi d'une façon péremptoire.

Mais quels sont les procédés dont se sert la secte pour atteindre à ses fins,

(54) Le Bon, *op. cit.*, 1925, pp. 97-103.

(55) I. Bertrand, *La Franc-maçonnerie, secte juive*, Paris, Bloud, 1905, p. 46.

qui sont la destruction de l'Eglise catholique et le triomphe du Judaïsme ?
La Synagogue et la Maçonnerie ont recours à deux moyens d'action qui leur ont toujours réussi : le premier consiste dans le mot d'ordre que les *chefs inconnus* envoient aux Grands Orients du monde entier, et que les Grands Orients transmettent aux Loges placées sous leur obédience ; le second, le plus efficace, car il atteint tout à la fois les adeptes et les profanes, c'est la presse qui le fournit.
Quiconque dispose de la presse est maître de l'opinion.
Or, il est bon qu'on le sache, sur tous les points de l'Europe, le journalisme antipatriote et antireligieux appartient aux Juifs et sert les intérêts de la Maçonnerie, qui se confondent avec ceux de la Synagogue.
Les feuilles de province n'échappent pas plus à cette influence néfaste que celles de Paris.
Israël les tient par ses traités d'annonces et les correspondances autographiées qu'il leur envoie.
Il serait difficile, au surplus, de trouver un seul de ces journaux qui n'ait à sa tête, comme directeur, inspirateur ou bailleur de fonds un membre quelconque de la Loge voisine.
Quand la presse pseudo-républicaine, sémitico-maçonnique, devrais-je dire, pousse sur tous les points le même cri de guerre, se fait l'écho de la même idée, ou reproduit la même calomnie, l'opinion publique, d'abord un peu surprise, hésite à croire, puis finit, de guerre lasse, par opiner du bonnet.
Certains journaux émettent parfois une note discordante, sans que les chefs s'en émeuvent, car ils savent que ce semblant de résistance, rendu nécessaire par le modérantisme de la clientèle *conservatrice* de la presse en question, sera de courte durée »[56].

(56) I. Bertrand, *op. cit.*, pp. 46-47 (soul. par l'auteur). La réduction à la « secte judaïque » de toutes les autres « sectes infâmes qui préparent la voie à l'Antéchrist » est esquissée dans la « lettre du capitaine Jean-Baptiste Simonini » que l'abbé A. Barruel disait avoir reçue en 1806 (vraisemblablement un faux, l'une des premières versions du mythe du complot judéo-maçonnique ; voir N. Cohn, *op. cit.*, 1967, pp. 31 sq.). L'amalgame sera diffusé, dans la seconde moitié du XIXe siècle, par d'innombrables pamphlets plus ou moins érudits. Parmi les plus marquants, qu'on peut considérer comme des précurseurs des *Protocoles* : Gougenot des Mousseaux, *Le Juif, le judaïsme et la judaïsation des peuples chrétiens*, Paris, 1869 (traduit en allemand par Alfred Rosenberg, au moment du lancement mondial des *Protocoles*, en 1920) ; abbé Chabauty, *Les Juifs, nos maîtres*, Paris-Bruxelles-Genève, 1882 ; Mgr L. Meurin, *La Franc-Maçonnerie, synagogue de Satan*, Paris, 1893. Voir H. Rollin, *op. cit.*, 1991, pp. 346 sq., 594 sq. ; N. Cohn, *op. cit.*, 1967, pp. 48 sq. On retrouve le motif dans l'enseignement catholique officiel au cours des années vingt et trente ; par exemple, dans le *Manuel de*

Couverture du pamphlet anti-mondialiste d'Alfredo Bonatesta, éditions Il Cinabro, Catania, 1986, qui reprend un dessin rendu célèbre par les éditions des *Protocoles* dues à La Libre Parole (Nouvelles Editions Nationales, Henry Coston).

La vision du gouvernement occulte est la même que celle qu'on trouve dans les *Protocoles* : les « journaux inféodés »[57] permettent à leurs « commanditaires » de modeler l'opinion publique afin d'infléchir la politique du gouvernement légal. C'est ainsi que le gouvernement français est « devenu l'esclave des sociétés secrètes »[58], qui dictent aux « feuilles domestiquées »[59] leurs options, leurs orientations et leurs positions critiques.

sociologie catholique du R.P. Albéric Belliot, dont la « nouvelle édition complétée et mise à jour » paraît en 1927 ; traitant des « plaies sociales », l'auteur aborde en premier lieu « le mal religieux » : « Il a pour *véhicules vivants* et pour *propulseurs attitrés*, deux types d'hommes (...) qui sont : 1) Le *Juif*, 2) Le *Sectaire*. Telles sont les deux puissances anti-religieuses, et par conséquent anti-sociales qui incarnent particulièrement aujourd'hui l'esprit opposé au Christianisme. Ce dernier par conséquent a contre lui : 1) Une *race ennemie (Israël)* ; 2) Une *secte ennemie (la Franc-maçonnerie)*. Le triomphe de cette race et de cette secte résulte de celui de l'irréligion en général. Le règne de l'*athéisme* entraîne simultanément celui du *Judaïsme* et du *Maçonnisme*, qui sont des fléaux *jumeaux*. Le premier de ces fléaux semble depuis longtemps dominer et gouverner le second » (*op. cit.*, Paris, P. Lethielleux, 1927, p. 329).

(57) I. Bertrand, *op. cit.*, p. 48.

(58) *Ibid.*

(59) *Ibid.*

V. ANTISIONISME DEMONOLOGIQUE ET VISION CONSPIRATIONNISTE DE L'HISTOIRE

1. Le mythe du complot juif/sioniste mondial comme clé de l'histoire : avec ou sans Protocoles

La croyance à la conspiration juive mondiale peut être interprétée comme une variante historique parmi d'autres d'une conviction bien partagée : celle que la clé de l'histoire ou de la politique se trouve dans l'action des sociétés secrètes. Ce mode d'explication conspirationniste s'est en effet appliqué aux jésuites et aux francs-maçons avant de l'être aux Juifs. Sur la base d'une telle hypothèse, Hannah Arendt a posé avec rigueur un certain nombre de problèmes, à commencer par celui de la détermination du public séduit préférentiellement par la vision des *Protocoles*, qu'elle désigne, peut-être hâtivement, comme étant « la populace » :

« N'ayant ni place dans la société ni représentation politique, la populace se tourne nécessairement vers l'action extra-parlementaire. De plus, elle a tendance à croire que les forces réelles de la vie politique résident dans les mouvements et les influences occultes qui opèrent en coulisse. Au XIXe siècle, les Juifs tombèrent immanquablement dans cette catégorie, comme les francs-maçons (particulièrement dans les pays latins) et les jésuites. [Note de H.A. : une étude de la superstition en Europe montrerait probablement que les Juifs devinrent assez tard l'objet de cette superstition typique du XIXe siècle. Ils furent précédés par les rose-croix, les templiers, les jésuites, et les francs-maçons. L'histoire du XIXe siècle souffre de l'absence d'une telle étude.] Naturellement aucun de ces groupes ne constituait réellement une société secrète visant à dominer le monde au moyen d'une gigantesque conspiration. Mais ce qui est vrai, c'est que leur influence, bien qu'elle ne fût point cachée, s'exerçait sur une grande échelle, hors du domaine de la politique officielle, dans les groupes de pression, les loges et les confessionnaux. Depuis la Révolution française, ces trois groupes se sont partagé l'honneur douteux d'être, aux yeux de la populace européenne, les centres névralgiques de la politique mondiale »[1].

Ce que montre aussi H. Arendt, c'est que chaque groupe social exerçant une influence, et partant démonisable, n'en tend pas moins à démoniser ses rivaux réels ou mythiques ; bref, que le fait d'être - ou de pouvoir être - démonisé n'immunise pas contre la pulsion de démonisation :

« Pendant la crise dreyfusienne, chacun de ces groupes put exploiter cette croyance populaire et accuser les autres de conspirer pour s'assurer la domination du monde. Le slogan "le royaume secret de Juda" est certainement dû à l'esprit inventif de quelques jésuites, qui voulurent voir dans le premier congrès sioniste de 1897 l'âme d'une conspiration juive internationale. De la même façon, l'idée d'une "Rome secrète" est due aux francs-maçons anticléricaux, et peut-être aussi aux calomnies inconsidérées de certains Juifs »[2].

Et il est vrai que la propagande la plus systématique fondée sur la démonisation conspirationniste des Juifs a été conduite par les jésuites à la fin du XIXe siècle, en réaction à l'affaire Dreyfus. Ces textes d'accusation, publiés à l'époque la plus probable de la rédaction des *Protocoles* (1897-1898)[3], mettent en jeu les mêmes

(1) Hannah Arendt, *Sur l'antisémitisme* [*The Origins of Totalitarianism*, New York, 1951, Ire partie], tr. fr. M. Pouteau, Paris, Calmann-Lévy, 1973, pp. 235-236. Pour une pénétrante critique de la théorie arendtienne, et notamment de sa conception des relations entre antisémitisme et mobilisation de la « populace » *(mob)*, voir : Raymond Aron, « L'essence du totalitarisme selon Hannah Arendt » (1954), in *Commentaire*, vol. 8, no 28-29, février 1985, [pp. 416-425], pp. 417-419.

(2) H. Arendt, *ibid.*, p. 236. Voir aussi pp. 207-208, où H. Arendt, sur ces deux mythes concurrents, renvoie au très beau texte de Daniel Halévy, « Apologie pour notre passé », *Cahiers de la Quinzaine*, dixième cahier de la onzième série, 10 avril 1910.

(3) H. Rollin, *op. cit.*, 1939, rééd. 1991, p. 356 (« Tout semble indiquer que les *Protocoles* furent fabriqués à Paris en 1897 ou au début de 1898... ») ; N. Cohn, *op. cit.*, 1967, p. 106. Voir néanmoins : Pierre Charles, « Les *Protocoles des Sages de Sion* », *Nouvelle Revue théologique*, 65, no 1, p. 76 (à propos de la référence aux « présidents qui ont dans leur passé une tare cachée, quelque "Panama"... » [éd. Lambelin, ch. X, p. 64] ; or, Emile Loubet fut élu président de la République le 18 février 1899). Voir tome II, pour le texte de P. Charles. Mais Loubet était

stéréotypes que ces derniers, et semblent autant de fragments détachés d'un même « crypto-texte ».

L'idée dominante des jésuites de la *Civiltà cattolica*, fondée sur l'axiome que le judaïsme ou la juiverie « gouverne le monde », ne leur était nullement propre ; elle reprenait et développait un motif de la fameuse lettre de Simonini rapportée (ou rédigée) par l'abbé Barruel : s'il y a un « péril maçonnique », c'est parce que la franc-maçonnerie est une création juive, et un instrument de conquête dans les seules mains des Juifs, une arme secrète par laquelle ces derniers fomentent des révolutions et des banqueroutes, et organisent par la presse la corruption des esprits. Cette réduction du « péril maçonnique » au « péril juif » était aussi l'un des arguments fondamentaux de l'un des textes-précurseurs immédiats des *Protocoles*, le livre de l'évêque-jésuite (archevêque de Port-Louis), Mgr Léon Meurin, *La Franc-Maçonnerie, synagogue de Satan* :

> « L'Histoire ne manquera pas de raconter un jour que toutes les révolutions des derniers siècles ont leur origine dans la secte maçonnique, sous la direction suprême des Juifs »[4].

président du Conseil en 1892, alors que l'opinion française était centrée sur le scandale de Panama (voir Gustave Rouanet, *Les complicités du Panama*, Paris, A. Savine, 1893), puis fut élu en mars 1896 président du Sénat ; il s'ensuit que l'allusion à Panama n'implique nullement que les *Protocoles* aient été rédigés après 1899 (voir : H. Rollin, *op. cit.*, 1991, pp. 355-356 ; J.S. Curtiss, *op. cit.*, 1942, pp. 34-35 ; N. Cohn, *op. cit.*, 1967, p. 105). Pour le contexte, voir : Jean Bouvier, *Les deux scandales de Panama*, Paris, Julliard, 1964 ; Michael R. Marrus, *Les Juifs de France à l'époque de l'affaire Dreyfus. L'assimilation à l'épreuve* [1971], tr. fr. M. Legras, Paris, Calmann-Lévy, 1972, pp. 53, 156, 160, 175, 179, 198.

(4) Mgr Léon Meurin, *La Franc-Maçonnerie, synagogue de Satan*, Paris, Retaux, 1893, [556 p.], p. 196 ; voir N. Cohn, *op. cit.*, 1967, pp. 52-54, et P. Pierrard, *Juifs et catholiques français*, Paris, Fayard, 1970, p. 111. Pour des précisions d'histoire lexicale sur les amalgames polémiques anti-judéo-maçonniques, voir : F. Lovsky, *Antisémitisme et mystère d'Israël*, Paris, A. Michel, 1955, pp. 334 sq. « "judaïco-maçonnique" (Gougenot des Mousseaux, 1869), "judéo-maçonnerie"/"judéo-maçonnique" (Mgr Jouin, 1912), etc. » ; Marc Angenot, *La parole pamphlétaire*, Paris, Payot, 1982, pp. 126 sq. La banalisation de ce mode de stigmatisation suivra la diffusion massive des *Protocoles* dans les années vingt et trente ; en 1943, Henry Coston écrivait : « Lorsque Mgr Jouin, l'éminent prélat, fondateur de la *Revue Internationale des Sociétés Secrètes*, lançait dès 1912 l'expression *Judéo-maçonnerie*, il ne pouvait pas savoir que cette formule abstraite deviendrait un jour une réalité vivante, qu'elle serait personnifiée par une organisation à la fois juive et maçonnique, comme l'était déjà la *Ligue des Droits de l'Homme*, mais plus enjuivée et plus maçonnisée qu'elle : la *Ligue internationale contre l'Antisémitisme* »

Banalité du thème, certes : mais la propagande des jésuites a précisément contribué à la banalisation du « péril judéo-maçonnique », thème récurrent dans la littérature du complot depuis les deux dernières décennies du XIXe siècle.

Il n'en va pas de même pour le thème du « complot sioniste », en tant que reformulation possible, « fin de siècle » (après le premier Congrès sioniste, tenu à Bâle en 1897), de la conspiration juive. Il semble bien, en effet, que ce soit dans la *Civiltà cattolica* qu'apparaisse la première reformulation « antisioniste » du thème de la conspiration juive, appliqué en tant que schème explicatif à l'affaire Dreyfus. Le 23 février 1898, Edouard Drumont publiait dans *La Libre Parole* un article où il exprimait ses interrogations inquiètes :

« Ce qui rend si effroyable et si fatigante pour les cerveaux la crise que nous traversons, c'est précisément un mélange d'inexplicable, de féroce et d'obscur, une sorte de manifestation frénétique de pouvoirs invisibles poursuivant un dessein que l'on ne comprend pas »[5].

C'est à cette demande pathétique d'explication que la vision du « complot sioniste » répond, sans manquer de satisfaire aux exigences de cohérence apparente, de vraisemblance et de simplicité : il suffisait de réinterpréter le Congrès de Bâle comme façade d'une réunion secrète de Grands Initiés, ceux que le texte des *Protocoles*, rédigé à Paris, et en langue française, durant cette même période de crise, appelle les « Sages de Sion ». Or, dans un article paru le 5 février 1898 dans la *Civiltà cattolica*, « Il caso Dreyfus », les jésuites avaient esquissé la vision interprétative qui paraissait manquer à Drumont : le complot juif devenait « sioniste », et prenait corps en

(H. Coston, « Une organisation judéo-maçonnique : la L.I.C.A. », *Les Documents Maçonniques*, 3e année, n° 3, décembre 1943 ; rééd., Paris, La Librairie Française, 1986, p. 854). Sur le lancement par Mgr Jouin, le 1er janvier 1912, de la R.I.S.S., voir E. Poulat, *Intégrisme et catholicisme intégral*, Tournai, Casterman, 1969, pp. 280-281.

(5) Edouard Drumont, « Plaies d'Egypte » (23 février 1898), in *Almanach de la "Libre Parole" pour 1899*, Paris, *La Libre Parole*, s.d. [fin 1898], p. 23. C'est pourquoi « le mythe de la *conspiration juive* caractérise l'antisémitisme chrétien contemporain beaucoup plus que le reproche de déicide » (F. Lovsky, *op. cit.*, 1955, p. 334). On notera que Copin-Albancelli, auteur de *La Conjuration juive contre le monde chrétien* (Paris, La Renaissance Française, 1909), employait couramment, avant 1912, l'expression « judéo-maçonnique » ; voir *Race juive ? ou nation juive ?*, Paris, La Renaissance Française, 1910, p. 3.

raison même de la référence à un Congrès réellement tenu ; voilà qui nous rappelle que nul mythe moderne n'est efficace s'il est totalement dépourvu de référence à une portion du monde empirique, ici à un fragment de l'histoire factuelle. En 1898 donc, en réaction au sentiment d'inexplicabilité de l'affaire Dreyfus, les jésuites lançaient à leur manière le thème central des *Protocoles*, celui du complot « sioniste » mondial, tout en esquissant la « théorie des Quatre Etats confédérés » que systématisera Maurras quelques années plus tard :

« La condamnation de Dreyfus a été pour Israël un coup terrible ; elle a marqué au front tous les Juifs. (...) Avec leur subtilité ordinaire, ils ont imaginé d'alléguer une erreur judiciaire. Le complot a été noué à Bâle, au Congrès sioniste, réuni en apparence pour discuter de la délivrance de Jérusalem. Les protestants ont fait cause commune avec les Juifs pour la constitution d'un syndicat »[6].

C'est seulement en 1917 que S.A. Nilus, dans son livre intitulé *Il est tout près, à la porte... L'Antéchrist vient et le règne du Diable sur terre est proche*[7], nouvelle version du *Grand dans le Petit* (1905, 1911, 1912), lancera lui-même la reformulation « antisioniste » des origines des *Protocoles*, qui sera par la suite, dès le début de 1920, largement acceptée et diffusée par les glossateurs du faux. C'est ainsi qu'Urbain Gohier, dans l'introduction de la première édition, par *La Vieille-France*, en 1920, des *Protocoles*, traduit un extrait de l'introduction américaine du faux (Boston, 1920), citant largement la « découverte » tardive de Nilus sur les « Directives des séances des Sages de Sion » *(Protocoles)* :

« Ces Directives [*Protocoles*] ont produit peu d'impression dans le monde en dehors de l'Eglise chrétienne ; la presse périodique, qui est presque entièrement entre les mains des Juifs ou sous leur influence, fit le silence autour d'elles, y faisant de vagues allusions ou n'en parlant que comme

(6) « Il caso Dreyfus », *La Civiltà cattolica*, 5 février 1898. Voir sur la question : H. Rollin, *op. cit.*, 1939, rééd. 1991, pp. 351-353 ; L. Poliakov, *op. cit.*, 1980, pp. 75-76. Sur la propagande antijuive de *La Civiltà cattolica*, voir : Renzo De Felice, *Storia degli ebrei italiano sotto il fascismo*, Turin, 1961, pp. 37 sq. ; N. Cohn, *op. cit.*, 1967, pp. 51-52 ; L. Poliakov, *op. cit.*, t. IV, 1977, pp. 52, 75 sq.
(7) S.A. Nilus, *op. cit.*, Moscou, 1917 (nouvelle édition du livre : *Le Grand dans le Petit*, 2e éd. comportant le texte des *Protocoles* [1905], sous un titre nouveau) ; *cf.* N. Cohn, *op. cit.*, 1967, pp. 71, 73.

d'une invention fallacieuse ou un conte à dormir debout. (...) Depuis lors a paru la quatrième édition [1912] de mon livre avec toutes les Directives [*Protocoles*] ; mais c'est maintenant seulement que j'apprends de sources juives autorisées que ces Directives ne sont rien de moins qu'un plan stratégique pour la conquête du monde afin de le mettre sous le joug d'Israël, le combattant-contre-Dieu, plan mûri par les chefs du peuple juif pendant les nombreux siècles de sa dispersion, et finalement présenté au Conseil des Anciens [ou "Sages"] par le "Prince de l'Exil", Théodore Herzl, au premier Congrès sioniste convoqué par lui à Bâle en août 1897 »[8].

En dépit de ces nouvelles « précisions », Nilus laissait planer le mystère :

« Il n'est pas possible de dire comment ces documents, constituant le Saint des Saints des espoirs d'Israël, le mystère séculaire de ses chefs, ont pu atteindre le grand public des non-initiés. (...) Les Directives [*Protocoles*] sont signées des représentants sionistes du 33e degré (le plus haut) d'initiation. Elles furent enlevées secrètement du dossier complet des procès-verbaux qui, nous le savons maintenant, appartenaient au premier Congrès sioniste. (...) Le tout se trouvait dans les caveaux secrets du principal bureau sioniste, actuellement situé en territoire français »[9].

Lorsque les *Protocoles*, à partir de 1920, commencent leur « tour du monde », les conditions de leur réception optimale sont réunies : parmi celle-ci, la propagande antijuive d'obédience catholique paraît avoir joué le rôle principal, notamment en raison de sa capacité de diffusion universelle du message (« il y a un complot juif contre la chrétienté »), mais aussi du fait qu'elle a mis en place, à partir de 1897/1898, un système d'équivalences entre diverses cibles de la stigmatisation antijuive - le « péril judéo-maçonnique » peut ainsi se retraduire en « complot sioniste », lequel se retraduira en « complot judéo-bolchevique » et en « complot judéo-capitaliste ». Dans l'entre-deux-guerres, ce sont les *Protocoles*, inséparables des commentaires qui les adaptent à des contextes variables, qui constitueront le principal vecteur du mythe du complot juif mondial. Ce faux a pour ainsi dire monopolisé la puissance de propagation et de séduction des thèmes principaux de la mythologie antijuive au XXe siècle.

(8) S.A. Nilus, *op. cit.*, 1917, [pp. 88-89], cité par U. Gohier, *« Protocols »*..., 1920, introduction, p. 10 ; voir N. Cohn, *op. cit.*, 1967, p. 73 (trad. fr. partielle, légèrement différente, de ce passage).

(9) S.A. Nilus, *op. cit.*, 1917, cité par U. Gohier, *ibid.*, pp. 10-11 ; voir les commentaires de N. Cohn, *ibid.*, pp. 73-74.

Il reste que le contenu essentiel des *Protocoles*, la révélation d'une conspiration juive internationale et polymorphe (« sioniste », bolchevique, etc.), a aussi circulé et fonctionné en dehors de toute référence au texte apocryphe (dans la version de Nilus ou dans celle de Boutmi), après la seconde diffusion de celui-ci (1917-1921), de même qu'il avait été exploité bien avant sa première diffusion (1903-1905). C'est ainsi que Léon de Poncins a pu dénoncer inlassablement « la mystérieuse internationale juive » ou « les Juifs, maîtres du monde », sans avoir besoin de se fonder sur les douteuses révélations des *Protocoles*. En 1932, L. de Poncins donne, en guise d'introduction à son livre *Les Juifs, maîtres du monde*, une brève esquisse de « la question juive », renvoyant à « l'Internationale du Sang et [à] l'Internationale de l'Or qui sont les deux faces de l'internationale juive - théoriquement adversaires farouches, en fait alliées »[10]. Ce qui est très caractéristique de cette argumentation antijuive, c'est qu'elle prend appui sur Bernard Lazare ou Kadmi-Cohen plutôt que sur Edouard Drumont ou les *Protocoles*. Elle trouve en effet ses références légitimatoires dans *L'Antisémitisme* de Bernard Lazare ou dans *Nomades* de Kadmi-Cohen[11], et s'instruit notamment chez Werner Sombart[12]. Ce qui est expressément repris de Bernard Lazare, c'est la représentation du Juif à deux faces (capitaliste et révolutionnaire), impliquant l'idée d'une alliance cachée entre les Juifs, présents aux pôles extrêmes des sociétés modernes, qu'ils enserrent comme dans un étau :

« Ainsi que l'a écrit Bernard Lazare, "L'âme du Juif est double, elle est

(10) Léon de Poncins [1897-1976], *Les Juifs, maîtres du monde*, Paris, Editions Bossard, 1932, p. 55 ; dans le même sens : Henri-Robert Petit, *L'émancipation des Juifs en France*, Paris, Editions Nouvelles (Institut d'Etudes des Questions Juives), 1940, p. 41.

(11) Bernard Lazare, *L'Antisémitisme. Son histoire et ses causes*, Paris, Chailley, 1894 ; Kadmi-Cohen, *Nomades. Essai sur l'âme juive*, Paris, Alcan, 1929. L'ouvrage suivant de Kadmi-Cohen, *L'Etat d'Israël* (Paris, Kra, 1930) restera ignoré des antisémites professionnels (il s'agit d'un plaidoyer passionné en faveur du sionisme).

(12) Werner Sombart, *Les Juifs et la vie économique* (1911), tr. fr. S. Jankélévitch, Paris, Payot, 1923. Ce livre de Sombart est cité dans la plupart des ouvrages de Léon de Poncins. Mais les propagateurs des *Protocoles* ont également exploité la légitimité académique de l'économiste-sociologue ; voir par exemple : A. Rosenberg, *Die Protokolle der Weisen von Zion...*, *op. cit.*, 1923, p. 35 ; H. de Vries de Heekelingen, *Israël...*, *op. cit.*, 1937, pp. 102-103.

mystique et elle est positive", aussi les Juifs se sont-ils solidement implantés aux deux pôles de la société contemporaine »[13].

Cité ou paraphrasé, *L'Antisémitisme* de Bernard Lazare, paru en 1894, constitue une mine d'images et d'affirmations exploitables par les doctrinaires antijuifs, en quête de cautions « juives ». Les références appuyées à *L'Antisémitisme* n'ont cessé de constituer une ceinture de sécurité rhétorique pour les auteurs de pamphlets antijuifs, lesquels se sont montrés soucieux de la disponibilité de l'ouvrage. C'est ainsi qu'Henry Coston, par exemple, l'a réédité en 1969 [14]. Dans son livre, Bernard Lazare écrit en effet, légitimant la représentation d'une duplicité ou d'une équivocité constitutive des Juifs :

« On peut dire que les Juifs sont aux deux pôles de la société contemporaine. Ils ont été parmi les fondateurs du capitalisme industriel et financier et ils ont protesté avec la véhémence la plus extrême contre ce capital. A Rothschild correspondent Marx et Lassalle ; au combat pour l'argent, le combat contre l'argent, et le cosmopolitisme de l'agioteur devient l'internationalisme prolétarien et révolutionnaire »[15].

Léon de Poncins, comme tous les théoriciens de l'antisémitisme en Europe, connaît bien ces textes. Postuler une telle dualité interne, chez le Juif « international », c'est nécessairement concevoir l'antisémitisme comme une double réaction : au Juif bipolaire doit correspondre une réaction antijuive bipolaire. Cette représentation bifaciale du Juif vient en outre « vérifier » la thèse conspirationniste selon laquelle les Juifs sont « partout », et « derrière » tous les bouleversements catastrophiques du monde moderne. Lorsqu'ils citent Bernard Lazare, les auteurs antisémites, bien entendu, se gardent de tout citer, ce qui détruirait l'effet de cautionnement intellectuel recherché par la référence positive à un célèbre Juif dreyfusard. Car, par exemple, immédiatement après avoir situé les

(13) L. de Poncins, *op. cit.*, 1932, p. 46 ; citation identique dans : L. de Poncins, *La mystérieuse internationale juive*, Paris, Beauchesne, 1936, p. 179.
(14) B. Lazare, *L'Antisémitisme...*, Paris, Documents et Témoignages, juin 1969, 200 p. ; voir le compte rendu de cette réédition dans *Lectures Françaises*, n° 146, juin 1969, pp. 27-28.
(15) B. Lazare, *op. cit.*, 1969, ch. XIII, pp. 168-169 ; voir également ch. XV, p. 192 (ce dernier passage est cité approximativement par L. de Poncins, *op. cit.*, 1932, p. 47 ; *op. cit.*, 1936, pp. 179-180).

Juifs « aux deux pôles de la société contemporaine », Bernard Lazare précise :

« C'est Marx qui donna l'impulsion à l'Internationale par le manisfeste de 1847, rédigé par lui et Engels, non qu'on puisse dire qu'il "fonda" l'Internationale, ainsi que l'ont affirmé ceux qui considèrent toujours l'Internationale comme une société secrète dont les Juifs furent les chefs »[16].

Reconnaître l'origine juive de certains dirigeants de l'Internationale communiste, ce n'est pas reconnaître la direction juive de celle-ci. Ce serait confondre l'origine et le fonctionnement, concevoir l'origine comme une tache indélébile, et projeter sur les phénomènes socio-historiques le schème de la contagion ou celui de la contamination, les aborder avec les seuls outils cognitifs d'une logique mythique du contact et de la ressemblance. En outre, Bernard Lazare aperçoit fort bien l'inconsistance et le simplisme du monocausalisme impliqué par la vision conspirationniste et antisémite du mouvement communiste. Le monocausalisme vulgaire impliqué par la théorie du complot consiste à réduire un phénomène complexe à un facteur ou un paramètre érigé en cause nécessaire et suffisante. Cette illusion explicative disparaît dès lors qu'on montre à l'œuvre, dans la production des phénomènes socio-historiques, une pluralité de facteurs ou de causes, inséparables d'une multitude d'interactions. La théorie du complot relève à la fois de la pensée mythique et des modernes conceptions réductionnistes. D'où sa force de séduction récurrente, que la démonstration de ses faiblesses épistémologiques n'entame guère. Il en va de la gnose conspirationniste comme de la gnose marxiste. Croire comprendre ou avoir compris une fois pour toutes, telle est la seule et grande consolation gnostique qu'on trouve en dehors des nourritures psychiques de type religieux. Il est très normal d'y tenir.

Ce type de texte antisémite, fondé sur la dénonciation d'une internationale occulte à deux têtes, se retrouve depuis 1920 dans nombre de préfaces et d'introduction aux *Protocoles*[17]. Comme dans

(16) B. Lazare, *ibid.*, p. 169.

(17) La dénonciation du financement de la Révolution bolchevique par les « Sages de Sion » (le banquier Jacob Schiff, la banque Kuhn, Loeb and C°, etc.) en constitue le paradigme ; voir : W. Laqueur, *op. cit.*, 1965, pp. 89-90 ; N. Cohn, *op. cit.*, 1967, p. 131. Sur le rôle, dans l'élaboration de ce mythe de propagande

le fragment introductif de Léon de Poncins que nous allons citer, le point de départ de l'argumentation conspirationniste est ordinairement une énumération de coïncidences et récurrences « troublantes », qui toutes semblent indiquer l'action de la « main invisible » des Juifs sur les grands événements de l'histoire du monde. Le relevé des signes et indices commence, chez Léon de Poncins, par ceux qui manifestent l'action de « l'internationale du Sang », le pôle révolutionnaire du judaïsme :

« Quelques faits récents (faits bien connus), quelques noms, quelques dates, suffiront à nous montrer l'importance de la question juive :
Le 28 juin 1914 Princip assassinait à Sarajevo l'archiduc François-Ferdinand, déclenchant ainsi la guerre mondiale - et Princip était Juif.
C'est un Juif, Kerensky, qui a succédé au Tsar et qui a rendu possible la prise définitive du pouvoir par les Soviets.
C'est un Juif, le mystérieux agitateur Parvus Helphand qui, appuyé par un demi-juif, le chancelier Bethmann-Hollweg, a obtenu de Ludendorf l'envoi de Lénine en Russie.
Parmi les hommes qui ont dirigé, dix années durant, les destinées du bolchevisme, il y avait une immense majorité de Juifs, et ces hommes ont mis en pratique une doctrine élaborée par Karl Marx et Lassalle, les deux prophètes rouges : deux Juifs.
La sombre boucherie impériale d'Iekaterinbourg a été organisée et dirigée par deux hommes, Yourovski et Golostcheguine, qui obéissaient aux ordres de Jacob Sverdloff, alors président du Tsik de Moscou ; Yourovski, Golostcheguine et Sverdloff étaient Juifs.
Etaient Juifs, Bela Kuhn et Tibor Szamuelly et tous les chefs du sanglant bolchevisme hongrois.
Juifs encore les dirigeants du Spartakisme allemand : Liebknecht, Rosa Luxembourg, Kurt Eisner.
Juifs, les chefs socialistes d'Autriche et d'Amérique.
Juifs, Léon Blum, chef du socialisme français.
L'internationale du Sang »[18].

persistant, de Boris Brasol, l'une des « plumes » de Henry Ford en 1920, voir *supra*. L. de Poncins y fait allusion en 1932 (*op. cit.*, pp. 64-66) ; *cf.* U. Gohier, *Protocoles...*, 1925, pp. 137-140, 205-206, 210-211, etc.

(18) L. de Poncins, *op. cit.*, 1932, pp. 7-9 (nous ne corrigeons pas l'orthographe des noms propres). L'allusion à l'organisation juive de l'assassinat de la famille impériale russe (17 juillet 1918) se retrouve dans nombre de commentaires accompagnant les *Protocoles*, qui l'interprètent comme un crime rituel. Voir : U. Gohier, *Protocoles...*, 1925, pp. 197-198 ; L. Fry, *op. cit.*, 1931, pp. 143-149. Sur la mythologisation du meurtre de la « maison Ipatiev » (Ekaterinbourg), voir :

Une telle description, dès lors qu'elle prétend avoir valeur de preuve de l'influence occulte des Juifs, est paradoxale : tous les Juifs nommés, ou plus exactement tous les personnages publics auxquels est attribuée une origine juive fonctionnant comme une nature, sont précisément réputés juifs ; or, l'axiome de la théorie conspirationniste est que le pouvoir juif s'exerce de façon occulte, et partant, que ses véritables détenteurs sont protégés par le secret. Bref, une énumération de personnages bien connus pour être Juifs ou d'origine juive ne peut en aucune manière vérifier l'hypothèse fondamentale de la théorie du complot juif mondial, à savoir que le cours de l'histoire est régi par une minorité de Juifs inconnus, socialement non visibles. En effet, les Juifs repérés et désignés, parce que visibles, pourraient bien n'être que des agents d'exécution, ces Juifs pourraient n'être que des figurants, sans aucunement mener le bal mystérieux de l'histoire du monde[19].

Mais continuons la lecture du texte de Léon de Poncins. Il ne s'agit pas seulement, pour donner un début de cohérence à la théorie du complot juif mondial, de repérer les Juifs révolutionnaires, il faut encore dévoiler *l'alliance* de ces derniers avec les Juifs de la finance, les Juifs capitalistes :

« A l'autre pôle, les hommes mystérieux de la finance internationale, ceux qui ont fait le traité de Versailles, ceux qui étaient derrière la récente débâcle anglaise, ceux qui dirigent les destinées américaines et qui sont actuellement les maîtres de l'Allemagne, ceux qui ont financé la Révolution russe et qui soutiennent le plan quinquennal, qui ont pour eux les banques, la presse, les câbles, la radio, qui sont maîtres par conséquent de l'opinion publique, l'invisible gouvernement derrière les gouvernements visibles :

H. Rollin, *op. cit.*, 1939, rééd. 1991, pp. 68-103 ; W. Laqueur, *op. cit.*, 1965, pp. 91-92 ; N. Cohn, *op. cit.*, 1967, pp. 120-122 (« C'est l'assassinat de la famille impériale (...) qui servit de point de départ à la carrière mondiale des *Protocoles* », p. 120 ; peu avant sa mort, l'impératrice avait reçu et lu *Le Grand dans le Petit* de Nilus, et avait dessiné une croix gammée dans sa chambre de la « maison Ipatiev » ; deux faits hautement symboliques facilement exploitables).

(19) *Cf.* J. Evola, *Les hommes parmi les ruines* (1953), tr. fr., *op. cit.*, 1984, pp. 190, 192, 198 ; *id., Le Chemin du Cinabre* (1963, 1972), tr. fr. P. Baillet, Ed. Arktos, Carmagnola, et Ed. Arché, Milan, 1982, pp. 156-158. Même Houston Stewart Chamberlain dénonçait en 1899 le « penchant, ridicule autant que révoltant, à faire du Juif l'universel bouc émissaire, qui doit payer pour tous les vices de notre époque » (*La Genèse du* XIX*e* siècle, éd. fr. par Robert Godet, Paris, Payot, 1913, t. I, introduction, p. 22).

L'internationale de l'Or.
L'internationale de l'Or et l'internationale du Sang, théoriquement adversaires farouches, en fait alliées ; toutes deux sont dirigées par une élite de Juifs »[20].

Cette alliance secrète, couronnée par une aristocratie cosmopolite, permet de supposer l'existence d'une identité distinctive de la « race juive »[21] - indissociable de la « religion juive »[22] - et partant, de présupposer un clivage entre une minorité, les Juifs, et la majorité des humains, les non-Juifs, clivage immédiatement interprété en termes de conflit, jusqu'à faire à nouveau surgir l'évidence de la guerre des races :

« Quinze millions d'hommes, hommes intelligents, hommes tenaces, hommes passionnés, unis, malgré leurs divergences intestines, contre le monde des non-Juifs par les liens de la race, de la religion et de l'intérêt, mettent au service d'un rêve messianique le plus froid des positivismes et travaillent, consciemment ou inconsciemment, à instaurer une conception du monde antagoniste de celle qui fut pendant deux mille ans l'idéal de la civilisation occidentale. Quinze millions d'hommes qui ont sur l'opinion publique une influence hors de toute proportion avec leur importance numérique parce qu'ils occupent les centres vitaux de la pensée et de l'action occidentale. Quinze millions d'hommes, une race, une religion ; la religion ayant contribué à créer la race »[23].

L. de Poncins précise plus loin cette dernière affirmation, probablement inspirée par certaines remarques de Bernard Lazare[24] :

« C'est cette alliance de la religion et de la race qui a créé le Juif moderne »[25].

(20) L. de Poncins, *op. cit.*, 1932, p. 9.
(21) L. de Poncins, *ibid.*, pp. 11-14 : « La race juive » ; l'auteur ne distingue pas entre « type », « race », « nation », « nationalité », qu'il définit par des caractères à la fois « physiques » et « spirituels » ; *cf.* L. de Poncins, *op. cit.*, 1936, pp. 13-25.
(22) L. de Poncins, *op. cit.*, 1932, pp. 15-22 (« La religion juive ») ; *id., op. cit.*, 1936, pp. 29-50.
(23) L. de Poncins, *op. cit.*, 1932, p. 10.
(24) *Cf.* B. Lazare, *L'Antisémitisme...*, 1969, p. 141 : « Le Juif est un type confessionnel ; tel qu'il est, c'est la loi et le Talmud qui l'ont fait... » ; voir : H. de Vries de Heekelingen, *Israël..., op. cit.*, 1937, pp. 65-69.
(25) L. de Poncins, *op. cit.*, 1932, p. 15 ; *id., op. cit.*, 1936, p. 29.

Cette Introduction des *Juifs, maîtres du monde* énonce les deux principaux modes d'auto-légitimation de l'antisémitisme moderne :
1) Les Juifs forment un groupe international mais doté d'une solidarité interne et d'une identité fixe, groupe hostile à tous les autres groupes humains : le Juif est l'ennemi de tous les peuples, il est l'ennemi du genre humain. D'où la « réaction » antisémite de légitime défense.
2) Le pouvoir et l'influence de la minorité juive, dans les pays où elle s'est « infiltrée », sont scandaleusement démesurés. D'où la « réaction » antisémite contre l'injustice incarnée par les privilèges dont bénéficieraient les Juifs.
L'explication du mal dans l'histoire est en même temps une légitimation de l'action contre les racines du mal. La démonologie historique se présente aussi comme une méthode de salut.

2. *La mythologie antisioniste : le retour des origines*

Ce qui spécifie la vision conspirationniste du monde issue des *Protocoles*, c'est l'adjonction, à l'alliance du capitalisme (ploutocratie, Haute Finance apatride) et du communisme (subversion, révolution), de leur commune alliance avec le sionisme. La terrible et secrète alliance binaire devient ternaire, ce qui permet d'opérer une réduction des deux premiers termes (capitalisme et communisme) au troisième (sionisme), satisfaisant ainsi la règle de l'ennemi unique, et baptisant de l'un des pseudonymes du « judaïsme mondial » le centre ultra-secret de l'entreprise de conquête du monde. La « tête » de la conspiration se redécouvre ainsi juive, comme par une vérification ultime des « révélations » des *Protocoles*. La représentation conspirationniste du sionisme est non moins mythique que celles des deux autres entités de l'alliance secrète et paradoxale : le « sionisme » est redéfini comme façade pseudo-nationaliste d'un mouvement de conquête du monde. Cette redéfinition « mondialiste » du sionisme détermine toute l'argumentation « antisioniste » des théoriciens du complot juif international. Ces derniers, pour démoniser le sionisme, doivent lui appliquer le schème de la distinction apparence/réalité : derrière l'apparence d'un mouvement de libération nationale visant à résoudre « la question juive » par l'établissement d'un Etat juif, les théoriciens conspirationnistes postulent l'existence d'une entreprise cachée de domination mondiale. C'est pourquoi la présentation des *Protocoles* comme les minutes de séances secrètes du premier Congrès sioniste tenu à Bâle (1897), ou comme l'exposé, originellement à usage interne, du véritable programme sioniste, est la plus congruente avec les évidences conspirationnistes.

Comme nous l'avons vu, c'est S.A. Nilus en personne qui, l'année même de la Déclaration Balfour, en 1917, dans la réédition sous un nouveau titre de son livre contenant les *Protocoles*, a lancé le thème de l'origine sioniste du document, abandonnant ainsi la thèse du vol de celui-ci dans les « archives secrètes de la Chancellerie centrale de Sion », située en France et souvent identifiée à l'Alliance Israélite Universelle[26]. Le propos de Nilus est dénué d'ambiguïté :

> « Ces *Protocoles* ne sont rien d'autre qu'un plan stratégique pour conquérir le monde et le placer sous le joug d'Israël, (...) un plan élaboré par les dirigeants du peuple juif (...), finalement présenté au Conseil des Sages par le "Prince de l'Exil", Théodore Herzl, lors du premier Congrès sioniste... »[27].

Gottfried zur Beek (alias Ludwig Müller), le premier éditeur-diffuseur des *Protocoles* en langue allemande, présentait également ces derniers comme les procès-verbaux des réunions secrètes des Sages de Sion lors du Congrès de Bâle[28]. Le titre donné à sa version était fort clair : *Les Secrets des Sages de Sion*[29]. Quant à Theodor Fritsch, il titrait sa propre édition des *Protocoles* : *Les Protocoles*

(26) Sur cette première fable des origines du « document », partagée par ses premiers éditeurs russes (*Znamia*, G.V. Boutmi, S.A. Nilus [1905, 1911, 1912]), voir : N. Cohn, *op. cit.*, 1967, pp. 72-73 (voir aussi *supra* et tome II).

(27) S.A. Nilus, *op. cit.*, 1917, pp. 88-89. Dès 1920, la mise en équivalence des « Sages de Sion » et des « sionistes » est opérée dans la littérature inspirée par les *Protocoles* ; « les Sionistes (...) sont la partie agissante, militante, conquérante du peuple Juif », écrit ainsi U. Gohier dans *La Vieille-France* (n° 241, 8 août 1921 ; in *Protocoles...*, 1925, p. 202), résumant un article publié dans *The Dearborn Independent* de Henry Ford.

(28) *Cf.* N. Cohn, *op. cit.*, 1967, pp. 73-74 ; voir : Mgr Jouin, *Le Péril judéo-maçonnique*, *op. cit.*, vol. 1, 1920, p. 10 (et tome II).

(29) Gottfried zur Beek, *Die Geheimnisse der Weisen von Zion*, Charlottenburg, Verlag *Auf Vorposten*, 1919.

sionistes[30]. En 1961, J.S. Drummond affirme encore sans détours l'origine et la nature sionistes des *Protocoles* :

« Le but et les méthodes du mouvement sioniste sont exposés dans *Les Protocoles des Sages de Sion* »[31].

La détermination de l'origine sioniste des *Protocoles* et la redéfinition du sionisme comme masque idéologico-politique du complot juif mondial s'impliquent mutuellement. Considérons quelques redéfinitions du sionisme par les propagateurs britanniques des *Protocoles*, souvent cités, en tant que références supposées académiques, par les éditeurs arabes du faux. J. Creagh-Scott, en 1954, caractérise ainsi le sionisme : « Le Sionisme est la branche militante de la Juiverie mondiale, et est donc son instrument pour la domination mondiale »[32]. J.S. Drummond, classant le sionisme parmi les « fanatismes », en stigmatise la différence spécifique :

« Le Sionisme diffère de tout autre fanatisme religieux ou idéologique du passé en raison de sa nature et de sa politique intrinsèquement destructrices »[33].

Dès lors, le caractère laïque de l'idéologie sioniste, comme le caractère proprement politique du nationalisme juif, doivent apparaître comme de nouveaux masques de la « Juiverie » conquérante qui sait s'adapter aux conjonctures les plus diverses :

« [Le Sionisme] est déterminé à réaliser la désintégration définitive de la structure économique, politique et religieuse du monde occidental telle que nous la connaissons aujourd'hui afin de construire sur ses ruines une

(30) Theodor Fritsch, *Die Zionistischen Protokolle. Das Programm der internationalen Geheimregierung*, Leipzig, Hammer-Verlag, 1924 ; voir tome II.
(31) Comm. J.S. Drummond, *The Twentieth Century Hoax*, Londres, Panorama Press, 1961, p. 17 (le livre contient le texte des *Protocoles*, pp. 30-115, dans la version de Nilus). Voir la page de couverture-type des éditions en langue française publiées au Proche-Orient : « La vérité sur les plans d'Israël révélée par un document israélite. *« Protocols » des Sages de Sion*. Texte complet conforme à l'original adopté par le Congrès sioniste réuni à Bâle (Suisse) en 1897 », Beyrouth, Les Presses Islamiques, novembre 1967 ; même texte, Téhéran, l'Organisation pour la Propagande Islamique, s.d. [1985] ; voir tome II.
(32) Lieutenant-Colonel J. Creagh-Scott, *Hidden Government*, Londres, The Britons, 1954, p. 18 ; *cf.* le texte cité ci-dessus, note (27).
(33) J.S. Drummond, *op. cit.*, 1961, p. 9.

Couverture de l'édition argentine établie selon la version de T. Fritsch, éditions Milicia, Buenos Aires, 1976.

théocratie impitoyable dont l'essence est la domination de toutes les races par un petit groupe d'hommes »[34].

La réinterprétation essentialiste de toutes ces caractéristiques attribuées au « sionisme » ainsi démasqué consiste à les expliquer en tant que manifestations nécessaires d'une éternelle nature du Juif. La mystique mondialiste, comme la volonté de domination ou l'usage systématique du mensonge et de la ruse, voilà qui seraient autant d'inévitables manifestations d'une essence juive traversant les siècles :

« Il y a bien des preuves, cependant, que le Sionisme a des ambitions bien au-delà de la création de l'Etat juif au Levant. Un Monde unifié - tel est, je le suggère, le principal objectif sioniste. C'est un concept qui attire le côté idéaliste de la mentalité juive, mais il attire bien plus encore ce côté de l'esprit juif dont le souci est le progrès du monopole, et avant tout celui d'un monopole mondial du pouvoir politique »[35].

3. *Le noyau dur du mythe « antisioniste » : Israël, centre d'une puissance mondiale occulte*

Il convient de distinguer deux formes radicalement différentes de dénonciation du sionisme, que l'expression « antisionisme » confond :

1) La dénonciation du sionisme en tant que « nationalisme juif » : les antisionistes récusent le sionisme selon l'auto-définition de celui-ci. Ils ne procèdent pas à une redéfinition démystifiante du sionisme ; ils le stigmatisent tel qu'il se donne. L'antisionisme se définit, dans ce cas, comme un antinationalisme, dont l'argument le plus courant est que le sionisme, qu'il soit politique (T. Herzl) ou culturel (A. Ginzberg), fait obstacle à l'assimilation des Juifs, empêche leur fusion dans les populations d'accueil. Cet antisionisme assimilationniste est étranger à l'argumentation des adeptes des *Protocoles*. Il

(34) *Ibid.* ; l'auteur ne cesse de dénoncer « l'impérialisme sioniste », de la préface (p. 9) à la conclusion (p. 187).
(35) A.K. Chesterton, *The New Unhappy Lords. An Exposure of Power Politics*, Londres, Candour Publishing Company, 1965, p. 202 ; voir J.-F. Moisan, thèse, 1987, p. 167.

se rencontre autant chez les chrétiens ou les musulmans prônant la *conversion* des Juifs que chez les républicains « progressistes » et laïcistes (y compris ceux « d'origine juive ») proposant la *normalisation* définitive des Juifs par l'effacement de toute marque distinctive (assimilation).

2) La dénonciation du sionisme en tant que masque du « mondialisme » ou de « l'internationalisme juif », aux multiples visages. Les antisionistes stigmatisent un « sionisme » qu'ils ont redéfini par une opération de démasquage et de démystification : le « sionisme » n'est pas récusé selon son auto-définition, mais au nom de ce que celle-ci est censée cacher. L'axiome est ici que l'apparence du sionisme n'en est aucunement la réalité. D'où la tâche démystificatrice qui dérive de la conviction antijuive par exellence : le Juif est « le grand maître du mensonge », il incarne la puissance satanique de tromper, de s'avancer sous de multiples masques. Le « sionisme » se réduit dès lors à n'être qu'une expression trompeuse, parmi d'autres, de la puissance juive, puissance de métamorphose. La question antijuive nouvelle sera : qu'est-ce que le sionisme cache et révèle à la fois ? De cette puissance redoutable, une autre expression est par exemple le « socialo-communisme »[36]. Un propagateur français des *Protocoles*, Pierre Milès, écrit en 1937 :

« La juiverie travaille à présent à établir partout le socialo-communisme. *Ce système est le produit et l'instrument d'Israël*, qui affermira, achèvera et éternisera l'accomplissement de son rêve messianique, et qui est implanté en Russie et en voie de l'être dans le monde entier »[37].

Mais l'internationalisme juif, ainsi reféfini pour être intégré dans la théorie du complot, s'exprime tout autant par le « capitalisme mondial juif »[38], lequel est censé concourir, avec le « socialo-communisme », à l'accomplissement du « rêve messianique de domination universelle »[39] caractérisant le peuple juif. Il s'ensuit que le « nationalisme juif » doit être à son tour redéfini pour satisfaire la théorie du complot mondial : le « sionisme » se singularise ainsi négativement par le fait qu'il est un nationalisme visant la domi-

(36) Pierre Milès, *Voici la cause de nos maux : la Juiverie*, Paris, Sorlot, s.d. [1937/1938], pp. 38-43.
(37) *Ibid.*, p. 38.
(38) *Ibid.*, p. 41.
(39) *Ibid.*

nation du monde. Le sionisme, le socialo-communisme et le capitalisme juif constituent dès lors les trois figures de la même entreprise de conquête juive du monde. L'internationalisme juif, une fois démasqué, laisse apercevoir un hypernationalisme, un « racisme » impérialiste visant « la domination universelle par l'unification des autres races et la disparition de leurs frontières »[40]. Bref, les Juifs sont bien d'un « inexorable universalisme »[41], mais pour autant qu'il s'agit pour eux d'établir une « République universelle » dont « les "enfants d'Israël" constitueront l'élément régnant »[42]. On notera que les thèmes couplés du « racisme » et de l'« impérialisme » juifs ne datent pas des années 1950-1960, marquées par leurs adaptations « antisionistes » d'origine communiste (soviétique), relayées par la propagande anti-israélienne du monde arabe. Pierre Milès expose clairement une telle vision synthétique, produite par un usage systématique du regard démystificateur :

« Le socialo-communisme (...) [est] *pour* le capitalisme mondial juif *contre* le capitalisme national indépendant et *contre* les travailleurs et les prolétaires. (...) Le socialo-communisme de la Juiverie n'est pas plus internationaliste qu'anticapitaliste. Sous le couvert de l'internationalisme, il travaille pour le racisme, le nationalisme exclusif et total du peuple juif, il travaille à détruire tout nationalisme non-juif et à y substituer subrepticement le nationalisme juif, le pouvoir, la pensée et les mœurs du

(40) P. Milès (*ibid.*, p. 41) attribue ici à Baruch Lévy, écrivant à Karl Marx, « son ami intime », des propos attribués par d'autres doctrinaires antisémites à Marx lui-même (voir : H. de Vries de Heekelingen, *Israël..., op. cit.*, 1937, p. 104 ; référence à la *Revue de Paris*, 1er juin 1928, p. 574). Sur les usages de cette lettre, citée notamment par Céline (*Bagatelles..., op. cit.*, 1937, pp. 283-284), voir : A. Yaeger Kaplan, *op. cit.*, 1987, pp. 223-231. La dénonciation, au demeurant, est un lieu commun du discours conspirationniste : « Le sionisme vise à la constitution en Palestine d'un Etat qui sera un centre d'inspiration et de direction pour le judaïsme mondial. (...) Par un paradoxe bien juif l'Etat sioniste nationaliste deviendrait la plus puissante des forces internationales (...). La fondation de l'Etat juif en Palestine serait un pas décisif vers l'établissement d'un règne universel de justice dont Israël serait le juge » (C.D. Brunton, « Le Sionisme et la Palestine », R.I.S.S., 15 août 1934, p. 502).

(41) *Cf.* Edouard Drumont, *La France juive. Essai d'histoire contemporaine*, Paris, C. Marpon et E. Flammarion, 1886, 79e éd [s.d.], t. I, p. 58 (expression attribuée à « l'Alliance israélite »...) ; voir : P.-A. Taguieff, « Le nationalisme des "nationalistes" », in G. Delannoi et P.-A. Taguieff, *Théories du nationalisme*, *op. cit.*, pp. 82-83.

(42) P. Milès, *op. cit.*, p. 41 (référence à la lettre attribuée à Baruch Lévy).

Judaïsme. Les Juifs avouent eux-mêmes qu'ils donnent à leur internationalisme ce sens et ce rôle de destructeur de tout nationalisme non-juif et de constructeur du nationalisme juif total, universel et exclusif. (...) Cet internationalisme juif est le moyen et le seul moyen pour Israël de réaliser pleinement son rêve d'impérialisme absolu »[43].

La démystification systématique consiste simplement à *réduire* les idéologies politiques à leur double rôle de façade et d'instrument de la puissance juive : le cosmopolitisme du capitalisme juif (ou de la « haute finance » juive) n'est qu'un masque de la puissance juive ; l'internationalisme « socialo-communiste » qu'une ruse de l'hyper-nationalisme juif ; le sionisme n'est qu'un visage trompeur que se donne l'entreprise juive de domination universelle. Le « sionisme » ainsi démasqué peut dès lors être redéfini selon les exigences conjoncturelles du discours de stigmatisation. Les arguments de base d'un tel antisionisme démonologique existaient ainsi bien avant la création de l'Etat d'Israël : l'antisionisme intégré dans la théorie du complot juif mondial comportait, dès les lendemains de la Première Guerre mondiale (et après la « déclaration Balfour » de 1917), les stéréotypes négatifs qui seront massivement exploités, après 1947, par la propagande anti-israélienne.

Il faut néanmoins reconnaître que certains théoriciens antijuifs ont formulé une distinction entre le sionisme politique pris à la lettre - créer un Etat juif - et le sionisme réinterprété par les schèmes conspirationnistes. En 1921, Georges Batault publie un livre intitulé *Le problème juif*[44], où il introduit une distinction de ce type, entre un sionisme « légitime » qui serait un véritable nationalisme juif, et un pseudo-sionisme qui recouvrirait l'« internationalisme panjudaïque »[45]. G. Batault fait ainsi l'éloge du « sionisme honnête, qui est l'expression du nationalisme juif intégral »[46], et l'oppose aux « tentatives de l'impérialisme judaïque international sous sa double forme

(43) *Ibid.*, pp. 42-43.

(44) Georges Batault, *Le Problème juif*, Paris, Plon-Nourrit et Cie, 1921, 264 p. ; cet ouvrage, qui se veut mesuré, est l'une des principales sources des livres de L. de Poncins sur « l'internationale juive ». G. Batault publiera à la fin des années trente un livre intitulé *Israël contre les nations* (Paris, Beauchesne, 1939), précédé d'une introduction de Léon de Poncins.

(45) G. Batault, *op. cit.*, 1921, p. 250.

(46) *Ibid.*, p. 242.

économico-financière et économico-révolutionnaire »[47], c'est-à-dire à « l'exploitation du sionisme au bénéfice des Juifs internationaux »[48]. C'est par une interprétation conspirationniste du projet de créer un « centre juif en Palestine » qu'est construite la notion de sionisme illégitime : ledit « centre » serait le quartier général de l'internationalisme juif, pseudo-internationalisme masquant un « panjudaïsme ». Alors que le projet officiel du sionisme politique est de *normaliser* l'existence juive en instaurant une nation juive semblable (sinon identique) à toutes les autres nations[49], le décryptage conspirationniste du projet sioniste y repère une ruse de l'intelligence dominatrice. G. Batault ne se contente donc pas de distinguer deux « sionismes », il fonde sa propre position sur le sionisme sur l'opposition entre le « sionisme honnête » et l'internationalisme juif à masque sioniste :

« Ces deux tendances en se mêlant tendent à fausser et à discréditer le sionisme ; en fait elles sont absolument inconciliables et en complète opposition. (...) On a, d'un côté le nationalisme, de l'autre l'internationalisme (...). Les confusions qu'on établit pour concilier des thèses inconciliables profitent toujours aux plus "avisés", jamais aux plus honnêtes, et c'est ainsi qu'on voit le nationalisme juif servir d'instrument à l'internationalisme juif »[50].

C'est le fameux livre de Moses Hess, *Rome et Jérusalem*, paru en 1862[51], qui fournit à G. Batault l'illustration typique des « confusions » qu'il dénonce :

« Cette combinaison si "heureuse" de messianisme social et d'ardent nationalisme juif, qu'est-ce, sinon la doctrine même du *panjudaïsme* ? »[52].

(47) *Ibid.*
(48) *Ibid.*, p. 244.
(49) Voir : Elie Barnavi, *Israël au XXe* siècle, Paris, P.U.F., 1982, p. 27. Sur le paradoxe du sionisme, exigeant à la fois le droit d'être semblable et le droit de rester différent, voir : Dan V. Segre, *A Crisis of Identity. Israël and Zionism*, Oxford University Press, 1980, pp. VII-VIII.
(50) G. Batault, *op. cit.*, 1921, p. 248.
(51) Moses Hess, *Rome et Jérusalem* (1862), tr. fr. A.-M. Boyer-Mathia, Paris, Albin Michel, 1981. Voir : Isaiah Berlin, « Moïse Hess, sioniste et communiste », in *Trois essais sur la condition juive* (1970), tr. fr., Paris, Calmann-Lévy, 1973, pp. 81-153 ; Shlomo Avineri, *Histoire de la pensée sioniste* (1981), tr. fr. E. Spatz, Paris, J.-C. Lattès, 1982, pp. 57-70 ; *id., Moses Hess : Prophet of Communism and Zionism*, New York University Press, 1985.
(52) G. Batault, *op. cit.*, 1921, p. 249.

Le « sionisme » illégitime ne désigne donc pas un nationalisme véritable, il est le nom abusivement donné au « panjudaïsme ». L'argument fondamental contre ce pseudo-sionisme est que le « foyer national juif » ne serait nullement le « refuge » des Juifs partout persécutés[53] - ou le moyen de « normaliser » l'existence nationale juive -, mais l'un des centres de la puissance occulte du judaïsme mondial. C'est en ce sens que l'argumentation de G. Batault, en 1921, illustre le type idéal d'une *judéophobie prosioniste*, pour autant que le sionisme ici louangé est le « sionisme honnête », qui se définit comme « le nationalisme juif intégral »[54]. Le jumelage, dans la tradition d'Action française, entre un « antisémitisme d'Etat » (distingué de l'« antisémitisme de peau »)[55] et une attitude pro-sioniste (puis pro-israélienne, encore affirmée lors de la Guerre des Six Jours), ce jumelage peut trouver des justifications dans le livre de G. Batault. Mais cet ouvrage contient tout autant une illustration de la *judéophobie antisioniste*, dont les propagateurs professionnels des *Protocoles* ont construit la doctrine, par une double réinterprétation « démystificatrice » et diabolisante du mouvement sioniste. En premier lieu, l'idée régulatrice d'une « mission » universelle d'Israël[56] est réduite à un programme de conquête du monde :

> « Le judaïsme avec les tendances messianiques qui l'animent est un impérialisme idéologique qui tend à l'asservissement du monde aux *valeurs* juives ; par suite des circonstances historiques issues de la dispersion, il constitue une organisation internationale »[57].

En second lieu, le projet de créer un Etat juif est dénoncé comme exprimant ou trahissant la volonté du « judaïsme mondial » (ou « mondialiste ») de se donner une base territoriale. Dès lors, l'Etat juif ne serait qu'en apparence un Etat-nation comme les autres ; il serait en réalité l'un des centres secrets du « judaïsme mondial ». G. Batault dénonce fermement ce pseudo-sionisme, ou ce sionisme

(53) Sur la représentation d'Israël-« refuge », *cf.* E. Barnavi, *op. cit.*, 1982, pp. 23-24.
(54) G. Batault, *op. cit.*, 1921, p. 250.
(55) Voir par exemple : Charles Maurras, *Votre bel aujourd'hui*, Paris, Fayard, 1953, p. 457.
(56) *Cf.* E. Barnavi, *op. cit.*, 1982, pp. 27-28.
(57) G. Batault, *op. cit.*, 1921, p. 259.

dominateur qui se fait passer pour un nationalisme comme les autres :

« Si tel était le rêve intégral du sionisme, si tel était réellement le sionisme, il apparaîtrait comme un véritable complot contre les gentils, contre les nations, et il justifierait, comme réaction de défense contre lui, les menées et les contre-attaques de l'antisémitisme. Que constitueraient en effet ces Juifs qui "continueraient à séjourner dans leurs patries d'adoption, mais qui recevraient du foyer commun l'impulsion nécessaire" [Moses Hess], sinon un complot permanent contre la sûreté des Etats ? Le sionisme doit choisir nettement entre les voies honnêtes d'un nationalisme légitime et les voies ténébreuses d'un internationalisme panjudaïque. Le sionisme honnête, le nationalisme juif intégral, est susceptible, et probablement seul susceptible, d'apporter une solution équitable et juste du problème juif ; il mérite d'être soutenu et encouragé, car il pourrait être une des forces qui tendraient à s'opposer aux entreprises menaçantes de cette Internationale au double visage dont l'alliance que viennent de sceller le Kremlin rouge et la Bourse de Londres est la dernière manifestation. Sous ses deux aspects, considéré comme but ou considéré comme moyen, le sionisme apporte la preuve que l'assimilation ne peut être considérée comme une solution générale du problème juif. Si le peuple juif reconstitué veut se ranger comme une nation parmi les nations, il est du devoir et de l'intérêt de chacun de l'y aider ; s'il médite au contraire de s'organiser internationalement pour ruiner et dominer les nations, il est du devoir de ces dernières de se lever pour le lui interdire »[58].

S'il y a deux « sionismes » qui ne sont que des homonymes, si le terme de sionisme est intrinsèquement équivoque, c'est en raison de la nature en elle-même paradoxale du peuple juif, qui définit son exceptionnalité : les Juifs sont « une nation internationale », affirme G. Batault[59]. Le salut pour les Juifs, conclut-il, ne peut consister que dans la suppression volontaire de cette nature paradoxale, par un choix clair en faveur de la position nationaliste contre l'idée messianique : le vrai sionisme est l'unique voie possible de la normalisation politique des Juifs. C'est sur un tel éloge du sionisme, d'un certain « sionisme », éloge à vrai dire fort équivoque, que se termine l'ouvrage de G. Batault, qu'il serait difficile de ne pas considérer comme « antisémite », en dépit de l'insistance de l'auteur

(58) G. Batault, *ibid.*, pp. 250-251.
(59) *Ibid.*, p. 260.

à se présenter comme impartial, et soucieux de contribuer à une solution acceptable par tous de la « question juive »[60] :

« Cette nation paradoxale est composée d'un amas d'îlots, distincts mais solidaires, perdus au milieu de l'océan des races étrangères ; pour se maintenir, elle a tendance à agir comme un dissolvant au sein des organismes nationaux auxquels elle est incorporée. Pour les Juifs "internationaux" qui se sont adaptés et ont su tirer profit de la dispersion, cet état de fait présente des avantages et constitue un idéal ; en face d'eux se dressent aujourd'hui les Sionistes qui sont de purs nationalistes et revendiquent pour le peuple juif la possession d'un habitat défini, d'une patrie géographique et le droit d'ériger un Etat, une patrie selon le droit public. Le nationalisme, l'esprit de Cité, ont des vertus et exigences qui contredisent à l'impérialisme spirituel inhérent au judaïsme. Si jadis le judaïsme a triomphé du peuple hébreu en l'asservissant aux impératifs d'une religion tyrannique et minutieuse qui avait résorbé en elle la nation tout entière, n'est-il pas souhaitable qu'on voie triompher aujourd'hui le Sionisme qui se propose de résoudre le problème juif en restituant un foyer, une patrie au peuple si longtemps errant et partout étranger qui serait ainsi rendu à des destinées normales. En dehors des difficultés pratiques, qui, pour lourdes qu'elles soient, peuvent toujours être surmontées, il est une objection interne qui couvre un péril redoutable à la fois pour le peuple d'Israël et pour les Nations : c'est l'effort que tente certaine *internationale juive* pour se faire du sionisme un instrument de combat. Sous cette réserve que les nationalistes authentiques parviennent à se débarrasser complètement de la tutelle perfide des grands Juifs d'affaires internationaux, on pourrait souscrire sans arrière-pensée à ces phrases d'un écrivain juif : "... c'est par la création d'une résidence nationale que pourra être résolu le problème juif dans le monde entier. Avec l'exode des éléments inassimilables, disparaîtra le principal argument de l'antisémitisme. Ainsi la réalisation du sionisme aura d'heureux résultats pour les antisémites ; et pour les Israélites assimilés qui pourront enfin accomplir leur idéal et disparaître en paix, mêlés aux autres peuples" [Albert Cohen, in *Revue de Genève*, avril 1921, p. 606]. Le monde s'enrichirait d'une nation et les Nations verraient s'atténuer puis disparaître un mal qui les mine, une cause de troubles, un ferment de haines et de discordes »[61].

(60) « Je ne nourris à l'égard d'aucun Juif, pris individuellement, des sentiments de haine ou de mépris ; je n'ai contre les Juifs ni rancune, ni ressentiment personnel » (G. Batault, *ibid.*, préface, p. 7). Ce type de déclaration est courant chez les doctrinaires de l'antisémitisme en quête de respectabilité culturelle (*cf.* H. S. Chamberlain, J. Evola, etc.).
(61) G. Batault, *op. cit.*, 1921, pp. 260-261.

Roger Lambelin, l'un des principaux propagateurs des *Protocoles* en France, publie en 1924 *L'Impérialisme d'Israël*[62], où, dès l'avant-propos, il interprète le sionisme comme révélateur de « l'impérialisme » inhérent au peuple d'Israël :

« Et l'on peut se demander si la vraie bénéficiaire de la grande guerre n'est pas une puissance sans territoire, qui possédait des intelligences chez tous les belligérants, dirigeait la finance internationale, exerçait une action sur les gouvernements et les Parlements comme sur les organisations socialistes et soviétiques : la puissance juive. A mesure que la guerre se prolongeait, les Juifs avaient supputé le parti à tirer des événements tragiques qui ensanglantaient et ruinaient la vieille Europe. Ayant été plus ou moins enrôlés dans les rangs des combattants, on les accuserait difficilement d'être des "sans patrie". La guerre une fois finie, leur peuple dispersé, mais toujours *un*, étendant partout ses tentacules, saurait imposer sa loi à des nations divisées, jalouses les unes des autres - ces jalousies seraient habilement entretenues - et profondément atteintes moralement et financièrement. Après de minutieuses enquêtes, Israël acquit la conviction que, malgré le précieux concours donné par la Révolution russe, fomentée par ses soins, les empires centraux succomberaient dans la lutte. Alors, il offrit aux alliés, moyennant certaines conditions, de mettre à leur profit dans la balance de la guerre le poids de son or et de ses forces occultes. L'heure de la victoire serait ainsi avancée... Grâce aux concours que les Juifs s'étaient assurés dans les gouvernements de l'Angleterre, des Etats-Unis et de la France, le marché fut aisément conclu. Parmi les conditions imposées figurait le don de la Palestine aux Juifs, représentés par "l'organisation sioniste". Le ministre des Affaires étrangères de Sa Majesté britannique, M. Arthur Balfour, fit à cet égard une déclaration formelle par une lettre adressée à Lord Rothschild, le 2 novembre 1917. La date et la déclaration méritent d'être retenues. Elles marquent l'origine d'une période de l'histoire du monde. C'est l'acte de naissance ou plutôt la

(62) Roger Lambelin, *Le Péril juif - L'Impérialisme d'Israël*, Paris, B. Grasset, 1924. Voir aussi, du même auteur : *Le Règne d'Israël chez les Anglo-Saxons*, Paris, B. Grasset, 1921 ; la « judaïsation » polémique de la Grande-Bretagne et des Etats-Unis est un mode de stigmatisation standard de la littérature antijuive de l'entre-deux-guerres, exploité massivement par la propagande de guerre des nationaux-socialistes, de 1940 à 1945 (exemples de langue française : Henri-Robert Petit, *Rothschild, roi d'Israël et les Américains*, Paris, Nouvelles Etudes Françaises, 1941 ; Jean de la Herse, *La Porte hébraïque ou la vocation juive de l'Angleterre*, Vichy, Editions de « La Porte Latine », 1943 [brochure largement inspirée par le livre de G. Batault, *op. cit.*, 1921, ch. IV, « Le judaïsme et le puritanisme », pp. 156 sq.]).

déclaration avouée de l'impérialisme d'Israël, l'aurore du jour où "la promesse" faite au peuple élu sera "accomplie", où commencera la réalisation du rêve séculaire des Hébreux »[63].

Dans ses « réflexions et citations en manière de conclusion », R. Lambelin aborde la question de savoir s'il faut établir des distinctions entre les Juifs, et prend analogiquement l'exemple des attitudes juives vis-à-vis du sionisme :

« Il y a (...) une pierre de touche : c'est le sionisme. Individuellement, vous trouverez des Israélites approuvant modérément l'installation en Palestine du "Foyer national". Vous en trouverez un grand nombre n'ayant pas le moindre désir d'aller habiter la Judée et d'y édifier une modeste maison ou une somptueuse villa ; ils se borneront à verser une contribution modique, aussi réduite qu'il leur sera possible pour n'être pas taxés de ladrerie, mais aucun groupement juif, aucune personnalité n'osera se dresser ouvertement contre le sionisme, symbole de la résurrection de la race et de sa nationalité. Les organisateurs des Congrès de Carlsbad ont affirmé qu'ils ne faisaient aucune différence entre les Askenazim et les Sephardim. Ces deux tronçons, longtemps séparés, sont d'autant moins divisés aujourd'hui que les moyens de communication leur ont permis de se rejoindre, sinon de fusionner. L'étoile de Sion brille pour l'univers israélite et sa lumière éclaire sa voie triomphale »[64].

En dépit donc du fait de la diversité des opinions, parmi les Juifs, sur le sionisme, il y aurait chez eux, selon R. Lambelin, un accord fondamental sur la valeur symbolique positive de celui-ci : les Juifs prouveraient ou avoueraient ainsi qu'ils sont bien « une race », et une race « dominatrice », aux instincts « impérialistes ». L'axiome demeure : un Juif est un Juif. Mais son « impérialisme » n'est pas semblable à celui des autres peuples : il révèle une nature ordonnée au Mal. Plus précisément, écrira R. Lambelin quelques années plus tard, en 1928 :

« Le Juif est par essence un élément de révolte et de division. Son cerveau, toujours en ébullition, enfante perpétuellement des rêves, n'est jamais satisfait des perspectives qui s'ouvrent devant lui. Seule l'idée du mal à causer à tout ce qui est étranger à sa race donne une cohésion sérieuse à ce peuple (...). Le Sionisme peut être considéré comme une pierre de

(63) R. Lambelin, *op. cit.*, 1924, avant-propos, pp. IV-V.
(64) R. Lambelin, *ibid.*, p. 296 ; diagnostic analogue, par exemple, chez A. Hitler, *Mein Kampf, op. cit.*, 1934, p. 64 (« sionistes » *versus* « libéraux »).

touche. (...) Le retour à Jérusalem correspondait aux aspirations ancestrales de la race. (...) Mais les dirigeants du peuple élu, dont l'influence s'exerce dans les différents Etats du globe, eurent de suite des conceptions fort différentes de l'organisation à créer en Judée. (...) L'orgueil de la race est le meilleur ciment de la solidité de cette reconstitution catastrophique »[65].

C'est en vertu de cette nature haineusement exclusiviste et impérialiste qu'Israël passe à « l'offensive » contre les autres nations, que « la race » ne peut pas ne pas vouloir conquérir, en vue de dominer le monde :

« On conçoit les périls qui menacent les autres races et les autres peuples, quand Israël a réuni pour une action commune tous ses éléments épars sur les divers points du globe, quand il a accaparé l'or mondial, quand il a barre sur les gouvernements des grandes puissances, qu'il dirige la finance internationale et oriente à son gré l'internationale ouvrière aussi bien que la Société des Nations ! Est-il possible d'admettre qu'il y ait beaucoup d'esprits pusillanimes en France et ailleurs disposés à accepter docilement la domination juive ? Pour l'honneur des chrétiens, il faut espérer que des révoltes surgiront, que des résistances s'organiseront »[66].

Après avoir dressé ce tableau d'inquiétants symptômes, R. Lambelin pose sa question « Que faire ? », et y répond par un appel à une réaction concertée de légitime défense contre le « péril juif », selon le mode d'auto-légitimation de base de la judéophobie moderne :

« Il ne s'agit pas de s'organiser pour une conquête, pour la persécution d'une race. C'est cette race qui nous menace ; ses forces sont redoutables, son impérialisme s'affirme davantage chaque jour. Elle a entrepris, depuis 1917, une offensive générale contre les autres nations et elle dispose d'un outillage de guerre infiniment supérieur à celui des adversaires divisés qu'elle prétend conquérir et réduire en servitude. Pour se défendre contre l'impérialisme de cette race unie nationalement et disposant de forces financières et sociales internationales, des efforts à la fois nationaux et internationaux sont nécessaires. Il faudrait, dans chaque pays, révéler le péril juif et prendre les mesures d'ordre intérieur permettant de le conjurer. Il importerait en outre que les conservateurs, les traditionnalistes [*sic*], les monarchistes des divers Etats puissent échanger des vues, conclure des

(65) R. Lambelin, *Le Péril juif - Les Victoires d'Israël*, Paris, B. Grasset, 1928, pp. 220-221.
(66) R. Lambelin, *op. cit.*, 1924, pp. 299-300.

ententes étroites dans le but précis de barrer la route à l'impérialisme d'Israël et d'échapper à sa hideuse domination »[67].

Dans *Les Victoires d'Israël*, Roger Lambelin dénonce à nouveau la « déclaration Balfour » de 1917[68] comme le produit d'une stratégie secrète du « peuple élu », stratégie ayant précédemment fait ses preuves pendant la Révolution française, et stratégie qui, appliquée à la nouvelle conjoncture européenne, aurait permis au peuple juif d'exploiter la guerre de 1914-1918 pour réaliser ses propres fins, pour « étendre sans limites ses espérances et ses ambitions ». En obtenant la « déclaration Balfour », par laquelle le gouvernement britannique affirmait « considérer favorablement l'établissement, en Palestine, d'un Foyer national pour le peuple juif », les Juifs auraient réussi à rendre légitime l'installation territoriale d'un centre de direction pour leur entreprise « impérialiste » :

« La guerre mondiale, dans des conditions différentes et plus complexes que la Révolution française, fut au même titre une très grande victoire juive. Les Hébreux avaient su diaboliquement utiliser pour leur race ses phases successives, donnant d'abord aux alliés une aide financière, que devait payer la Déclaration Balfour, intervenant ensuite pour détruire la catholique Autriche, travaillant au relèvement de l'Allemagne, non sans avoir assouvi leur haine contre la Russie, et avoir semé un peu partout des dents du Dragon, d'où surgiront de nouveaux conflits sur divers points de notre planète. (...) Il faut admettre, hélas ! que, depuis que grâce aux capitulations successives des Etats, le peuple juif, sous l'aile de la Société des Nations, possède non seulement un foyer pour ses miséreux, mais aussi

(67) R. Lambelin, *ibid.*, p. 300. L'auto-présentation de la position antisémite en tant que *réaction de défense* contre une menace ou une conquête est une opération rhétorique courante dans le discours antijuif élaboré ; H. de Vries de Heekelingen, notamment, a construit un modèle des « cycles » ou des « étapes » que l'antisémitisme aurait toujours « parcourus » (*Israël..., op. cit.*, 1937, pp. 11-12 ; sur ce mode d'auto-légitimation de la « réaction » antisémite, voir : P.-A. Taguieff, « Sur une argumentation antijuive de base : l'auto-victimisation du narrateur », *Sens*, n° 7, juillet 1983, pp. 133-156). On notera en outre, chez R. Lambelin, l'appel à constituer une « internationale » antijuive pour affronter le « Juif international » ; la même idée se rencontre chez E. Malynski et Léon de Poncins (*La Guerre occulte*, Paris, Beauchesne, 1936, pp. 7 sq. ; face à une « conspiration totale », il faut une « réaction totale », qui ne peut être que trans-nationale).

(68) R. Lambelin, *Les Victoires d'Israël*, *op. cit.*, 1928, avant-propos, p. VII : « ... après avoir vu à Jérusalem les premiers effets de l'application de la Déclaration Balfour, je me résolus à étudier de mon mieux le problème juif ».

un centre spirituel et un poste de commandement d'où partent des directives et des ordres pour les communautés éparses dans l'univers, ce peuple d'Israël est doté d'une puissance qui lui permet de tout entreprendre et de tout oser »[69].

Ce n'est donc pas le caractère colonialiste du sionisme que stigmatise R. Lambelin, c'est le fait que la « colonisation de la Palestine » n'est à ses yeux qu'un simulacre, destiné à dissimuler la réalité, l'installation du « grand quartier général de la Juiverie »[70]. Au même titre que la « déclaration Balfour », la création de la SDN est dénoncée en tant que « victoire d'Israël » :

« La Société des Nations, créée sous le double signe du Judaïsme et de la Franc-Maçonnerie, est un redoutable instrument de super-gouvernement international, dont les Juifs entendent se servir pour préparer leur domination mondiale »[71].

Roger Lambelin conclut son livre par un chapitre titré : « Israël dominera-t-il le monde ? »[72]. A cette « angoissante question », l'auteur répond par l'énoncé de mesures préventives et défensives, fondées sur la leçon du colonel de la Tour du Pin : « Les Juifs sont des étrangers et des étrangers dangereux »[73]. Ces mesures sont proches de celles que préconisent les adeptes de l'antisémitisme d'Etat défini par l'Action française ralliée par R. Lambelin, mesures discriminatoires qu'on retrouvera dans les lois et les décrets antijuifs du gouvernement de Vichy :

« Il faudrait s'opposer d'une façon absolue aux projets en préparation qui tendent à donner la nationalité française aux Juifs de Tunisie et du Maroc, si méprisés des indigènes, aux Pollaks et Ukrainiens d'Israël, réfugiés à Paris (...). Il faudrait fermer nos frontières à tous les Hébreux. (...) D'autre part, il serait désirable d'obtenir des pouvoirs publics certaines dispositions légales restreignant les droits des Israélites récemment nationalisés [*i.e.* "naturalisés"] »[74].

(69) R. Lambelin, *op. cit.*, pp. X-XI.
(70) R. Lambelin, *ibid.*, p. 140.
(71) *Ibid.*, p. 183.
(72) *Ibid.*, ch. IX, pp. 207-228.
(73) Marquis de La-Tour-du-Pin La Charce, *Vers un ordre social chrétien - Jalons de route, 1882-1907*, nouvelle édition, Paris, G. Beauchesne, 1929, p. 347 : « Ne traiter les Juifs que comme des étrangers, et des étrangers dangereux » ; cité approximativement par R. Lambelin, *op. cit.*, 1928, p. 228 ; *cf.* aussi L. de Poncins, *op. cit.*, 1936, p. 272.
(74) R. Lambelin, *ibid.*, pp. 224-225.

Roger Lambelin esquisse en outre l'argument de la « double allégeance », vingt ans avant la création de l'Etat d'Israël :

« Puisque la Déclaration Balfour et la Société des Nations ont permis aux Juifs de posséder une patrie et de jouir de la nationalité palestinienne, pourquoi leur serait-il loisible de conserver une autre patrie, de jouir des avantages antérieurement acquis par des races auxquelles ils sont étrangers. Sans même décider la déchéance des droits civiques dont ils jouissent chez les autres peuples, ne pourrait-on refuser aux Juifs l'accès de certaines fonctions comportant autorité et commandement [?] »[75].

Mais Roger Lambelin, par delà ces mesures hexagonales, rêve d'une entente entre les nations désireuses de se protéger contre l'influence dissolvante des Juifs, sur le modèle de la lutte concertée contre les maladies contagieuses :

« Il serait prudent d'empêcher les Juifs d'être officiers, fonctionnaires, députés ou sénateurs, membres des corps enseignants, etc. Une pareille réforme est-elle irréalisable ? En Italie, Mussolini a pris contre les Francs-Maçons, pourtant de nationalité italienne indéniable, des mesures analogues qui ne semblaient pas d'une réalisation facile (...). En dehors des devoirs nationaux (...), n'y aurait-il pas des ententes à établir entre les peuples désireux de conserver leur indépendance politique, économique ? (...) Dès aujourd'hui (...), il serait bien utile que les gouvernements pleinement avertis du péril juif se missent en rapport avec ceux des autres pays pour se communiquer renseignements et travaux. (...) N'organise-t-on pas entre nations des défenses contre certaines maladies contagieuses ? »[76].

L'une des principales stratégies rhétoriques de la judéophobie moderne élaborée consiste à *faire parler des Juifs contre les Juifs*. Ce qui suppose l'exploitation d'un stock de citations, extraites de textes réputés juifs ou rédigés par des Juifs. Cette littérature « antisémite » se présente dès lors comme un discours savant, comportant de nombreuses références, recoupant et regroupant les « témoignages » ou les « aveux », etc. Un style savant pour légitimer une vision antijuive du monde, présentée comme une théorie vérifiée par les faits. Mais l'on remarque vite que, pour réaliser un tel bricolage mythopolitique, tout est bon, des textes signés de noms

(75) *Ibid.*, p. 225.
(76) *Ibid.*, pp. 226-227.

juifs célèbres, contenant des auto-accusations exploitables (*L'Antisémitisme* de Bernard Lazare en est le type même), aux pamphlets « anti-Goym » apocryphes attribués à des Juifs et rédigés le plus souvent par des agitateurs antijuifs (l'un des plus célèbres, en langue française, est dû à la plume d'Urbain Gohier, auteur d'une brochure - parmi d'autres - signée Isaac Blümchen [ou : Blumchen], *Le Droit de la race supérieure*), et bien sûr aux « documents » fabriqués, supposés révéler les « secrets des Juifs », tels que le « Discours du Rabbin » ou les *Protocoles.* Dans leur ouvrage dont « une portion assez importante (...) a été tracée par la nation juive elle-même »[77], A. Cavalier et P. d'Halterive fournissent nombre d'illustrations de cette stratégie consistant à convoquer des « Israélites hautement qualifiés » à la barre des témoins à charge. Parmi les auteurs pris à témoin : le très autorisé « Isaac Blümchen », porte-parole et masque d'U. Gohier, ainsi que le Dr Oscar Lévy, auteur réel d'une lettre-préface au livre de George Pitt-Rivers, *La Signification mondiale de la Révolution russe* (Oxford, 1920), dont la thèse est que la Révolution bolchevique a été l'œuvre des Juifs. Pour les deux auteurs nationalistes, il s'agit de prouver non seulement que les Juifs ont un penchant irrémédiable à la domination, mais encore qu'ils sont inassimilables :

« Invoquons maintenant le témoignage d'autres sémites marquants. Ils sont légion, ceux qui ont reconnu les torts de leur race et son impossibilité à [*sic*] s'intégrer parmi les autres races. C'est le Juif Isaac Blümchen qui a écrit : "Nous sommes des étrangers, *hostes*, hostiles en tout pays ; et, du même coup, nous nous trouvons chez nous en tout pays, quand nous y sommes les maîtres." [*Le Droit de la race supérieure*] Ecoutez le docteur juif Oscar Lévy, membre important de la communauté juive d'Angleterre, dans la préface qu'il a écrite pour une brochure sur le rôle des Juifs en Russie soviétique : "Il n'y a pas au monde de race plus énigmatique, plus fatale et, par conséquent, plus intéressante que les Juifs. (...) Dans l'Europe moderne, il ne se produit guère un événement dont l'origine ne remonte aux Juifs. (...) Ce reproche (d'être les instigateurs ou les auteurs de tous les maux qui affligent l'humanité) qui est au fond de votre antisémitisme, n'est que trop justifié. (...) Je le confesse devant vous (...) : Nous, les Juifs, qui nous sommes posés en sauveurs du monde, qui nous sommes vantés d'avoir fourni au monde *le Sauveur*, nous ne sommes plus aujourd'hui

(77) Auguste Cavalier et Pierre d'Halterive [pseudonyme], *Israël aux mystérieux destins*, Blois, J. de Grandpré et Cie, 1933, préface, p. IX.

que les corrupteurs du monde, ses destructeurs, ses incendiaires et ses bourreaux !" [78] »[79].

Lorsqu'il s'agit de fournir une preuve indirecte de l'authenticité « spirituelle » des *Protocoles*, leurs défenseurs et propagateurs privilégient les extraits de textes d'auto-accusation attribués, à tort ou à raison, à des Juifs, et paraissant confirmer les prédictions des *Protocoles*. Ces textes sont authentifiés en étant présentés comme des « aveux ». A. Netchvolodow conclut ainsi un long chapitre de son livre, chapitre intitulé « Le Judaïsme contemporain possède-t-il un programme d'action déterminé ? », - qui précède le chapitre consacré aux *Protocoles*, - par cette présentation typique des « déclarations sensationnelles du docteur Oscar Lévy et de M. René Groos » :

« Dans la presse mondiale ont été publiés deux remarquables aveux concernant l'existence d'un programme juif et qui, indépendamment l'un de l'autre, proviennent de deux Juifs. Ces aveux ont été faits par un Juif anglais, M. Oscar Lévy, en 1920, et par un Juif français, M. René Groos, en 1922. Naturellement, ces deux Juifs appartiennent au nombre très restreint des représentants de cette race qui, tels que les abbés Lémann en France et le célèbre Juif russe Brafmann, accusent ouvertement leur peuple d'agir d'une façon immorale et perfide vis-à-vis du reste de l'humanité »[80].

(78) Dr Oscar Levy, préface à : George Pitt-Rivers, *The World Significance of the Russian Revolution*, Oxford, 1920, pp. VI-X ; cité par A. Cavalier et P. d'Halterive, *op. cit.*, 1933, pp. 111-113. Ces fragments de la lettre-préface d'O. Levy ont été exploités par les propagateurs des *Protocoles* (*cf.* L. Poliakov, *Histoire de l'antisémitisme*, t. IV, *op. cit.*, 1977, pp. 233-234). Voir notamment : U. Gohier, *op. cit.*, 1920, pp. 95-96 ; A. Netchvolodow, *op. cit.*, 1924, pp. 243-244 ; H. de Vries de Heekelingen, *Juifs et catholiques*, Paris, B. Grasset, 1939, p. 106 ; André Chaumet, H.-R. Bellanger, *Les Juifs et nous*, Paris, Editions Jean Renard, 1941, p. 26.

(79) A. Cavalier et P. d'Halterive, *op. cit.*, 1933, pp. 111-113 (dans un chapitre intitulé : « La faillite de l'assimilation »).

(80) A. Netchvolodow, *op. cit.*, 1924, p. 243. Sur le rôle de Jacob Brafmann, Juif russe converti à la religion orthodoxe et devenu indicateur de police, avant de publier son « document », *Le Livre du Kahal*, en 1869, voir : N. Cohn, *op. cit.*, 1967, pp. 58-61 ; L. Poliakov, *Histoire de l'antisémitisme*, t. IV, 1977, p. 104 ; et aussi : S. Doubnov, *Histoire moderne du peuple juif*, tr. fr. S. Jankélévitch, Paris, Payot, 1933, t. II, pp. 121 sq. Les textes antisémites contemporains continuent de se référer à l'« œuvre intéressante et documentée » de l'« illustre Juif, Jacob Alexandrovitch Brafmann », comme l'écrit Jean Boyer dans son livre *Les pires*

Dans son livre qui doit beaucoup à celui de Georges Batault, *La mystérieuse internationale juive*[81], Léon de Poncins déclare vouloir exposer le « redoutable problème juif » comme l'« une des clefs du drame qui bouleverse le monde et menace d'anéantir la civilisation »[82]. La méthode suivie apparente ce livre à une anthologie :

« L'auteur s'est volontairement limité à recueillir, à authentifier, à classer et à présenter, presque sans commentaires, des textes émanant des plus hautes personnalités de l'Internationale israélite »[83].

La raison donnée en est simple : « Ces textes sont le plus terrible des réquisitoires et le plus saisissant des aveux »[84]. Mais la méthode n'est pas nouvelle, comme nous l'avons vu : la construction d'un tel réquisitoire antijuif à partir d'un montage de citations de textes juifs (tel le *Talmud*) ou signés par des Juifs reprend le fil d'une tradition pamphlétaire, dont le type idéal est incarné par les multiples extraits du *Talmud*, cités hors contexte et quelque peu arrangés pour la bonne cause, publiés par des Juifs convertis, tel Jacob Brafmann, ou des pseudo-Juifs convertis, pour dénoncer le judaïsme. Si les *Protocoles* ont été si souvent et si durablement cités, c'est précisément en tant que document « juif », révélateur des plus secrètes pensées de ce peuple supposé différer de tous les autres. Mais Léon de Poncins, comme son maître Emmanuel Malynski, ne sollicite guère les *Protocoles*, dont il soupçonne le caractère apocryphe. Ce qui ne l'empêche nullement de partager sans réserve, avec les propagateurs du célèbre faux, la théorie de la conspiration juive mondiale. Léon de Poncins consacre donc son livre à démontrer, en faisant parler des Juifs (ou supposés tels), qu'il y a une « nation juive » née de l'« inter-pénétration » de la race juive et de la religion

ennemis de nos peuples (Bogota, Ediciones Libertad, 1979, p. 44 ; *cf.* pp. 44-55). Dans *Le Juif, notre maître*, L. Fry consacrait significativement un appendice à « Jacob Brafmann et son œuvre » (*op. cit.*, 1931, pp. 153-155).

(81) L. de Poncins, *op. cit.*, 1936.

(82) *Ibid.*, avertissement, pp. I-II.

(83) *Ibid.*, p. I. A. Cavalier et P. d'Halterive écrivent dans le même sens : « Le livre que nous présentons aujourd'hui au public (...) offre cette particularité d'être beaucoup moins de nous que des Juifs eux-mêmes et de leurs principaux écrivains et historiens. C'est un essai d'explication de la question juive par des textes juifs et par le témoignage de quelques Israélites, hautement qualifiés du reste par leur expérience, leur savoir et leur autorité » (préface, *op. cit.*, 1933, p. IX).

(84) L. de Poncins, *op. cit.*, 1936, p. II.

juive, qu'il y a ensuite une « internationale du sang » (le Juif révolutionnaire) et une « internationale de l'or » (le Juif financier), que la finance internationale et la Révolution ont passé une « alliance » dominée par les Juifs, qu'il y a enfin une « judaïsation du monde moderne », une influence juive polymorphe et universelle qui s'exerce notamment sur la presse, expliquant la « conspiration du silence » sur l'« immense œuvre de destruction [qui] se trame dans l'ombre »[85]. En conclusion, Léon de Poncins repose à sa manière le « problème juif », puis examine les trois solutions qui ont été avancées pour le résoudre : l'assimilation, le sionisme, le ghetto. L'assimilation est la solution à la fois la plus désirable (pour les non-Juifs), la moins désirable (pour les Juifs) et la plus impossible (les Juifs étant inassimilables). La solution sioniste est idéalement satisfaisante mais impossible en raison de la nature « parasitaire » des Juifs. Il reste le ghetto, en faveur duquel le contre-révolutionnaire Léon de Poncins trahit un certain penchant, passablement nostalgique. Mais, à lire ces pages conclusives, on éprouve le sentiment qu'il n'attend rien de ces solutions non violentes ; et, si le problème se révèle insoluble de façon pacifique, l'avenir se chargera de le régler de façon convulsive. Le dernier mot est dès lors prophétique et catastrophiste : le pire est pour demain. Lisons, en sautant les multiples citations légitimatoires (d'auteurs juifs, mais aussi de G. Batault, d'Elie Faure, des frères Tharaud, etc.), la sombre conclusion de ce prophète de malheur. Celui-ci commence par suggérer que le « problème juif », tel qu'il est ordinairement posé, est « insoluble » :

« Il y a donc un problème Juif - un problème redoutable par ses conséquences et tragique par son essence même, car il paraît à beaucoup insoluble. Insoluble, et pourtant les événements se chargeront de lui trouver une solution, bonne ou mauvaise, car aujourd'hui une grande houle antisémite lentement se creuse et s'étend, qui demain peut-être déferlera de Moscou à New York. Essayons donc de bien situer les données du problème. La question Juive [*sic*] comporte deux éléments distincts, mais aujourd'hui connexes : la question juive proprement dite, ou si l'on préfère le sort des Juifs, et la crise du monde moderne, liée elle-même, par ses différents aspects, à la judaïsation des sociétés contemporaines. Est-il possible de régler le sort des Juifs de façon à satisfaire les deux partis en

(85) *Ibid.*, p. 237.

présence : les Juifs et les non-Juifs ? Jusqu'ici nul n'y est jamais parvenu et il n'y a aucune raison humaine pour que l'époque actuelle si troublée et chaotique réussisse là où toutes les autres ont successivement échoué »[86].

Comme s'il voulait prouver que le « problème Juif » est quasi insoluble, à moins d'inventer une quatrième solution, Léon de Poncins soumet à un examen critique les trois solutions jusque-là proposées, et qui auraient échoué pour diverses raisons. Les Juifs étant considérés en principe comme inassimilables, la discussion va se recentrer sur la solution sioniste :

« L'assimilation serait parfaite si elle était possible. Une longue expérience a prouvé qu'elle ne l'était pas, et d'ailleurs l'immense majorité des Juifs en repousse l'idée avec horreur. (...) Examinons donc la deuxième solution : le Sionisme. Le Sionisme, c'est-à-dire donner à la race juive un pays qui lui soit propre. Ce serait une solution satisfaisante, mais est-elle possible ? Il est permis d'en douter ; elle ne serait efficace que si la grande majorité des Juifs se transplantait dans sa nouvelle patrie. Or qui ne voit tout ce que cette entreprise a de chimérique et d'irréalisable ? La majorité des Juifs d'ailleurs - dont les facultés sont surtout des facultés de parasites et non de producteurs - n'éprouve aucune envie de quitter la profitable exploitation des peuples chrétiens pour l'aride territoire de Palestine. (...) Depuis la fin de la guerre le problème Juif est entré dans une phase nouvelle. Le traité de Versailles a accordé aux Juifs d'Europe centrale et orientale une protection spéciale masquée sous la formule de **Droit des Minorités** et dans le même temps il a imposé par la force des armes à une majorité arabe la reconnaissance d'un Etat juif en Palestine. L'existence de la nationalité juive était donc en même temps niée et affirmée au gré des intérêts Juifs. Une situation aussi fausse et pleine de périls ne pourra durer longtemps. Si l'existence d'une nation juive est officiellement reconnue en Palestine, les Juifs du monde entier doivent être traités, qu'ils le veuillent ou non, comme citoyens de l'Etat sioniste. Ils tiennent essentiellement à conserver le privilège de leur double nationalité et à profiter de tous les droits de citoyen des pays où ils résident momentanément, mais ce tour de passe-passe a assez duré, il faut qu'il cesse une fois pour toutes. A défaut d'autre chose le Sionisme aura eu au moins l'avantage de prouver l'existence de la nation juive »[87].

(86) *Ibid.*, pp. 261-262.
(87) *Ibid.*, p. 262-265 (soul. par l'auteur). C'est là un thème récurrent de la littérature anti-judéo-maçonnique ; voir : Copin-Albancelli, *Race juive ? ou nation juive ?*, Paris, La Renaissance Française, 1910, qui cite en épigraphe « le Juif Bernard Lazare » : « ... Si les Juifs ne sont pas une race, ils ont été jusqu'à nos

La symptomatologie des conspirationnistes antijuifs aborde le sionisme comme indice ou signe révélateur : soit de « l'impérialisme d'Israël » (R. Lambelin), soit du fait que les Juifs sont bien une nation ou un peuple (L. de Poncins), soit du fait qu'ils constituent une entité biologique (A. Hitler) et non une confession religieuse. Dans *Mein Kampf*, Adolf Hitler voit dans le sionisme la preuve irrécusable de l'existence d'une « race » juive (affirmation plus tard corrigée : les Juifs formeraient une « contre-race », une « anti-race » [*Gegen-Rasse*]) :

« Un grand mouvement qui s'était dessiné parmi eux [les Juifs] (...) mettait en relief d'une façon particulièrement frappante le caractère ethnique de la juiverie : je veux dire le sionisme. (...) La domination du Juif paraît maintenant si assurée dans l'Etat qu'il ose non seulement recommencer à se donner ouvertement pour Juif, mais confesser sans réserves ses conceptions ethniques et politiques jusque dans leurs dernières conséquences [référence au sionisme] »[88].

Pour le traditionaliste catholique Léon de Poncins, l'existence d'une « race juive » ne fait non plus nul doute[89], mais elle est inséparable de la « religion juive » : « C'est cette alliance de la religion et de la race qui a créé le Juif moderne »[90], le Juif en tant que nation[91]. Mais un autre problème, dès lors, se pose. S'il y a bien une « nation juive » apte à vivre à l'état diasporique et parasitaire, cette nation est-elle capable de vivre normalement, comme toutes les autres, dans le cadre d'un Etat ? Ce qui revient à s'interroger sur l'apparence et la réalité du projet sioniste, ainsi que sur la viabilité d'un Etat juif. En d'autres termes, il s'agit de poser la question de savoir si le nationalisme juif peut aboutir à une normalisation durable du peuple juif. Léon de Poncins y répond négativement, en avançant principalement des arguments dérivant de la nature supposée impolitique et parasitaire des Juifs :

jours une nation ». La thèse défendue par le directeur du « Journal antimaçonnique », *La Bastille*, est que « les sociétés secrètes sont les tentacules du gouvernement secret de la nation juive » (*op. cit.*, p. 13) ; dans le même sens : Docteur Ansonneau, *Les Puissances occultes contre la France. La dictature judéo-maçonnique*, Bordeaux, 1924, pp. 49 sq.

(88) A. Hitler, *Mein Kampf, op. cit.*, 1934, pp. 63, 324.

(89) L. de Poncins, *op. cit.*, 1936, ch. II, pp. 13 sq.

(90) *Ibid.*, p. 29.

(91) *Ibid.*, ch. IV, pp. 53 sq.

« Ceci fait, une question se pose : l'Etat sioniste est-il viable ? S'il l'était ce serait la solution la plus naturelle et la plus juste du problème Juif. L'expérience sioniste se poursuit maintenant depuis quinze ans. Or, écrivent les Tharaud, "comment ne pas souligner le caractère artificiel de ce qui se passe en Palestine ? La Palestine, terre de refuge, non pas pour quelques malheureux mais pour Israël tout entier, ah, qu'on est loin de tout cela !"[92]. (...) Une conclusion très nette s'impose : le Sionisme n'est pas viable. Il n'est pas viable parce que les Arabes qui sont une immense majorité numérique ne veulent pas - et on le comprend - se laisser déposséder de leur sol natal. Il n'est pas viable parce que les terres pauvres de Palestine ne pourront jamais nourrir une population de quinze millions d'habitants. Il n'est pas viable parce que les Juifs européens et américains ne veulent à aucun prix échanger la fructueuse exploitation des peuples occidentaux contre l'aride défrichage de terres incultes. Il n'est pas viable parce que les Juifs, doués uniquement de facultés de parasites et de destructeurs, ne possèdent aucune aptitude ni aucun goût pour le travail manuel. Il n'est pas viable enfin parce que les Juifs se sont, dans l'histoire, toujours révélés incapables de maintenir un Etat organisé »[93].

Le démasquage du sioniste et la démystification du sionisme renvoient ainsi à une conception essentialiste du Juif comme éternel parasite/prédateur. Si le Juif est d'une nature impolitique, c'est en ce qu'il lui manque la capacité de vivre pour autrui, la faculté de se sacrifier pour la communauté - le Juif est l'être qui, par nature, ne connaît pas « l'idéalisme »[94]. Cette représentation se rencontre dans la plupart des textes antijuifs européens depuis le dernier tiers du XIXe siècle, qu'elle soit fondée ou non sur une théorie biologique des races. Dans *Mein Kampf*, Hitler ne manque pas de l'exposer longuement, pour l'appliquer expressément à dévoiler les intentions secrètes - internationalistes - des « sionistes » :

« [Les Juifs] sont restés les mêmes au sortir des gigantesques catastrophes qui ont éprouvé l'humanité. De quelle volonté de vivre d'une infinie

(92) Jérome et Jean Tharaud, *Quand Israël n'est plus roi*, Paris, Plon, 1933, p. 192.
(93) L. de Poncins, *op. cit.*, 1936, pp. 265-268.
(94) A. Hitler, *op. cit.*, 1934, pp. 303, 306. Il s'agit là d'un cliché antijudaïque qu'on rencontre dans la plus haute philosophie allemande (Kant) comme dans la basse propagande antijuive ; voir notamment : Elisabeth de Fontenay, « Sur un soupir de Kant. Le judaïsme hors la loi », in *Pour Léon Poliakov...*, *op. cit.*, 1981, pp. 15-29.

ténacité, de quelle constance à maintenir l'espèce témoignent de pareils faits ! (...) La volonté de sacrifice ne va pas, chez le peuple juif, au-delà du simple instinct de conservation de l'individu. (...) Les Juifs ne sont unis que quand ils y sont contraints par un danger commun ou attirés par une proie commune. (...) Les Juifs s'unissent pour combattre, ou plus exactement pour piller leurs semblables. (...) C'est pourquoi l'Etat juif (...) est, au point de vue territorial, sans aucune frontière. (...) Par suite, il manque à cet Etat la base sur laquelle peut s'élever une civilisation. (...) Le Juif ne possède pas la moindre capacité à créer une civilisation, puisque l'idéalisme (...) lui est et lui fut toujours inconnu. Son intelligence ne lui servira jamais à édifier, mais bien à détruire. (...) [Les Juifs] n'ont jamais été des nomades, mais toujours des parasites vivant sur le corps des autres peuples. (...) La vie que le Juif mène comme parasite dans le corps d'autres nations et Etats comporte un caractère spécifique, qui a inspiré à Schopenhauer le jugement (...) que le Juif est "le grand maître en fait de mensonges". (...) Une partie de sa race [référence aux « sionistes »] se reconnaît ouvertement pour un peuple étranger, non sans d'ailleurs commettre un nouveau mensonge. Car lorsque le sionisme cherche à faire croire au reste du monde que la conscience nationale des Juifs trouverait satisfaction dans la création d'un Etat palestinien, les Juifs dupent encore une fois les sots *goïm* de la façon la plus patente. Ils n'ont pas du tout l'intention d'édifier en Palestine un Etat juif pour aller s'y fixer ; ils ont simplement en vue d'y établir l'organisation centrale de leur entreprise charlatanesque d'internationalisme universel [*sic*] ; elle serait ainsi douée de droits de souveraineté et soustraite à l'intervention des autres Etats ; elle serait un lieu d'asile pour tous les gredins démasqués et une école supérieure pour les futurs bateleurs »[95].

L'existence même du projet sioniste valait pour preuve que les Juifs formaient bien une unité ethnique ou bio-culturelle (race-religion-peuple-nation). L'échec fatal du projet sioniste, ou plus exactement l'impossibilité du sionisme pratique démontrée *a priori*, vaut maintenant pour preuve que les Juifs constituent une unité ethnique différant radicalement des autres peuples-nations. Le stéréotype du Juif-parasite revient souvent, aussi bien dans les « démonstrations » (où il apparaît en tant qu'axiome) que dans les conclusions. Il en va ainsi dans le livre déjà cité de A. Cavalier et P. d'Halterive :

« Les fils d'Israël, qui cherchent le bien-être et la fortune, ne tournent pas des regards avides vers les déserts de l'Arabie et louchent plutôt du côté des *"peuples-hôtes"*, aux dépens desquels il fait meilleur vivre, convaincus,

(95) A. Hitler, *ibid.*, pp. 300-305, 324-325.

pensent-ils, que, “si nous n’avions pas autour de nous un peuple-hôte, nous devrions mourir de faim” »[96].

Parasites-nés, les Juifs sont corrélativement caractérisés par une autre propriété négative de leur nature : la tendance à l’auto-destruction. Ce couple de stéréotypes négatifs fonctionne selon une logique imparable : les Juifs ne peuvent survivre, compte tenu de leur nature auto-destructrice, qu’en déplaçant vers les autres peuples, qu’en appliquant aux autres nations, la puissance de destruction qu’ils incarnent. D’où l’alternative stricte : les Juifs sont ou bien parasitaires, ou bien suicidaires ; destructeurs ou auto-destructeurs. C’est pourquoi le sionisme, c’est-à-dire la prétention des Juifs à vivre une existence politique indépendante, dans le cadre « normal », pour les Modernes, d’un Etat-nation, le sionisme ne peut qu’être une imposture.
Un autre stéréotype négatif semble ici fournir une explication : la nature du Juif est polymorphe, elle se caractérise par une faculté de métamorphose sans égale. Bref, le Juif est caméléonesque, il imite moins qu’il ne simule, il copie moins qu’il ne se travestit. C’est le thème de « l’adaptation judaïque »[97] : au regard antijuif, le Juif paraît d’une nature hautement adaptable, mais cette plasticité ne conduit pas à l’assimilation, elle ne permet que de produire des simulacres d’assimilation. Une telle faculté d’illusionnisme explique que les Juifs puissent être partout et nulle part, tels des êtres insaisissables aux multiples visages : le financier, le socialiste, le bolchevik, le judéo-maçon politicien, le sioniste, le religieux orthodoxe, le matérialiste et athée, etc. Cette aptitude singulière à la métamorphose indéfinie est inquiétante :

« Le Juif a le don, et parfois le génie, de l’adaptation, en apparence ou en surface tout au moins. Il s’arroge toutes les compétences, sans en avoir particulièrement aucune. Il se résigne ou s’identifie à n’importe quelle situation ; et, grâce à son intelligence, à son habileté, à sa souplesse, à sa subtilité, il n’y paraît pas habituellement inférieur. (...) Sa facilité et sa fantaisie ne le rendent impropre à aucune transformation de son activité multiforme »[98].

(96) A. Cavalier et P. d’Halterive, *op. cit.*, 1933, p. 127.
(97) *Ibid.*, ch. XI, pp. 135 sq.
(98) *Ibid.*, pp. 135-136.

Cette haute et perverse adaptabilité ne va pas sans une faculté d'ubiquité que stigmatisait Edouard Drumont, qui voyait dans le destin tragique du peuple errant, - voué à ne survivre qu'en détruisant et en se détruisant, - la clef de l'antisémitisme, réaction de légitime défense des peuples :

« La destinée de cette race en effet est singulière : seule de toutes les races humaines, elle a le privilège de vivre sous tous les climats et, en même temps, elle ne peut se maintenir, sans nuire aux autres et sans se nuire à elle-même, que dans une atmosphère morale et intellectuelle spéciale. Avec son esprit d'intrigue, sa manie d'attaquer sans cesse la religion du Christ, sa fureur de détruire la foi des autres (...), le Juif est exposé dans certains pays à des tentations auxquelles il succombe toujours ; c'est ce qui explique la perpétuelle persécution dont il est l'objet. (...) Il ne peut se contenir, il invente le socialisme, l'internationalisme, le nihilisme ; il lance sur la société qui l'a accueilli des révolutionnaires et des sophistes (...) ; il met le feu au pays pour y faire cuire l'œuf de quelques banquiers et tout le monde se réunit à la fin pour le pousser vers la porte »[99].

Il suffit d'ajouter le sionisme à la liste des « -ismes » inventés par les Juifs pour le décrypter comme une nouvelle imposture juive, au même titre que le communisme ou le libéralisme.

La dénonciation du « sionisme » comme nouvelle imposture des Juifs, et nouvelle preuve de leur nature d'imposteurs, est commune à la plupart des théoriciens conspirationnistes des années 20 et 30, persuadés que la « déclaration Balfour » inaugurait la dernière étape de la conquête juive du monde, sous la bannière du « sionisme ». Si donc l'assimilation et le sionisme sont des solutions illusoires, il reste le ghetto. Léon de Poncins rêve assurément, avec le Marquis de la Tour du Pin, d'un retour au Moyen Age, mais ne le croit guère possible :

« Pendant deux mille ans les Juifs ont vécu au milieu des nations occidentales, à peine moins nombreux que de nos jours, et pendant deux mille ans ils sont demeurés impuissants. Pourquoi aujourd'hui occupent-ils partout les avenues du pouvoir ? Parce que, sous la duperie des formules insidieuses et séduisantes, l'Occident s'est laissé, à son insu, pénétrer et

(99) E. Drumont, *La France juive, op. cit.*, t. 1, p. 201 ; A. Cavalier et P. d'Halterive proposent une réactualisation de ce tableau (*op. cit.*, 1933, pp. 90-91).

imprégner par la mentalité judaïque, mentalité qui a commencé à se manifester lors de la Réforme et a triomphé par la Révolution française sous son triple aspect politique, social et religieux - démocratie, mercantilisme industriel et matérialisme - avec comme conséquence la domination d'Israël. (...) Les principes qui ont subi victorieusement l'épreuve des siècles en permettant à la Société médiévale de subir sans danger le contact des Juifs, ne reprendraient-ils pas toute leur valeur le jour où on les mettrait à nouveau en pratique et ne serait-ce pas là la véritable solution ? »[100].

Dans la pensée traditionaliste, et en particulier dans le traditionalisme catholique, l'anti-modernisme interfère avec l'« antisémitisme » au point de coïncider parfois avec lui. Le Juif moderne est stigmatisé comme le modernisateur par excellence, le responsable et le bénéficiaire de la modernisation, décryptée en tant que « judaïsation du monde ». Dans le cadre de la vision conspirationniste, les révolutions modernes sont vues comme les instruments par excellence de cette entreprise de « judaïsation » universelle, et les indices privilégiés de la réalisation d'un plan juif de conquête. Les auteurs d'*Israël aux mystérieux destins* affirment en ce sens :

« Ce sont les défenseurs autorisés d'Israël qui ont démontré que le Juif, poursuivant son plan de chambardement universel, s'est déclaré, en toutes circonstances, "l'enthousiaste admirateur de tous les révolutionnaires qui troublent et bouleversent le monde, mais surtout de ceux dont la haine inassouvissable menace de la manière la plus directe l'existence de l'Eglise". Le Juif a été "le préparateur, le machinateur, l'ingénieur en chef des révolutions. Car elles seules, en déchristianisant le monde, elles seules en le judaïsant, en le transformant à son profit, peuvent conduire le Juif à ses fins" [Gougenot des Mousseaux, *Le Juif, le judaïsme et la judaïsation des peuples chrétiens*, Paris, 1869] »[101].

C'est pourquoi, dans la perspective traditionaliste catholique, la solution de « la question juive » ne peut être trouvée dans le cadre du monde moderne « judaïsé » (ou « enjuivé »), où un système de discrimination et de ségrégation visant les Juifs est perçu comme un anachronisme, et un scandale. C'est pourquoi l'antisémitisme traditionaliste implique une récusation totale de la modernité en tant qu'âge égalitaire. Il faut commencer par détruire le monde moderne « judaïsé », et la solution du « problème Juif » suivra. En attendant

(100) L. de Poncins, *op. cit.*, 1936, pp. 268-270.
(101) A. Cavalier et P. d'Halterive, *op. cit.*, 1933, p. 201.

la nécessaire révolution contre-révolutionnaire, le théoricien de la conspiration juive mondiale se contente de prophétiser:

« Deux conceptions antagonistes et irréconciliables s'affrontent en Occident et l'une des deux triomphera ou périra chez tous les peuples de culture occidentale sinon même dans le monde entier. Aujourd'hui les dés en sont jetés. Le monde moderne, issu de la Réforme et de la Révolution de 1789, ce monde imprégné de Franc-Maçonnerie et de judaïsme, agonise sous nos yeux. Dans la vie des individus, des familles et des nations il est de ces instants suprêmes où l'on tient l'avenir entre ses mains et l'un de ces instants approche, car l'heure du redressement est venue »[102].

La réinterprétation démystificatrice du « sionisme » constitue la principale méthode de stigmatisation des Juifs qu'on rencontre dans les variantes contemporaines de la théorie du complot. Le mythe démonologique du « complot sioniste mondial », après la création de l'Etat d'Israël, sera construit avec les représentations massivement diffusées par les propagateurs des *Protocoles* dans les années vingt et trente, ainsi que par les théoriciens judéophobes qui, sans croire à l'anthenticité des *Protocoles*, n'en acceptaient pas moins les stéréotypes de base.

Afin de montrer la persistance d'un tel stock de représentations conspirationnistes, nous mentionnerons quelques-unes de leurs applications typiques à l'Etat d'Israël. Peu après l'expédition de Suez (novembre 1956), Henry Coston écrivait :

« Israël n'est pas seulement la terre des ancêtres. Israël n'est pas qu'un lieu saint vers lequel quinze millions de persécutés tournent leurs regards comme les chrétiens vers Rome, les musulmans vers La Mecque. Israël est, en même temps que le centre politique d'une nation disséminée sur toute la terre, le bastion avancé d'un vaste empire économique et financier qui tend à dominer notre planète »[103].

D'où la stigmatisation d'Israël fondée sur la réinterprétation de l'Etat juif comme foyer de la « fortune anonyme et vagabonde » :

(102) L. de Poncins, *op. cit.*, 1936, pp. 275-276.
(103) Henry Coston, cité par Jacques Bordiot, *Le Gouvernement invisible* (1983), 2e éd., Paris, Avalon, 1987, p. 115 note 5. Sur ce « Gouvernement mondial juif » dont le siège serait à New York, voir : Alfredo Bonatesta, *La Sinarchia Universale progetto di un Nuovo Ordine Mondiale*, Catania, Il Cinabro, 1986, ch. 8, pp. 44-51.

« L'intention hautement avouée de la "réorganisation mondiale de la puissance d'Israël" a permis à certains d'en déduire que ces "Conférences de Milliardaires" poursuivaient le rêve messianique de l'hégémonie juive sur le monde, considérée par la Haute Finance internationale comme le fondement du Gouvernement Mondial »[104].

Dans *Le Secret des Dieux*, publié en décembre 1968, Henry Coston consacre un chapitre aux symboliques « conférences de milliardaires » où il commence par noter :

« Les deux conférences économiques qui se sont tenues en Israël en moins d'un an nous confirment que les liens entre la Finance cosmopolite et l'Etat juif se sont encore renforcés depuis "la Guerre des Six Jours" »[105].

Dans les formes radicales de l'antisionisme contemporain, réactivant l'imaginaire des *Protocoles*, l'évidence première est l'identification du « sionisme » et de la « haute finance (internationale) »[106] : le sionisme est redéfini, pour être maximalement stigmatisé, comme entreprise de conquête du monde par la puissance financière[107]. Le « sionisme mondial » incarne le cosmopolitisme comme idéologie, mouvement de conquête et organisation d'un super-gouvernement mondial par la « puissance juive ».

4. *Du judéo-bolchevisme au sionisto-bolchevisme. Un avatar du mythe dans le monde arabe*

Après la Déclaration Balfour du 2 novembre 1917, et en réaction contre elle, c'est-à-dire contre une politique britannique en faveur

(104) J. Bordiot, *op. cit.*, 1987, p. 117. Les « Conférences de Milliardaires » renvoient à une série de réunions organisées en Israël après la guerre des Six jours ; la première eut lieu le 9 août 1967 à Tel Aviv.
(105) H. Coston, *Le Secret des Dieux*, Paris, *Lectures Françaises*, n° spécial, décembre 1968, p. 137.
(106) Voir par exemple : Franco « Giorgio » Freda, *La désintégration du système* (1969), tr. fr. E. Houllefort, Supplément au n° 9 de la revue *Totalité*, Paris, mars 1980, pp. 17-19 ; M.M. [Maurizio Murelli ?], « A sproposito di... (anti) sionismo », *Orion*, 2e année, n° 12, décembre 1985, pp. 33-35.
(107) Voir : Maurizio Lattanzio, « Il "mondialismo" », *Orion*, décembre 1985, p. 48.

de l'établissement d'un foyer national juif en Palestine, l'argumentation antisioniste utilisée par les leaders arabes s'est adaptée au contexte idéologique occidental, pour se centrer sur l'amalgame polémique entre Juifs, sionistes et révolutionnaires bolcheviques. La menace bolchevique était ainsi assimilée, au moins partiellement, au « péril juif ». Et, au début des années vingt, la peur des Rouges était à son comble. Or, tel était l'un des thèmes majeurs des *Protocoles*, - le Juif favorisant partout des mouvements subversifs et des révolutions violentes, - et l'une des principales « leçons » tirées du texte « prophétique », - la révolution dite russe était en vérité une révolution judéo-bolchevique, le pouvoir soviétique était un pouvoir juif. Premier amalgame. En outre, non seulement les Juifs sionistes étaient alors en majorité originaires de Pologne et de Russie, mais ils étaient, pour la plupart, socialistes, ce qui facilitait la formation d'un second amalgame entre bolcheviks et sionistes. Le jumelage tactique de l'antisémitisme et de l'antibolchevisme devait dès lors pouvoir mobiliser les passions anticommunistes au service du combat contre les Juifs, et en particulier contre les sionistes. Bernard Lewis remarque qu'au début des années vingt, « si l'on voulait soulever les Britanniques [qui administraient la Palestine] et plus généralement l'opinion publique occidentale contre les sionistes, le moyen le plus efficace consistait à les présenter comme des Rouges »[108]. Cet argument antisioniste ne disparut pas devant l'évidence de l'hostilité des dirigeants bolcheviques au sionisme, ni face aux pratiques antisémites du régime stalinien, car la propagande national-socialiste avait entre-temps pris le relai, et relancé avec de puissants moyens l'amalgame polémique « judéo-bolchevique », en référence expresse aux « révélations » des *Protocoles*. La satanisation de l'ennemi, dans la rhétorique nazie, se fondait sur un tel amalgame, comportant une asymétrie interne : c'est le bolchevisme « de Moïse à Lénine », selon la formule de Dietrich Eckart[109], qui est juif ; le

(108) Bernard Lewis, *Sémites et antisémites* (1986), tr. fr. J. Carnaud et J. Lahana, Paris, Fayard, 1987, p. 235.
(109) Dietrich Eckart, *Der Bolschewismus von Moses bis Lenin. Zwiegespräch zwischen Adolf Hitler und mir* [Le bolchevisme de Moïse à Lénine. Dialogue entre Adolf Hitler et moi], Munich, 1924. Sur ce texte, où sont cités Gougenot des Mousseaux, T. Fritsch et H. Ford (*Der internationale Jude* ; indice d'une connaissance partagée des *Protocoles*...), voir : Ernst Nolte, « Eine frühe Quelle zu Hitlers Antisemitismus », *Historische Zeitschrift*, n° 192, juin 1961, pp. 584-606 ; *id., Le*

fait avéré que de nombreux Juifs sont bolcheviques importe moins que la conviction absolue du caractère intrinsèquement juif du bolchevisme comme idéologie, mouvement et régime. Or, les idées et les dirigeants du national-socialisme ont exercé un singulier pouvoir de fascination sur les militants politiques arabes dans les années 1930 et 1940 - qui ne se réduisent pas au Mufti de Jérusalem, Hadj Amin al-Husayni, dont le cas est néanmoins « exemplaire »[110] comme l'a récemment rappelé Bernard Lewis[111], précisant que, « pour les Arabes acquis à l'idéologie nazie, il ne faisait pas de doute que le véritable adversaire était le Juif bolchevique, aidé en sous-main par les Britanniques et, plus tard, par les Américains »[112]. Ce stéréotype composite issu des *Protocoles* a donc voyagé, imperméable aux faits, indifférent au changement de contexte, d'Occident au Moyen-Orient, ne se modifiant guère que par une inflexion anti-israélienne, mécaniquement provoquée par la création de l'Etat juif. La longévité idéologique de la figure du « judéo-sionisto-bolchevisme » est un bel exemple de la résistance des stéréotypes au changement des contextes et à la force d'évidence des faits. B. Lewis note ainsi : « L'idée que le sionisme et le bolchevisme n'étaient que les deux faces d'une même médaille frappée par les Juifs connut une remarquable longévité, surtout dans le monde arabe. Le roi Fayçal d'Arabie en resta persuadé jusqu'à sa mort, et Nasser n'hésita

Fascisme dans son époque (1963), t. 3 : *Le National-socialisme*, tr. fr. P. Stéphano, Paris, Julliard, 1970, pp. 144-154, 367-371 ; Werner Maser, *"Mein Kampf" d'Adolf Hitler, op. cit.*, 1968, pp. 95-97, 250 ; Jean-Pierre Faye, *Langages totalitaires* (1972), édition augmentée, Paris, Hermann, 1973, pp. 169-175.

(110) Voir : M. Pearlman, *Mufti of Jerusalem*, Londres, 1947 ; Lukasz Hirszowicz, *The Third Reich and the Arab East*, Londres, 1966 ; Eliahu ben Elissar, *La diplomatie du IIIe Reich et les Juifs (1933-1939)*, Paris, C. Bourgois, 1981 (1re éd., Julliard, 1969), pp. 200-207 ; B.. Lewis, *Juifs en terre d'Islam* (1984), tr. fr. J. Carnaud, Paris, Calmann-Lévy, 1986, puis Flammarion, 1989, pp. 214-215 (et références citées p. 241 note 47) ; Bat Ye'or, *The Dhimmi. Jews and Christians under Islam*, 2e éd. (trad. angl. revue et augmentée), Londres et Toronto, Fairleigh Dickinson, 1985, pp. 389-390 ; Roger Faligot, Rémi Kauffer, *Le Croissant et la Croix gammée, Les secrets de l'alliance entre l'Islam et le nazisme d'Hitler à nos jours*, Paris, A. Michel, 1990, en partic., pp. 50-59, 83 sq., 133 sq. ; pour une vue synthétique, *cf.* B. Lewis, *op. cit.*, 1987, pp. 177-211 (ch. VI : « Le IIIe Reich et la question de la Palestine »).

(111) *Cf.* B. Lewis, *op. cit.*, 1987, pp. 206-207.

(112) *Ibid.*, p. 236 (*cf.* aussi pp. 210-211).

pas à s'en servir durant les premières années de son régime. Encore aujourd'hui, elle fleurit dans les pays arabes conservateurs »[113]. A cette représentation polémique inscrite dans une vision mythique du Juif incarnant le Mal moderne (l'Occident révolutionnaire) s'est naturellement adjointe l'idée que la puissance maçonnique devait en quelque manière intervenir[114]. L'un des premiers usages dus à un dirigeant arabe, dans l'espace public, de l'amalgame « judéo-sionisto-bolchevique » se rencontre dans le mémorandum soumis le 28 mars 1921 à Winston Churchill, alors ministre des Colonies, par le président du Comité exécutif du Congrès de la Palestine arabe, Musa Kazim al-Husayni. Or, l'amalgame intervient dans un contexte où les *Protocoles* sont cités - par le titre des éditions britanniques : *The Jewish Peril* - en tant que référence sérieuse, comme un « livre juif » au même titre que la *Bible* ou le *Talmud*. Il est fort vraisemblable, comme le suggère B. Lewis, que ledit mémorandum, en raison de son style, de ses évidences présupposées et de ses thèmes, a été rédigé par un occidental, et plus précisément, par l'un des innombrables propagandistes antisémites diffusant alors les « révélations » des *Protocoles*[115].

(113) *Ibid.*, p. 236. Dans le mensuel *Al Da'wa* (1976-1981), publication égyptienne des « néo-Frères musulmans », on pouvait lire par exemple : « Marxisme et sionisme sont d'origine commune : la pensée marxiste est une élaboration *(ijtihad)* juive, et le grand-père de Marx était un rabbin connu » (cité par Gilles Kepel, *Le Prophète et Pharaon. Les mouvements islamistes dans l'Egypte contemporaine*, Paris, La Découverte, 1984, p. 118).

(114) Dans la presse égyptienne récente, la référence positive aux *Protocoles* est souvent jumelée avec la stigmatisation du communisme et la dénonciation de la franc-maçonnerie ; voir les textes cités dans le rapport du Centre Simon Wiesenthal : *L'Egypte, partenaire d'Israël pour la paix. Etude de l'antisémitisme dans la presse égyptienne, 1986-1987*, Los Angeles, janvier 1988, éd. française, mars 1988, pp. 14, 18, 19. Sur l'amalgame sionisme/communisme dans l'idéologie saoudite officielle, voir : O. Carré, *L'utopie islamique dans l'Orient arabe*, Paris, Presses de la Fondation nationale des Sciences politiques, 1991, p. 105 ; sur l'anti-maçonnisme de M.-H. Fadlallâh, *cf. op. cit.*, p. 195 (le maître à penser du Hizballah libanais cite volontiers les *Protocoles*).

(115) B. Lewis, *op. cit.*, 1987, p. 355 note 13. Ce texte est le plus souvent cité de façon tronquée ; on en retient notamment quelques belles pensées du type : « Qu'un Juif soit un Juif n'a jamais poussé les Arabes à lui faire du mal », en évitant de citer le passage sur les « révélations » contenues dans les *Protocoles*... Voir par exemple : *Le Mouvement national palestinien* présenté par Olivier Carré, Paris, Gallimard/Julliard, 1977, p. 42 (extraits « acceptables » du mémorandum) ; A.W. Kayyali, *Histoire de la Palestine, 1896-1940* (1re éd., 1970), tr. fr.

La stigmatisation du Juif en tant que révolutionnaire et destructeur y apparaît comme le principal moyen rhétorique d'illégitimer le sionisme comme entreprise subversive :

« Dans beaucoup de pays, les Juifs ont été des facteurs de destruction particulièrement actifs, surtout lorsqu'ils occupaient des positions influentes. Tout le monde sait que la désintégration de la Russie a été en grande partie sinon en totalité l'œuvre des Juifs, auxquels on peut également attribuer la défaite de l'Allemagne et de l'Autriche. Tant que leur étoile était au zénith, les Juifs ont couvert de flatteries les Empires centraux, mais le jour où la fortune a souri à leurs adversaires, ils ont retiré leur soutien à l'Allemagne, ouvert leurs coffres aux Alliés et reçu en échange cette promesse inouïe. Nous avons eu entre les mains un livre intitulé *Le Péril juif*, que tous ceux qui doutent encore des intentions malveillantes des Juifs feraient bien de lire. On y trouve les minutes d'une société secrète où des Juifs influents se rencontrent pour discuter des affaires du monde en fonction des intérêts du judaïsme. Ce livre, qui témoigne d'une implacable haine envers l'humanité et la Chrétienté en particulier, décrit avec force détails les moyens de renverser l'ordre établi et d'instaurer, à la faveur du chaos qui s'ensuivrait, un pouvoir juif à l'échelle de la planète. Si l'on se tourne du côté des socialistes, nous trouvons en haut de la liste des noms juifs tels que Carl [*sic*] Marx, Becknin [*sic* ; Bakounine ?] et Trotsky, ainsi qu'une foule d'autres individus, moins célèbres mais tout aussi malfaisants »[116].

A la suite des révélations du *Times* sur le caractère de plagiat des *Protocoles* (les articles de Philip Graves parus en août 1921), les milieux juifs européens, intellectuellement mieux armés, ont pu réagir, face à un tel texte, avec une fermeté n'excluant pas le sens de la mesure, comme le montre cet article de J. Delevsky publié le 2 septembre 1921 dans l'hebdomadaire parisien *La Tribune Juive* :

« Lors du séjour de M. Churchill, ministre britannique, en Palestine, une délégation du Comité exécutif du Congrès arabe de Haïfa lui remit un mémorandum dirigé contre le sionisme et exposant le point de vue du

A.-M. Teeuwissen Abouelaazem, Paris, L'Harmattan, 1985, pp. 100-102 (l'auteur cite notamment Churchill, qui aurait qualifié le mémorandum de « texte d'un excellent niveau »).

(116) Extrait du mémorandum présenté le 28 mars 1921 à W. Churchill, cité par B. Lewis, *op. cit.*, 1987, p. 355 note 13 (d'après Aaron S. Klieman, *Foundations of British Policy in the Arab World : The Cairo Conference of 1921*, Baltimore, 1970, pp. 259-267).

Congrès sur la politique palestino-arabe. La note défend en même temps deux thèses : l'une s'appuyant sur le droit, l'autre le violant.
Lorsque le mémorandum parle du droit à l'indépendance que les Arabes ont acquis en vertu de leur accord moral avec l'Angleterre, à la suite du soutien qu'ils ont donné à l'Entente dans la lutte contre la Turquie et l'Allemagne ; lorsqu'il insiste sur le principe que la Palestine ne peut être traitée comme un pays conquis ; lorsqu'il rappelle les 14 points wilsoniens et le droit des peuples à disposer d'eux-mêmes ; lorsqu'il repousse toutes les prétentions à s'emparer de pays et de territoires au nom "de droits historiques" ; lorsqu'il s'insurge contre l'octroiement de privilèges politiques spéciaux à des nationalités définies ou à des groupes sociaux - ce mémorandum se maintient dans le domaine du *droit*. Devant le tribunal des peuples, les auteurs de la note arabe défendent ce qu'ils estiment leur droit et ce qui coïncide, comme ils tâchent de le prouver, avec les principes de la conscience juridique des peuples.
Défendre son droit ne signifie pas évidemment que ce droit est légitime. Une défense suppose une discussion. Il s'agit d'une *discussion de droit*. Et le parti adverse peut opposer à la thèse du droit exposée par le Comité arabe, sa thèse à lui. *Quid juris ? Quid facti ?* Ainsi à l'argumentation développée par les auteurs de la note dans le domaine du droit, on pourrait répondre que, d'après les conceptions naissantes du nouveau droit international, la souveraineté absolue des peuples dans les territoires qu'ils occupent souffre des restrictions dépendant de la compétence de la juridiction suprême, instituée par l'humanité organisée, nous voulons parler de la Société des Nations - de même qu'en toute démocratie les organes représentatifs locaux sont limités par la compétence de la représentation nationale ; on pourrait répondre que le droit des majorités ne peut usurper ni violer les droits des minorités - de même que dans une démocratie la souveraineté du peuple ne peut attenter aux droits de l'Homme et du Foyer.
Mais que dire si la discussion est portée du domaine du droit dans le domaine de la *violation du droit ?* Que dire si l'un des partis en litige non seulement procède à l'aide d'arguments de droit, mais encore se met à diffamer le parti adverse, comme personne juridique égale en droits ?
Or c'est précisément sur ce plan que se placent les auteurs de la note arabe lorsqu'ils ont recours à des attaques de mauvais goût et sans vergogne contre les Juifs, attaques dont ils empruntent la forme et le fond aux sources les plus impures du mensonge antisémite. (...)
Après leur incursion dans l'histoire juive, les auteurs du mémorandum passent à la période contemporaine. La rhétorique classique de l'antisémitisme les dispense à cet égard de tout effort intellectuel et imaginatif. Les calomnies et les insinuations venimeuses défilent devant nous comme de vieilles connaissances : les Juifs sont exclusifs, inabordables, insociables

et inassimilables. Les Juifs retirent des privilèges dans tout pays et ne donnent rien en retour. Les Juifs restent toujours des Juifs uniquement. Ils aspirent les richesses d'un pays et le mènent à la misère. Ils poussent le pays à la guerre, lorsque leur intérêt l'exige et ils exploitent la guerre dans leurs buts. Les Juifs étaient d'abord pour l'Allemagne et l'Autriche, puis, lorsque la balance commença à pencher vers l'Entente, ils ont tout fait pour perdre les empires centraux. Les Juifs sont les agents les plus actifs de la révolution et du socialisme, ce sont les Juifs surtout qui ont mené la Russie à son état actuel de décomposition.

Puis vient la pièce de résistance : les *Protocoles de Sion*. Ce livre, constate le mémorandum, est rempli de haine implacable pour l'humanité en général et pour le christianisme en particulier. Il expose d'une façon détaillée les voies et les moyens pour la destruction de l'ordre social existant, dans le but de faire naître le chaos qui permettra aux Juifs de devenir les maîtres du monde.

Les représentants de la nation arabe, parlant en son nom, protestant contre son asservissement, contre les atteintes à sa liberté et à son indépendance, qui en appellent aux principes suprêmes du droit et de la justice, ne reculent point dans leur appel devant une campagne de mensonge et de haine contre un autre peuple opprimé - les Juifs. Et pour cela ils empruntent leurs armes à l'arsenal des calomnies et des faux fabriqué par les chevaliers de l'illégalité, ces ennemis de la lumière et de la liberté ; ces ennemis jurés de la démocratie ; ces fanatiques passionnés du despotisme et de l'asservissement des nations que sont partout les antisémites réactionnaires.

Les représentants de la nation arabe en arrivent à citer dans un "document officiel" les premiers - triste priorité - les *Protocoles de Sion*, ce faux impudent fabriqué par les agents secrets les plus malhonnêtes du régime tsariste.

La démence des auteurs de la note étouffe complètement en eux le sens de la solidarité entre toutes les nations opprimées, base et gage d'une lutte heureuse pour l'émancipation générale. Ils proclament les Juifs une nation indigne. Ils s'engagent dans la voie glissante où l'on reconnaît l'existence de nations d'un rang supérieur et inférieur. Et par là ils sanctionnent l'asservissement des nations, et la légalité de leur propre asservissement.

Dans leur ignorance et leur aveuglement, les auteurs de la note, en attaquant les Juifs, ouvrent largement la porte au dogme qui par ricochet frappe leurs intérêts et paralyse leurs aspirations à la liberté et à une existence digne de l'humanité.

La nation arabe n'a pas senti la honte de cette note. Qu'elle désavoue, qu'elle repousse, les conseillers insensés et les calomniateurs infâmes ! »[117].

(117) J. Delevsky, « Le mémorandum arabe », *La Tribune Juive* (Revue hebdomadaire), 2e année, no 88, 2 septembre 1921, pp. 1-2.

C'est donc dans un texte officiel, expressément antisioniste, dû à une organisation arabe palestinienne, que les *Protocoles* ont fait leur entrée dans l'espace diplomatique international, avant même leur première traduction en langue arabe par des « chrétiens d'Orient » (1926), qu'une telle officialisation a certainement préparée, et justifiée par avance. Si l'on saute trois décennies, pour en arriver à l'année 1951, celle de la première traduction arabe des *Protocoles* par un musulman, on doit constater que l'amalgame « judéo-sionisto-communiste » est toujours fonctionnel mais qu'il s'est enrichi d'un terme : le stéréotype de « l'Amérique juive ». Muhammad Khalîfa al-Tunsî, dans la préface de sa traduction des *Protocoles*, en 1951, réaffirme la légende de l'origine sioniste des *Protocoles*, avant d'accorder aux Juifs le double statut d'acteurs omnipotents de l'histoire mondiale et de vainqueurs exclusifs de tous les conflits par eux provoqués. Et ces malfaisants sur-puissants sont en outre, selon cet excellent observateur, en train de préparer la troisième guerre mondiale, en poussant l'une contre l'autre les deux grandes puissances qu'ils dominent :

« Les décisions du premier congrès sioniste.

Entre 1897 et 1951, les dirigeants juifs ont tenu 23 conférences, la dernière en date étant celle qui a eu lieu cette année à Jérusalem pour discuter de la question de l'émigration juive vers Israël et de ses frontières, comme le rapporte le journal *Le Temps [Times ?]* en date du 28.7.51 ; la finalité commune de toutes ces conférences étant d'étudier les mesures susceptibles d'assurer l'instauration du royaume mondial de Sion. La première de ces réunions s'est tenue dans la ville de Bâle, en Suisse, en 1897, en présence de près de 300 dirigeants sionistes parmi les plus virulents, représentant plus de 50 organisations juives, sous la présidence de leur dirigeant suprême Herzl. C'est au cours de cette réunion que fut mis au point un plan secret visant à asservir le monde et à le soumettre à un roi appartenant à la descendance de David. La teneur des décisions adoptées fut entourée du plus grand secret, y compris parmi les Juifs et *a fortiori* vis-à-vis des non-Juifs, mais Dieu voulut que certains de ces secrets fussent divulgués alors que d'autres restaient ignorés, et ce que l'on en connaît aujourd'hui laisse amplement augurer de la gravité de ce qui en reste ignoré. En effet, il advint qu'une dame française put profiter d'un entretien avec l'un de leurs dirigeants les plus importants, dans l'un des repaires secrets des francs-maçons en France, pour dérober certains de ces documents et s'enfuir avec eux, documents qui constituent les *Protocoles*, et qui se trouvent actuellement entre nos mains. Ces documents furent transmis à Alexis Soukhotine, l'un des personnages les plus éminents de la Russie tsariste de l'époque, qui prit la mesure du danger représenté par ces textes et des intentions néfastes qu'ils traduisaient, vis-à-vis du monde en général, mais plus particulièrement vis-à-vis de son propre pays, la Russie, et qui décida de les confier entre des mains sûres, mieux à même que lui d'en faire bon usage et d'en assurer la divulgation. Il les remit donc à son ami, l'éminent érudit russe Serguei Nilus qui les soumit à une étude attentive, comparant leur contenu avec certains des événements dont la scène mondiale était le théâtre à la même époque. Plus même, cette comparaison le mit en mesure de prévoir et de prédire certains des événements qui devaient, dans les années suivantes, marquer le plus profondément l'histoire du monde et son évolution. Il put ainsi prédire l'effondrement du pouvoir des tsars en Russie et son remplacement par la tyrannie communiste qui fit de ce pays le principal foyer pour la diffusion de la subversion dans le monde. Il fut également en mesure de prédire la chute du califat islamique ottoman par la main des Juifs, en préalable à la fondation d'Israël et au retour des Juifs en Palestine. Il put également prédire la chute des monarchies en Europe, et en particulier en Allemagne, en Autriche, en Roumanie, en Espagne et en Italie, et l'éclatement des deux guerres mondiales, dans lesquelles, pour la première fois dans l'histoire, vainqueurs et vaincus furent également battus et dont ne sortirent victorieux que les Juifs, qui œuvrent actuellement en vue de préparer la troisième. Les Juifs disposent en effet, en Amérique, d'une influence sans commune mesure avec celle d'une minorité et ils sont également au pouvoir en Russie, [Amérique et Russie] qui constituent aujourd'hui les deux plus importantes puissances mondiales. En les poussant toutes les deux à la guerre, les Juifs visent leur destruction mutuelle, qui rendra possible la transformation de leur emprise occulte sur le monde en emprise ouverte et manifeste »[118].

5. *« Le Juif est partout » : le « sionisme » démasqué*

En 1921, dans un article intitulé « Les Juifs et la patrie », repris en appendice du volume III du *Péril judéo-maçonnique* de

(118) Muhammad Khalîfa al-Tunsî, préface à la traduction arabe de : *Le Péril juif. Les Protocoles des Sages de Sion*, Le Caire, Imprimeries de la Sunna muhammadienne, 1972 (1re éd., 1951 ; voir *infra*, bibliographie générale) pp. 31-33 ; tr. fr. A. Roussillon.

Mgr Jouin[119], Paul Courcoural s'interroge sur le paradoxe incarné par un peuple universellement dispersé, mondialement actif, et pourtant cimenté par une certaine forme de patriotisme ou de nationalisme :

« La question juive est au cœur de tous les problèmes. Le Juif est partout. Nulle part sa présence n'est passive ; elle est de plus en plus active. (...) Voici un peuple qui ne s'assimile à aucun. Ce n'est pourtant pas un peuple de sans-patrie. (...) Le Juif a une patrie. Elle est idéale, c'est vrai ; mais il en réclame une, qui soit comme les autres. Quelle est donc la nature du patriotisme juif, et quel en est le but ? »[120].

A la question ainsi posée, le disciple de Mgr Jouin répond de deux manières. En premier lieu, si le Juif est « partout » répandu, c'est « en vertu d'un châtiment spécial et aussi d'une mission particulière », qui fait que le Juif « sera, s'il ne l'est déjà, chez lui dans toutes les patries »[121]. Si le cosmopolitisme fait partie de la nature même du Juif, alors le patriotisme tel qu'il est vécu par tous les autres peuples lui est inconnu ; c'est que les Juifs ne visent pas l'autonomie de leur nation, mais la domination de toutes les autres. Telle est, selon P. Courcoural, « la vérité des faits » :

« Le Juif, partout intrus, requiert partout les mêmes droits que l'autochtone, et, dès lors, domine et régente. Le Juif (...) est d'un "inexorable universalisme". Tel est son patriotisme réel. Quant à se plier au patriotisme tel que la civilisation chrétienne l'a établi, l'a fait fructifier (...), faut-il compter que le juif le pourra jamais ? »[122].

Telle est la première réponse apportée à la question de départ : l'action universelle du Juif est celle d'un intrus et d'un dominateur. Mais le « rêve de domination universelle »[123] propre au Judaïsme suppose également une espérance messianique qu'il faut caractériser précisément, tant elle a provoqué de « désordres »[124], en poussant le Juif à « allumer tant de guerres » et « déchaîner tant de révolutions »[125]. C'est ici que le sionisme est désigné :

(119) Paul Courcoural, « Les Juifs et la patrie », in Mgr Jouin, *Le Péril judéo-maçonnique*, Paris, R.I.S.S. et Librairie Emile-Paul, vol. III, 1921, pp. 137-154.
(120) P. Courcoural, in *op. cit.*, p. 137.
(121) *Ibid.*, p. 145.
(122) *Ibid.*, pp. 145-146.
(123) *Ibid.*, p. 153.
(124) *Ibid.*, p. 148.
(125) *Ibid.*, p. 150.

« Quelle est donc l'espérance caressée par les Juifs et qui les conduit présentement à exercer, par tous les moyens, une telle pression sur les peuples et les gouvernements ? C'est la Palestine aux Juifs, c'est la revendication sioniste »[126].

L'apparente contradiction entre les deux réponses se dissipe dès lors que l'espérance sioniste est décryptée comme la dernière présentation, fort habile, du vieux « rêve de domination universelle » dont la réalisation implique la victoire de Jérusalem sur Rome, du Judaïsme sur le Christianisme, de la Synagogue sur l'Eglise :

« Ce grand, ce magnifique, ce magnanime patriotisme universel que le Christianisme a instauré, (...) le Judaïsme le dispersera (...), y substituant le sien, celui qui impose impitoyablement à tous les peuples la marque juive »[127].

L'auto-émancipation des Juifs chantée par le sionisme, qu'il soit politique ou culturel, c'est l'asservissement de tous les peuples par les Juifs, qui ont partout allumé des « foyers de désespoir, d'anarchie et de chaos »[128] dont ils espèrent tirer profit. D'où « l'avis aux nationaux de toutes les nations » lancé par le collaborateur de Mgr Jouin[129] :

« Que tous aperçoivent enfin le flot qui monte, le fléau qui les menace, le volcan qui gronde. Et que tous parent au péril. La cité juive serait un retour au paganisme, une aggravation même de celui-ci »[130].

Il reste cependant un espoir au défenseur des vraies patries et de

(126) *Ibid.*, p. 151.
(127) *Ibid.*, p. 152. *Cf.* Mgr Jouin : « Le panjudaïsme, c'est d'abord le Sionisme » (*Le Péril judéo-maçonnique*, vol. IV, 1922, p. 294) ; la satanique « paix juive » annoncée par les *Protocoles* vise à se substituer à la paix garantie par l'Eglise (*ibid.*, pp. 322-327). On retrouve le thème traditionaliste de la « contrefaçon », à la fois substitut et simulacre, expression d'une ruse et instrument d'une corruption. La *« pax judaïca »* est un désordre qui se fait passer pour l'ordre même, impliquant une paix universelle.
(128) Propos d'Israël Zangwill, utilisés par P. Courcoural dans un sens antijuif (*op. cit.*, 1921, p. 151) : les Juifs incarnent la puissance du désordre. Voir l'axiome posé par U. Gohier : « Le Juif est à l'origine de tout ce qui corrompt et détruit la civilisation » (*Protocoles...*, 1925, p. 185).
(129) P. Courcoural, *ibid.*, p. 153. « Paganisme », car « la Judéo-Maçonnerie est la Contre-Eglise » (Mgr Jouin, in *op. cit.*, 1921, pp. 17 sq.).
(130) P. Courcoural, *ibid.*, p. 153.

la véritable religion, l'espoir que la funeste action juive/sioniste provoque de légitimes « réactions des peuples »[131], que les Juifs dénoncent comme « vagues d'antisémitisme » :

« Si de ces foyers ["de désespoir, d'anarchie et de chaos"] le Juif apparaissait soudain comme le créateur et le profiteur, qui pourrait dire les résultats, contre le Juif, d'une telle découverte ? »[132].

Ce qu'il importe de noter, et qui éclaire sur la structuration de l'imaginaire de type conspirationniste, c'est d'abord que les Juifs sont soumis à des reproches contradictoires : on les stigmatise d'être mus par un « inexorable universalisme » qui les disperse en toutes les nations, en même temps qu'on se scandalise de leur solidarité communautaire exprimée par le mouvement sioniste. On reconnaît là une situation de *double bind* : que les Juifs se disent citoyens du monde, cosmopolites, ou sionistes, qu'ils s'affirment citoyens comme les autres de tel Etat-nation ou internationalistes en tant que révolutionnaires, ils ne font qu'exprimer diversement une même essence, qui est de dominer, et de dominer toujours plus. Quoi qu'ils fassent, cela revient donc au même. Le second enseignement d'une telle analyse d'argumentation, c'est que la judéophobie conspirationniste moderne présuppose que le « nationalisme juif » n'est pas un véritable nationalisme, que le sionisme est autre chose que ce pour quoi il se donne, que la réalité cachée du mouvement sioniste est tout autre que la belle apparence sous laquelle il avance (à savoir la solution de la « question juive » par la construction d'un Etat-nation juif, c'est-à-dire par la normalisation politique de l'existence juive). Le sionisme n'est que la poursuite, sous un autre nom et par d'autres voies, du plan « talmudique » de domination du monde :

« Le Roi d'Israël deviendra le vrai Pape de l'univers, le Patriarche de l'Eglise internationale »[133].

Au regard des lecteurs convaincus des *Protocoles*, le sionisme ne peut qu'être un masque, l'un des multiples masques derrière lesquels

(131) *Ibid.*, p. 151.
(132) *Ibid.*
(133) Mgr Jouin, *Le Péril judéo-maçonnique*, vol. 1, *Les « Protocols » des Sages de Sion*, Paris, 1920, 17e séance, p. 115. A propos de la Déclaration Balfour, Mgr Jouin écrivait : « Il serait trop naïf de croire que le royaume de Sion va devenir le ghetto de la Juiverie internationale » (*op. cit.*, vol. IV, 1922, p. 311).

Maître ECKHART

Essai critique des protocoles de 1912

1935

Les Editions Nouvelles

Publié à Paris en 1990 sous le pseudonyme de Maître Eckhart (mystique rhénan de la fin du 12e siècle), cet ouvrage, daté 1935 sans indication de lieu, reprend intégralement l'édition des *Protocoles* de Roger Lambelin (1925), sans que le nom de celui-ci soit mentionné.

avance le Juif international, conspirateur et dominateur ; derrière le sionisme, il y a le complot sioniste. C'est ici que le vieux stéréotype du Juif « ennemi du genre humain » est réactivé par son intégration dans le mythe moderne de la « conspiration juive mondiale » : la singularité, ou l'exceptionalité négative du complot juif, c'est qu'il vise à détruire ou à dominer toutes les nations, pour permettre à ses agents de s'ériger à la fois en Super-Gouvernement mondial et en nouvelle Eglise universelle[134]. L'axiome du complot sans frontières posé par les *Protocoles* permet de radicaliser l'antisémitisme politique moderne en démonisant la puissance juive. Définir Israël ou la judéo-maçonnerie comme la « Contre-Eglise », c'est l'identifier à Satan, ou à l'Antéchrist ; c'est du même mouvement placer l'antisémitisme dans le seul élément du fantastique, où tout ce qui est terrible et redoutable devient possible, le situer sur la dimension du démonologico-politique, où tous les énoncés antijuifs, fussent-ils délirants, sont vérifiés par définition, et irréfutables en principe. La mondialisation du « complot juif » réalise la démonisation maximale des Juifs. Alors que les doctrinaires de l'antisémitisme nationaliste définissaient d'abord, et parfois seulement, le « péril juif » comme incarnation du « Contre-Etat », « l'or juif », en raison de la solidarité juive, fait aussi « d'Israël un Etat dans l'Etat »[135]. L'usage systématique du démasquage et de la démystification caractérise le discours antijuif instruit par la théorie du complot. Le sionisme n'est qu'une apparence à percer.

(134) *Les « Protocols »...*, *op. cit.*, 14e séance, pp. 93-94 (« Abolition des religions, sauf celle de Moïse ») ; 15e séance, pp. 107-109 ; 24e séance, pp. 141-143 (le « Roi des Juifs » et le gouvernement mondial). Sur la prédominance du « danger » sioniste dans la mouvance catholico-antisémite, voir les remarques pénétrantes de L. Poliakov, *Histoire de l'antisémitisme*, t. IV, 1977, pp. 308-311.

(135) Mgr Jouin, « Les "Protocols" des Sages de Sion. Coup d'œil d'ensemble », in *Le Péril judéo-maçonnique*, vol. III, 1921, p. 13.

VI. A L'EST, RIEN DE NOUVEAU : MASQUES ET VISAGES DES *PROTOCOLES*

La carrière des *Protocoles*, dans les pays de l'Est, ne s'est pas interrompue après la défaite des armées « blanches », qui avaient massivement exploité le document à des fins de propagande, et installé durablement dans l'opinion occidentale le stéréotype du « judéo-bolchevisme ». L'antisémitisme stalinien, tel qu'il a commencé à se manifester clairement dans les années trente, apparaît à bien des égards comme une variante euphémisée de la vision conspirationniste issue des *Protocoles* ; on y retrouve, surtout à partir de 1948, la conviction que des Juifs (« sionistes », « cosmopolites sans racines ») complotent contre le « peuple soviétique » et son guide suprême, aidés en cela par les forces de « l'impérialisme » et de la haute finance « apatride ». Le mythe de la conspiration juive mondiale, s'il demeure présent dans le discours communiste/soviétique, sous Staline et après Staline, s'adapte aux règles de formation des énoncés de la « langue de bois ». Il en résulte notamment la production d'un antisémitisme paradoxal, proprement soviétique, consistant à faire de l'antisémitisme tout en dénonçant « le racisme et l'antisémitisme », selon la formule rituelle. L'invocation de la position antiraciste - donc anti-antisémite - joue le double rôle de condition d'acceptabilité des attaques contre les Juifs (désignés par des substituts lexicaux : « les sionistes », ou l'insistance sur les patronymes « juifs ») et de masque de la vision antijuive du monde qu'elles présupposent (les Juifs traîtres, hypocrites, dominateurs, etc.). Ce paradoxe est constitutif de l'antisémitisme symbolique contemporain : on produit et l'on reproduit des stéréotypes antijuifs tout en « condamnant fermement » l'antisémitisme (1re figure de la judéophobie paradoxale), ou en condamnant à la fois le sionisme *et* l'antisémitisme (2e figure, comportant l'assimilation du sionisme à un « -isme » démonisé). Quelles que soient les métamorphoses et les contextualisations du mythe, celui-ci apparaît toujours sous la forme d'un « complot sioniste » lié aux « forces réactionnaires », à « l'impérialisme » ou au « chauvinisme ». De nombreux pamphlets officiels ou semi-officiels, publiés dans les années 1960 et 1970, illustrent cette métamorphose « antisioniste » de la fable du « complot juif mondial ». Celui de Trofim Korneevytch Kytchko, *Judaïsme sans fard* (1963)[1], est l'un des plus typiques, sous son habillage universitaire et son orthodoxie communiste affichée. La récusation du judaïsme et du sionisme y est totale, mais c'est surtout par l'usage et la réactivation des stéréotypes antijuifs traditionnels que s'opère la stigmatisation maximale du Juif comme catégorie essentialisée (malgré certaines précautions rhétoriques). L'appel au mépris et l'incitation à la haine ne perdent nullement leur virulence, d'être portés et suscités par la suggestion, l'insinuation, l'usage des connotations et les jeux du sous-entendu.

On retrouve jusque chez les antisémites sans fard de *« Pamiat »* certains procédés de masquage et de brouillage ritualisés par l'antisémitisme symbolique de type stalinien (dénonciation du « sionisme »). La rhétorique antijuive des traditio-nationalistes russes contemporains - dont le mouvement *« Pamiat »* fournit un échantillon non dénué d'équivoques - se distingue cependant de l'antisémitisme stalinien par trois caractéristiques : d'abord, l'appel à défendre le patrimoine culturel de type religieux, impliquant un respect absolu pour la religion nationale russe, l'orthodoxie (alors que l'antisémitisme stalinien impliquait un athéisme militant) ; ensuite, la référence expresse au texte des *Protocoles*, en tant que preuve de l'existence d'un « complot sioniste » ou « sionisto-maçonnique » visant la domination du monde à travers la destruction de la Russie ; enfin, la dénonciation du caractère « juif » ou « sioniste » de la

(1) T.K. Kytchko, *Judaïsme sans fard*, Kiev, Edition de l'Académie des Sciences de la R.S.S. d'Ukraine, 1963 (bon à tirer : le 12 octobre 1963), Kytchko avait précédemment publié deux brochures : *La Religion judaïque [juive], son origine et son essence* (Kiev, Société Ukrainienne pour la Diffusion des Connaissances Politiques et Scientifiques, 1957) ; *De la religion judaïque* (Kiev, *ibid.*, 1959). Voir : *Les Juifs, en Europe de l'Est*, n° 19, janvier 1966, pp. 80-81 ; le texte de 1957 sera traduit en français (La Documentation Française, 1959, « Travaux et Recherches », n° 1).

Révolution bolchevique (chez certains leaders au moins). Il reste que le noyau dur du mythe, l'idée d'un complot juif ou judéo-maçonnique, se retrouve en tout ou en partie, en personne (citation des *Protocoles*) ou en miettes, à l'état pur ou mélangé (avec l'« anti-impérialisme », par exemple), dans les deux types de textes que nous considérerons, le communiste et l'anticommuniste.

1. Du judaïsme au sionisme : la démonologie communiste

Imprimé à la fin de 1963 et diffusé à 12 000 exemplaires au début de 1964 en langue ukrainienne, le pamphlet antijuif/antisioniste de T.K. Kytchko, *Judaïsme sans fard*, est représentatif de la littérature soviétique de propagande expressément dirigée contre « le sionisme » à travers une critique « matérialiste » de la religion judaïque. Ce document permet donc d'illustrer le discours « antisioniste » d'Etat tel qu'il se présentait avant la Guerre des Six Jours (juin 1967). Les autorités soviétiques ont à l'évidence favorisé la diffusion massive de ce pamphlet, présenté comme une étude « scientifique » rédigée par un expert, en ce qu'il a immédiatement été traduit en plusieurs langues, dont l'anglais et le français[2]. Nous suivrons la traduction française, dont la première page de couverture comporte les indications suivantes : « Cercle d'études franco-ukrainiennes, Etudes et documents, n° 1, *“Judaïsme sans fard”* de T.K. Kytchko, texte intégral, traduit de l'ukrainien, préface de l'éditeur, Paris. » D'autres précisions sont fournies, apparemment incompatibles avec les pré-

(2) Les traductions en langues étrangères ont été réalisées en Ukraine ; l'édition française mentionne Paris en tant que lieu d'édition, et se présente comme le produit d'un fictif « Centre d'Etudes franco-ukrainiennes » (sans date ; 1964 ?). On notera, outre l'athéisme militant de l'ouvrage, son orthodoxie marxiste, marquée par l'utilisation de fragments de *La question juive* (1844) de Marx : « Un premier pas vers l'incorporation de l'antisémitisme dans (...) la doctrine officielle » (Jacob Miller, « La doctrine soviétique et les Juifs », in Lionel Kochan [éd.], *Les Juifs en Union Soviétique depuis 1917* [1970], tr. fr. M. Carrière, Paris, Calmann-Lévy, 1971, p. 70). Voir par exemple, dans l'édition française, les citations du jeune Marx (pp. 109-110 : « L'argent, c'est le dieu jaloux d'Israël », etc.), et les énoncés du type : « Tout le culte judaïque - c'est la transposition en langage religieux du commerce, du marchandage » (p. 110).

cédentes : l'ouvrage aurait été composé à l'« imprimerie de l'Edition de l'Académie des Sciences de la R.S.S. d'Ukraine », et publié à Kiev[3]. Il s'agit bien d'un texte officiel, qui rassemble la plupart des stéréotypes antijuifs exploités par les innombrables articles de presse consacrés, dans les pays communistes d'Europe de l'Est, à la dénonciation du « sionisme », assimilé au « judaïsme ». La simple lecture de la table des matières donne une idée du ton et du style propres à cette littérature pamphlétaire déguisée (en « étude scientifique ») :

(3) Après *Judaïsme sans fard*, Kytchko publiera à Kiev *Judaïsme et sionisme* (Société « Znannia » de la R.S.S. d'Ukraine ; existe en trad. anglaise, 1968). La publication et la large diffusion (60 000 exemplaires) de cet ouvrage, comme l'attribution du diplôme d'honneur du Soviet Suprême de la R.S.S. d'Ukraine à son auteur, marquent la réhabilitation de Kytchko, dont le livre précédent avait fini par être condamné, en avril 1964, par la Commission idéologique du Comité central du P.C.U.S. (*cf. Les Juifs en Europe de l'Est*, nº 26, novembre 1968, p. 3, et nº 27, avril 1969, p. 20). Dans ce livre destiné à « un large cercle de lecteurs », on pouvait apprendre que la religion juive est une doctrine enseignant « le vol, la trahison et la perfidie », et « une haine mortelle pour tous les autres peuples » (cf. William Korey, *The Soviet Cage. Anti-Semitism in Russia*, New York, The Viking Press, 1973, p. 146). Mais surtout, Kytchko montrait qu'il était le plus doué des « descendants spirituels » de l'auteur des *Protocoles* (W. Korey, *ibid.*) en assignant au judaïsme l'ultime objectif d'accomplir la promesse divine selon laquelle « le monde entier appartient aux Juifs », à travers le sionisme, créateur en Palestine d'un « pouvoir juif mondial » (W. Korey, *ibid.* ; B. Lewis, *op. cit.*, 1987, p. 47). Pour plus de précisions sur le contenu de ce pamphlet antijuif, voir : *Les Juifs en Europe de l'Est*, nº 27, avril 1969, pp. 20-23 ; *Jews in Eastern Europe*, vol. IV, nº 2, juillet 1969, pp. 25-35. Enfin, en 1972, Kytchko publiera un nouveau livre aux éditions de la Ligue de la Jeunesse communiste d'Ukraine, *Le sionisme, l'ennemi de la jeunesse*, où il est à la fois question de « sacrifices humains » (p. 40) et de conquête du « monde entier » (p. 148) dès lors qu'il s'agit de caractériser le judaïsme/sionisme (*cf.* W. Korey, *op. cit.*, 1973, pp. 303-304).

Dans l'avant-propos signé par A. Vvedenskyi (« docteur ès sciences historiques ») et Gr. Plotkine (« écrivain »), le cadre idéologique du livre est défini par l'impératif de lutte contre « l'obscurantisme religieux », instrument des forces « réactionnaires ». La dénonciation du fait religieux se légitime « scientifiquement » par le classique recours à la théorie des « survivances »[5], impliquant une conception évolutionniste du « progrès » vers le communisme et l'athéisme :

« Avançant à pas de géants vers les hauteurs lumineuses du communisme, nous ne pouvons pas nous montrer conciliants vis-à-vis des survivances du passé qui subsistent encore dans la conscience de certains hommes. Le nouveau programme du Parti communiste de l'Union Soviétique souligne particulièrement la nécessité de mener systématiquement une propagande athéiste scientifique et d'expliquer avec patience le manque de fondement des croyances religieuses qui ont germé, dans le passé, sous l'effet de la domination des hommes par les forces élémentaires de la nature et de l'oppression sociale, et en raison de l'ignorance des vraies causes des phénomènes naturels et sociaux »[6].

Bref, s'il faut lutter contre les religions, c'est pour défendre le progrès contre les gardiens de « l'arriération humaine » :

« Les religieux du monde entier retrouvent en général un langage commun malgré les dogmes contradictoires de leurs religions : c'est le langage de la haine pour le progrès humain, pour tout ce qui est clair et d'avant-garde. Sur cette base se retrouvent le prêtre catholique, le mufti, le rabbin et le pope »[7].

(4) T.K. Kytchko, *op. cit.*, 1964, p. 248.
(5) Théorie de la persistance des formes du passé dans le présent, vestiges ou résidus jouant le rôle d'entraves ; ici encore, l'origine de la théorie est marxienne (*cf.* A.O. Hirschman, *L'économie comme science morale et politique*, Paris, Gallimard / Le Seuil, 1984, pp. 27-33).
(6) Avant-propos, in Kytchko, *op. cit.*, 1964, p. 13. Sur Gr. Plotkine, voir : *Les Juifs en Europe de l'Est*, n° 19, janvier 1966, p. 12.
(7) Avant-propos, in Kytchko, 1964, pp. 15-16.

Le contenu de la propagande d'Etat en faveur de l'athéisme est brièvement exposé dans l'introduction rédigée par Kytchko :

« L'histoire de la société ne connaît pas un seul cas où la religion ait soutenu une initiative progressiste ou une découverte scientifique. Non, on ne peut attendre cela de la religion ! De tout temps, et auprès de tous les peuples, la religion s'est présentée, depuis son apparition jusqu'à nos jours, comme une force réactionnaire, dirigée contre la lumière, et l'esprit. Elle condamne les croyants à la passivité, les obnubile, obscurcit leur conscience et désarme leur volonté de lutter pour une vie meilleure. Sous le capitalisme, les préjugés religieux empêchent les travailleurs de prendre clairement conscience de leurs intérêts de classe, de la nécessité de lutter contre les oppresseurs et contre l'injustice. De notre temps, un homme croyant ne peut devenir un bâtisseur du communisme de grande valeur. C'est pourquoi, c'est un devoir pour toute la société soviétique de mener une lutte irréductible contre tous les préjugés religieux »[8].

On reconnaît dans ces propos les clichés de la vulgate marxiste-léniniste visant le phénomène religieux en général, au nom du « matérialisme » et de la « science ». C'est dans cet océan de lieux communs et de stéréotypes antireligieux que va se distinguer le cas du judaïsme. La critique des religions en général n'est qu'une tactique de mise en acceptabilité de la dénonciation criminalisante du judaïsme. Car si toutes les religions sont « obscurantistes », il en est certaines qui le sont plus que d'autres. Le judaïsme fait partie de ces religions particulièrement réactionnaires et « trompeuses ». Cette spécificité négative du judaïsme, renforcée ou plutôt aggravée par l'existence d'Israël, est ainsi caractérisée dans l'avant-propos :

« Parmi les religions qui obscurcissent la conscience des travailleurs, le judaïsme occupe une place qui n'est pas la dernière. Comme en témoigne l'histoire, il a toujours été au service des intérêts des classes possédantes et utilisé par elles pour détourner les classes juives pauvres de la lutte contre l'injustice sociale. Mais le judaïsme a acquis une teinte particulièrement réactionnaire ces derniers temps, depuis qu'il a été proclamé religion d'Etat de l'Etat d'Israël. Induits en erreur par les promesses des propagandistes bourgeois, des hommes de 74 pays sont venus s'établir en Israël. Bien qu'ils soient tous d'origine juive, ils n'ont rien en commun en dehors des croyances judaïques ; ils parlent les langues des peuples parmi lesquels ils ont vécu et dont ils ont assimilé la culture ; ils ont des coutumes et des

(8) Kytchko, introduction, p. 19.

goûts différents. Pour cette raison, le gouvernement d'Israël favorise, plus que n'importe quel autre, l'épanouissement de l'obscurantisme religieux avec l'espoir qu'il contribuera à fondre en "une seule nation" les groupes d'immigrants les plus divers »[9].

Cette dénonciation du caractère instrumental du judaïsme en Israël ne constitue pas le noyau de l'antisionisme communiste. Celui-ci postule l'assimilation entre judaïsme et sionisme, afin de pouvoir dénoncer l'alliance internationale de toutes les forces « obscurantistes » et « réactionnaires » dans le cadre de la vision d'un complot « impérialiste » contre les « forces de progrès ». C'est dans cette offensive « impérialiste » mondiale que le judaïsme/sionisme remplit une fonction essentielle. Il s'agit donc de le caractériser dans sa différence négative, laquelle le conduit naturellement dans le camp des pires exploiteurs et exterminateurs. La brève présentation inaugurale du livre de Kytchko est centrée sur cette stigmatisation singularisante du judaïsme :

« L'auteur de ce livre dévoile au lecteur le sens véritable de la religion judaïque (judaïsme) - celle qui, parmi les antiques religions du monde entier, a absorbé et condensé tout ce qu'il y a de plus réactionnaire et de plus antihumain dans le contenu des religions modernes. Dans cet ouvrage sont cités de nombreux exemples de la façon dont les Juifs honnêtes rompent irrévocablement avec la Thora et le Talmud, ayant compris que ces livres ne sont pas autre chose qu'un moyen de tromper sournoisement les croyants. Ce livre est destiné à de vastes couches de lecteurs »[10].

(9) Avant-propos, in Kytchko, *ibid.*, pp. 13-14.
(10) Avertissement, in Kytchko, p. 12. La thèse de l'exceptionnalité négative du judaïsme est un lieu commun de la rhétorique soviétique anti-judéo-sioniste. Voir par exemple F. Maïatsky, *Le judaïsme contemporain et le sionisme* (1964) : « Le judaïsme est la pire des religions (...). Né de tels principes, l'Etat d'Israël ne pouvait être que le pire de tous les Etats » (cité in *Jews in Eastern Europe*, mai 1965, p. 16 ; *cf.* Joshua Rothenberg, « La religion juive en U.R.S.S. », in L. Kochan [éd.], *op. cit.*, 1971, p. 242 ; et L. Poliakov, *De Moscou à Beyrouth. Essai sur la désinformation*, Paris, Calmann-Lévy, 1983, pp. 57-58). Allant dans le même sens, l'ouvrage de Iouri Ivanov, *Attention : Sionisme !* (Moscou, 1969) a été massivement diffusé (75 000 exemplaires) ; une seconde éditon augmentée a été tirée à 200 000 exemplaires en 1970 (Paul Lendvai, *L'Antisémitisme sans Juifs*, tr. fr. J. Rovet, Paris, Fayard, 1971, pp. 13 et 20). Ivanov avait précédemment publié un article intitulé « Qu'est-ce que le sionisme ? », en août 1967, reproduit dans un grand nombre de journaux soviétiques (W. Korey, *op. cit.*, 1973, pp. 143, 344

Bref le judaïsme est la *pire* des religions. Mais le danger qu'il représente pour le « progrès humain » vient surtout de son indistinction d'avec le « chauvinisme » de l'Etat d'Israël, fondé sur l'exploitation de classe :

« Le judaïsme non seulement se confond intimement avec le sionisme, mais sert aussi de carte-maîtresse dans les louches intrigues des politiciens bourgeois d'Israël qui tendent à faire rentrer dans leur jeu le plus grand nombre possible d'hommes simples : de toute évidence, le nouvel Etat capitaliste a besoin d'une main-d'œuvre bon marché et de soldats pour la réalisation de ses plans d'agressions militaires. Le sionisme, mouvement nationaliste bourgeois juif, créé à la fin du siècle dernier, continue à jouer, aujourd'hui encore, son rôle réactionnaire, néfaste dans la vie du peuple juif. Le premier à formuler les bases idéologiques du sionisme fut son leader, ancien feuilletonniste d'un journal viennois, Theodor Herzl, connu pour sa servilité à l'égard des gouvernements réactionnaires de différents Etats »[11].

Les auteurs de l'avant-propos continuent en recourant à l'interprétation standard du nationalisme juif en tant que mode de diversion ou de détournement, lieu commun de la rhétorique communiste :

« Herzl a consacré ses forces à détourner le peuple juif de la lutte des classes, à aiguiser les sentiments nationalistes et à semer l'hostilité entre les travailleurs juifs et les prolétaires des autres nationalités. Les sionistes affirment qu'entre Juifs il ne peut y avoir de luttes de classes, parce qu'ils sont tous égaux et frères devant Dieu. En invitant les Juifs de pays différents "à retourner à la Terre Promise", le gouvernement d'Israël leur promet des conditions de vie paradisiaques et spécialement l'égalité absolue devant la loi, indépendamment de la condition sociale »[12].

note 3). Outre l'équation « judaïsme = sionisme = impérialisme » (voire « nazisme »), on trouve chez Ivanov la dénonciation d'un complot impérialiste dirigé par « la grande bourgeoisie juive » et « l'alliance sioniste internationale » pour dominer le monde ; voir notamment : *Jews in Eastern Europe*, juillet 1969, pp. 10-25 ; P. Lendvai, *op. cit.*, 1971, pp. 13 sq. ; Zev Katz, « Après la guerre de 1967 », in L. Kochan, *op. cit.*, 1971, pp. 436-437 ; Earl Raab, « Attitudes Toward Israel and Attitudes Toward Jews : The Relationship », in Michael Curtis (ed.), *Antisemitism in the Contemporary World*, Boulder et Londres, Westview Press, 1986, p. 293 (l'auteur insiste sur la reformulation d'un antisémitisme politique autour de la stigmatisation d'Israël). Pour d'autres exemples, voir : *Les Juifs en Europe de l'Est*, n° 26, novembre 1968, pp. 19-28.

(11) Avant-propos, in Kytchko, *op. cit.*, 1964, p. 14.

(12) *Ibid.*, p. 14.

Dès 1963-1964, surgit la double mise en équivalence : « sionisme = racisme », et « sionisme = fascisme/nazisme », mais seulement à titre d'arguments criminalisants d'appoint. On lit par exemple dans l'avant-propos :

« En réalité, non seulement les couches pauvres du peuple juif sont exploitées par la bourgeoisie de la façon la plus féroce, mais en outre, tous les Juifs sont divisés, selon la théorie raciste modifiée répandue en Israël, en plusieurs catégories : les "vrais Juifs", c'est-à-dire ceux qui sont nés en Palestine ou qui y sont depuis plusieurs dizaines d'années ; les "Juifs authentiques" de type ibérique, les "Juifs inférieurs" de l'Europe de l'Est et les soi-disant "Juifs noirs" originaires d'Asie et d'Afrique. En stigmatisant avec indignation les antisémites de toutes les couleurs et en soulignant "l'éveil de la conscience héroïque parmi les prolétaires juifs", le grand Lénine a condamné, en même temps, avec vigueur, les efforts faits par les sionistes et les "bundistes" pour séparer les travailleurs juifs du mouvement prolétarien général et pour les tromper avec les mots d'ordre nationalistes. La vie elle-même a justifié les sages prévisions de Lénine. Les documents du procès sensationnel du super-bandit hitlérien Adolphe Eichmann ont appris au monde qu'un grand nombre de dirigeants sionistes, par ailleurs zélés propagateurs du judaïsme, avaient été en contact direct avec la Gestapo. Ce n'est pas par hasard qu'Eichmann a déclaré pendant la guerre à deux d'entre eux - Richard Lowenhertz et Reche Kastner - "si je n'étais pas Allemand, mais Juif, je serais alors le sioniste le plus fanatique qu'on puisse imaginer"... Peut-on établir plus clairement la similitude des conceptions des bourgeois nationalistes et des fascistes ? »[13].

Kytchko est présenté comme un expert particulièrement qualifié pour dénoncer l'imposture et la menace incarnées par le judaïsme et le sionisme :

« Le livre de T.K. Kytchko, *Judaïsme sans fard*, est peut-être le premier ouvrage foncièrement athée publié en Ukraine ; il dénonce sous tous ses aspects l'essence réactionnaire de l'idéologie judaïque actuelle. T.K. Kytchko est connu dans notre société non seulement en tant que propagandiste de l'athéisme hautement qualifié, mais aussi en tant qu'auteur d'une série de travaux sur le judaïsme. Deux de ses livres *La religion judaïque, son origine et son essence* (1957), et *De la religion judaïque* (1959), qui ont été édités par l'Association pour la propagation des connaissances politiques et scientifiques en République S.S. d'Ukraine, sont bien connus non seulement dans notre pays, mais aussi au-delà des

(13) *Ibid.*, pp. 14-15.

frontières, et, notamment, en Israël. Dans le *Judaïsme sans fard*, l'auteur montre, en s'appuyant sur l'analyse de nombreux faits et documents, le caractère réactionnaire de la théologie judaïque et son hostilité à l'égard des transformations socialistes dans notre pays. (...) En dénonçant l'essence réactionnaire de la religion judaïque, l'auteur démontre l'action antisoviétique et contre-révolutionnaire du clergé dans le passé. L'action contraire aux intérêts du peuple menée par le clergé judaïque n'a pas cessé avec la grande victoire d'Octobre. Les serviteurs du judaïsme ainsi que ceux des autres religions, ont continué à former un camp uni avec les régions des classes exploitantes déchues et les milieux dirigeants des pays bourgeois »[14].

L'amalgame judaïsme/sionisme permet à la fois de dénoncer l'obscurantisme religieux en général, le caractère réactionnaire de « l'Etat agressif bourgeois-nationaliste d'Israël » et son rôle comme « défenseur de l'impérialisme ». Et partant, de souligner la spécificité négative du judaïsme, partie prenante dans le complot impérialiste contre les « forces de progrès ». Dans son introduction, Kytchko affirme ainsi, enfilant clichés et lieux communs du jargon de bois :

« Comme toutes les religions en général, le judaïsme n'a toujours servi qu'aux riches et aux exploiteurs et il a été utilisé par eux en tant qu'arme d'oppression spirituelle des travailleurs. (...) La religion judaïque, en principe, ne se distingue en rien des autres religions. Comme toutes les autres croyances, elle est une représentation aussi déformée et inexacte de la réalité environnante, que peut être une idéologie étrangère et hostile [*sic*], anti-scientifique et réactionnaire. Malheureusement, parmi certains Juifs de notre pays, il en est qui considèrent le judaïsme comme faisant inévitablement partie du caractère national juif. On rencontre encore des manifestations du nationalisme bourgeois juif sioniste dont les racines plongent dans le judaïsme. Depuis la création de l'Etat d'Israël bourgeois-sioniste, où le judaïsme est devenu non seulement religion d'Etat, mais aussi idéologie officielle des sionistes en Israël, le problème du judaïsme touche non seulement les domaines philosophiques et historiques mais aussi l'économie et la politique. Comme le remarque le Programme du Parti communiste de l'U.R.S.S., à notre époque, à côté du chauvinisme et du racisme, "c'est le cléricalisme qui acquiert une importance de plus en plus grande dans l'arsenal politique et idéologique de l'impérialisme" et qui, d'accord avec les monopoles et le capital financier, ne se borne plus à la propagande religieuse. En créant des partis politiques, des

(14) *Ibid.*, p. 16.

syndicats, des organisations de jeunes, etc., la réaction cléricale tend à influencer la conscience des hommes. Le judaïsme, qui est aujourd'hui la religion officielle de l'Etat agressif bourgeois-nationaliste d'Israël, ne se laisse pas distancer sous ce rapport. Il joue un rôle profondément réactionnaire, antipopulaire et il est exploité par la bourgeoisie juive des pays capitalistes en tant que moyen de tromper et d'opprimer spirituellement les travailleurs juifs. (...) En contrepartie de ces tendances, le lecteur trouvera dans notre livre des informations exactes sur l'origine des Juifs, sur la Thora, sur le Talmud, sur la religion juive, et son attitude à l'égard de la science, de la femme et de la jeunesse. Il apprendra beaucoup de choses sur les finesses de la perfide morale juive, sur l'essence de certaines fêtes et de certains rites juifs et sur leurs effets nocifs quant aux croyants eux-mêmes et à notre société. Dans la partie terminale du livre, il est question des moyens de vaincre les survivances du judaïsme parmi les Juifs de notre pays »[15].

Le pamphlet officiel de Kytchko ne se contente pas de présenter, sous la forme d'une synthèse, les principaux motifs de la dénonciation du judaïsme et du sionisme. Il expose, à l'occasion d'un rappel « historique », les vieilles accusations antijuives que *Le Juif du Talmud* de Rohling ou les *Protocoles* ont déjà contribué à diffuser au-delà même des frontières de l'Occident. Les accusations oscillent entre deux pôles : d'une part, le pôle de la cruauté juive, la barbarie sanguinaire des Juifs se manifestant clairement dans les « exterminations » décrites par la Bible ; d'autre part, le pôle de la volonté de domination, où l'on stigmatise la propension juive à conquérir et mettre en esclavage les autres peuples pour les exploiter. Donnons quelques échantillons de ce discours accusatoire, qui se présente comme une simple exposition « d'informations exactes » :

« Après avoir fait irruption dans le Chanaan, les barbares juifs exterminèrent sans pitié la population locale et en pillèrent les biens, quoique les tribus de Chanaan ne leur aient opposé aucune résistance. Le pays fut alors divisé en 31 royaumes. Chaque roitelet gouvernait une seule ville et les champs et pâturages environnants. Il n'y avait pas de liens durables entre ces royaumes ou leurs tribus, qui n'eurent pas l'idée d'organiser en commun leurs forces contre l'ennemi commun. Avec une facilité particu-

(15) Kytchko, *op. cit.*, 1964, introduction, pp. 20-22. La dénonciation du Talmud comme « poison » pour les esprits est un lieu commun dans la littérature antijudaïque officielle de l'époque ; voir : *Les Juifs en Europe de l'Est*, n° 20, septembre 1966, p. 11 (sur la brochure *Qu'est-ce que le Talmud ?* de Belensky).

lière, les conquérants s'emparaient des villages des campagnes dont les habitants fuyaient en proie à la panique, parce qu'ils étaient menacés d'extermination ou d'esclavage. Les villes chanaanéennes opposèrent une certaine résistance, ce qui valut à certaines d'entre elles de subsister assez longtemps, entourées par les envahisseurs. A cette époque, les habitants de la Palestine avaient déjà appris à construire des réservoirs en pierre, revêtus à l'intérieur de ciment calcaire. Cela rendait possible la collecte et la conservation des eaux de pluie pour les besoins d'habitation et d'irrigation. C'est bien dans ce pays que les Juifs se sont installés très rapidement. Et c'est de là qu'ils ont progressivement étendu leur domination sur les vallées, en s'emparant en fin de compte des villes chanaanéennes qui résistaient encore. (...) Ayant conquis par les armes les terres des Chanaanéens, les Israélites envahisseurs firent des anciens propriétaires de ces terres leurs esclaves et les ont forcés à travailler pour eux. A d'autres Chanaanéens, qui s'étaient soumis volontairement, les tribus israéliennes [*sic*] laissèrent leurs terres et leurs biens, mais les tinrent en état de dépendance dans tous les autres domaines en les transformant en population sans droits »[16].

A travers cette narration, c'est une opération d'*essentialisation* négative du Juif qui se réalise : les « barbares juifs » sont des « Israélites envahisseurs » et des « tribus israéliennes » colonisatrices ; et le texte « historique » laisse entendre que les Juifs se sont *toujours* comportés en conquérants et esclavagistes, de telle sorte que le lecteur peut en inférer que, du traitement des « Chanaanéens » à celui des Palestiniens d'aujourd'hui, il y a continuité et permanence. Mais l'essentialisme ne s'arrête pas à la construction d'un type juif « éternel », dominateur et cruel ; il permet tout autant de donner une nouvelle vie, sous couvert d'une « explication » matérialiste, au stéréotype du Juif à la fois inapte à l'invention et très apte à l'imitation :

« En communiquant avec les peuples voisins, Phéniciens, Philistins et Egyptiens, les Juifs apprirent certains métiers : fabrication des armes *(Kharach)*, construction de fortifications et d'immeubles *(meher)*. En faisant fondre les métaux, ils fabriquaient des objets décoratifs divers. Mais, en tant qu'oppresseur, l'Etat juif ne pouvait pas encourager sa

(16) Kytchko, *op. cit.*, 1964, ch. 1, pp. 30-31. Les écrits de A. Osipov, en 1965, sur la conquête du monde par les Juifs au moyen de carnages et de génocides sont plus explicites et plus violents ; voir : *Les Juifs en Europe de l'Est*, nº 20, septembre 1966, pp. 31-32.

population à une participation plus active au travail de production. C'est pourquoi, il n'est pas étonnant que ce peuple n'ait rien créé de remarquable dans le domaine de l'industrie, de même que dans le domaine de l'agriculture ou de la culture. Voilà qui dément les affirmations sans fondement des théologiens juifs et des bourgeois nationalistes israéliens sur l'histoire exceptionnelle du peuple juif, sur son rôle particulièrement important dans la culture universelle, sur le caractère "élu" de la nation juive »[17].

Autre réactivation d'une accusation stéréotypée : la présentation de la circoncision « à la juive » comme preuve d'exclusivisme et de sauvagerie. Kytchko écrit ainsi :

« Les rabbins considèrent la circoncision comme un rite "d'origine juive", mais une telle affirmation est contraire à la vérité historique. Ce rite a fait son apparition dans des temps très anciens, longtemps avant l'avènement de la religion judaïque et signifiait simplement une forme atténuée de sacrifice humain. (...) Au lieu de sacrifier l'homme dans sa totalité, on décida de n'en sacrifier qu'une partie : la chair extérieure. La mutilation des organes sexuels était considérée comme un sacrifice particulièrement important. (...) La religion judaïque a enrobé ce rite cruel d'un esprit réactionnaire. Elle a proclamé la circoncision comme le signe particulier de la nationalité juive, c'est-à-dire qu'elle lui a donné un caractère expressément religieux et nationaliste. Ceci peut être établi facilement à partir des textes de la Bible. Le sens profond du rite est devenu l'acquisition d'un signe d'appartenance à "son peuple", aux Juifs, signe qui, en même temps, inculque le mépris et même la haine envers ceux qui ne l'ont pas. De plus, ce rite est accompli d'une manière sauvage »[18].

La construction de l'image répulsive du Juif (comme type essentialisé), une fois achevée, l'ethnotype négatif s'avère comporter les ingrédients suivants : un peuple barbare, particulièrement cruel, exterminant sans pitié les peuples voisins, ou les colonisant et les exploitant au nom d'une prétendue supériorité conférée par une fictive « élection » (le « mythe du peuple élu » donnant à celui-ci tous les droits), un peuple de conquérants et de dominateurs, soutenu

(17) Kytchko, *ibid.*, p. 33.
(18) Kytchko, *ibid.*, ch. 7, pp. 180-181. On retrouve le thème du Juif « ennemi de tous les peuples » : le sionisme est « l'ennemi du peuple dans tous les pays » (*La construction du communisme et la liquidation des vestiges de la religion*, Institut des Sciences athées de l'Académie des Sciences de l'U.R.S.S., Ed. Naouka, 1966 ; cité in *Les Juifs en Europe de l'Est*, nº 20, septembre 1966, p. 31).

par une religion aux rituels particulièrement sauvages, espèce de conservatoire des antiques sacrifices humains, un peuple enfin inapte à l'invention, culturellement stérile, imitateur, voleur des créations d'autrui, et pour finir haineux et méprisant, rusé, fourbe, hypocrite (effets d'une morale « perfide »).

L'application de cette image répulsive du Juif à l'analyse du « sionisme » peut dès lors s'opérer avec une efficacité symbolique maximale, sous la condition de l'intégrer dans l'idéologie « anti-impérialiste » (comprenant un anti-nationalisme de principe), dont l'une des évidences premières est que le « sionisme » constitue la forme juive prise par le « nationalisme bourgeois » à la fin du XIXe siècle, lui-même héritier du « judaïsme ». Dans un chapitre intitulé « La vie dément le mensonge sioniste », Kytchko récite ainsi la leçon de l'antisionisme officiel :

« Chaque religion s'est toujours accompagnée de nationalisme, étant et demeurant opposée au patriotisme, à l'internationalisme. Le judaïsme est précisément le fondement idéologique du nationalisme bourgeois juif. Le sionisme est né à la fin du XIXe siècle, parmi les bourgeois juifs des Etats-Unis, d'Angleterre, de France, d'Autriche, d'Allemagne, de Russie et d'autres pays ; il est apparu comme le courant politique international des bourgeois-nationalistes. Peu après, l'esprit du nationalisme s'est imposé à toutes les couches de la population juive et s'est infiltré dans chaque détail de sa vie quotidienne et spirituelle. A cette époque, la religion juive est devenue plus particulièrement militante et nationaliste. Au temps de l'impérialisme, lorsque toutes les contradictions du capitalisme s'accentuent à l'extrême, appelant ainsi son déclin inévitable, la bourgeoisie a plus spécialement besoin de la religion pour renforcer son pouvoir. A l'intérieur du pays, en essayant à tout prix de sauvegarder et renforcer le régime capitaliste, la bourgeoisie fait appel à la superstition en tant que moyen ayant fait ses preuves pour s'attacher la soumission des masses, en tant que méthode pour détourner l'attention des masses de la lutte révolutionnaire. Les exploiteurs et leurs idéologues comprennent bien qu'il sera plus facile de venir à bout des croyants, ceux-ci ayant été élevés dans un esprit de soumission et dans la condition d'esclaves. La foi aveugle dans "l'écriture sainte" et dans les prescriptions "divines" de la Bible, enchaînent la volonté de l'homme, obnubilent sa conscience, détournent et neutralisent sa volonté de lutter activement pour une vie meilleure sur la terre. La hiérarchie ecclésiastique des pays capitalistes exploite à fond la religion afin de sauvegarder ses empires coloniaux, [d']opprimer les peuples, [de] justifier l'agression des Etats impérialistes en général et, plus particulièrement, lorsqu'il s'agit du Proche-Orient. C'est le destin de chaque religion, et le rôle social joué par le judaïsme et le sionisme contemporains est d'être une idéologie réactionnaire, nationaliste, transie de mystique et dirigée contre les tâches révolutionnaires et internationales du prolétariat. On ne peut comprendre les raisons de la naissance et de l'extension du sionisme qu'en analysant les conditions historiques réelles dans lesquelles se sont trouvés les Juifs dans la deuxième diaspora. En s'établissant principalement dans les villes, ils sont devenus la plupart du temps des intermédiaires entre la ville et la campagne, dont les relations étaient encore peu développées à l'époque. A l'époque féodale, groupés en communautés-kahals isolées les unes des autres, les Juifs dépendaient totalement de leurs supérieurs religieux, les rabbins, qui ont toujours servi les gens riches, s'alliant à ces derniers pour opprimer la masse pauvre de leur coreligionnaires »[19].

A la lumière de la théorie de la lutte des classes, la fonction réelle du sionisme se dévoile ; il suffit de faire appel au modèle du « détournement » tactique, lequel ne prend tout son sens que dans le cadre de la théorie du complot impérialiste contre les travailleurs du monde entier ; le « sionisme » ne serait donc lui-même qu'un mythe machiavéliquement construit pour tromper le prolétariat juif :

« A la suite du développement du capitalisme parmi les Juifs et d'autres peuples, la division des hommes en classes sociales n'a cessé de s'accroître. Une partie des Juifs est parvenue à s'infiltrer au sein de la bourgeoisie et n'opprimait pas moins ses coreligionnaires que la bourgeoisie des autres nationalités n'opprimait les travailleurs. La plupart des Juifs sont devenus des prolétaires et, par nécessité vitale, se joignirent aux travailleurs des autres nationalités pour lutter contre la classe bourgeoise. Pour détourner les Juifs travailleurs de leur participation à la lutte révolutionnaire contre la classe bourgeoise juive, ses idéologues - les sionistes - ont inventé le problème national juif, en dissimulant consciemment l'oppression nationale et politique, particulièrement forte au temps de l'impérialisme, qui touchait la plus grande partie de la population du globe. (...) En jouant un double jeu, les sionistes leurraient les Juifs prolétaires (...). Suite à cette politique perfide de la bourgeoisie juive, des organisations sionistes ont vu le jour dans tous les pays du monde. (...) L'idée d'une large colonisation de la terre "terre sainte" par les Juifs, naquit, à l'époque, chez l'agresseur anglais Sir Lawrence Olifant. Elle ne fut pas la conséquence d'un sentiment de compassion envers le peuple juif mais avait pour but de renforcer la position des envahisseurs anglais au Proche-Orient (...). Le sionisme est apparu dans l'arène politique comme un ennemi irréductible du mouve-

(19) Kytchko, *op. cit.*, ch. 8, pp. 191-193.

ment révolutionnaire ouvrier, comme une forme de l'idéologie nationaliste de la grande bourgeoisie juive qui représentait l'impérialisme et l'oppression colonialiste envers les peuples du Proche-Orient. Ainsi, le sionisme, qui a pris forme officiellement en Suisse en 1897, par la création de l'organisation mondiale sioniste, s'est rallié, dès sa naissance, aux impérialistes-colonisateurs et est devenu l'ennemi du mouvement national de libération des peuples opprimés. C'est ce que souhaitait le père idéologique du sionisme, Théodore Herzl. De pair avec les sionistes et les colonialistes impérialistes, marchaient les serviteurs du judaïsme »[20].

L'amalgame polémique aujourd'hui standardisé, dans la dénonciation de l'« américano-sionisme », est l'une des évidences centrales, apparaissant sous diverses formulations, de la vision antijudaïque/antisioniste de ce pamphlet communiste :

« Actuellement, dans tous les pays capitalistes, rabbins et sionistes marchent vers le même but qui est de renforcer l'Etat d'Israël, centre de la superstition judaïque et serre du sionisme - ce chauvinisme juif bourgeois. Autrement dit, ces frères jumeaux ont fidèlement servi la réaction dans le passé, ont exécuté et exécutent toujours les ordres des colonialistes d'outre-Atlantique et attisent, pour plaire à ces derniers, des conflits dans le Proche-Orient. L'attitude des sionistes à l'égard de la lutte révolutionnaire et des intérêts de leur propre peuple est la conséquence logique de leurs positions antipatriotiques et cosmopolitiques. Les sionistes ne considèrent pas comme patrie le pays où ils sont nés et où ils vivent et refusent les devoirs civiques envers le pays où ils vivent et qui les nourrit »[21].

Les « sionistes » sont ainsi désignés comme des traîtres à toute patrie, des traîtres par essence.

Le système des oppositions manichéennes est fort simple : nationa-

(20) *Ibid.*, p. 193-196. Au « chauvinisme » et à l'« impérialisme », au « fascisme » et au « gangstérisme » (Ivanov assimilait, en août 1967, le sionisme à la mafia ; *cf.* W. Korey, *op. cit.*, 1973, p. 143), s'ajouteront progressivement, dans la propagande « antisioniste » soviétique des années 1970, le « racisme » et surtout l'accusation d'un « génocide de fait vis-à-vis des Arabes » (Lionel Dadiani, « Le sionisme, idéologie et pratique de la discrimination raciale », in *Problèmes du monde contemporain - Le sionisme hier et aujourd'hui*, Moscou, Académie des Sciences de l'U.R.S.S., 1976, [pp. 5-14], p. 5). On peut observer une « nazification » progressive du « judaïsme » et du « sionisme » dans le discours communiste ; voir l'amendement proposé par l'Union Soviétique, le 14 octobre 1965, à la Troisième Commission des Nations Unies (*Les Juifs en Europe de l'Est*, n° 19, janvier 1966, pp. 5 sq.).

(21) Kytchko, *op. cit.*, 1964, p. 198.

lisme (chauvinisme) *versus* patriotisme $\simeq$ cosmopolitisme *versus* internationalisme. La base de réduction de ces deux oppositions mises en analogie est bien sûr l'opposition de classe : bourgeoisie *versus* prolétariat.

Sur la base d'une telle mythologie antisioniste, disons primaire, va s'élever une construction où le bricolage de la théorie du complot (le « complot impérialiste ») s'inscrit dans une vision démonologique, élaborée à partir d'un certain nombre d'amalgames entre judaïsme, sionisme, antisémitisme, fascisme et racisme. L'antisionisme démonologique consiste ici à supposer l'existence d'une secrète alliance, d'une complicité tenue secrète, entre les « cléricaux réactionnaires judaïstes »[22], les organisations sionistes, les régimes dits « fascistes » (en langue stalinienne), et en particulier le national-socialisme, les milieux antisémites et racistes. Sous la présupposition que l'antisémitisme n'existe plus depuis longtemps en U.R.S.S., qu'il n'existe donc que « l'antisémitisme fasciste »[23] :

« Dans sa réponse au philosophe anglais Bertrand Russell, N.S. Khrouchtchev a prouvé avec la plus claire évidence que tout le tapage provoqué par un prétendu antisémitisme qui existerait en U.R.S.S. n'était qu'une invention grossière, une diffamation malveillante des hommes soviétiques et de notre pays. En Union Soviétique, il n'y a pas et il n'y a jamais eu de politique antisémite, du fait que le caractère de notre Etat socialiste multinational exclut la possibilité d'une telle politique »[24].

A une question de fait, il est ainsi répondu par une affirmation de principe.

Donnons maintenant un échantillon de la rhétorique antisioniste maximaliste, où la démonisation du Juif va jusqu'à le « nazifier », l'identifier en tant qu'hitlérien ou agent du fascisme/nazisme :

« En outre, l'antisémitisme a causé également de grands torts aux travailleurs juifs. On connaît la politique antisémite des Etats fascistes, plus spécialement l'Allemagne, qui a anéanti six millions de Juifs. Cependant, dès l'arrivée au pouvoir des fascistes, au moment même où Hitler se manifestait violemment par ses pogromes, le rabbin principal à Berlin déclarait à la presse que "les ennemis véritables du judaïsme" sont les

(22) *Ibid.*, p. 199.
(23) *Ibid.*, p. 201.
(24) *Ibid.*

communistes et il voulait démontrer que le judaïsme mène une lutte ouverte contre le bolchevisme ; et il ajouta que la dictature hitlérienne était "l'idéal des Juifs allemands". Comme on l'a appris depuis, les meneurs sionistes du "Joint", en étroite collaboration avec la banque américaine "Dillon Reed and Co", ont joué, après la Première Guerre mondiale, un rôle capital en faveur de la renaissance du militarisme allemand et ont favorisé l'accession au pouvoir de Hitler. En récompense d'un tel service, les dirigeants fascistes de l'Allemagne sont allés jusqu'à nommer "aryen d'honneur" le banquier juif bien connu, Mendelson et ont fait largement appel aux services de la banque de cet "aryen" »[25].

Le thème de l'alliance entre le judaïsme et/ou le sionisme et « l'oligarchie financière de l'Occident » complète le tableau de la conspiration cosmopolite dirigée contre « le communisme, l'Union Soviétique et d'autres pays socialistes »[26] :

« Les âmes-sœurs des sionistes, des rabbins et des néo-fascistes se font mutuellement écho. (...) En dehors des impérialistes des Etats-Unis, d'Angleterre et de France, les sionistes israéliens entretiennent également des relations avec les néo-fascistes de la République Fédérale Allemande, pratiquent en même temps une politique discriminatoire à l'égard de la minorité arabe de leur pays et transforment Israël en base américaine au Proche-Orient. Les synagogues et les organisations religieuses qui leur sont liées soutiennent actuellement dans les pays bourgeois la politique de la bourgeoisie, menaçant de châtiments effroyables ceux qui soutiennent les communistes, et répandent des calomnies sur l'U.R.S.S. et les démocraties populaires. (...) Ceci est plus particulièrement visible en Israël, où la religion judaïque a une très forte influence et bénéficie du soutien total de l'Etat. Une importante partie du clergé israélien accorde ouvertement sa bénédiction à la politique agressive d'Israël, politique qui est en contradiction évidente avec les intérêts nationaux du peuple de ce pays. En exploitant les légendes de l'ancien Testament, les capitalistes juifs et

(25) *Ibid.*, pp. 199-200. On voit qu'il n'est pas question, dans les années 1960, de nier le chiffre des « six millions de Juifs » exterminés. Les attaques contre le « Joint », érigé en type des « organisations juives internationales », est un lieu commun de la mythologie antisioniste soviétique (voir le traitement de l'Alliance israélite universelle par E. Drumont, puis par les propagateurs des *Protocoles*) ; or, le « Joint » est l'abréviation de l'« American Jewish Joint Distribution Committee », association philanthropique créée en novembre 1914 pour venir en aide aux victimes juives de la Première Guerre mondiale (P. Lendvai, 1971, p. 14 ; L. Poliakov, 1983, p. 43). Le mythe conspirationniste s'empare de toute réalité prosaïque pour en faire du fantastique inquiétant...

(26) Kytchko, *op. cit.*, 1964, pp. 211, 212, 220.

leurs serviteurs idéologiques, - les sionistes, - alliés aux rabbins d'Israël, attisent des passions religieuses et nationales en incitant les Juifs à s'opposer aux autres peuples qui habitent la Palestine, avant tout aux Arabes. Les rabbins et les sionistes s'efforcent en même temps d'étouffer l'indignation des pauvres et des chômeurs en les exhortant à l'humilité et au repentir. Le gouvernement d'Israël invite le peuple à se soumettre à l'oligarchie financière étrangère et notamment aux impérialistes des Etats-Unis. Il faut préciser que cette alliance entre l'oligarchie financière de l'Occident et le sionisme existe déjà depuis quelques dizaines d'années. Comme on le sait, les monopolistes anglais et américains ont réussi à soumettre le sionisme dès sa naissance lorsque celui-ci ne rêvait encore que de la création d'un Etat juif bourgeois »[27].

(27) *Ibid.*, pp. 210-211. On voit que non seulement Kytchko ne distingue pas entre antijudaïsme et antisémitisme, mais qu'il confond l'un et l'autre avec l'antisionisme : « La vie a tourné en dérision les affirmations creuses des *judaïstes-sionistes* » (Kytchko, p. 172 ; je souligne). Sur ce type d'amalgame polémique chez Kytchko, voir : S. Levenberg, « Les Juifs d'U.R.S.S. : problèmes et perspectives », in L. Kochan, *op. cit.*, 1971, p. 63 ; W. Korey, « La situation juridique des Juifs soviétiques : Etude historique », in *ibid.*, p. 137. Parmi les textes précurseurs du livre de Kytchko, on mentionnera l'article de Panas Efremenko, « Les Prêtres du Dieu Jehovah », paru dans le journal ukrainien *Prikarpatska Pravda*, le 24 septembre 1958 : l'auteur agrémente sa dénonciation d'un prétendu impératif judaïque de domination de comparaisons et d'analogies zoomorphes (Juifs et punaises) ; « Les punaises sont des créatures odieuses et répugnantes. Elles croissent dans des recoins sombres, sales, négligés. (...) Elles sucent le sang et se nourrissent de toute espèce d'ordure » (cité in *Les Juifs en Europe de l'Est*, n° 19, janvier 1966, p. 78). Dans la littérature « antisioniste » officielle, les « punaises » - métaphore du crime rituel - se transformeront en « pieuvre » - métaphore de la domination et du complot - ; voir V. Maevski, « Les tentacules de la pieuvre », *La Pravda*, 15 mai 1970 (cité in tome II). Dans le même style, on relèvera les brochures de Evguéni Evséev (« candidat ès sciences historiques ») : *Sionisme, idéologie et politique*, et *le Fascisme sous l'étoile bleue* (75 000 exemplaires publiés par le Comité central de la Ligue de la Jeunesse communiste), l'une et l'autre parues en 1971 (W. Korey, 1973, p. 303 ; L. Poliakov, *op. cit.*, 1983, pp. 67-68) ; voir aussi : E. Evséev, « Le fascisme sous l'étoile de David », *Komsomolskaïa Pravda*, 16 et 17 mai 1970. Ces textes sont plus proches encore de la thématique des *Protocoles* : les Juifs sont partout et omnipotents (voir P. Lendvai, *op. cit.*, 1971, pp. 24-25). C'est également la dénonciation de la « ploutocratie » juive internationale qu'on trouve dans les divers pamphlets d'un Lev Korneev (voir Earl Raab, *art. cit.*, in M. Curtis [éd.], 1986, pp. 292-293). Sur la reformulation soviétique du complot juif mondial, voir surtout : P. Lendvai, 1971, pp. 12 sq ; W. Korey, *op. cit.*, 1973, pp. 146 sq. (à partir du tournant de 1968) ; Zvi Gitelman, « Soviet Antisemitism and its Perception by Soviet Jews », in M. Curtis [éd.], 1986, pp. 185 sq. Pour une vue très synthétique : Paul Giniewski, « La Perestroïka, Israël

Le « sionisme » est ainsi dénoncé comme une forme de colonialisme, et Israël décrypté comme une pièce maîtresse du dispositif impérialiste :

« Les banquiers américains, tout comme leurs partenaires anglais, allemands et français, considéraient le sionisme comme une affaire coloniale ayant ses avantages. (...) Aujourd'hui, Israël avec le sionisme et le judaïsme est considéré par les impérialistes américains comme une tête de pont, une pièce d'artillerie maîtresse pour bombarder le monde arabe »[28].

Face à l'argument des persécutions subies par les Juifs, qui justifie la création d'un Etat-nation où les Juifs seraient enfin en sécurité, Kytchko se contente d'ironiser :

« Pour "justifier" idéologiquement la thèse prônant la nécessité d'une immigration continue des Juifs en Israël et pour "trouver des raisons" à l'agression contre les Etats arabes voisins, les sionistes font état des "souffrances séculaires" endurées par le peuple juif ; ils propagent l'idée de "la nation juive dans le monde entier", aspirant en même temps, non pas à la libération des peuples de l'oppression impérialiste, mais à "l'absorption", c'est-à-dire à la réunion de tous les Juifs en Israël. Quant aux "souffrances séculaires" de richards juifs tels Ginsburg, Brodsky, Poliakov, Rothschild, Morgentau, Leamen et autres millionnaires ou milliardaires, il est inutile d'en parler »[29].

Dans cette variante soviétique du complot impérialiste à deux têtes, l'américaine et la sioniste, c'est la première qui est supposée dominer la seconde ; mais cette désignation de l'ennemi principal - « l'impérialisme » (américain) - conforme à l'idéologie officielle, ne s'accorde guère avec la stigmatisation singulière du judaïsme/sionisme qui fait le contenu essentiel du pamphlet. Il nous semble qu'il s'agit là d'une simple concession faite à la propagande d'époque, dénonçant le

et les Juifs », *Politique internationale*, n° 46, hiver 1989-1990, pp. 135-153 ; et aussi l'étude de Shmuel Ettinger, magistrale mise au point : « Le caractère de l'antisémitisme contemporain », *Dispersion et Unité*, n° 14, 1975, [pp. 141-157], pp. 153 sq. (sur la continuité entre antisémitisme traditionnel et antisionisme radical).

(28) Kytchko, *op. cit.*, 1964, p. 212. Après la guerre des Six jours, la propagande soviétique lancera une campagne sur le thème des « atrocités » israéliennes, « semblables à celles des nazis », donc relevant du « crime contre l'humanité » ou du « génocide » (*cf. Les Juifs en Europe de l'Est*, n° 23, février 1968, pp. 93-101).

(29) *Ibid.*, pp. 212-213.

sionisme comme un « instrument » de l'impérialisme ; car, parfois, ce sont les Etats-Unis qui se présentent comme « sionisés » :

« Sous le label des firmes israéliennes, c'est le capital américain qui agit, et ses intérêts sont défendus par l'Etat d'Israël. (...) Actuellement, les centres du sionisme sont les Etats-Unis et Israël. Les dirigeants de l'organisation sioniste mondiale voyagent dans les autres Etats et y propagent leurs idées. (...) Vers quoi tendent les sionistes d'aujourd'hui ? Que désirent-ils ? - Comme auparavant, ils veulent rassembler tous les Juifs en Israël et renforcer ainsi cet Etat-marionnette en tant qu'incarnation du sionisme. Les leaders du sionisme mènent une campagne intense de calomnies dirigées contre le communisme, l'Union Soviétique et d'autres pays socialistes »[30].

Bref, voir le judaïsme « sans fard », c'est aussi décrypter la vraie nature du sionisme : une machine de guerre contre le communisme. Mais c'est surtout réaliser une *essentialisation de second degré*, moins biologisante que « culturelle », s'appliquant soit au judaïsme comme tel (intrinsèquement pervers), soit à tous les Juifs à l'exception des Juifs radicalement déjudaïsés, les seuls « Juifs honnêtes » - convertis au « diamat » et à l'« histmat ». Le stéréotype chrétien des « Juifs perfides » se métamorphose en « perfide morale juive »[31].

2. L'antisionisme démonologique dans le traditio-nationalisme russe contemporain : le Front national-patriotique « Pamiat » comme révélateur

La dénonciation stalinienne (et néo-stalinienne) du « cosmopolitisme » et du « fascisme sioniste » n'a nullement disparu du champ politico-littéraire soviétique, dans les années 1980 ; elle s'est bien

(30) *Ibid.*, pp. 217, 220.

(31) La stigmatisation proprement antisémite du Juif en tant que Juif peut fort bien comporter certaines conditions restrictives, telle la distinction entre les « Juifs bien nés » et les autres (Action française), les « Juifs convenables » et les autres (A. Hitler, 1930), ou le « Juif international » et les juifs innocents (Henry Ford, 1920). Voir par exemple : L. Poliakov, *op. cit.*, t. IV, 1977, pp. 277-278 (Theodor Fritsch, quant à lui, récusait la distinction fordienne entre « bons » et « mauvais » Juifs) ; Pierre Sorlin, *L'antisémitisme allemand*, Paris, Flammarion, 1969 (pour les déclarations d'Hitler en 1930).

plutôt constituée en héritage idéologique recueilli par divers milieux nationalistes russes et traditionalistes orthodoxes, où l'on rencontre nombre de partisans du retour à la monarchie. Les trois thèmes polémiques communs à l'ensemble de ces associations et de ces mouvements informels « traditio-nationalistes » sont les suivants : tout d'abord, la dénonciation de la « russophobie », comportant la dénonciation des persécutions et du dénigrement systématique dont les Russes auraient été - et seraient toujours - les victimes, et dont les responsables seraient les « cosmopolites » (la principale connotation du terme étant : « Juifs/sionistes ») ; ensuite la stigmatisation des Juifs (plus ou moins directement désignés) comme les principaux responsables des massacres liés à la Révolution bolchevique (on retrouve ainsi le thème de la Révolution d'octobre en tant que résultat d'un « complot judéo-maçonnique »), voire du « génocide du peuple russe » commis depuis 1917 par divers moyens ; enfin, la dénonciation des forces occultes attribuées le plus souvent au « mondialisme sioniste », souvent assimilé à un Occident « décadent » et « corrupteur ». L'un des plus célèbres écrivains de la mouvance « ruraliste », Valentin Raspoutine, député au Soviet suprême, déclare par exemple en 1990, dans une interview donnée au *New York Times Magazine* :

« Je pense qu'aujourd'hui les Juifs doivent se sentir responsables pour les péchés de la Révolution et les conséquences qu'elle a entraînées. (...) Ils doivent se sentir responsables de la terreur qui a existé à l'époque de la Révolution de 1917 et surtout après elle. Ils y ont joué un rôle important, et leur faute est lourde. De même qu'ils ont à répondre du meurtre de Dieu, de même ils doivent répondre pour cela »[32].

(32) Valentin Raspoutine, cité par Denis Paillard, « Les vieux habits de l'antisémitisme russe », *Information Juive*, 42e année, nouvelle série, n° 97, juillet 1990, p. 1. Autre célèbre pourfendeur de la « russophobie », et responsable du lancement de l'expression (visant essentiellement les Juifs, en particulier les intellectuels juifs), le mathématicien Igor D. Chafarevitch est devenu le porte-parole d'un courant nationaliste expliquant les malheurs de la patrie (russe) par un complot ourdi principalement par les « judéo-maçons » ; voir : « Igor Chafarevitch parle : la secte mondialiste contre la Russie » (interview réalisée par Claudio Mutti, disciple de Julius Evola, pour la revue italienne *Orion*, en avril 1991), tr. fr. D. Battesti, in *Nationalisme et République*, n° 5, 18 octobre 1991, pp. 14-15 (le « sentiment national russe (...) a été la principale victime de toute la période post-révolutionnaire », p. 15). *Mutatis mutandis*, la dénonciation de la « russophobie » est une argumentation analogue à la dénonciation lepéniste du « racisme anti-Français »

Et le principal dirigeant du mouvement issu de l'organisation « *Pamiat* » (la Mémoire), créée dans les années 1970, mais entrée dans l'espace public vers le milieu des années 1980, avec la perestroïka, Dimitri Vassiliev, déclare en 1988 dans le mensuel monarchiste *Vétché* :

« Nous formons l'opposition politique à toutes les forces obscures du Parti et de l'Etat. Si les organes du Parti se liguent contre nous, si des gens comme Yakovlev (...) et beaucoup d'autres se liguent contre nous, n'est-ce pas là une confirmation éclatante de ce que nous disons, à savoir que ce sont de véritables forces obscures et cosmopolites qui luttent contre le Front national et patriotique ? »[33]

C'est autour de D. Vassiliev que s'est constituée la refonte de « *Pamiat* » (à l'origine mouvement de défense des Eglises et des

attribué au « lobby mondialiste » (*cf.* P.-A. Taguieff, *Face au racisme*, Paris, La Découverte, 1991, t. 2, pp. 49-60). Une autre analogie est frappante : la dénonciation des Juifs ou des membres de tel « lobby cosmopolite » comme « citoyens privilégiés » ou dotés de « droits supérieurs » (*cf.* P.-A. Taguieff, « Antisémitisme politique et national-populisme en France dans les années 1980 », in Pierre Birnbaum [dir], *Histoire politique des Juifs de France*, Paris, Presses de la Fondation nationale des sciences politiques, 1990, pp. 129 sq.) ; voir, ci-dessous, l'article 53 du Manifeste de *« Pamiat »* (version russe de la « préférence nationale »). Voir aussi : « L'identité russe en question », entretien avec Iouri Senokosov, *Hérodote*, n°s 58-59, 3e et 4e trimestre 1990, p. 181. Sur les liens entre national-traditionalisme russe et antisémitisme, voir : Yves Lacoste, « Perestroïka et géopolitiques », *Hérodote*, n°s 54-55, juillet-décembre 1989, pp. 19-21 ; Charles Urjewicz, « Russie : un "géant aux pieds d'argile" ? », *Hérodote*, n°s 58-59, pp. 162 sq. Sur la montée du nationalisme russe : Jean-Marie Chauvier, *U.R.S.S. : une société en mouvement*, La Tour d'Aigues, Editions de l'Aube, 1988 ; *Problèmes Politiques et Sociaux*, n° 611, 23 juin 1989 (La Documentation Française, Paris).

(33) Dimitri Vassiliev, cité par Alexeï Orlov, « Union soviétique : les rebelles de la "katastroïka" », *Le Choc du Mois*, n° 39, avril 1991, p. 39. Dans les diverses interviews accordées depuis 1987 par D. Vassiliev, les attaques les plus violentes visent les « cosmopolites », les francs-maçons et les « sionistes » ; voir par exemple *Le Monde*, 24 juin 1987, et Denis Legras, « *Pamiat*, le spectre de l'antisémitisme », *Le Figaro*, 28-29 janvier 1989. D. Vassiliev affirme par exemple : « Le sionisme (...) est l'ennemi du monde entier. (...) Notre mouvement se bat contre le sionisme qui a déclaré la guerre à la Russie... » (interview réalisée en 1990 par Serge Moati ; citée in S. Moati et Jean-Claude Raspiengeas, *La haine antisémite*, Paris, Flammarion, 1991, p. 134). Les attaques contre Alexandre Yakovlev sont typiques du nouvel antisémitisme traditio-nationaliste ; lors d'un meeting de l'« Union des écrivains russes », en janvier 1990, on pouvait lire sur des affiches : « Yakovlev est un espion judéo-maçonnique » (cité par S. Moati et J.-C. Raspiengeas, *ibid.*, p. 137).

monuments historiques) dans un sens traditionaliste/orthodoxe et nationaliste ; d'où la création du « Front national et patriotique » (ou « national-patriotique »). C'est après la grande manifestation organisée à Moscou par « *Pamiat* », sous la direction de D. Vassiliev, le 6 mai 1987, que les thèmes du mouvement commencent à être diffusés et à faire scandale en raison de certaines formulations expressément antisémites. Mais les discours et les textes diffusés par « *Pamiat* » recourent aussi à la langue de bois et à sa composante « antisioniste ». Il s'ensuit un singulier mélange de poncifs antijuifs repris tels quels de la littérature anti-judéo-maçonnique, et de rhétorique « antisioniste » empruntée au discours communiste officiel, dont le matérialisme athée est inversé en éloge de la spiritualité religieuse - réservée au christianisme orthodoxe.

En août 1988, à Léningrad, l'association « *Pamiat* » lance ainsi un appel, largement diffusé, centré sur la stigmatisation de « la mafia sioniste omnipotente » et la dénonciation du « parasite sioniste », infiltré dans la « Mère Russie ». Comme dans tous les textes publics de « *Pamiat* », le terme « sioniste » est le substitut du terme « juif », par lequel il peut être remplacé dans tous les contextes, sans que le sens des énoncés soit modifié. Le texte de cet appel nationaliste et traditionaliste russe illustre fort clairement le type des reformulations simples (par substitution lexicale) de la vision antijuive des *Protocoles*, document par ailleurs cité comme preuve du « complot sioniste » par les orateurs de « *Pamiat* », tel Dimitri Vassiliev[34]. Cet appel est le suivant :

« Qu'est-ce qui a suscité la campagne d'accusations prétendant que les Russes sont chauvins, antisémites et marqués par d'autres préjugés nationalistes ? Car il est bien connu que c'est précisément l'absence de tels préjugés qui caractérise le peuple russe. D'ailleurs, c'est seulement grâce

(34) Voir tome II, l'extrait du discours prononcée le 8 décembre 1985 par D. Vassiliev. A la présentation de Galia Ackerman, qui le précède dans le tome II, nous ajouterons : Dimitri Savitski, « Entre la peur et l'espoir », *Lignes*, n° 1, novembre 1987, [pp. 9-25], pp. 20-24 ; Paul Giniewski, *art. cit.*, hiver 1989-1990, pp. 143-148 ; « Dossier "Pamiat". Nationalisme et antisémitisme en Union Soviétique », *Les Nouveaux Cahiers de l'Est*, n° 1, mars 1991, pp. 75-96. Pour resituer le phénomène dans un contexte plus large : « L'antisémitisme dans les pays de l'Est » (enquête de Jean-Claude Guillebaud et K.S. Karol), *Le Nouvel Observateur*, 29 mars-4 avril 1990, pp. 8-27.

à la nature conciliante des Russes que l'Union de peuples différents vivant dans le même Etat a pu être réalisée. Et voilà qu'à présent, alors que nous, les Russes, cherchons à faire prendre conscience aux gens de la situation comme elle est, à stimuler la circulation d'un sang resté trop longtemps en stagnation, à éveiller les forces salvatrices du patriotisme russe qui ne demanderont rien pour elles-mêmes, mais sont prêtes à donner toute leur énergie, voire même leur vie s'il le faut pour que vive la Russie, nous affrontons une véritable offensive de forces anti-russes à travers la presse, la télévision et la radio. On profère des accusations contre nous, sans prendre la peine de les étayer, au contraire, en déformant les faits avec une insolence époustouflante. Mais cela ne nous étonne pas : le but de ces forces est d'empêcher par tous les moyens une renaissance nationale du peuple russe. Ils veulent une Russie aveugle et décapitée. Qu'est-ce qui attend nos enfants ? Des lacs et rivières empoisonnés, la mafia sioniste omnipotente, des idéaux détruits, une décadence spirituelle, c'est ce qui leur reste. Le temps est venu de faire un choix : cacher nos têtes dans le sable comme les autruches et continuer le mouvement dans les cabanes d'esclaves des bâtisseurs du Temple de Salomon ou bien, ayant réuni nos forces, arracher le parasite sioniste et guérir notre Mère Russie, blessée, insultée ou offensée. Sagesse et courage, endurance et fermeté inébranlable, c'est ce qui est exigé de nous afin de secouer la stupeur, nous dresser de toute notre hauteur, et balayer les ordures accumulées dans notre propre maison par des visiteurs restés trop longtemps. Et la première chose à faire est d'empêcher les sionistes de vivre en parasites sur notre dos, d'étudier leurs méthodes méprisables et de prendre une revanche deux fois plus forte. Veillez à savoir toujours où sont vos enfants et quel air ils respirent. Rappelez-vous, le sionisme est encore là pour nos péchés, il corrompt et crée sa propre armée d'agents aveugles parmi nous, des gens corrompus par des emplois, de l'argent, la peur du châtiment, les drogues. Ne cédez pas aux tentatives de nous diviser. Recherchez dans vos collectivités des gens qui pensent comme nous. Empêchez la répression de s'exercer contre des gens honnêtes qui ont pris le parti de lutter contre l'injustice. Soyez vigilants, évitez les hypocrites et les bavards, et n'écartez pas ceux qui ont été trompés. Si nous sommes unis, nous serons indestructibles devant n'importe quelle mafia, car nous saurons qui nous combattons »[35].

(35) Cité dans le dossier sur « L'affaire *Pamyat* », in *Un mois avec les Juifs d'U.R.S.S.*, n° 16, octobre 1988, p. 3. On peut ici s'instruire des analyses d'un jeune écrivain traditionaliste russe atypique (disciple de René Guénon !), Alexandre Douguine : « Pour les droites, le "Juif", c'est le mal absolu, même si, dans les discours, elles masquent, par démagogie, l'âpreté de cette affirmation. Pour ces droites, donc, l'origine de tous les troubles actuels et passés réside dans le "sionisme". Dans cet "antisionisme", toutes les variantes de la droite se rejoignent »

Deux témoignages indignés publiés simultanément dans le « courrier » de l'hebdomadaire *Les Nouvelles de Moscou*, le 7 août 1988, permettent de donner une idée de l'atmosphère régnant au cours des réunions organisées par « *Pamiat* ». Tout d'abord, la lettre d'une touriste italienne, Daniela Steila, qui exprime non sans naïveté sa stupeur et son inquiétude :

« Je suis professeur d'histoire en Italie. Ce n'est pas la première fois que je me trouve à Léningrad : en 1983-1984, j'ai fait un stage à l'Université de Léningrad, j'y suis revenue en 1985 et cet été. J'aime beaucoup cette ville et la considère comme une des plus belles et des plus cultivées du monde. En me promenant dans mes endroits préférés le soir du 7 juillet [1988], je me suis retrouvée, par hasard, en plein meeting de l'association "*Pamiat*" dans le jardin devant l'Académie des Beaux-Arts. Une semaine s'est écoulée depuis, mais je suis toujours saisie d'effroi. J'avais l'impression d'assister à un vrai meeting fasciste des années 1930, au moins je les vois tels d'après les livres d'histoire. Les orateurs ont parlé ouvertement de leur haine envers les Juifs, affirmé que c'est par la faute des Juifs que s'éteint le peuple russe. C'est la présence de nombreux jeunes à ce rassemblement qui m'a causé le plus de douleur. Une des participantes, professeur d'école secondaire, a déclaré qu'elle avait amené là tous ses élèves. Comment seront ces enfants, une fois devenus grands, si on les éduque dans l'esprit de tant de haine à l'égard des hommes d'une autre nationalité ? (...) »[36]

Le second témoignage est dû à un écrivain habitant Léningrad, Valéri Voskoboinikov, à qui l'hebdomadaire a demandé de réagir à la lettre de D. Steila. Ce court article montre que les orateurs de « *Pamiat* » ne se contentent pas de citer les *Protocoles* comme un

(propos recueillis par Robert Steuckers et Arnaud Dubreuil, *Vouloir*, n° 71/72, janvier-février 1991, p. 17). Il est clair que les orateurs de *« Pamiat »* ne font, sur la question, que suivre le courant... On notera la co-présence de deux images antijuives renvoyant à deux héritages rhétoriques distincts, dans l'appel de *« Pamiat »* : l'empoisonnement des eaux, reformulation écologiste du stéréotype médiéval du Juif « empoisonneur de puits » ; et la dénonciation de la « mafia sioniste », amalgame polémique ritualisé par la langue de bois (comme « la clique sioniste », etc.). Dans les deux cas, l'insistance est mise sur la nature *parasitaire* des « sionistes ». Lors de son procès, en 1990, l'un des dirigeants de *« Pamiat »*, Constantin Smirnov-Ostaschvili, négligeait le subsitut « sioniste » pour déclarer : « Bush est le leader d'une mafia juive internationale » (cité par *Le Droit de Vivre*, n° 555, décembre 1990-janvier 1991, p. 18) ; sur l'affaire Smirnov-Ostaschvili, voir S. Moati et J.-C. Raspiengeas, *op. cit.*, pp. 135-136.

(36) Cité in « L'affaire *Pamyat* », *ibid.*, p. 5.

document éclairant, mais se réfèrent expressément aux « Cent-Noirs » ou « Centuries Noires » dont sera issue l'association « l'Union du Peuple russe » (créée en novembre 1905)[37], qu'ils s'efforcent de réhabiliter. Or, l'on sait que c'est dans *Znamia*, journal publié à Saint-Pétersbourg par l'instigateur de pogroms Pavolachi Kroutchevan, membre des Centuries Noires, que les *Protocoles* furent publiés pour la première fois en russe, en 1903[38]. Qu'une telle filiation soit affirmée éclaire sur l'auto-représentation de *« Pamiat »*. Le témoignage de V. Voskoboinikov est le suivant :

« Il est difficile d'y croire, mais les jeudis, au cœur de Léningrad, dans le Jardin Roumiantsev sur l'île Vassilievski, entre l'Université et l'Académie des Beaux-Arts, se tiennent des rassemblements des héritiers des Cent-Noirs. Ils amplifient leurs arguments par de puissantes installations radio et se nomment "Front National patriotique russe - *Pamiat*". Oui, non pas groupe ou groupement, mais "front", pas moins. Le premier meeting a eu lieu quelques jours avant le début de la Conférence du parti. Le deuxième, une semaine après, lorsque la conférence battait son plein et que nous étions à l'écoute de chaque mot prononcé à Moscou par les délégués. Le troisième, celui auquel a assisté Daniela Steila, a été tenu le 7 juillet [1988]. C'est alors que les orateurs de "*Pamiat*" scandaient leurs appels en se succédant comme dans un spectacle bien monté. Ils ont parlé du "patriotisme", de la "conscience" du peuple russe, mais leurs propos étaient fondés sur le raisonnement des Cent-Noirs. Un orateur a exigé d'interdire aux Russes de se marier avec des représentants d'autres nationalités. Un autre a appelé à déporter immédiatement les Juifs et tous les autres étrangers sur "les lieux de leur patrie historique". Un autre encore a proposé de déclencher une lutte acharnée contre tous ceux qui "sous un nom russe cachent leur essence ethnique". Je ne cite que certains appels, les plus "décents" de ceux qui y ont retenti, ma main refuse de reproduire toutes les autres bassesses (...). On ne peut ni fermer les yeux ni sourire ironiquement face aux déclarations de ces hommes, on ne peut pas dire : ne faites pas attention à cette poignée de paranoïaques. Les spectateurs étaient beaucoup plus qu'une poignée. Les uns, indignés par ce spectacle, demandaient la parole et n'ont pas pu exprimer leur opinion, d'autres applaudissaient frénétiquement chaque orateur. Il y en avait d'autres

(37) Voir notamment : W. Laqueur, *Russia and Germany*, *op. cit.*, 1965, pp. 79-86 ; N. Cohn, *op. cit.*, 1967, pp. 115-116 ; H. Rollin, *op. cit.*, 1939, rééd. 1991, pp. 583-585.

(38) H. Rollin, *op. cit.*, 1939, rééd. 1991, p. 33 ; N. Cohn, *op. cit.*, 1967, pp. 113-114.

encore, des observateurs silencieux. (...) Et les meetings se sont poursuivis. Le 7 juillet, les spectateurs ont appris que les Cent-Noirs, membres de l'"Union du peuple russe", avaient constitué "une des organisations les plus démocratiques de la Russie, créée afin de s'opposer aux troubles dans le pays". Le 14 juillet, on a vu apparaître D. Vassiliev, "hôte de marque" de Moscou, entouré par des gardes du corps en chemises noires. Le 21 juillet, le cinquième meeting a eu lieu. On a annoncé une "découverte" stupéfiante : l'explosion de Tchernobyl avait été elle aussi préparée par des forces ennemies qui, deux semaines avant l'accident, auraient prévenu le monde en publiant un signe secret dans un journal de Novossibirsk... Je cherche des explications et je n'en trouve pas. Est-il possible qu'une ville possédant d'immenses traditions culturelles, une ville aussi instruite, puisse céder si facilement la tribune publique à un groupe d'extrémistes pour la propagande de leurs convictions douteuses ? Il faut, sans attendre les ordres, créer résolument une atmosphère capable de riposter à l'extrémisme de tous poils. Alors, ces meetings seront impossibles »[39].

Au début de l'année 1989, l'association « *Pamiat* » publie à Moscou un Manifeste, daté du 12 janvier de la même année. La reformulation simple du complot juif mondial en complot « sioniste » international constitue la vision du monde qui donne sa cohérence apparente à l'ensemble des accusations et des exigences plus ou moins délirantes énoncées dans le document. Le Manifeste aborde en effet d'autres thèmes que celui du complot « sioniste » contre la Russie : protection de l'environnement (écologie), défense du patrimoine culturel - notamment religieux -, affirmation du principe de la préférence nationale dans sa version russocentrique. Mais l'articulation de ces thèmes s'opère par leur intégration dans la vision esquissée dès la fin de l'introduction du Manifeste et dans son article 1 : la « Russie éternelle » est colonisée par « l'oligarchie financière sioniste internationale » (art. 1), la Mère patrie est « pillée par le sionisme agressif, l'athéisme talmudique et l'usure cosmopolite ». A cette double accusation de colonisation et d'exploitation de la Russie par « le capital sioniste international » (article 56) s'ajoutent l'accusation de « génocide du peuple russe » (art. 3) et celle de « meurtre rituel » de la famille impériale russe (art. 4). Même si la cible de l'accusation n'est pas précisée, l'expression de « meurtre rituel » est chargée de connotations suffisamment précises pour être décodée ; et nous retrouvons l'un des motifs chers aux glossateurs

(39) Cité in « L'affaire *Pamyat* », *ibid.*, pp. 6-7.

des *Protocoles* : la Révolution bolchevique n'a été qu'une étape du plan juif de domination du monde, et son caractère sanglant s'explique par la nature sanguinaire des « judéo-bolcheviks »[40]. Colonisateurs, exploitateurs, pillards, criminels, les « sionistes » ont persécuté et exterminé le peuple russe : l'article 60 dénonce ainsi « le génocide sioniste », rendu possible par la mainmise des « salauds de sionistes » (art. 61) sur les « leviers du pouvoir secret » (art. 60), et l'organisation par le « capital sionisto-maçonnique » (art. 58) de diverses provocations destinées à diviser et opposer pour régner - les conflits inter-ethniques récents ne seraient ainsi que les effets d'une « sale provocation sionisto-maçonnique » (art. 50). Le Manifeste de « *Pamiat* » reprend indistinctement des fragments de la vision conspirationniste issue des *Protocoles* et des miettes de la langue de bois stalinienne : les « sionistes » sont stigmatisés en tant que représentants du « cosmopolitisme » (art. 61), défini comme un « crime » *(ibid.)*; l'Etat d'Israël est réduit à n'être que « l'Etat sioniste » créé « sur la base du fascisme juif » (art. 40), le fameux « fascisme sous l'étoile de David » inlassablement dénoncé par la propagande communiste, surtout aux lendemains de la guerre des Six jours (juin 1967).

Cette logique maximaliste du soupçon et cette « démystification » conspirationniste de l'histoire de la Russie impliquent un démas-

(40) Les déclarations publiques de Valery Liemelianov, écrivain antisémite connu dès les années 1960-1970 et co-fondateur de *« Pamiat »*, sont sur la question les plus explicites : « En soixante-treize ans de communisme, les Juifs ont liquidé ici cent millions de personnes (...). Les *Protocoles des Sages de Sion*, écrits en 1905 [*sic*], sont très exactement le programme des Juifs pour le XXe siècle. Tout coïncide. (...) Les Juifs écrasent les autres nationalités, jouissent de privilèges considérables. (...) Les Juifs ont pris le pouvoir en Russie en 1917. Toute la tête de la Révolution était composée de Juifs, de sionistes [*sic*], de nazis juifs [*re-sic*]. Le plus important, c'est l'idéologie qui les unit. (...) Les Juifs sont le peuple élu de Dieu. Qu'est-ce que cela signifie ? Qu'ils sont la race supérieure, que les autres sont des inférieurs et doivent les servir ! (...) Chez vous, comme chez nous, ce sont les Juifs et les francs-maçons qui ont fait la Révolution. (...) Le complot juif mondial fonctionne sur la notion de "peuple élu". (...) Tout est écrit dans la Bible où le Christ apparaît comme un nazi juif. Quand cette idéologie s'est éteinte, Marx, autre nazi juif, est apparu pour la réactualiser » (V. Liemelianov, interview, 1990, cité dans S. Moati et J.-C. Raspiengeas, *op. cit.*, 1991, pp. 126-127). Nous sommes ici fort proches de la doctrine célèbre de Dietrich Eckart, sur « le bolchevisme de Moïse à Lénine », à condition d'amalgamer nazisme et bolchevisme...

quage des responsables secrets des malheurs de la patrie. Il s'agira dès lors, pour passer à la pratique, de démasquer les « sionistes » qui se cachent sous des pseudonymes à consonance russe : aussi les pseudonymes doivent-ils être interdits (art. 59). C'est seulement ainsi que les exploiteurs et les exterminateurs occultes du peuple russe seront reconnus et identifiés et justement châtiés (art. 3, 8, 10, ..., 50). Les nouveaux antijuifs russes renouent ainsi avec une tradition incarnée par un genre littéraire : les listes, voire les dictionnaires, de pseudonymes, permettant d'identifier les Juifs sous leurs patronymes-écrans. Logique de la dénonciation anthroponymique, dont l'expression minimale est bien connue, étant du type : « M. X, alias Y ». En France, d'E. Drumont à H. Coston, ce genre littéraire antijuif s'est illustré par des best-sellers[41].

Le Manifeste de « *Pamiat* » expose, en fait, une vision antijuive du monde. Il ne s'agit pas seulement d'une accumulation de stéréotypes et de clichés antijuifs, mais bien d'une révision totale de l'histoire de la Russie sur la base du mythe pseudo-explicatif de la conspiration juive/sioniste internationale. C'est pourquoi nous en donnons une traduction intégrale :

« Le Front national-patriotique "*Pamiat*" n'est pas une organisation politique. Nous ne fondons pas les revendications de notre programme sur des considérations "politiques", "économiques", "écologiques", "demographiques", etc., mais sur les intérêts du Peuple et sur le bon sens. Nous avons pour objectif la renaissance spirituelle du Peuple de notre Patrie, martyrisée et pillée par le sionisme agressif, l'athéisme talmudique et l'usure cosmopolite.

1. Nous exigeons que notre Etat, qui est une Grande Puissance, cesse d'être colonisé et annexé par l'oligarchie financière sioniste internationale pour tout ce qui est des matières premières. Il doit retrouver son statut qui le caractérise depuis des siècles, à savoir une primauté spirituelle, politique et économique, léguée par nos ancêtres.
2. La Grande Russie est éternelle.
3. Nous exigeons que toute la lumière soit faite sur ceux qui se sont rendus coupables du génocide du peuple russe et d'autres peuples de notre pays.

(41) Voir : E. Drumont, *La France juive*, Paris, Marpon et Flammarion, 1886 ; Henry Coston et J.-L. Vannier (pseudo de R.-J. Courtine), *Les Juifs en France*, Paris, C.A.D. [Centre d'Action et de Documentation], 1941 ; Gygès [H. et Gilberte Coston], *Les Israélites dans la société française*, Paris, Documents et Témoignages, 1956, « Répertoire » [onomastique], pp. 95-231 ; H. Coston et *al.*, *Dictionnaire des pseudonymes*, Paris, *Lectures Françaises*, t. I (1961) et II (1969).

4. Nous exigeons que toute la vérité soit dite sur le cruel meurtre rituel du Tsar de Russie perpétré par des fanatiques.
5. Nous luttons pour une renaissance de la vie religieuse dans notre pays. Nous réclamons une véritable séparation de l'Eglise et de l'Etat.
6. Nous exigeons que soit appliquée la clause constitutionnelle sur la liberté de religion pour toutes les confessions et, avant tout, pour la religion orthodoxe qui, en grande partie, a fait l'objet des plus cruelles persécutions.
7. Nous exigeons que soient communiqués les noms des prêtres qui ont péri et que soit perpétuée leur mémoire.
8. Nous exigeons que soient communiqués les noms de leurs assassins et que ceux-ci soient traduits en justice.
9. Nous exigeons que soient communiqués les listes de toutes les églises détruites.
10. Nous exigeons que soient communiqués les noms de ceux qui les ont détruites et que ces derniers soient traduits en justice.
11. Nous exigeons que toute la lumière soit faite sur les persécutions religieuses.
12. Nous exigeons que soit mis un terme à la profanation des Eglises.
13. Nous exigeons que toutes les églises détruites soient restaurées aux frais de l'Etat et que soient restitués à l'Eglise orthodoxe les biens meubles et fonciers dont on l'a spoliée, à différentes époques, et qu'elle jouisse désormais du droit de propriété permanente et inaliénable.
14. Nous exigeons que nous soit accordé le droit de construire sans obstacle de nouvelles églises sur notre Terre.
15. Nous exigeons que soient rétablis les Offices divins dans les églises et, en particulier, à la cathédrale Ouspenski du Kremlin, à Moscou. Le Kremlin doit devenir le centre non seulement politique, mais aussi spirituel de notre Etat.
16. Nous exigeons que l'athéisme soit séparé de l'Etat.
17. Nous réclamons l'autonomie économique pour toutes les républiques.
18. Nous exigeons que chacun vive des fruits de son travail.
19. Nous réclamons le renforcement de l'armée - rempart de notre sécurité - et nous nous opposons catégoriquement à sa réduction et à la transformation de notre armée populaire en une bande mercenaire d'assassins professionnels.
20. Nous réclamons des assurances-vie pour une somme d'au moins 100 000 roubles, pour les soldats participant à des actions militaires en temps de paix en territoire étranger.
21. Nous exigeons que soit mis fin au massacre des meilleurs fils de la Patrie, en Afghanistan, que soient révélés les véritables causes et les noms des organisateurs de ce crime afin qu'ils soient traduits en justice.
22. Nous réclamons un système général complet d'assurances et d'avan-

tages sociaux pour les personnes âgées et en premier lieu pour les paysans, dont la situation est particulièrement misérable.
23. Nous exigeons que les familles soient mieux rémunérées, que les mères qui ont des enfants de moins de 12 ans perçoivent un plein salaire, et que les familles reçoivent une aide d'au moins 100 roubles par mois pour tout enfant de moins de 16 ans.
24. Nous exigeons qu'on lutte légalement contre l'exploitation du travail des femmes et des enfants qui détruit la famille.
25. Nous réclamons que soit mis fin à la propagation de l'alcoolisme.
26. Nous exigeons que cesse le financement de projets fous, hasardeux et nuisibles, et qu'on réduise les institutions scientifiques qui depuis longtemps sont devenues des parasites au détriment de la masse laborieuse.
27. Nous exigeons une législation contre les mensonges politiques prémédités et leur diffusion dans la presse et les autres moyens de propagande de masse.
28. Nous réclamons la création d'organes de propagande de masse qui seraient nationaux. Les institutions de propagande de masse qui, dans la composition de leur personnel, ne respectent pas des proportions adéquates entre les nationalités, ne peuvent être considérées comme russes, mais seulement de langue russe [russophones] et cela doit être indiqué dans leur raison sociale.
29. Nous exigeons une législation contre les tendances, dans le domaine de l'art et de la littérature, qui pervertissent notre peuple. Nous exigeons la liquidation des maisons d'édition qui vont à l'encontre de ces exigences.
30. Nous réclamons une réforme agraire. La terre doit appartenir à ceux qui la cultivent.
31. Nous réclamons des lois pour mettre fin aux actions criminelles qui visent à la destruction de notre terre, des réserves d'eau et des forêts.
32. Nous réclamons la renaissance de l'ancienne institution des députés du peuple dans les organes supérieurs du pouvoir.
33. Les écoles doivent enseigner aux enfants l'histoire de notre Etat, depuis le tout début. L'étude de la Patrie doit devenir une matière principale.
34. Nous réclamons une législation contre la falsification de l'histoire de notre Patrie.
35. Qui a inventé cette abomination : interdire aux gens de parler de Dieu aux enfants ? Nous exigeons que dans le programme scolaire figure un cours d'études religieuses.
36. Nous réclamons le châtiment des bureaucrates qui ont approuvé les programmes scolaires que suivent nos enfants.
37. Nous réclamons l'abolition de tous les privilèges pour tous ceux qui travaillent dans les appareils de l'Etat et du Parti. Tous les citoyens doivent être égaux en droits et avoir des obligations égales.
38. Nous exigeons que soit reconnu le droit des travailleurs à participer

aux bénéfices des firmes industrielles ainsi qu'à ceux de l'extraction des matières premières (mines, etc.).
39. Nous exigeons la transparence [*glasnost*] concernant toutes les opérations commerciales avec l'étranger.
40. Les honnêtes gens ne doivent accepter aucun compromis avec l'Etat sioniste, qui a été créé et existe sur la base du fascisme juif. Nous protestons vigoureusement contre l'établissement de relations diplomatiques avec Israël.
41. Nous réclamons une lutte impitoyable contre ceux qui violent l'intérêt public. Les crimes officiels doivent être punis de la peine de mort. Les traîtres doivent disparaître de notre pays.
42. Nous réclamons pour le peuple russe des droits égaux à ceux des autres peuples de notre pays. Nous exigeons que soient créés en Russie : notre propre Académie des Sciences, un Conservatoire, un Institut d'Histoire russe, une société de production des films russes, et que soit publiée une encyclopédie russe.
43. Nous réclamons une représentation nationale proportionnelle dans l'appareil dirigeant, et également dans les domaines artistique, scientifique et éducatif.
44. Nous exigeons une législation contre le protectionnisme russophobe.
45. Les personnes occupant des postes de responsabilité dans le pays devraient favoriser les intérêts nationaux des peuples qu'ils représentent.
46. Nous exigeons le respect du droit légitime de chaque peuple à se développer librement sur sa terre natale, dans le cadre de la communauté historique qui s'y est développée, ainsi que du droit de défendre sa dignité nationale.
47. Nous exigeons que soient défendues la pureté et la richesse de notre langue maternelle contre l'influence néfaste du jargon journalistique, en créant à cet effet une Académie de la langue russe dotée de pouvoirs appropriés. Des institutions similaires devraient être créées également dans d'autres républiques.
48. Nous exigeons que cesse l'assimilation artificielle et le mélange automatique de peuples, qui engendrent l'indifférence à l'égard du pays natal et du foyer natal, et créent, en fin de compte, une masse informe sans racines, un ramassis sans âme, source de crimes, de prostitution, de drogue et d'alcoolisme.
49. Nous exigeons que cesse la criminalisation artificielle de l'Oural, de la Sibérie et de la Russie du Nord.
50. Nous considérons que toutes les manifestations de séparatisme et de conflit inter-ethnique dans notre pays sont le résultat d'une sale provocation sionisto-maçonnique. Nous exigeons que les noms des vrais instigateurs de ces troubles soient révélés et qu'ils soient châtiés.

51. Nous réclamons l'autonomie véritable des Républiques dans le cadre d'un seul Etat indivisible.
52. Nous exigeons l'adoption du drapeau russe traditionnel, qui est commun au peuple tout entier, et la reconnaissance des armoiries russes traditionnelles.
53. Nous réclamons l'adoption d'une loi sur les étrangers qui garantisse un traitement prioritaire des citoyens de notre pays dans toutes les sphères de la vie. Notre condition de citoyens de seconde zone dans notre propre pays est intolérable.
54. Nous exigeons l'abolition de la pratique perverse consistant à nommer des gens à divers postes exclusivement en fonction de leur appartenance au Parti ou à une caste, sans tenir compte de leur personnalité ou de leurs compétences.
55. Nous exigeons que l'approvisionnement en produits alimentaires et en biens de consommation soit égal dans toutes les villes et régions du pays. Tant qu'il y aura une seule carte de rationnement dans le pays, Moscou devra être aussi rationnée.
56. Nous exigeons que le capital sioniste international cesse de piller avidement nos mines, nos forêts et nos réserves d'eau.
57. Nous exigeons que cessent le pillage - dans la clandestinité et au grand jour - de notre pays, l'exportation des matières premières, des productions artistiques, des antiquités et d'autres objets de valeur.
58. Notre peuple est en mesure d'exploiter lui-même ses ressources naturelles. Nous exigeons que cesse le pillage de notre pays par des concessions au capital sionisto-maçonnique.
59. Nous exigeons que soient révélés et supprimés tous les pseudonymes. Un honnête homme n'a pas besoin de cacher son vrai nom.
60. Nous exigeons que soient ouvertes les archives et que soient révélés les leviers du pouvoir secret, qui ont défiguré notre pays à l'époque de la "terreur rouge", du "communisme de guerre", du "culte de la personnalité", du "volontarisme" et de "l'époque de la stagnation", qui l'ont abandonné à une marée de pilleurs et qui l'ont condamné à l'appauvrissement spirituel et au génocide de tous les peuples de notre Etat, et surtout, du peuple russe. Pendant la période du génocide sioniste, plus de gens ont été exterminés dans notre pays qu'au cours de toutes les guerres de l'humanité.
61. Nous croyons que chaque personne ne peut se développer normalement qu'au sein de sa propre culture, de son propre peuple. Ce n'est qu'en aimant, connaissant et respectant son propre peuple, qu'il est possible de respecter les autres. C'est pourquoi nous considérons le cosmopolitisme comme un crime contre le peuple, contre la nation et contre l'humanité toute entière. Nous sommes convaincus que le réveil spirituel de notre

LE SIONISME, INSTRUMENT DE LA RÉACTION IMPÉRIALISTE

L'opinion soviétique se prononce sur les événements du Moyen-Orient et les menées du sionisme international

(Mars-mai 1970)

Editions de l'Agence de Presse Novosti
Moscou

Page de titre d'une brochure « antisioniste » publiée à Moscou en mars-mai 1970 (recueil d'articles).

peuple ne peut se produire que de l'intérieur, sur la base du principe selon lequel le bien commun est supérieur au profit personnel.
Nous gagnerons - notre force réside dans l'unité. Nous ne vendrons pas le droit que nous avons acquis de naissance pour un plat de lentilles à ces bâtards [au sens de "salauds"] de sionistes. Aucune puissance au monde n'est capable de briser la colonne vertébrale de cette vipère, à l'exception de notre esprit, de notre Etat, de notre unité - *L'unité du peuple* »[42].

(42) Ce Manifeste a fait l'objet d'une première traduction française, publiée par le mensuel *L'Arche* (septembre 1989, pp. 48-49), avec une présentation de Meïr Waintrater (pp. 46-47). Notre traduction diffère en de nombreux passages du texte publié par *L'Arche*. On notera la référence finale au « Serpent symbolique » cher aux propagateurs des *Protocoles* : l'ennemi absolu est bien la figure ethnique de Satan, le Juif.

VII. AVATARS DU MYTHE DANS LE MONDE ARABE : LA NOUVELLE CARRIERE DES *PROTOCOLES*

Avant de poser le problème de l'introduction des *Protocoles* dans le monde arabe, qui implique celui des conditions de la réception du texte non moins que celui des modalités de son usage (selon les divers contextes : avant ou après la création de l'Etat d'Israël, et les divers types de publics : arabes chrétiens ou musulmans, nationalistes, etc.), il convient de montrer que le problème se pose, et qu'il n'a point cesser de se poser aujourd'hui. C'est pourquoi nous commencerons par considérer l'argumentation d'un orientaliste pro-palestinien d'origine juive qui, s'adressant à un auditoire arabe militant, tente de dissuader celui-ci de recourir aux *Protocoles* en tant que matériel de propagande. Ce qui présuppose que les *Protocoles* sont ordinairement utilisés comme arme idéologique contre Israël et le sionisme.

1. Une intervention d'un antisioniste savant d'origine juive en contexte palestinien

Dans son premier numéro, paru en automne 1981, la *Revue d'Etudes Palestiniennes* publiée à Beyrouth en langue française par l'Institut des Etudes palestiniennes (fondé en 1963) s'ouvre sur un article de Maxime Rodinson, « sociologue et orientaliste » célèbre, réputé « militant progressiste et anticolonialiste »[1]. L'article de

(1) Nous reprenons ici les formules par lesquelles Maxime Rodinson était présenté dans son livre *Israël et le refus arabe. 75 ans d'histoire*, Paris, Le Seuil, 1968, p. 4

M. Rodinson porte sur l'antisémitisme[2] et se situe dans la série des travaux de l'auteur sur la « question juive » et la « haine des Juifs »[3]. Travaux atypiques, en langue française, pour deux raisons principales : d'une part, l'effort de conceptualisation qui s'y manifeste, la tentative de poser avec rigueur la question du mal nommé « antisémitisme », sur la base d'une incontestable érudition ; d'autre part, l'interaction complexe du savant, du citoyen français « d'origine juive » et de l'intellectuel engagé (contre le sionisme). Il n'est guère douteux que la publication d'un article de l'orientaliste « juif » (un

de couverture. Un ingénieur palestinien, Daoud Talhami, membre de l'O.L.P., présentait l'orientaliste français de la façon suivante, en 1972 : « Le Pr Rodinson parle comme ami des peuples arabes et du peuple palestinien en particulier. Nous qui l'avons connu avant 1967, nous avons connu les efforts qu'il a dispensés à cette époque pour combattre l'influence du sionisme sur l'information en France dans des conditions difficiles. » (D. Talhami, « Rencontre avec Maxime Rodinson » [1972], repris dans : M. Rodinson, *Peuple juif ou problème juif ?*, Paris, François Maspero, 1981 [pp. 242-264], p. 258). L'intellectuel palestinien ajoutait : « Les remarques du Pr Rodinson sur l'opinion publique occidentale sont importantes, étant donné sa connaissance dans ce domaine. Pour nous, nous ne pouvons qu'affirmer la nécessité de l'effort pour élargir le cercle des amis de la révolution palestinienne et pour isoler l'ennemi sioniste de plus en plus dans les cercles de ses alliés naturels, les impérialistes et les réactionnaires en général » (*ibid.*, p. 263). Bref, M. Rodinson est présenté comme l'un de ces « alliés précieux dans le monde » qui, par ses conseils sur l'opinion occidentale, doit permettre à la propagande antisioniste de s'améliorer, de se rendre plus efficace en s'adaptant aux valeurs et aux croyances du public visé. Dans un article paru en 1969, M. Rodinson avait lui-même insisté sur cette nécessité tactico-stratégique, déplorant les « facteurs qui firent et font tort au point de vue arabe, [et] la maladresse de ses propagandistes » (« Sur les visions arabes du conflit israélo-arabe » [1969], in *op. cit.*, 1981, p. 354). A propos du discours tenu par les militants nationalistes arabes, M. Rodinson ajoutait : « Comme tout militant d'une idéologie transporté dans un milieu qui ne la partage pas, qui repousse même ses postulats implicites, leur langage ne peut qu'avoir un effet répulsif sur leurs auditeurs » (*ibid.*, p. 355). L'orientaliste-sociologue interviendra par la suite pour indiquer les moyens discursifs de corriger ces « maladresses » et ces « effets répulsifs », contribuant à sa manière à une tâche essentielle de tout fabriquant d'un discours de propagande : s'adapter à l'auditoire.

(2) M. Rodinson, « Quelques idées simples sur l'antisémitisme », *Revue d'Etudes Palestiniennes* (Beyrouth, Institut des Etudes Palestiniennes ; trimestriel), n° 1, automne 1981, pp. 5-21.

(3) Voir notamment : M. Rodinson, « Antisémitisme éternel ou judéophobies multiples ? » (1979), repris in *op. cit.*, 1981, pp. 265-327 ; *id.*, « Quelques thèses critiques sur la démarche poliakovienne », in *Pour Léon Poliakov. Le racisme, mythes et sciences* (sous la direction de M. Olender), Bruxelles, Editions Complexe, 1981, pp. 317-322.

« juif » problématique, qui se problématise en tant que tel) et antisioniste Rodinson sur l'antisémitisme constitue un bel exemple d'acte stratégique. L'une des stratégies idéologiques routinisées dans la littérature antijuive moderne consiste à faire parler ou écrire les Juifs contre les Juifs : la « haine de soi » d'un Otto Weininger ou d'un Arthur Trebitsch a été systématiquement exploitée par la propagande antijuive des nazis, par exemple[4] ; et la libre critique d'un Bernard Lazare n'a cessé d'être instrumentalisée. La tradition tactico-stratégique ne s'est pas perdue avec l'apparition de la vision antisioniste du monde : les discours de propagande antisioniste n'ont

(4) Voir le beau livre de Theodor Lessing, *La haine de soi. Le refus d'être juif* (1930), tr. fr. M.-R. Hayoun, Paris, Berg International, 1990. Arthur Trebitsch, par exemple, croyait à l'authenticité des *Protocoles* (T. Lessing, *op. cit.*, p. 93 sq.) ; c'est pourquoi la propagande nazie l'a si souvent cité comme une autorité en la matière (*cf.* par exemple la fin de l'introduction, datée du 1er août 1943, à l'édition des *Protocoles* par le Centre d'Etudes Antibolcheviques, Paris, 1943, p. 15). Un autre « Juif convenable », au regard antisémite, a été le philosophe Otto Weininger, qui s'est donné la mort en 1903, à l'âge de vingt-trois ans ; dans ses *Libres propos sur la guerre et la paix* (recueillis sur l'ordre de Martin Bormann), Hitler fait cette confidence, dans la nuit du 1er au 2 décembre 1941 : « Dietrich Eckart m'a dit un jour qu'il avait connu dans sa vie un seul Juif bien : Otto Weininger, lequel recourut au suicide le jour où il s'aperçut que le Juif vit de la décomposition des peuples » (version française de François Genoud, Paris, Flammarion, 1952, p. 138). Pour une étude d'ensemble, voir : Jacques Le Rider, *Le cas Otto Weininger. Racines de l'antiféminisme et de l'antisémitisme*, Paris, PUF, 1982. Est-il besoin de préciser que ni Bernard Lazare ni Maxime Rodinson, pourtant instrumentalisés l'un et l'autre par la propagande antisémite, ne peuvent être considérés comme des Juifs antisémites du type de Trebitsch ou de Weininger ? Rodinson défend une position héritée du communisme orthodoxe des années cinquante : il se dit antisioniste, pro-palestinien et anti-antisémite (« antiraciste »). Mais il faut reconnaître qu'il n'a jamais poussé la haine de soi et le conformisme stalinien jusqu'à tenir des propos du type : « Hitler s'est gardé de faire du mal aux Juifs de la grande bourgeoisie (...). Qui oubliera jamais que Léon Blum, des fenêtres de sa villa, aux côtés de sa femme, contemplait la fumée des fours crématoires ! » (Annie Besse [aujourd'hui Annie Kriegel, donneuse de leçons sur tous sujets], « A propos du sionisme et de l'antisémitisme », *Cahiers du communisme*, février 1953 [pp. 241-249], p. 245 ; passage cité par M. Rodinson, « Autocritique », in *op. cit.*, 1981, p. 47). Ceci pour marquer la différence entre la bévue et l'ignominie, laquelle, malheureusement, n'empêche pas les plus déshonorés de plastronner ; voir les impitoyables analyses et mises au point d'Alfred Grosser, dans son bel essai : *Le crime et la mémoire*, Paris, Flammarion, 1989, pp. 32-33, 170, 238 (sur les « refus de mémoire » et les palinodies d'A. Kriegel). Sur le méritoire retour critique sur soi de M. Rodinson, voir A. Grosser, *ibid.*, p. 32 (nous sommes, sur ce point, tout à fait en accord avec A. Grosser).

cessé de citer des Juifs contre Israël ou le sionisme. Bref, la publication de l'étude de M. Rodinson, dans un tel contexte d'antisionisme radical, et conformément à cette tradition manipulatoire, nous apparaît comme l'exemple même d'une instrumentalisation réussie. Et, à la différence de B. Lazare, M. Rodinson est instrumentalisé de son vivant même, malgré les nuances de son propos. Or, avant de conclure son étude (au demeurant fort riche et suggestive), M. Rodinson croit devoir faire une mise au point, suivie d'une mise en garde :

« La lutte arabe antisioniste, comme toutes les luttes idéologiques, a fait flèche de tout bois. Il est très beau que cette lutte idéologique ait si souvent laissé de côté les flèches de la haine raciale et religieuse, que si souvent on n'ait dirigé les attaques que contre les seuls responsables directs de l'aliénation de la Palestine arabe, c'est-à-dire les adeptes du mouvement sioniste. Mais il était fatal que, d'un côté, ceux des Arabes que marquait le plus une orientation religieuse musulmane reprennent, dans l'ardeur de la lutte idéologique contre le sionisme, les vieux préjugés religieux et populaires contre les Juifs en général. Il était fatal que certaines organisations musulmanes intégristes rattachent le sionisme à la nocivité générale supposée des Juifs et du judaïsme. Il était fatal que les masses populaires musulmanes, mobilisées contre le sionisme, se remémorent les traditions populaires concernant les Juifs et les associent à ce combat. Je rappelle tout cela comme une mise en garde. La propagande sioniste fait son métier en expliquant toutes les démarches antisionistes des Arabes et des autres par des motivations antisémites, par la haine des Juifs en général. Elle sait fort bien que, pour le moment en tout cas, l'antisémitisme excite une grande répulsion dans la majorité de l'opinion européenne et américaine. Dénoncer une action ou une assertion comme antisémite, c'est dresser contre elle cette opinion »[5].

(5) M. Rodinson, *art. cit.*, 1981 (« Quelques idées simples... »). Cet étrange fatalisme épistémologique permet aussi à M. Rodinson de s'émerveiller de ce qu'à ses yeux, l'antisémitisme arabe n'ait pas été plus virulent (!) : « Le mythe antisémite, forgé en Europe et repris par l'Orient (...) pouvait y acquérir une force mobilisatrice éminente qui, logiquement, aurait dû être plus accentuée qu'en Europe puisque la menace d'hégémonie de certains groupes juifs y était réelle et non mythique. Il est remarquable qu'un véritable antisémitisme ne s'y soit pas développé plus qu'il ne l'a fait. Mais il est possible que, Israël aidant, ce ne soit que partie remise » (texte écrit en 1969, repris in *op. cit.*, 1981, pp. 350-351). Autant dire que, tout naturellement, l'antisionisme tend à l'antisémitisme ! Par ailleurs, l'argument se rencontre souvent dans la rhétorique antisioniste standard : les « réactions » antisémites sont imputées aux actions intolérables ou provocatrices d'Israël, et

Nous apprenons donc qu'il « était fatal » que l'antisionisme glissât vers l'antisémitisme : l'explication par la fatalité est un mode de légitimation qu'il est surprenant de rencontrer sous la plume d'un scientifique.

M. Rodinson, s'adressant à ses « amis » (les militants antisionistes), leur fait la leçon, présupposant par cet acte même que lesdits amis antisionistes donnent volontiers, et très ordinairement, dans le discours antijuif :

« Il faudrait que les Arabes et certains de leurs amis comprennent qu'ils aident efficacement la propagande sioniste et arabophobe toutes les fois qu'ils dénoncent un acte ou une thèse sionistes en les expliquant ou en paraissant les expliquer par la malfaisance éternelle du peuple juif, en lui cherchant par conséquent des analogues dans l'histoire juive, en suggérant que les persécutions visant les Juifs ont été méritées ou encore qu'elles n'ont pas eu lieu ou ont été minimes »[6].

La seule question posée étant ici celle de l'efficacité symbolique, dans l'espace public, des attaques contre Israël et le sionisme, M. Rodinson dénonce les effets pervers de certaines formes de discours que nous qualifierons d'anti-judéosionistes :

« Cela ne facilite aucunement les choses que de proclamer, avant ou après avoir émis de telles idées : "Nous ne sommes pas antisémites, les Arabes n'ont jamais été et ne seront jamais antisémites !" Combien de gens ai-je vus, qui avaient fait confiance d'abord à de telles proclamations, mais qui ont entendu ensuite dans des milieux arabes des remarques critiques,

d'Israël seulement. Nous sommes devant une variante de la causalité diabolique : plus la haine visant « l'entité sioniste » s'accroît, et plus la faute en revient à ladite entité ; cette proposition joue le rôle d'un axiome, d'une vérité évidente en et par elle-même.

(6) M. Rodinson, *art. cit.*, 1981, pp. 16-17. De nombreuses illustrations en ont été données lors de la crise du Golfe (été 1990-printemps 1991). C'est ainsi que le quotidien syrien *Teschrine* [« Octobre »], publié à Damas et de stricte orthodoxie gouvernementale, a fait paraître à la fin de février 1991 un article sur le thème : « Musulmans et chrétiens, même combat contre Israël » (reproduit dans : *Courrier International*, n° 16, 21-27 février 1991, p. 4). On y peut lire : « l'Entité sioniste était - et demeure - la principale cause d'instabilité dans la région arabe (...). L'Occident (...) met vigueur et ardeur à laver les mains des sionistes pleines du sang des innocents, à blanchir leurs traits agressifs, et à les innocenter des crimes historiques qu'ils ont commis envers l'humanité depuis le Christ (le salut soit sur lui), jusqu'à nos jours » *(ibid.).* Bel exemple de criminalisation essentialiste : les « sionistes », non contents d'avoir, il y a vingt siècles, commis un déicide, accomplissent aujourd'hui un « arabocide », avec « l'Occident » pour complice...

moqueuses, hostiles, malveillantes, dénigrantes, calomnieuses contre les Juifs *en général*. Ils en ont tiré la conclusion que la propagande arabe les trompait et que les sionistes avaient raison, au moins partiellement, en voyant de l'antisémitisme au fond de cette propagande. Ils ont pensé que les officines sionistes qui font parvenir par la poste à de nombreux destinataires ou mettent en vente la traduction de pamphlets antijuifs circulant dans les pays arabes révèlent ainsi le fond des choses »[7].

Maxime Rodinson, conseil en communication bénévole, avance ici un singulier exemple, puisque le « pamphlet antijuif » dont il dénonce l'usage maladroit n'est autre que le recueil des communications faites lors d'un très universitaire colloque organisé au Caire en 1968, et dont les actes seront publiés intégralement en arabe et en anglais[8].

(7) M. Rodinson, *art. cit.*, 1981, p. 17. Mais sa bienveillance à l'égard de son objet d'études (« les Arabes ») conduit parfois M. Rodinson à esquisser une légitimation des attitudes antijuives, selon l'argument classique du caractère strictement réactionnel de celles-ci : « Les exemples sont multiples des manœuvres douteuses des appareils sionistes pour mobiliser l'opinion en leur faveur, pour obtenir le soutien d'autres appareils à travers le monde, en premier lieu pour assurer leur suprématie sur l'opinion et les appareils juifs de toutes nuances. (...) Un Juif américain, notamment, a consacré beaucoup de temps et d'efforts, depuis longtemps, à décrire et à dénoncer certaines de ces manœuvres aux Etats-Unis. C'est Alfred M. Lilienthal (...). De telles dénonciations se sont multipliées depuis, gâchées parfois par des tonalités nettement "antisémites". Il n'empêche que beaucoup de ces faits sont exacts » (*op. cit.*, 1981, pp. 61-62 et note 26 ; précisons que certains ouvrages d'A.M. Lilienthal ont été diffusés ou réédités par les services de l'O.L.P., tel *What Price Israel* [1953 ; rééd. 1969, Institut d'Etudes Palestiniennes] ; on rencontre A.M. Lilienthal dans de nombreux colloques antisionistes, tel le fameux « Symposium international sur le sionisme et le racisme », qui s'est déroulé à Tripoli, en Libye, du 24 au 28 juillet 1976 : *cf. Sionisme et racisme*, Paris, Le Sycomore, 1979, réunissant d'autres Juifs antisémites et/ou antisionistes instrumentalisés à divers titres - la naïveté des « compagnons de route » est insondable -). Il arrive à M. Rodinson, passant de la bienveillance à la complaisance, d'aller jusqu'à justifier le recours aux *Protocoles*, sur le mode rhétorique du « J'en comprends les raisons, j'en déplore la maladresse » : « Les *Protocoles des Sages de Sion* ont été diffusés à diverses reprises dans les pays arabes et le sont actuellement, semble-t-il, avec un succès particulier [écrit en 1969]. Il faut dire que la solidarité inconditionnelle de nombreux Juifs dans le monde avec Israël et avec sa politique accorde une plausibilité apparente aux imaginations des faussaires de l'Okhrana tsariste sur la mobilisation juive pour la conquête du monde » (« Sur les visions arabes du conflit israélo-arabe » [1969], in *op. cit.*, 1981, p. 351, note 15).

(8) *The Fourth Conference of the Academy of Islamic Research*, Al-Azhar, Rajab 1388/septembre 1968. Le Caire, General Organization for Government Printing

N'en pouvant nier le contenu antijuif, M. Rodinson l'attribue à des « obscurantistes », - l'héritage rhétorique de la langue de bois persiste !, - dont il suggère qu'ils ne sont en aucune manière représentatifs de l'opinion arabo-musulmane savante sur les Juifs et le judaïsme. L'antisémitisme arabo-musulman est ainsi relativisé et marginalisé. Et l'argument est retourné contre l'accusateur : croire que de tels textes antijuifs sont représentatifs de la judéophobie arabo-musulmane, ce serait opérer une odieuse généralisation abusive, et, de plus, être une victime pitoyable de la propagande « sioniste » :

« A titre d'exemple, le "Centre d'information et de documentation sur le Moyen-Orient" (Genève) a diffusé une brochure en anglais et en français qui donne les extraits les plus anti-juifs des actes de la IVe Conférence de l'Académie des recherches islamiques (à Al-Azhar), tenue au Caire en septembre 1968. Ces actes auraient été publiés au Caire en 1970 dans une édition arabe en trois volumes et dans une édition anglaise en un seul volume. L'abrégé français s'intitule *Les Juifs et Israël vus par les théologiens arabes*, Genève, Editions de l'avenir, 1971 ; en anglais, *Arab Theologians on Jews and Israel*, mêmes éditions. Un certain nombre des textes cités sont seulement antisionistes ou critiquent le judaïsme du point de vue religieux musulman. Mais il en reste beaucoup qui vouent à la haine générale tous les Juifs de tous les temps et de tous les lieux, supposés dotés d'une essence malfaisante. Le lecteur non musulman de ces textes, dépourvu des moyens de connaître les obscurantistes qui les ont rédigés, leur place dans la société, la mesure de leur influence, les circonstances, etc., ne peut qu'en tirer la conclusion que les Arabes en général ont une haine violente pour les Juifs en général et rêvent à leur extermination »[9].

Offices, 1970, 3 vol. (en arabe puis en anglais) ; édition abrégée : *Arab Theologians on Jews and Israel*, Genève, Editions de l'Avenir, 1971 ; tr. fr. J.-C. Pala, *Les Juifs et Israël vus par les théologiens arabes*, préface de Léon Poliakov, compilation et introduction de D.F. Green, Genève, 1972, 2e éd. corrigée, 1974, 77 p. La préface de L. Poliakov a été reprise dans : L. Poliakov, *Les Juifs et notre histoire*, Paris, Flammarion, 1973, pp. 71-75. A la lecture de la plupart de ces conférences savantes, il est difficile de se satisfaire de l'argument de la simple « maladresse » des théologiens. *Cf.* Bernard Lewis, *The Jews of Islam*, Princeton University Press, 1984, tr. fr. J. Carnaud, *Juifs en terre d'Islam*, Paris, Calmann-Lévy, 1986, puis, Flammarion, coll. « Champs », 1989, p. 211, et p. 240, note 41.

(9) M. Rodinson, *art. cit.*, 1981, p. 17, note 11. Ailleurs, M. Rodinson dénonce et analyse ce qu'il nomme « le mythe arabe de droite », à savoir « le mythe de l'agression religieuse contre l'Islam (avec une variante chrétienne : agression contre le christianisme) » (*op. cit.*, 1981, p. 346 ; *cf.* aussi pp. 350-352). Pour un jugement

Couverture du livre *Le Péril juif. Les Protocoles des Sages de Sion*, trad. Muhammad Khalifa al-Tūnsī, adresse de Abbās Mahmūd al-Aqqād, Le Caire, 1972.

Face au fait massif de l'exploitation dans le monde arabe des *Protocoles*, qu'il a le courage de reconnaître, M. Rodinson ne manifeste nullement son indignation morale (ce qui n'exclut pas qu'il l'éprouve), il se contente de souligner une erreur tactico-stratégique, et de stigmatiser une maladresse de la propagande antisioniste, aux effets pervers avérés :

« Toutes les fois que des gouvernements arabes diffusent, par exemple, les *Protocoles des Sages de Sion*, faux de la police russe tsariste bien connu comme tel en Europe et en Amérique, toutes les fois que des publicistes arabes reprennent à leur compte de telles falsifications, ils aident très efficacement la propagande sioniste qui ne s'y trompe pas et met en relief tous ces faits. Il s'agit de savoir si les Arabes veulent continuer ainsi à apporter une aide précieuse au sionisme »[10].

Si M. Rodinson peut ici n'exprimer aucune indignation morale, c'est peut-être parce qu'il considère comme « fatales » les réactivations des stéréotypes antijuifs dans le contexte d'une mobilisation antisioniste radicale. Ce qui n'empêche pas l'érudit professeur de préciser dans une note montrant son souci pédagogique, malgré un évident pessimisme :

« Il s'agit d'un récit fantastique selon lequel un groupe de dirigeants juifs machine une conspiration pour la conquête du monde. Il a été démontré depuis longtemps qu'il s'agit d'un faux forgé par la police secrète tsariste à partir d'un pamphlet sans aucun rapport avec les Juifs, écrit par un publiciste français, Maurice Joly, et dirigé contre Napoléon III, le *Dialogue aux Enfers entre Montesquieu et Machiavel* (1864). Voir toute l'histoire de cette forgerie dans l'excellent livre de Norman Cohn, *Histoire d'un mythe, la "conspiration" juive et les Protocoles des Sages de Sion*, trad. franc., Paris, Gallimard, 1967 »[11].

Après avoir ainsi fait la leçon à ses amis antisionistes, le professeur-

autorisé fort différent (voire contraire), voir Olivier Carré, cité ou résumé *infra*. Rappelons que cet usage du mot « obscurantisme » vient de la langue stalinienne, qui a massivement diffusé la prénotion d'« obscurantisme religieux » qui serait par définition un « mythe de droite » ou « réactionnaire » ; voir par exemple le *Petit dictionnaire philosophique* (sous la direction de M. Rosentahl et P. Ioudine), Moscou, Editions en langues étrangères, 1955, article « Mysticisme », p. 415 (« Les philosophes bourgeois contemporains prêchent ouvertement l'obscurantisme »).

(10) M. Rodinson, *art. cit.*, 1981, p. 17.

(11) *Ibid.*, p. 17 note 12.

stratège, comme par un acte manqué surgissant à la fin de la note précitée, relève une fois de plus le fait, sans commentaires :

« Les traductions arabes des *Protocoles* sont diffusées en pays arabes, parfois par des gouvernements arabes et souvent citées dans la presse arabe et par des publicistes arabes comme se référant à un document authentique »[12].

Bref, ce que déplore le savant orientaliste, « engagé » dans une impitoyable guerre idéologique, ce sont des maladresses, des faux pas tactiques qui profitent à l'ennemi. Ce qui paraît l'inquiéter, ou le scandaliser au premier chef, ce n'est pas l'usage du faux comme tel, ce sont les effets ni voulus ni prévus, et indésirables, de cet usage antisioniste du faux. Ou bien donc le professeur-stratège est lui-même cynique, ou bien il suppose chez ses interlocuteurs privilégiés, les Arabes « antisionistes », dans leur lutte totale contre Israël, une totale absence de sens moral, vicarié par une intelligence pragmatique très vive. Il semble persuadé de ne pouvoir les convaincre que par une argumentation du type : il faut éviter d'exploiter un texte apocryphe comme les *Protocoles*, dans la mesure où les Occidentaux en connaissent l'inauthenticité, ce qui est exploité par la propagande « sioniste ». Et il est vrai que les passions nationalistes oblitèrent le sens moral : l'orientaliste le sait. Mais l'essentiel n'est pas là ; il est dans la présupposition de tout le passage sur la méthode de propagande, et qui sonne comme un terrible aveu : le plus célèbre faux antijuif est massivement diffusé et officiellement utilisé dans le monde arabe. Parole d'islamologue arabophile. Attestation d'un antisioniste radical. Le reste est anecdote.

(12) *Ibid.*, Ilan Halevi, intellectuel-journaliste israélien devenu responsable de l'O.L.P., témoigne dans le même sens, en insistant sur l'origine européenne des mythes antijuifs : « Le succès que rencontrent, dans divers pays arabes, et tout particulièrement en Egypte [*sic*], les rééditions périodiques du *Protocole des Sages de Sion* indique bien la persistance d'une réceptivité certaine au langage antijuif de l'Europe, en même temps qu'une tendance à la diabolisation de l'ennemi » (*Question juive. La tribu, la loi, l'espace*, Paris, Editions de Minuit, 1981, p. 294). La stigmatisation particulière de l'Egypte est ici une manière indirecte (et naïve) de dénoncer les accords de Camp David.

2. *L'introduction des* Protocoles *dans le monde arabe : conditions, contextes, usages*

Considérant le développement de l'« antisémitisme » (si mal nommé) dans les pays arabes à l'époque moderne, Bernard Lewis lui attribuait trois causes principales : l'influence idéologique de l'Europe « chrétienne », la question de la Palestine et la réaction contre le sionisme, l'apparition de conflits apparemment insolubles nés du problème des minorités[13].

2.1. **Héritage des stéréotypes antijuifs : l'influence de la littérature européenne anti-judéo-maçonnique et anti-talmudique**

Premier facteur à considérer dans la genèse de la judéophobie arabe moderne, l'influence européenne se marque surtout à partir de la fin du XIXe siècle par la diffusion d'ethnotypes antijuifs tels que la cruauté rituelle, la volonté de domination, l'aptitude à la manipulation financière, et plus généralement la puissance d'influence occulte et mondiale (« expliquée » par la diaspora). Il convient donc d'en caractériser les principales représentations. Le plus célèbre pamphlet antijuif précédant *La France juive* d'Edouard Drumont (1886) et les *Protocoles*, le livre du professeur de théologie August Rohling, *Der Talmudjude* (1871), - *Le Juif du Talmud*, ou *Le Juif talmudiste* (ou *talmudique*), - dont E. Drumont préface en 1889 l'une des traductions françaises[14], circulait dès la fin du XIXe siècle,

(13) Bernard Lewis, « Sémites et antisémites » (1971), repris in B. Lewis, *Le retour de l'Islam*, tr. fr. T. Jolas et D. Paulme, Paris, Gallimard, 1985, pp. 243-246 ; *id.*, *Juifs en terre d'Islam, op. cit.*, 1986, puis 1989, pp. 209 sq. ; *id.*, *Sémites et antisémites* (1986), tr. fr. J. Carnaud et J. Lahana, Paris, Fayard, 1987, *passim*.

(14) August Rohling, *Der Talmudjude. Zur Beherzigung von Juden und Christen aller Stände dargestellt*, Münster, 1871 (6e éd., 1877). Sur les premiers usages de cette compilation antisémite en Allemagne et en Autriche, voir : P.G.J. Pulzer, *The Rise of Political Anti-Semitism in Germany and Austria*, New York/Londres/Sydney, John Wiley, *op. cit.*, 1964, p. 163 ; James Parkes, *The Emergence of the Jewish Problem 1878-1939* (1re éd., 1946), Westport, Connecticut, Greenwood Press, 1970, pp. 204 sq. ; L. Poliakov, *Histoire de l'antisémitisme*, tome IV : *L'Europe suicidaire 1870-1933*, Paris, Calmann-Lévy, 1977, pp. 27-28 (insiste sur la légitimation des accusations de meurtre rituel) ; Helmut Berding, *Histoire de l'antisémitisme en Allemagne* (1988), tr. fr. O. Mannoni, Paris, Editions de la Maison des Sciences

diffusé par les chrétiens d'Orient, dans le monde arabe. Rohling y exposait et stigmatisait « la morale corrompue du Juif talmudiste », à partir d'un montage de textes falsifiés extraits des traités talmudiques. Prenons quelques exemples de ces stéréotypes largement diffusés. D'abord le stéréotype de l'élection en tant qu'auto-attribution d'une absolue supériorité : « "De même que les hommes sont supérieurs aux animaux [dit le *Talmud*, selon Rohling], ainsi les Juifs sont supérieurs à tous les peuples de la terre". Le *Talmud* va jusqu'à dire que la semence d'un étranger, qui n'est pas Juif, n'est que la semence d'un animal »[15]. Ensuite, le stéréotype de « l'empire du

de l'homme, 1991, p. 83 (insiste sur l'assimilation du libéralisme au judaïsme). Deux traductions en langue française paraissent en 1889 : *Le Juif selon le Talmud*, par Auguste Rohling, édition française considérablement augmentée par A. [de] Pontigny, Paris, Albert Savine, 1889, préface d'Edouard Drumont, XVII-285 p. ; *Le Juif-talmudiste, résumé succinct des croyances et des pratiques dangereuses de la juiverie*, tr. fr. par l'abbé Maximilien de Lamarque, Paris et Bruxelles, Vromant, s.d. (fin 1888), 3e éd., Bruxelles, « La Voix des nations », 1936, puis réimpressions (s.d.). Selon Robert F. Byrnes (*Antisemitism in Modern France. The Prologue to the Dreyfus Affair*, New York, The Trustees of Rutgers College in New Jersey, 1950, p. 91 [2e éd., 1969]), suivi par L. Poliakov (*op. cit.*, 1977, p. 28), une troisième traduction française aurait été publiée par l'éditeur catholique Victor Palmé, à Paris (*cf.* aussi B. Lewis, *op. cit.*, 1987, pp. 131-132). Pour une analyse de la version d'A. Pontigny, voir : Marc Angenot, *Ce que l'on dit des Juifs en 1889. Antisémitisme et discours social*, Saint-Denis, Presses Universitaires de Vincennes (Université Paris VIII), 1989, pp. 30-32. Dans sa préface, E. Drumont insistait sur « la revanche du *Talmud* sur l'Evangile » (p. III) et sur l'exclusivisme juif qui s'y révélerait : « Ce qui domine chez ces êtres c'est la haine et le mépris du *goy* » (p. IV). Bref, le Juif règne « en maître » (p. II). Voir : Pierre Birnbaum, *Un mythe politique : la « République juive »*, Paris, Fayard, 1988, p. 124. Sur l'influence du livre de Rohling sur les Assomptionnistes, et, à travers leur presse, sur l'antisémitisme catholique français « fin de siècle », voir : P. Sorlin, *« La Croix » et les Juifs, op. cit.*, 1967, pp. 141-142. La compilation pamphlétaire de Rohling sera traduite du français en arabe et paraîtra en 1899, au Caire (B. Lewis, *op. cit.*, 1987, p. 169 ; Lewis signale une seconde édition du livre, parue à Beyrouth en 1968 [*ibid.*], mentionne les critiques formulées par As'ad Razzūq, en 1970, contre les usages de Rohling dans la littérature de langue arabe [p. 270], et cite quelques extraits significatifs d'un livre célèbre d'Anīs Mansūr, *Le mur des Lamentations et les larmes* [Le Caire, 1972], qui puise largement dans Rohling non moins que dans les *Protocoles* ; voir aussi, sur un autre livre d'A. Mansūr, *Une blessure dans le cœur d'Israël* [1977, 2e éd., Le Caire, 1986], le Rapport du Centre Simon Wiesenthal, *L'Egypte..., op. cit.*, 1988, pp. 99-100).

(15) A. Rohling, *Le Juif talmudiste, Résumé succinct des croyances et des pratiques dangereuses de la juiverie*, préface de Jacques Peltzer, Bruxelles, Editions de la

monde » : « Puisque, selon le *Talmud*, Israël et la majesté divine signifient la même chose, il est clair que le monde entier appartient aux Juifs »[16]. Des ethnotypes négatifs appartiennent à la même constellation : l'idée que la fraude est permise aux Juifs vis-à-vis des non-Juifs (« Il est permis de tromper un goï... »)[17], celle que l'usure peut et doit être pratiquée au détriment des « étrangers »[18], etc. On rencontre en outre dans le pamphlet de Rohling l'accusation selon laquelle le meurtre par un Juif d'un non-Juif, d'un « idolâtre », est non seulement licite, mais constitue un sacrifice offert à Dieu[19] : il s'ensuit que l'impératif « Tu ne tueras pas » n'est en aucune façon un principe éthique, une exigence universelle, mais l'expression d'un interdit ethnocentrique (« on ne doit pas tuer un Israélite »). Bien entendu, Rohling s'emploie à diffuser des formules pseudo-talmudiques, du type : « Il faut égorger le meilleur parmi les chrétiens »[20]. Un tel tableau du « Juif talmudique » est celui d'un être à qui tout est permis vis-à-vis des non-Juifs : l'enseignement traditionnel du judaïsme s'y résume par l'incitation à tromper, voler, dominer et tuer les *goym* en tant que tels. La conclusion du livre de Rohling, reprenant rituellement les « aveux » de quelques « grands Juifs » (Crémieux, Disraeli, etc.), confirmés par les jugements portés par « les sages, les philosophes de notre siècle » (Kant, Fichte, Herder, Schopenhauer, etc.), insiste sur la volonté de domination, sur la cruauté ou la propension naturelle à la criminalité[21], ainsi que sur la cupidité sans limites du Juif, postulé inassimilable, construit comme un type doté d'une fixité inaltérable. Car Rohling postule l'invariabilité de « la nature perverse du Juif-talmudiste »[22] : « Depuis deux mille ans, les Juifs se distinguent par leur esprit de séparation (...). Ils ne peuvent bannir de leur esprit l'idée d'un Etat juif. Aussi

Phalange, s.d., réimpression [diffusion, Paris, librairie Ogmios, 1991], [69 p.], pp. 20-21. Nous citons A. Rohling d'après cette réédition de la traduction française parue à Bruxelles en 1889. Sur les animalisations polémiques, dans le sillage de Rohling et de Drumont, voir : P. Birnbaum, *op. cit.*, 1988, pp. 202 sq.

(16) A. Rohling, *op. cit.*, p. 25.

(17) *Ibid.*, p. 27.

(18) *Ibid.*, pp. 29-33.

(19) *Ibid.*, pp. 33-35.

(20) *Ibid.*, p. 49.

(21) *Ibid.*, pp. 56-57.

(22) *Ibid.*, p. 56.

le Juif ne devient ni Polonais, ni Français, ni Anglais, il reste toujours Juif comme ses ancêtres des temps bibliques »[23]. Ces aptitudes négatives attribuées au Juif « éternel », essentialisé et démonisé, permettent au doctrinaire antijuif d'*expliquer* les malheurs frappant les pauvres « sous-humains » que sont les non-Juifs, et en particulier les chrétiens :

« Les Juifs se sont adonnés à l'usure sans la moindre réserve, ils exploitent et ruinent des milliers de familles. L'usure et le monopole des capitaux ont amené la crise financière qui pèse sur le pays depuis bien des années. La cupidité insatiable des Juifs exploite même de mille manières la misère publique (...). Le Juif s'est emparé du monopole de l'argent et des vivres, et c'est la classe ouvrière qui souffre le plus de la cupidité juive. (...) Les Juifs ne peuvent avoir de communion avec les peuples chrétiens, parce qu'en tout ils sont l'opposé de ceux-ci. Dans les grandes comme dans les petites affaires, partout ils sèment le germe de la dissolution et de la destruction, leurs tendances les poussent à s'élever sur les ruines des autres. (...) Tous les moyens leur sont bons pour parvenir à la domination universelle, à laquelle ils prétendent, d'après la Bible, avoir un droit »[24].

La thématique fondamentale des *Protocoles* se retrouve donc déjà dans *Le Juif talmudiste* de Rohling. N'y manquent pas non plus les principaux amalgames polémiques standardisés, issus des interprétations conspirationnistes de la Révolution française[25]. D'abord,

(23) *Ibid.*, pp. 59-60.

(24) A. Rohling, *ibid.* Les lecteurs de langue arabe pouvaient aussi s'instruire sur le « péril juif » dans le pamphlet de Georges Corneilhan, *Juifs et opportunistes* (Paris, Sauvaître, 1889), dont la traduction arabe avait été publiée au Caire en 1893 (B. Lewis, *op. cit.*, 1987, pp. 167-168). Le livre de G. Corneilhan dénonçait bien sûr la doctrine « criminelle » du *Talmud*, mais présentait surtout cette particularité de contenir le fameux *Discours du Rabbin*, l'un des textes précurseurs des *Protocoles* (*cf.* M. Angenot, *op. cit.*, 1989, pp. 40-43). D'autres livres et brochures, traduits en arabe à la fin du siècle, contribuaient à construire les conditions de recevabilité culturelle des thèmes antijuifs de tradition européo-chrétienne, des sacrifices humains prétendument recommandés par le *Talmud* à la volonté de domination mondiale « dévoilée » par le fictif *Discours du Rabbin*. Sur ces traductions et adaptations, voir B. Lewis, *op. cit.*, 1987, pp. 167 sq.

(25) Voir surtout Johannes Rogalla von Bieberstein, *Die These von der Verschwörung 1776-1945, op. cit.*, 1976. Les textes fondateurs en sont : abbé Augustin Barruel, *Mémoires pour servir à l'histoire du jacobinisme* (1797 ; revus et corrigés en 1818), nouvelle édition, Chiré-en-Montreuil, Diffusion de la Pensée française, 1973 ; John Robison, *Proofs of a Conspiracy against all the Religions and Governments of Europe, carried on in the Secret Meetings of the Free Masons,*

la dénonciation du « judéo-maçonnisme », supposant l'évidence d'une secrète alliance de « Juda » (« l'Alliance Israélite qui, depuis 1860, s'étend sur le monde entier »)[26] et de la franc-maçonnerie. L'idée récurrente, aussi, que, si « les Juifs se trouvent (...) dans toutes les loges du monde »[27], « Juda forme la tête de la Loge et les Loges chrétiennes ne sont que des marionnettes mises en mouvement, sans s'en douter, pour Juda »[28]. Bref, la maçonnerie, comme le suggérait la lettre attribuée par Augustin Barruel au « capitaine Simonini », serait à « tête juive » : la maçonnerie est ainsi interprétée, selon les auteurs, soit comme une secte internationale dominée par « la secte judaïque »[29], soit comme « une secte juive »[30], comme prétendait le

Illuminati, and Reading Societies, Londres, 1797. Voir aussi : J.M. Roberts, *The Mythology of the Secret Societies*, St Albans, Paladin, 1974 ; et les brèves remarques de N. Cohn, *op. cit.*, 1967, pp. 29 sq. Parmi les brochures lues et utilisées par les propagateurs des *Protocoles*, voir : Maurice Talmeyr, *La Franc-Maçonnerie et la Révolution française*, Paris, 1904 (ouvrage cité par G.V. Boutmi, dans son avant-propos comprenant une longue *Notice sur les Juifs*, tr. fr. in Mgr Jouin, *op. cit.*, vol IV, 1922, p. 16).

(26) A. Rohling, *op. cit.*, p. 64.

(27) *Ibid.*, p. 65.

(28) *Ibid.*

(29) Lettre attribuée par A. Barruel au « capitaine » Jean-Baptiste Simonini, et reçue à Paris le 20 août 1806, publiée in *Le Contemporain*, t. XVI, juillet 1878, pp. 58-61 ; puis dans : Nicolas Deschamps, *Les Sociétés secrètes et la Société, ou la philosophie de l'histoire contemporaine*, Avignon-Paris, s.d., vol. III, pp. 658-661 ; A. Netchvolodow, *op. cit.*, 1924, pp. 231-234. Voir : N. Cohn, *op. cit.*, 1967, pp. 31-33 ; L. Poliakov, *Histoire de l'antisémitisme*, t. III, Paris, Calmann-Lévy, 1968, p. 296 ; P. Pierrard, *op. cit.*, 1970, pp. 27 sq. Au début d'un article paru dans le *Bloc Catholique*, daté de juillet-août 1927, « Le plan judéo-maçonnique contre l'Eglise », Louis de Beslon écrivait : « Depuis un siècle, la judéo-maçonnerie rêve et s'efforce de pénétrer au Vatican et de faire monter sur le trône de saint Pierre un homme qui accomplira, inconsciemment, ses desseins. Le 21 octobre 1881, la *Civiltà cattolica* [Rome] a publié la lettre de Simonini à Barruel, ajoutant que l'original se trouvait aux archives du Vatican. Cette lettre est datée de Florence, 5 août 1806. Après avoir expliqué les raisons par lesquelles il capta la confiance des Juifs, Simonini dévoile certains secrets... » (tiré à part, Toulouse, 1927, [9 p.], p. 1). La mystérieuse lettre était loin d'avoir terminé sa carrière idéologique - le même article citait, preuve supplémentaire, une « déclaration faite à la 17e séance du Congrès secret tenu à la Bâle [*sic*] en 1897 : "Nous pénétrerons jusqu'au cœur même de cette Cour pontificale (...), jusqu'à ce que nous ayons détruit la puissance du Pape" » (art. cit. p. 6 ; voir Mgr Jouin, *op. cit.*, vol. I, 1920, p. 115).

(30) Isidore Bertrand, *La Franc-Maçonnerie, secte juive. Ses origines, son esprit et le but qu'elle poursuit*, Paris, Bloud, 1905, 64 p. Voir aussi : abbé Henri

démontrer, en 1905, Isidore Bertrand dans un opuscule de vulgarisation des « études » de Gougenot des Mousseaux[31] et de Drumont. I. Bertrand, auteur d'une étude parue cinq ans plus tôt dans la même collection (« Science et religion. Etudes pour le temps présent ») sur *L'Occultisme ancien et moderne*[32], s'adressait ainsi en 1905 à ses lecteurs, à l'évidence « bons chrétiens » désireux de mieux connaître l'ennemi caché :

« Le seul but que je me sois proposé en écrivant cet opuscule, c'est d'éclairer mes lecteurs sur les origines d'une secte dont les chefs se proposent de reconstituer la puissance judaïque sur les ruines de la civilisation française et chrétienne »[33].

Le propos est significatif, et l'objectif en lui-même a valeur de symbole : il faut éclairer l'occulte, jeter de la lumière sur les puissances obscures. L'auto-justification de ces pamphlets anti-judéo-maçonnique se retrouvera dans les gloses accompagnant les *Protocoles*, à partir de 1919-1920 : dévoiler les secrets des Juifs et de la maçonnerie, en citant leurs textes supposés eux-mêmes secrets (tel le *Talmud*), c'est détruire le fondement même de la puissance de ces « sectes ». Le dévoilement de l'occulte se donne pour l'arme absolue contre les ennemis occultes : dévoiler, c'est dénoncer, accuser, condamner, mais aussi et surtout neutraliser. L'opuscule de combat, *La Franc-maçonnerie, secte juive*, commence ainsi :

« La Franc-Maçonnerie est-elle d'origine juive ? L'affirmative peut être soutenue avec preuves à l'appui. Ce que l'on ne saurait contester, c'est qu'elle est, depuis longtemps, un succédané de la Synagogue. Le Grand-

Desportes, *Le Juif franc-maçon*, Paris, Delhomme et Briguet, 1890, 291 p. (non cité par I. Bertrand).

(31) Gougenot des Mousseaux, *Le Juif, le Judaïsme et la judaïsation des peuples chrétiens*, Paris, Plon, 1869, XXXIX-568 p. (2e éd., 1886). Voir : N. Cohn, *op. cit.*, 1967, pp. 45-49 ; J. Verdès-Leroux, *op. cit.*, 1969, pp. 101-103 ; L. Poliakov, *op. cit.*, t. IV, 1977, pp. 48-51 (ainsi que les remarques de F. Lovsky, *op. cit.*, 1955, pp. 317-318 notamment). P. Sorlin a insisté sur l'attitude ambiguë de ce « mystique solitaire » qui sera lu et utilisé par des publics fort différents : il « exprime à la fois une immense admiration et un mépris sans bornes pour Israël... » (*« La Croix »..., op. cit.*, 1967, p. 198).

(32) I. Bertrand, *L'Occultisme ancien et moderne*. « Les mystères religieux de l'antiquité païenne. La Kabbale maçonnique. Magie et magiciens fin de siècle », Paris, Bloud et Barral, 1900, 64 p.

(33) I. Bertrand, *op. cit.*, 1905, p. 4.

Orient cherche sans doute à le nier. Mais aucun de ceux qui sont au courant de la question ne croit à son indépendance. Ils savent tous qu'il obéit au Kahal avec une docilité qui laisse loin derrière elle la passivité que l'on reproche aux disciples de saint Ignace »[34].

L'exposé des « preuves irréfutables », notamment fondé sur les « aveux des chefs de la secte »[35], selon la méthode initiée par Barruel[36], peut être illustré par cet extrait caractéristique :

« Rien dans les dix-huit premiers grades ou degrés de la maçonnerie qui ne soit emprunté à la Bible, en ce qui concerne les faits historiques proprement dits, ou au Talmud, pour tout ce qui a trait à l'enseignement moral et philosophique. Le jour où le maçon est initié au 18e degré, il devient *de plano* membre de l'*Alliance israélite universelle*, dont le but est de grouper en un seul faisceau tous ceux qui font leur règle de foi des *Principes modernes. L'Alliance israélite universelle* et la *Société non moins universelle de la Maçonnerie* ne forment qu'une seule et même société. Nos contradicteurs arriveraient difficilement à découvrir un Juif hostile à la Franc-maçonnerie et plus difficilement encore un franc-maçon ennemi du Juif. Celui qui écrit ces lignes n'a jamais réussi, en dépit de ses recherches, à constater le contraire. La raison en est que la Kabbale est au fond de tous les rites maçonniques, forme moderne de l'occultisme dont le Juif est le grand maître. *L'Alliance israélite universelle* est l'œuvre par excellence du Judaïsme et de la Maçonnerie. C'est en groupant sous sa bannière tous les adeptes de la libre pensée, quel que soit leur culte d'origine, qu'Israël verra se réaliser ses plus chères espérances »[37].

L'un des principaux éléments qui permettra, chez les propagateurs des *Protocoles*, de bricoler l'idéologie *anti-mondialiste* (anti-cosmopolite, anti-internationaliste, etc.), se rencontre aussi dans la thèse d'une affinité naturelle entre la libre pensée, la maçonnerie et le judaïsme[38]. Dans la littérature conspirationniste, un thème récurrent

(34) *Ibid.*, p. 5.
(35) *Ibid.*, pp. 23-28.
(36) Voir A. Barruel, *Mémoires..., op. cit.* ; les *Protocoles* s'inscrivent dans le même genre littéraire des « révélations » constituées par d'involontaires « aveux »...
(37) I. Bertrand, *op. cit.*, 1905, pp. 26-27.
(38) I. Bertrand, *ibid.*, pp. 27-28. A ces trois composantes s'ajoutera, après 1917, le bolchevisme, pour constituer l'amalgame polémique qui voyagera dès le début des années 1920 dans le monde arabe, et dont le principal véhicule sera le texte des *Protocoles* avec ses introductions, ses commentaires et ses annexes (le « document » sera en effet le plus souvent traduit ou reproduit avec ses gloses

est celui des « chefs inconnus » ; d'où la longue quête engagée pour les identifier. Pour I. Bertrand, comme pour Gougenot des Mousseaux, ces inconnus sont bien connus, il suffit pour les identifier de « lever le masque » dont s'affublent les « grands » Juifs, de les dénicher s'activant dans les « coulisses » de l'histoire du monde, selon l'expression standardisée de Disraeli[39]. Lisons I. Bertrand :

d'accompagnement, en dépit de la variation des contextes : les lecteurs arabes non francophones pourront ainsi lire du Gohier dès la fin des années vingt, les non-anglophones du Marsden, etc.). La première traduction arabe des *Protocoles*, due à des Arabes chrétiens, a été réalisée à partir des *« Protocols »*... dans la version de *La Vieille-France* d'Urbain Gohier (1920) ; selon Y. Harkabi, cette traduction a été publiée vers 1926-1927 (*Arab Attitudes to Israel* [1968], trad. angl. M. Louvish, Jérusalem, Israel Universities Press, 1972, pp. 229 sq. ; et bibliographie, *infra*). Pour diverses raisons, dont la principale est vraisemblablement la rivalité mimétique entre les deux catégories de *dhimmi*, chrétiens et juifs, ce sont les Arabes chrétiens qui, « souvent antisémites (...), ont joué un rôle majeur dans l'introduction de l'antisémitisme de style européen dans le monde arabe » (B. Lewis, *op. cit.*, 1985, p. 242). Gilles Kepel posait fort bien le problème à la fois sociopolitique et herméneutique que fait surgir le constat de cette traduction/transposition de stéréotypes d'une culture dans une autre : « Ce qui nous importe, c'est de comprendre comment et pourquoi ces stéréotypes sont réutilisés dans le Moyen-Orient contemporain, de quelle manière ils "font sens" dans la conscience islamiste » (*Le Prophète et Pharaon. Les mouvements islamistes dans l'Egypte contemporaine*, Paris, La Découverte, 1984, p. 20 ; voir aussi p. 113, l'exemple d'un recours « pédagogique » contemporain, par les néo-Frères musulmans en Egypte, des *Protocoles*, « un des livres des Juifs »...).

(39) Benjamin Disraeli, *Coningsby*, Londres, 1844 ; dans le ch. XXXVII, Sidonia répond à une question de Coningsby : « Le monde est gouverné par des personnages tout autres que ne le pensent ceux qui ne sont pas dans les coulisses [who are not behind the scenes] ». Cette phrase est citée, déformée et mésinterprétée, par A. Rohling (*op. cit.*, p. 63), conformément à l'exploitation antisémite de certains fragments des écrits de Disraeli, qui commençait à faire tradition. Sur le personnage de Sidonia, voir : J.-F. Moisan, thèse, 1987, pp. 220-224 ; sur l'exploitation antijuive de Disraeli, voir : J.-F. Moisan, *ibid.*, pp. 243 sq. Parmi les glossateurs et diffuseurs des *Protocoles*, rares sont ceux qui n'ont pas cité la fameuse phrase extraite de *Coningsby* : Henry Ford la cite à titre de preuve de l'authenticité des *Protocoles* (*The Dearborn Independent*, 18 décembre 1920), ainsi que Victor E. Marsden dans l'introduction de sa traduction des *Protocoles* (*Protocols of the Meetings of the Learned Elders of Zion*, Londres, The Britons Publishing Society, [1921], rééd. 1925, p. 9). Nesta H. Webster est fort explicite : « Personne n'a jamais mis en garde l'opinion publique britannique plus clairement des dangers que représentent les révolutions ou du rôle que jouaient les Juifs dans celles-ci que Disraeli, dont on a si souvent cité les propos à ce sujet : "Le monde est gouverné (...)". Qu'est-ce que ceci, si ce n'est la reconnaissance claire de

« A qui doit obéir le Franc-Maçon ?
"A des chefs INCONNUS !"
C'est Louis Blanc qui nous le dit dans son *Histoire de dix ans*. Or, Louis Blanc savait à quoi s'en tenir.
Ces CHEFS INCONNUS sont-ils français, anglais, allemands ou italiens ? Ceux avec lesquels correspondait Piccolo-Tigre étaient juifs.
On les a vus se servir tout à tour, pour atteindre leur but, qui est de désorganiser l'Europe chrétienne au profit d'Israël, de Palmerston, de Cavour, de Napoléon III, de Bismarck, etc. Chacun de ces hommes d'Etat a cru, à un moment donné, être l'arbitre du monde, alors que la secte utilisait son influence au profit de ses desseins. (...) M. Gougenot des Mousseaux raconte un fait qui corrobore ce qu'on vient de lire :
"Depuis la recrudescence révolutionnaire de 1818, écrit-il, je me suis trouvé en relation avec *un Juif* qui, par vanité, trahissait le secret des sociétés secrètes auxquelles il s'était associé, et qui m'avertissait huit ou dix jours

l'existence de la Main Cachée ? » (*Secret Societies and Subversive Movements*, Londres, Boswell Printing and Publishing Co., 1924, p. 382). Dans sa somme de rumeurs et d'interprétations conspirationnistes, *Les auteurs cachés de la Révolution française (d'après des documents inédits)* (Paris, Perrin, 1923, 296 p.), Pouget de Saint-André ne manque pas de citer la phrase de Disraeli (*op. cit.*, p. 5), la présentant comme un « aveu » *(ibid.)*, avant de se référer au *Discours du Rabbin* (« la phrase d'un rabbin anglais [*sic*] citée par sir J. Readcliff », p. 34) : « Chaque guerre, chaque révolution rapproche le moment où nous atteindrons le but suprême vers lequel nous tendons » - commentaire de l'auteur : « On n'ignore pas que ce but est l'établissement de la suprématie de la race Juive [*sic*] sur le monde entier » *(ibid.)*; suit une citation « probatoire » [mais approximative] des *Protocols d'Israël* dans l'édition de *La Vieille-France* [1920], pp. 54-55, séance n° 15). On a vu que la citation de la phrase standard de W. Rathenau jouait le même rôle (« Trois cents hommes... »). Elle n'a toujours pas, aujourd'hui, terminé sa carrière idéologique ; après le décès de Robert Maxwell, le 5 novembre 1991, le mensuel *Lectures Françaises*, fondé par H. Coston, publiait un article titré : « L'un des 300 maîtres du monde disparaît mystérieusement » (35ᵉ année, n° 416, décembre 1991, pp. 19-21). Dans *Bagatelles pour un massacre* (Paris, Denoël, 1937, p. 276, épigraphe), Céline cite très approximativement la phrase attribuée à Disraeli (non moins que celle de Rathenau, p. 94, fortement « améliorée »), avant de plagier sur quelques pages (pp. 277-288) un texte de Henry Coston, « La Conspiration juive » (*Le Siècle Nouveau*, 3ᵉ année, n° 1, octobre 1937), compilation de divers faux antijuifs, dont le *Discours du Rabbin* [« Rzeichhorn », orthographie Céline, p. 277] et les *Protocoles* [« publiés vers 1902 », affirme-t-il, p. 277 également]. Sur ces emprunts de plagiaire à plagiaire, voir : Alice Yaeger Kaplan, *op. cit.*, 1987, pp. 196-235. Sur les théories disraeliennes quant à l'importance des sociétés secrètes, voir les remarques suggestives, mais rapides, de H. Arendt (*Sur l'antisémitisme* [1951], tr. fr. M. Pouteau, Paris, Calmann-Lévy, 1973, pp. 169 sq.).

d'avance de toutes les révolutions qui allaient éclater sur un point quelconque de l'Europe. Je lui dois l'inébranlable conviction que tous ces grands mouvements *des peuples opprimés*, etc., sont combinés par une demi-douzaine d'individus qui donnent leurs ordres aux sociétés secrètes de l'Europe entière. Le sol est tout à fait miné sous nos pieds, et *les Juifs* fournissent un large contingent à ces mineurs" »[40].

Le témoignage autorisé de Gougenot des Mousseaux est donc formel ; il élargit ainsi le cercle des secrètes et funestes alliances aux révolutionnaires. Mais la thèse centrale est celle de la direction juive des affaires du monde, la maçonnerie et l'internationale révolutionnaire n'ayant guère que le rôle d'instruments privilégiés pour l'entreprise de conquête juive de la planète.

La conclusion du pamphlet de Rohling permettait aussi d'enrichir la généalogie de l'anti-mondialisme contemporain, dont la diffusion planétaire suivra celle du texte des *Protocoles* ; l'alliance secrète du Juif, du libre penseur (ou de l'athée) et du maçon s'élargit d'abord en incluant le révolutionnaire internationaliste, qui prêche notamment l'égalité :

« Quand donc le chrétien entend les Juifs faire l'éloge des idées modernes, il doit savoir que c'est l'éloge de la révolution qui menace à la fois le trône et l'autel. (...) L'internationale, dont un des chefs était le Juif Marx, à Londres, prêche également l'égalité. Cette égalité révolutionnaire avec ses fameux moyens de fraude, de vol et de meurtre est saluée comme la grande idée moderne »[41].

Bref, la modernité, dans toutes ses figures, est « juive » ou « judaïsée ».

(40) I. Bertrand, *op. cit.*, 1905, pp. 43, 44-45. Sur le mystérieux et inquiétant personnage nommé « Piccolo-Tigre », Juif franc-maçon accusé par les catholiques français et italiens, sous le Second Empire, de diriger secrètement le complot contre la papauté, voir : Pierre Pierrard, *Juifs et catholiques français, op. cit.*, pp. 27-29. On retrouve l'histoire de « Piccolo-Tigre » dans diverses compilations pamphlétaires : de l'édition abrégée, par Claudio Jannet (1884), du livre de N. Deschamps *(op. cit.)*, au livre de Mgr Henri Delassus, *La Conjuration antichrétienne : le temple maçonnique voulant s'élever sur les ruines de l'Eglise catholique* (Lille, Desclée, 1910, 3 vol. ; t. II, p. 409). Voir aussi : H. de Vries de Heekelingen, *Juifs et catholiques*, Paris, Grasset, 1939, pp. 163-164. Sur Mgr Delassus, voir : P. Pierrard, *ibid.*, pp. 114-116 ; E. Poulat, *Intégrisme et catholicisme intégral*, Tournai, Casterman, 1969, pp. 258-260.

(41) A. Rohling, *op. cit.*, s.d. [rééd. 1991], p. 66.

I. Bertrand reprenait en outre certaines « révélations » sur le fonctionnement de la « secte judéo-maçonnique »[42], empruntées au grand maître de l'histoire de la « judaïsation des peuples chrétiens » :

« M. Gougenot des Mousseaux, qui a fait de la question juive une étude approfondie, écrivait en 1869 : "Ceux qui affirment que le Conseil universel et suprême, *mais secret*, de la Maçonnerie, composé de neuf membres, doit tenir en réserve, *pour les représentants de la nation juive*, UN MINIMUM DE CINQ SIEGES, parce qu'ainsi le veut la constitution maçonnique, nous apprennent ce que les simples lois du bon sens nous ont déclaré devoir être." Le même auteur disait encore en 1872 : "Les Juifs doivent, à l'insu même de la plupart des hauts dignitaires de l'Ordre, *former en majorité le conseil réel et suprême* de la Maçonnerie" »[43].

En présentant ainsi les révolutions modernes comme décidées et dirigées en secret par les « chefs inconnus », les visionnaires conspirationnistes conféraient une cohérence apparente à leur explication de l'histoire par la volonté toute puissante de minorités actives. Pour que le tableau fût complet, il fallait encore supposer une alliance desdites minorités, affidées de la haute finance, avec les puissances d'argent. Rohling pouvait à ce propos reprendre les principaux stéréotypes de l'anticapitalisme antijuif de gauche, et citer le fouriériste Toussenel, « historien » et dénonciateur de la « féodalité financière » dans son livre *Les Juifs, rois de l'époque*[44].

Rohling terminait son pamphlet par une mise en garde rituelle, adressée aux chrétiens :

« La juiverie, selon le *Talmud*, est un grand danger pour le peuple chrétien,

(42) I. Bertrand, *op. cit.*, p. 48.
(43) *Ibid.*, pp. 45-46. Références des citations de Gougenot des Mousseaux : *Le Juif..., op. cit.*, 1869, p. 359 ; article in *Le Monde*, 10 et 11 mai 1872 (le journal *Le Monde*, édité à Paris, a existé de 1860 à 1896 ; voir E. Poulat, *Catholicisme, démocratie et socialisme*, Tournai, Casterman, 1977, p. 556).
(44) A. Rohling, *op. cit.*, p. 62, qui cite la 2e éd. (1847) du livre d'Alphonse Toussenel, *Les Juifs, rois de l'époque. Histoire de la féodalité financière* (1re éd., Paris, Librairie de l'Ecole Sociétaire, 1845 ; 3e éd., Paris, C. Marpon et E. Flammarion, 1886, 2 tomes). Sur l'antijudaïsme des socialistes français dits « utopistes », voir notamment : Edmund Silberner, « The attitude of the Fourierist school towards the Jews », *Jewish Social Studies*, vol. 9, n° 4, octobre 1947 ; *id., Sozialisten zur Judenfrage. Ein Beitrag zur Geschichte des Sozialismus vom Anfang des 19. Jahrhunderts bis 1914*, Berlin, 1962 ; Paul Bénichou, « Sur quelques sources françaises de l'antisémitisme », *Commentaire*, vol. I, n° 1, 1978, pp. 67 sq.

et (...) on ne saurait prendre trop de précautions pour se prémunir contre ce danger »[45].

Tel est l'un des principaux héritages du conspirationnisme « catholique » qu'on retrouvera dans les *Protocoles* (dont les premiers usages, rappelons-le, sont apparus dans le contexte de la Russie impériale et orthodoxe, avant 1917) : la représentation d'un conflit inexpiable entre l'Eglise et la Synagogue, redoublée par celle d'une lutte à mort entre la civilisation chrétienne et le monde moderne (« judaïsé », « enjuivé », etc.), intrinsèquement judéo-maçonnique. La vision conspirationniste de l'histoire prend dès lors l'allure d'un affrontement entre puissances s'opposant de façon manichéenne, le Juif et ses satellites (maçon, protestant, etc.) étant satanisés, construits en tant qu'instances monopolisant la puissance de haïr et de détruire. I. Bertrand décrit ainsi les « ennemis irréconciliables de Dieu et des *goym* »[46] :

« Le Juif et le Franc-Maçon ont en haine le Christ et les *goym*, et par ce dernier mot il faut entendre les catholiques [*sic*]. Les protestants font volontiers cause commune avec les Loges et la Synagogue, quand il s'agit de battre l'Eglise en brèche. (...) Le Franc-Maçon partage la haine du Juif pour les catholiques. Les événements actuels en sont une preuve saisissante. Les uns et les autres ne descendent-ils pas d'Eblis, l'Ange de Lumière ou Lucifer, et de la première femme, tandis que l'étranger, le *goy*, disciple du Nazaréen, appartient à la race inférieure et maudite d'Adam et d'Eve ? On a dit que les maçons rendaient un culte à Satan, leur père. Rien n'est plus vrai. Le Christ, on le sait, disait aux Pharisiens dont ils sont les disciples : "Vous êtes les enfants du diable (...)" »[47].

Ce mode de satanisation du Juif ou du « judéo-maçon » en tant que représentant ou descendant du type « pharisien », ou de son double : le type talmudique, constitue un lieu commun fondamental de l'argumentation antijuive moderne. Flavien Brenier, l'un des dirigeants de la « Ligue Française Antimaçonnique »[48], et collaborateur

(45) A. Rohling, *ibid.*, p. 67.
(46) I. Bertrand, *op. cit.*, 1905, p. 32.
(47) *Ibid.*, pp. 33-34.
(48) Sur les circonstances de la rupture entre Flavien Brenier et Copin-Albancelli (*cf.* tome II), voir (avec certaines précautions) : Henry Coston (sous la direction de), *La République du Grand Orient*, numéro spécial de *Lectures Françaises*, janvier 1964, [302 p.], pp. 146-148 ; *id.*, *Dictionnaire de la politique française*,

régulier de la *Revue Antimaçonnique* (mensuel paraissant depuis novembre 1910), publie en 1913 un livre intitulé *Les Juifs et le Talmud*[49]. La dénomination de ladite « Ligue » ne doit pas tromper sur sa visée principale, clairement définie dans ses tracts d'autoprésentation : « Cette Ligue, constituée le 1er janvier 1907, a pour but de "combattre la Franc-Maçonnerie, instrument de la Domination Juive". Elle est, à l'heure actuelle [1913], la seule Ligue spécialement antijuive qui existe en France »[50]. Quant à la *Revue Antimaçonnique*, organe officiel de la « Ligue », elle est décrite par ses responsables comme étant « de beaucoup l'organe le plus important de l'Antimaçonnerie et de l'Antijudaïsme dans le monde entier. (...) La lecture de cette *Revue* est indispensable à quiconque désire être renseigné sur la question juive et le péril maçonnique »[51]. Flavien Brenier, alors secrétaire général de la « Ligue », conclut son livre par un rappel insistant de la nature corrompue et corruptrice du Juif moderne, en tant qu'héritier du type pharisien-talmudique, décrit comme une « race historique » (pour parler comme G. Le Bon), une race mentale engendrée par une culture religieuse et une histoire spécifique, race seconde distincte de « la race juive en elle-même » ou originelle :

« En France même, au début du XXe siècle, les plus odieuses prescriptions talmudiques sont religieusement observées par les Juifs et (...) l'autorité rabbinique n'a rien perdu de sa puissance. (...) Faut-il s'étonner, dès lors,

tome II (1972), édition revue et corrigée, Paris, Publications Henry Coston, 1980, pp. 149-150. F. Brenier créera l'Institut antimarxiste de Paris en 1929, et signera de nombreux articles sous les pseudonymes de Brenier de Saint-Christo, de Salluste ou de Gâtebois (il sera aussi, avec d'autres, tel U. Gohier, le « nègre » du parfumeur d'extrême droite François Coty). Sur ces milieux antimaçonniques et antijuifs, voir : P. Pierrard, *op. cit.*, 1970, pp. 151-157.

(49) Flavien Brenier, *Les Juifs et le Talmud. Morale et principes sociaux des Juifs d'après leur livre saint : le Talmud* (Avec un aperçu des circonstances historiques dans lesquelles le peuple juif renonça à la loi de Moïse), Paris, Aux bureaux de la « Ligue Française Antimaçonnique », 1913, 88 p. La Ligue diffusait un certain nombre de livres, dont : *Le Répertoire Maçonnique*, contenant les noms et adresses de 36 000 francs-maçons de France et des colonies ; *Le Répertoire des Juifs de France*, faisant partie des Administrations civile, militaire, judiciaire, etc., ainsi que des professions libérales ; A. Barruel, *Mémoires..., op. cit.* ; N. Deschamps, *Les Sociétés secrètes..., op. cit.*

(50) « Appel » de la Ligue antimaçonnique, in F. Brenier, *op. cit.*, 1913, p. 87.

(51) « La Revue Antimaçonnique », in F. Brenier, *ibid.*, p. 88.

de l'œuvre de corruption morale et de destruction matérielle que la race juive accomplit autour de nous ? En consacrant cette étude à la secte des Pharisiens et à son code de morale, le *Talmud*, nous n'avons pas eu pour but de prêcher une haine sauvage contre la race juive ; *rien n'est plus éloigné de notre pensée* [souligné par l'auteur]. Nous avons voulu, constatant la nocivité fondamentale de l'élément juif, en rechercher la cause, et nous sommes arrivés à cette conclusion que le Juif, avant d'être un malfaiteur, a été une victime : intoxiqué par la société secrète pharisienne, il s'est saturé de son poison, et, depuis vingt siècles déjà, il le dégorge sur le monde. Ce n'est donc pas à la race juive en elle-même, à cette race qui a donné au Dieu vivant des patriarches, des apôtres et des martyrs, que nous nous attaquons : c'est au Juif tel que l'a fait le *Talmud*, cette expression suprême de la pensée pharisienne, au Juif déicide, fourbe, voleur et meurtrier. Puisse ce court travail le faire connaître tel qu'il est et juger comme il le mérite »[52].

C'est cette *essentialisation* négative du Juif, oscillant entre criminalisation et satanisation, issue d'un fonds de stéréotypes d'origine chrétienne, qui commencera sa circulation extra-européenne à la fin du XIXe siècle. Bref, la diffusion dans le monde arabe de la vision chrétienne du « Juif talmudique », voué au mensonge et à la cupidité, et pratiquant des crimes rituels, constituera une première structure idéologique d'accueil pour la lecture des *Protocoles*. Telle aura été la première condition de la *réception* des *Protocoles* dans le monde arabe, où ils commencent à circuler, surtout à partir de l'Egypte, vers le milieu des années vingt[53].

2.2. Facteurs et conditions de la réception arabe du mythe conspirationniste antijuif

La vision du complot juif mondial n'aurait pas fait l'objet d'une exploitation idéologique massive dans le monde arabe si deux facteurs distincts bien qu'inséparables, parce qu'en interaction continuée, les réactions anti-sionistes[54], - avant et surtout après la création de l'Etat d'Israël, - et l'explosion de la question des minorités au Proche-Orient, n'avaient pas favorisé la réception et l'instrumenta-

(52) F. Brenier, *ibid.*, p. 83 (« Conclusion »).

(53) *Cf.* B. Lewis, *Juifs en terre d'Islam, op. cit.*, p. 210 ; *id., Le retour de l'Islam, op. cit.*, p. 243 ; *id., Sémites et antisémites, op. cit.*, p. 258.

(54) Voir : B. Lewis, *Le retour de l'Islam*, pp. 244-246 ; *id., Sémites...*, pp. 212-247.

lisation du mythe conspirationniste d'origine euro-chrétienne. Le projet sioniste, et les débuts de sa réalisation politique et territoriale, faisant surgir la question de la Palestine, et engendrant ainsi un conflit entre Juifs et Arabes, a fait naître un « antisémitisme » interne, et pour ainsi dire fonctionnel, dans le monde arabe. Bernard Lewis pose clairement le problème :

« Opposant deux peuples qui revendiquent un même territoire, ce conflit était à l'origine purement politique et non racial. Mais, étant donné le caractère fondamentalement juif du mouvement sioniste, puis d'Israël, d'une part, et d'autre part la présence de communautés juives dans les pays arabes, la tentation fut grande d'utiliser les stéréotypes, les images et les slogans que l'antisémitisme avait déjà bien rodés. Naturellement, les experts désireux d'offrir leurs services ne manquèrent pas »[55].

Le facteur jugé « à bien des égards [comme] le plus important » par B. Lewis est « la détérioration générale de la situation des minorités, à la fois ethniques et religieuses, au Proche-Orient »[56], qui produit une conséquence aux tragiques implications : la disparition de la tolérance traditionnelle et la persécution de certaines minorités. Parmi les minorités persécutées, pré-désignées par les stéréotypes de la victime[57], les Juifs auront été, et sont toujours, pour ainsi dire privilégiés, d'abord en raison de leur plus grande vulnérabilité (contrairement aux minorités chrétiennes, ils ne pouvaient faire appel à la protection de puissances nationales étrangères), ensuite en ce qu'ils sont devenus « sionistes », qu'il se sont transformés eux aussi en nationalistes, et partant, ont transgressé les limites que leur assignait leur statut traditionnel de *dhimmi*, de sujet non musulman de l'Etat musulman. Il faut rappeler ici que « les relations entre l'Etat musulman et les communautés non musulmanes assujetties auxquelles il accordait tolérance et protection étaient régies par un pacte appelé *dhimma*, les bénéficiaires de ce pacte devenant des *ahl al-*

(55) B. Lewis, *Juifs en terre d'Islam*, p. 214.
(56) B. Lewis, *Le retour...*, pp. 246 sq.
(57) Voir : René Girard, *Le Bouc émissaire*, Paris, Grasset, 1982, ch. II, « Les stéréotypes de la persécution », pp. 23-36. Il faut ici mentionner une tout autre hypothèse interprétative, susceptible d'orienter un futur débat : les Juifs égyptiens n'auraient été identifiés comme tels qu'à partir du moment où ils se sont placés sous la protection des puissances dont ils prenaient la nationalité (nous remercions Alain Roussillon pour cette remarque fort suggestive).

dhimma (les gens de la *dhimma*) ou plus simplement des *dhimmi*. Aux termes de ce pacte, ces communautés se voyaient accorder un certain statut en contrepartie duquel elles devaient reconnaître l'incontestable primauté de l'Islam et la suprématie des musulmans »[58].

En raison de l'ambiguïté, voire de l'équivocité, du terme de « tolérance », une brève mise au point sémantique est nécessaire, que nous emprunterons à B. Lewis :

« Si la tolérance signifie l'absence de discrimination, alors l'islam ne fut ni ne prétendit jamais être tolérant, mais au contraire insista sur la supériorité privilégiée du vrai croyant en ce monde comme dans le prochain »[59].

Outre cette classique source de malentendus, dérivant de la notion même de tolérance (ici : protection accordée par les dominants aux dominés, à certaines conditions), il faut rappeler que « le grand conflit des Croisades, et plus tard la contre-attaque européenne contre les Turcs, amena un durcissement des attitudes musulmanes, dirigé d'abord contre les chrétiens, mais aussi, dans une moindre mesure, contre les Juifs »[60]. C'est alors que la vulnérabilité particulière des Juifs les expose de plus en plus aux pratiques de discrimination accompagnées de persécutions et d'humiliations quotidiennes : le modèle de la victime émissaire permet, dans ce cas précis, de fournir une explication suffisante. Plus le déclin de la puissance et du rayonnement culturel du monde musulman se confirmait, et plus la tolérance de condescendance, ce luxe des puissants, dispa-

(58) B. Lewis, *Juifs en terre d'Islam*, p. 37. La littérature savante sur les *dhimmi* est extrêmement importante, marquée notamment par les travaux de S.D. Goitein (*Jews and Arabs : Their Contacts through the Ages*, 3e éd. revue, New York, 1974, etc.). Pour une synthèse commode, mais non dénuée de parti-pris, sur la question, voir : Bat Ye'or, *Le Dhimmi : Profil de l'opprimé en Orient et en Afrique du Nord depuis la conquête arabe*, Paris, Anthropos, 1980 (trad. angl. revue et augmentée, *The Dhimmi, Jews and Christians under Islam*, Londres et Toronto, Fairleigh Dickinson University Press, 1985) ; *id., Les chrétientés d'Orient entre jihâd et dhimmitude*, Paris, Editions du Cerf, 1991.

(59) B. Lewis, *Le retour...*, p. 329. Sur les usages contemporains du cliché de la « tolérance » qui serait inhérente à l'Islam, voir les réactions critiques de Jean-Pierre Péroncel-Hugoz, *Le radeau de Mahomet*, Paris, Lieu Commun, 1983, puis Flammarion, 1984, pp. 98 sq. ; sur l'équivocité du terme de « tolérance », *cf.* Bat Ye'or, *op. cit.*, 1991, pp. 290 sq.

(60) B. Lewis, *Le retour...*, p. 329.

raissait au profit de la chasse aux « boucs » émissaires[61], sélectionnés selon leur visible faiblesse.

C'est en les replaçant dans un tel cadre politico-culturel préexistant que l'on peut comprendre pourquoi les réactions contre le sionisme (avant même la création de l'Etat d'Israël) ont suivi un processus de montée aux extrêmes. Il s'agit maintenant d'esquisser une explication d'un phénomène historiquement observable, à savoir la radicalité croissante des attitudes judéophobes dans le monde arabo-musulman. Le principe de l'hypothèse explicative, d'ordre psycho-politique, est le suivant : l'apparition du Juif « sioniste », se concevant comme membre d'un peuple aspirant à se donner un Etat, mû par une idéologie nationaliste elle-même empruntée à l'Europe moderne (idéal d'émancipation issu des Lumières, et invocation du principe des nationalités comme impliquant l'existence indépendante du « peuple juif » dans un cadre national), et au surplus militairement vainqueur (depuis 1947-1948, régulièrement) de ses anciens protecteurs et maîtres « tolérants », voilà qui ne pouvait que déclencher un fort *ressentiment* chez ces derniers. La réalisation du projet sioniste, longtemps considéré comme utopique (par la majorité des Juifs d'Europe eux-mêmes avant la Seconde Guerre mondiale), permettait aux Juifs d'Orient de sortir de leur état de protégés/humiliés, d'affirmer leur indépendance, mais en même temps, engendrait chez leurs anciens maîtres un sentiment d'humiliation. Les Arabes musulmans, groupe dominant, ont été profondément affectés par le seul fait que cette minorité « protégée » n'a ni « su » ni voulu rester à sa juste place de groupe dominé, sous leur regard condescendant, mi-méprisant mi-tolérant. Lewis a bien montré que le noyau dur de la nouvelle passion antijuive des Arabes était ce mixte de haine envieuse et de sentiment rageur d'impuissance qui définit le ressentiment, tel que Nietzsche et Scheler l'ont pensé[62] :

(61) B. Lewis, *ibid.*, pp. 329-330. On connaît la critique arendtienne de la théorie du bouc émissaire qui, supposant « l'innocence parfaite de la victime », ne serait que « l'une des nombreuses théories dont la raison d'être est la fuite devant les vrais problèmes » (*Sur l'antisémitisme, op. cit.*, 1973, pp. 28-31). Pour une défense et une illustration de cette théorie trop souvent reçue sans examen critique, voir : Yves Chevalier, *L'antisémitisme. Le Juif comme bouc émissaire*, Paris, Editions du Cerf, 1988 (en particulier : ch. II, pp. 99-181).

(62) Max Scheler notait avec finesse : « La "critique de ressentiment" a en propre de ne pas "vouloir" sérieusement ce qu'elle prétend vouloir ; elle ne critique pas

« C'est seulement au cours de ces dernières années [écrit en 1971 B. Lewis] que les Arabes ont commencé à parler de leurs adversaires comme des "sionistes". Auparavant, l'ennemi était *al-Yahūd*, les Juifs (...). Mais cela n'est pas racial, ni ne ressemble à l'antisémitisme chrétien. Cela ne repose sur aucune théologie de la culpabilité, aucune condamnation par les Ecritures, aucune présomption de distinction et d'infériorité raciale. C'est plutôt la colère d'un groupe dominant envers une minorité jadis tolérée qui n'a notoirement pas su rester à sa place dans l'ordre convenable des choses. Le Juif - en Orient encore plus qu'en Occident - a manqué à son stéréotype. Un facteur important, dans la réaction des Arabes, c'est sûrement un sentiment de dégoût et de scandale à la vue du Juif - familier, toléré et méprisé - surgissant dans ce rôle nouveau et étrange de soldat, d'administrateur et de gouvernant »[63].

pour détruire le mal, mais se sert du mal comme de prétexte à invectives » (*L'homme du ressentiment* [1912, 1915], tr. fr. (1933) revue et corrigée, Paris, Gallimard, 1970, p. 25). Voir : P.-A. Taguieff, « Le nationalisme des "nationalistes"... », in G. Delannoi et P.-A. Taguieff, *Théories du nationalisme*, Paris, Editions Kimé, 1991, p. 70 (et références in note 67, p. 113).

(63) B. Lewis, *Le retour de l'Islam*, pp. 247-248 (et la note 1 de la p. 248). Voir les remarques et les nombreuses citations illustrant cette hypothèse interprétative dans : Bat Ye'or, *op. cit.*, 1985, pp. 118 sq. ; *id.*, *op. cit.*, 1991, en particulier pp. 92 sq., 239 sq. Le traitement des peuples *dhimmi* (« protégés » en tant que « peuples du Livre ») diffère des attitudes et comportements manifestant des stéréotypes racistes, dans les pays de culture islamique, à l'égard des Noirs d'Afrique ; voir B. Lewis, *Race et couleur en pays d'Islam* (1971), tr. fr. A. Iteanu et F. Briand, Paris, Payot, 1982. Sur le scandale provoqué en pays musulman par les Juifs ne se conformant pas à « l'humble image » qui sied au *dhimmi*, voir : Norman A. Stillman, « New Attitudes toward the Jew in the Arab World », *Jewish Social Studies* (New York), vol. XXXVII, été-automne 1975, n°s 3-4, [pp. 197-204], p. 198 (et les articles cités in note 5, *ibid.*). Nous développerons ailleurs une interprétation de la judéophobie *moderne* fondée sur l'analogie des réactions européo-chrétiennes et arabo-islamiques face à tout processus d'*émancipation* des Juifs : la radicalité des attitudes antijuives modernes augmente avec la réalisation du projet d'émancipation des Juifs, rendu notamment possible par le modèle républicain et nationaliste universellement diffusé par la Révolution française ; le Juif-fossile toléré par l'Eglise, comme le Juif-protégé de l'Islam, dès lors qu'il sort des frontières de cette identité prescrite, provoque une réaction antijuive qui rompt avec l'antijudaïsme théologique. Le paradoxe intolérable qu'il incarne est ainsi caractérisable : un type normativement soumis devenant factuellement insoumis. Pour une étude des réactions modernes, en pays de culture chrétienne, contre le Juif émancipé ou « assimilé », voir : Uriel Tal, *Christians and Jews in Germany. Religion, Politics and Ideology in the Second Reich, 1870-1914*, Ithaca, Cornell University Press, 1975 ; et les suggestives remarques d'Amos Funkenstein, « Interprétations théologiques de l'holocauste : un bilan », in *L'Allemagne nazie et le génocide juif*, Paris, Gallimard/Le Seuil, 1985, [p. 465-495], pp. 479-481. Il est aussi

La métamorphose imprévue du Juif lâche et méprisable - humble et assujetti, et supposé tel par nature - en Sioniste vainqueur et redoutable, voilà ce qui a constitué une intolérable rupture de tradition, immédiatement saisie par un bricolage mythologique (d'où la majuscule que nous accordons au « Sioniste », type imaginaire et sujet d'inhérence d'attributs négatifs). Et le mythe répulsif du Sioniste s'est naturellement nourri de l'indignation provoquée par la « spoliation de la Terre arabe ». Cette conversion du Juif en Sioniste a été reçue dans le monde arabe comme une provocation et un scandale : elle illustrait pour ainsi dire un état de désordre affectant le sociopolitique autant que le religieux. Car l'évidence reçue était directement mise en question : la hiérarchie « normale » organisant les relations entre Arables musulmans et Juifs était bouleversée par l'irruption soudaine d'un nouveau type de Juif ne répondant pas à l'appel de son concept acceptable. C'est une telle réaction de stupeur indignée devant le « désordre » israélien qui se manifeste dans le discours du président Sadate pour l'anniversaire du Prophète, prononcé au Caire le 25 avril 1972 :

« Nous ne libérerons pas seulement notre pays mais nous écraserons aussi cette outrecuidance israélienne et cette explosion désordonnée, en sorte qu'ils retournent être à nouveau ce que notre Livre nous dit : "L'humiliation est leur destin, et la pauvreté" »[64].

C'est l'« arrogance » des anciens « tolérés » qui choque profondément le bon musulman, qui affecte son honneur et sa foi, car cette absence d'humilité - de marques ostensibles d'humilité - des « sionistes »

à noter que la violence spécifique de la judéophobie moderne, visant le Juif « émancipé », apparaît autant face au nationalisme juif (le sionisme) que face au processus contraire d'assimilation fusionnelle (la déjudaïsation du Juif moderne étant dénoncée par les antijuifs modernes comme une ruse, un masque, un déguisement). Une interprétation sociologique du ressentiment du groupe établi et majoritaire vis-à-vis des groupes marginaux, lorsque ceux-ci passent du statut d'inférieurs à celui de concurrents (c'est-à-dire d'égaux et de rivaux en même temps), a été esquissée par Norbert Elias dans ses « Notes sur les Juifs en tant que participant à une relation établis-marginaux », in *Norbert Elias par lui-même*, tr. fr. J.-C. Capèle, Paris, Fayard, 1991, [pp. 150-160], pp. 151-153.

(64) Anouar al-Sadate, discours prononcé en la Mosquée El Husse'in du Caire à l'occasion de la fête anniversaire de la naissance du Prophète Mahomet, le 25 avril 1972 (Radio Le Caire) ; cité partiellement par B. Lewis, *Le retour...*, p. 248 note 1 (trad. différente in *Les Juifs et Israël vus par les théologiens arabes*, 2e éd., *op. cit.*, 1974, [pp. 9-10], p. 10).

incarne une violation de l'ordre voulu par Dieu. La seule solution qui paraît alors acceptable, serait de renvoyer les Juifs « dans leur ancien état », de leur faire regagner la place qui est la leur, celle des « humiliés » et des « misérables ». L'état de désordre instauré par l'existence du Sioniste est perçu comme un phénomène de *souillure*[65] : plus rien n'est à sa place, et la souillure est contagieuse, donc particulièrement dangereuse. Anouar al-Sadate déclarait en ce sens, dans le même discours théologico-politique :

« Israël, les Etats-Unis et leurs semblables oublient que c'est à cette foi [musulmane] que nous adhérons (...). Nous croyons qu'Allah est de notre côté. Nous croyons que la justice est de notre côté. Nous croyons, suivant le commandement d'Allah, que nous sommes une nation élue au-dessus de toutes les nations. (...) Notre foi sera agissante. (...) Personne ne pourra jamais décider du destin de Jérusalem. Avec l'aide de Dieu, nous la reprendrons des mains de ceux dont le Coran a dit : “Il est écrit qu'ils seront humiliés et misérables.” Depuis quand ces gens ont-ils une vertu ? Seulement depuis que les forces de l'impérialisme se sont mises derrière eux. Mais les forces de l'impérialisme ne seront pas capables de défier la volonté de Dieu. C'est tout à fait impossible. (...) La plus belle chose qu'ait faite le Prophète Mahomet a été de les [les Juifs] chasser de l'ensemble de la péninsule arabique. C'est ce qu'a fait Mahomet, messager de Dieu. Nous ne mènerons jamais de négociations directes avec eux. Nous connaissons notre histoire et leur histoire, à l'époque du Prophète. C'est une nation de menteurs et de traîtres, d'ourdisseurs de complots, un peuple né pour les actes de perfidie. (...) Il ne s'agit plus seulement de libérer notre pays, il s'agit de notre honneur et du destin en lequel nous avons foi. Nous les renverrons dans leur ancien état »[66].

(65) Pour une approche anthropologique de la « souillure » comme effet d'une rupture d'ordre, atteinte à une structure différenciatrice garantissant les identités prescrites, voir : Mary Douglas, *De la souillure. Essai sur les notions de pollution et de tabou* (1967), tr. fr. A. Guérin, Paris, François Maspéro, 1971, notamment le ch. 10, pp. 171-189. Sur les rapports entre peur de la souillure et pulsions de persécution, voir : Robert I. Moore, *La persécution. Sa formation en Europe (*Xe-XIIIe siècle), tr. fr. C. Malamoud, Paris, Les Belles Lettres, 1991 (1re éd. angl., 1987), pp. 121 sq. (voir aussi pp. 97 sq.).

(66) Anouar al-Sadate, discours pré-cité, in *Les Juifs et Israël..., ibid.*, pp. 9-10. Dans ses analyses de la presse islamiste égyptienne, Gilles Kepel met en évidence la communauté d'inspiration, au moins concernant la stigmatisation du Juif-éternel comploteur, entre les néo-Frères musulmans et certains de leurs adversaires déclarés (tel Sadate) ; *cf.* G. Kepel, *op. cit.*, 1984, pp. 109-114 (analyse de l'article intitulé « Les Juifs », paru en octobre 1980 dans *Al Da'wa*, le mensuel des Frères).

Dans ce discours présidentiel, les stéréotypes dominants, d'origine médiévale (les Juifs menteurs, comploteurs, perfides), voisinent avec certaines formes modernes de stigmatisation, empruntées à la langue de bois soviétique : « impérialisme », « racisme » n'étant pas encore, en 1972, inscrits dans la rhétorique de propagande ordinaire[67]. Le

Les *Protocoles* y sont désignés comme « l'un de leurs livres » : « Ils ont fatigué Dieu par leurs mensonges. (...) Qu'un homme mente et soit dans l'erreur, passe, mais qu'un peuple édifie sa société sur le mensonge, voilà en quoi se sont spécialisés les seuls fils d'Israël ! (...) Ils n'ont jamais cessé de comploter contre leur principal ennemi, les Musulmans. Dans l'un de leurs livres, ils disent : "Nous les Juifs, nous sommes les maîtres du monde, ses corrupteurs, ceux qui fomentent les séditions, ses bourreaux ! " » (cité par G. Kepel, *ibid.*, pp. 109-110). Cette dernière citation ne provient pas en réalité du texte des *Protocoles*, mais de l'un des textes les plus souvent cités en annexe par leurs propagateurs : la préface d'Oscar Levy au pamphlet de George Pitt-Rivers, *The World Significance of the Russian Revolution, op. cit.*, 1920, pp. VI-X (*cf.* par exemple : U. Gohier, *« Protocols »...*, 1920, pp. 95-96 ; *id., Protocoles...*, 1925, pp. 143-144, etc. ; sur l'exploitation de ce pamphlet et surtout de sa préface en Grande-Bretagne, voir : G.C. Lebzelter, *op. cit.*, 1978, p. 17, et C. Holmes, *op. cit.*, 1979, pp. 158, 285-286 note 131 ; voir *supra*, notre ch. V, note 78). Le passage d'O. Levy, approximativement cité, est le suivant : « Nous, les Juifs (...), nous ne sommes plus aujourd'hui que les corrupteurs du monde, ses destructeurs, ses incendiaires, ses bourreaux. » Il s'agit là d'un fait argumentatif exemplaire : les utilisateurs des éditions des *Protocoles* tendent à ne point distinguer le document lui-même de ses gloses « autorisées », et ce, *a fortiori* dans les pays de culture musulmane, en raison d'un rapport exégétique différent aux textes (les méthodes de la philologie historique et critique étant elles-mêmes des produits d'importation plus ou moins bien adaptés). Qu'un Levy ou un « Sage de Sion » inconnu « avoue », dévoile le complot, cela ne fait aucune différence... On notera en outre que le discours de Sadate présuppose la vision standard d'Israël comme « un cancer qui a proliféré sur une terre islamique et qui doit être extirpé avant que toute la région ne soit contaminée » (A. Dieckhoff, « Le sionisme, "diable" des Palestiniens », *Les Nouveaux Cahiers*, n° 79, hiver 1984-1985, p. 22). La logique de ces analogies et métaphores aboutit à une disjonction exclusive, parfaitement exprimée par Ahmed Ben Bella en 1972 : « Ce que nous voulons, nous autres Arabes, c'est être. Or, nous ne pouvons être que si l'autre n'est pas » (« Tous contre Israël », entretien, *Politique Internationale*, n° 16, été 1982, p. 108 ; voir A. Dieckhoff, *ibid.*, et Bat Ye'or, *op. cit.*, 1985, p. 137). L'« autre », « l'entité sioniste », étant cancérigène, c'est l'évidence même qui conduit au devoir d'éliminer la tumeur maligne pour survivre. Logique de l'extermination, et exposé minimal d'un *programme raciste* (pour s'en convaincre, il suffit de placer la formule de Ben Bella dans la bouche d'un Le Pen ; mais les propos xénophobes de ce dernier paraîtraient, en comparaison, fort modérés et policés).

(67) Dans la version de juillet 1968 de la Charte nationale palestinienne, à l'article 22, le sionisme est notamment caractérisé comme « raciste et fanatique par nature » (voir : B. Lewis, *Le retour...*, p. 214 ; Y. Harkabi, « Arab Positions on

suprême intolérable, le sentiment sincère du scandale qui détermine toute l'argumentation, se confond ainsi avec l'image d'un renversement ou d'une inversion quasi satanique, engendrant une insupportable humiliation ; insupportable, du fait d'être anormalement humilié par ceux qui devraient normalement être humiliés sans broncher, et reconnaître la justice incarnée par une telle situation. Le schème de la conversion négative, et plus précisément celui du renversement ou de l'inversion d'un statut « normal », et « juste », se retrouve sous une forme laïcisée dans les accusations antijuives recourant à la rhétorique victimaire. On en connaît le thème principal, massivement exploité par la propagande palestinienne à destination de l'Occident, et destiné à déclencher un mécanisme qui, au-delà de la sympathie, serait celui d'une identification empathique avec la victime innocente : les victimes d'hier sont devenues les bourreaux d'aujourd'hui, les persécutés se sont transformés en persécuteurs, les opprimés en oppresseurs, etc. Ce mythe victimaire de propagande suppose, pour être efficace, un auditoire dont les valeurs sont caractérisées par un mélange d'empathie caritative, d'origine chrétienne, pour tout humain perçu comme « victime innocente » (d'où l'insistance, depuis l'« *intifada* », sur les enfants palestiniens victimes des « bourreaux » israéliens, enfants cyniquement envoyés à la mort pour faire des martyrs, sacrifiés à une

Zionism », in *Zionism and the Arabs*, Essays edited by Shmuel Almog, Jerusalem, The Historical Society of Israel and the Zalman Shazar Center, 1983, [pp. 187-195], p. 189, qui insiste sur la recentration « antiraciste » de l'antisionisme). Sur le progressif déplacement des caractérisations antisionistes, du « colonialisme » et de l'« impérialisme » au « racisme », voir : Y. Manor, « L'antisionisme », *Revue française de science politique*, vol. 34, n° 2, avril 1984, pp. 311-312 (voir plutôt la version anglaise de cette étude ; *Anti-Zionism*, Jérusalem, 1984) ; B. Lewis, *Le retour...*, pp. 219-233 (sur les origines, le contenu et l'importance de la résolution 3379 adoptée le 10 novembre 1975 par l'Assemblée générale des Nations Unies, déclarant que le sionisme est « une forme de racisme et de discrimination raciale »). Cette résolution signe, au milieu des années 1970, l'internationalisation de l'antisionisme radical, dont la logique est celle de l'extirpation du « cancer », en lui conférant « une assise légitime et formelle » (Y. Manor, *art. cit.*, p. 309). Les années 1970, du point de vue de la propagande palestinienne, marquent un accroissement de la valeur d'acceptabilité de la « nazification » d'Israël et du sionisme. Pour une analyse fouillée de l'amalgame sionisme/racisme, voir : A. Dieckhoff, *Le sionisme comme racisme. Genèse, expansion, itinéraires, résurgence d'une équation perverse*, thèse, Parix-X Nanterre, 1983.

mythologie de combat), et de mauvaise conscience occidentale issue de la période coloniale (le thème de l'exploitation « impérialiste » et « colonialiste » ou « néo-coloniale » du Tiers Monde étant loin d'avoir terminé sa carrière dans la rhétorique « lacrymogène » dite de gauche). Dans ce type d'argumentation, on accepte pour prémisse un élément fondamental du discours sur soi de l'adversaire « sioniste » (la persécution des Juifs d'Europe, voire l'extermination ou le génocide nazi des Juifs), afin de mieux le retourner contre lui, par un système d'identifications symboliques en chaîne : les « sionistes » (ou les israéliens) sont les nouveaux nazis, les Palestiniens sont les nouveaux Juifs ; persécutés et humiliés comme les Juifs l'ont été (exemple d'adaptation classique aux évidences reçues par l'auditoire occidental), les Palestiniens sont également victimes d'une tentative d'extermination par les survivants du génocide nazi des Juifs, etc. Dans cette perspective, il est évident que la mort d'adolescents lanceurs de pierres apitoie autrement que celle de terroristes professionnels poseurs de bombes. Cette série d'analogies et d'identifications abusives, pièce maîtresse de la propagande palestinienne destinée aux Occidentaux supposés (encore) sensibles aux malheurs historiques des Juifs, est aussi couramment utilisée dans les milieux chrétiens militants dans certains pays occidentaux. Dans une interview parue le 29 mars 1991 dans l'hebdomadaire français *La Vie*, l'abbé Pierre, dont on connaît la grande popularité qui le désigne comme l'« autorité morale » par excellence, déclare ainsi, avec une spontanéité toute idéologique (il répète un cliché) :

> « Je constate qu'après la constitution de leur Etat, les Juifs, de victimes, sont devenus bourreaux »[68].

(68) Voir également la lettre d'une adhérente du mouvement « Solidarité des femmes de France avec les femmes de Palestine », publiée par *La Vie* le 25 janvier 1990 : « Comment, aujourd'hui encore, la communauté juive [*sic*], qui fut elle-même humiliée et opprimée, peut-elle impunément se comporter en despote à l'égard d'un peuple de même origine, mais de langue et de religion différentes ? ». Ces réactions de style spontané, diffusées dans et par les milieux des « chrétiens de gauche » depuis la fin des années soixante, se coulent dans les formes idéologiques préconstruites de la propagande soviétique, et cela, sans que les âmes sensibles connaissant mal la réalité du conflit israélo-arabe puissent le savoir. La sur-médiatisation des images montrant le soldat israélien armé et « dominateur » face au « jeune » Palestinien innocent et « sans armes » contribue à renforcer le stéréotype du sioniste-bourreau ou de l'Israélien-nazi, et joue le rôle de vérification de

Une fois de plus, l'efficace d'une mythologisation (le Sioniste-nazi/le Palestinien-enfant-martyr) tient à une référence tactiquement maîtrisée à la réalité historique ; car les victimes palestiniennes sont bien des victimes. Mais leurs bourreaux sont aussi, bien souvent, d'autres Palestiniens. Voilà ce que la mythologie victimaire para-chrétienne oublie par principe.

Tels sont les échos « positifs » rencontrés par la propagande « lacrymogène » de l'O.L.P. dans certains milieux en Occident. C'est par le nouvel antisionisme chrétien occidental, radicalisé depuis la guerre des Six jours (juin 1967), que sont réactivés les plus anciens stéréotypes antijuifs de la tradition chrétienne médiévale : du Juif fourbe à l'empoisonneur de puits[69], du Juif menteur et usurier au

l'évidence standard. C'est pourquoi les multiples assassinats précédés de tortures et de mutilations, commis par des Palestiniens militarisés sur d'autres Palestiniens récalcitrants, sont banalisés en tant que « règlements de comptes », sans émouvoir les âmes à l'indignation sélective, ne réagissant qu'au modèle « agresseur israélien/victime palestinienne ». Le postulat de l'innocence absolue de la victime *en tant que Palestinienne* mêle la théorie du bouc émissaire à une vision raciste des relations Israéliens/Palestiniens : par essence ou par nature, un Palestinien militant meurtrier d'un Palestinien « suspect » ne fait pas des Palestiniens un peuple-bourreau, alors que toute action militaire israélienne paraît illustrer ou prouver la nature « sanguinaire » des « sionistes ». Or, cette vision a été introduite, avec la rhétorique tiers-mondiste, dans les milieux dits « antiracistes » au cours des années 1970. C'est ce qui explique la massive et mondiale *instrumentalisation antisioniste de l'antiracisme*, légitimée par la résolution adoptée le 10 novembre 1975 par l'O.N.U. L'inférence accusatoire n'est pas nouvelle : « d'un crime imputé à un ou à quelques Juifs *tous* les Juifs du pays sont tenus pour responsables », notait Léon Poliakov à propos des massacres de Juifs commis à la fin du XIIIe siècle et au XIVe siècle en Allemagne, les « crimes » imputés étant souvent des profanations d'hosties (*Histoire de l'antisémitisme*, t. I, *Du Christ aux Juifs de cour*, Paris, Calmann-Lévy, 1955, p. 116). La question rhétorique de cette lectrice chrétienne pro-palestinienne met en œuvre le même type de raisonnement : c'est « la communauté juive » qui est dénoncée en tant que responsable des victimes palestiniennes dans les « territoires » (occupés) par Israël. Nous retrouvons ainsi, dans le discours de l'indignation morale et de la dénonciation édifiante, le mécanisme d'*essentialisation criminalisante* du « peuple juif » (« communauté juive », « les Juifs », « le sionisme mondial », etc.).

(69) Sur le stéréotype antijuif d'origine médiévale des Juifs « empoisonneurs de puits » (voire de tous les points d'eau), accusation souvent liée à celle de propagation de la peste noire, voir : Joshua Trachtenberg, *The Devil and the Jews. The Medieval Conception of the Jew and its Relation to Modern Anti-Semitism*, New Haven, Yale University Press, 1943, pp. 100 sq. (Juifs et lépreux, au service du diable, sont accusés, en 1321, d'avoir comploté pour empoisonner les puits

pratiquant occulte de crimes rituels. Comploteur et sanguinaire, hypocrite et cruel : la propagande contemporaine a su réutiliser, dans le nouveau contexte « antifasciste », « antiraciste » et « anti-impéria-

en France) ; L. Poliakov, *op. cit.*, 1955, pp. 121 sq. ; Lazare Landau, « Un mythe tenace : la "conspiration juive" ». *Les Nouveaux Cahiers*, 8e année, no 35, automne 1973, pp. 34-42 (sur le massacre de la Saint-Valentin, le 14 février 1349, à Strasbourg, motivé par l'accusation, portée contre les Juifs, d'avoir comploté et empoisonné sources, puits et fontaines : les Juifs devenaient les responsables du fléau de la peste, tant de sa naissance que de sa propagation) ; R. Girard, *op. cit.*, 1982, ch. I et II ; R.I. Moore, *op. cit.*, 1991, p. 77 sq., 118-119. N. Cohn insiste à juste titre sur le contenu ambigu de l'accusation, en consonance avec l'ambivalence des peurs nourries de rumeurs : la croyance portait soit sur la représentation des Juifs comme empoisonneurs, soit sur celle des Juifs comme « une sorte de poison en soi » (*op. cit.*, 1967, pp. 251, 258-259). La vision hitlérienne des Juifs retraduira cet ethnotype négatif en le biologisant : les Juifs deviendront des « empoisonneurs mondiaux », non pas en ce qu'ils empoisonnent les puits, mais en ce qu'ils empoisonnent le « sang » des autres peuples, et en particulier le « bon sang » de la « race aryenne ». La légende du Juif-poison sera reformulée en étant replacée sur un double plan, pathologique et sexuel. Voir notamment : N. Cohn, *ibid.*, p. 259 ; Saul Friedländer, *L'antisémitisme nazi. Histoire d'une psychose collective*, Paris, Le Seuil, 1971, pp. 119-124 (le sperme juif est assimilé aux germes de maladies infectieuses, le « péché contre le sang » incarné par les unions judéo-aryennes est associé à la transmission de la syphilis et à la prostitution) ; E. Jäckel, *Hitler idéologue* (1969), tr. fr. J. Chavy, Paris, Calmann-Lévy, 1973, p. 77 (« Juda est la peste universelle », affirme Hitler en 1924), 79-80 (sur les métaphores hitlériennes empruntées à la parasitologie) ; Dominique Pélassy, *Le signe nazi. L'univers symbolique d'une dictature*, Paris, Fayard, 1983, p. 202 (le Juif-virus). Voir : A. Hitler, *Mein Kampf, op. cit.*, 1934, pp. 170 (« ces Juifs empoisonneurs du peuple » ; référence indirecte à l'imagerie des *Protocoles*, à la même page : « le serpent pouvait continuer son œuvre... »), 315 (le Juif « empoisonne le sang des autres »), etc. Tous ces attributs négatifs du Juif permettent de lui conférer une identité mythique, ce qui vérifie l'hypothèse de R.I. Moore : « A tous ceux qui doivent être persécutés, il est d'abord nécessaire d'inventer une identité » (*op. cit.*, p. 183 ; nous paraphrasons l'une des propositions conclusives de cette belle étude). Les accusations de complot sioniste ou israélien en vue d'empoisonner ou de contaminer les populations arabes sont diffusées au Proche-Orient soit par la rumeur publique, soit par la presse lors de campagnes orchestrées. On peut lire par exemple dans le quotidien égyptien *Al-Wafd*, le 6 mai 1987, un article dénonçant « un complot destructeur qui viserait à supprimer tous les animaux en Egypte » ; avec des accusations fort précises : « L'origine de cette fièvre aphteuse (...) est un nouveau virus développé dans des laboratoires très perfectionnés. (...) De même, la peste des moutons (...) est causée par le virus du Rift africain venu d'Israël. L'université d'Alexandrie a révélé que le virus du "Tango Bleu" qui attaque à la fois les vaches et les femmes enceintes vient aussi d'Israël » (cité in *L'Egypte...*, *op. cit.*, Centre Simon Wiesenthal, 1988, p. 15).

liste », les attributs criminalisants et satanisants du Juif vu d'un certain christianisme.

Mais revenons plus précisément sur le discours antijuif adapté à l'antisionisme contemporain, et dont l'opérateur central est la dénonciation de l'« humiliation » subie par « les Arabes et les Musulmans », infligée par des créatures perçues comme essentiellement inférieures, dans une perspective fort proche de l'imaginaire des sociétés de castes, où la révolte des représentants d'une caste inférieure équivaut à une atteinte à l'ordre même du cosmos. Stupeur et indignation : voilà les réactions affectives suscitées par l'existence même des « sionistes » et d'Israël.

Le sentiment d'une atteinte inexpiable à la dignité se teinte d'amertume, comme dans le discours prononcé par le Syrien Muhammad Azzah Darwaza lors de la quatrième Conférence de l'Académie de Recherches islamiques, tenue en septembre 1968 au Caire, à l'Université Al-Azhar, la « Sorbonne de l'Islam » :

« Les Arabes et les Musulmans ont récemment été humiliés dans leurs pays par les Juifs. Ils avaient auparavant traité les Juifs avec grâce et gentillesse. Arabes et Musulmans ont logé et protégé les Juifs. Ils leur accordèrent la liberté religieuse dans leurs temples afin qu'ils y accomplissent leurs rites. Ils laissèrent les Juifs commercer et même vivre librement. Qui plus est, les Arabes musulmans devinrent leurs amis et respectèrent leurs conventions. Dans le Hedjaz, les Musulmans traitèrent les Juifs exactement comme l'avaient fait leurs ancêtres au temps du Prophète. (...) Ils les traitèrent aussi suivant les injonctions du Livre d'Allah et les Traditions de Son Prophète. Dans d'autres pays, les Juifs furent cruellement persécutés et souffrirent de persécutions et d'une oppression atroce. Mais les Juifs traitèrent les Arabes et les Musulmans méchamment, injustement, traîtreusement et impitoyablement. Les Juifs adoptèrent les mêmes attitudes que leurs ancêtres envers le Prophète et les Musulmans. Les Juifs continuèrent à suivre leur instinct corrompu et immoral, ainsi qu'à s'inspirer de préjugés malfaisants et vicieux. Ils commirent leurs atrocités perfides et dominatrices en Palestine et méprisèrent l'honneur, la virilité et la vérité. Les atrocités des Juifs sont si terribles qu'elles vous glacent le sang. Leurs intentions malfaisantes envers les Arabes et leurs pays sont parfaitement évidentes. Ils ont attaqué la terre des Arabes plusieurs fois et occupé certaines parties du monde arabe, outre la Palestine tout entière. Les Juifs ont massacré, torturé et expatrié les habitants de ces régions arabes occupées. Ils ont ruiné et endommagé la terre, les biens et la propriété des Arabes. Les Juifs étaient soutenus par leurs amis à travers le monde. Ils incitèrent certains Etats, surtout les Etats impérialistes, à prendre position contre les Arabes. Les Etats impérialistes ont soutenu les Juifs et leur ont assuré leur maîtrise et leur supériorité. Il ne fait pas le moindre doute que les Juifs et leurs tenants impérialistes ne ménagent aucune force dans toutes les branches d'activité. Ils essaient par tous les moyens d'être supérieurs aux Arabes et d'exploiter leurs pays. Ils font tout pour rendre les Arabes faibles, invalides et diminués »[70].

On voit l'insistance sur les thèmes de la cruauté et de la volonté de domination, et l'importance de l'indignation face à cette révolte réussie et continuée des inférieurs qu'incarne l'existence même d'Israël aux yeux de l'orateur syrien, expert en matière de « judaïsme ». Mais surtout, le conflit israélo-palestinien est présenté comme un avatar contemporain d'un conflit originel entre Juifs (agresseurs par nature) et Arabes / Musulmans (agressés) - le conflit est lui-même essentialisé.

La radicalité de l'hostilité arabe et musulmane à l'égard d'Israël, qui s'exprime d'abord par l'intensité surprenante de l'indignation non feinte des musulmans devant l'existence d'un Etat juif (« l'entité sioniste »), voilà ce qui fait la spécificité de la judéophobie arabe contemporaine. Son intensité passionnelle dérive du spectacle de l'« injustice » faite aux Palestiniens. Mais ce n'est là qu'un facteur secondaire, car les Palestiniens ont objectivement autant de raisons de dénoncer les Etats arabes qui les ont massacrés (le « septembre noir » jordanien, en 1970, en est le symbole) ou manipulés cynique-

(70) Muhammad Azzah Darwaza, « L'attitude des Juifs envers l'Islam, les musulmans et le Prophète de l'Islam aux temps de l'Honorable Prophétie », in *Les Juifs et Israël vus par les théologiens arabes, op. cit.*, 1972, pp. 26-27 (2ᵉ éd., 1974, pp. 32-33). Dans le même sens, le Cheikh Abdallah al-Meshad affirmait, lors de ce même congrès : « Le prophète mourut et les Juifs demeurèrent semblables à eux-mêmes, peuple aux dispositions perfides et à la rancœur dissimulée, de sorte qu'ils n'oublièrent pas comment les Musulmans les avaient traités. Ils attendaient, en dépit de leur dispersion, l'heure de la calamité. Ils tentaient de saisir l'occasion de se venger. Ils étaient généralement lâches et incapables d'affronter ouvertement leur ennemi, surtout si celui-ci était fort. Leurs méthodes pour attaquer la Foi furent donc la conspiration, le complot, l'intrigue, la sédition, la division des croyants, la distorsion de l'Appel et les tentatives d'égarer les musulmans (...) » (« L'attitude des Juifs envers l'Islam et les Musulmans lors de la première ère islamique », in *op. cit.*, 1974, p. 25 ; nous avons corrigé l'erreur dans la traduction française du titre ; voir : B. Lewis, *op. cit.*, 1987, p. 254, qui fait aussi référence à ce texte).

ment (Irak et Syrie, après l'Egypte nassérienne). Il s'agit en fait d'une vision antijuive du monde, en ce que les stéréotypes anciens et nouveaux sont articulés au sein d'un système plus ou moins organisé de représentations et de croyances, permettant d'expliquer le cours de l'histoire.

Bernard Lewis a fort bien identifié le facteur principal de la nouvelle judéophobie en cours dans le monde arabe. Il nous semble qu'il s'agit d'un facteur relevant d'une exigence d'ordre cognitif : le besoin d'*expliquer* les défaites arabes, de façon à les *justifier* en les attribuant à des causes externes, en expulsant les responsabilités des nations arabes pour les attribuer exclusivement à la nature malfaisante du Juif :

« Cette indignation [des Arabes et des musulmans] tient à l'identité même de ceux qui ont infligé de si cruelles défaites aux armées arabes et imposé leur domination à des populations musulmanes. Les vainqueurs ne sont plus ni les adeptes d'une religion universelle ni les soldats d'une redoutable puissance coloniale telle que l'Espagne des Rois Catholiques, l'immense Empire britannique ou la puissante et brutale Russie, mais les Juifs, peuple peu nombreux, faible et dispersé, dont l'humiliation séculaire rend les victoires encore plus humiliantes »[71].

Le même type de réaction, en forme d'aveu naïf, se rencontre dans un article de Sabrî Abu'l-Majd paru en décembre 1972 :

« Le fier esprit des Arabes a pu supporter l'occupation ottomane, britannique et française, parce que la Turquie, la Grande-Bretagne et la France sont des Etats, avec une histoire et des armées ; mais la fierté arabe ne peut supporter l'occupation par des gangsters venus des quatre coins du monde qui ne connaissent d'autre loi que celle de la jungle »[72].

En raison des présupposés défavorables concernant la nature du Juif, les victoires « sionistes » sont incompréhensibles, elles ne peuvent être expliquées rationnellement. Et surtout, elles sont insuppor-

(71) B. Lewis, *op. cit.*, 1987, p. 314.

(72) Cité par B. Lewis, *ibid.*, p. 359 note 1 (extrait d'un article paru en décembre 1972 dans un numéro spécial de *al-Musawwar*). Voir la conclusion de la conférence du Cheikh Abdoul-Hamid Attiyah Al-Dibani (Libye) : « Les musulmans d'aujourd'hui ne doivent jamais être en paix avec eux [les Juifs], puisqu'il a été prouvé au-delà de tout doute qu'ils ne sont qu'une bande de voleurs et de criminels (...) » (« L'attitude juive envers l'Islam et les musulmans aux premiers temps de l'Islam », in *Les Juifs et Israël...*, *op. cit.*, 1974, p. 37).

tables, par l'« humiliation » qu'elles provoquent. D'où le recours à une variante de la théorie de la conspiration mondiale, où « l'impérialisme » est doté d'une direction juive. Dès lors, tout s'explique et se justifie, et l'honneur des Arabes est sauf : ils n'auraient nullement été vaincus par ces êtres inférieurs et corrompus formant « l'entité sioniste », mais par une sur-puissante coalition mondiale manipulée par « les sionistes ». A ce prix, celui de la fuite en avant dans le mythe conspirationniste, les défaites ne sont pas déshonorantes.

Il s'agit là de l'hypothèse la plus vraisemblable sur la constitution, et la normalisation, dans le monde arabo-musulman, d'une vision mythopolitique du conflit israélo-arabe à partir du modèle fourni par les *Protocoles*, et rajeuni par la vision « négationniste » désormais diffusée par divers réseaux dans tout le « village planétaire », comme nous le verrons. Pour bien comprendre la satisfaction cognitive obtenue par la théorie du complot mondial contre les Arabes/Musulmans, il faut avoir à l'esprit des textes du type de celui-ci, datant de 1964, paru en Egypte, où s'énonce l'essentialisation négative du Juif :

> « Par essence, le Juif n'a aucune des qualités requises pour porter les armes. Il n'est pas homme à se sacrifier pour quelque chose, pas même pour son fils ou son épouse. Si, aujourd'hui, un Juif porte les armes en Israël, c'est parce qu'il croit qu'il y aura toujours un autre pour le précéder, pour se tenir devant lui, et non derrière, en cas de danger mortel. S'il n'en était pas convaincu, aucun Juif du monde n'accepterait de se battre »[73].

(73) Cité par B. Lewis, *ibid.*, p. 246 (extrait d'un article paru le 16 novembre 1964 dans l'hebdomadaire des forces armées égyptiennes, *al-Quwwât al-Musallaha*). D'où le mythe « explicatif » de la surpuissance d'Israël, la ruse et l'art du complot ne pouvant rendre compte à eux seuls des victoires militaires d'une telle nation de « lâches » et de « perfides » : « Israël est une partie et une parcelle d'une puissante institution internationale - je ne fais pas allusion aux Etats-Unis, mais au sionisme mondial, l'allié actuel des Etats-Unis » (*Al-Akhbar*, 4 juillet 1969 ; le journal égyptien [Le Caire], conformément à la vulgate antisioniste, *dé-nationalise* Israël pour en faire une composante d'une super-puissance comparable aux deux autres : Israël, nation réelle, se métamorphose en un empire mythique, planétaire et criminel). Le théoricien du nationalisme du Ba'th, Michel Aflak, affirmait dans le même sens : « "Israël" est également une expression de la puissance du sionisme mondial, qui peut, lui aussi, se servir de l'impérialisme » (« Le combat des Arabes contre l'impérialisme et le sionisme », 27 juillet 1957 ; in M. Aflak, *Choix de textes du fondateur du parti Ba'th*, Nancy, Editions Taranis, 1990, vol. 3, p. 13). Aflak

A la reconstitution d'une cohérence intellectuelle (principe de rééquilibration, en réponse à une situation de dissonance cognitive)[74], s'ajoute l'obtention d'une rétribution symbolique, dont le contenu affectivo-imaginaire peut être décrit comme une manière d'échapper à la honte, d'économiser à tout prix le sentiment d'une indignité. Bernard Lewis relève, dans le même sens, le caractère intolérable de la honte éprouvée à la suite des défaites militaires :

« Les fulgurantes victoires remportées apparemment sans effort par les "gangs sionistes" sur plusieurs armées arabes réunies engendrèrent une honte insupportable, que le gouvernement militaire imposé à une population arabe réfractaire et la multiplication des colonies d'implantation ne firent qu'exacerber. Il n'avait déjà pas été facile aux Arabes d'accepter un Etat juif souverain. Il leur fut encore plus difficile de vivre sous domination juive. C'est à la suite de ces défaites et parce que le besoin de les expliquer se faisait sentir qu'un antisémitisme de type nazi s'empara du discours arabe sur le sionisme, le judaïsme et l'Etat d'Israël »[75].

Plutôt que d'« antisémitisme de type nazi », nous proposons de voir dans la vision judéophobe en cours dans le monde arabe une reformulation, par adaptation au contexte et bricolage idéologique (ajout d'ingrédients empruntés à la propagande soviétique : « anti-impérialisme », « anti-fascisme », etc.), du mythe de la conspiration juive mondiale. L'antisémitisme racial des nazis l'avait également exploité, mais le mythe conspirationniste n'est pas né avec l'idéologie national-socialiste, ni mort avec sa disparition comme idéologie d'Etat. C'est pourquoi les *Protocoles*, ainsi recontextualisés, ont pu entreprendre une nouvelle carrière, d'abord pour « expliquer » la création de l'Etat d'Israël, puis pour « expliquer » la persistance et les victoires d'Israël, faits incompatibles avec la vision arabo-musulmane acceptable du Juif. Tout s'éclaire si Israël n'est que la

répliquait ainsi à ceux qui réduisaient Israël à une expression ou à un instrument de « l'impérialisme ».

(74) Voir : Leon Festinger, *Theory of Cognitive Dissonance*, Evanston (Ill.), Row, Peterson, 1957 ; L. Festinger et Elliot Aronson, « Eveil et réduction de la dissonance dans des contextes sociaux » (1953 et 1960), tr. fr. A. Lévy, in *Psychologie sociale. Textes fondamentaux anglais et américains*, Paris, Dunod, 1965 (et 1968), pp. 193-211 ; L. Festinger, « Théorie des processus de comparaison sociale », in C. Faucheux et S. Moscovici (éd.), *Psychologie sociale théorique et expérimentale*, Paris/La Haye, Mouton, 1971, pp. 77-104.

(75) B. Lewis, *op. cit.*, 1987, p. 315.

face visible (et trompeuse) d'une sur-puissance mondiale (« le sionisme mondial », précisément). C'est pourquoi nous serions tentés d'affirmer que l'une des conditions de la paix entre Juifs et Arabes au Proche-Orient réside dans un changement radical des mentalités : tant que l'image du Juif demeurera ce qu'elle est dans le monde arabo-musulman, la paix restera un rêve irréalisable.

Revenons au discours de l'expert syrien en matière de judaïsme, pour montrer sur pièces comment certaines conclusions politiques sont déduites de prémisses théologiques (ou théologico-politiques). Le discours prononcé par Muhammad Azzah Darwaza, en septembre 1968, montre en effet clairement l'intégration des stéréotypes antijuifs modernes, ultérieurement « sionisés » ou « israélisés », dans une vision se réclamant de la tradition arabo-musulmane, élaborée à partir de deux thèmes-pivots : 1) les Juifs sont les « ennemis de Dieu » ou les « ennemis de l'humanité »[76] - les « chiens de l'humanité »[77] - ; 2) les Juifs contemporains ont hérité les vices de leurs ancêtres tels qu'ils sont décrits dans le *Coran* ou évoqués dans la *Bible*[78] - et cette permanence de la « dépravation » d'une telle pseudo-

(76) Voir : Kamal Ahmad Own, « Les Juifs sont les ennemis du genre humain, comme il ressort de leur Livre sacré », in *Les Juifs et Israël..., op. cit.*, 1974, p. 17 sq. Dans son discours, le vice-président de la République Arabe Unie, Hussein Al-Chafiyi appelle à « la mise en œuvre totale de la guerre sainte et capitale contre nos ennemis et les ennemis de Dieu » (*op. cit.*, p. 14).

(77) Expression utilisée par le Cheikh Hassan Khaled, mufti du Liban (cité par D.F. Green, introduction à : *Les Juifs et Israël...*, p. 6). Le « sionisme » est caractérisé par le même esprit religieux comme : « l'ennemi de l'homme, de la vérité, de la justice, et l'ennemi d'Allah » (*ibid.*, p. 15).

(78) Dans sa conférence intitulée « Les Juifs dans le Coran », le professeur Abdoul Sattar El-Sayed, mufti du Tursos (Syrie), affirme : « Les Juifs, dans n'importe quelle communauté, ont toujours été un facteur de sédition. Qui plus est, ils ont constitué une malédiction se répandant dans le peuple, engendrant la corruption, semant les graines de l'inimitié et de la haine (...). Les Juifs constituent ainsi un fléau de caractère général (...). Nous avons la chance de pouvoir disposer d'un document qui dit la vérité sur les Juifs et révèle leur nature, leur vie et le poison essentiel qu'ils portent en eux, ainsi que le remède contre un tel poison. Ce document est représenté par le Saint Coran (...). Les nombreux messagers que Dieu envoya aux Juifs témoignent de ce qu'ils étaient d'une nature différente de la nature humaine, porteurs de maladies et de germes malfaisants. Dieu leur envoya donc de nombreux messagers pour essayer de traiter ces maladies et d'atténuer les effets de germes susceptibles de se répandre et de corrompre le monde entier. (...) Les Juifs, où qu'ils existent, font l'effet d'épines empoisonnées

nation justifie la destruction d'Israël : « Les Arabes doivent (...) faire de leur mieux pour effacer de la carte l'Etat des Juifs afin de s'en débarrasser comme l'avait fait le Prophète »[79]. Cette conclusion ne peut être correctement comprise sans l'énoncé de ses prémisses théologico-politiques :

« On peut déduire des versets révélés à Médine que les Juifs ne disaient pas la vérité et qu'ils masquaient le juste à l'aide du faux. Les Juifs s'obstinaient également à proférer des mensonges et à contredire la vérité. Ils préféraient les plaisirs du monde. Ils exhortaient au bien, mais n'étaient pas un peuple bon. Ils trompaient les gens. Ils ne coopéraient pas. Ils se réunissaient et se mettaient secrètement d'accord pour tromper les gens et se conduire en hypocrites. Les Juifs n'aidaient pas les autres et ne leur enseignaient rien. Ils ont débité des mensonges sur Allah et amené les gens à tenir leur religion en suspicion. Ils ont rompu leurs promesses et se sont livrés à des pratiques malignes et malfaisantes contre le peuple. Ils l'induisirent en erreur. Ils eurent recours à des moyens inavouables pour tromper les gens et leur escroquer leur argent. Les Juifs suscitèrent la sédition et semèrent les graines de la corruption dans le peuple. Ils ne furent pas de bons voisins pour les Arabes et ne coexistèrent pas avec eux. Ils se réjouissaient quand d'autres étaient maltraités ou étaient victimes de catastrophes. Les Juifs étaient connus pour leur avarice, leur avidité et leurs mauvaises manières. Ils n'avaient pas honte d'embrasser le polythéisme ou de célébrer les rites païens. Ils ont parfois adoré des idoles et se sont ligués

et de maladies chroniques qui transmettent des germes dans les corps de leurs voisins et continuent à le faire tant que l'épine n'est pas extirpée et que la maladie n'est pas supprimée » (*Les Juifs et Israël*..., pp. 37, 38, 39). L'adaptation arabo-islamique du stéréotype du Juif-poison s'opère ainsi selon deux directions : la transmission de germes dans et par la *diaspora* juive (le Juif en tant que virus), et le Juif « tumeur maligne », « cancer » devant être extirpé pour ne pas s'étendre aux populations voisines. C'est selon les mêmes identifications symboliques qu'Israël, dans la propagande nationaliste arabe, est stigmatisé comme « corps étranger », ou accusé d'incarner une « existence anormale », vouée à la disparition ou à l'anéantissement. L'antisionisme radical, proprement démonologique, conserve un fonds théologique jusque dans ses formulations expressément nationalistes, « laïques » et « révolutionnaines » (en référence au communisme d'exportation, producteur de dictatures de parti unique dans le Tiers-Monde). Michel Aflak, avant même la création de l'Etat d'Israël, déclarait par exemple : « La menace sioniste ne peut (...) pas être réduite à une invasion économique motivée par un appétit matérialiste, mais c'est avant tout une invasion religieuse qui n'a pas d'égale dans l'histoire, hormis les croisades » (*Al-Ba'th*, 6 août 1946 ; in M. Aflak, *op. cit.*, 1990, p. 4).

(79) Muhammad Azzah Darwaza, in *op. cit.*, 1974, p. 33 (1972, p. 27).

avec les idolâtres contre les monothéistes. Ils ont altéré les paroles d'Allah et déformé les lois du ciel et les conseils divins. Ils se sont montrés durs et pécheurs. Ils ont commis des crimes contre la loi et la morale. Les Juifs se sont laissé entraîner sans retenue aux plaisirs du monde et à la concupiscence et ont négligé les lois d'Allah. Ils ont semé les graines de la suspicion et du doute parmi le peuple. Les Juifs ont donc amplement mérité la colère et la malédiction d'Allah rapportées dans de nombreux versets. Dieu les marqua des stigmates de l'humiliation et de la petitesse. Allah les envoya parmi ceux qui les torturèrent durement et continuera à les persécuter jusqu'au Jour dernier. Il leur a été prescrit d'être ainsi dispersés sur la terre. Il est très étonnant de voir que les Juifs d'aujourd'hui sont typiquement à l'image de ceux que mentionne le Saint *Coran* et ont les mêmes mauvaises manières et attributs que leurs ancêtres, bien que leur environnement, leur entourage et leur situation soient différents. Ces mauvaises manières et attributs des Juifs illustrent l'affirmation du *Coran* quant à leurs instincts profondément ancrés, hérités de leurs pères. Tout le monde ressent cette nature innée des Juifs partout et tout le temps. Ceux qui ne sont pas d'origine juive ont acquis ces traits en coexistant avec eux et en vivant parmi eux un certain temps, c'est-à-dire par le contact avec ceux qui sont d'origine juive. En conséquence, les Juifs sont évités par tous les peuples, qui les méprisent et les haïssent. Les gens prennent toujours leurs précautions quand ils ont affaire aux Juifs, afin de se protéger contre leur méchanceté et leur fourberie. Tout le monde veut se débarrasser des Juifs à n'importe quel prix. Toutes les races de l'Humanité de par le monde rejettent toujours les actions et la conduite des Juifs à l'unanimité, ce qui prouve donc irréfutablement que leur perversité et leurs mauvaises manières résultent de la nature malfaisante qui leur est inhérente. Les gens n'ont pas de préjugés contre eux, mais la malfaisance juive et les divers aspects malins de leurs mauvaises mœurs sont parfaitement clairs en toute circonstance »[80].

(80) *Ibid.*, pp. 29-30 (1972, pp. 23-24). On voit qu'il n'y a, en de tels textes, nulle distinction de catégorie entre « Juifs » et « sionistes », ni entre « judaïsme » et « sionisme » ; voir Y. Harkabi, in S. Almog, *op. cit.*, 1983, p. 188 ; N.A. Stillman (art. cit., 1975, p. 201) a montré que, dans la littérature judéophobe de langue arabe, « Juif » et « enfant - ou fils - d'Israël » (expression coranique) sont employés comme des termes interchangeables avec « sionistes » et « israéliens ou israélites » (sauf dans la littérature destinée à l'exportation en Occident). Voir les analyses de la presse égyptienne dans l'ouvrage de Rivka Yadlin, *An Arrogant Oppressive Spirit. Anti-Zionism as Anti-Judaism in Egypt*, Oxford/New York, Pergamon Press, 1989, notamment la Section 3, pp. 63-101 (où est démontrée « l'équation conceptuelle entre les Juifs, les sionistes et les Israéliens », et illustrée abondamment l'évidence idéologique que le sionisme est inhérent au judaïsme, dont il constituerait l'« expression essentielle » [p. 100]).

L'explication essentialiste de la « malfaisance juive » s'énonce ici clairement : le Juif est un type substantiel, trans-historique, toujours identique à lui-même en sa négativité.

Et pourtant, malgré les références fondatrices, plus ou moins fidèles, au Coran dans la littérature antijuive du monde arabo-islamique contemporain, on doit convenir, avec Bernard Lewis, du fait que, chez les Arabes musulmans, « la littérature antisémite est, massivement, étrangère par son contenu et par son style : même les caricatures antijuives doivent employer des stéréotypes allemands et russes »[81]. Le stock des thèmes, des arguments et des images judéophobes n'est pas seulement, pour l'essentiel, d'importation occidentale, ce qui caractérise le contenu de l'« antisémitisme » arabo-islamique ; il est encore, plus significativement peut-être, spécifié par son usage de haut en bas : imposé par les actuelles élites dirigeantes à des populations qui, au contraire des peuples occidentaux « chrétiens », n'ont pas été formées dans la tradition antijudaïque/antisémite, sous ses formes religieuse, économique, nationaliste ou raciale. Il s'agit avant tout d'un antisémitisme politique des élites, et partant, d'un antisémitisme instrumental, remplissant des fonctions diverses, qui relèvent de conjonctures définies :

« Dans les pays arabes, l'antisémitisme n'est pas, comme en Europe, exploité par les politiciens, mais est créé par eux. Il a, si l'on peut dire, été tourné tel un bouton électrique ; il pourrait aussi bien être tourné dans l'autre sens »[82].

(81) B. Lewis, *op. cit.*, 1985, p. 247. Dans sa belle étude sur *The Jews of Islam*, B. Lewis montre qu'« à la différence (...) de l'antisémitisme chrétien, l'attitude musulmane envers les non-musulmans n'est en général pas faite de haine, de peur ou d'envie, mais tout simplement de mépris » (tr. fr., *op. cit.*, 1989, pp. 49-50). Ce mépris est l'attitude réactionnelle « normale » éprouvée par tout groupe dominant vis-à-vis de groupes dominés, attitude qui ne s'intensifie que si les *dhimmi* manifestent un refus de leur humiliation statutaire. Sur l'acclimatation du « mythe antisémite », forgé en Europe, en « Orient », voir : M. Rodinson, *op. cit.*, 1981, p. 350 ; et les brèves mais suggestives analyses de G. Kepel, *op. cit.*, 1984, pp. 20, 113-114. L'hypothèse interprétative de B. Lewis, partagée par de nombreux orientalistes, a suscité des critiques plutôt vives ; voir par exemple : Paul Giniewski, *L'antisémitisme arabe et le conflit arabo-israélien*, Paris, Les Dossiers de France-Israël Information, s.d. [1988], pp. 6 sq. (l'écrivain-journaliste met expressément en question la thèse de « l'importation européenne » de l'antisémitisme et dénonce l'« indulgence [de B. Lewis] pour l'antisémitisme musulman ancien et ses excès contemporains » ; ce qui peut paraître un comble...).

(82) B. Lewis, *op. cit.*, 1985, p. 247.

Considérant le monde de l'Islam avant l'acclimatation de l'antisémitisme européen et le surgissement de la question palestinienne, B. Lewis précise :

« Les gouvernements pouvaient prendre des mesures discriminatoires contre les non-musulmans, y compris les Juifs ; mais ils les persécutaient rarement. Il pouvait y avoir du mépris, de l'avilissement, même une répression occasionnelle, mais il n'y avait rien dans l'Islam de comparable à la haine spécifique, à la fois théorique et populaire, qui s'adressait aux Juifs dans la chrétienté. Au siècle de la laïcité, l'antijudaïsme théologique était loin d'être mort ; le nouvel antisémitisme racial se faisait déjà sentir »[83].

2.3. **L'arabisation des *Protocoles* : des chrétiens aux musulmans**

Nous pouvons maintenant considérer plus précisément ce que B. Lewis appelle « l'écho de l'antisémitisme européen » dans le monde arabe. La diffusion des *Protocoles des Sages de Sion*, à partir du milieu des années vingt, joue un rôle décisif dans l'imprégnation antijuive des élites politiques et culturelles des pays arabes. A vrai dire, la date exacte de la première traduction arabe des *Protocoles* est difficile à fixer, les éditions-pirates du célèbre faux faisant bien souvent l'économie des précisions légales. Bernard Lewis lui-même varie quelque peu dans les datations. Dans son essai de 1971, il fournit quelques repères :

« Quelques traductions arabes de textes antisémites avaient été publiées dès le début du XIXe siècle. D'autres suivirent, y compris *Les Protocoles des Sages de Sion*, qui parurent en arabe pour la première fois au Caire, vers 1927. On compte maintenant plus de versions et d'éditions en arabe qu'en aucune autre langue »[84].

L'antisémitisme doctrinal européen a été introduit en effet dans le monde arabe en trois temps : d'abord, avant 1914, comme écho de l'affaire Dreyfus, ensuite, aux lendemains de la Première Guerre mondiale, comme adaptation de la thématique conspirationniste des

(83) B. Lewis, *ibid.*, pp. 330-331.

(84) B. Lewis, *ibid.*, p. 243. Renée Neher-Bernheim signale une édition arabe des *Protocoles*, imprimée à Damas en 1920 (voir sa contribution dans le tome II). On voit que les chercheurs mêlant le goût de l'enquête à celui de l'érudition ont du travail devant eux.

Protocoles, enfin, après 1947, comme machine de guerre contre Israël, bénéficiant des compétences idéologiques et rhétoriques des nazis accueillis par certains pays arabes (à commencer par l'Egypte de Nasser)[85]. Dans *The Jews of Islam*, livre publié en 1984, Lewis

(85) Voir : « Nazis in Cairo », *Patterns of Prejudice*, vol. 1, n° 3, mai-juin 1967, pp. 6-8 ; Y. Masriya, *op. cit.*, 1971, pp. 66-69 ; Roger Faligot, Rémi Kauffer, *Le Croissant et la Croix gammée.* Les secrets de l'alliance entre l'Islam et le nazisme d'Hitler à nos jours, Paris, A. Michel, 1990, pp. 165-167 (liste de quelques conseillers nazis établis en Egypte et en Syrie). Johannes von Leers (alias Omar Amin) fut accueilli au Caire par le Mufti Hadj Amîn al-Husaynî, qui lui déclara : « Nous vous remercions d'être venu jusqu'ici reprendre le combat contre les puissances des ténèbres incarnées dans la juiverie mondiale » (cité par B. Lewis, *op. cit.*, 1987, p. 268). Cet épisode symbolique de la poursuite, dans les années cinquante et soixante, de la « coopération germano-arabe » sur de nouvelles bases (définies par l'objectif d'anéantissement de « l'entité sioniste ») a beaucoup compté dans la conversion « antisioniste » des droites radicales (néo-fascistes, néo-nazis, traditionalistes évoliens, etc.) en Europe, notamment après la guerre des Six jours. Voir par exemple le texte intitulé « Sur la Libye de Kadhafi et l'imbécillité droitiste » (signé « A.K. et E.H. »), paru en 1978 à Lausanne puis en 1980 aux Edizioni di Ar, maison d'édition fondée et dirigée par Franco « Giorgio » Freda (lequel publiera l'édition des *Protocoles* réalisée par Claudio Mutti en 1976 ; voir tome II), et repris dans la brochure *Giorgio Freda ou le révolutionnaire inclassable* (rééd., Nancy, Ed. Taranis, s.d. [1990/1991], 34 p.), pp. 21-30. On y peut lire : « La lutte pour l'unité islamique contre le sionisme ennemi *mondial* des peuples est inséparable des luttes menées par d'autres peuples, puisque le sionisme, lui, est bel et bien planétaire et présent, depuis sa base géopolitique de *Jew-York* [*sic*], derrière tous les bastions de l'impérialisme. (...) Nous sommes les vrais socialistes, parce que "nationaux-socialistes" (...). Ce qui revient, c'est le combat des "mêmes contre les mêmes". (...) Il n'est pas nécessaire d'avoir un grand sens politique pour s'apercevoir que beaucoup de régimes et mouvements dits progressistes ou marxistes du Tiers-Monde ne le sont que pour la façade, et que lorsqu'on creuse un peu, on découvre des choses curieuses ; par exemple, que le F.P.L.P. du Dr Georges Habache est issu du Mouvement Nationaliste Arabe, dont un des livres de base était... la traduction arabe de *Mein Kampf*, ainsi que l'a confirmé la "terroriste" Leila Khaled dans son ouvrage *Mon peuple vivra* ; qu'un des principaux conseillers de Nasser fut le national-socialiste Johannes von Leers (...) ; qu'un nombre important des cadres de la révolution algérienne étaient d'anciens militants des partis de la collaboration franco-allemande (...) ; qu'un des chefs militaires du F.L.N. algérien fut Mohammed Saïd [et non « Ben Saïd » !], ancien Waffen SS arabe (...). La Subversion ? Elle est du côté des complices de Yalta, du côté de l'immense conjuration antinazie qui allait de l'Internationale Noire de la catholicité à l'Internationale Juive du communisme trotskyste. (...) Nous sommes la subversion dans la Subversion, les empêcheurs de tourner en rond du système orbital du Grand Israël » (*op. cit.*, pp. 25-29). Ce tournant antisémite radical était présenté et justifié par Freda lui-même dans un texte rédigé en mai 1972 : « Je

apporte des précisions supplémentaires, insistant notamment sur le fait que les introducteurs des *Protocoles* dans le monde arabe ont d'abord, et pendant un quart de siècle, été des chrétiens :

« Les premiers pamphlets antisémites en langue arabe apparurent vers la fin du XIXe siècle. Il s'agissait de traductions de textes français qui avaient vu le jour au moment de l'affaire Dreyfus. Les traducteurs en étaient pour la plupart des Arabes catholiques, des maronites ou des membres des autres églises uniates. La première traduction des *Protocoles des Sages de Sion* (...) parut au Caire en 1927. Son succès fut prodigieux et suscita de nombreuses autres traductions »[86].

n'ai jamais dissimulé mes sympathies pour la lutte antisioniste des Palestiniens et (...) je m'honore (...) d'avoir organisé, à Padoue en 1969, la première grande manifestation nationale contre les crimes commis par le sionisme, qui a continué en Palestine la tradition des crimes mondiaux du Judaïsme » (G. Freda, *Deux lettres à contre-courant*, Nancy, Ed. Taranis, 1990, [20 p.], p. 15). On peut difficilement être plus clair dans l'essentialisation criminalisante, laquelle montre en outre l'identification du judaïsme et du sionisme, objet d'une même stigmatisation ; voir, sur cet amalgame polémique central dans le « nouvel antisémitisme » (mis en place entre 1967 et 1975), les remarques conclusives de Rivka Yadlin, *op. cit.*, 1989, pp. 103 sq. Il n'est pas dénué d'intérêt de noter que la « déclaration introductive » de Freda, lors de la manifestation pré-citée de 1969, a été publiée en appendice à la traduction italienne, parue aux Ed. di Ar (Padoue, 1970), du numéro spécial de *Défense de l'Occident* consacré à « L'agression israélienne et ses conséquences » (n° 64, juillet-août 1967, 80 p.). Réalisé par François Duprat, ce numéro spécial de la revue néo-fasciste dirigée par Maurice Bardèche commençait par un article de celui-ci et se terminait, admirable symbole, par un article de Paul Rassinier, le pionnier du « révisionnisme », sur un thème classique de la littérature antijuive (le Juif belliciste, etc.) : « Une troisième guerre mondiale pour du pétrole » (pp. 65-79 ; article repris d'un Complément de l'hebdomadaire *Le Soleil*, « organe du mouvement de Pierre Sidos », lequel créera l'Œuvre française quelques mois plus tard, en avril 1968). Les Edizioni di Ar publient significativement, au début des années 1970 : M. Bardèche *et al.*, *L'aggressione sionista*, 1970 ; H. Ford, *L'ebreo internazionale*, 1971 ; *I Protocolli dei Savi anziani di Sion*, 1971 (nouvelle édition, toujours sous la direction de C. Mutti, en 1976). Sur cette mouvance de la droite radicale italienne, voir : Franco Ferraresi, « Da Evola a Freda. Le dottrine della Destra radicale fino al 1977 », in *La destra radicale* (a cura di Franco Ferraresi), Milan, Feltrinelli, 1984, [pp. 13-53], pp. 32-41. A la fin du numéro spécial de la revue néo-fasciste, F. Duprat publiait un communiqué du « Rassemblement pour la Libération de la Palestine » dont il était le président, où il dénonçait le « génocide en cours depuis 1948 » (*op. cit.*, p. 80) - apparent paradoxe pour un admirateur du national-socialisme (le même Duprat fera partie, après la constitution du Front national, le 5 octobre 1972, du Comité directeur, puis du Bureau politique du parti dirigé par Jean-Marie Le Pen).

(86) B. Lewis, *Juifs en terre d'Islam, op. cit.*, 1989, p. 210. Sur la virulence particulière des Arabes chrétiens dans leurs attaques antijuives, voir : B. Lewis,

Enfin, en 1986, dans son livre *Sémites et antisémites*, Lewis corrige certaines de ses précédentes précisions chronologiques :

« Dès le début des années 1920, on trouve mention des *Protocoles* (...) dans les écrits polémiques arabes liant le sionisme au bolchevisme[87]. Traduits du français, les *Protocoles* parurent le 15 janvier 1926 dans *Raqīb Sahyūn*, une revue éditée par la communauté catholique romaine de Jérusalem[88]. Un ou deux ans plus tard, une seconde traduction, également réalisée à partir du français par un Arabe chrétien, paraissait au Caire sous forme de livre. Mais la première traduction due à un musulman ne parut au Caire qu'en 1951, précédée d'une longue introduction. Depuis, on ne compte plus ni les traductions ni les rééditions »[89].

Outre les *Protocoles*, il faut tenir compte de la traduction ou de l'adaptation en arabe de nombreux autres textes antijuifs d'origine européenne ou nord-américaine : de ce classique de l'antisémitisme « fin de siècle » qu'est *Le Juif du Talmud* [*Der Talmudjude*] du chanoine August Rohling, reprenant notamment l'accusation de meurtre rituel (voir *supra*), au recueil des articles de Henry Ford, *Le Juif international*[90], directement inspirés par les *Protocoles*. Ce stock d'écrits antijuifs a été « enrichi » par la traduction arabe des

ibid., pp. 195-196 (et sur le rôle des chrétiens convertis à l'Islam : pp. 107-108) ; *id., op. cit.*, 1985, p. 242 ; Bat Ye'or, *op. cit.*, 1991, pp. 245-246 (sur les deux courants de l'antisionisme arabe, le musulman et le chrétien). La virulence des *dhimmi* chrétiens face aux *dhimmi* juifs peut se comprendre comme une tentative d'acquérir une position privilégiée, parmi les « protégés-tolérés », au regard des protecteurs musulmans. Georges Vajda parlait de « surenchère antijuive » venant de la minorité chrétienne (« L'image du Juif dans la tradition islamique », *Les Nouveaux Cahiers*, n°s 13-14, 1968, p. 7).

(87) Voir B. Lewis, *op. cit.*, 1987, pp. 235-236.

(88) B. Lewis renvoie, sur la question, à : Daphne Tsimhoni, « The Arab Christians and the Palestinian Arab National Movement during the Formative Stage », in Gabriel Ben-Dor (ed.), *The Palestinians and the Middle East Conflict*, Ramat Gan, 1978, p. 79. Sur le rôle joué par les chrétiens d'Orient dans l'introduction de l'antisémitisme européen au Moyen-Orient, Elie Kedourie notait : ils « avaient plus facilement accès à la littérature occidentale mais ne possédaient pas assez de sens critique pour distinguer le vrai du faux » (*The Chatham House Version*, Londres, 1970, p. 338 ; cité par B. Lewis, *ibid.*, p. 349 note 38). Ce qui, soit dit en passant, est rendre un hommage immérité aux chrétiens d'Occident (entendons les catholiques surtout) qui n'ont, dans l'ensemble, guère brollé par leur sens critique face aux *Protocoles* !

(89) B. Lewis, *ibid.*, p. 258 (nous suivons ici le code de transcription des termes arabes utilisé par l'auteur). Voir aussi Y. Harkabi et R. Neher-Bernheim in tome II.

(90) Voir : B. Lewis, *ibid.*, pp. 272-273 ; *id., op. cit.*, 1989, p. 210.

livres de référence du national-socialisme et du célèbre pamphlet du jeune Marx, *La Question juive*[91]. On retrouve ici le jumelage des deux principaux thèmes antijuifs hérités du XIXe siècle européen : la conspiration juive mondiale et l'emploi du sang des non-Juifs au cours de rituels religieux. Ce jumelage était monnaie courante chez les diffuseurs, présentateurs et glossateurs des *Protocoles* dans les principales langues européennes. En France, par exemple, Urbain Gohier y avait régulièrement recours. A titre d'illustration, nous citerons des extraits de la longue lettre suspecte - car Gohier était lui-même un fabriquant professionnel de faux[92] - que Gohier disait avoir reçue d'« un Russe échappé par miracle aux bourreaux juifs de Moscou », et qu'il avait publiée sous le titre significatif : « La marque juive : crimes rituels ; satanisme »[93]. D'abord publié dans *La Vieille-France*, ce texte sera repris dans l'Appendice des *« Protocols ». Procès-verbaux de réunions secrètes des sages d'Israël*, version publiée par U. Gohier en 1920 (on sait que l'une des premières traductions arabes des *Protocoles*, parue vers 1926-1927, avait été faite à partir de la version d'U. Gohier ; voir bibliographie, *infra*). Outre les thèmes annoncés par son titre, ce texte expose d'emblée deux des « preuves » de véracité avancées par les propagateurs des *Protocoles* : la valeur prophétique du document, et les tentatives des Juifs pour le faire disparaître. Quant à l'image du Juif présupposée par cette « lettre », elle est celle qu'engendre l'*essentialisation négative* du Juif, définie comme l'être qui détruit, mû par le génie du mal. Sa manifestation historique par excellence, ce sont les atrocités commises par les bolcheviks, juifs ou dirigés par des Juifs :

(91) « La *Question juive*, de Marx, connaît même, dans sa version arabe, un regain de popularité », note B. Lewis en 1984 (*op. cit.*, 1989, p. 210). De la même manière, *Zur Judenfrage* de Marx est réédité et diffusé par certaines organisations néonazies en R.F.A., dans les années 1970 ; le V.S.B.D. (Volkssozialistische Bewegung Deutschlands) diffusait à Munich en 1977, le pamphlet du jeune Marx, voisinant, dans la bibliothèque du militant (Volkssozialistische Bibliothek), avec *Der Talmudjude* du « Prof. August Rohling », et un ouvrage de « documentation sur la Palestine », titré *Zionismus und Rassismus*. K. Marx peut ainsi remplacer A. Trebitsch ou J. Brafmann dans le rôle instrumental privilégié du Juif antijuif.

(92) Rappelons notamment les deux faux, attribués au « Juif Isaac Blumchen » (ou « Blümchen ») rédigés et diffusés par U. Gohier (1862-1951), puis par les soins de son continuateur H. Coston : *A nous la France*, et *Le Droit de la Race supérieure* (voir *supra*).

(93) U. Gohier, *« Protocols »..., op. cit.*, 1920, Appendice, pp. 83-87 (reprise in *Protocoles...*, nouvelle édition, 1925, pp. 129-134).

« Le Péril Juif, c'est la conquête du monde par les Juifs d'après un plan longuement réfléchi et préparé. La discussion sur l'authenticité des *Protocols* est une diversion. Ce qui importe, ce n'est pas l'authenticité des *Protocols*, mais le fait que le contenu prophétique des *Protocols* se réalise exactement sous nos yeux. Il y a une analogie frappante entre les *Protocols* et le discours du rabbin Reichhorn, prononcé à Prague, en 1869, sur la tombe du Grand Rabbin Siméon-ben-Ihuda, et publié par Readcliff *qui a payé de sa vie cette divulgation* ; Lassalle, qui avait amené Readcliff pour entendre Reichhorn, *fut tué* en duel quelque temps après [*sic* ; bon résumé des légendes sur le « Discours du Rabbin »]. Les idées générales formulées par le rabbin se retrouvent développées dans les *Protocols*. Toutes les polémiques du Juif Reinach et du Juif Lucien Wolff n'affaiblissent pas l'impression causée par *l'exacte concordance* du plan juif imprimé en 1905 et des événements qui se déroulent en tous pays depuis 1914. Malgré les efforts des Juifs pour détruire les documents qui les compromettent, malgré le silence imposé à la presse sur leurs crimes, et les comédies organisées pour leur gagner la pitié, tous les hommes qui ne sont pas aux gages d'Israël, et qui peuvent comprendre ce qu'ils voient, sont frappés par l'évidence de l'effort juif en vue d'anéantir la civilisation chrétienne et de réduire en esclavage la race aryenne. Ce n'est pas un mirage, ce n'est pas un conte : l'histoire toute chaude de la Révolution russe vient de fournir la démonstration. Ce serait faire beaucoup d'honneur aux Juifs que de leur attribuer la direction de tous les événements humains, si le plan que nous voyons exécuter devant nous émanait nécessairement d'un génie supérieur. Mais il s'en faut. Les Juifs sont supérieurement intelligents *pour la destruction* ; ils ne possèdent pas le seul génie vraiment supérieur, le génie du bien. Les peuples aryens ont été trop longtemps éduqués à croire au bien, à placer dans l'enfer un diable impuissant qu'enchaînerait la volonté de Dieu. Ils ne veulent pas voir le diable où il est, sur la terre, adoré par une multitude au premier rang de laquelle marchent les Juifs. Ils n'ont qu'à tourner les yeux vers l'Orient, vers cette Russie où se succèdent des catastrophes *d'une portée mondiale*. L'évangile bolcheviste est le livre du Juif Karl Marx, dont les doctrines appliquées aboutissent inévitablement à la destruction de la civilisation chrétienne, à l'asservissement des non-Juifs par le capital qu'ont accaparé les Juifs. Les voies et moyens, vous les exposez vous-même chaque semaine dans la *Vieille-France*. Tous les dirigeants du bolchevisme appartiennent aux Loges maçonniques allemandes, rattachées à celles de la Rose-Croix qu'a fondées Weisshaupt, lequel était lui-même l'instrument d'une puissante organisation secrète d'Israël. Les Bolchevicks [*sic*] répètent fréquemment "qu'aucune puissance ne les abattra parce qu'ils s'appuient sur la Maçonnerie mondiale" ; Lénine, Trotsky, Zinovief et les autres déclarent qu'ils sont hauts gradés dans les Loges. Or, il est connu que la Maçonnerie mondiale est dirigée par *la seule Loge américaine composée exclusivement de Juifs*. La destruction de la Russie a été décidée voilà vingt-cinq ou trente ans, par les *cinq Juifs milliardaires d'Amérique*, et élaborée dans cette Loge. Le procès-verbal de la résolution fut dérobé et transmis à l'ambassade russe à Washington, qui l'envoya par courrier spécial à Pétersbourg [plagiat évident des légendes sur la transmission des *Protocoles* à Nilus]. Le premier ministre de Russie était alors le prince Iwiatopolk-Mirsky ; naturellement, il jugea que ces révélations étaient des billevesées ; il n'y donna aucune suite. La décision des cinq grands Juifs d'Amérique était celle-ci : *dépenser un milliard de dollars et sacrifier un million de Juifs* pour provoquer la Révolution en Russie. L'argent était fourni par les cinq Juifs Isaac Mortimer, Chuster, Rhun, Lévy et Schiff ; il devait servir à la propagande, et le million de cadavres juifs, à surexciter la presse mondiale contre le tsarisme. La cour de Russie eut vent de l'affaire ; le tsar demanda au ministre les documents expédiés de Washington ; ils avaient disparu. Un courrier spécial fut dépêché à Washington pour en rapporter copie : on ne le revit jamais. Quelque temps après, la Révolution de 1905 éclata. Elle fut exclusivement juive comme la suivante. Les nombreux procès et les témoignages des correspondants étrangers comme celui du *Times* prouvent surabondamment que les pogroms *invoqués* par la presse juive pour apitoyer le monde furent toujours provoqués par les agressions des Juifs, obéissant à des ordres uniformes et pressants. La destruction du tsarisme avait pour but la mainmise de la Juiverie sur la machine gouvernementale russe, et *l'exploitation par la Finance juive internationale des immenses richesses de la Russie*. Les Bolchevicks [*sic*] n'ont pas fait mystère des concessions de toutes sortes accordées aux capitalistes de la bande Schiff ; Ioffe a dit en propres termes à Moscou que le capitalisme (judéo-)américain rétablirait promptement la situation économique après le triomphe définitif des Bolchevicks [*sic*]. Quant à la terreur qui maintient au pouvoir la petite minorité bocheviste, quant aux horreurs de la *Cheretzvitchaïka* et des commissions extraordinaires, tout a été dit par la *Vieille-France*. A Pétersbourg, on a égorgé *trois mille Russes d'un seul coup* pour venger le meurtre du Juif Ouritzki, tué, d'ailleurs, par un autre Juif ! Les raffinements de cruauté des Juives et des Juifs bourreaux ont dépassé tout ce qu'avait jamais imaginé la folie la plus sadique. Mais ce qu'on n'a pas assez remarqué, ou pas assez souligné, c'est que *beaucoup de ces exécutions présentent les signes caractéristiques du sacrifice rituel*. Dans la Russie bolcheviste, les Loges vouées au culte de Satan foisonnent. Les nuits de grandes exécutions, les repaires de la *Cheretzvitchaïka* rappellent exactement les Sabbats du Moyen Age, avec leurs sacrifices humains, leurs orgies monstrueuses, leurs danses macabres, ou les grandes boucheries de Chypre lorsque les Juifs, ayant égorgé 150 000 chrétiens, buvaient leur sang, mangeaient leurs cervelles et s'enroulaient dans leurs entrailles. L'analogie de ces scènes avec les scènes décrites maintenant dans les journaux du monde entier fait apparaître le lien : *judaïsme, satanisme*, hystérie juive, sadisme juif - qu'on retrouve jusque dans leur manière de tuer les animaux de boucherie »[94].

On retrouve dans cette « lettre », outre diverses rumeurs antijuives d'époque, un certain nombre de motifs diffusés par les pamphlets anti-talmudiques (satanisme, crimes rituels, « sadisme juif »...), ainsi que le schème récurrent de la secrète alliance entre les Juifs de la Haute Finance et les Juifs de la Révolution, formant les deux pôles de l'internationale juive, ou les deux « mâchoires » de la même tenaille. Bref, la révolution bolchevique n'aura été qu'une nouvelle conquête juive, celle de la Russie. Avec son cortège d'atrocités, révélant la nature sanguinaire du Juif : la propagande anti-israélienne ne manquera pas d'intégrer ce motif, qui, dans les années 1960-1970, sera reformulé comme volonté ou plan de « génocide » visant les Palestiniens. La victoire bolchevique des Juifs est une défaite de la chrétienté, affirme la dernière partie de la « lettre » citée par U. Gohier :

« Le mercantilisme juif est le trait final. Tous les Russes sont aujourd'hui ruinés : tous les Juifs de Russie sont riches. La terre de Russie sera bientôt la propriété des Juifs (...). Les Juifs ont adhéré au communisme par organisations entières comme le *Bund, Poaleï-Sion*, etc. Ils sont dispensés des épreuves, chaque Juif étant considéré comme Bolchevick [*sic*] par essence, et ils ont accès rapidement aux plus hauts grades. C'est ce qui explique que les 95 % de l'Etat-Major bolchevick [*sic*] sont des Juifs. Mais ils se cachent sous de faux noms ; et la complicité de la presse enjuivée dans les autres pays permet de dissimuler l'étendue de leur domination. La Russie est le champ de bataille *d'une guerre mondiale entre Israël et la chrétienté*. La victoire des Juifs est totale. Par ce qu'ont subi les Russes, les autres peuples peuvent prévoir ce qui les attend. C'est un enfantillage de prétendre que les mêmes choses ne peuvent s'accomplir dans des pays différents. Les Juifs, qui les accomplissent, sont partout identiques, et ce sont les mêmes ordres qu'ils exécutent, lancés par la même Volonté »[95].

Ce sont des textes de ce type, à dominante anti-judéobolchevique, qui ont commencé à circuler hors des frontières de l'Europe, colportés notamment par les Russes blancs, et, au Proche-Orient,

(94) U. Gohier, *op. cit.*, 1920, pp. 83-86 (1925, pp. 129-132).
(95) *Ibid.*, 1920, pp. 86-87 (1925, pp. 133-134). Ce texte est exemplaire, parmi ceux qui ont commencé à circuler au Proche-Orient dès le début des années vingt.

par les diverses communautés chrétiennes, orthodoxes ou non. La réception arabo-musulmane de cette dénonciation de la conquête juive a fourni la première grille d'interprétation du sionisme, perçu comme une expression du « bolchevisme juif » : car le Juif, s'il demeure identique à lui-même, s'adapte, se déguise, se travestit ; bolchevik en Russie, il se fait sioniste en Palestine. Mais toujours dans le sens indiqué par les *Protocoles* et ses précurseurs : cruel et destructeur, le Juif est un principe de subversion des traditions, il est un ultra-modernisateur, utilisant l'athéisme et le matérialisme pour arriver à ses fins. A lire les commentaires coraniques de Sayyid Qutb, Frère musulman radical condamné à mort en 1966 pour ses écrits politiques, on sait la logique de cette réception, fondée sur l'analogie : les judéo-sionistes combattent le monde musulman comme les judéo-bolcheviks combattent le monde chrétien. Dans sa belle étude sur la pensée de Sayyid Qutb[96], Olivier Carré note que le *Zilâl*[97] « se montre (...) particulièrement entier et simpliste au sujet du judaïsme, des Juifs et du sionisme politique en Palestine. (...) Il fait un portrait de la nature du Juif, invariable depuis Moïse jusqu'à la guerre israélo-arabe contemporaine. (...) Leur mauvaise foi [des Juifs] par intérêt financier est vue comme un trait de leur nature. (...) Qutb reproche aux Juifs de se croire "le peuple élu". Mais Qutb ajoute, en termes précis, que c'est désormais le peuple musulman qui a été élu de préférence aux chrétiens et Juifs, lesquels sont les adversaires naturels et permanents de l'Islam. (...) Pour Qutb, l'arabisme est mis en sourdine (...) ; c'est le complot impérialiste et sioniste contre l'Islam qui l'obsède, avec la certitude de la victoire finale de l'Islam »[98]. Ailleurs, les Juifs sont décrits par Qutb comme haineux, ils sont définis par une haine « permanente et éternelle », qui « leur est devenue naturelle »[99], aggravée par une intelligence discursive dissolvante (stéréotype du « Juif talmudique ») :

(96) Olivier Carré, *Mystique et politique. Lecture révolutionnaire du Coran par Sayyid Qutb, Frère musulman radical*, Paris, Editions du Cerf et Presses de la Fondation nationale des sciences politiques, 1984, 248 p. ; voir aussi : G. Kepel, *op. cit.*, 1984, pp. 30 sq., 39 sq.

(97) *Fî Zilâl al-qur'ân* (A l'ombre du Coran), Beyrouth, Le Caire, Dâr al-shurûp, 30 fascicules (commentaire coranique).

(98) O. Carré, *op. cit.*, 1984, pp. 121-122. Ce qui n'empêche pas Qutb de souligner « l'immense tolérance prescrite par Dieu dans le Coran en dépit des ruses et des complots des Juifs et des chrétiens » (O. Carré, *ibid.*, p. 103).

(99) O. Carré, *ibid.*, p. 118.

« Elle use de ruses, d'infiltrations, de discussions intelligentes qui sèment le doute et la division. (...) Il faut les considérer comme des traîtres, des gens sans respect des traités, des hypocrites, amis des mauvais musulmans. Aussi fallut-il les exclure, sur ordre divin, de Médine, puis de toute l'Arabie. Cet ordre demeure, car leur nature mauvaise n'a pas changé. Ils aiment l'argent et l'usure. (...) Aujourd'hui, il y a Israël en Palestine, il y a la guerre larvée en Inde et au Cachemire : c'est la même offensive, radicalement, des Juifs et des chrétiens, avec le secours des mêmes matérialistes athées. La responsabilité juive est toujours prédominante, depuis Médine jusqu'à nos jours. C'est un Juif qui fut à l'origine des "factions" à Médine, et des combats qui s'ensuivirent. (...) Marx, Freud, Durkheim, Bergson sont des Juifs, fondateurs de ce courant matérialiste, athée, sexiste, darwiniste, destructeur du sacré et des normes morales. Ils ont pour cible objective l'Islam, qui est la seule religion »[100].

La logique du complot juif anti-chrétien est ainsi transférée sur le monde de l'Islam : après avoir brisé la « forteresse chrétienne », les Juifs s'en prennent à la communauté musulmane, avec « l'aide des nationalistes européens en mal de colonies et nostalgiques des croisades »[101]. La lecture théologico-politique du conflit israélo-palestinien est simple : « Aujourd'hui, ce sont de braves "*fedayin*-croyants" qui, à l'image même de Muhammad et de ses compagnons, résistent (en 1955) aux offensives juives en Palestine »[102]. Mais, prophétise Qutb, « l'Etat israélien et ses iniquités contre les Arabes de Palestine entraîneront immanquablement (...) un châtiment terrible, promis par Dieu »[103].

La dénonciation de l'activité conquérante des Juifs va de pair avec celle de leur usage destructeur des idéologies modernes, mixtes d'athéisme et de matérialisme : marxisme et darwinisme. Qutb semble ici s'inspirer directement des *Protocoles*, où l'orateur énonce dans la seconde « séance » :

« Remarquez les succès que nous avons su créer au Darwinisme, au Marxisme, au Nietzschéisme. Pour nous au moins, l'influence délétère de ces tendances doit être évidente »[104].

(100) O. Carré, *ibid.*, pp. 118-119. Face aux Juifs, la pratique de l'amalgame est permise : la lutte contre les démons peut et doit se passer de nuances et de distinctions (Bergson « matérialiste » !).

(101) O. Carré, *ibid.*, p. 119, paraphrasant Qutb.

(102) *Ibid.*

(103) *Ibid.*

(104) Voir : U. Gohier, *« Protocols »...*, *op. cit.*, 1920, n° 2, p. 20 : « Les effets

Qutb se réfère d'ailleurs expressément aux *Protocoles*, comme le remarque O. Carré, et toujours selon l'amalgame judéo-communiste :

« Expliquons, dit Qutb, l'athéisme occidental par la révolte, justifiée, contre le despotisme de l'Eglise, mais cette saine réaction a été très vite manipulée par les Juifs, avec leur fameux *Protocole des Sages de Sion*, dont le mouvement communiste est une ramification »[105].

Un autre lettré islamiste, chiite libanais, Muhammad Husayn Fadlallâh, a repris dans les années quatre-vingt une argumentation fort semblable. Etudiant les thèmes principaux de son œuvre (livres publiés, sermons, prêches, etc.), Olivier Carré commence par considérer « les Orgueilleux », dont la Palestine est « le lieu par excellence », car elle est musulmane, et « il faut sauver en Palestine "la culture islamique" clairement menacée par le sionisme et l'impérialisme coalisés »[106]. Car il y a « un plan mondial bien connu des Juifs consistant à répandre les plaisirs et la permissivité, à travers "les grands couturiers et les maisons de mode" notamment, comme le révèlent *Les Protocoles des Sages de Sion* »[107]. Parmi les Orgueilleux, Fadlallâh mentionne la franc-maçonnerie, qui est « intimement liée au colonialisme et au sionisme mondial » ; d'ailleurs, la doctrine et les symboles des francs-maçons sont « liés au judaïsme »[108]. Voilà donc le thème du complot judéo-maçonnique inscrit comme une évidence dans la vision politico-religieuse du maître à penser du Hizballâh libanais. Rien de nouveau sur « l'Impérialisme » dans l'apologétique de Fadlallâh, comme le note O. Carré. On y retrouve d'abord l'opération polémique de base consistant à réduire la diversité des ennemis diabolisés à l'identique : « L'idée de l'alliance du christianisme missionnaire, de l'athéisme, du sionisme, du nationalisme, de l'orientalisme et du colonialisme ou impérialisme est

démoralisateurs de ces doctrines sur l'esprit des *goym...* » ; R. Lambelin, *« Protocols »...*, 1925, rééd. 1937, ch. II, p. 17.

(105) O. Carré, *op. cit.*, 1984, p. 208 (qui cite notamment le *Zilâl*, 1087 sq.).

(106) O. Carré, *L'utopie islamique dans l'Orient arabe*, Paris, Presses de la Fondation nationale des sciences politiques, 1991, p. 195.

(107) O. Carré, *ibid.* ; référence est faite à M.H. Fadlallâh, *Pas à pas dans la route de l'Islam* [en arabe], Beyrouth, 3e éd., 1982, IX, p. 71.

(108) O. Carré, *ibid.* ; référence à M.H. Fadlallâh, *ibid.*, II, p. 63. Voir la Charte du mouvement Hamas (Gaza, août 1988, en arabe), pp. 24, 31, (« sionisme » = « franc-maçonnerie »).

courante »[109]. Quant à la référence rituelle aux *Protocoles*, on a vu que Fadlallâh la pratiquait :

« Courante également la référence aux *Protocoles des Sages de Sion* comme à une source authentique, mais décevante la naïveté non critique chez cet homme instruit et cultivé qu'est Fadlallâh. Apparemment, il succombe sans références à la propagande pseudo-scientifique de la réédition arabe, à Damas puis à Koweit, de ce sinistre faux. Sur ce point précis comme sur l'antijudaïsme dogmatique, il y a une unanimité presque totale chez les Islamistes (cf. Qutb et les qutbistes) comme dans l'Islam officiel et même chez des intellectuels critiques »[110].

Nous sommes loin de la vision, chère à M. Rodinson (voir *supra*), d'un usage marginal des *Protocoles* par des « obscurantistes » isolés. Nous nous trouvons, tout au contraire, devant une vulgate, ou une *doxa*, où l'antisémitisme va de soi.

2.4. **L'inscription de la démonologie antijuive dans la doxa arabo-musulmane**

La mythologie antijuive, au XXe siècle, se fonde sur deux stéréotypes négatifs couplés : le Juif comploteur, manipulateur, et le Juif cruel, sanguinaire ; ou, autre traduction possible : le Juif à la fois menteur et barbare. Une littérature d'accusation visant les Juifs en tant que tels est ainsi apparue en langue arabe, une littérature « traitant des iniquités des Juifs au cours des siècles et de la conspiration juive universelle contre l'humanité, y compris les vieilles accusations de soif de sang, de meurtres rituels et autres, aussi bien que les mythes modernes habituels du pouvoir et de l'argent »[111]. L'histoire juive est réécrite dans une perspective essentialiste, comme la manifestation progressive d'une essence éternelle du Juif, le dévoilement d'un type juif permanent, invariable, à travers les effets négatifs qu'il provoque dans l'histoire du monde. L'essence trans-historique du Juif étant intrinsèquement mauvaise, celui-ci peut être défini comme une intelligence du mal : une intelligence requise pour conspirer, en vue de conquérir le monde par tous les moyens. Dans la longue préface qu'il donne à sa traduction en arabe des *Protocoles*, publiée au Caire en 1951 et souvent rééditée depuis, Muhammad Khalîfa al-Tunsî

(109) O. Carré, *ibid.*, p. 210.
(110) O. Carré, *ibid.* Voir la Charte du Hamas, *ibid.*, p. 35 (« leur plan et les *Protocoles des Sages de Sion...* »).
(111) B. Lewis, *Le retour de l'Islam, op. cit.*, 1985, p. 244.

commence par caractériser le contenu du document aux terribles « révélations » sur la nature des Juifs, qui toutes renvoient à la volonté de domination mondiale, à la pratique du complot et à la cruauté amorale :

« Ce livre est le plus dangereux jamais publié dans le monde, comme ne peuvent s'en convaincre que ceux qui, familiers des lois de l'histoire et de celles de la sociologie, au fait de l'histoire des Juifs et des orientations du cours du monde, et avertis des secrets de l'esprit humain, ont étudié mot à mot, avec attention et minutie, le contenu de chacun des *Protocoles* en liant entre elles les différentes parties du plan qu'ils dessinent. C'est alors seulement qu'ils peuvent appréhender le complot infernal mis en œuvre par les Juifs pour corrompre le monde et le soumettre tout entier au service de leurs intérêts exclusifs (...). Il ne saurait être question, ici, faute de place, de passer de revue tous les éléments de ce plan tels que les détaille le texte des *Protocoles* ; aussi nous bornerons-nous à souligner les points suivants :

1) Les Juifs disposent depuis des siècles d'un plan secret dont l'objectif constant est de s'emparer du contrôle du monde tout entier à leur profit exclusif, et que leurs sages ne cessent de corriger, en fonction de l'évolution des circonstances.

2) L'existence même de ce plan secret est rendu manifeste par la malveillance des Juifs à l'égard de l'ensemble des nations, et en particulier des nations chrétiennes, et par leur haine des religions, en particulier de la religion chrétienne, tout comme elle est manifestée par les efforts qu'ils déploient pour s'assurer le contrôle mondial.

3) Les Juifs agissent pour détruire par tous les moyens les gouvernements constitués dans toutes les parties du monde, et en particulier les monarchies, afin d'installer à leur place des monarchies despotiques juives. Parmi les moyens mis en œuvre, on trouve l'incitation des rois à opprimer leurs peuples, et l'incitation de ceux-ci à se révolter contre leurs rois, par la propagation dans leurs rangs des idées de liberté et d'égalité, interprétées de telle manière qu'il ne puisse en résulter que du mal pour chacune des parties. Ils visent à entretenir une hostilité permanente entre les forces du gouvernement et celles du peuple en développant la méfiance et la peur, en corrompant les dirigeants et les leaders du peuple et en combattant sans merci toute forme d'intelligence qui pourrait se manifester chez les Gentils (c'est-à-dire tous les non-Juifs). Pour ce faire, leurs moyens sont les femmes, l'argent, les postes et autres intrigues susceptibles d'entretenir la subversion. Le siège du gouvernement israélien sera d'abord installé à Jérusalem avant d'être transféré définitivement à Rome, l'ancienne capitale de l'Empire romain.

4) [Parmi les moyens mis en œuvre pour la réalisation de ce plan, on trouve] la propagation de la division et de la sédition dans tous les Etats

par l'intermédiaire des sociétés secrètes politiques, religieuses, artistiques ou sportives, des loges maçonniques, clubs et autres associations qui tendent à faire passer ces Etats de la tolérance à l'extrémisme politique ou religieux, du socialisme à la permissivité et à l'anarchie, afin que soit manifestée l'impossibilité pratique du principe même de l'égalité. Il va sans dire que l'on veille simultanément à la cohésion de la nation juive, tenue soigneusement à l'écart des effets nuisibles des idéologies propagées auprès des autres nations.

5) Les Juifs considèrent que tous les régimes politiques en place sont corrompus et qu'il convient d'ajouter à cette corruption jusqu'à ce qu'advienne l'heure de la souveraineté juive sur le monde. Ils considèrent en effet que le gouvernement des hommes est une affaire à la fois sacrée et secrète que ne peut mener à bien qu'une élite consacrée parmi les Sages de Sion, dépositaires de l'expérience historique traditionnelle accumulée au fil des siècles. Quoi qu'il en soit, la politique ne saurait être, pour eux, l'affaire des peuples, et pas plus celle de ces génies politiques qui se manifestent périodiquement chez les Gentils.

6) Les gens doivent être dirigés comme sont dirigés les troupeaux, y compris leurs leaders les plus prestigieux qui ne sont rien d'autre que des pièces d'échecs entre les mains des Juifs, qu'il est toujours loisible d'utiliser et d'asservir par la menace, l'argent, les femmes ou les honneurs.

7) Du fait du monopole qu'ils détiennent sur l'or, les Juifs doivent s'assurer le contrôle de toutes les commodités d'imprimerie et de publication, de la presse, des écoles et des universités, des théâtres et des compagnies cinématographiques et des salles de projection, des sciences et des lois de la spéculation... L'or que monopolisent les Juifs est l'arme la plus puissante dont ils disposent pour influer sur l'opinion publique, pervertir la jeunesse, les consciences, la religion et les patriotismes, dissoudre la famille et polariser les gens sur la satisfaction des appétits les plus bestiaux, propager le vice et la dissolution des mœurs, de telle sorte que s'épuisent les forces des Gentils et qu'ils n'aient plus d'autre alternative que de ployer sous les pieds des Juifs.

8) Fonder l'économie mondiale sur la base de l'or dont les Juifs détiennent le monopole, et non sur la base de la puissance de travail, de la productivité et autres ressources, en prenant soin de susciter et d'entretenir des crises économiques, de telle sorte que le monde ne connaisse jamais le repos et soit contraint d'avoir recours aux Juifs et de se soumettre volontairement et avec joie à l'hégémonie juive mondiale.

9) S'appuyer sur l'Amérique, la Chine et le Japon pour mettre au pas l'Europe et la soumettre »[112].

(112) Muhammad Khalîfa al-Tunsî, préface de : *Le Péril juif. Les Protocoles des Sages de Sion*, trad. arabe de M.K. al-Tunsî, Le Caire, 1re éd., 1951 (180 p.) ;

La leçon de l'antisémitisme européen moderne est parfaitement comprise.

L'image essentialiste du Juif comporte, en tant qu'implications de la volonté de conquête indéfinie (attribut essentiel), la représentation d'un ethnocentrisme absolu, d'une autotélie de groupe, et celle d'une instrumentalisation de tous les autres peuples, comme l'illustre cet extrait d'une brochure antijuive publiée par l'Institut de la Porte Latine en 1943 :

« Israël en proie à la rage de régner sur le monde, en faisant régner sa race, toujours ressaisi par son ambition dévorante, n'a jamais entendu lier définitivement son sort à celui de n'importe quel peuple ; *il n'a d'autre but que lui-même*, il ne voit autour de lui que des alliés, c'est-à-dire des moyens, bons à employer, à exploiter, puis à rejeter »[113].

Volonté de domination et exclusivisme : la nature du Juif est caractérisée par une puissance d'auto-conservation qui est indiscernable d'une puissance d'auto-expansion indéfinie.

Dans la préface qu'il donne à sa traduction en arabe des *Protocoles*, publiée au Caire en 1951, M.K. al-Tunsî reprend telle quelle cette vision essentialiste du Juif, celle du type identique à lui-même à travers les âges, invariable en sa judéité, inaltérable dans sa puissance de malfaisance naturelle, ce qui le destine au statut de traître :

« Le Juif est Juif avant toute autre chose, quelle que puisse être sa nationalité ou quels que puissent être les croyances ou les principes qu'il affiche pour servir ses intérêts ou ceux de sa nation. Ainsi, il peut bien prendre la nationalité anglaise, américaine ou française et agir comme tel tant qu'il y va de l'intérêt du judaïsme, mais sitôt que ces intérêts divergent, il n'y a plus qu'un Juif, dévoué à sa judéité et prêt à sacrifier son autre nationalité. Le Juif se fait chrétien ou musulman par hypocrisie pour corrompre le christianisme ou l'islam et pour orienter les enseignements et les traditions de sa religion [d'emprunt] dans le sens de l'intérêt des Juifs, ou pour leur gagner la sympathie des adeptes de celle-ci. Dès que se manifeste un principe, une religion ou une doctrine scientifique ou philosophique nouvelle, les Juifs n'ont de cesse que de s'immiscer derrière elles pour les infléchir dans le sens de leur intérêt, et, partout où se

préface reprise dans la réédition de 1972 (Le Caire, Imprimerie de la Sunna muhammadienne), [248 p.], [pp. 27-106], pp. 27-31 (passage cité par nous). Nous remercions Alain Roussillon pour sa traduction de ces quelques pages.

(113) Jean de la Herse [pseudonyme collectif], *La porte hébraïque ou la vocation juive de l'Angleterre*, Vichy, Editions de « La Porte Latine », 1943, p. 38.

manifeste une oppression à leur égard, fleurissent les appels à la liberté, à la fraternité et à l'égalité. L'histoire des relations des Juifs est celle de leurs relations avec toutes les autres religions ou doctrines. Au début, ils font mine de les combattre et de leur livrer la plus acharnée des guerres. Puis, ayant échoué [à en venir à bout], ils pactisent avec elles et tentent d'instaurer avec celles-ci une paix qui s'avère bien plus dangereuse pour elles que la guerre ouverte qu'ils affectaient de leur livrer. C'est ainsi que de nombreux Juifs se firent musulmans à l'époque des Califes « bien guidés » [les quatre premiers Califes] et dans les époques ultérieures. Ka'b al-Ahbâr, par exemple, commentait le *Coran* et rapportait les traditions prophétiques qu'il truffait de ce que nous désignons comme les "traditions israélites" (al-isrâ'iliyyât), imité en cela par de nombreux Juifs, traditions dont des générations de lettrés musulmans ont le plus grand mal à débarrasser les ouvrages musulmans les plus respectables. Le même Ka'b fut associé au complot visant à l'assassinat de 'Umar, dont il avertit celui-ci, par ruse, trois jours avant sa mise en œuvre, prétendant l'avoir décelé par la lecture de la Torah. Quand 'Umar exprima sa surprise de voir mentionner son nom dans la Torah, Ka'b lui expliqua que ce n'était pas son nom qui était mentionné mais seulement une description de sa personne. Après quoi, il conseilla à 'Umar de désigner un successeur avant sa mort. Trois jours après 'Umar était assassiné, comme Ka'b l'avait prédit »[114].

Dans les années 1980, la stigmatisation essentialiste du Juif selon le couple « complot »/« cruauté » est fort courante dans la presse de langue arabe, y compris en Egypte. Donnons-en quelques échantillons :

- Dans *Al-Nûr*, organe des Frères musulmans allié au Parti libéral, on lit le 27 août 1986, sous la plume du Docteur Abd Al-Rashîd Saqr, qu'il est « prouvé que la franc-maçonnerie est un instrument du sionisme et du cancer juif au service de la conspiration contre les peuples du monde » ; et que « ce mouvement répand une corruption qui permet aux Juifs de régner sur le monde, comme l'attestent les *Protocoles des Sages de Sion* »[115].
- Dans *Al-Mukhtâr Al-Islâmi*, publication des Musulmans fondamentalistes, on lit en juillet 1987 un article de Arafa al-Sayyid qui rappelle certaines « vérités » sur les Juifs afin de mettre ses lecteurs en garde contre ce peuple cruel et fourbe :

(114) M.K. al-Tunsî, in *op. cit.*, 1972, pp. 79-80 (trad. fr. A. Roussillon).
(115) Cité dans : *L'Egypte*..., Rapport du Centre Simon Wiesenthal, *op. cit.*, 1988, p. 11.

« La littérature juive est pleine de haine à l'égard des non-Juifs. Nous devons apporter toute la lumière sur les attitudes des enfants de Sion, qui se réfèrent à la Torah, au *Talmud*, et aux *Protocoles des Sages de Sion*. Les Juifs sont les ennemis de l'humanité, c'est un peuple traître qui complote dans l'ombre. Les Juifs veulent réduire les autres nations en esclavage. Ils sont la cause des guerres, parce qu'ils volent l'argent des autres Etats. Celui qui hier était le pauvre de la Torah est aujourd'hui riche. Nous ne pouvons pas négliger les vingt-quatre documents connus sous le nom de *Protocoles des Sages de Sion*. Ils améliorent leurs méthodes pour contrôler les marchés et accusent tous ceux qui s'opposent à eux d'antisémitisme. Les Juifs essaient de mettre les gouvernements en dettes, et de détruire tout ce qui n'est pas juif. Chaque Juif est membre d'une de ces organisations secrètes qui conspirent pour contrôler tous les aspects de la vie. Ils ont même réussi à se faire innocenter de la crucifixion de Jésus (p. 62) »[116].

- Le 6 août 1987, dans *Al-Liwâ Al-Islâmi*, hebdomadaire proche du gouvernement (Parti National Démocrate), Amara Nagîb, conférencier à l'université Al-Azhar, commente les liens entre Israël et les Baha'is[117] :

« Au XVIIe siècle, les Juifs ont exploité les Baha'is en Inde et les Francs-maçons afin d'affaiblir les peuples musulmans de l'intérieur. Le racisme juif s'exprime par l'image qu'ils ont d'eux-mêmes, à savoir un groupe sacré qui considère les païens comme des animaux. Le sionisme moderne essaie d'implanter un empire dirigé par un gouvernement mondial sioniste. Tant les Baha'is que les Francs-maçons sont des instruments dangereux, dans les mains des Juifs, partout dans le monde. Les Juifs règnent par la force de l'argent et par les *Protocoles des Sages de Sion* qui appellent explicitement à mépriser les valeurs morales (p. 15) »[118].

- En août 1987, le mensuel des Frères Musulmans, *Al-Huda Al-Nabawi* publie un article de Fayez Ahmad Ja'far ainsi résumé par le Rapport du Centre Simon Wiesenthal :

« Fayez Ahmad Ja'far accuse les gouvernements arabes de paver le chemin pour la mise en application des *Protocoles des Sages de Sion*, et cela sans rien faire payer aux Juifs. Les Juifs essaient de dominer le monde étape par étape, en répandant l'adultère et la corruption. Les *Protocoles des*

(116) Cité dans : *ibid.*, p. 17.
(117) Sur les Baha'is, voir : C. et P. Jouvion, *Les jardiniers de Dieu. A la rencontre de 5 millions de Baha'is*, Paris, Berg International-Tacor, 1989.
(118) Cité in *L'Egypte..., op. cit.*, 1988, p. 18.

Sages de Sion leur ont appris à mettre à profit toutes les méthodes barbares et leur ont fait comprendre que la violence et la tromperie sont toujours victorieuses. L'article cite abondamment les *Protocoles*, et attaque Darwin et Marx. Il critique les autorisations données aux clubs francs-maçons dans les pays musulmans, et prétend que le communisme est tout simplement issu des *Protocoles* »[119].

- Dans l'hebdomadaire *Sawt Filastîn* (publication gouvernementale semi-officielle destinée aux Palestiniens vivant en Egypte), en août 1987, Ahmad Umrân écrit à l'occasion du cinquième anniversaire des massacres de Sabra et Chatila :

« La tromperie et la trahison sont les composantes de base de la personnalité juive. Les Juifs ont toujours utilisé les ruses et les complots pour répandre la terreur et la mort dans le monde entier (p. 12) »[120].

Tels sont les principaux éléments du stéréotype négatif du Juif (celui qu'on appelle « sioniste » en Occident, ou dans les textes destinés aux lecteurs occidentaux) dans le monde arabe, où l'héritage des clichés antijuifs d'origine chrétienne (satanisme et cruauté) a été doublement adapté, à l'héritage musulman (image dévalorisée du Juif) et à la situation de guerre permanente depuis 1947-1948 au Proche-Orient. Cette double adaptation à une tradition et à un contexte contemporain (propagande de guerre) a produit une radicalisation de la stigmatisation du Juif : jamais l'exclusion symbolique du Juif n'avait été aussi forte, jamais la satanisation du Juif n'avait été aussi ordinaire, dans le monde arabe. Cette logique de la stigmatisation maximale implique la détermination d'un unique objectif : la destruction totale de l'Etat d'Israël. Il s'agit là de la seule conclusion normative à laquelle une telle vision antijuive du monde peut logiquement aboutir : le devoir d'un bon Arabe, ou d'un bon musulman, c'est de combattre pour l'élimination d'Israël. Que cette logique n'ait pu empêcher les accords de Camp David montre que le réalisme politique est capable de neutraliser, dans certains contextes, les rêves d'extermination de l'ennemi absolu.
Mais c'est en toute logique que Muhammad Khalîfa al-Tunsî pouvait terminer sa longue préface aux *Protocoles*, en 1951, par un appel à la vigilance, au courage et à l'unité des Arabes afin de

(119) *Ibid.*, p. 19.
(120) *Ibid.* ; pour d'autres exemples extraits des publications égyptiennes, voir : R. Yadlin, *op. cit.*, 1989.

détruire le jeune Etat juif avant qu'il ne soit trop tard. Il s'agit bien alors, pour le traducteur des *Protocoles*, d'éliminer militairement l'Etat d'Israël qui, dira plus tard Nasser à Khrouchtchev, « a pris racine dans le sol arabe comme une croissance cancéreuse », et qui « s'efforce constamment, par l'agression, d'élargir la base sur laquelle s'appuient ceux qui sont derrière lui »[121]. Cette « adresse aux Arabes » de M.K. Al-Tunsî est suivie de la mention « Le Caire, 10 septembre 1951 » :

« Rien de ce qui précède n'incite à sous-estimer le danger juif. Rien ne permet non plus d'écarter la possibilité de l'établissement d'un Etat israélien sur l'ensemble de la Palestine, et si les Arabes n'y prennent pas garde et n'écrasent pas au plus tôt l'Etat [juif existant], rien ne permet d'exclure de futures expansions. De telles évolutions impliqueraient le renoncement des Arabes et la perpétuation de la mainmise étrangère - et en particulier britannique - sur la région du Proche-Orient, et notamment sur le canal de Suez. Il y a là la clef de tous les dangers. Sans ces deux éléments, Israël n'existerait plus, car Israël ne doit sa survie qu'à la permanence de la présence étrangère sur nos territoires. Pour autant, le rapport de force entre les Arabes et les Juifs ne doit pas porter au désespoir dans la mesure où les premiers se montreront capables de se débarrasser de la mainmise coloniale et de boycotter Israël. Nous pensons que la bataille décisive n'a pas encore commencé. Les pays du Proche-Orient, et en particulier les pays arabes, n'ont pas encore donné toute leur mesure. L'important dans un conflit, comme disait Churchill, n'est pas tant de gagner des batailles que de gagner la guerre. Aucune force étrangère ne saurait venir à bout des Etats arabes à moins que leur cohésion interne n'ait été affaiblie. Les Arabes doivent œuvrer à renforcer cette cohésion et purifier leur patrie des éléments parasitaires qui se sont imposés à elle, pour se purifier de l'avilissement. Tant qu'il en sera ainsi, il n'y a pas lieu de céder au pessimisme et la question de l'unification des diverses régions arabes sous un commandement unique n'est pas importante. Il importe beaucoup plus, en effet, que chaque Etat soit fort par lui-même, par ses richesses propres, l'esprit, le travail et le moral de ses fils, et cela, même si l'unité [arabe] fait défaut. Un corps puissant ne saurait être tué par les

(121) Gamal Abd al-Nasser, cité par les *Izvestia*, 25 mai 1964 ; voir *Les Juifs en Europe de l'Est* [Paris], n° 19, janvier 1966, p. 115. Sur la coordination et les analogies thématiques des propagandes soviétique et arabe, voir : « L'union soviétique et la guerre du Moyen-Orient », *Les Juifs en Europe de l'Est*, n° 23, février 1968 (en particulier : pp. 86 sq.., sur « la campagne des atrocités ») ; *Les Juifs en Europe de l'Est*, n° 26, novembre 1968, pp. 19 sq. (« La guerre froide au Moyen-Orient »).

maladies, même si celles-ci sont en mesure de l'affaiblir. Que chacun d'entre nous s'emploie à renforcer son corps en prenant garde de ne pas s'exposer inutilement aux épidémies. Maintenons-nous sains et je ne saurais, quant à moi, donner aux Arabes le conseil de Nietzsche - "Vis dangereusement !" - car le danger est de nature à disperser leurs rangs et les cerne de toutes parts. Car les Arabes vivent, de fait, cernés par les dangers que leur font courir tant leurs passions elles-mêmes que leurs ennemis. Je leur conseillerai plutôt de prendre conscience du péril au milieu duquel ils vivent, en particulier le danger intérieur auquel ils doivent faire face rapidement et avec résolution. Ils doivent changer ce qui est en eux afin que Dieu le change et éloigner le péril auquel ils sont exposés avant qu'il ne soit trop tard. O Arabe, réforme-toi toi-même afin que soit réformé tout ce qui t'entoure. Au risque que l'homme ne se perde ; sauf ceux qui croient, se comportent droitement et se conforment au droit et à l'équanimité »[122].

(122) M.K. al-Tunsî, in *op. cit.*, 1972, pp. 105-106. Le 8 décembre 1980, lors d'un débat sur le Moyen-Orient aux Nations Unies, l'intervention du représentant de la Jordanie, Hazam Noussaibe, illustre bien l'antisionisme démonologique de synthèse, en cours dans le monde arabe, et où il est facile de reconnaître la thématique antijuive des *Protocoles*, notamment à travers l'usage des stéréotypes anti-judéo-ploutocratiques (le Juif conspire, manipule, exploite et domine par la puissance maudite de l'Or) : « Le représentant de l'entité sioniste ne peut à l'évidence cacher sa haine profonde pour le monde arabe qui s'est libéré de l'exploitation notoire de ses ressources naturelles longtemps pillées par la Cabale de son peuple qui contrôle, manipule et exploite le reste de l'humanité en contrôlant l'argent et les richesses du monde. (...) Chaque jour des hommes tels que Lord Rothschild décident dans le secret absolu ce que sera le prix de l'or à travers le monde. En Afrique du Sud, M. Oppenheimer maintient 15 millions de Noirs dans l'esclavage pour exploiter et monopoliser les diamants, l'uranium et d'autres ressources précieuses qui appartiennent de droit aux peuples combattants d'Afrique du Sud et de Nambie. C'est un fait bien connu que les sionistes sont les hommes les plus riches du monde et contrôlent une large part de sa destinée » (Hazam Noussaibe, 8 décembre 1980 [United Nations General Assembly, A/35/PV.86, pp. 38-40]). Voir : Daniel Pipes, « The Politics of Muslim Antisemitism », *Commentary*, août 1981, p. 39 ; Y. Manor, art. cit., 1984, p. 313 (et *op. cit.*, 1984, p. 12) ; Earl Raab, in Michael Curtis (ed.), *op. cit.*, 1986, p. 293.

VIII. CAPABLES DE TOUT, MEME DU « MENSONGE D'AUSCHWITZ ». LA CONCLUSION LOGIQUE DU MYTHE DE LA CONSPIRATION JUIVE/SIONISTE MONDIALE

L'un des stéréotypes antijuifs mondialement diffusés par les *Protocoles* (et leurs commentaires d'accompagnement) est que les Juifs, menteurs par nature, font du mensonge systématique une arme redoutable. Le mensonge, pour ces « maîtres » du mensonge, est à la fois instrumental et inné : la puissance d'une intelligence trompeuse est en effet requise par l'existence d'êtres qui ne peuvent vivre que dans la dissimulation et le secret, en ce que leur nature est de conspirer dans l'ombre en vue de la conquête du monde. La puissance juive de mentir et de tromper se manifesterait notamment dans l'invention cynique de doctrines fausses, d'utopies subversives, de mythes incapacitants, d'impostures facilement exploitables. Or, quel plus terrible mensonge attribuer aux Juifs que « le mensonge d'Auschwitz » ?[1] De quel plus énorme « bobard de propagande » les accuser que du « bobard » de leur propre extermination ?

(1) Thies Christophersen, *Die Auschwitz Lüge*, Kritik-Verlag, Mohrkirch, 1973 ; version française de Michel Caignet : *Le Mensonge d'Auschwitz*, préface de Manfred Roeder, diffusion : *Courrier du Continent* [directeur : Gaston-Armand Amaudruz], Lausanne, 1976, 36 p. Dans le même style : Heinz Roth, *Pourquoi nous ment-on ?*, Odenhausen/Lumda, Editions Heinz Roth, 1973, 60 p. [également diffusé par le bulletin mensuel de l'organisation néo-nazie, le Nouvel Ordre Européen, *Courrier du Continent*] ; Richard Harwood [pseudo. de Richard Verrall, l'un des « intellectuels » du National Front en Grande-Bretagne], *Did Six Million Really Die ?*, Richmond, Surrey, Historical Review Press, 1974 (tr. fr. "A.D.", *Six millions de morts le sont-ils réellement ?, ibid.*, 36 p.). La « thèse » du pionnier néo-nazi du « révisionnisme » radical (le négationnisme) est ainsi résumée par l'avocat Manfred Roeder (également néo-nazi) : « L'Allemagne n'a pas voulu la guerre et elle ne l'a pas commencée. Elle y a été contrainte par ses ennemis

C'est la caractérisation du Juif comme « le grand maître du mensonge »[2] qui jette un pont entre l'héritage de l'antijudaïsme médiéval - en son fonds religieux, qu'il soit chrétien ou musulman -, et la thématique des *Protocoles* : il y a continuité et métamorphose du Malin au Conspirateur, de Satan aux « Sages de Sion ». Mais le stéréotype négatif de « malignité », l'archétype satanique, se retrouve aussi bien au cœur du dispositif « révisionniste » (autodésignation), ou « négationniste » (hétérodésignation), d'accusation : les Juifs, ou, en langage euphémisé, les représentants du « sionisme mondial », sont accusés d'avoir créé de toutes pièces la légende leur propre

mortels [l'allusion est claire...]. Hitler n'a jamais voulu exterminer les Juifs, et n'en a jamais donné l'ordre, de même qu'il n'a jamais ordonné la destruction de quelque peuple que ce soit. Il n'y a pas eu non plus de chambres à gaz. Tout cela est l'invention de quelques cerveaux malades » (M. Roeder, préface à T. Christophersen, *op. cit.*, 1976, p. 9). Robert Faurisson se contente de paraphraser Roeder, avec un sens irrécusable de la formule provocatrice : « Jamais Hitler n'a ordonné ni admis que quiconque fût tué en raison de sa race ou de sa religion » (interview de R. Faurisson à *Storia illustrata*, août 1979, n° 261, réalisée par Antonio Pitamitz ; revue, corrigée et annotée par l'auteur, in Serge Thion, *Vérité historique ou vérité politique ?* Le dossier de l'affaire Faurisson. La question des chambres à gaz, Paris, Editions La Vieille Taupe, 1980, [pp. 171-212], p. 187). R.E. Harwood, quant à lui, énonçait dans l'introduction de sa brochure : « Cette allégation ["que pas moins de six millions de Juifs furent exterminés dans les camps"] est l'invention la plus colossale et l'escroquerie la plus réussie qu'on ait jamais vues » (*op. cit.*, 1974, p. 2). L'adaptation française par Faurisson donne : « La chambre à gaz, la magique chambre à gaz [expression reprise d'une lettre de Céline à A. Paraz du 11.10.1950], est la clé de voûte d'une immense construction qui s'appelle le mensonge de l'Holocauste. (...) Il faut (...) dire si ce mensonge a ouvert la voie à une escroquerie politico-financière, et à laquelle » (R. Faurisson, « Le révisionnisme devant les tribunaux français, I ; 1979-1983 », *Annales d'Histoire Révisionniste*, n° 7, printemps-été 1989, p. 88). Sur les publications de T. Christophersen et M.Roeder, voir : Jan Peters (Hrsgb.), *Nationaler « Sozialismus » von Rechts*, Berlin, Verlag Klaus Guhl, 1980, pp. 145 sq., 167 sq.

(2) Formule d'Arthur Schopenhauer citée par A. Hitler dans *Mein Kampf*, tr. fr., *op. cit.*, 1934, p. 305 (voir *supra*, ch. V) ; *cf.* Werner Maser, *"Mein Kampf" d'Adolf Hitler*, tr. fr., *op. cit.*, 1968, pp. 96, 245. Dans son interview publiée en août 1979, et souvent rééditée depuis, Robert Faurisson commente : « Hitler n'est devenu antijuif qu'assez tardivement. Avant de dire et de répéter que les Juifs sont "les grands maîtres du mensonge" [die grossen Meister der Lüge], il leur était plutôt favorable » (in S. Thion, *op. cit.*, 1980, p. 187). Sur la rhétorique négationniste, voir surtout : Nadine Fresco, « Les redresseurs de morts », *Les Temps Modernes*, n° 407, juin 1980, pp. 2150-2211 ; *id.*, « Parcours du ressentiment », *Lignes*, n° 2, février 1988, pp. 29-72 ; Pierre Vidal-Naquet, « Un Eichmann de papier », *Esprit*, septembre 1980, pp. 8-56 ; *id.*, *Les Assassins de la mémoire. « Un Eichmann de papier » et autres essais sur le révisionnisme*, Paris, La Découverte, 1987.

extermination par les nazis. Et l'argumentation « négationniste » comporte une explication de cette invention suprêmement maligne du « mythe » de la Shoah, une explication fonctionnelle qui met l'accent sur le caractère instrumental du « grand bobard du XXe siècle »[3] : l'invention de ce mythe était nécessaire à la fois pour

(3) Arthur R. Butz, *The Hoax of the Twentieth Century*, 2e éd., Brighton, Sussex, Historical Review Press, 1977 (1re éd., 1976), 315 p. ; 4e éd., Torrance (Californie), The Noontide Press, 1979. Le titre du livre de Butz peut être traduit par « L'imposture (ou : le bobard, le canular) du XXe siècle ». Dans le même style : Wilhelm Stäglich, *Der Auschwitz Mythos. Legende oder Wirklichkeit ?*, Tübingen, Grabert-Verlag, 1979, XI-493 p. ; tr. fr. (anonyme), *Le Mythe d'Auschwitz. Etude critique*, Paris, La Vieille Taupe, 1986, 517 p. La dénonciation des « bobards » est un genre pamphlétaire dont l'universitaire Faurisson a donné une variante érudite et pseudo-savante : « Ce massacre [des Juifs par les chambres à gaz homicides] n'était heureusement qu'un bobard de guerre » (*art. cit.*, in S. Thion, *op. cit.*, 1980, p. 193) ; le « bobard » devient parfois un « mensonge historique » (*ibid.*, p. 198), « une fantasmagorie » *(ibid.)*, une « légende » (p. 199), une « gigantesque imposture » (p. 200), etc. On rappellera ici, brièvement, que Faurisson avait consacré l'avant-dernier chapitre de sa thèse, *A-t-on lu Lautréamont ?* (Paris, Gallimard, 1972, ch. XV, pp. 332-340), à une réflexion sémantique sur le terme de « canular », entendu schématiquement comme une « mystification soigneusement organisée... » (p. 332). Après avoir traité des mystifications littéraires, scientifiques et religieuses, il en arrive aux « mystifications politiques ou historiques destinées à nourrir la haine d'un pays contre un autre » : « En temps de guerre, la prolifération des "bobards" atteint des proportions gigantesques. Ces "bobards" persistent souvent une fois la paix revenue. Vingt ans après la Première Guerre mondiale, le mythe des enfants aux mains coupées par les Allemands avait encore cours. (...) La Seconde Guerre mondiale a suscité des mythes encore plus extravagants mais il ne fait pas bon s'y attaquer. (...) Certains mythes sont sacrés » (p. 338). C'est seulement six ans plus tard que Faurisson publiait dans la revue néo-fasciste et antisioniste dirigée par Maurice Bardèche (avec la collaboration de François Duprat, néo-nazi et pro-palestinien inconditionnel), *Défense de l'Occident*, son premier article sur la question : « Le "problème des chambres à gaz" » (26e année, no 158, juin 1978, pp. 32-40 ; texte reproduit dans S. Thion, *op. cit.*, 1980, pp. 83-89). La dénonciation des « bobards juifs » est une forme polémique standard du discours antijuif ; voir par exemple : Louis Thomas, *Les Raisons de l'Antijudaïsme*, Paris, Les Documents Contemporains, 1942, pp. 128-132 (dernière partie d'un chapitre consacré aux « facéties et déguisements » des Juifs, « qui excellent dans la fausse interprétation et le détournement, le déguisement des faits » [p. 128]). Relevons une significative référence commune aux livres de R. Faurisson (1972) et de L. Thomas ; l'un et l'autre sont dédiés à Louis-Ferdinand Céline - « A L.-F. Céline qui a vigoureusement dénoncé les Juifs parce que, médecin des pauvres, il les a vus très malheureux sous la domination des Yds [*sic*] qui s'étaient emparés de la France » (L. Thomas, *ibid.*, p. 7) ; « A Bébert, Lili, Louis-Ferdinand, et La Vigue » (R. Faurisson, *ibid.*, p. 7). Pour déterminer quel Céline Faurisson apprécie tout particulièrement - celui des pamphlets -, voir :

légitimer la fondation de l'Etat d'Israël, procéder à une escroquerie financière d'envergure - à savoir faire payer à l'Allemagne des réparations pour des crimes que ses anciens dirigeants nazis n'auraient nullement commis -, et culpabiliser l'opinion mondiale, afin de préserver les Juifs de toute critique, de les placer, en tant que

R. Faurisson, « Louis des Touches, gentilhomme français », *La Revue célinienne*, 1er trimestre 1979, pp. 36-37. *Cf.* P.-A. Taguieff, « La nouvelle judéophobie », *Les Temps Modernes*, nº 520, novembre 1989, [pp. 1-80], p. 16. On sera également attentif à un autre fait textuel ; la référence à « l'imposture/escroquerie du XXe siècle » apparaît dans le titre même d'une réédition des *Protocoles* par un nationaliste anglais violemment « antisioniste » ; Comm. J.S. Drummond, *The Twentieth Century Hoax*, Londres, Panorama Press, 1961, 187 p. Ces considérations nous conduisent à insister sur notre hypothèse que le « révisionnisme historique » de Faurisson et ses disciples est pour l'essentiel un dispositif *antisioniste*, ce que, curieusement, peu d'études critiques consacrées aux négations faurissoniennes ont mis en évidence (peut-être du fait qu'elles étaient dues pour la plupart à des auteurs eux-mêmes antisionistes). Or, Faurisson est fort clair sur la question, et ce dès 1978 : « Les prétendues "chambres à gaz" et le prétendu "génocide" sont un seul et même mensonge. (...) *Ce mensonge, qui est d'origine essentiellement sioniste* [je souligne], a permis une gigantesque escroquerie politico-financière dont l'Etat d'Israël est le principal bénéficiaire. (...) Les principales victimes de ce mensonge et de cette escroquerie sont le peuple allemand et le peuple palestinien » (« complément » polycopié, daté du 16 juin 1978, envoyé par R. Faurisson, avec son article de *Défense de l'Occident* [juin 1978], à « différentes personnalités » ; reproduit in S. Thion, *op. cit.*, 1980, p. 89). Le négationnisme est avant tout un mode de stigmatisation d'Israël et du « sionisme » (toujours « mondial », dit le *Dictionnaire des idées reçues* de cette nouvelle fin de siècle), lié à une reformulation de la théorie du complot (imposer un mensonge en orchestrant sa diffusion, en vue d'une domination politico-médiatique du monde et d'une escroquerie financière). Significativement, la bibliographie du *Mythe d'Auschwitz* de W. Stäglich comporte la référence au célèbre recueil de Henry Ford, *Der Internationale Jude* (Leipzig, Hammer-Verlag, 1922 ; voir *op. cit.*, 1986, p. 468), ainsi qu'à un ouvrage du spécialiste nazi du « complot juif mondial » et des meurtres rituels, Johannes von Leers, *14 Jahre Judenrepublik*. NS-Druck und Verlag, Berlin-Schöneberg, 1933 (1re éd.). J. von Leers s'est établi, après la Seconde Guerre mondiale, en Egypte, où il s'est converti à l'Islam et a pris le nom d'Omar Amin. Ses compétences reconnues lui ont valu d'obtenir le poste de conseiller d'Alfred Zingler (alias Mahmoud Saleh), directeur de l'Institut pour l'étude du sionisme, fondé au Caire en 1955 pour « lutter contre le Sionisme et le Judaïsme international », et qui emploiera de nombreux nazis exilés. Pour une liste de quelques dizaines de nazis réfugiés au Caire et reconvertis dans la propagande « antisioniste » de Nasser, voir : « Nazis in Cairo », *Patterns of Prejudice*, vol. 1, nº 3, mai-juin 1967, pp. 6-8 ; version française (légèrement différente) dans : Yahudiya Masriya, *Les Juifs en Egypte*, Genève, Les Editions de l'Avenir, 1971, annexe I, pp. 66-69 (« Nazis au Caire »). *Cf.* aussi : N. Cohn,

victimes par excellence, au-dessus de l'examen critique que leurs comportements pourraient justifier (thème des « citoyens privilégiés »). Bref, le « mensonge d'Auschwitz », pour ses dénonciateurs, s'explique à la fois par sa fonction psychologique, ses usages idéologico-politiques et son exploitation financière. On remarque en outre que la littérature « négationniste » présente bien des ressemblances formelles avec la littérature d'accompagnement des *Protocoles*. A commencer par le recours au genre politico-journalistique des « révélations » ou du « dévoilement de terribles secrets ». Les *Protocoles* sont présentés comme les secrets des « Sages de Sion » enfin dévoilés, dérobés à leurs jaloux possesseurs et bénéficiaires, secrets qui renvoient tous au plan secret de la conquête du monde, dont l'alliance occulte entre le bolchevisme internationaliste et la haute finance cosmopolite serait la preuve. Quant aux publications dites « révisionnistes », elles sont toutes centrées sur le dévoilement du « grand mensonge » de la Shoah, la colossale imposture attribuée aux « sionistes », sur la dénonciation du « bobard des chambres à gaz » et, plus largement, du génocide nazi des Juifs d'Europe. Le Juif, religieux, capitaliste, révolutionnaire ou sioniste, reste une puissance maligne, qui ne recule devant rien pour réaliser ses desseins, lesquels se résument par un mot : domination. Le « sionisme mondial », inventeur et bénéficiaire du « mythe des chambres à gaz homicides », ne peut qu'incarner une puissance satanique de tromper : le Sioniste ainsi satanisé redevient « l'ennemi du genre humain ».

Nous avons vu que la référence expresse aux « secrets des Juifs », révélés par les *Protocoles* (présenté comme « l'un des livres des Juifs »), ainsi que l'usage systématique des stéréotypes antijuifs traditionnels (diffusés par les *Protocoles* comme par divers pamphlets contre le judaïsme, la « juiverie », le « talmudisme », les meurtres rituels, etc.), ont de plus en plus caractérisé le discours arabe de propagande « antisioniste », depuis la création de l'Etat d'Israël. En dépit de cette virulence, - la violence des accusations s'entourant de la ceinture de sécurité constituée par l'appel rhétorique à lutter à la fois contre le sionisme *et* l'antisémitisme, - la propagande arabe contre Israël et le « sionisme mondial », et surtout la propa-

op. cit., 1967, p. 205 (sur J. von Leers), et A. Dieckhoff, in tome II du présent ouvrage. A consulter avec prudence : Patrice Chairoff, *Dossier néo-nazisme*, Paris, Ramsay, 1977, pp. 449-460 (« Les nazis du Caire »).

gande palestinienne, ont manifesté une certaine prudence dans l'usage des accusations de type « révisionniste », notamment lorsque celles-ci, à la fin des années 1970, sont passées dans l'espace public occidental, par la grâce médiatique d'un Robert Faurisson, après un long voyage clandestin dans les réseaux néo-nazis - essentiellement d'Europe, des deux Amériques et du Proche-Orient. Si cet instrument puissant d'illégitimation d'Israël n'a jusqu'ici été utilisé qu'avec circonspection par la propagande officielle de l'O.L.P., par exemple, c'est pour deux raisons principales. En premier lieu, la propagande palestinienne utilisait largement l'analogie entre les victimes juives du nazisme et les victimes palestiniennes du sionisme : l'efficacité maximale de ce motif de propagande, engendrée par la « nazification » de « l'ennemi sioniste », supposait la croyance à la réalité historique du génocide nazi des Juifs ; l'analogie se prolongeait dès lors avec l'usage métaphorique du mot « génocide » pour caractériser la finalité cachée des opérations israéliennes, militaires ou policières, faisant des victimes palestiniennes - on laisse entendre ainsi que les « sionistes » ont entrepris, selon un plan secret, l'extermination du peuple palestinien. Bref, le discours palestinien de combat idéologique présupposait l'existence des exterminations physiques accomplies par les nazis parmi les populations juives d'Europe. En second lieu, la propagande palestinienne, s'adressant à un auditoire occidental, a toujours été en quête de reconnaissance politique, qui passe par celle d'une certaine respectabilité. Or, le « révisionnisme » radical, de type faurissonien, a fait scandale dans l'espace public occidental : la négation de la Shoah y a fait l'objet d'une réprobation générale dans les milieux officiels et les instances dirigeantes ; et les auteurs « négationnistes » ont été souvent poursuivis en justice et condamnés. D'où l'observance d'une règle d'abstention tactique, concernant un motif de propagande dont l'usage aurait pu engendrer des effets pervers dans la conjoncture.

Les conseillers en communication antisioniste, professionnels ou bénévoles, ont le plus souvent simplement tenu sur l'usage des « thèses révisionnistes » le même langage tactico-stratégique que sur l'usage des *Protocoles*. Il convient de rappeler ici, brièvement, l'argumentation standard de ces conseillers en stratégie culturelle.

Les intellectuels antisionistes non arabes - ou bons connaisseurs de la culture occidentale -, compagnons de route de l'O.L.P., ainsi que les nouveaux convertis à l'Islam d'origine européenne, n'ont en effet, très significativement, cessé de mettre en garde leurs « amis palestiniens », et parfois le monde arabe tout entier, - non sans naïveté, - contre l'usage antisioniste d'un faux avéré. *Ce qui en présuppose l'usage ordinaire dans le monde arabe*, au moins « sous le manteau ». C'est ainsi qu'après Maxime Rodinson et Ilan Halevi[4], Roger Garaudy a cru nécessaire d'intervenir sur le sujet, dans un livre publié en 1986, *Palestine*[5], où il consacre plusieurs pages aux *Protocoles*[6]. S'adressant aux Arabes et aux musulmans engagés dans la lutte contre « l'entité sioniste », il leur fait la leçon en ces termes :

« Il est très important de souligner qu'il s'agit d'un document dont la fausseté et les secrets de fabrication ont été démontrés depuis plus de soixante ans, car l'utilisation de ce texte donne aux sionistes actuels un "argument" massue pour rejeter toute analyse de leur politique d'agression en prétendant qu'il s'agit encore d'une fabrication semblable aux faux *Protocoles des Sages de Sion* »[7].

Bref, « faire aujourd'hui référence », à ce « document fabriqué », « c'est faire le jeu des sionistes »[8] ; invoquer ce faux grossier « comme un document réel, c'est donner aux sionistes un argument de poids »[9]. Voilà précisément le pire qu'il s'agit d'éviter.

(4) M. Rodinson, « Quelques idées simples sur l'antisémitisme », *Revue d'Etudes Palestiniennes*, n° 1, automne 1981, [pp. 5-21], pp. 16-18 (voir *supra*, ch. VII) ; *id., Peuple juif ou problème juif ?, op. cit.*, 1981, p. 351 note 15 : « Les *Protocoles des Sages de Sion* ont été diffusés à diverses reprises dans les pays arabes et le sont actuellement, semble-t-il, avec un succès particulier. » Mais nous avons vu (*cf.* chap. VII) que M. Rodinson ajoutait aussitôt cette remarque visant à « comprendre », voire à légitimer, au moins partiellement, le recours à la théorie du complot juif mondial : « La solidarité inconditionnelle de nombreux Juifs dans le monde avec Israël et sa politique accorde une plausibilité apparente aux imaginations des faussaires de l'Okhrana tsariste sur la mobilisation juive pour la conquête du monde » *(ibid.)*. Voir, dans le même sens : *op. cit.*, pp. 61-62. Ilan Halevi, intellectuel organique de l'O.L.P., s'il reconnaît le fait des « rééditions périodiques » des *Protocoles* (*op. cit.*, 1981, p. 294 ; voir *supra*, ch. VII), corrige aussitôt l'aveu en précisant, en référence à l'orientaliste autorisé : « Ce que Maxime Rodinson appelle avec raison "les mythes arabes de l'anti-sionisme" ne sont souvent que l'envers, ou même l'endroit, des mythes sionistes eux-mêmes » *(ibid.)*. Bref, lorsqu'un Arabe fait de la judéophobie, il reste encore une victime des « mythes sionistes » qu'il imite et inverse...

(5) Roger Garaudy, *Palestine. Terre des messages divins*, Paris, Albatros, 1986.

(6) R. Garaudy, *op. cit.*, 1986, pp. 206-214.

(7) *Ibid.*, p. 207.

(8) *Ibid.*

(9) *Ibid.*, p. 214.

Une leçon du même type est donnée par l'économiste et le politiste libanais Georges Corm, auteur de nombreux ouvrages sur le Proche-Orient. Dans un livre qui, en 1991, en est à sa troisième édition, *Le Proche-Orient éclaté*, Georges Corm, après avoir décrit la terrible puissance juive en Occident, et la « sioniphilie » *(sic)* qui y régnerait en raison d'une culpabilité ainsi compensée, reconnaît l'existence d'un antisémitisme arabe mais lui trouve immédiatement des circonstances atténuantes :

« Aussi ne faut-il pas s'étonner que les groupes de pression en faveur d'Israël évoluent en Occident comme un poisson dans l'eau, culturellement et politiquement. Surtout aux Etats-Unis où le "lobbying" politique est parfaitement admis dans les mœurs et sert de profession à de nombreuses firmes ou à des personnalités de tous les secteurs de la société. Les Arabes sont souvent abasourdis par ce phénomène, donnent parfois de ce fait dans l'antisémitisme, en parlant de la toute-puissance internationale du judaïsme ou du sionisme. Ils ne peuvent évidemment réaliser l'ampleur et la complexité des données de la relation judéo-chrétienne en Occident »[10].

Est-il besoin de rappeler ici que l'ignorance - d'ailleurs généreusement supposée chez « les Arabes » - n'est pas un argument ? Plus loin, dans le même ouvrage, au demeurant fort riche, G. Corm conseille la lecture du livre de Norman Cohn, « pour s'informer sur le principal mythe antisémite, celui d'une conspiration juive mondiale, mythe de la chrétienté occidentale, actuellement exporté vers le Proche-Orient »[11]. Si le mythe est bien d'origine européenne, et

(10) Georges Corm, *Le Proche-Orient éclaté, 1956-1991*, nouvelle édition augmentée et mise à jour (1re éd., 1983), Paris, Gallimard, 1991, p. 253. Cet intellectuel hyper-occidentalisé et anti-occidental fait du relativisme culturel à visée légitimatoire : « les Arabes » *(sic)*, ne connaissant pas suffisamment les sournoises subtilités de l'Occident « sioniphilisé » (pour suivre la néologie esquissée par G. Corm), et partant décontenancés, ne peuvent faire autre chose que du bricolage idéologique avec les moyens du bord, à savoir, des fragments de vision conspirationniste où les Juifs/sionistes sont les suppôts d'un Satan immanent et dominateur. Il s'ensuit une justification relative de l'« antisémitisme » arabe selon l'argument d'empathie : « Il faut les comprendre ». M. Rodinson argumente d'une façon analogue (*op. cit.*, 1981, pp. 61-62, 351). Ce qui ne va pas sans quelque mépris : si lesdits « Arabes » étaient, à l'image des intellectuels occidentalisés d'origine arabe, suffisamment prévenus, parce que bi-culturels, ils ne tomberaient pas dans le « piège » (toujours « sioniste », comme l'écrit M. Rodinson ; voir *infra*, la fin de ce chapitre).

(11) G. Corm, *op. cit.*, 1991, p. 481. Parler d'« exportation », c'est faire référence

catholique, ce n'est pas d'aujourd'hui qu'il est exploité au Proche-Orient, où il n'a d'ailleurs pas été « exporté » : ce sont, comme nous l'avons vu, les Arabes chrétiens qui se sont eux-mêmes chargés d'importer le mythe. Pourquoi les Arabes ne feraient-ils jamais preuve d'initiative en de tels domaines ? Pourquoi devraient-ils être considérés, lorsqu'ils sont antisémites, comme d'innocentes victimes, toujours passives, d'une « exportation » de dangereux produits idéologiques occidentaux ? En 1977, dans sa contribution à un ouvrage collectif, *Palestine et Liban*[12], G. Corm abordait les questions croisées de la « lutte antisioniste » et de la « libération arabe » dans la même perspective critique, et déplorait que les emprunts arabes à l'antisémitisme occidental ne fissent que « renforcer » le camp sioniste. L'argument majeur est toujours d'ordre pragmatique ; l'antisémitisme est désapprouvé en tant que mauvais instrument de propagande contre Israël :

« Du côté arabe, la lutte contre le sionisme s'est toujours embourbée dans les difficultés idéologiques d'appréhension du sionisme et donc dans la définition d'une stratégie de lutte contre la colonisation sioniste. Au miroir de l'Occident et de sa « modernité », certains secteurs de la société arabe ont volontiers adopté le schéma antisémite occidental de la conspiration mondiale ; schéma qui est venu obscurcir encore plus les ambiguïtés de l'idéologie anticoloniale quant à la nature religieuse ou nationale de la lutte (...). Tous ces amalgames ont renforcé l'idéologie sioniste et le soutien dont elle dispose en Occident à droite comme à gauche »[13].

au « colonialisme » culturel de l'Occident - « ethnocidaire » comme chacun sait -, dénoncé comme seul responsable de la perversion idéologique d'esprits originellement innocents, constituant l'entité « les Arabes ». La stigmatisation de la « sioniphilie » de l'Europe cache mal l'évidence et la puissance d'une « européophobie » consistant à expliquer tous les malheurs « des Arabes » par les mauvaises actions ou la mauvaise influence de l'Europe (éventuellement élargie en un mythique « Occident » à visage américain/impérialiste).

(12) Jean Bauberot *et al.*, *Palestine et Liban. Promesses et mensonges de l'Occident*, Paris, L'Harmattan, 1977.

(13) G. Corm, « Sécularisation et développement économique », in J. Bauberot *et al.*, *op. cit.*, p. 194. Cette prise de distance critique, paradoxe ordinaire, n'empêche nullement G. Corm de penser spontanément selon la catégorie du complot anti-arabe ; voir par exemple : G. Corm, *L'Europe et l'Orient. De la balkanisation à la libanisation : histoire d'une modernité inaccomplie*, Paris, La Découverte, 1989, pp. 364 sq. Olivier Carré n'est guère tendre face à ce type d'attitude : « Il reste (...) quelques nostalgiques figés de la "galaxie nasséro-bâ'thiste", style G. Corm, pour qui le simple fait de parler des "islamistes" (...) est une honte liée à un vaste

La maxime est claire : n'utiliser aucune représentation ni aucun argument, fussent-ils séduisants, susceptibles de « renforcer l'idéologie sioniste ».
C'est un argument pragmatique du même type, centré sur le peu d'efficacité probable d'un éventuel recours au « révisionnisme » par la propagande palestinienne, qu'on retrouve dans un étrange récit indirect fait par Ilan Halevi, « représentant de l'O.L.P. auprès de l'Internationale socialiste » :

« Dans la préface qu'il a écrite à l'édition arabe du livre du journaliste israélien Amnon Kapeliouk, *Enquête sur un massacre*[14], Mahjoub Omar,

complot européen anti-arabe » (*L'utopie islamique dans l'Orient arabe*, Paris, Presses de la F.N.S.P., 1991, p. 256). Voir aussi les remarques critiques de Jean Leca, dans une discussion approfondie des thèses du livre de G. Corm : « A propos de *L'Europe et l'Orient* », *Maghreb-Machrek*, n° 126, octobre-novembre-décembre 1989, [pp. 114-127], pp. 121 sq.

(14) Amnon Kapeliouk, *Enquête sur un massacre*, Paris, Le Seuil, 1982. Le massacre de Sabra et Chatila a été immédiatement intégré dans le stéréotype du « Sioniste cruel », commettant par nature des atrocités, en dépit du fait que celles-ci avaient été réalisées par des Libanais, mus à l'évidence par un féroce esprit de vengeance. L'un des relais médiatiques, en France, de la relance d'un tel motif de propagande antisioniste (« de Deir Yassin à Sabra et Chatila »...), aura été l'ex-stalinien Roger Garaudy, devenu idéologue-agitateur en faveur de tous les courants anti-occidentaux et anti-israéliens du Tiers Monde ; voir R. Garaudy, *L'Affaire Israël*, Paris, S.P.A.G. - Papyrus Editions, 1983, pp. 151-152, 185-186, etc. Sur ce type d'argumentation, voir : P.-A. Taguieff, « L'antisionisme arabo-islamophile » [analyse d'un texte de Roger Garaudy *et al.*], *Sens*, n° 11, novembre 1982, pp. 253-266 ; sur les stéréotypes palestiniens de base, voir : Alain Dieckhoff, « Le sionisme, "diable" des Palestiniens », *Les Nouveaux Cahiers*, n° 79, hiver 1984-1985, pp. 17-22 (sur l'attribut de « cruauté » comme reformulation de l'accusation de déicide, *cf.* pp. 21-23). Pour un appel à la vengeance fondé sur « le sang des martyrs », voir : *L'invasion israélienne du Liban*, « par un groupe de chercheurs syriens sous l'autorité du général Mustapha Tlass », Paris, J.A. Conseil, 1986, en particulier pp. 23, 229-238 (ch. X). On y lit par exemple : « L'extermination de tout un peuple s'accomplit de manière organisée... » (p. 238), en référence expresse aux « crimes contre l'humanité » commis par « l'Etat sioniste » *(ibid.)*. Or, le général syrien M. Tlass, ministre de la Défense, n'est autre que l'auteur d'un pamphlet antijuif intitulé *Le Pain azyme de Sion* (Damas, 1985), où l'on apprend ceci : « Le Juif peut vous tuer et prendre votre sang, afin de confectionner le pain azyme. J'espère avoir accompli mon devoir en présentant les pratiques de l'ennemi de notre nation historique » (cité par *Le Monde*, 12 février 1991, p. 42). La catégorie, d'origine chrétienne, de « crimes rituels » fonctionne ainsi comme base de réduction de toutes les « atrocités » attribuées aux « sionistes » ou aux « Juifs ». Le 8 février 1991, lors du débat sur la discrimination raciale à la Commission des droits de l'homme de l'O.N.U., la représentante de la Syrie, Mme Nabila Saalan, « a repris

qui se définit comme un “militant égyptien du Fath”, révèle qu'à la fin des années 70 Faurisson et ses amis (?) tentèrent de convaincre les dirigeants de l'O.L.P. d'adopter les thèses révisionnistes, et se heurtèrent à un refus définitif. Bien que conscients de payer le prix des massacres européens, les Palestiniens ne pensaient pas que nier leur réalité pût servir leur cause. Cette intelligence, hélas, manqua par la suite à nombre de ceux qui, en Europe, justement, se proclament leurs amis »[15].

Et I. Halevi, défenseur du parti de l'intelligence tactico-stratégique efficace, d'ironiser sur le raisonnement simpliste des antisionistes faurissoniens :

« Puisque le génocide des Juifs par les nazis sert à justifier la dépossession des Palestiniens, il suffit de nier le génocide pour délégitimer la dépossession : élémentaire, mon cher Faurisson ! »[16]

M. Rodinson et R. Garaudy dénonçaient les *Protocoles* en tant que faux pour en déconseiller l'usage ; I. Halevi ne se prononce pas expressément sur la valeur de vérité du discours « révisionniste », il en récuse l'exploitation politique en raison de la vraisemblable inefficacité de celle-ci.
Il faut néanmoins relever, dans la littérature palestinienne militante, au milieu des années 1970, l'apparition d'un jumelage de la thématique conspirationniste et des négations dites « révisionnistes ». Le

à son compte les accusations de crime rituel portées au Moyen Age contre les Juifs. Après avoir évoqué “les crimes nazis perpétrés par les autorités sionistes d'occupation” et déploré l'occupation du Liban sud, elle a invité tous les membres de la Commission à lire *Le Pain azyme de Sion*, [présenté comme un] “livre précieux, qui confirme (...) le caractère raciste du sionisme” » (I.V., « Accès d'antisémitisme irakien et syrien », *Le Monde*, 12 février 1991, p. 42). Rappelons, afin de mettre en évidence l'incroyable cynisme (ou la sotte naïveté) de ce type d'accusation du « sionisme », que dans cette même Syrie « antiraciste » et humaniste, en février-mars 1982, la répression féroce de la rébellion des Frères musulmans, à Hama, aurait fait entre 20 000 et 30 000 morts (quartiers totalement détruits, etc.) ; sur le contexte, *cf. Les Frères musulmans. Egypte et Syrie (1928-1982)*, présenté par Olivier Carré et Gérard Michaud, Paris, Gallimard/Julliard, 1983, pp. 125-203.

(15) Ilan Halevi, « Hypocrisies : du bon usage du révisionnisme », *Revue d'Etudes Palestiniennes*, n° 26, hiver 1988, p. 8.

(16) I. Halevi, *ibid.*, pp. 8-9. Voir la violente et condescendante réplique du faurissonien Serge Thion, « Du bon et du mauvais usage du révisionnisme. Réponse à Ilan Halevi et autres observations », *Annales d'Histoire Révisionniste*, n° 4, printemps 1988, pp. 25-62 (le chercheur « engagé » au C.N.R.S. fait la leçon à l'autodidacte militant).

Centre de recherches palestiniennes (soit l'« Institut des Etudes Palestiniennes » qui publiera la *Revue d'Etudes Palestiniennes* en langue française, à partir de 1981), fondé en 1963 à Beyrouth, s'est particulièrement illustré en la matière[17], en favorisant l'élaboration de diverses synthèses des principaux stéréotypes antijuifs, adaptés aux conditions conjoncturelles d'efficacité de la lutte « antisioniste » - le « Juif international » des glossateurs des *Protocoles* devenant le « sionisme mondial », etc. Les accusations standard d'origine communiste (« colonialisme », « impérialisme », « chauvinisme », « fascisme », etc.), s'y articulent avec les reformulations du vieux stéréotype d'« ennemi du genre humain » (« ennemi de tous les peuples », etc.), avec les nouvelles accusations de « racisme » et de « nazisme » (par delà l'idée, classique dans l'imagerie soviétique, d'une « collaboration » entre sionisme et nazisme) et, dernière addition au stock des stigmatisations disponibles, avec la dénonciation, non plus seulement des exagérations ou des exploitations politiques et financières, attribuées aux Juifs, de leurs souffrances, liées aux persécutions dont ils ont été victimes, mais, plus radicalement, du « mensonge d'Auschwitz ». Est exemplaire, à cet égard, le livre de Ahmed Hussein, *Palestine. My Motherland. Zionism, the Eternal Enemy of the Peoples*, publié en 1976 à Beyrouth, immédiatement traduit en allemand (Ahmad Hussein, *Palästina meine Heimat. Zionismus - Weltfeind der Völker*) et diffusé dès 1976 par le Kampfbund Deutscher Soldaten (KDS) dirigé par le nazi Erwin Schörborn[18]. Ce

(17) Voir : Yohanan Manor, « L'antisionisme », *Revue française de science politique*, vol. 34, nº 2, avril 1984, p. 132 (version anglaise, brochure, 1984, *op. cit.*, p. 11). Fayez A. Sayegh, l'un des principaux fondateurs du Centre de recherches de l'O.L.P., est l'initiateur de la résolution de 1975 assimilant sionisme et racisme (A. Dieckhoff, art. cit., hiver 1984-1985, p. 18). Il est notamment l'auteur des brochures de propagande : *Le sionisme : une forme de racisme et de discrimination raciale*, Genève, Bureau de l'O.L.P., 1975 ; *Le colonialisme sioniste en Palestine*, s.d., réédition, Nancy, Editions Taranis, 1992, 55 p. (maison d'édition fondée par un groupe régional de l'organisation néo-fasciste française *Troisième Voie* ; l'auteur de la brochure est ainsi présenté : « Universitaire palestinien, fondateur du Centre de recherches de l'O.L.P. et membre du Comité exécutif de cette organisation, Sayegh est donc tout désigné pour nous décrire la mainmise du cancer sioniste sur son pays »).

(18) Ahmad Hussein [ou Hussein Ahmad ?], *Palästina meine Heimat...*, Francfort, E. Bierbaum Verlag, 1975 ; P. Vidal-Naquet le cite et précise : « Toutes les formes de l'antisémitisme et du révisionnisme y sont rassemblées » (*op. cit.*, 1987, p. 208 note 45). Sur sa diffusion néo-nazie en ex-R.F.A., voir par exemple : Jan Peters

pamphlet « antisioniste » a au moins le mérite d'être clair dès son titre : comment le sionisme peut-il être un ennemi « éternel » de tous les peuples en étant ce qu'il est historiquement, à savoir le mouvement nationaliste juif, ou le mouvement de libération nationale du peuple juif, né à la fin du XIXe siècle en Europe ? La réponse à une telle question ne fait aucun doute : le « sionisme » dénoncé, satanisé plutôt, par Ahmed Hussein ne se confond pas avec le sionisme réel, il s'identifie au judaïsme ou, pour user d'un terme privilégié par la rhétorique antijuive de langue arabe, à la « juiverie », entité essentialisée et démonisée[19]. C'est d'elle seule que se dégage

(Hrsgb.), *op. cit.*, 1980, p. 180. Dans son livre précité, Y. Masriya (p. 69) signale un pamphlet antijuif publié au Caire (s.d.), aux éditions du Conseil Suprême des Affaires Islamiques, par Bint al-Shati (Aïsha Abd al-Rahman), *Les Ennemis de l'Humanité* (en arabe). D'autres exemples pourraient être donnés de ce stéréotype de propagande « antisioniste » (voir *infra*).

(19) Voir par exemple la brochure de l'O.L.P. intitulée *Le problème palestinien*, s.d., 40 p. (brochure d'auto-présentation diffusée vraisemblablement l'année même de la création de l'O.L.P. [mai 1964], entre octobre et décembre) : « A la fin de la Seconde Guerre mondiale, les Arabes de Palestine eurent à faire face à un *complot*, ourdi par un front comprenant la Grande-Bretagne, les Etats-Unis et *la Juiverie mondiale* [je souligne] et tendant à transformer la Palestine en un Etat juif, devant servir de base au colonialisme et de suppôt au capitalisme monopolistique » (p. 20) ; « Tant les Arabes de Palestine que les peuples arabes, asiatiques et africains s'opposèrent à la résolution de partage [novembre 1947]. Mais le *front anglo-judéo-américain* [je souligne] ne fit pas cas des sentiments de ces peuples orientaux... » (p. 25) ; « En avril 1948, les forces juives mirent en exécution un complot sauvage et monstrueux pour amener les Arabes à quitter leurs foyers » (pp. 26-27 ; suit la description de diverses « boucheries » commises par « les criminels juifs ») ; « La place nous manque (...) pour démontrer le caractère particulièrement sauvage et barbare de ces agressions ["commises par les Juifs contre les Arabes et les territoires arabes"] » (p. 32) ; « La lâche agression menée par les Juifs, en collaboration avec la Grande-Bretagne et la France, contre le secteur de Gaza et la presqu'île du Sinaï, constitue la meilleure preuve que l'esprit d'agression demeure ancré dans *l'âme expansionniste des Juifs* [je souligne] à l'égard des Arabes. Elle constitue la preuve la plus probante de la coopération judéo-impérialiste contre la nation arabe... » (p. 33) ; « Conséquemment à l'exécution du *complot judéo-impérialiste* contre la Palestine et les Arabes (...), un million d'Arabes de Palestine ont été expulsés de leur pays » (p. 34 ; exemple-type de désinformation : sur les conditions de la fuite de certaines populations arabes, terrorisées par les rumeurs de massacres diffusées par la propagande des Etats ligués contre Israël, *cf.* E. Barnavi, *Israël au XXe siècle*, Paris PUF, 1982, pp. 203 sq.). Autre exemple de dénonciation publique de la « juiverie mondiale », les déclarations du ministre jordanien des Affaires sociales, Emile Algohri : « Notre ferme croyance est qu'il n'y a pas de différence du tout entre les Juifs et les

le parfum d'éternité négative auquel l'intellectuel palestinien engagé fait allusion. Mais surtout, dans son pamphlet « antisioniste », A. Hussein introduit l'argumentation de type « révisionniste », ainsi résumée par Y. Manor :

« L'Holocauste est une pure invention ; aucun Juif n'a été gazé à Auschwitz ; les sionistes ont exploité le "complexe d'Auschwitz" pour parvenir à leurs fins »[20].

sionistes. Tous les Juifs sont sionistes et tous les sionistes sont juifs, et quiconque pense différemment, ne pense pas logiquement. Nous considérons la juiverie mondiale comme notre adversaire et notre ennemi, comme aussi l'impérialisme et toutes les puissances pro-juives... » (cité par *Al Hayat*, journal publié à Beyrouth, 17 août 1969). Ces textes montrent à la fois que les références accusatoires au « sionisme mondial » et à la « juiverie mondiale » sont inter-changeables (il y aura bien sûr, respectabilité idéologique oblige, des propagandistes intelligents pour marquer la différence, tel F.A. Sayegh, in *op. cit.*, 1975), et que l'essentialisation du Juif comme ennemi absolu implique une criminalisation et une bestialisation. On attend toujours qu'un Edward W. Saïd, si vigilant face aux essentialisations venant de « l'Occident », ose tourner son regard sur ce type de textes, et se rende crédible en balayant devant sa propre porte. Mais, étrangement, l'on ne trouve pour ce faire que des I. Halevi ou des M. Rodinson... L'obstacle cognitif se résume par une malheureuse et significative déclaration du professeur palestinien installé aux Etats-Unis : « L'instinct de domination est inscrit dans l'histoire de l'Occident et non dans celle de l'Orient » (*Le Monde*, 7 décembre 1980, p. XV ; cité par Michel Seurat, revue critique de : E.W. Saïd, *L'Orientalisme. L'Orient créé par l'Occident* [1978], tr. fr. C. Malamoud, Paris, Le Seuil, 1980, in *Revue d'Etudes Palestiniennes*, n° 1, automne 1981, p. 144). Il suffit alors de préciser que le « sionisme » est une exportation de « l'Occident » en « Orient ». De l'Occident, cet « accident » (R. Garaudy).

(20) Y. Manor, *art. cit.*, 1984, p. 312 (brochure citée, p. 11). Le politologue israélien renvoie également (*ibid.*, note 50, pp. 312-313 ; *op. cit.*, p. 20) aux déclarations faites par Ibrahim Ayad, l'un des conseillers de Yasser Arafat, au journal *Alkaï Alaam* (9 mars 1982), ainsi qu'à l'intervention très significative du président de la Délégation arabe palestinienne aux Nations Unies, également conseiller juridique au Congrès mondial musulman, Issa Nakhleh, auprès du procureur général de Stockholm, Thorsten Jonsson, et demandant à celui-ci par un télégramme officiel la mise en liberté de Ditlieb Felderer, le chef de file du négationnisme en Suède (*Heritage*, 31 décembre 1982). Dans une note de son interview d'août 1979, R. Faurisson précisait, à propos du terme « exterminationnistes » (désignant, en langue négationniste, les « historiens officiels ») : « Cette expression semble avoir été créée par le groupe de chercheurs [*sic*] suédois réuni à Täby (Suède) autour de Ditlieb Felderer et qui prépare un ouvrage sur "le mensonge d'Auschwitz" qui sera intitulé *Auschwitz Exit* » (in S. Thion, *op. cit.*, 1980, p. 202 note 6). D. Felderer a notamment publié : *Anne Frank's Diary. A Hoax*, Institute for Historical Review, 1979 ; *Auschwitz Exit*, vol. I, Täby, 1980. Lors du second procès d'Ernst Zündel, au Canada, en janvier 1988, D. Felderer

Il reste que, durant la période où le « révisionnisme », après avoir joué brièvement le rôle d'un thème majeur d'affrontement au sein de l'intelligentsia occidentale de gauche, - autour de « l'affaire Faurisson », déclenchée surtout par les interventions de Serge Thion et de Noam Chomsky en faveur de la « liberté de recherche » des « révisionnistes » (1978-1981), et les analyses critiques publiées par Pierre Vidal-Naquet (suivies d'une polémique avec N. Chomsky), - s'est trouvé disqualifié par sa fixation à « l'extrême droite » (à partir de 1981), le discours palestinien de propagande a, semble-t-il, évité de recourir aux thèses négationnistes, condamnées à peu près consensuellement et soumises à des poursuites judiciaires. Non seulement le maniement des accusations « révisionnistes » était aussi difficile que risqué dans un tel contexte, mais la négation pure et simple de la Shoah, au contraire de sa minimisation (les Juifs exagèrent) ou de sa relativisation (les Juifs ne sont pas les seuls), entrait en contradiction avec l'un des noyaux durs de l'argumentation antisioniste de l'O.L.P. : présenter les Palestiniens comme les Juifs d'aujourd'hui (les victimes d'un génocide en cours) et corrélativement les « Sionistes » comme les nazis d'aujourd'hui (les bourreaux exterminateurs des nouveaux Juifs : les Palestiniens). Système d'identifications par analogies et inversions présupposant l'existence historique de la Shoah : pour pouvoir s'identifier en tant que victimes d'un nouveau génocide perpétré par les survivants d'un génocide, comme par une tragique *répétition* de l'histoire, il faut bien postuler la réalisation dudit génocide. Bref, le discours victimaire

faisait partie « des témoins et des experts de la défense », aux côtés de R. Faurisson et de T. Christophersen (*cf.* R. Faurisson, « Le révisionnisme au Canada. Les procès Zündel », *Annales d'Histoire Révisionniste*, n° 5, été-automne 1988, p. 43). R. Faurisson, E. Zündel et D. Felderer, qui travaillent ensemble à la diffusion des négations « révisionnistes », fréquentent depuis longtemps les milieux néo-nazis ; voir par exemple : Pedro Varela, « El Holocausto se desploma », *Cedade. Revista Nacionalsocialista* [Barcelone], n° 170, novembre 1989, pp. 3-8 (dans le même numéro de ce mensuel néo-nazi consacré au « révisionnisme », à la suite d'un article consacré à David Irving, converti à la religion négationniste en 1988, à l'occasion du second procès Zündel, on trouve une publicité pour les *Protocoles* sur la quasi-totalité d'une page [p. 21]. Le président de l'organisation *Cedade*, Pedro Varela, introduit son propos en rappelant qu'en 1979, la maison d'édition de son groupuscule néo-nazi avait oublié le livre de Joaquín Bochaca, *El Mito de los 6 millones. El Fraude de los Judios asesinados por Hitler* (Barcelone, Ediciones BAU, S.P.).

Dans la revue *Cedade* de Barcelone, novembre 1989, l'historien révisionniste David Irving affirme : « l'holocauste est un mensonge ». L'article qui lui est consacré (pp. 18-21) est suivi d'une publicité pour les *Protocoles* (p. 21).

des dirigeants palestiniens, pour être crédible, ne pouvait nier l'entreprise nazie d'extermination des Juifs ; ç'aurait été pour eux se priver de la référence historiquement fondatrice de leurs identifications symboliques. Le respect des conditions d'acceptabilité culturelle en cours, autant que l'impératif de préserver un mythe victimaire autolégitimatoire, telles sont les principales raisons du prudent silence longtemps gardé par l'O.L.P. sur les thèses négationnistes et de la réserve de ses intellectuels organiques face à l'offre idéologique de type « révisonniste ».

Mais le discours orthodoxe des intellectuels arabes occidentalisés qui refusent le « révisionnisme », en raison de son irrecevabilité pour l'opinion en Occident, est sans cesse démenti, dans les pays arabes, par les récits sur les Juifs qui, dans la presse ou dans certains ouvrages, ajoutent aux références classiques (le *Talmud*, vu par Rohling, et les *Protocoles*) la référence aux écrits dits « révisionnistes ». Dans le magazine hebdomadaire égyptien *Octobre*, on lit le 29 novembre 1987 qu'« un livre a été publié récemment à Paris sous le titre *Le plus grand mensonge des Juifs*, prouvant que les chambres à gaz d'Hitler n'avaient jamais existé, et que l'extermination des Juifs d'Europe est une pure invention »[21].

Dans un livre publié en 1987, intitulé *Les premiers terroristes. Nos nouveaux voisins* (Le Caire, La Nouvelle Bibliothèque Egyptienne), l'auteur, Wajih Abu-Zikri, affirme notamment :

« Les Juifs répètent que six millions d'entre eux ont été assassinés par les Nazis, mais c'est une invention de leur part. Cependant les Juifs ont réussi à incruster ce mensonge dans les esprits du monde entier, et à le transformer en une réalité qu'il est difficile de démentir. Hitler a créé les fours crématoires dans le seul but de brûler les cadavres des victimes de la peste [*sic*], pour éviter une épidémie, car on ne savait pas guérir cette maladie à l'époque. La peste qu'avaient contractée les soldats allemands risquait d'être une catastrophe pour l'Allemagne. Mais les ennemis d'Hitler ont utilisé les fours pour prétendre que les gens - et principalement les Juifs - y étaient brûlés vivants [p. 14]. (...) C'est ainsi qu'a débuté la légende concernant les chambres à gaz [p. 15] »[22].

(21) Cité dans : *L'Egypte : partenaire d'Israël pour la paix. Etude de l'antisémitisme dans la presse égyptienne, 1986-1987 - Un rapport du Centre Simon Wiesenthal* (janvier 1988), édition française, Centre Simon Wiesenthal, Los Angeles, mars 1988 [136 p.], p. 21.

(22) Cité dans : *L'Egypte..., op. cit.*, 1988, p. 97.

Couverture de l'édition espagnole établie selon la version de S. Nilus, Ediciones Petronio, Valence et Barcelone, 1975, diffusée notamment par l'organisation *Cedade*.

La « bonne nouvelle » faurissonienne, ainsi rapportée, est suivie de la classique référence aux *Protocoles*, le « livre secret des Juifs » :

« Les *Protocoles des Sages de Sion* font partie de l'héritage juif, et dictent leur conduite [p. 16]. (...) [L'auteur cite un dentiste juif de Mahalla en Egypte qui lui a raconté que] les *Protocoles* se trouvent dans chaque synagogue juive, et [que] les rabbins les connaissent par cœur, et en expliquent des extraits aux fidèles le samedi sans dire explicitement qu'il s'agit des *Protocoles*. Les *Protocoles* sont un appel à la destruction du monde et à la domination juive universelle par tous les moyens possibles [p. 18] »[23].

On peut en outre relever un certain nombre d'indices tendant à prouver qu'en 1990 s'est opéré un changement d'attitude de l'O.L.P. vis-à-vis des thèses dites révisionnistes, y compris les plus radicales - à la Faurisson -, bien nommées « négationnistes » (les chambres à gaz homicides sont un « bobard de guerre », le génocide nazi des Juifs est « le mensonge du XXe siècle », un mythe instrumental inventé par « le sionisme mondial » pour intimider et désarmer ses ennemis, justifier la création de l'Etat d'Israël et soutirer de l'argent aux Allemands innocents).

Dans la livraison de juillet 1990 du mensuel (en langue arabe) *Balsam*, organe officiel du « Croissant Rouge Palestinien » (présidé par le docteur Fathi Arafat, frère du chef de l'O.L.P.), on peut ainsi lire un long article signé Reem Arnouf, intitulé : « La mystification qui a aidé à l'établissement de l'Etat d'Israël »[24]. L'article est consacré pour l'essentiel à la dénonciation du « mensonge » ou de la « légende des chambres à gaz », qui auraient été inventées par les Juifs, comme « leurs six millions », pour extorquer de l'argent à la communauté internationale, à commencer par l'Allemagne. C'est pourquoi les Juifs peuvent être considérés comme « les plus grands vainqueurs de la Seconde Guerre mondiale », affirme l'auteur de l'article. « Leur indemnisation a été exceptionnelle, parce que le crime est apparu lui-même exceptionnel. Si le crime était un grand mensonge historique, l'indemnisation, elle, est une réalité », précise encore l'auteur avant de résumer son propos : « Sans les chambres à gaz, Israël n'aurait jamais existé. » C'est sur ce point que le journaliste fait appel à l'autorité du professeur Faurisson et à ses « démonstrations »,

(23) *Ibid.*, pp. 97-98.
(24) *Balsam*, n° 181, juillet 1990, pp. 69-75.

lesquelles expliquent les « campagnes sionistes » dont il a fait et continue de faire l'objet. Mais cela n'est « pas étonnant dans un pays où le pouvoir juif est presque total depuis la Révolution » : il s'agit d'une expression parmi d'autres de ce « terrorisme organisé que le vainqueur fait subir au vaincu »[25].

Confirmant cette réorientation idéologique, l'un des organes de l'O.L.P., l'hebdomadaire *Al-Istiqlal*, édité à Chypre, a publié dans sa livraison du 13 au 20 décembre 1990 un article intitulé : « Voici comment la propagande sioniste a imposé le silence à l'intelligence et à la science. » L'auteur de l'article, Khaled El Chamali, présenté comme docteur-ingénieur, « spécialiste des fours crématoires », y refait à son rythme et selon ses compétences propres, les chemins du « révisionnisme » radical, moins en niant l'existence des chambres à gaz homicides qu'en niant la possibilité technique de la crémation des Juifs préalablement mis à mort (par gazage ?) : « Les fours crématoires auraient dû fonctionner durant 1 300 ans pour pouvoir brûler six millions de Juifs. L'assassinat de Juifs dans les camps nazis est le mensonge du XXe siècle destiné à justifier le nouveau nazisme »[26]. On notera que la dernière phrase comporte la contra-

(25) R. Arnouf précise par exemple que 75 % des maisons d'édition et de publicité, 100 % des médias et 90 % de la production cinématographique appartiennent en France aux Juifs. On apprend aussi dans l'article que les Juifs ont tué McCarthy parce qu'il les avait attaqués, etc. C'est bien la légende de la « main invisible » des Juifs qu'on trouve massivement dans la presse contemporaine de langue arabe. Voir par exemple l'article : « Le plan juif pour mettre la main sur Gorbatchev » (signé : « Un observateur arabe »), publié par le quotidien de langue arabe *Al Kabas* (diffusé en France) dans sa livraison des 20-21 janvier 1990 ; on y peut lire : « On retrouve la main [des Juifs] partout. (...) Le rôle des Juifs en Europe de l'Est et en Union Soviétique est immense. (...) Les Juifs manipulent (...) économiquement l'Union Soviétique. Ils sont les "agents" idéaux qui savent comment permettre de grands investissements. (...) L'ambition juive [est] de faire du Kremlin une synagogue politique. Ne l'ont-ils pas fait de la Maison-Blanche aux Etats-Unis ? (...) Les Juifs sont partout. » (Voir *Le Droit de Vivre*, n° 549, janvier-février 1990, p. 12 et n° 553, octobre 1990, p. 21). Sur l'article paru dans *Balsam*, voir le dossier établi par le Centre Simon Wiesenthal, diffusé le 17 décembre 1990 (et *Le Monde*, 20 décembre 1990, p. 6).

(26) Voir *Jour J*, 17 mai 1990 ; *Le Droit de Vivre*, n° 553, octobre 1990, p. 27. Dans sa rubrique « Le révisionnisme à travers le monde », la *Revue d'Histoire Révisionniste* mentionne l'article de *Al-Istiqlal* (n° 2, août-octobre 1990, p. 188). Dans l'article précité de R. Arnouf est également stigmatisé « le nazisme israélien », de façon inconséquente dans un contexte « révisionniste » - puisque la négation du génocide des Juifs innocente le nazisme de tout « crime contre l'humanité ».

diction inévitable entre l'usage polémique du terme « nazisme », qui diabolise l'adversaire ainsi étiqueté pour autant qu'est acceptée l'équation : « nazisme-génocide des Juifs », et la négation du génocide nazi des Juifs, négation qui dé-diabolise précisément le nazisme. En reprenant le système des négations « révisionnistes », le discours palestinien de combat antisioniste, qui continue de « nazifier » son adversaire, se montre singulièrement incohérent. D'où le dilemme qui désormais s'impose aux producteurs de la propagande « antisioniste » : ou bien sombrer toujours plus clairement dans l'incohérence, ou bien choisir nettement et exclusivement un type d'argumentation « antisioniste ». Le choix doit se faire devant l'alternative : ou bien persister dans la voie polémico-symbolique de la « nazification » de l'ennemi sioniste, ce qui présuppose la diabolisation du nazisme, précisément opérée en vertu de l'extermination massive des Juifs par usage des chambres à gaz homicides ; ou bien s'engager dans la nouvelle voie « négationniste » de la diabolisation des sionistes coupables d'avoir diabolisé le nazisme innocent des « crimes contre l'humanité » dont on l'a accusé, des sionistes coupables aussi d'avoir culpabilisé l'Allemagne et, par delà les Allemands, tous les peuples d'Occident, accusés de complicité ou simplement d'avoir « laissé faire ».

Ce qui caractérise l'interaction polémique des Arabes antisionistes et des sionistes anti-Arabes, c'est qu'elle met en œuvre, dans les deux sens, le même mode de stigmatisation, ou d'exclusion symbolique de l'adversaire : l'assimilation de celui-ci au « nazisme ». A la « nazification » sioniste des antisionistes radicaux répond la « nazification » antisioniste des sionistes. Mais celle-ci ne fait qu'imiter celle-là, sur le mode du retournement dont on a relevé de nombreuses applications (« génocide », « racisme », etc.).

Dans un article publié en 1984 par la *Revue d'Etudes Palestiniennes*, « Pourquoi la Palestine ? »[27], Maxime Rodinson croit pouvoir déplorer que « la majorité du public occidental continue à relier la révolte palestinienne et la protestation arabe en général à l'antisémitisme hitlérien »[28]. Bref, dans la lutte pour le monopole de la puissance

(27) Maxime Rodinson, « Pourquoi la Palestine ? », *Revue d'Etudes Palestiniennes*, n° 10, hiver 1984, pp. 49-57.

(28) M. Rodinson, *ibid.*, p. 56 ; dans le même sens : M. Rodinson, préface à Nadine Picaudou, *Le mouvement national palestinien. Genèse et structure*, Paris, L'Harmattan, 1989, p. 11.

de stigmatiser l'adversaire en le « nazifiant », ce serait le camp sioniste qui aurait eu le dessus, au moins aux yeux du public occidental. Voilà un fait supposé, un succès sioniste, dont M. Rodinson ne se réjouit pas, à l'évidence. Mais il n'en reconnaît pas moins d'autres faits historiques tels que la collaboration du grand mufti Hâjj Amîn al-Husseini avec Hitler[29], et « l'utilisation dans les rangs arabes d'arguments et de thèmes de type nettement antisémite au sens traditionnel du mot en Occident, à savoir attaques non pas contre des actes précis de groupes juifs précis, mais contre l'essence même de l'ensemble des Juifs à travers les âges, jugée par nature malfaisante et perverse »[30] . C'est alors qu'il aborde l'actualité de la guerre idéologique israélo-arabe, marquée notamment selon lui par l'écho, dans le monde arabe, des négations faurissoniennes :

« Il faut dire que cette assimilation fallacieuse [entre l'antisionisme arabe et l'antisémitisme hitlérien] est favorisée par bien des propos et des publications du côté arabe. En dernier lieu, on peut citer la publicité faite aux thèses "révisionnistes" de Faurisson et autres, malgré les démonstrations faites de leur fausseté »[31].

On ne peut, à s'en tenir à de telles propositions, que saluer l'honnêteté intellectuelle de M. Rodinson et la tolérance dont fait preuve la *Revue d'Etudes Palestiniennes*, qui les publie. Mais l'islamologue antisioniste ne pouvait s'en tenir là, et la suite de son propos montre que sa leçon ou son message n'a pas pour contenu essentiel l'affirmation de la fausseté des « thèses » de Faurisson. S'il faut rejeter lesdites « thèses », c'est d'abord et surtout pour éviter de tomber « dans le piège sioniste »... Comme si Faurisson avait été inventé par les sionistes pour les besoins de leur cause, commenterons-nous en forçant à peine le trait. Mais revenons à la lettre du texte :

(29) M. Rodinson, *art. cit.*, 1984, p. 56.
(30) M. Rodinson, *ibid.* ; dans un article publié en 1969, M. Rodinson précisait : « Je prends "antisémitisme" au sens habituel de haine des Juifs, en eux-mêmes considérés comme dotés d'une essence néfaste. Il est contraire à l'étymologie, mais l'étymologie n'a jamais servi de règle à l'usage sémantique d'un mot. D'où la vanité de l'argument de certains Arabes : nous ne pouvons être antisémites puisque nous sommes des Sémites aussi » (repris in *Peuple juif ou problème juif ?, op. cit.*, 1981, p. 351 note 14).
(31) M. Rodinson, *art. cit.*, 1984. p. 56 ; *id., op. cit.*, 1981, p. 325 et note 41.

« Comment ne s'aperçoit-on pas qu'ainsi on *renforce les thèses sionistes* [je souligne], non seulement par un effet de répulsion du public occidental, mais sur un plan purement logique ? N'est-ce pas parler et écrire comme si le nombre des victimes juives du génocide justifiait l'entreprise sioniste ? Autrement, quel *intérêt* [je souligne] y aurait-il pour des Arabes à soutenir une prétendue démonstration selon laquelle moins de Juifs avaient péri qu'il n'est couramment affirmé ? »[32]

(32) M. Rodinson, art. cit., 1984, p. 56. Chez les négationnistes professionnels, on rencontre un autre type d'argumentation, qu'on pourrait dire fondé sur l'évitement ou le bon usage du « piège » de l'antisionisme. Arthur R. Butz, en 1982, l'énonçait ainsi : « La légende de l'Holocauste va s'effondrer dans une époque, la nôtre, très défavorable au sionisme. La concomitance, prévisible, des deux phénomènes est absolument inévitable (...), mais il faut en relever les aspects dangereux. Elle provoquera de dangereuses pressions, tant politiques qu'intellectuelles, dans le camp des révisionnistes. (...) Il y a là un réel danger. Dans les années à venir, on fera fortement pression sur beaucoup de gens, y compris les révisionnistes, afin qu'ils soient "pour" les Arabes (...). Cette pression viendra en partie du fait que ce sont précisément les événements du Moyen-Orient qui fourniront aux révisionnistes l'occasion de se faire entendre. En conséquence, les révisionnistes vont devoir faire de la corde raide, d'une part pour résister à ces dangereuses pressions, d'autre part *pour exploiter les ouvertures que leur fourniront les événements politiques, afin d'exprimer de légitimes observations historiques* [je souligne] » (« Contexte historique et perspective d'ensemble dans la controverse sur l'Holocauste" », *Revue d'Histoire Révisionniste*, n° 2, août-octobre 1990, pp. 101-103). Après les « ouvertures » au Moyen-Orient, s'offrent depuis 1989-1990 les « ouvertures » dans l'Est européen : nouveau problème tactico-stratégique pour les « révisionnistes »... Un certain A. Forsse concluait une brochure « révisionniste » diffusée en France à la fin de 1989 par cette somme de prophéties : « 1990 voit la fin d'un monde et le commencement d'un nouveau monde. Nous assistons à la fin de l'empire des organisations juives mondiales, à la fin de la colonisation juive en Palestine, à la fin du grand mensonge judéo-marxiste, et à l'émergence d'un monde nouveau (...). Les mondes arabe et afro-asiatique s'ouvrent au révisionnisme. Des chercheurs des universités du Caire, de Damas, de Tokyo, de Singapour, entreprennent l'étude d'un mythe effarant qui a subjugué l'Occident pendant un demi-siècle : *le mythe de l'Holocauste des Juifs* » (*La rencontre Faurisson-Kohl* [*sic*] ou *La fin d'un Monde, en 1990. Prospective révisionniste*, Centre International pour la Recherche Historique et l'Information [CIRHI]. Samizdat, édition française, automne 1989, p. 15). Un exemple parmi d'autres de jumelage du « révisionnisme » et de l'antisionisme : la création de la station Radio-Islam, à Stockholm, par Ahmed Rami (qui se présente comme un ancien officier de l'armée marocaine), en mars 1987. L'organe des Faisceaux Nationalistes Européens, *Notre Europe*, précise : « Cette station a non seulement dénoncé la répression israélienne dans les territoires occupés, mais aussi la version juive de la Deuxième Guerre mondiale, ce qui provoqua une violente réaction sioniste » (n° 60, juillet-août 1990, p. 14). Quant à l'organe du Front islamique de salut, *Al Monkid*, il publie le 15 novembre

Et dans une note, M. Rodinson insiste sur l'argument tactico-stratégique, ce qui laisse supposer que ses interlocuteurs arabes ne sont guère sensibles qu'à cet aspect du problème - problème d'efficacité :

« Il est triste que beaucoup d'Arabes tombent dans le piège sioniste *[sic]* en reprenant les arguments (erronés en général) des écrivains dits "révisionnistes" (le Français Faurisson étant le plus connu) pour minimiser les massacres et les persécutions des Juifs par les nazis en 1939-1945. (...) Les Arabes qui utilisent ce genre d'arguments (...) comblent les vœux du mouvement sioniste, aussi d'une autre façon. Ils se posent ainsi en ennemis des Juifs dans leur ensemble et non du projet sioniste. Cela ne peut qu'aider à présenter à *tous* les Juifs *tous* les Arabes comme leurs ennemis contre lesquels il convient de se mobiliser »[33].

1990 un article intitulé : « Le plus long procès de l'histoire de la Suède. Six mois de prison contre l'islamiste marocain Rami. Combat et défi contre le complot juif et sioniste », où l'on peut lire : « Rami a réussi (...) à divulguer les falsifications juives de l'histoire des faits de la Seconde Guerre mondiale dans leur [*sic*] tentative de terroriser l'Europe occidentale en vue d'obliger celle-ci à soutenir aveuglément les thèses juives et l'occupation juive de la Palestine, et à s'aligner sur tout ce qui, dans la propagande juive, est anti-islamique » (cité par la *Revue d'Histoire Révisionniste*, n° 3, novembre-décembre 1990 - janvier 1991, p. 222). Quant aux « ouvertures » au Brésil, elles se font depuis la fin des années 1980 sous la direction de S.F. Castan, auteur de livres « révisionnistes (tel *Acabou o Gás !... O fim de um Mito*, Revisão Editora Ltda., Porto Alegre, Brésil, 1989) et diffuseur-éditeur des *Protocoles* (*Os Protocolos dos Sábios de Sião*, aux mêmes éditions, 1989 ; voir tome II). La *Revue d'Histoire Révisionniste* se garde de préciser que la même maison d'édition publie à la fois des pamphlets antisionistes, les *Protocoles* et des textes « révisionnistes » (voir : n° 1, mai-juillet 1990, pp. 167-168).

(33) M. Rodinson, *art. cit.*, pp. 56-57 note 1. Dans cette perspective, les productions antisémites de l'Arabie Saoudite « combleraient les vœux » des tacticiens sionistes. Olivier Carré, dans ses travaux sur les manuels scolaires utilisés en Arabie Saoudite, montre que les Juifs y sont caractérisés comme les « ennemis de l'humanité », et que, parallèlement, le sionisme, présenté comme l'expression actuelle des ambitions juives, est défini par un but final, à savoir : par l'Etat juif en Palestine, détruire l'Islam tout entier. O. Carré précise que l'enseignement saoudien contient « un antisémitisme doctrinaire sans aucun équivalent dans aucun pays arabe si ce n'est dans les écrits de certains néo-Frères musulmans en Egypte, en Syrie, en Jordanie, etc. On parle, cette fois, des Juifs et non du sionisme. Les Juifs, dit-on, sont par définition et de tout temps des apatrides. La Palestine ne leur est rien. Le seul lien qui les rattache à l'endroit où ils résident est un intérêt matériel, tel que l'usure, le jeu, la fraude, les combines, les complots. (...) Ils sont les "ennemis de l'humanité"... » (*L'utopie islamique...*, *op. cit.*, 1991, p. 107 ; voir aussi pp. 131-132). Sur la singularité des publications antisémites au Japon, mêlant

Voilà qui implique qu'aux yeux de M. Rodinson, les rusés sionistes tendent des pièges aux naïfs Arabes, que Faurisson travaille malgré lui à renforcer le sionisme, et que les Arabes qui s'inspirent du « révisionnisme » affaiblissent leur cause. Toujours l'argument pragmatique, voire platement utilitariste : la dualité des valeurs se réduit à la distinction entre ce qui est utile à la cause et ce qui peut lui nuire. La fin ne justifie que les moyens efficaces. Héritage léniniste.

la dénonciation du « capital juif international » et celle d'un « complot sioniste » à la négation de la Shoah, tout en érigeant le Juif en mythique « gagneur » qu'il faut à la fois redouter, admirer et imiter, voir : « Bizarre bestsellers », *The Economist*, de mai 1987. « Japon. Un sondage sur l'antisémitisme », *Le Droit de Vivre*, n° 535, juin-juillet 1989, p. 7 ; Jonathan Schachler, « Livres antisémites au Japon », *The Jerusalem Post* (éd. fr.), 11-17 juin 1991, page 14.

IX. FIGURES CONTEMPORAINES DU DELIRE ANTIJUIF

La vision antijuive du monde, telle que les *Protocoles* et leurs gloses la donnent à lire, est résumable par trois convictions absolues :
(1) Les Juifs sont partout : stéréotype de l'« infiltration ».
(2) Les Juifs ne sont pas n'importe où, ils se concentrent sur les « leviers » du pouvoir : stéréotype de la « domination », impliquant la volonté de conquête.
(3) Les juifs sont capables de tout, c'est-à-dire du pire : stéréotype de la cruauté, du désir de destruction.

1. De l'infiltration imaginaire à la surenchère antijuive : les fausses identifications

Un certain nombre de recherches en psychologie sociale ont établi que les antisémites tendent à surestimer le nombre des Juifs qu'ils perçoivent, d'où leur propension à voir des Juifs partout[1]. Il s'ensuit une extension indéfinie de la catégorisation antijuive du Juif, à quoi s'ajoute l'euphémisation dominante du discours antijuif contemporain, qui consiste à substituer « sioniste » à « juif » dans la plupart

(1) P.F. Secord and E. Samler, « Identifying Jewish names : does prejudice increase accuracy ? », *Journal of Abnormal and Social Psychology*, 1960, 61, pp. 144-145 ; M.B. Quanty, J.A. Keats and S.G. Harkins, « Prejudice and criteria for identification of ethnic photographs », *Journal of Personality and Social Psychology*, 1975, 32, pp. 449-454.

des contextes où les Juifs sont stigmatisés en tant que Juifs. D'où la règle que suivent les amalgames polémiques : tout ennemi désigné le sera en tant que « juif » ou « sioniste »[2], ou, par contiguïté, en tant que « judaïsé » ou « enjuivé ». Les antisémites eux-mêmes se stigmatisent les uns les autres en se qualifiant de « juifs » où de « sionistes » à travers telle ou telle figure de discours : le fasciste britannique Arnold Leese décrivait ainsi son rival Oswald Mosley comme un *« kosher fascist »*[3], et, au début des années 1980, certains dissidents du Front national ont pu dénoncer Jean-Marie Le Pen ou Jean-Pierre Stirbois en tant que « sionistes »[4]. C'est ainsi qu'en 1980, l'un des dirigeants du groupe nationaliste publiant le mensuel *Militant* (« Revue nationaliste populaire d'action européenne ») depuis décembre 1967, Pierre Pauty, justifie sa rupture avec le Front national en déclarant que Le Pen est devenu « un jouet entre les mains des sionistes »[5]. Quant à Michel Lajoye, jeune militant du PNFE, organisation néo-nazie, il narre sa terrible découverte du « vrai visage de Le Pen : celui d'un démocrate enjuivé jusqu'à la moelle »[6]. Après « Juif ! » (« quel Juif ! », « un vrai Juif », « un drôle de Juif », « sale Juif ! », etc.) « sioniste ! » est devenu une insulte maximale du type « sale Juif ! ». Bernard Lewis rappelle que, dans les années 1980,

(2) Michael Billig, *Fascists..., op. cit.*, 1978, pp. 306-307 ; voir aussi B. Lewis, *Sémites et antisémites, op. cit.*, 1987, p. 18. Eugen Weber rappelle que Paul Lafargue, pourtant adversaire déclaré de l'antisémitisme, n'en avait pas moins traité Drumont de « sale juif » ! (voir E. Weber, *Ma France. Mythes, culture, politique*, tr. fr. C. Dovaz, Paris, Fayard, 1991, p. 353 ; et les brèves remarques de Nicolas Ruwet, *Grammaire des insultes et autres études*, Paris, Le Seuil, 1982, pp. 301-302 note 11).

(3) Cité par M. Billig, *op. cit.*, p. 307. Arnold Spencer Leese dirigeait l'Imperial Fascist League et Oswald Mosley la British Union of Fascists ; Mosley avait épousé Cynthia Curzon, soupçonnée d'avoir du « sang juif » (*cf.* G.C. Lebzelter, *Political Anti-Semitism in England 1918-1939, op. cit.*, 1978, pp. 75-76).

(4) Ces dissidents du Front national fonderont, le 10 décembre 1983, le Parti Nationaliste Français (mensuel : *Militant*) ; les plus radicaux, expressément nationaux-socialistes, se regrouperont en 1987 pour créer le Parti Nationaliste Français et Européen (P.N.F.E.), dirigé par Claude Cornilleau (publication : *Tribune Nationaliste*).

(5) Pierre Pauty, in *Notre Europe* [organe de la F.A.N.E. : Fédération d'Action Nationale et Européenne, dissoute en octobre 1980], avril 1980, p. 18. La rupture avec le Front national sera officielle en 1981.

(6) Michel Lajoye, interview in *Ultime Ralliement* (« La feuille de combat du P.N.F.F. »), s.d. [1990], p. 11.

les gouvernements d'Irak et d'Iran, alors en guerre et tous deux ennemis implacables d'Israël, se traitaient mutuellement de « sionistes »[7]. Et que, « plus étrange encore, en Extrême-Orient, la radio de la République de Mongolie, sous influence soviétique, a accusé les Chinois de se livrer à des "activités sionistes" dans le Sin Kiang »[8]. La méthode consiste à « attribuer une origine juive aux idées, aux mouvements ou aux individus que l'on combat »[9]. L'usage même du terme « sioniste » est un mode d'illégitimation d'un adversaire, un instrument privilégié de disqualification, un moyen de déshumaniser un ennemi en le satanisant - parfois explicitement : Henry Kissinger décrit comme *« the incarnate evil of International Money Power », « world usury's Satanic reptile »*[10]. Lorsqu'il s'agit par exemple de disqualifier une théorie ou un auteur, on le « judéise » ou on le « sionise ». Ainsi, un ouvrage sur la psychanalyse, paru au Caire en 1970, expose-t-il les fondements « sionistes » de la théorie freudienne[11] ; ainsi encore un journaliste libyen, le 11 avril 1973, lors d'une émission de Radio Tripoli consacrée à la critique de la théorie de l'évolution jugée incompatible avec la révolution libyenne, pose-t-il cette question rhétorique : « La Révolution doit-elle attendre qu'un singe se transforme en homme pour être sûre que le Juif Darwin s'est trompé ? »[12]. Et la guerre du Golfe (été 1990-hiver 1990-1991) a enrichi le lexique de l'antisémitisme symbolique d'expressions du type « Busherie cachère (casher) », pour stigmatiser le « complot américano-sioniste » contre l'Irak, érigé en symbole du monde arabe, voire du Tiers-Monde.

(7) B. Lewis, *op. cit.*, 1987, p. 343 note 5.
(8) B. Lewis, *ibid.*
(9) B. Lewis, *op. cit.*, p. 277 ; la « judaïsation » ou la « sionisation » de l'ennemi sont par elles-mêmes péjoratives.
(10) *Spearhead*, 98, 1976, pp. 2 et 8 (cité par M. Billig, *op. cit.*, 1978, p. 176). Henry Kissinger est démonisé en tant que « Juif international » dans la plupart des brochures conspirationnistes des années 1970 et 1980 ; voir : Jean Boyer, *Les pires ennemis de nos peuples* (1976), éd. revue, Bogota, Ediciones Libertad, 1979 ; Georges Virebeau (Henry Coston), ... *Mais qui gouverne l'Amérique ?*, Paris, Publications Henry Coston, juin 1991 (notamment p. 8).
(11) Ouvrage de Sabrī Jirjis, cité par B. Lewis, *op. cit.*, 1987, p. 278, p. 358 note 21. Autre exemple : le journal *Al Goumhouriya* somme les psychiatres égyptiens de s'abstenir de participer à un colloque de psychanalyse organisé au Caire en 1987, afin de manifester leur refus de fréquenter les adeptes du « sioniste » Freud (rapporté par *Information Juive*, février 1988).
(12) Cité par B. Lewis, *ibid.*, p. 278.

L'opérateur rhétorique permettant de passer de la théorie du complot à la dénonciation du bellicisme « sioniste », fondée sur l'évidence essentialiste du type : « Tout sioniste est un agresseur », cet opérateur est le mythe victimaire, dont l'application s'élargit des Palestiniens aux Arabes en général, par définition « agressés par les Occidentaux », voire aux musulmans, par définition persécutés... par les Juifs et les chrétiens. Cette vision conspirationniste de l'activité hostile des « ennemis des Arabes » ou « des musulmans » implique un dualisme manichéen où le Juif incarne le principe du mal[13]. Prenons l'exemple de l'Algérie, pays où le « péril juif » ne paraît guère observable, ni la « domination sioniste » (sur les médias ou sur l'Etat), et où pourtant la judéophobie ordinaire est intense. Le cas de l'Algérie est particulièrement révélateur du caractère délirant des accusations portées contre les Juifs ; comme pour l'antisémitisme polonais contemporain, il s'agit d'une judéophobie sans Juifs. Mais le regard démonologique invente avec autant de facilité les « menaces » que les « responsables » des malheurs : les énoncés antijuifs peuvent ainsi fonctionner sans la moindre base empirique, hors de tout contact avec l'ennemi diabolisé - contrairement, par exemple, aux Palestiniens des territoires « occupés », dont la mythologie antijuive peut se nourrir d'expériences directes faites d'« humiliations », d'expropriations, etc.

Dans ses « carnets de route » à travers les principales villes algériennes, en 1990, la journaliste Dominique Sigaud a bien sûr rencontré le Front islamique du salut (FIS), notamment lors des mobilisations de masse organisées par le mouvement islamiste radical. Son témoignage sur les premières réactions islamistes, en août 1990, à la crise du Golfe, montre que si l'on dénonce volontiers « le complot qui se prépare contre les lieux saints »[14], l'ennemi

(13) En mai 1990, à Téhéran, l'ayatollah Ali Khamenei, dénonçant le « massacre des Palestiniens », déclare par exemple : « Les crimes que commettent ces Israéliens, pires que des animaux, ne provoquent pas de réactions dans le monde, parce que leurs victimes sont des musulmans » ; « C'est ce même monde qui, 40 ans après Hitler, poursuit toujours ceux dont on a dit qu'ils avaient tué ou torturé de nombreux Juifs. Ce qui est arrivé alors était peut-être moins grave qu'on ne l'a dit » (propos rapportés par *Jour J*, 25 mai 1990).

(14) Dominique Sigaud, *La fracture algérienne. 1990 : carnets de route*, Paris, Calmann-Lévy, 1991, p. 127. L'interprétation négationniste de la guerre contre l'Irak est du même ordre, les « lieux saints » en moins : « La guerre apocalyptique

REVISION

n° 15 — 18 F — Mai 1990

La vérité sur le *Protocole*...

M 1522 - 15 - 18,00 F

Belgique : 131 FB / Canada : 4,60 $ / RFA : 5,80 DM / USA : 3,75 $.

Page de couverture de la revue *Revision*, n° 15, mai 1990.

désigné par excellence, l'ennemi diabolisé, c'est le Juif (« les Juifs », « la juiverie internationale », etc.). Le langage médiatique codé, où sont stigmatisés les « sionistes », est oublié lors des manifestations de masse, car, peut-être, inconnu de beaucoup ; la langue ordinaire se contente de référer, sans euphémisme, aux « Juifs », toujours pour les dénoncer selon les stéréotypes en cours. La narration suivante renvoie à la journée du 17 août 1990, à Constantine :

« Treize heures. La place commence à se remplir. Uniquement des hommes, pour la plupart revêtus de *camiz* ou de *gandouras*. J'enfile une longue veste blanche à manches : tenue de camouflage. J'entends, venant de la rue, les cris des premiers manifestants. Je crains ce face à face.
Les islamistes ont bien fait les choses. Les hommes arrivent en foule compacte par quatre avenues convergeant sur la place. Litanie ininterrompue de slogans religieux criés par des voix trop fortes. Repris à l'infini par des centaines d'hommes qu'on dirait en colère : *"Allah Akbar"* (Dieu est le plus grand), *"la illah ilah illa"* (il n'y a de Dieu que Dieu). Les soldats de Mahomet ont la passion rugueuse. Certains ont les poings dressés. Leur détermination est impressionnante.
Je m'installe discrètement sous l'un des haut-parleurs pour enregistrer la suite. Mais mon incognito dure peu. Un homme me demande avec insistance de le suivre. Je dois rejoindre les autres journalistes. Je traverse la foule des manifestants. Le cœur de la place est entièrement vide. Au moment précis où je la traverse, je comprends le slogan. Des centaines de voix surexcitées hurlent : "A bas les Juifs ! A bas les Juifs !", des centaines de poings fermés se tendent vers le ciel.
L'homme me place d'office le long du bâtiment d'Air Algérie transformé pour la circonstance en tribune officielle. A côté de moi, des membres du FIS constantinois et deux journalistes locaux qui me traduisent les slogans. On attend visiblement quelqu'un. Pour faire patienter la foule, un homme caché dans la guérite prévue pour les discours chauffe la foule. Mon voisin m'explique que c'est un "animateur".
J'enregistre des slogans que je ne décrypterai que plus tard. Peut-être est-ce mieux ainsi.

en Irak, c'est pour demain. L'enjeu ? Un nouvel ordre mondial, l'ordre juif. (...) Alors, sous l'étoile de David, ce sera la nuit noire, la fin de l'histoire. (...) Ainsi, l'ennemi du genre humain, le Juif, se présentera comme sauveur de l'espèce humaine. » (« Goys, camarades, ouvriers, Français ! », *Revision*, n° 22, décembre 1990, p. 2) ; « Le véritable enjeu de la guerre est l'affirmation de l'hégémonie mondiale des Sages de Sion, les alliés se mettant au service de l'Alliance israélite. » (Attila Lemage. « Préparatifs de la guerre contre l'Irak », *Revision*, n° 23, janvier 1991, p. 18).

L'"animateur" commence par expliquer aux manifestants qu'ils ont été rassemblés par le FIS pour [faire] connaître sa position (sur la crise du Golfe) "et celle de tout musulman dans ce pays". Le message est clair : le musulman pense FIS ou n'est pas. Et sur un "Crions tous ensemble *Allah houa Akbar"*, il entame sa longue diatribe.

"Grâce à la volonté de Dieu nous alons nous sacrifier, sacrifier notre sang et tout ce que nous possédons pour défendre la Kaaba [la pierre noire de La Mecque]. *Allah houa Akbar*, écrasons les Juifs, les soldats de Mahomet vont revenir [répété plusieurs fois]. L'Umma est une et indivisible. Nous ne permettons pas qu'un seul cheveu d'un musulman soit touché, que ce soit en Palestine, en Arabie Saoudite, en Afghanistan, en Iran et partout ailleurs. De notre sang, de notre chair, nous te défendons, Islam [slogan repris par la foule]. Levez-vous, musulmans, les Juifs sont à Harameine [les lieux saints de Jérusalem, La Mecque et Médine]. Où êtes-vous, hommes libres ? De notre sang, de notre chair, nous te défendons, Islam. Raïbar, Raïbar [lieu de Médine où vivait une tribu juive], oh ! Juifs, l'armée de Mahomet va revenir [quatre fois]. A bas tout mécréant, vive tout musulman et que vivent la justice, la paix et l'Islam dans le Golfe. Brandissons le flambeau de l'Islam. Brandissons le *djihad*. A bas les valets du colonialisme. Non à l'intervention irakienne au Koweit, non à l'intervention des mécréants en Arabie Saoudite et non aux gouvernements compromis avec l'Occident. Oui au dialogue pacifique. Mes chers frères, nous refusons toute intervention dans nos affaires."

Quatorze heures quinze. On m'amène une chaise. L'animateur conclut en s'adressant aux représentants du FIS : "Dans ces moments difficiles que traverse le monde musulman, à cause des Croisés et de la juiverie internationale, vous exprimez votre position." (...)

Quinze heures. Le cheikh Ben Azouz, vice-président du FIS et directeur du *Mounquid*, le journal des islamistes, monte à la tribune.

"Nous avons goûté l'amertume de l'invasion des Croisés, depuis le jour de la Révélation et jusqu'à aujourd'hui. Les Croisés se disent civilisés, mais le loup ne peut pas se transformer en agneau. Qu'avons-nous vu hier à Jérusalem, au Liban, en Iran ? A chaque fois que le flambeau de l'Islam est brandi, les forces du mal s'allient pour le piétiner et humilier les musulmans chez eux. [...] La catastrophe que vit le monde musulman ces derniers jours est causée par des [gouvernements arabes] naïfs et débiles qui exécutent à la place de leurs ennemis les plans que ces derniers n'avaient pas réussi à exécuter. Voilà que l'Irak avait envahi hier un pays frère [Iran] alors que les deux Allemagnes se mettaient d'accord [pour la réunification]. Comment se fait-il que les musulmans s'entre-déchirent et que l'armée irakienne, au lieu de diriger ses armes contre l'ennemi, les ait dirigées contre ses frères musulmans ? Nous refusons avec force l'agression actuelle contre nos frères même s'ils dilapident la richesse. (...)

Oui, nous allons nous battre contre les Américains, c'est une guerre sainte, contre les Juifs [cris de la foule], contre la France, la Grande-Bretagne, et les Croisés qui veulent humilier les musulmans chez eux. Comment l'Arabie Saoudite pourra-t-elle riposter contre les Américains et les Croisés, elle qui n'a pas pu le faire contre Saddam ? Même si le FIS ne dispose pas actuellement d'armes, notre arme c'est notre croyance et vous, jeunes qui rugissez pour libérer les terres saintes. Vous, jeunes, vous prendrez les armes que nous mettrons à votre disposition et vous riposterez contre les agresseurs [hurlements de la foule]. Mais avant de parler des ennemis de l'Islam, les Croisés, les Américains, les Français, les Anglais et tous les autres, il faut inciter les peuples musulmans à riposter contre les « Juifs de Mahomet » [des Juifs parmi les musulmans] avant même de riposter contre les Juifs de Tel Aviv (...)"
Dix-sept heures. Suit un troisième discours, critique en règle du régime Baas de Saddam Hussein. Ma cassette est finie. Je comprends mieux sur quoi repose l'attachement d'une partie de la population - et notamment des jeunes - au FIS. Tous les symboles d'adhésion sont là. Des Croisés à la *Umma* en passant par les régimes pourris qui vendent l'Islam et le vibrant appel demandant aux jeunes de ne pas "abandonner" la nation souffrante. Sans oublier les Juifs bien sûr, partout présents, ourdissant leurs complots »[15].

La dénonciation d'un « complot juif » - et non plus seulement « sioniste » - apparaît de plus en plus souvent dans la presse algérienne depuis quelques années. Dans un article qui a provoqué de violentes réactions de la part des journaux cités, Georges Marion, correspondant du *Monde* à Alger, a décrit en novembre 1991 cette flambée de judéophobie conspirationniste qui, sur fond de crise économique et politique, relance la vision des *Protocoles* pour « expliquer » les malheurs de l'Algérie. L'un des paradoxes incarnés par ces accusations antijuives est clairement exposé dans le « chapeau » de l'article :

« Généralement mécontents de la façon dont la presse algérienne rend compte de leurs activités, les partisans du Front islamique du salut (FIS) ont pris l'habitude de défiler en dénonçant la "presse juive". L'accusation apparaît largement imméritée si l'on prend en compte le mal que se donne cette même presse pour démasquer les multiples facettes d'un "complot juif" qui minerait l'Algérie »[16].

(15) D. Sigaud, *op. cit.*, 1991, pp. 128-133. Le 25 juin 1991, à Alger, des groupes de jeunes islamistes harcelèrent les soldats aux cris de « chiens, juifs, sionistes, pharaons, salauds » (cité par *Le Monde*, 26 juin 1991, p. 24).

(16) G. Marion, « La presse stigmatise la "pénétration juive" », *Le Monde*,

On reconnaît ici, à l'œuvre et comme à l'état pur, le mécanisme du bouc émissaire. Celui-ci implique une rivalité mimétique[17] dans les accusations antijuives, qui produit une montée aux extrêmes, réglée par la hantise d'être soi-même qualifié de « juif » ou de « sioniste ». D'où la surenchère des stigmatisations : par la contamination, les Juifs sont censés étendre indéfiniment leur empire secret ; ils dominent au grand jour ou « enjuivent », comme l'affirme une certaine presse en Algérie.

Georges Marion montre comment la publication des *Protocoles* en feuilleton dans un hebdomadaire au tirage important, en novembre 1991, vient couronner une campagne antijuive où la vieille thématique de l'infiltration juive dans les positions de pouvoir s'est enrichie des toutes dernières « thèses révisionnistes », désormais diffusées dans le monde arabe, notamment par les islamistes radicaux :

« L'hebdomadaire *Le jeune Indépendant* vient d'apporter sa contribution en publiant, en feuilleton, les *Protocoles des Sages de Sion*, célèbre faux antisémite fabriqué par la police tsariste à la fin du siècle dernier. Pour faire bonne mesure, le dernier numéro consacre aussi quatre pages à un procès qui s'est déroulé, en 1990, en Suède, où l'animateur marocain [Ahmed Rami] d'une station de radio islamique, prosélyte des thèses révisionnistes sur l'holocauste nazi et grand pourfendeur de la *"mafia juive"*, avait été poursuivi pour injures raciales. *"Un islamiste condamné pour avoir critiqué le sionisme"*, titre, indigné, l'hebdomadaire...

Censé révéler les dessous d'une conspiration juive en vue de dominer le monde, les *Protocoles des Sages de Sion* figurent dans la vitrine de plusieurs librairies d'Alger, spécialisées dans la production islamiste d'Ara-

27 novembre 1991, p. 7 ; voir également : *Le Pli*, n° 250, 9 décembre 1991, p. 3 (sur la campagne contre la « pénétration juive » et les « banquiers qui veulent destabiliser l'Algérie »). Le thème n'est pas nouveau, au contraire de son actuelle diffusion massive. Dans un éditorial de l'hebdomadaire *Algérie-Actualité* du 21 mai 1987, sous la signature d'Abdelkrim Djaad, on pouvait lire : « L'Holocauste, c'est la flamme de l'olympe juive qu'entretient une puissance financière mondiale par médias interposés. Ce n'est pas un hasard si les grands networks, canards, radios, sont la propriété exclusive de ces hommes qui attisent dans l'amalgame le scandale de l'histoire. Au *Nouvel Observateur* et à Europe 1, on est juif avant d'être journaliste. (...) Les figures charismatiques de la judaïté ou d'autre chose, tant il paraît difficile aujourd'hui d'être juif sans être sioniste (...), tiennent les créneaux essentiels de l'opinion mondiale. »

(17) Il y a bien rivalité mimétique dans la désignation du bouc émissaire (R. Girard, *Le Bouc émissaire*, Paris, Grasset, 1982, pp. 274-275). Sur le passage aux extrêmes : G. Balandier, *Le détour. Pouvoir et modernité*, Paris, Fayard, 1985, *passim*.

bie saoudite. Mais sa parution dans *Le jeune Indépendant* atteint, cette fois, un vaste public, attaché à un périodique qui mêle, avec une trouble délectation, les ragots les plus malveillants aux articles à forte tonalité sexuelle. D'autres publications, à vocation moins douteuse, se sont malheureusement placées, elles aussi, sur ce créneau porteur qu'est l'antisémitisme. Dernier épisode d'une campagne de presse commencée il y a de longs mois, *l'Hebdo libéré* vient de consacrer un dossier de sept pages aux *"banquiers qui voulaient déstabiliser l'Algérie"*. L'article dénonce les liens entretenus par différents organismes officiels avec un bureau de consultants, installé à Paris et, surtout, dirigé par des juifs. Complaisance coupable *"à un moment où des Algériens sont lâchement assassinés en France et où leurs meurtriers, pris le couteau encore dégoulinant de sang entre les mains, sont tout bonnement acquittés par les tribunaux français"*. Pour que ne subsiste aucune ambiguïté sur leurs intentions, les trois auteurs de l'article rappellent que l'un d'eux s'était déjà courageusement colleté au *"lobby sioniste international"* en publiant, en 1987, un dossier, intitulé : *"Que veulent les juifs ?"*, qui lui avait alors valu quelques ennuis. (...) Aucun organe d'information, même parmi les plus sérieux, ne semble devoir échapper à cette campagne. Rendant compte des subtiles négociations qui avaient décidé de la forme de la table autour de laquelle allaient s'asseoir les négociateurs à la conférence de Madrid, le journal parlé d'Alger Chaîne 3, la station de radio francophone, avait qualifié l'affaire de *"youpinerie"*. Quelques jours plus tard, le quotidien *le Matin*, journal habituellement de meilleure tenue, critiquait la programmation du film *Exodus* sur une chaîne de télévision française, dénonçant ces *"médias occidentaux enjuivés jusqu'à la moelle"* qui n'hésitent pas, à la veille de la conférence de Madrid, à diffuser des *"films narrant les souffrances et la 'grandeur' d'un peuple qui fait son lit sur les cadavres de milliers de Palestiniens"*. Forte de 120 000 personnes avant l'indépendance, la communauté juive d'Algérie ne compte plus, aujourd'hui, que quelques dizaines de vieillards. Chiffre qui rend parfaitement vaines les frayeurs du quotidien en langue arabe *El Khabar*, qui, dans deux articles récents, s'évertue à dénoncer les dangers de *"la pénétration juive dans l'Etat et la société algérienne"*. Malgré tout, il est peu probable que la campagne en cours s'arrête. Frappés par une crise économique et politique sans pareille, en proie à un profond malaise d'identité, les Algériens, déjà enclins à accuser l'étranger d'être à la source de leurs malheurs, sont, pour la plupart, d'autant mieux préparés à dénoncer les juifs que leurs sentiments de solidarité avec le peuple palestinien sont mis à rude épreuve par l'évolution politique internationale. Dans ces conditions, le filon antisémite devrait encore livrer quelques belles pépites »[18].

(18) G. Marion, art. cit. ; voir aussi la dénonciation du « lobby juif » dans un

Numéro 91, novembre 1980, de la revue *Cedade*, Barcelone, 1980. Le symbole du rapace est indistinctement appliqué au « Juif » et au « sioniste ».

Publicité parue dans la revue *Cedade* n° 91, Barcelone, novembre 1980, pour des livres publiés par les éditions Wotan, à Barcelone.

La xénophobie anti-occidentale est ainsi centrée sur la judéophobie, qui en représente le stade suprême.

Dans son numéro 57, daté du 10 décembre 1991, *Le jeune Indépendant* continue sa publication des *« Protocols »* (chapitres 8-10), dédiée « à l'antimémoire de Georges Marion, honorable correspondant (H.C.) du *Monde* et d'autre chose... »[19]. Mais surtout, l'hebdomadaire publie dans la même livraison une drolatique réponse, en style pseudo-célinien, à l'article pré-cité de G. Marion, sous le titre : « Saint-Georges et le dragon antiseptique », réponse signée « Le Sémite "antisémito-septique" » *(sic)*, où s'accumulent les stéréotypes antijuifs courants, sur un ton d'une virulence surprenante (pour un lecteur français d'après 1945) :

« Eh bien ! voilà donc un être tendre et sensible offusqué. Jusques au fond du cœur... Que Yahvé nous pardonne, nous les méchants antisémites-antiseptiques, d'avoir ensanglanté la sensiblerie de vieille fille de bonne famille que se révèle brillamment être le pauvre Georges Marion... Un homme du *Monde*...

Touchons plus à ses juifs, ce pauvre zigue ! Il n'y survrira pas. Ainsi donc, nous n'aurions plus le droit de nous amuser à casser de la mémoire juive. Plus aussi le droit de publier un "faux" célèbre, parce que celui-ci nuit à la youpinerie mondiale. Plus le droit de faire connaître à l'opinion publique de notre bled un document troublant, que l'actualité mondiale n'a jamais arrêté de confirmer...

Ah ! si la France, aujourd'hui enjuivée jusqu'aux tripes, était encore souveraine en Algérie ! Notre insolence antisémito-septique aurait été bien châtiée...

Georges ou Georgette, Marion ou marionnette ? C'est sans nuance ! D'ailleurs, quand on défend la juiverie internationale, on ne peut que se contenter d'un rôle petiot de bonniche médiatique.

article intitulé « La guerre d'Algérie n'est pas finie », signé A. Ouastia, paru dans *Le Quotidien d'Algérie*, 11-12 octobre 1991, p. 19 (à propos de la série « Les années algériennes », conçue notamment par le « Juif » Benjamin Stora, et à ce titre suspecte...). Sur l'affaire de la station Radio Islam, dirigée à Stockholm par Ahmed Rami (d'origine marocaine), faisant feu de tout bois dans l'incitation à la haine des Juifs (du négationnisme aux *Protocoles*, et retour), voir : *Le Droit de Vivre*, 56e année, n° 554, novembre 1990, p. 5. Pour une présentation d'A. Rami en martyr de la cause « révisionniste » et antisioniste, voir : *Revue d'Histoire révisionniste* [directeur : Henri Roques], n° 1, mai-juillet 1990, pp. 172-174 ; *id.*, n° 2, août-octobre 1990, pp. 189-190 ; *id.*, n° 3, novembre-décembre 1990/janvier 1991, pp. 5, 220-222 ; *id.*, n° 4, février-avril 1991, p. 206.

(19) *Le jeune Indépendant*, n° 57, 10-16 décembre 1991, p. 30.

Mais oui, nous avons touché à un délicat domaine. Notre tort est énorme. Nous avons réactivé la grande peur des bien-pensants, comme dirait un autre Georges, vraiment honorable celui-là, Bernanos, de son nom...
Oui, Môssieur. Môssieur va avoir droit à de belles pépites. Des grosses. De toutes les tailles. Des faux, bien sûr... Le filon ne s'épuisera jamais. Tant que sévira la pègre juive à l'échelle planétaire.
Dis donc, Georges, pourquoi ce "faux", comme tu dis, allume-t-il en ta petite âme un si dévorant feu ?
Merci quand même pour la pub over-seas »[20].

En cette nouvelle « fin de siècle », le soleil noir de la judéophobie se lève au Sud autant qu'à l'Est.

2. Les Juifs dominateurs et cruels : de la rumeur au fantastique

Si donc les Juifs sont partout, ils ne sont pas n'importe où : ils se concentrent sur tous les lieux de pouvoir. Ils doublent pour ainsi dire tous les pouvoirs, ils forment des doubles invisibles de tous les gouvernements visibles. Très significativement, la plus diffusée des éditions britanniques des *Protocoles*, traduite par Victor

(20) *Le jeune Indépendant*, *ibid.*, p. 7. Rappelons qu'en 1970, l'hebdomadaire *Algérie-Actualité*, sous la signature de Abdel-hamid Benachenhou (professeur d'arabe administratif et auteur de nombreux ouvrages en français ou en arabe), avait publié un article inspiré par la thématique des *Protocoles*, expressément cités par l'auteur (*cf. Le Monde*, 7 avril 1970, l'article de Jean-Pierre Péroncel-Hugoz) : « [L'ambition des Juifs] est d'arriver à dominer le monde. Imbus de la supériorité de leur race (...), ils ont eu toujours la conviction qu'ils sont seuls capables de diriger les affaires de la Terre. (...) [M. Benachenhou se propose alors] d'attirer l'attention des Maghrébins sur le danger que présente pour nos pays l'exécution des prescriptions (...) [contenues dans les] *Protocoles des Sages de Sion* (...) [Cette] plate-forme [conseillerait aux israélites de tous les pays d'] affaiblir les rangs de la chrétienté [en créant] des perturbations et du désordre dans le monde ouvrier [et en écartant] du monde scientifique tous les non-Juifs [afin d'arriver] à rétablir le royaume de Salomon qui commanderait l'univers, selon la loi judaïque. (...) [L'auteur dénonce encore] la mainmise juive sur le domaine de la pensée et sur une grande partie des secteurs économique et politique des pays dont ils sont citoyens à part entière et même privilégiés ». Le journaliste du *Monde* ajoute cette remarque : « C'est la première fois, semble-t-il, qu'un organisme de presse algérien formule à l'encontre des Juifs des critiques débordant du cadre strict du problème du Proche-Orient. »

E. Marsden, a été souvent sur-titrée « la conquête du monde à travers le gouvernement mondial »[21].

La dénonciation du « super-gouvernement mondial » ou du « mondialisme » est un lieu commun de la rhétorique antijuive et antimaçonnique : des Rothschild au Fond monétaire international, de la SDN à l'ONU, toutes les organisations supra-nationales ou internationales sont décryptées, selon la théorie conspirationniste, comme des instruments du plan « mondialiste » de destruction des Etats-nations et d'asservissement des peuples[22]. Le « mondialisme » est l'un des attributs essentiels du pouvoir occulte judéo-maçonnique, à côté d'attributs tels que la « manipulation » - de l'information, de la circulation monétaire, etc. - ou la « domination » - des peuples, des Etats, etc. - : sa nature est bien sûr d'être mondialiste, son instrument est la manipulation, son objectif est la domination. C'est ainsi que, dans le discours antisioniste démonologique, le sionisme est d'abord dénoncé comme projet de la domination juive mondiale, et l'Etat d'Israël comme incarnation du « pouvoir juif mondial ». Tel est le noyau dur des propagandes « antisionistes » radicales venant des deux principaux foyers de diffusion[23] : le monde communiste[24] et le monde arabo-islamique[25].

Si les Juifs/Sionistes sont partout et dominent tout, ils sont aussi capables de tout. Qu'ils ne le soient pas serait contraire à leur nature, à la réalité de leur puissance, ordonnée au Mal. La « secte internationale » est aussi et nécessairement une « secte criminelle », la « maçonnerie juive » est aussi une « mafia juive » : à la manipulation

(21) *World Conquest through World Government. The Protocols of the Learned Elders of Zion*, trad. V.E. Marsden, Londres, The Britons Publishing Society, 83e éd., 1972.

(22) Voir les analyses de M. Billig, *Fascists...*, *op. cit.*, 1978, pp. 153 sq. (« The myth of conspiracy »), 174 sq., 185-190, 296 sq.

(23) Voir : Yohanan Manor, « L'antisionisme », *Revue française de science politique*, vol. 34, no 2, avril 1984, [pp. 295-323], pp. 312 sq. (ou : Y. Manor, *Anti-Zionism*, Jerusalem, 1984, pp. 11 sq.).

(24) Y. Manor, art. cit., pp. 314-319 ; voir : William Korcy, *The Soviet Cage, Anti-Semitism in Russia*, New York, The Viking Press, 1973, en partic. ch. 4, pp. 64 sq., et ch. 8, pp. 142 sq. ; Benjamin Pinkus, *The Soviet Government and the Jews 1948-1967 : A Documentary Study*, Cambridge et Jerusalem, 1984 ; B. Lewis, *op. cit.*, 1987, pp. 36 sq., 318 sq. ; sur les pamphlets antijuifs de T.K. Kytchko, *cf. supra*.

(25) Y. Manor, art. cit., pp. 312-314 ; B. Lewis, *op. cit.*, 1987, pp. 146 sq., 248 sq., 311 sq.

systématique s'ajoute le crime organisé comme méthode de conquête du monde.

En raison de sa cruauté native, nulle atrocité n'est impossible à réaliser pour un « sioniste », sous ses divers travestissements : les propagateurs des *Protocoles*, dans les années 1920, décrivaient avec force détails les crimes épouvantables commis par les Juifs à visage bolchevique, - dont le paradigme sera l'assassinat de la famille impériale russe - et, depuis les années 1950, le discours antisioniste démonologique décrit les « massacres » commis par les « hommes de sang » ou leurs complices, du village de Deir Yassin (9 avril 1948) aux camps de Sabra et de Chatila (1982)[26], comme s'ils révélaient une éternelle nature sanguinaire.

Dans le célèbre texte antijuif de T.K. Kytchko, on trouve, dans un contexte différent, la même argumentation essentialiste (voir *supra*) : le Juif, des temps bibliques à l'ère sioniste, est par essence un massacreur, un assassin-né[27].

Certaines réécritures de l'histoire politique des deux derniers siècles

(26) Voir par exemple : *Revue d'Etudes Palestiniennes*, n° 6, hiver 1983 : Jean Genet, « Quatre heures à Chatila », pp. 3-19 (pitoyable caution littéraire, fondée sur l'esthétisation et l'érotisation du « beau » *feddayin* ; *cf.* pp. 3-4, 10, 11, 17) ; Roger Nab'aa, « Du bon usage des bains de sang », pp. 113-119. On peut ainsi apprendre que le « bain de sang » dérive nécessairement de la nature du sionisme : « Ce bain de sang n'est pas un accident. (...) Ce bain de sang, comme tous les autres bains de sang qui jalonnent et ponctuent l'histoire de l'Etat sioniste d'Israël, s'origine dans cette violence *recèle* [*sic*], qui définit, depuis ses commencements, le rapport qui lie cet Etat aux Palestiniens » (p. 113) ; « ... cette violence *recèle* [*sic*] qui définit le rapport du sionisme aux Palestiniens » (p. 119). Le mythe des crimes rituels est toujours diffusé ; voir le livre de Mustapha Tlass, général et ministre de la Défense syrien, *Le Pain azyme de Sion*, Damas, 1985 (*cf. Le Monde*, 12 février 1991, p. 42). Pendant la crise du Golfe, la presse syrienne s'est déchaînée contre « l'entité sioniste », criminalisée par des arguments du type : « Comment se fait-il que l'on acquitte aujourd'hui ceux qui ont crucifié le Christ et ne cessent de tuer et de crucifier ses disciples, et de souiller ses valeurs sacrées ? » (*Teschrine*, quotidien de Damas, février 1990, cité dans *Courrier International*, n°16, 21-27 février 1990, p. 4).

(27) Sur le « rite cruel » de la circoncision : T.K. Kytchko, *Judaïsme sans fard*, *op. cit.*, pp. 180 sq. ; l'ouvrage tout entier insiste sur la cruauté sanguinaire des « barbares juifs » depuis les origines (*op. cit.*, p. 30). Les intellectuels antisionistes occidentaux prétendent « expliquer » les « massacres », la « politique d'agression et de sang » d'Israël par le « mythe » de l'élection : « L'idée de peuple élu est *politiquement criminelle* car elle a toujours sacralisé les agressions, les expansions, et les dominations » (Roger Garaudy, *L'affaire Israël*, Paris, S.P.A.G. - Papyrus Editions, 1983, pp. 31, 87).

sont fondées sun tel axiome : les assassinats politiques décisifs ont été commis par des « Juifs » ou des « sionistes » au profit de « l'organisation sioniste mondiale ». La littérature conspirationniste de langue arabe en fournit de nombreux et récurrents exemples. Nous n'en citerons que deux rapportés par Bernard Lewis. Ainsi, l'assassin du président McKinley, le catholique Léon Czolgosz, et celui du président Lincoln, le protestant John Wilkes Booth, auraient été des Juifs dont le bras avait été « armé par l'organisation sioniste »[28]. Quant à l'assassinat du président Kennedy, il ne s'expliquerait que par un complot sioniste juif, ce que prouverait l'origine juive tant de Lee Oswald que de son assassin Jack Ruby (« le nom Ruby ou Rubinstein signifie rabbin ») : l'assassin de Kennedy aurait été commandité par « le judaïsme mondial et ses organisations sionistes internationales »[29].
Infiltration, domination, destruction : tels sont les trois principaux stéréotypes qui entrent dans la nouvelle synthèse antijuive à trois dimensions - vision conspirationniste, démonologie « antisioniste », négations « révisionnistes ».

3. *L'antisionisme équivoque : de la critique à la démonisation*

Constater que l'antisionisme est une composante de la nouvelle judéophobie n'implique nullement d'identifier toute critique du sionisme ou de l'Etat d'Israël à une forme d'« antisémitisme ». L'analyse critique des amalgames polémiques suppose, pour être crédible, qu'elle soit elle-même dénuée d'amalgames. Aussi apparaît-il nécessaire de procéder aux distinctions minimales quant aux attitudes négatives (ou hostiles) prises face au sionisme. Dans le discours politique, le « sionisme » est un terme qui possède un sens et une référence à la fois variables et hautement dépendants du contexte argumentatif : il faut dès lors, pour chaque énoncé sur « le sionisme », définir la signification du terme eu égard à ses conditions d'emploi, lesquelles comprennent la situation de discours, le type de destinateur, ses « intentions » ou ses « objectifs » face à un destinataire ou à un public défini, les enjeux de l'échange polémique, etc.

(28) B. Lewis, *op. cit.*, 1987, pp. 277-278.
(29) Cité par B. Lewis, *ibid.*, p. 277.

La signification du « sionisme » oscille entre deux pôles : d'une part, le sionisme est le nom donné, dans le discours des historiens ou des politistes, au nationalisme juif, d'où il résulte que l'adjectif « sioniste » peut qualifier soit une idéologie d'émancipation ou de libération nationale, soit un mouvement en faveur de celle-ci, soit un système politique incarné dans un Etat-nation ; d'autre part, « sioniste »/« sionisme » est un terme polémique, une étiquette disqualificatoire appliquée à tout ennemi démonisé par divers discours de propagande. Dans le premier cas, le « sionisme » désigne un fait historique complexe, composé d'un ensemble de représentations et de croyances, d'une série de mobilisations sociopolitiques et d'un mode d'existence politique défini (l'Etat juif). Dans le second cas, le mot « sionisme » est un instrument d'illégitimation de tout adversaire, une arme lexicale dont le sens se réduit au « mal absolu » (il rivalise alors avec « totalitarisme », « fascisme », « nazisme », « racisme », etc.) et dont la référence se rencontre dans un monde fictionnel ou mythique, où elle apparaît le plus souvent comme une puissance malfaisante, omniprésente et occulte (« le sionisme mondial » ou « international »). Le « sionisme » comme terme polémique ne caractérise plus une portion de la réalité historique, sa référence ne se trouve plus dans le monde sociopolitique observable et descriptible : nous devons en étudier les usages strictement polémiques, et non plus descriptifs ou catégorisants, dans un espace mythopolitique structuré par une opposition manichéenne (l'« entité sioniste » désignant le Mal absolu/l'antisionisme se présentant comme la position légitime par excellence, incarnant le Bien éthique et politique). Telle est la première distinction qui s'impose : le sionisme factuel et le terme descriptif ou catégorisant « sionisme », d'une part ; le sionisme mythique et le nom démonisant « sionisme », d'autre part. Entre le sionisme 1 et le sionisme 2, on peut poser une relation d'homonymie : « sionisme » est un terme équivoque. Or, le discours de propagande confond les deux « sionismes », passe de l'un à l'autre, mêle le terme historico-descriptif au terme mythopolémique, fait interférer le monde réel où le sionisme correspond à un état de choses avec le monde fictionnel où le sionisme est le nom d'une sur-puissance maléfique présente partout, à la fois éminemment opérative et subtilement secrète. La rhétorique « antisioniste » mêle le sionisme observable et discutable au « sionisme » phobiquement imaginé et obligatoirement dénoncé. « Sionisme » est le nom donné à l'ennemi absolu comme puissance adverse et perverse, incarnation du mal, ou à « l'ennemi objectif »[30], pour parler comme Hannah Arendt.

Sur la base de cette distinction l'on peut déterminer quatre types d'attitudes « antisionistes », dont la confusion est précisément une autre caractéristique de la propagande antisioniste que je qualifierai de « démonologique » :

1. Soumettre à une analyse critique les thèses et les hypothèses constitutives du projet sioniste, en tant que forme spécifique de l'idéologie nationaliste visant à fournir une solution politique satisfaisante à la « question juive ». Cette attitude critique suppose que le programme sioniste de « normalisation » de l'existence juive soit, en toutes ses représentations et toutes ses prescriptions, questionnable et discutable. Bref, que le sionisme soit soumis comme n'importe quelle autre construction intellectuelle à visée politique au feu de la critique.

2. Procéder à des critiques de certains actes politiques ou militaires de l'Etat d'Israël, désapprouver certaines orientations de tel ou tel gouvernement de cet Etat, s'inquiéter de la situation sociale ou économique du pays, etc.

3. Condamner le sionisme en tant qu'il aurait fait faillite, et/ou récuser le droit à l'existence d'Israël en arguant des effets pervers liés à celle-ci. Dénoncer par exemple le militarisme israélien, l'impérialisme de certains leaders politiques, les discriminations ou les violences « racistes » subies par la population palestinienne. Les « raisons » avancées par un tel antisionisme demeurent dans le champ du discutable et de l'observable, donc du réfutable, même si elles mettent en jeu des amalgames et des exagérations ou des généralisations abusives - premier degré de la corruption idéologique de l'antiracisme. Mais cet antisionisme, selon le contexte, peut n'être qu'une forme euphémisée d'une judéophobie radicale.

4. Dénoncer le « sionisme mondial » comme incarnant une puissance visant la domination du monde, ou l'exerçant, tout en supposant - explicitement ou non - que tout Juif est un « sioniste » actif ou complice, militant ou en latence. Le Juif comme ennemi absolu et

(30) H. Arendt, *Le système totalitaire, op. cit.*, 1972, p. 156. L'ennemi « objectif » est inséparablement l'ennemi « caché » ; voir : Jacob Rogozinski, « L'enfer sur la terre (Hannah Arendt devant Hitler) », *Revue des Sciences humaines*, t. LXXXIX, n° 213, janvier-mars 1989, [pp. 183-206], p. 192.

démonisé est ici reconstruit comme le Sioniste dominateur, impérialiste, raciste. Ennemi qu'il s'agit de détruire, car « on n'améliore pas la peste » ; ennemi chassé du genre humain par en bas, en tant qu'incarnation de la bestialité ou du Mal - d'où l'opération de « nazification » dont il fait l'objet dans le discours de propagande antisioniste ; et, significativement, base de réduction identifiante de toutes les figures idéologiques contemporaines du Mal : les « sionistes » mythiques sont aussi bien des « racistes » que des « fascistes », des « nazis » que des « impérialistes », des « totalitaires » que des « gangsters ». Nous nous trouvons ici devant une gnose au dualisme manichéen. Cet « antisionisme » délirant peut être décrit et analysé, mais non pas réfuté de façon convaincante pour ses croyants et adeptes : c'est par son irréfutabilité qu'il retrouve la dimension mythique et l'imaginaire diabolique des *Protocoles*. C'est pourquoi le célèbre faux s'impose comme le seul substitut possible d'une base empirique dont toute mythologisation, dans la modernité, a besoin pour se rendre recevable et acceptable. Tel est le noyau de la nouvelle version de la théorie conspirationniste appliquée au Juif démonisé : cet antisionisme démonologique n'exclut nullement le recours rhétorique à telle ou telle « raison » plus ou moins fondée, que les trois premiers types d'antisionisme avancent dans leurs argumentations respectives. Les mythes politiques modernes tirent leur efficacité symbolique maximale des miettes et des éclats de la réalité historique qu'ils réinterprètent selon leur logique satanisante. Nous supposons donc que l'antisionisme démonologique est au centre de la nouvelle judéophobie d'extension planétaire. Il ne se réduit pas à sa (réelle) fonction de motif de propagande dirigé contre l'Etat d'Israël, ou permettant par assimilation de stigmatiser tout Juif dans le monde, en tant qu'acteur d'un complot pour la domination de la Terre. Sa force vient précisément de ce qu'il déborde ses fonctions instrumentales, qu'il satisfait des pulsions et des exigences que seule une construction mythique peut satisfaire : d'abord fournir une explication simple et cohérente du cours du monde ; ensuite autoriser une décharge permanente de haine ou de phobie sur une catégorie d'humains ou de pseudo-humains[31] qu'il est légitime de haïr ou de craindre sans mauvaise conscience.

(31) Qu'il s'agisse du stéréotype pré-chrétien et satanisant du Juif « ennemi du genre humain », caractérisé par sa misanthropie ou sa « misoxénie » (E. Weber,

L'antisionisme démonologique nous intéresse particulièrement pour ce qu'il fournit le trait d'union entre un certain nombre de positions politiques et de groupes sociaux : il joue le rôle d'un médiateur ou d'un passeur entre des complexes d'intérêts et de passions parfois contradictoires, voire contraires. C'est par excellence le cas des habitants idéologiquement hétérogènes de la maison « révisionniste » : celle-ci est devenue la maison commune de libertaires et de néo-nazis, d'ultra-gauchistes et de néo-fascistes, de nationalistes et de cosmopolites militants, en vertu d'une commune conviction antisioniste, ou plus exactement d'une communion autour de la mythologisation négative du « sionisme », devenue pilier central d'une vision du monde.

Le jumelage de l'antisionisme démonologique (démonisation du « sionisme mondial ») et du révisionnisme radical se rencontre sans équivoque dans les textes les plus souvent cités de Robert Faurisson par les « négationnistes » eux-mêmes :

« La chambre à gaz, la magique chambre à gaz, est la clef de voûte d'une immense construction qui s'appelle le mensonge de l'Holocauste. (...) Aujourd'hui, la clé de voûte du mensonge de l'Holocauste s'effrite et, par conséquent, l'immense construction est en péril. La chambre à gaz est l'arme du crime ; le génocide est le crime ; tous deux forment un seul et même mensonge historique ; s'il y a mensonge, il faut dire qui sont les bénéficiaires et qui sont les victimes ; en notre siècle tout devient rapidement une question d'argent et de politique ; il faut donc dire si ce mensonge a ouvert la voie à une escroquerie politico-financière, et à laquelle. Il ne faut pas longtemps pour se rendre compte que l'affaire de l'Holocauste est principalement utilisée par l'Etat d'Israël ; c'est le mythe fondateur de cet Etat et l'arme n° 1 de sa propagande »[32].

La désormais célèbre « phrase de soixante mots » prononcée par Faurisson sur les ondes de Radio Europe-1, à l'invitation d'Yvan

op. cit., 1991, pp. 349-350), ou de la détermination raciste et bestialisante du Juif comme *« Gegen-Rasse »* (« contre-race » ou « anti-race », dans la terminologie hitlérienne). Voir : P.-A. Taguieff, *La Force du préjugé, op. cit.*, pp. 166 sq. ; B. Lewis avance un critère simple : « Par antisémitisme j'entends cette haine quasi viscérale qui, par delà des divergences politiques évidentes et même un rejet de l'autre, normal en temps de guerre, fait des Juifs une incarnation diabolique du mal par excellence » (*op. cit.*, 1987, p. 310).

(32) Robert Faurisson, « Le révisionnisme devant les tribunaux français », *Annales d'Histoire Révisionniste*, n° 7, printemps-été 1989, p. 88.

Levaï, le 17 décembre 1980 (émission « Expliquez-vous... »), explicite la dénonciation :

« Les prétendues chambres à gaz hitlériennes et le prétendu génocide des juifs forment un seul et même mensonge historique, qui a permis une gigantesque escroquerie politico-financière, dont les principaux bénéficiaires sont l'Etat d'Israël et le sionisme international, et dont les principales victimes sont le peuple allemand - mais non pas ses dirigeants - et le peuple palestinien tout entier »[33].

Israël et le « sionisme international » sont ainsi clairement désignés et stigmatisés comme les principaux acteurs et exploiteurs d'un grand mensonge historique et d'une escroquerie politico-financière de grande envergure... Ceux que Hitler stigmatisait comme « les maîtres du mensonge » ont normalement agi conformément à leur essence. La puissance d'assimilation du mythe conspirationniste paraît sans limites, comme son aptitude à la métamorphose. Certains disciples de Faurisson, se déclarant « post-révisionnistes »[34], reviendront au texte du mythe, retrouvant ainsi une cohérence dans la série des négations du maître : rééditer les *Protocoles*, c'était pour eux publier un manifeste, le manifeste des fondements de l'entreprise négationniste. En septembre 1991, l'un des chefs de file français du « post-révisionnisme » publie un *Manifeste antijuif*[35] aux éditions

(33) Cité par R. Faurisson, art. cit., p. 89. Pour plus de détails sur le croisement du « négationnisme » et de l'antisionisme démonologique, voir : P.-A. Taguieff, « La nouvelle judéophobie : antisionisme, antiracisme, anti-impérialisme », *Les Temps Modernes*, n° 250, novembre 1989, pp. 1-80.

(34) L'expression de « post-révisionnisme » a été introduite par le jeune néo-nazi Olivier Mathieu (*Revision*, n° 2, avril 1989, p. 15). Elle permet de définir la différence spécifique du programme idéologique de la revue *Revision*, fondée et dirigée par Alain Guionnet, à savoir : par delà la négation des chambres à gaz homicides et la révision de l'histoire de la Seconde Guerre mondiale, procéder à une révision de l'histoire des deux millénaires qui ont été ceux de la « "conquête pacifique de l'univers" par les Sages de Sion » (*Revision*, n° 7, sept. 1989, p. 1). Voir l'article sur « le courageux périodique français, *Revision* », dans la revue américaine *Liberty Bell, « Thos Awful Protocols »*, mars 1991, pp. 3-16. Précisons que la version française des *Protocoles* réalisée par *La Libre Parole* (Henry Coston) en 1934, avec une préface de W. Creutz (pp. 3-18), a été rééditée par Liberty Bell Publications en 1978 (*Les Protocoles des Sages de Sion*, 64 p.).

(35) Attila Lemage (pseudo d'A. Guionnet), *Manifeste antijuif. Du Xᵉ siècle avant notre ère à nos jours, le combat des Titans*, Paris, Editions Libre Parole et Attila Lemage, septembre 1991, 76 p. (sur les *Protocoles*, pp. 58 sq.). En 1985, paraît aux éditions Soulmentault *(sic)* à Paris, diffusée par la librairie parisienne Ogmios, une

allégoriquement nommées « Libre Parole ». Le « révisionnisme » aura été l'un des chemins du retour aux *Protocoles*.

réédition du *Péril juif* de Marcel Jouhandeau (Paris, Sorlot, 1938 ; recueil d'articles publiés en 1936 et 1937), précédée d'un texte se présentant comme un testament politico-intellectuel attribué à l'écrivain, et daté d'avril 1972 (« Ultima verba », in *op. cit.*, pp. 1-2). Ce texte, qui peut lui-même être un faux, rassemble la plupart des stéréotypes antijuifs en cours depuis les années soixante (durant lesquelles le « révisionnisme » de Paul Rassinier, mort en 1967, est diffusé dans les milieux des droites radicales en France et en Allemagne) : « Ce que j'ai publié avant la guerre serait, de nos jours, (de "démocratie" avancée !), absolument impossible. Les emblèmes nationaux ont laissé la place à l'Etoile de David et nous en subissons le joug. Déjà, au début du siècle, Maurras affirmait : "Le Juif ouvre la porte au métèque." Comme je le prévoyais en 1938, la "victoire" de 1945, c'est-à-dire la victoire des Juifs, a transformé le Français en une sorte de bavasseux ahuri, gibier de toutes les bassesses, de toutes les humiliations, de toutes les lâchetés, n'applaudissant que le Juif, ne se réjouissant que de sa propre mort. Même l'instinct du territoire, l'instinct de conservation, ont disparu. "Le Péril Juif" de 1938 est maintenant, en 1972, bien installé chez nous et nous allons tous en crever. Le bluff et les mensonges juifs ne datent pas d'hier : du christianisme aux Chambres à Gaz en passant par le journal d'Anne Frank et par Chagall, cette race se distingue par son incroyable imposture et ses dons à démolir les âmes non juives, à les complexer à mort. Il est vrai, il faut bien le reconnaître, que la sottise des non-Juifs blancs est insondable. Depuis la Diaspora (il y a 2 600 ans), ces hystériques ne se sont jamais intégrés dans les pays d'accueil. Et ce sont eux, les pires racistes, qui ont le culot maintenant de nous faire digérer des millions d'immigrés, sous-produits de surnatalité, qui nous haïssent et infestent la France !!! Au fou... ! Actuellement, cette engeance talmudique prépare l'opinion à une croisade anti-bolchevique, et savez-vous pourquoi mes petits ? Tout simplement parce que tous les pays de l'Est sont viscéralement antisémites, Russes et Polonais en tête. La révolution bolchevique, juive à 95 %, n'est plus juive de nos jours, pas plus qu'elle n'est socialiste d'ailleurs. La croisade juive avec poitrines aryennes n'est pas terminée, Israël a mis le feu à tout le Moyen-Orient et la paix ne reviendra qu'après sa destruction totale, comme Carthage. Le Troisième Reich étant devenu l'Union Soviétique, le danger de guerre est le même qu'en 1938, et pour la même et unique raison, le même "crime" : Ne pas se laisser asservir par les Juifs. J'ai bien recommandé de ne diffuser ces *ultima verba* que longtemps après ma mort. Dans mon petit cimetière, je suis maintenant à l'abri de la loi Marchandeau, de la L.I.C.A. et des tueurs des services secrets israéliens. Mais vous, Français d'aujourd'hui, vos jours sont comptés. Ces jours français s'amenuisent constamment, bientôt ce pays qui est le mien, qui fut le vôtre, entrera dans le club du Tiers-Monde. C'est une question de temps... c'est une question de Juifs ou pas. Pensez à vous défendre par tous moyens contre ceux qui œuvrent à vous détruire par leur racisme exacerbé, leur rêve démoniaque de domination mondiale, et surtout, n'oubliez jamais que leur puissance n'existe que par notre bassesse, notre futilité et notre lâcheté.

(Merci à mes fidèles amis) ».

Le Centre Charlier
et Chrétienté-Solidarité
vous invitent à une grande
réunion publique de rentrée
avec
Bernard ANTONY
et Jean-Claude MARTINEZ
députés
européens
sur le thème :
« Sortons de cette Europe-là »

Le jeudi 3 octobre 1991
à 20 h 30
Salle des Agriculteurs,
8 rue d'Athènes, Paris 9e

Participation aux frais : 30 F

Roto de Paris

PRÉSENT

Directeurs :
Jean Madiran
et Pierre Durand

Assistante de direction : Zita de Lussy

Direction politique, direction de la rédaction
Jean Madiran

Conseil éditorial : Georges-Paul Wagner, Yves Daoudal, Alain Sanders, Jean Cochet, Chard, Rémi Fontaine. *Secrétaire de rédaction :* Diane Tristan

Rédaction : Guy Rouvrais, Aramis, Yves Brunaud, Bernard Fontanges, François Franc, Gaston Gérard, Henri Hervé, Benoit Lorrain, Olivier Malentraide, Pierre Malpouge, Jean Michel, Caroline Parmentier, Hervé Pennven, Jeanne Smits

Chroniques : Robert Poulet (†), Jacques Borsmont, Jacques Cardier, Jean-Baptiste Castetis, Eric d'Elbe, André Figueras, François Leger, Nathalie Manceaux, Jacques Ploncard d'Assac, Gilles Poitiers, Hervé de Saint-Meen, Michel de Saint Pierre (†), Louis Salleron, Hélène Sausson, Olivier Tramond, Philippe Volgier

Direction des ventes : Annick de Lussy. *Reception :* Jeanne Gilles, Nicole Delmas, Bernadette Duplan. *Maquette et montage :* Jacques Le Morvan, Jean-Luc Zobel, Regis Vignancas

Directeur de la publication : Pierre Durand

Cette page est une « page-affiche »

Vous pouvez l'afficher dans tous les lieux privés et lieux de réunion ou de passage avec l'autorisation du propriétaire ou du directeur

•

Vous pouvez l'afficher aussi dans les lieux publics en respectant la législation et la réglementation des emplacements réservés, et en barrant la page d'un trait en diagonale avec un crayon de couleur

« Page-affiche » parue dans le quotidien *Présent*, nº 2412, 22 septembre 1991, p. 8. La symbolique anti-judéo-maçonnique est mise au service du rejet de l'Europe par les nationaux-catholiques français.

BIBLIOGRAPHIE

I. Editions des *Protocoles des Sages de Sion*

Est-il besoin de préciser qu'une bibliographie exhaustive des éditions des *Protocoles* parues dans tel pays, ou en telle langue, paraît impossible à établir ? Le principal obstacle rencontré par l'enquêteur réside dans le caractère particulier du « document », souvent reproduit sans indications de lieu ni de date, et de façon anonyme (en dépit des commentaires accompagnant ordinairement le texte), sans que soit toujours précisée la version de référence faisant l'objet de la traduction (du russe en telle langue européenne, puis en d'autres langues). En outre, si, dans l'entre-deux-guerres et durant la Seconde Guerre mondiale, des maisons d'édition « respectables » - en concurrence avec des officines spécialisées (et souvent subventionnées par les nazis après 1933) - ont publié les *Protocoles* (c'est par exemple le cas, en France, des éditions Bernard Grasset ou Fernand Sorlot), il faut bien constater que les éditions pirates des diverses versions du « document » sont, littéralement, innombrables, et cela depuis les premières circulations de celui-ci, entre 1918 et 1921. Après 1945, les éditions des *Protocoles* disparaissent des vitrines des libraires, pour se réfugier dans les tiroirs ou les arrière-boutiques. Le « document », valorisé par sa rareté même, est diffusé « sous le manteau » ou, dans les pays d'Europe de l'Est, en samizdat. Quant aux réimpressions, artisanales en Europe (mais non pas aux Etats-Unis ou en Amérique du Sud), à quelques exceptions près (les éditions espagnoles et italiennes des années soixante-dix, par exemple), c'est surtout des pays arabes qu'elles proviennent, notamment après la guerre des Six jours (juin 1967). Des rééditions plus ou moins fidèles des versions françaises (en général celle de R. Lambelin) et anglaises (V.E. Marsden), parfois même allemandes, entreront en circulation dans les pays d'Europe de l'Ouest au cours des années 1970 et 1980. Ce qui accroît les difficultés rencontrées par le collecteur des multiples variantes du faux. Comme si le plagiat appelait le plagiat, le faux s'est reproduit et multiplié, d'autant plus intensément que les processus d'impression et de diffusion échappaient à tout contrôle. Il faut donc se résoudre à ne point tenter l'impossible, et substituer à l'idée naïve d'un inventaire exhaustif l'objectif modeste d'un échantillonnage doté d'une valeur indicative. Nous suivrons le trajet du faux, qui part de Russie pour, à travers l'Allemagne, passer en France et dans le monde anglo-saxon, puis en Amérique du Sud, non sans avoir au passage stationné en Pologne, en Italie, et dans d'autres pays européens. La transmission du faux au monde arabe s'opère au cours des années vingt et trente, puis s'accélère après la création de l'Etat d'Israël et la série des défaites militaires des pays arabes, phénomène illustrant une fois de plus la double fonction compensatoire et pseudo-explicative du mythe de la conspiration juive mondiale, comme appelé par les « après-guerres ».

1. En russe :

Version abrégée publiée sous le titre *Programme juif de conquête mondiale* par le journal *Znamia* [L'étendard, ou : Le Drapeau] en feuilleton, du 26 août au 7 septembre 1903. *Znamia* était dirigé par l'antisémite professionnel P.A. Krouchevan, à Saint-Pétersbourg.

Version complète du même texte publiée en décembre 1905, à Saint-Pétersbourg, sous le titre *La Source de nos maux* (brochure anonyme).

Nouvelle version publiée par S.A. Nilus dans la 2e édition (revue et augmentée) de son livre *Velikoïe v Malom i Antikhrist, Kak Blizkaïa Politicheskaïa Vozmozhnost ; Zapiski Pravoslavnago* (Le Grand dans le Petit, l'Antéchrist en tant que possibilité politique imminente ; Ecrits d'un orthodoxe), Tsarskoïe Selo [résidence impériale près de Saint-Pétersbourg], 1905, ch. XII. Cette version de Nilus comporte 24 « séances » ou « procès-verbaux ».

Nouvelle édition, sous un titre différent, de la version publiée en décembre 1905 : *Vragui Roda Tchelovetcheskago* (Les ennemis du genre humain, ou : de la race humaine), Saint-Pétersbourg, janvier 1906, imprimerie de l'Institution des Sourds-Muets, avant-propos de Georges V. Boutmi. Brochure qui, diffusée par l'Union du Peuple russe (les Centuries Noires), fut plusieurs fois réimprimée en 1906, puis fit l'objet d'une 4e édition revue et augmentée en 1907. Cette version de Boutmi comporte 27 « séances ».

Nouvelle édition, revue, du livre de S.A. Nilus, sous le nouveau titre *Bliz Griadouchtchi Antikhrist* (L'Antéchrist approche), Moscou, 1911 et 1912 (3e et 4e éditions). [Nombreuses rééditions dans les années vingt, diffusées dans les milieux de l'émigration russe en Allemagne et en France].

Nouvelle édition augmentée, du même livre de Nilus, sous le titre *Bliz Iest, Pri Dvieriakh...* (Il est tout près, à la porte...), Moscou, 1917 (janvier). Cette 5e édition du livre de Nilus constitue donc la 4e édition de sa version des *Protocoles*.

A. Rodionov (éd.), *Sionskiye Protocoly* (Les Protocoles sionistes), Novotcherkassk, 1918. Réédition du texte de Nilus, par le lieutenant-colonel

Radionov et l'avocat Ismaïlov, à l'imprimerie de l'armée des Cosaques du Don (voir le témoignage d'A. du Chayla, *supra*, ch. II).

En 1918-1920, de nombreuses réimpressions sont diffusées dans les armées blanches, souvent sous la forme de résumés ou de versions « populaires » abrégées. Dans les archives Michel Raslovleff, on rencontre par exemple une liasse de feuillets portant en titre : *Treize Protocoles des Sages de Sion, ou que veut la juiverie et vers quoi s'achemine-t-elle ?*, et mentionnant un énigmatique nom d'éditeur : « Ovod ». Or, le témoignage du fameux Grigorij Bostunič (qui deviendra en 1924 Gregor Schwartz-Bostunitch) est ici éclairant : « Les "Protocols" furent réimprimés en Crimée (à Simféropol ou à Sébastopol) en 1920, par un certain "Ovod", sur du très mauvais papier de couleur » (*La vérité sur les « Protocols » sionistes*, 1921 [?], cité par Mgr Jouin, *Le Péril judéo-maçonnique*, vol. IV, Paris, 1922, p. 193 note 1 ; il s'agit vraisemblablement de ces mystérieux « 13 Protocoles » supplémentaires, « rédigés dans l'hébreu original » [*sic*], que Rodionov prétendait avoir eu en mains ; *cf.* Norman Cohn, *op. cit.*, 1967, p. 161 note 1).

Parmi les éditions de la première émigration russe :

Réédition du livre de S.A. Nilus (éd. de 1911) dans la « publication politico-littéraire » *Loutch Sviéta* (Le Rayon de Lumière), dirigée par Pierre Nicolaïévitch Chabelski-Bork et Théodore Victorovitch Vinberg, à Berlin, vol. III, mai 1920.

Vsemirnyi Taïnyi Zagovor. Protokoly Sionskikh Moudretzov (po Niloussou), New York, 1921. [Le complot secret mondial. Les Protocoles...]

Protokoly Sionskikh Moudretzov (po Tekstou S.A. Niloussa). Vsemirnyi Taïnyi Zagovor, introduction du sénateur A.P. Rogovitch, Berlin, 1922 (T.V. Vinberg éd.).

Prince M.K. Gortchakov, *Sionskiye Protokoly*, Paris, 1927.

A la fin des années 1980 commencent à circuler des rééditions en samizdat des *Protocoles*, sans indications de dates ni de lieux. Par exemple, une reproduction de l'édition de 1917 du livre de Nilus a été réalisée à Moscou en 1990 (très vraisemblablement). Des mouvements tels que « Pamiat » les diffusent.

2. En allemand :

Gottfried zur Beek (pseudonyme de Ludwig Müller, dit Müller von Hausen), *Die Geheimnisse der Weisen von Zion* (Les secrets des Sages de Sion), Charlottenburg, Verlag « Auf Vorposten », décembre 1919 [d'après S.A. Nilus]. Nombreuses rééditions par la suite : 5e éd., 1920 ; 7e éd., 1922 ;

8e éd., 1923 ; 9e éd., 1929 ; à partir de la 10e éd. (1930), cette version sera publiée par la maison d'édition du NSDAP à Munich, Franz Eher : 20e éd., 1935 ; 22e éd., 1936 ; 23e éd., 1939. [Rééditions récentes en fac-similé, sans date ni lieu d'édition, de la 3e éd. datée de 1919].

Theodor Fritsch, *Die Zionistischen Protokolle. Das Programm der internationalen Geheimregierung* (Les Protocoles sionistes. Le programme du gouvernement mondial secret), Leipzig, Hammer-Verlag, 1924 [d'après S.A. Nilus]. L'ouvrage aura 4 éditions en 1924 ; 6e éd., 1926 ; 13e éd., 1933 ; 16e éd. : *Die Protokolle Zions. Das Programm der internationalen Geheimregierung*, Leipzig, Hammer-Verlag, 1935 ; 17e éd., 1936, etc. [Nombreuses rééditions ; parmi les plus récentes : *Die Zionistische Protokolle* White Power Publications, Liverpool, U.S.A., 1976 ou 1977 ; des reproductions artisanales circulent aujourd'hui, reprenant notamment la 13e éd. de 1933 (symbole ?)].

Die Protokolle der Weisen von Zion. Das Welteroberungsprogramm der Juden, Vienne, Erste Wiener Vereins-Buchdruckerei, 2e éd., 1925 ; réédition, titre identique, Vienne, 1940 (?). Le sous-titre est aussi standard que « le péril juif » : *Le programme de conquête mondiale des Juifs.*

3.1. En anglais (Grande-Bretagne) :

The Jewish Peril. Protocols of the Learned Elders of Zion, Londres, Eyre and Spottiswoode [imprimerie], février 1920. [Traduction par George Shanks ; version de Nilus].

The Jewish Peril. Protocols of Learned Elders of Zion, 2e éd., Londres, Published by « The Britons », 1920 [Version identique].

Protocols of the Learned Elders of Zion, translated from the Russian Text by Victor E. Marsden, Londres, The Britons Publishing Society, 1921. [Version de Nilus ; nombreuses rééditions ; dans les années 1980 : diffusion par Bloomfield Books, Sudbury, Suffolk].

Protocols of the Meetings of the Learned Elders of Zion, translated from the Russian Text by Victor E. Marsden, Londres, The Britons Publishing Society, 1925. [Version de Nilus ; titre de la p. 3 ; on lit sur la première page de couverture : *Protocols of the Learned Elders of Zion.* A New Translation from the Russian of Nilus, by Victor E. Marsden (Late Russian Correspondent of *The Morning Post*), ... Nombreuses rééditions sous le titre de la p. 3 : Londres, The Britons Publishing Society, 1933 ; The Britons Publishing Co., 1948 ; The Britons Publishing Society, 1950 ; Shotton CLWYD, British Patriot Publications, 1978 ; etc.].

World Conquest through World Government. [*The*] *Protocols of the Learned Elderss of Zion*, translated from the Russian Text by Victor E. Marsden, Londres, The Britons Publishing Society (ou : The Britons

Publishing Co.) ; texte identique à celui de 1921. [Nombreuses réimpressions, parfois augmentées : 81e, 1958 ; 83e, 1963 ; 84e, 1968 (version diffusée par Bloomfield Books - Sudbury, England - en 1990, sans indication d'éditeur) ; 85e, 1972 (The Britons Publishing Company, Chawleigh)].

Lesley [ou Leslie] Fry, *Waters Flowing Eastward*, Paris, Editions R.I.S.S. [Revue Internationale des Sociétés Secrètes], 1933. [Version de Nilus ; traduction utilisée : celle de V.E. Marsden, précédée d'une longue introduction et suivie de commentaires ; puis : « edited and revised by the Rev. D. Fahey », Londres, The Britons Publishing Co., 1965. Ce livre de L. Fry est, pour l'essentiel, le recueil de ses articles sur les *Protocoles* parus dans les années 1920-1930 ; il semble que la première édition de ce livre ait été sa traduction française : *Le retour des flots vers l'Orient. Le Juif, notre maître*, tr. fr. Mme A. Barrault, Paris, Ed. R.I.S.S., 1931].

Comm. J.S. Drummond, *The Twentieth Century Hoax*, Londres, Panorama Press, 1961. [Le texte des *Protocoles*, qui est celui de la traduction V.E. Marsden, constitue le ch. 2 [pp. 21-115] du livre, qui en comporte 10, de moindre longueur].

3.2. En anglais (Etats-Unis) :

The Protocols and World Revolution ; including a translation and analysis of the « Protocols of the Meetings of the Zionist Men of Wisdom », Boston, Small, Maynard and Co., 1920. Edition due, pour l'essentiel, à Boris Brasol.

« Praemonitus Praemunitus ». The Protocols of the Wise Men of Zion, New York, Beckwith and Co., 1920. Edition réalisée par H.A. Houghton.

The Protocols of the Meetings of the Learned Elders of Zion, rééd. de la version anglaise de V.E. Marsden, Chicago, The Patriotic Publishing Co., 1934.

The Protocols of the Learned Elders of Zion, Chicago, Right Cause Publishing Co., 1935.

Des rééditions de la version de V.E. Marsden ont été faites aux Etats-Unis dans les années 1980, notamment par Liberty Bell Publications (P.O. Box 21, Reedy, W.Va. 25270 U.S.A.), qui publient le mensuel *Liberty Bell : Protocols of the Learned Elders of Zion* (version courte, 72 p.) ; *The Protocols of the Meetings of the Learned Elders of Zion, with preface and explanatory notes* (reprise de la version « savante » de 1934, 300 p.) ; voir *Liberty Bell*, mars 1991, p. 7. La maison d'édition d'extrême droite The Noontide Press (Torrance, Californie) a également réédité la version de V.E. Marsden : *Protocols of the Meetings of the Learned Elders of Zion*, 1978 ; *Protocols of the Learned Elders of Zion*, 1986. En raison de la multiplicité des groupuscules néo-nazis aux Etats-Unis, les rééditions précédemment citées circulent plus facilement qu'en Europe de l'Ouest, et les éditions pirates sont légion.

4. En français :

« Protocols ». Procès-verbaux de réunions secrètes des Sages d'Israël, Paris, Edition de « La Vieille-France », 1920 [Introduction et Appendice non signés, dus à Urbain Gohier ; version de S.A. Nilus, pp. 13-81].

Mgr Ernest Jouin [Prélat de Sa Sainteté, Curé de Saint-Augustin, Paris], *Le Péril judéo-maçonnique*, vol. I : *Les « Protocols » des Sages de Sion*, Paris, Revue Internationale des Sociétés Secrètes [R.I.S.S.] et Librairie Emile-Paul, 1920 [Version de S.A. Nilus; 1re éd. in *R.I.S.S.*, octobre 1920, puis tirage à part ; l'édition précitée est composée d'une introduction datée du 15 août 1920 (29 p.), du texte des *« Protocols »* (pp. 30-143), des « Explications nécessaires » attribuées à Nilus « dans son édition russe de 1920 » (?, pp. 144-152), et de cinq appendices (pp. 153-197, le Ve étant paginé : pp. 1-25)].

« Protocols » des Sages de Sion, traduits directement du russe et précédés d'une introduction par Roger Lambelin, Paris, Bernard Grasset, 1921 (2e éd., 1925 ; édition définitive 1933 ; puis nombreuses réimpressions jusqu'en 1938). [Version de S.A. Nilus].

Mgr Ernest Jouin, *Le Péril judéo-maçonnique*, vol. IV : *Les « Protocols » de 1901, de G. Butmi*, Paris, R.I.S.S. et Librairie Emile-Paul, 1922.

Protocoles des Sages d'Israël, Paris, Edition nouvelle de « La Vieille-France », 1924, édition revue : novembre 1925 [Introduction et Annexes (augmentées) par Urbain Gohier ; texte : pp. 24-128].

Lesley Fry, *Le Retour des flots vers l'Orient. Le Juif, notre maître*, tr. fr. A. Barrault, Paris, R.I.S.S., 1931 [Version de Nilus, d'après V.E. Marsden, pp. 157-262].

W. Creutz, *Le Péril juif. Les Protocoles des Sages de Sion*, Paris et Brunoy, Les Nouvelles Editions Nationales, s.d. [1934] [Texte de S.A. Nilus, Introduction de W. Creutz, pp. 3-18 ; la maison d'édition n'est autre que *La Libre Parole* (H. Coston) ; nombreuses rééditions : par exemple, en 1978, par Liberty Bell Publications (P.O. Box 21, Reedy, W.Va. 25270 USA)].

Ligue « Franc-Catholique », *Les Protocols des Sages de Sion*, nouvelle édition, Paris, R.I.S.S., 1934 [Texte conforme à l'édition des « Protocols » de Butmi par Mgr Jouin, 1922 ; reprend en conclusion les pages 317-327 de l'édition 1922].

A. Robert, *Les Protocoles des Sages de Sion*, Bruxelles, 1935.

Iwan Heilbut, *Les vrais Sages de Sion*, traduit de l'allemand par Arnold Mandel, Paris, Denoël, 1937 [Contient des extraits des *Protocoles* (pp. 63 sq.), accompagnés de commentaires critiques].

Le Complot juif. Les Protocoles des Sages de Sion, Paris, s.d. [1938, 1939], Rassemblement Anti-Juif de France, Préface de Darquier de Pellepoix.

Les protocoles des Sages de Sion, Paris, F. Sorlot, s.d. [1937 ou 1938].

Le Péril juif. Texte intégral des Protocols des Sages d'Israël, Paris, Office de Propagande Nationale, s.d. (1938 ?) [Version de Nilus, pp. 5-94 ; Introduction (pp. 3-4) non signée, due vraisemblablement à Henry Coston, directeur de l'O.P.N. (diffuseur de nombreux ouvrages sur la « juiverie » et la franc-maçonnerie), et directeur de *La Libre Parole*, « l'organe de l'anti-judaïsme français », situés à la même adresse (5, rue Cardinal-Mercier, Paris, 9e)].

Les « Protocoles » des Sages de Sion, Paris, Editions C.E.A., 1943 [Editions du Centre d'Etudes Antibolcheviques (Louis-Charles Lecoc et André Chaumet), organisme chargé de la propagande du Comité d'Action Antibolchevique (Paul Chack dir.) ; version Nilus, introduction non signée (pp. 3-15), datée du 1er août 1943].

Les Protocols des Sages de Sion, éd. artisanale [Version Butmi avec variantes ; réédition du texte publié en 1934 par la Ligue « Franc-Catholique », précédé d'une Introduction non signée, datée du 1er août 1943, qui reprend partiellement celle du C.E.A. (1943), et suivi de la « Conclusion » (1922) de Mgr Jouin]. Réédition sans date ni lieu.

Les Protocols des Sages de Sion, rééd. de la version Butmi d'après Mgr Jouin (1922), sans la « Conclusion » ; précédée de citations du *Times* (8 mai 1920) et de Henry Ford (pp. 5-6), puis d'une partie de l'introduction non signée de l'édition du C.E.A. (1943), dont le début et les derniers paragraphes sont coupés. Edition pirate sans date ni lieu d'édition (années 1970 ?).

Jean de La Herse, *Un prétendu faux véridique. Les Protocoles des Sages de Sion*, Vichy, Editions « La Porte latine », 1943.

Boyer (Abbé Jean), *Les derniers temps avant la fin du monde*, Edité par Action Fatima-La Salette, Seignosse (Landes), s.d. [1965] [Annexe III : *Les Protocoles des Sages de Sion*, pp. 57-180 ; version de G. Butmi, d'après Mgr Jouin (1922), précédée d'un court avertissement (p. 57), et d'un extrait de l'introduction non signée de l'édition du C.E.A. (1943) - sans ses premières pages ni ses dernières phrases (et surtout, sans que soit mentionnée la date du 1er août 1943) - ; J. Boyer se contente ensuite de reproduire textuellement l'avertissement (pp. 65-66) et la préface (pp. 67-87) de l'édition de la Ligue « Franc-Catholique » parue en 1934, et enfin la traduction française de la version de Butmi (pp. 88-170), suivie par la « Conclusion » de Mgr Jouin (pp. 171-179), accompagnée d'une annexe sur les correspondances entre les versions de Nilus et de Butmi (p. 180)].

Protocoles des Sages de Sion [Version de Butmi], *Revision*, n° 3, mai 1989, pp. 13-16 (présentation par Alain Guionnet, pp. 12-13) ; n° 4, juin 1989, pp. 15-19 ; nos 5 et 6, juillet-août 1989, pp. 24-30 ; n° 7, septembre 1989, p. 17-21. [Publication en feuilleton des *Protocoles*, dans une revue négationniste, se disant « post-révisionniste »].

Maître Eckhart [*sic*], *Essai critique des protocoles de 1912*, Les Editions Nouvelles, 1935 [en fait : Paris, 1990 ; reproduction artisanale de l'édition de R. Lambelin, 1925].

Protocoles, Rodez, 1990 (?) ; réédition par Christian Ricard, fondateur du mouvement « Présence et Priorité Françaises », et l'un des premiers responsables du Front national en Aveyron (C. Ricard a été inculpé le 25 avril 1991 pour avoir « mis en vente, distribué ou fait circuler » les *Protocoles*).

Les Protocoles des Sages de Sion, Nordland Forlag, Aalborg, Danemark, [fin des années 1980] ; les Editions Nordland, qui publient en français le périodique *Le National-Socialiste* (depuis l'automne de 1989), diffusent des textes nazis et antijuifs en français, en anglais et en allemand).

Réimpressions des versions françaises (pays arabes, Etats et mouvements islamiques) :

Protocoles des Sages de Sion, Le Caire, Centre d'Etudes du Moyen-Orient, 1960.

« Protocols » des Sages de Sion. Texte complet conforme à l'original adopté par le Congrès sioniste réuni à Bâle (Suisse) en 1897, Beyrouth, Les Presses Islamiques, novembre 1967. La couverture, en première page, porte : « La vérité sur les plans d'Israël révélée par un document israélite » ; préface signée Faëz Ajjaz (pp. I-III) ; puis introduction de Roger Lambelin (1921, pp. V-XXXV) et reprise de la traduction française publiée chez Grasset (1921). La même réédition a été reproduite (également datée de novembre 1967) avec un texte différent sur la première page de couverture : *« Les Protocols » des Sages de Sion. Texte intégral publié en 1905 par Serguei A. Nylus conservé au British Museum Library* ; avec le chapeau : « La vérité sur Israël, ses plans, ses visées, révélée par un document israélite ». De nombreuses réimpressions de cette édition ont été faites dans divers pays arabes. Par exemple : *« Protocols » des Sages de Sion*, Tunis, Editions Bouslama, 1979 ; ou encore par exemple, en 1986, au Koweit, par la Fédération islamique internationale des organisations d'étudiants (rééd. diffusée à Paris par certaines librairies islamiques, en 1987).

« Protocols » des Sages de Sion. Texte complet conforme à l'original adopté par le Congrès sioniste à Bâle (Suisse) en 1897, sans lieu d'édition [Téhéran], L'Organisation pour la Propagande Islamique, s.d. [1985]. La première page de couverture porte également : « La vérité sur les plans d'Israël révélée par un document israélite » ; l'introduction de l'éditeur (« Au nom de Dieu, Clément et Miséricordieux », pp. 5-7) est suivie par l'introduction de R. Lambelin (1921 ; pp. 9-33), précédant la traduction publiée chez Grasset (1921). Cette édition française (ainsi qu'une édition anglaise) des *Protocoles* a été largement diffusée en Europe en 1986-1987 ; c'est ainsi que l'on trouvait exposés, au stand de la République islamique d'Iran, lors du Deuxième Salon international du livre et de la presse tenu à Genève en mai 1988, des exemplaires de ces rééditions des *Protocoles*.

« Protocols » des Sages de Sion, publication en feuilleton de la version Lambelin/Grasset (1921), dans l'hebdomadaire *Le jeune Indépendant* (Alger), en novembre-décembre 1991.

5. *En polonais* [1] *:*

Bacznosc !! Przeczytaj i daj innym, rok 1897-1920. [En garde !! Lis et fais circuler, 1897-1920], Warszawa, [s.d., préface de décembre 1919].

Protokoly Medrcow Sjonu [Protocoles des Sages de Sion], Warszawa, Towarzystwo « Rozwoj », Biblioteczka Zydoznawcza, n° 1, 1923.

Protokoly Medrcow Sjonu [Protocoles des Sages de Sion], Krakow, nakladem Redakcji « Haslo narodowe », Bibljoteka Hasla Narodowego n° 3, 1925.

24 Protokoly posiedzen Medrcow Sjonu [24 Protocoles des assemblées des Sages de Sion], Bibljoteka Zydoznawcza n° 3, 1926.

« Wrog przed brama ! » Protokuly Posiedzen Medrcow Sjonu [« L'ennemi devant la porte ! » Protocoles des assemblées des Sages de Sion], Bydgoszcz, Wydawcy W.C. et A.K., drukarnia polska, S.A. Bydgoszcz, 1930.

Protokoly Medrcow Sjonu [Protocoles des Sages de Sion], Warszawa, Wilno, Lwow, Krakow, Katowice, Poznan, Polska drukarnia nakladowa « Lux », Wilno, 1934.

Protokoly Medrcow Sjonu [Protocoles des Sages de Sion], Warszawa, Wilno, Lwow, Krakow, Katowice, Poznan, Drukarnia « Marianum », Wilno, 1936.

Rudzki Boleslaw [opracowal], *Protokoly Medrcow Syjonu czyli wyklady medrca syjonskiego w plany podboju swiata przez zydow* [Les Protocoles des Sages de Sion ou les enseignements d'un sage de Sion initié aux plans

(1) Liste établie par Paul Zawadzki.

de conquête du monde par les Juifs], Poznan, Wydawnictwo « Samoobrona narodu », 1re édition [1937 ?].

Idem, 2e édition, Poznan, Wydawnoctwo « Samoobrona narodu », 1937.

Idem, 3e édition, Krakau, Nakladem « Nauka i sztuka », 1943.

Dr Wardzinski Wladyslaw, *Swiatowy spisek zydostwa w swietle « Protokolow Medrcow Syonu » przedstawiony* [Le complot juif mondial exposé à la lumière des « Protocoles des Sages de Sion »], Krakow, Wydawnictwo « Nauka i Sztuka », 1943.

Edition(s) de 1967-8, non identifiées.

Protokoly Medrcow Syjonu, Warszawa, [1982] [réédition en samisdat de la version de 1923, Towarzystwo « Rozwoj »].

Protokoly Medrcow Syjonu, [Krakow], [1983] [réédition en samisdat de la version de 1934, drukarnia « Lux »].

Rudzki B. (opracowal), *Protokoly Medrcow Syjonu czyli wyklady medrca syjonskiego wtajemnicczonego w plany podboju swiata przez Zydow*, [deuxième moitié des années 1980], [réédition en samisdat de la version de 1943, Krakau, Nakladem « Nauka i sztuka »].

Il existe au moins deux éditions de la première émigration polonaise :

Protokuly z Posiedzen Rady Medrcow Syonu. Dlaczego Zydzi Wywolali Wojne Swiatowa i Bolszewizm [Protocoles des Assemblées du Conseil des Sages de Sion. Pourquoi les Juifs ont provoqué la Guerre mondiale et le Bolchevisme], Chicago, « Rozwoj » [s.d. ; pas avant 1919].

« Mane, Tekel, Upharsin ! »... Ksiega Straszliwa, Protokoly Obrad Medrcow Sjonu [« Mane, Tekel, Upharsin !... le livre terrifiant des sessions des Sages de Sion], New York, 1920.

6. *En italien :*

Sergyei Nilus, *L'Internazionale ebraica. Protocolli dei « Savi Anziani » di Sion*, Roma, Ed. *La Vita italiana* (Rassegna Mensile di Politica ; dir : Giovanni Preziosi [1881-1945], 1921 [« Versione italiana con Appendice » ; *Protocoles*, pp. 19-116 ; traduction italienne de la préface de G. Shanks (Londres, 2 décembre 1919), pp. 9-10, suivie par celle de l'introduction de S.A. Nilus (1905), pp. 11-15 ; l'Appendice commence par le « Discours du Rabbin », pp. 129-137, et reprend des extraits de la presse antisémite de l'époque].

Documenti della conquista ebraica del mondo. I Protocolli dei Savi Anziani di Sion, a cura di mons. Umberto Benigni, Firenze, Ed. *Fede e Ragione*, 1982 [*Protocoles*, pp. 3-47].

I Protocolli dei Savi di Sion. Testo integrale publicato nel 1905 da Sergio A. Nylus, conservato e catalogato al British museum library, Lucera, A. Catapano, 1927.

L'Internazionale ebraica. I Protocolli dei Savi Anziani di Sion. Versione italiana con appendice a cura di G. Preziosi. Introduzione di Julius Evola, Roma, Ed. *La Vita italiana*, novembre 1937. [Rééd. du texte de 1921 ; rééd. en 1938 et 1939].

I Protocolli dei Saggi di Sion (Sensazionale documentario), Milano, Mundus, 1938.

I Protocolli dei Savi di Sion. Con introduzione e appendice di G. Preziosi, Milano, Mondadori, 1944 (rééd., 1945).

I Protocolli dei Savi Anziani di Sion dettati al mondo dall' Internazionale ebraica, Torino, Ed. Sit, 1944.

I Protocolli dei Savi anziani di Sion, Padova, Edizioni di Ar, 1971. [Rééd. de la version Preziosi, par les soins de Claudio Mutti, aux éditions fondées par Franco « Giorgio » Freda].

I Protocolli dei Savi anziani di Sion, a cura di Vermijon [pseudo. de Umberto Greco], Roma, Stampa Scatolgraf, 1972.

Claudio Mutti (éd.), *Ebraicità ed Ebraismo. I Protocolli dei Savi di Sion*, Padova, Edizioni di Ar, 1976. [Version de Nilus, traduite par G. Preziosi d'après la première édition britannique, pp. 67-164 ; textes introductifs et commentaires par Giorgio Freda, Claudio Mutti, Julius Evola (réédition de plusieurs articles), H. de Vries de Heekelingen].

7. *En espagnol (Espagne, Argentine, Colombie) :*

Los peligros judio-masónicos. Los Protocolos de los sabios de Sión. Edicion completa con estudios y comentarios criticos de E. Jouin, [lieu ?], 1927.

Los Protocols. Los Sabios de Sión. El Gobierno Mundial Invisible. El Programa Judio para Subyugar al Mundo, Leipzig, Hammer-Verlag, 1930.

Los Poderes occultos de España, trad. esp. A. Jaraix, Barcelone, 1932.

Protocols de los Jefes de Israel, Madrid, Aguilar, 1934.

Los Protocols de los Sabios de Sión, trad. esp. Duc de la Victoria, Madrid, 5e éd., 1935. [D'après l'édition de R. Lambelin (1921)].

L'Internacionale Hebraica : los « Protocolos » de los Sabios Ancianos de Sión, trad. esp. de la version de G. Preziosi (1921, 1937, 1938), Rome, Soc. ed. Novissima, 1938.

Sabios de Sión. Protocolos. Plan : Destruir la Cristianidad - Esclavizar la Humanidad, Madrid, 1963.

Serge Nilus, *Los Protocolos de los Sabios de Sión*, trad. esp. J. Fernandez, Valence et Barcelone, Ediciones Petronio, 1975. [Contient notamment l'introduction « historique » de Mgr Jouin (1920) : « Los Secretos de los sabios de Sión » ; divers extraits des commentaires publiés par Mgr Jouin ou R. Lambelin dans leurs éditions des *Protocoles*, et un épilogue signé « D. de la V. » ; cette version est encore diffusée, à la fin des années 1980, par le Cedade, organisation néo-nazie de Barcelone].

Los Protocolos de Sión, trad. esp. Eva Pardo de la Cruz d'après la version allemande, par Theodor Fritsch, du texte de Nilus, Buenos Aires, Editorial Milicia, 1976. [Le sous-titre est : « El Programa del Gobierno Secreto Internacional » ; vol. 18 de la « Bibliothèque de formation doctrinale », faisant suite à des traductions de livres de J. Goebbels, A. Hitler, A. Rosenberg, G. Feder, G.-A. Amaudruz, et de négationnistes tels que H. Roth ou T. Christophersen].

Los Protocolos de los Sabios de Sión, 1898-1990, commentados por Joaquim Bochaca Oriol, Bogotá, Colombie, Editorial Solar, 1990. [J. Bochaca a été membre de la rédaction du mensuel néo-nazi *Cedade*, « Revista nacionalsocialista », Barcelone].

8. *En portugais (Brésil) :*

Os Protocolos dos Sábios de Sião, texto completo e apostilado por Gustavo Barroso, São Paulo, Agencia Minerva, 1936. La 1re édition paraît en septembre 1936, la 2e en octobre de la même année. Le livre se compose de 4 parties et d'un appendice : I. « O Perigo Judaico », por Roger Lambelin (pp. 1-20) ; II. « A autenticidade dos Protocolos dos Sábios de Sião », por W. Creutz, pp. 21-50 ; III. « O grande processo de Berna... », por G. Barroso, pp. 51-82 ; IV. Texte des *Protocoles* (d'après S.A. Nilus, en 24 « chapitres »), pp. 83-229 ; appendice : extrait du *Jüdisches lexicon*, vol. IV, 1932, pp. 223-238. [G. Barroso (1888-1959) traduira en portugais, deux ans plus tard, le petit livre d'I. Bertrand, *La Franc-Maçonnerie, secte juive* (Paris, 1905), que nous analysons, *supra*, dans notre ch. VII].

T. Moreiro, *Os Protocolos dos Sábios de Sião. O Dominio de Mundo pelos Judeus*, Rio de Janeiro, s.d.

Os Protocolos dos Sábios de Sião [réédition du texte publié en 1936 par G. Barroso], Porto Alegre, Revisão Editora Ltda., 1989. Réédition pour commémorer le centenaire de la naissance du doctrinaire fasciste brésilien, par une maison d'édition spécialisée dans la publication des écrits négationnistes, notamment ceux de S.E. Castan, auteur des « observations finales » de cette réédition (pp. 169-172) ; voir le tome II du présent ouvrage].

9. En hongrois :

Utban a Világuralom Felé. Cion Bölçseinek Jegyzökönyvei (Vers la domination du monde. *Les Protocoles des Sages de Sion*), traduction et introduction par István Szabó, Vienne, A Fordito Kiadása, 1920.

Cion Bölcseinek Jegyzökönyvei. A Bolsevikiek Bibliája (*Les Protocoles des Sages de Sion.* La Bible des Bolcheviks), 1922.

Utban a Világuralom Felé... Cion Bölcseinek Jegyzökönyve ès a Berni Protokkoll Per (Vers la domination du monde... *Les Protocoles des Sages de Sion* et le procès des *Protocoles* à Berne), traduit par István Szabó, introduction de Zoltán Bosnyák, publié par la Librairie antibolchevique Ferenc Löusey, 1937.

Cion Bölçseinek Jegyzökönyve (Les Protocoles des Sages de Sion), Londres, 1974 (réédition par une organisation d'émigrés hongrois).

10. En slovène, serbe ou croate (Yougoslavie) :

Mihajlo Popovski, *Tajanstveni Svet Masona* (Le monde mystérieux des Francs-Maçons), Belgrade, 1921 (livre qui contient le texte des *Protocoles*) ; réédition en 1983 par « Vuk Karadzic » *(sic),* à 10 000 exemplaires.

M. Tomič, *Prave Osnove ili Protokoli Sionskih Mudraca* (Les bases réelles ou les *Protocoles des Sages de Sion*), Split-Šibernik, 1929 (en croate).

Patrioticus, *Ko Potkopava Tchovetchanštvo* (Les fossoyeurs de l'humanité), Belgrade, 1934.

Protokoli Skupora Sionskikh Mudraca (Les Protocoles des réunions des Sages de Sion), Belgrade, 1939.

Jedan Vazan Dokument (Un document important), Berlin, 1936 (en croate).

Une réédition des *Protocoles*, traduits du russe, a été publiée à Belgrade en 1988 (en serbe). Les *Protocoles* ont été publiés en feuilleton dans un périodique destiné à la jeunesse, à Ljubljana, durant l'été de 1989 : *« Feljton. Protokoli Sionskih Modrecev »* (en slovène).

11. En grec :

Il semble que la première traduction grecque des *Protocoles* ait été celles de 1928 (publiée par « Drasis »), souvent rééditée depuis, dans les années trente et quarante, mais aussi après 1945. En 1976 paraît une réédition des *Protocoles*, avec une introduction de N. Psaroudakis, aux éditions Minima, à Athènes. Dans les années 1970 et 1980, on observe plusieurs rééditions de la version des *Protocoles* accompagnée des commentaires de l'Archimandrite Ch. Vasilopoulos (fondateur de l'Union Nationale Orthodoxe), aux Presses Orthodoxes.

Nous cessons ici, faute de place et afin de procéder à un complément d'enquête, notre tour d'Occident des *Protocoles*. Il s'agit maintenant de donner une idée de la production arabe et islamique des *Protocoles* [2].

12. En arabe [3] *:*

1. Yamīn, al-Khūri Antūn, *Mu'āmarat al-Yahūdiyya Ala al-Shu'ūb aw Madābit al-Jalsāt al-Sirriyya li-Hukamā' Isrā'il* (La conspiration du Judaïsme [ou : de la juiverie] contre les peuples, ou *Les Protocoles des séances secrètes des Sages d'Israël*) 288 p. ; sans date, texte édité probablement entre 1925 et 1927 (Le Caire ?), et traduit d'après la version française donnée par Urbain Gohier, en 1920, dans *La Vieille-France* (et dans le livre publié la même année). Autre traduction arabe faite d'après une version française : celle qui paraît dans la revue éditée par la communauté catholique romaine de Jérusalem, *Raqīb Shayūn*, le 15 janvier 1926 (*cf.* B. Lewis, *op. cit.*, 1987, p. 258). Comme pour la plupart des traductions arabes (ou des éditions françaises autant qu'anglaises circulant dans le monde arabe), il s'agit de la version de S.A. Nilus des *Protocoles*, en 24 « séances » ou « chapitres ».

2. Zurayk, Frederick, *Ahdāf al-Sahyūniyya* (Les objectifs du Sionisme), édité par Jamiyyat al-Tamaddun al-Islāmī.

3. Al-Tunsī, Muhammad Khalīfa, *Al-Khatar al-Yahūdī, Brūtūkūlāt Hukamā' Sahyūn*, (Le Péril juif, *Les Protocoles des Sages de Sion*), traduit à partir de l'édition anglaise faite par les « Britons » (V.E. Marsden). Première édition, Le Caire, 1951, 180 p. La deuxième édition comporte une introduction du traducteur (al-Tunsī), plus longue que celle figurant dans la première. La troisième édition (Le Caire, 1961, 249 p.) comporte

(2) Nous serions très heureux de recevoir des lecteurs du présent ouvrage des informations ou des documents susceptibles de compléter notre bibliographie.

(3) Nous reprenons ici la bibliographie établie par Y. Harkabi dans son livre de référence, *Arab Attitudes to Israel* (Jerusalem, 1972, p. 518), que nous complétons et précisons, en suivant notamment les travaux plus récents de B. Lewis (*op. cit.*, 1985, 1987 et 1989), de N. A. Sillman (1975, 1986) et d'O. Carré (1991). Sur la spécificité arabo-islamique de l'opinion savante sur les *Protocoles*, voir : B. Lewis, 1985, pp. 234-236 (lettre du Dr Abdelwahab M. Elmessiri à la rédaction de *Foreign Affairs*, parue en avril 1977, et réponse de B. Lewis) ; B. Lewis, 1987, pp. 271, 357 notes 15 à 17. Il s'agit d'un position dubitationniste du type : « Selon l'opinion actuellement dominante, les *Protocoles* serait un faux » (cité par B. Lewis, 1987, p. 271). Que peut dès lors penser l'opinion non « éclairée » sur la question ?

une présentation (littéralement : une « adresse ») signée Abbās Mahmūd al-Aqqād, qui est en fait son compte rendu critique (très bienveillant) de la première édition de cette traduction en arabe (la première en date due à un musulman), publié dans le journal *Al-Asās* le 23 novembre 1951. L'introduction du traducteur, datée du 16 mars 1961, a été augmentée. Voir aussi : A.M. al-Aqqād, *Al-Sahyūniyya al-Alamiyya* (Le sionisme mondial). Le Caire, Ikhtarnā Lak, 1956, 166 p., qui comporte en appendice une version abrégée des *Protocoles*. La quatrième édition, publiée sans date à Beyrouth (1968 ?), comporte 233 p. et reprend les textes introductifs de la troisième édition. Le 8 mars 1970, le quotidien libanais *Al-Anwār* présente cette édition des *Protocoles* comme un best-seller, peut-être en référence à une cinquième édition (ou à une réimpression). Une nouvelle édition paraît au Caire, en 1972, aux Imprimeries de la Sunna muhammadienne (248 p. ; voir *supra*, ch. VII, et le tome II du présent ouvrage). On peut également signaler une reprise de l'édition al-Tunsī des *Protocoles* à Damas, s.d. [1952], comportant l'introduction du traducteur et une « préface » signée Oscar Levy (datée de Londres, août 1921), et sous-titrée : « *Les Protocoles des Sages de Sion* ou l'Evangile bolchevique » (*cf.* O. Carré, *op. cit.*, 1991, p. 210 note 1). Cette version arabe sera souvent rééditée, tant en Syrie qu'à Koweit. Parmi les éditions récentes des *Protocoles* à Damas, il faut mentionner celle du général Mustafa Tlass, ministre de la Défense du gouvernement syrien (et auteur d'autres textes antijuifs).

4. *Al-Sahyūniyya Sāfira, Muqarrarāt al-Yahūd* (Le Sionisme dévoilé ; les desseins juifs), introduction de Sayyid Ahmad Hāmid al-Fuqī, datée du mois d'août 1951, Le Caire, 232 p. La traduction est celle de Yamīn.

5. *Brūtūkūl Hukamā' Sahyūn (Le Protocole des Sages de Sion)*, 119 p., Le Caire, 13 avril 1957.

6. Nasim, Mahir, *Al-Shuyu 'iyya wa-al Sahyūniyya* (Communisme et Sionisme), Le Caire, 1959, 191 p. Réédition de l'édition datée de 1957.

7. Abū al-Rus, Iliya, *Al-Yahūdiyya al-Alāmiyya wa-harbuka al-Mustamirr ala al-Masihiyya (Le Judaïsme mondial* [la Juiverie mondiale] et sa guerre permanente contre la chrétienté), Beyrouth, 1964, p. 191-273 ; reprend la version due à Al-Tunsī.

8. Nuwaihid, Ajjaj, *Brūtūkūlāt Hukamā' Sahyūn (Les Protocoles des Sages de Sion)*, Beyrouth, 1967, deux volumes, 309 p. et 303 p. Traduction faite à partir de la version Marsden publiée en anglais par les « Britons ». Nuwaihid fut Directeur de programme à la Radio Arabe de Jérusalem en 1940-1944. Les *Protocoles* sont publiés dans le premier volume.

9. Shawqī Abd al-Nāsir, (frère du Président Gamal Abdel Nasser), *Brūtūkūlāt Hukamā' Sahyūn wata'alīm al-Talmūd* (*Les Protocoles des Sages*

de Sion et les Préceptes du Talmud), Le Caire, s.d. (1968), 232 p. (Le quotidien *Al-Nahar* annonçait cette publication le 9 mai 1968). Une troisième édition (s.d.) paraîtra vers 1986-1987. Dans son introduction, l'auteur précise que des exemplaires tapés à la machine sont en vente en Egypte (*op. cit.*, p. 9).

Ces diverses éditions, mais plus particulièrement celle de M.K. al-Tunsī, sont réimprimées dans la plupart des pays arabes, agrémentées parfois de préfaces nouvelles, remettant en contexte le « document » supposé « révélateur ». Il semble que l'Arabie saoudite soit le plus gros producteur et exportateur des *Protocoles*, qu'on trouve dans toutes les librairies islamistes des grandes villes du Maghreb et du Machrek.

13. En persan (Iran) :

Les secrets de l'organisation occulte juive, traduit en persan par Mustafa Farhanlg, [Téhéran], Ed. Armand, 1948. Il s'agit vraisemblablement de la première édition des *Protocoles* en persan. Une seconde édition de la même traduction paraîtra chez un autre éditeur (éd. Farrokhi), à Téhéran, sans date.

Les secrets de l'organisation occulte juive, traduction faite à partir d'une version française, aux éditions (islamiques) Wal Åsr, s.d. (après la Révolution de 1979).

Que veut le sionisme ?, traduit de l'anglais par Bahram Mohsenpour, [Téhéran], 1981.

L'Etat de l'Organisation, traduit de l'anglais par Muhammad Rafi'i Mehrabadi, [Téhéran], 1985.

On trouve des extraits du texte des *Protocoles* dans divers ouvrages antijuifs :

Seyyel Gholam-Reza S'aîdi, *Le Péril juif pour le monde musulman*, [Téhéran ?], 1956.

Seyyed Muhammad Shirazi, *Le monde, jouet du Juif*, traduit de l'arabe en persan par Hadi Moddarresi, [1968 ?].

(Anonyme), *Le monde sous la domination du sionisme*, édité par l'Organisation des Pasdarans [Gardiens de la Révolution islamique], 1981. On y trouve par exemple une interprétation des « événements » de mai 1968 en France, expliqués par un complot juif.

Voir l'article (non signé) intitulé « Les Protocoles du Sionisme », paru dans la revue *Khabar Nameh Farhangi-Ejtema'i*, n° 45, [publiée par l'Organisation pour la Propagande Islamique], août 1988 ; repris in *Andeesheh va Peykar*, n° 2, janvier 1989, 2e Supplément, juin 1989, pp. 17-21.

14. Articles d'information (non signés) sur la diffusion contemporaine des *Protocoles*, parus dans le bimestriel britannique *Patterns of Prejudice* (liste non exhaustive) :

« Neo-Nazis pro-Arab and Arab antisemites », *Patterns of Prejudice*, vol. 2, n° 2, mars-avril 1968, pp. 13-14.

« Arab Antisemites' Nazi Model », *Patterns of Prejudice*, vol. 16, n° 3, juillet 1972, pp. 13-18.

« Arab Antisemitism », *Patterns of Prejudice*, vol. 4, n° 1, janvier-février 1970, pp. 22-23.

« The "Protocols" in Tunis », *Patterns of Prejudice*, vo. 13, n° 6, novembre-décembre 1979, pp. 13-14.

« Spanish "Friends of Europe" », *Patterns of Prejudice*, vol. 16, n° 1, janvier 1982, pp. 41-43. [Sur l'organisation néo-nazie Cedade : « Círculo Español de Amigos de Europa » (Cercle espagnol des amis de l'Europe, Barcelone), et ses publications].

« Antisemitic publishing in Greece », *Patterns of Prejudice*, vol. 17, n° 3, juillet 1983, pp. 36-38.

« The *Protocols* surface in Yugoslavia », *Patterns of Prejudice*, vol. 18, n° 4, octobre 1984, pp. 31-32.

15. Pour étudier l'opération des plagiaires, il convient bien sûr de se reporter au principal texte plagié :

Maurice Joly, *Dialogue aux enfers entre Machiavel et Montesquieu ou la politique de Machiavel au XIXe siècle*, Bruxelles, Imprimerie de A. Mertens et fils, 1864 (publication anonyme : « par un contemporain »).

Rééditions récentes :

M. Joly, *Dialogue aux enfers entre Machiavel et Montesquieu*, Paris, Calmann-Lévy, 1968, préface de Jean-François Revel.

M. Joly, *ibid.*, Paris, Editions Allia, 1987 (texte suivi d'extraits des livres de : H. Rollin, 1939 ; et N. Cohn, 1967).

II. Etudes historiques, analyses critiques et enquêtes : le mythe du complot juif et les « *Protocoles des Sages de Sion* » (origines, contenus, usages, significations) [1].

Abitbol (Michel), *Les Juifs d'Afrique du Nord sous Vichy*, Paris, G.-P. Maisonneuve et Larose, 1983. [Surtout : première partie, pp. 17-45].

Allport (Gordon W.), *The Nature of Prejudice*, New York, Addison-Wesley Publishing Company, 1954 ; édition abrégée, New York, Doubleday Anchor Books, 1958. [Notamment : ch. 7, 12, 15, 26].

Almog (Shmuel) (ed.), *Antisemitism through the Ages*, Oxford, New York, Pergamon Press, 1988.

Alter (Robert), « Rhetoric and the Arab Mind », *Commentary*, octobre 1968, pp. 61-85.

Angel (Pierre), « L'antisémitisme de Hitler », *Annales du C.E.S.E.R.E.* (Université Paris XIII), nº 3, 1980, pp. 87-101.

Angenot (Marc), *Ce que l'on dit des Juifs en 1889. Antisémitisme et discours social*, Presses Universitaires de Vincennes, Saint-Denis, 1989, présentation de Madeleine Rebérioux.

Arendt (Hannah), *The Origins of Totalitarianism*, New York, Harcourt Brace, 1951 ; Ire partie : *Sur l'antisémitisme*, tr. fr. M. Pouteau, Paris, Calmann-Lévy, 1973 ; IIIe partie, *Le système totalitaire*, tr. fr. J.-L. Bourget, R. Davreu et P. Lévy, Paris, Le Seuil, 1972.
Auschwitz et Jérusalem, tr. fr. S. Courtine-Denamy, Paris, Editions Deuxtemps-Tierce, 1991. [Voir : « Les germes d'une internationale fasciste » (juin 1945), pp. 139-150].

(1) Nous faisons précéder d'un astérisque les livres ou les articles consacrés, entièrement ou en grande partie, à l'étude des *Protocoles* et de leurs avatars. Les autres études mentionnées contiennent soit des considérations sur le thème du complot (et, en particulier, sur celui du complot juif), soit certains développements sur la vision conspirationniste des *Protocoles*, ses origines et ses variations selon les contextes, rapportées à une histoire de l'antisémitisme, soit des propositions méthodologiques intéressant l'analyse des représentations du complot juif dans toutes ses variantes classiques (judéo-maçonnique, judéo-jacobin ou judéo-républicain, judéo-capitaliste ou judéo-ploutocratique, judéo-bolchevique, etc.) et ses reformulations contemporaines (complot sioniste, « impérialiste-sioniste », « américano-sioniste », etc.). Nous avons en outre indiqué, dans la plupart des ouvrages cités, les passages concernant l'objet ou le champ de nos investigations, afin de faciliter les recherches ultérieures, ou simplement satisfaire l'intérêt du lecteur exigeant.

Aron (Raymond), R.P. Daniélou, « La haine, ses origines religieuses et sociales », *Evidences*, 7e année, no 53, décembre 1955, pp. 43-49.

Aron (Raymond), *De Gaulle, Israël et les Juifs*, Paris, Plon, 1968. [Surtout : Ire partie, p. 13 sq. (« Le temps du soupçon »)].

* Asséo (Albert S.), *Dialogue sur les Temps nouveaux*, Nice, Ed. U.S.J., 1937 ; extrait (ch. III, brochure) : *Un faux monstrueux : « Les Protocoles des Sages de Sion »*, Paris, I.F.C., s.d. [1938].

Assouline (Pierre), « Henry Coston : itinéraire d'un antisémite », *L'Histoire*, no 148, octobre 1991, p. 56-58.

* Bach (H.I.), « Projections of the « Protocols », the Guilt Feeling in Antisemitism », *Patterns of Prejudice*, vol. 7, no 4, juillet-août 1973, pp. 24-31.

Baker (David L.), « A.K. Chesterton, the Strasser Brothers and the Politics of the National Front », *Patterns of Prejudice*, vol. 19, no 3, juillet 1985, pp. 23-33.
« The Appeal of Fascism : pathological Fantasy or Intellectual Coherence », *Patterns of Prejudice*, vol. 20, no 3, juillet 1986, pp. 3-12.

* Baratz (Léon), « Une version ukrainienne des "Protocoles des Sages de Sion" », *La Revue juive de Genève*, mai 1935 (tiré à part, 7 p.).

Barnavi (Elie), *Israël au XXe siècle*, Paris, P.U.F., 1982.

Baron (Salo W.), *The Russian Jew under Tsars and Soviets*, New York et Londres, Macmillan, 1964. [Notamment : pp. 65 sq.].
« Mutations dans l'antisémitisme », *Dispersion et Unité* (Jérusalem), no 17, 1977, pp. 9-44.

* Barth (Hans), « Maurice Joly, der plebiszitäre Cäsarismus und die Protokolle der Weisen von Zion », *Neue Zürcher Zeitung*, 31 mars 1962.

Bat Ye'or, *Le Dhimmi. Profil de l'opprimé en Orient et en Afrique du Nord depuis la conquête arabe*, Paris, Anthropos, 1980 ; nouvelle éd. revue et augmentée, trad. angl., *The Dhimmi. Jews and Christians under Islam*, Londres et Toronto, Fairleigh Dickinson University Press, 1985.

Bauman (Zygmunt), *Modernity and the Holocaust*, Cambridge, Polity Press, 1989. [Notamment : ch. 2 et 3].

Ben-Dasan (Isaiah), *The Japanese and the Jews*, New York, Weatherhell, 1972.

Berding (Helmut), *Histoire de l'antisémitisme en Allemagne* (1988), tr. fr. O. Mannoni, Paris, Editions de la Maison des Sciences de l'homme, Paris, 1991. [Notamment : pp. 169 sq.].

Bernardini (G.), « The Origins and Development of Racial Anti-Semitism in Fascist Italy », *The Journal of Modern History*, vol. XLIX, n° 3, 1977, pp. 431-453.

* Bernstein (Herman), *The History of a Lie. « The Protocols of the Wise Men of Zion ». A Study*, New York, J.S. Ogilvie, 1921.
* *The Truth about « The Protocols of Zion ». A Complete Exposure*, New York, Covici Friede, 1935 ; nouvelle édition, New York, Ktav Publishing House, 1971 (introduction par Norman Cohn).

Billig (Joseph), *Le Commissariat général aux Questions juives*, Paris, C.D.J.C., 3 tomes (1954, 1957, 1960).

Billig (Michael), *Fascists. A Social Psychological View of the National Front*, Londres et New York, Harcourt Brace Jovanovich, 1978. [Notamment : pp. 164 sq., 298 sq.].
* « Rhetoric of the Conspiracy Theory : Arguments in National Front Propaganda », *Patterns of Prejudice*, vol. 22, n° 2, été 1988, p. 23-34.

Birnbaum (Pierre), *Le peuple et les « gros ». Histoire d'un mythe*, Paris, Grasset et Fasquelle, 1979 ; 2e édition revue et augmentée, Paris, coll. « Pluriel », 1984.
Un mythe politique : la « République juive ». De Léon Blum à Pierre Mendès France, Paris, Fayard, 1988.

* Blank (Ruben), *Adolf Hitler, ses aspirations, sa politique, sa propagande et les « Protocoles des Sages de Sion »*, Paris, L. Beresniak, 1938 (préface de Paul Milioukov, pp. 7-38).

Bonaparte (Marie), *Mythes de guerre*, Paris, P.U.F., 1950 (1re éd., Londres, 1946). [Voir : ch. VII, « Le mythe du Juif-Satan », pp. 131 sq.].

* Bondy (L.W.), *Racketeers of Hatred*, Londres, Newman Wolsey Ltd., 1946.

Bonsirven (Joseph, S.J.), *Juifs et catholiques*, Paris, Flammarion, 1936.

* Bourtsev (Vladimir Lvovitch), *« Protokoly Sionskikh Moudretzov », Dokazanny Podlog* [Les *Protocols des Sages de Sion, un faux dévoilé*], Paris, Ed. Oreste Zeluk, 1938 (en russe).

Bouvier (Jean), *Les Rothschild*, Paris, Club Français du livre, 1960.

Bramstedt (Ernest K.), *Goebbels and National Socialist Propaganda 1925-1945*, Londres, The Cresset Press, 1965 ; trad. all., Francfort, 1971.

* Brunschvig (Georges), Raas (Emil), *Vernichtung einer Fälschung. Der Prozess um die erfundenen « Weisen von Zion »*, Zurich, Verlag « Die Gestaltung », 1938.

Burke (Kenneth), « The Rhetoric of Hitler's *Battle* » (1939), repris in K. Burke, *The Philosophy of Literary Form*, University of California

Press, 1973, pp. 191-220 ; tr. fr. G. Belleteste et C. Mouchard, « La rhétorique du “combat” de Hitler », *Littérature*, n° 84, décembre 1991, pp. 77-95.

Burrin (Philippe), *Hitler et les Juifs. Genèse d'un génocide*, Paris, Le Seuil, 1989. [Notamment : ch. 1, pp. 19-36, « L'antisémitisme hitlérien »].

Byrnes (Robert F.), *Antisemitism in Modern France. The Prologue to the Dreyfus Affair*, New York, The Trustees of Rutgers College in New Jersey, 1950 ; 2e éd., New York, Howard Fertig, 1969. [Notamment : p. 125 sq., sur les textes précurseurs des *Protocoles*].

Carré (Olivier), *Mystique et politique. Lecture révolutionnaire du Coran par Sayyid Qutb, Frère musulman radical*, Paris, Presses de la Fondation nationale des sciences politiques, 1984. [Notamment : pp. 103 sq., 208].
L'utopie islamique dans l'Orient arabe, Paris, Presses de la Fondation nationale des sciences politiques, 1991.

Cecil (Robert), *The Myth of the Master Race. Alfred Rosenberg and Nazi Ideology*, Londres, 1972.

Chairoff (Patrice), *Dossier néo-nazisme*, préface de Beate Klarsfeld, Paris, Ramsay, 1977. [Beaucoup d'informations, mais à utiliser avec précaution].

* Charles (Pierre, S.J.), *« Les Protocoles des Sages de Sion »*, Paris et Tournai, Casterman, 1938 ; extrait de la *Nouvelle Revue théologique*, t. 65, n° 1, janvier 1938, pp. 56-78 (repris dans le tome II du présent ouvrage). Nombreuses traductions et rééditions, par exemple : « The Learned Elders of Zion », *The Bridge. A Yearbook of Judaeo-Christian Studies*, vol. I, New York, Pantheon Books, 1955, pp. 161-188 (précédé d'une introduction de William Granger Ryan, pp. 159-161 ; trad. polonaise, Cracovie, 1990.
« Est-ce bien sérieux ? », *Nouvelle Revue Théologique*, t. 65, n° 8, septembre-octobre 1938, pp. 966-969 (réponse à H. de Vries de Heekelingen) ; voir aussi (article signé « La Nouvelle Revue Théologique » : « Les Protocoles des Sages de Sion. Point final », *ibid.*, n° 9, novembre 1938, pp. 1082-1084.

* Chayla (Armand Alexandre, comte du), « Serge Alexandrovitch Nilus et les *Protocoles des Sages de Sion* (1909-1920) », *La Tribune Juive*, 2e année, n° 72, 14 mai 1921, pp. 1-7.

Chevalier (Yves), *L'Antisémitisme. Le Juif comme bouc émissaire*, préface de François Bourricaud, Paris, Editions du Cerf, 1988. [Surtout : ch. V et VI].

Cohn (Norman), *Les fanatiques de l'Apocalypse* (1957), tr. fr. S. Clémendot, Paris, Julliard, 1962. [Conclusions, pp. 293 sq.].
* *Warrant for Genocide. The Myth of the Jewish World Conspiracy and the Protocols of the Elders of Zion*, Londres, Eyre and Spottiswoode, 1967 (2e éd., 1970) ; tr. fr. Léon Poliakov, *Histoire d'un mythe. La « Conspiration » juive et les Protocoles des Sages de Sion*, Paris, Gallimard, 1967.
Démonolâtrie et sorcellerie au Moyen Age. Fantasmes et réalités, tr. fr., Paris, Payot, 1982.

* Confino (Albert), *Les Protocoles des Sages de Sion* (texte d'une conférence prononcée le 27 mai 1938), Alger, Editions du Comité juif algérien d'études sociales, 1938, préface du Dr André Lévi-Valensi.

* Corcos (Fernand), « Les "Protocoles des Sages de Sion" » (lettre au directeur du *Temps*), *Le Temps*, 9 janvier 1934.

* Cordan (Wolfg.), *De Wijzen van Zion*, Amsterdam, 1934 (en hollandais).

Coudenhove-Kalergi (R.N., comte), *Judenhaß von heute* [La haine des Juifs à notre époque], Vienne et Zurich, Paneuropa-Verlag, 1935.

* Curtiss (John Shelton), *An Appraisal of the Protocols of Zion*, New York, Columbia University Press, 1942.
* « Protocols of Elders of Zion », in Isaac Landman (ed.), *The Universal Jewish Encyclopedia* (in ten volumes), New York, vol. 4, 1948, pp. 46-52. [Origine, contenu, inauthenticité].

Curtis (Michael) (ed.), *Antisemitism in the Contemporary World*, Boulder et Londres, Westview Press, 1986. [Voir : Glazer (N.), Raab (E.), Sivan (E.), Stillman (N.A.), Yadlin (R.)].

David (D.B.) (ed.), *Fear of Conspiracy*, Ithaca, 1971. [Notamment : D.B. Davis, « Some theories of counter-subversion : an analysis of anti-Masonic, anti-catholic and anti-Mormon literature »].

De Felice (Renzo), *Storia degli ebrci italiani sotto il fascismo*, Turin, Einaudi, 3e éd., 1972 (1re éd., 1962).
« Giovanni Preziosi e le origini del fascismo (1917-1931) », *Rivista storica del socialismo*, septembre-décembre 1962, p. 493-555.
Ebrei in un paese arabo. Gli ebrei nella Libia contemporanea tra colonialismo, nazionalismo arabo e sionismo (1835-1970), Bologne, Il Mulino, 1978.

* Delevsky (J.), *Protocoly Sionskikh Moudretzov. Istorija Odnogo Podloga* [Les Protocoles des Sages de Sion. Histoire d'un faux], Berlin, I. Ladyschnikow, 1923 (en russe).

Dieckhoff (Alain), « Le sionisme, "diable" des Palestiniens », *Les Nouveaux Cahiers*, nº 79, hiver 1984-1985, pp. 17-22.

Dioudonnat (Pierre-Marie), *« Je suis partout », 1930-1944. Les maurrassiens devant la tentation fasciste*, Paris, La Table Ronde, 1973.
L'argent nazi à la conquête de la presse française (1940-1944), Paris, Jean Picollec, 1981.

Di Vona (Piero), *Evola e Guénon. Tradizione e Civiltà*, Naples, Società Editrice Napoletana, 1985. [Voir surtout : pp. 22, 300 sq.].

Doubnov (Simon M.), *Histoire moderne du peuple juif*, tr. fr. S. Jankélévitch, Paris, Payot, 1933, tome II.

Epstein (Benjamin R.) et Foster (Arnold), *The New Anti-Semitism*, New York, McGraw Hill Books, 1974.

Epstein (Simon), *L'antisémitisme français aujourd'hui et demain*, Paris, Belfond, 1984.

Etiemble, « Le mythe des *Protocoles* », in *Racismes*, Paris, Editions Arlea, 1986, [recueil d'essais], pp. 199-207.

Ettinger (Shmuel), « Les racines de l'antisémitisme des temps modernes », *Dispersion et Unité* (Jérusalem), nº 12, 1972, pp. 205-232.
« Le caractère de l'antisémitisme contemporain », *Dispersion et Unité*, nº 14, 1975, pp. 141-157.

Eysenck (Hans Jürgen), « The Psychology of Anti-Semitism », *The Nineteenth Century and After*, nº 144, 1948, pp. 277-284 ; *id.*, « La psychologie de l'antisémitisme », in *Us et abus de la psychologie*, tr. fr. M. Dumonceau, Neuchâtel, Delachaux et Niestlé, 1956, pp. 188-202.

Faligot (Roger), Kauffer (Rémi), *Le Croissant et la Croix gammée. Les secrets de l'alliance entre l'Islam et le nazisme d'Hitler à nos jours*, Paris, Albin Michel, 1990.

Favrat (Jean), « Theodor Fritsch ou la conception "völkisch" de la propagande », *Revue d'Allemagne et des pays de langue allemande*, t. XVI, nº 3, juillet-septembre 1984, p. 521-532.

Farbstein (David), *Das Edikt von Konstantinopel*, Zurich, 1935.

Faye (Jean Pierre), *Migrations du récit sur le peuple juif*, Paris, Pierre Belfond, 1974.

* Federbusch (Simon), *Sions Vises Hemliga Protokoll I Sanningens Ljus*, Helsingfors, 1934 (en suédois ; éd. finlandaise, 1934).

Fein (Helen) (ed.), *The Persisting Question : Sociological Perspectives and Social Contexts of Modern Antisemitism*, Berlin and New York, De Gruyter, 1987.

Ferenzy (Oscar de), *Les Juifs et nous chrétiens*, Paris, Flammarion, 1935.

Ferraresi (Franco) (sous la direction de), *La destra radicale*, Milan, Feltrinelli, 1984. [Notamment : ch. 1, §§ 6 et 7].

Fontette (François de), *Histoire de l'antisémitisme*, Paris, P.U.F., 1982.

Franck (Claude), Herszlikowicz (Michel), *Le sionisme*, Paris, P.U.F., 1980. [Notamment : pp. 26-27, 90 sq.).

Fresco (Nadine), « Les redresseurs de morts », *Les Temps Modernes*, n° 407, juin 1980, pp. 2150-2211.
« Parcours du ressentiment », *Lignes*, n° 2, février 1988, pp. 29-72.

Freud (Sigmund), *Der Mann Moses und die monotheistische Religion* (1939), tr. fr. A. Berman, *Moïse et le monothéisme*, Paris, Gallimard, 1948, puis coll. « Idées », 1967, III, Ire partie, IV, p. 116 ; IIe partie, II, pp. 142-143.

Friedländer (Saül), *L'antisémitisme nazi : histoire d'une psychose collective*, Paris, Le Seuil, 1971.

* Friedrich (Otto), *Die Weisen von Zion. Das Buch der Fälschungen*, Lübeck, 1920 ; puis : *id., Weise von Zion*, Bratislava, Prague, 1936.

* Gaster (Theodor H.), « Protocols of Elders of Zion », in Isaac Landman (ed.), *The Universal Jewish Encyclopedia*, New York, 1948, vol. 4, pp. 52-60 (rééd., 1966, vol. 4, pp. 11-14).

* Gauchet (Marcel), « Le démon du soupçon » (entretien), *L'Histoire*, n° 84, décembre 1985, pp. 49-56.

Giniewski (Paul), *L'antisionisme*, Bruxelles, Editions de la Librairie Encyclopédique, 1969.
« L'antisémitisme arabe et le conflit arabo-israélien », Paris, Les Dossiers de France-Israël Information, n° 3, s.d. [1988].
« La perestroïka, Israël et les Juifs », *Politique internationale*, n° 46, hiver 1989-1990, pp. 135-153.

Girard (René), *le Bouc émissaire*, Paris, Grasset, 1982. [Surtout : ch. I et II].

Girardet (Raoul), *Mythes et mythologies politiques*, Paris, Le Seuil, 1986 [Surtout pp. 25-63].

Givet (Jacques), *La Gauche contre Israël ? Essai sur le néo-antisémitisme*, Paris, Jean-Jacques Pauvert, 1968.

Glazer (Nathan), « Anti-Zionism - A Global Phenomenon », in Michael Curtis (ed.), *op. cit.*, 1986, pp. 155-163.

Goiten (Salomon D.), *Jews and Arabs : Their Contacts through the Ages*, 3e éd. révisée, New York, 1974 ; tr. fr., *Juifs et Arabes*, Paris, coll. « Aleph », 1957.

Goodrick-Clarke (Nicolas), *Les racines occultistes du nazisme. Les Aryosophistes en Autriche et en Allemagne 1890-1935*, tr. fr. P. Jauffrineau et B. Dubant, Puiseaux, Ed. Pardès, 1989 (1re éd. angl., 1985).

Gordon (Sarah), *Hitler, Germans, and the « Jewist Question »*, Princeton, Princeton University Press, 1984.

Gould (Julius), « Paranoid Styles in the U.S.A. », *Patterns of Prejudice*, vol. 16, n° 1, janvier 1982, pp. 49-52.

Graeber (I.), Britt (S.H.) (eds), *Jews in a Gentile World. The Problem of Anti-Semitism*, New York, Macmillan, 1942 ; rééd., Westport, Connect., Greenwood Press, 1979.

* Graves (Philip), *The Truth about the Protocols : A Literary Forgery*, Londres, Printing House, 1921. [Recueil des articles publiés par le journaliste dans *The Times*, Londres, été 1921].

Green (D.F.) (éd.), *Les Juifs et Israël vus par les théologiens arabes*, extraits des procès-verbaux de la 4e Conférence de l'Académie de Recherches islamiques (Le Caire, Al-Azhar, septembre 1968), compilation et introduction de D.F. Green, préface de Léon Poliakov (pour l'éd. française), tr. fr. J.C. Pala, Genève, Editions de l'Avenir, 1972 ; 2e éd. corrigée, 1974 (1re éd. angl. complète, Le Caire, 1970).

Gurian (Waldemar), « Antisemitism in Modern Germany », in Koppel S. Pinson (ed.), *Essays on Antisemitism*, 2e éd. revue et augmentée, New York, The Conference on Jewish Relations, 1946, pp. 240 sq.

* Gwyer (John), *Portraits of Mean Men. A Short History of the Protocols of the Elders of Zion*, Londres, Cobden-Sanderson, 1938.

* Haim (Sylvia G.), « Arabic Antisemitic Literature : Some Prelimanary Notes », *Jewish Social Studies*, vol. 17, n° 4, 1955, pp. 307-312.

Harand (Irene), *Sein Kampf. Antwort an Hitler* [Son combat. Réponse à Hitler], Vienne, 1936.

* Harkabi (Yehoshafat), *Arab Attitudes to Israel*, trad. angl. Misha Louvish, Jérusalem, Israel University Press, 1972 (1re éd., 1968, en hébreu). [Notamment : pp. 269 sq.].
Palestine et Israël, tr. fr. J. Givet, Genève, Les Editions de l'Avenir, 1972. [Recueil d'articles ; voir surtout : ch. I, pp. 28 sq.].

* « Arabs Positions on Zionism », in Shmuel Almog (ed.), *Zionism and the Arabs*, Jérusalem, The Historical Society of Israel and the Zalman Shazar Center, 1983, p. 187-195.

Haynal (André), Molnar (Miklos), Puymège (Gérard de), *Le fanatisme, ses racines. Un essai historique et psychanalytique*, Paris, Stock, 1980. [Notamment : pp. 199 sq.].

Hazan (Baruch A.), *Soviet Propaganda. A Case Study of the Middle East Conflict*, Jérusalem, Keter Publishing House Jerusalem Ltd., 1976. [Sur les thèmes de la propagande antisioniste : pp. 144 sq.].

Heiden (Konrad), *Der Führer*, Londres, Victor Gollancz, 1945.

* Heilbut (Ivan), *Die öffentlichen Verleumder. Die « Protokolle der Weisen von Zion » und ihre Anwendung in der heutigen Weltpolitik* [Les calomniateurs publics. Les « Protocoles des Sages de Sion » et leur application à la politique mondiale contemporaine], Zurich, Europa-Verlag, 1937 ; tr. fr. Arnold Mandel, *Les vrais Sages de Sion*, Paris, Editions Denoël, 1937.

Hermann (Imre), *Psychologie de l'antisémitisme*, tr. fr. G. Kassaï, G. Gachnochi et G.J. Gachnochi-Tattay, Paris, Editions de l'Eclat, 1986 (1re éd. hongroise, Budapest, 1945).

Hirszowicz (Lukacs), *The Third Reich and the Arab East*, Londres, Routledge and Kegan Paul, 1966 (1re éd. polonaise, 1963 ; trad. en hébreu, Tel-Aviv, 1965).

Hofstadter (Richard), *The Paranoid Style in American Politics*, New York, Alfred A. Knopf, 1965.

* Holmes (Colin), « New Light on *The Protocols of Zion* », *Patterns of Prejudice*, vol. 11, nº 6, novembre-décembre 1977, pp. 13-21.
 * « The *Protocols* of the "Britons" », *Patterns of Prejudice*, vol. 12, nº 6, novembre-décembre 1978, pp. 13-18.
 * *Anti-Semitism in British Society 1876-1939*, Londres, Edward Arnold, 1979. [Principalement : ch. 9-ch. 14 (IIIe partie)].

Horkheimer (Max), Adorno (Theodor W.), *La dialectique de la raison. Fragments philosophiques*, tr. fr. E. Kaufholz, Paris, Gallimard, 1974 (1re éd. amér., 1944 ; puis 1947 ; et nouvelle éd. all., 1969). [Voir : « Eléments de l'antisémitisme. Limites de la raison », pp. 177-215].

* Horst (A.D. van der), *De Protokollen der Wijzen van Zion*, Antwerpen, 1936 [en hollandais].

* Institute of Jewish Affairs, *The Post-War Career of the Protocols of Zion*, Research Report, Londres, décembre 1981.

Jäckel (Eberhard), *Hitler idéologue* (1969), tr. fr. J. Chavy, Paris, Calmann-Lévy, 1973.

Jelen (Christian), *La Purge. Chasse au Juif en Pologne populaire*, Paris, Fayard, 1972.
 * *The Jews. Some Plain Facts*, Londres, Woburn Press, 1941.

Jochmann (Werner), « Die Ausbreitung des Antisemitismus », in Werner

Mosse (éd.), *Deutsches Judentum in Krieg und Revolution, 1916-1923*, Tübingen, Mohr, 1971, pp. 455 sq.

* Kadish (Sharman), « "Boche, Boslshie and the Jewish Bogey" : The Russian Revolution and Press Antisemitism in Britain 1917-21 », *Patterns of Prejudice*, vol. 22, nº 4, hiver 1988, pp. 24-39.

Kainer (Abel), « Zydzi a komunizm » (« Les Juifs et le communisme »), *Krytyka*, nº 15/1983, pp. 214-247, (Pologne).

Kaplan (Alice Yaeger), *Reproductions of Banality : Fascism, Literature, and French Intellectual Life*, Minneapolis, University of Minnesota Press, 1986.
Relevé des sources et citations dans « Bagatelles pour un massacre », Tusson (Charente), Editions du Lérot, 1987.

Karady (Victor), Kemény (Istvan), « Antisémitisme universitaire et concurrence de classe : la loi du *numerus clausus* en Hongrie entre les deux guerres », *Actes de la recherche en sciences sociales*, nº 34, septembre 1980, pp. 67-96. [Eclaire sur les contextes et les fonctionnements de l'amalgame « judéo-bolchevique »].

Karpinski (Jakub), « Mowi Warszawa... Wydarzenia marcowe w prasie polskiej-zarys obrazu i proby teorii » (« Ici Varsovie... Les événements de mars dans la presse polonaise, description et essais de théorie »), in *Mowa do ludu. Szkice o jezyku polityki* (Parler au peuple. Essais sur le langage du politique), Warszawa, G.O. « Solidarni », (2e éd.) 1989, pp. 5-43 (édition clandestine).

Katz (Jacob), *Jews and Freemasons in Europe, 1723-1939*, Cambridge, Mass., Harvard University Press, 1970. [Notamment : pp. 153 sq., 174-196].
From Prejudice to Destruction : Anti-Semitism 1700-1933, Cambridge, Mass., Harvard University Press, 1980. [Surtout : ch. 11, « Jews and Freemasons » ; ch. 25, « Racism and its Nazi Climax »].
« Misreading of Anti-Semitism », *Commentary*, vol. 76, nº 1, juillet 1983, pp. 39-44.

Katzburg (Nathaniel), *Hungary and the Jews 1920-1943. Policy and Legislation*, Ramat-Gan, Bar-Ilan University Press, 1981.

Kedourie (Elie) and Haim (Sylvia G.) (eds), *Zionism and Arabism in Palestine and Israel*, Londres, Frank Cass, 1982.

Kepel (Gilles), *Le Prophète et Pharaon. Les mouvements islamistes dans l'Egypte contemporaine*, préface de Bernard Lewis, Paris, La Découverte, 1984. [Notamment : pp. 20, 109 sq.].

Kingston (Paul J.), *Anti-Semitism in France During the 1930's : Organi-*

sations, Personalities and Propaganda, University of Hull Press, Occasional Papers in Modern Languages, n° 14, 1983.

Klein (Charlotte Lea), « English Anti-Semitism in the 1920's », *Patterns of Prejudice*, vol. VI, n° 2, mars-avril 1972, pp. 23-28.
« Vatican and Zionism (1897-1967) », in *Christian Attitudes on Jews and Judaism*, nos 36-37, juin-août 1974, pp. 11-16.

Kochan (Lionel) (sous la direction de), *Les Juifs en Union soviétique depuis 1917*, tr. fr. M. Carrière, Paris, Calmann-Lévy, 1971 (1re éd., Oxford University Press, 1970).

« Kolporterzy nienawisci. Dyskusja redakcyjna » (« Les colporteurs de la haine. Discussion de la rédaction »), *K.O.S.*, nos 7-8/1987 (publication clandestine), pp. 1, 3, 5, 6. (Pologne).

Korey (William), *The Soviet Cage. Anti-Semitism in Russia*, New York, The Viking Press, 1973. [Notamment : ch. 8, p. 142 sq.].

Korzec (Pawel), *Juifs en Pologne. La question juive pendant l'entre-deux-guerres*, Paris, Presses de la Fondation nationale des sciences politiques, 1980.

Kruglanski (Arie W.), « Blame-Placing Schemata and Attributional Research », in C.F. Graumann and S. Moscovici (eds), *Changing Conceptions of Conspiracy*, New York, 1987, pp. 219-220. [Trad. fr. in tome II du présent ouvrage].

Laborie (Pierre), *L'opinion française sous Vichy*, Paris, Le Seuil, 1990. [Notamment : pp. 123 sq., 270 sq.].

Laloum (Jean), *La France antisémite de Darquier de Pellepoix*, Paris, Editions Syros, 1979.

Landau-Czajka (Anna), « The Ubiquitous Enemy. The Jew in the Political Thought of Radical Right-Wing Nationalists in Poland, 1926-1939 », *Polin. A Journal of Polish-Jewish Studies*, vol. 4/1989, pp. 169-203.

Landau (J.M.), *Israel and the Arabs : A Handbook of Basic Information*, Jerusalem et Tel Aviv, 1971.

Landau (Lazare), *De l'aversion à l'estime. Juifs et Catholiques en France de 1919 à 1939*, Paris, Le Centurion, 1980.
« Un mythe tenace : la "conspiration juive" », *Les Nouveaux Cahiers*, n° 34, automne 1973, pp. 34-42.

* Langer (Felix), *Die Protokolle der Weisen von Zion. Rassenhass und Rassenhetze*, Vienne, Saturn-Verlag, 1934.

Laqueur (Walter), *Russia and Germany : A Century of Conflict*, Londres, Weidenfeld and Nicolson, 1965. [Notamment : ch. 5, pp. 79-104 ; ch. 6, pp. 105-125].

* Compte rendu de : Norman Cohn, *Warrant for Genocide, op. cit.*, 1967, in *Commentary*, vol. 44, n° 1, juillet 1967, pp. 80-84.
Histoire du sionisme, tr. fr. M. Carrière, Paris, Calmann-Lévy, 1973 (1re éd., New York, 1972).

Lebzelter (Gisela C.), *Political Anti-Semitism in England 1918-1939*, Londres, The Macmillan Press/St Antony's College, Oxford, 1978. [Notamment : ch. 1, pp. 13-28 ; ch.3, pp. 49-67 ; ch. 4, pp. 68-85].
« Anti-Semitism - a Focal Point for the British Radical Right », in Paul Kennedy and Anthony Nicholls (eds), *Nationalist and Racialist Movements in Britain and Germany before 1914*, Londres, The Macmillan Press Ltd./St Antony's College, Oxford, 1981, ch. 5, pp. 88-105.

Ledeen (M.), « The Evolution of Italian Fascist Anti-Semitism », *Jewish Social Studies*, vol. 37, n° 1, janvier 1975, pp. 16 sq.

Lee (Albert), *Henry Ford and the Jews*, New York, Stein and Day, 1980.

Lefort (Claude), « Une interprétation politique de l'antisémitisme : Hannah Arendt, I. Les Juifs dans l'histoire politique occidentale », *Commentaire*, n° 20, hiver 1981-82, pp. 654-660 ; « II. L'antisémitisme et les ambiguïtés de la démocratie », *Commentaire*, n° 21, printemps 1982, pp. 21-28.
« Hannah Arendt et le totalitarisme », in *L'Allemagne nazie et le génocide juif*, Paris, Gallimard/Le Seuil, 1985, p. 517-535.

* *L'Egypte : partenaire d'Israël pour la paix. Etude de l'antisémitisme dans la presse égyptienne, 1986-1987*, Rapport du Centre Simon Wiesenthal, Los Angeles, Californie, janvier 1988 ; édition française, mars 1988.

Lendvai (Paul), *L'antisémitisme sans Juifs*, tr. fr. J. Rovet, Paris, Fayard, 1971 (1re éd. américaine, 1971).

Léon (Abraham), *La conception matérialiste de la question juive*, Paris, Etudes et Documentations Internationales (EDI), 1968, édition revue et préfacée par Maxime Rodinson (1re éd., 1946 ; l'auteur, trotskyste, est mort à l'âge de 26 ans, en 1944, à Auschwitz). [Voir : pp. 153 sq.].

Léonard (Jonathan Norton), *Henry Ford*, tr. fr. P. Genty, Paris, Gallimard, 1933 (2e éd.). [Voir : ch. XIII, « Wall Street et les "Sages de Sion" », p. 209 sq.]. (Ed. amér., New York, 1932).

Lessing (Theodor), *La haine de soi. Le refus d'être juif*, tr. fr. M.-R. Hayoun, Paris, Berg International, 1990 (1re éd. all., Berlin, 1930). [Surtout : pp. 93 sq.].

Lévy (Claude), *Les Nouveaux Temps et l'idéologie de la collaboration*, Paris, Armand Colin et Fondation nationale des sciences politiques, 1974.

Lewis (Bernard), *Le retour de l'Islam*, essais traduits de l'anglais par T. Jolas et D. Paulme, Paris, Gallimard, 1985. [Notamment : IIIe et IVe parties].
The Jews of Islam, Princeton University Press, 1984 ; tr. fr. J. Carnaud, Paris, Calmann-Lévy, 1986, puis Flammarion, coll. « Champs », 1989 : *Juifs en terre d'Islam*. [Voir : pp. 210 sq.].
Semites and Anti-Semites. An Inquiry into Conflict and Prejudice, New York, W.W. Norton and Company, 1986 ; tr. fr. J. Carnaud et J. Lahana, *Sémites et antisémites*, Paris, Fayard, 1987. [Notamment : ch. IV, VII, VIII].

Lipset (Seymour Martin) and Raab (Earl), *The Politics of Unreason. Right-Wing Extremism in America, 1790-1970*, New York et Londres, Harper and Row, 1970. [Notamment, pp. 135 sq., 160 sq.].

Lipski (Jan Jozef), *Antysemityzm O.N.R. Falangi* (L'antisémitisme de O.N.R. Phalange), Warszawa, Mysl, 1985 (édition clandestine).

* Livingston (S.), *Protocols of the Wise Men of Zion*, Londres, B'nai B'rith, 1934.
Must Men Hate ?, New York, Harper and Brothers, 1944.

Lowenstein (Rudolf M.), *Psychanalyse de l'antisémitisme*, tr. fr., Paris, P.U.F., 1952. [Surtout : ch. II, § II, pp. 37-41].

* Loosli (Karl Albert), *Die « Geheimen Gesellschaften » und die Schweizerische Demokratie*, Bern-Bümplitz, Verlagsgenossenschaft C.A. Looslis Werke, 1935.

Lovsky (F.), *Antisémitisme et mystère d'Israël*, Paris, Albin Michel, 1955. [Surtout : ch. IX, § 7, pp. 334-342].

Lowenthal (Leo) and Guterman (Norbert), *Prophets of Deceit*. A Study of the Techniques of the American Agitators, New York, Harper and Brothers, 1949.

* Machover (J.M.), « Les Protocoles des Sages de Sion », in J.M. Machover (éd.), *Dix ans après la chute de Hitler (1945-1955)*, préface de René Cassin, Paris, Editions du C.D.J.C., 1957, p. 191-213.

Mandle (W.F.), *Anti-Semitism and the British Union of Fascists*, Londres, 1968.

Manor (Yohanan), « L'antisionisme », *Revue française de science politique*, vol. 34, n° 2, avril 1984, pp. 295-323 ; version en langue anglaise : *Anti-Zionism*, Jerusalem, 1984.

Ma'oz (Moshe), *L'image du Juif dans la littérature arabe officielle et les moyens de communication*, Université Hébraïque de Jérusalem, Institut d'Etudes du Judaïsme contemporain, 1976.

Marcus (Joseph), *Social and Political History of the Jews in Poland 1919-1939*, La Haye, Mouton, 1983.

Marrus (Michael R.), *Les Juifs de France à l'époque de l'affaire Dreyfus. L'assimilation à l'épreuve*, tr. fr. M. Legras, préface de Pierre Vidal-Naquet, Paris, Calmann-Lévy, 1972 (1re éd., Oxford University Press, 1971).

Marrus (M.R.), Paxton (Robert O.), *Vichy et les Juifs*, tr. fr. M. Delmotte, Paris, Calmann-Lévy, 1981. [Notamment : ch. II].

Marrus (M.R.), « The Theory and Practice of Anti-Semitism », *Commentary*, vol. 74, nº 2, août 1982, pp. 38-42.
L'Holocauste dans l'histoire, tr. fr. F. Brodsky, Paris, Editions Eshel, 1990 (1re éd. canadienne, 1987). [Surtout le ch. 1].

Maser (Werner), *Naissance du Parti national-socialiste allemand.* Les débuts du National-Socialisme. Hitler jusqu'en 1924, tr. fr. R. Jouan, Paris, Fayard, 1967 (1re éd. all., 1965).
Mein Kampf d'Adolf Hitler, tr. fr. A. Vandevoorde, Paris, Plon, 1968 (1re éd. all., 1966). [Notamment : pp. 95 sq., 245 sq.].
Hitler inédit. Ecrits intimes et documents, tr. fr. J.-M. Fitère, Paris, Albin Michel, 1975 (1re éd. all., 1973). [Surtout le ch. VII, pp. 193 sq.].

Mayer (Arno), *La « solution finale » dans l'histoire* (1988), tr. fr. M.-G. et J. Carlier, Paris, La Découverte, 1990, préface de P. Vidal-Naquet. [En partic. : pp. 132-133, 389-390].

Masriya (Yahudiya), *Les Juifs en Egypte*, Genève, Les Editions de l'Avenir, 1971.

Massing (Paul W.), *Rehearsal for Destruction. A Study of Political Anti-Semitism in Imperial Germany*, New York, Harper and Brothers, 1949.

Mendelsohn (Ezra), *The Jews of East-Central Europe Between the World Wars*, Bloomington, Indiana University Press, 1983.
« Relations entre Juifs et non-Juifs en Europe orientale dans l'entre-deux-guerres », in *L'Allemagne nazie et le génocide juif*, Paris, Gallimard/Le Seuil, 1985, pp. 159-172.

Merkl (Peter H.), *Political Violence under the Swastika. 581 Early Nazis*, Princeton (N.J.), Princeton University Press, 1975.

Michaelis (Meir), *Mussolini and the Jews : German-Italian Relations and the Jewish Question in Italy, 1922-1945*, Oxford, Oxford University Press, 1978.

Michnik (Adam), *La deuxième révolution*, textes réunis et présentés par A. Grudzińska et G. Mink, tr. fr. L. Dyèvre et A. Grudzińska, Paris, La Découverte, 1990. [Voir : pp. 60 sq., 161 sq.].

Moati (Serge) et Raspiengeas (Jean-Claude), *La haine antisémite*, Paris, Flammarion, 1991. [Contient de nombreuses interviews où l'on rencontre la référence aux *Protocoles*].

* Moisan (Jean-François), *Contribution à l'étude de matériaux littéraires pro- et antisémites en Grande-Bretagne (1870-1983) - Le mythe du complot juif - Les Protocoles des Sages de Sion - Le cas Disraëli*, thèse (non publiée), Faculté de Lettres et Sciences humaines, Université de Paris-Nord, 1987, 329 p.

Morin (Edgar), *La rumeur d'Orléans*, Paris, Le Seuil, 1969.

Mosse (George L.), *The Crisis of German Ideology. Intellectual Origins of the Third Reich*, New York, Grosset and Dunlap, 1964.
Germans and Jews, New York, Fertig, 1970.
Toward the Final Solution. A History of European Racism, Londres, Melbourne et Toronto, J.M. Dent and Sons, 1978.

Naipaul (V.S.), *Among the Believers : An Islamic Journey*, New York, 1981 [pp. 270-274 : sur les *Protocoles* en Malaisie].
« Nazis in Cairo », *Patterns of Prejudice*, vol. 1, n° 3, mai-juin 1967, p. 6-8.

* Neher-Bernheim (Renée), « Le best-seller actuel de la littérature antisémite : *Les Protocoles des Sages de Sion* », *Pardès*, 8, 1988, pp. 154-177. [Version revue et augmentée in tome II].

Nettler (Ronald L.), *Past Trials and Present Tribulations. A Muslim Fundamentalist's View of the Jews*, Oxford, New York, Pergamon Press, 1987.

Noël (Lise), *L'intolérance. Une problématique générale*, Montréal, Les Editions du Boréal, 1989. [Surtout : pp. 150 sq.].

Nolte (Ernst), *Der Faschismus in seiner Epoche*, Munich, 1963 ; tr. fr. P. Stéphano, *Le fascisme dans son époque*, Paris, Julliard, 1970, [3 vol.], vol. 3 : *Le national-socialisme*.

* Nora (Pierre), « 1898. Le thème du complot et la définition de l'identité juive », in *Pour Léon Poliakov. Le racisme, mythes et sciences*, Bruxelles, Editions Complexe, 1981, p. 157-165. [Version revue in tome II du présent ouvrage].

* Olender (Maurice), « La chasse aux "évidences". Pierre Charles (s.j.) face aux *Protocoles des Sages de Sion* », in *Pour Léon Poliakov. Le racisme, mythes et sciences*, Bruxelles, Editions Complexe, 1981, pp. 221-245.

Parkes (James), *An Enemy of the People : Antisemitism*, New York, Penguin Books, 1946 (1re éd., 1943). [Voir : ch. 2, pp. 32-44].

The Emergence of the Jewish Problem 1878-1939, Londres, Oxford University Press, 1946 ; rééd., Wesport, Connecticut, Greenwood Press, 1970. [Notamment : pp. 213 sq.].

* Pichetto (Maria Teresa), *Alle radici dell' odio. Preziosi e Benigni antisemiti*, Milan, Franco Angeli Editore, 1983.

* Pierrard (Pierre), *Juifs et catholiques français. De Drumont à Jules Isaac (1886-1945)*, Paris, Fayard, 1970. [Notamment : pp. 233 sq.].

Pipes (Daniel), « The Politics of Muslim Anti-Semitism », *Commentary*, vol. 65, août 1981, pp. 39-45.

Poliakov (Léon), *De l'antisionisme à l'antisémitisme*, Paris, Calmann-Lévy, 1969.

Histoire de l'antisémitisme, tome III : *De Voltaire à Wagner*, Paris, Calmann-Lévy, 1968.

Les Juifs et notre histoire, Paris, Flammarion, 1973.

* *Histoire de l'antisémitisme*, tome IV : *L'Europe suicidaire 1870-1933*, Paris, Calmann-Lévy, 1977.

* *La causalité diabolique. Essai sur l'origine des persécutions*, Paris, Calmann-Lévy, 1980.

* « Causalité, démonologie et racisme. Retour à Lévy-Bruhl ? », *L'Homme et la Société*, nos 55-58, janvier-décembre 1980, pp. 215-237. [Etude reprise, revue et corrigée par P.-A. Taguieff, dans le tome II du présent ouvrage].

De Moscou à Beyrouth. Essai sur la désinformation, Paris, Calmann-Lévy, 1983.

La causalité diabolique, t. II : Du joug mongol à la victoire de Lénine 1250-1920, Paris, Calmann-Lévy, 1985.

Popper (Karl R.), *Conjectures and Refutations. The Growth of Scientific Knowledge*, Londres, Routledge and Kegan Paul, 1963 (4e éd. revue, 1972) ; tr. fr. M.-I. et M.B. de Launay, *Conjectures et réfutations. La croissance du savoir scientifique*, Paris, Payot, 1985. [Voir surtout : pp. 18, 22-25, 187 sq., 497 sq.].

Postone (Moishe), « Logik des Antisemitismus », in Dan Diner (éd.), *Zivilisationsbruch. Denken nach Auschwitz*, Francfort/M., Fischer, 1988, pp. 242-254 ; tr. fr. L. Ballandier et B. Schulze, « La logique de l'antisémitisme », *Temps critiques*, no 2, automne 1990, pp. 13-37.

* Poulat (Emile), compte rendu de : Norman Cohn, *Histoire d'un mythe..., op. cit.*, 1967, in *Archives de sociologie des religions*, 13e année, no 25, janvier-juin 1968, pp. 180-181.

Intégrisme et catholicisme intégral. Un réseau secret international antimoderniste : La « Sapinière » (1909-1921), Tournai, Casterman, 1969.

Catholicisme, démocratie et socialisme. Le mouvement catholique et Mgr Benigni de la naissance du socialisme à la victoire du fascisme, Tournai, Casterman, 1977.

Pulzer (P.G.J.), *The Rise of Political Anti-Semitism in Germany and Austria*, Londres, New York, Sydney, John Wiley and Sons, 1964. [En partic. : pp. 316 sq.].

Quinley (Harnol E.), Glock (Charles Y.), *Anti-Semitism in America*, New York, The Free Press, 1979.

Raab (Earl), « Attitudes toward Israel and Attitudes toward Jews : The Relationship », in Michael Curtis (ed.), *op. cit.*, 1986, pp. 288-301.

Raas (Emil), voir : Brunschvig (Georges).

* Radziwill (Princesse Catherine), « Les Protocoles des Sages de Sion », *La Revue Mondiale*, 32e année, vol. CXLII, 7e série, 15 mars 1921, no 6, p. 151-155. [Voir également : *American Hebrew* (New York), 25 février 1921].

Raphaël (Freddy), « Le Juif et le diable dans la civilisation *de l'Occident* », *Social Compass* (Louvain), 19, no 4, 1972, pp. 549-566.

Rodinson (Maxime), *Peuple juif ou problème juif ?*, Paris, François Maspero, 1981.
« Quelques idées simples sur l'antisémitisme », *Revue d'Etudes Palestiniennes*, no 1, automne 1981, pp. 5-21.
« Pourquoi la Palestine ? », *Revue d'Etudes Palestiniennes*, no 10, hiver 1984, pp. 49-57.

Rogalla von Bieberstein (Johannes), « Der historische Hintergrund der Wahnidee von der « freimaurerisch-jüdischen Weltverschwörung », *Bruderschaft* 13. Jg., 1971, pp. 74-78.
Die These von der Verschwörung 1776-1945. Philosophen, Freimaurer, Juden, Liberale und Sozialisten als Verschwörer gegen die Sozialordnung, Berne, Herbert Lang, et Frankfurt/M., Peter Lang, 1976. [Notamment : pp. 199 sq.]. (2e éd., 1978).

Rogozinski (Jacob), « L'enfer sur la terre (Hannah Arendt devant Hitler) », *Revue des Sciences humaines* [Lille], t. LXXXIX, no 213, janvier-mars 1989, pp. 183-206. [Surtout : pp. 190 sq.].

* Rollin (Henri), *L'Apocalypse de notre temps.* Les dessous de la propagande allemande d'après des documents inédits, Paris, Gallimard, 1939 ; nouvelle édition (augmentée d'un index), Paris, Editions Allia, 1991.

Rossignol (Dominique), *Vichy et les francs-maçons. La liquidation des sociétés secrètes 1940-1944*, Paris, J.-C. Lattès, 1981.

Histoire de la propagande en France de 1940 à 1944. L'utopie Pétain, Paris, P.U.F., 1991.

Rousso (Henry), *Le syndrome de Vichy. De 1944 à nos jours*, 2e édition revue et mise à jour, Paris, Le Seuil, coll. « Points Histoire », 1990.
« La négation du génocide juif », *L'Histoire*, no 106, décembre 1987, pp. 76-79.

* Rubinstein (Elyakim), « "The Protocols of the Elders of Zion" in the Arab-Jewish Conflict : Palestine in the Twenties », *Ha-Mizrah he-Hadash*, 26, nos 1-2, 1976, pp. 38 sq. (en hébreu).

* Rusch (I.B.), *Protokolle der Weisen von Zion. Die grösste Fälschung des Jahrhunderts !*, Ragaz, 1933.

* Samuel (E.B.), *An Examination of the « Jewish Peril »*, Londres, C.J. Thynne, 1921.

* Samuel (Maurice), *The Great Hatred*, New York, 1941 ; 2e éd., Londres, Victor Gollancz, 1943.

Schor (Ralph), *L'antisémitisme en France pendant les années trente. Prélude à Vichy*, Bruxelles, Editions Complexe, 1992.

* Segel (Binjamin W.), *Die Protokolle der Weisen von Zion kritisch beleuchtet*, Berlin, Philo-Verlag, 1924 ; tr. américaine, New York, Block Publishing Co., 1934 : *The Protocols of the Elders of Zion : The Greatest Lie in History.*

Segel (B.W.), *Welt-Krieg, Welt-Revolution, Welt-Verschwörung, Welt-Oberregierung*, Berlin, 1926.

Simmel (Ernst) (ed.), *Anti-Semitism : A Social Disease*, New York, International Universities Press, 1946. [Notamment : ch. I (Max Horkheimer), ch. II (Otto Fenichel), ch. III (E. Simmel)].

Sivan (Emmanuel), « Stéréotypes antijuifs dans la mentalité pied-noir », in *Les relations entre Juifs et Musulmans en Afrique du Nord - XIXe-XXe siècles*, Paris, Editions du C.N.R.S., 1980, pp. 160-172.
Radical Islam : Medieval Theology and Modern Politics, New Haven, CT, et Londres, Yale University Press, 1985.
« Radical Islam and the Arab-Israeli Conflict », in Michael Curtis (ed.), *Antisemitism in the Contemporary World*, Boulder et Londres, Westview Press, 1986, pp. 61-69.

Sorlin (Pierre), *« La Croix » et les Juifs (1880-1899). Contribution à l'histoire de l'antisémitisme contemporain*, Paris, Grasset, 1967.
L'antisémitisme allemand, Paris, Flammarion, 1969.

Soviet Antisemitic Propaganda : Evidence from Books, Press and Radio, Londres, Institute of Jewish Affairs, 1978.

* Spargo (John), *The Jew and American Ideals*, New York, 1921.

* Speier (Hans), « La vérité aux enfers : Maurice Joly et le despotisme moderne » (tr. fr. P. Alexandre), *Commentaire*, n° 56, hiver 1991-92, pp. 672-680.

* Stein (Alexander), *Adolf Hitler Schüler der « Weisen von Zion »*, Karlsbad, Verlaganstalt "Graphia" [imprimé en Tchékoslovaquie], 1936.

Steinbergowa (Aniela), « Protocoly Medrcow Syjonu » [Les Protocoles des Sages de Sion], *Krytyka*, n° 15, 1983, pp. 210-213.

Stillman (Norman A.), « New Attitudes toward the Jew in the Arab World », *Patterns of Prejudice*, vol. 9, n° 4, octobre 1975, pp. 17-19.

* « New Attitudes toward the Jew in the Arab World », *Jewish Social Studies* (New York), vol. XXXVII, été-automne 1975, nos 3-4, pp. 197-204.

« Antisemitism in the Contemporary Arab World », in Michael Curtis (ed.), *Antisemitism in the Contemporary World*, Boulder et Londres, Westview Press, 1986, pp. 70-85.

* Stoecklin (Paul de), « Les protocoles de Sion », *Les Cahiers des Droits de l'Homme*, 39e année (Nouvelle série), n° 1, 1re janvier 1939, pp. 11-21.

Strack (H.L.), *Jüdische Geheimgesetze ?*, Berlin, 1921.

Szajkowsky (Zosa), *Jews, Wars and Communism*, New York, 1972.

Taguieff (Pierre-André), « L'héritage nazi. Des Nouvelles Droites européennes à la littérature niant le génocide », *Les Nouveaux Cahiers*, n° 64, printemps 1981, pp. 3-22.

« L'antisionisme arabo-islamophile », *Sens*, n° 11, novembre 1922, pp. 253-266.

* « Sur une argumentation antijuive de base : l'auto-victimisation du narrateur », *Sens*, n° 7, juillet 1983, pp. 133-156.

« Typologies, racisations, antisémitismes », *Traces*, nos 9/10, 1984, pp. 137-154.

* « La nouvelle judéophobie. Antisionisme, antiracisme, anti-impérialisme », *Les Temps Modernes*, n° 520, novembre 1989, pp. 1-80.

« Antisémitisme politique et national-populisme en France dans les années 1980 », in Pierre Birnbaum (dir.), *Histoire politique des Juifs de France. Entre universalisme et particularisme*, Paris, Presses de la Fondation nationale des sciences politiques, 1990, pp. 125-150.

Tal (Uriel), *Christians and Jews in Germany. Religion, Politics and Ideology in the Second Reich, 1870-1914*, Ithaca, Cornell University Press, 1975.

« Violence and the Jews in Nazi Ideology », in S.W. Baron, G.S. Wise (eds), *Violence and Defense in the Jewish Experience*, Philadelphie, The Jewish Publication Society, 1977, pp. 205-224.

Tazbir (Janusz), « La théorie policière de l'histoire au miroir littéraire », in J. Tazbir, *De Haur à Isaura, essais sur la littérature*, Varsovie, P.I.W., 1989, p. 210-232 (en polonais).

* *Protokoly Medrcow Syjonu. Autentyk czy falsyfikat* [les Protocoles des Sages de Sion. Authentique ou faux], Warszawa, Interlibro, 1992.

Thurlow (Richard C.), « Ideology of Obsession », *Patterns of Prejudice*, vol. 8, n° 6, novembre-décembre 1974, pp. 23-29.

« The Powers of Darkness. Conspiracy Belief and Political Strategy », *Patterns of Prejudice*, vol. 12, n° 6, novembre-décembre 1978, pp. 1-12.

« Fascism and Nazism - no Siamese twins », *Patterns of Prejudice*, vol. 14, n° 1, janvier 1980, pp. 5-15 (I) ; *id.*, vol. 14, n° 2, avril 1980, pp. 15-23 (II).

Fascism in Britain : A History 1918-1985, Oxford, Basic Blackwell, 1987.

Tokayer (M.) et Swartz (M.), *Histoire inconnue des Juifs et des Japonais pendant la Seconde Guerre mondiale*, Paris, 1980.

Trachtenberg (Joshua), *The Devil and the Jews. The Medieval Conception of the Jew and its Relation to Modern Anti-Semitism*, New Haven, Yale University Press, 1943 ; nouvelle édition, Philadelphie, The Jewish Publication Society of America, 1983.

Trindade (Hélgio), *La tentation fasciste au Brésil dans les années trente*, Paris, Editions de la Maison des sciences de l'homme, 1988. [Notamment : pp. 142 sq. (Gustavo Barroso et les *Protocoles*)].

Vajda (Georges), « L'image du Juif dans la tradition islamique », *Les Nouveaux Cahiers*, n°s 13-14, printemps-été 1968, pp. 2-7.

Vaydat (Pierre), « L'antisémitisme de la "Révolution Conservatrice" », *Annales du C.E.S.E.R.E.* (Université Paris XIII), n° 3, 1980, pp. 47-86.

Verdès-Leroux (Jeannine), *Scandale financier et antisémitisme catholique. Le krach de l'Union Générale*, Paris, Editions du Centurion, 1969.

Vermeil (Edmond), *Doctrinaires de la Révolution allemande (1918-1938)*, nouvelle édition, Paris, Nouvelles Editions Latines, 1948, (1re éd., 1938). [Voir surtout : pp. 193 sq.].

« L'antisémitisme dans l'idéologie nazie. Sources, expression », *Revue d'Histoire de la Deuxième Guerre mondiale*, 6e année, n° 24, octobre 1956, pp. 5-22.

* Vernes (Maurice) *et al.*, *Les « Sages de Sion » et l'opinion mondiale*, Paris, Editions du « Buisson ardent », s.d., [1921 ou début 1922] ;

M. Vernes, président de l'Ecole des Hautes Etudes Religieuses (Sorbonne), a également publié un article sur la question : « L'étrange aventure des *Protocols de Sion* », *L'Ere Nouvelle*, 21 août 1921.

Vidal-Naquet (Pierre), *Les assassins de la mémoire*. « Un Eichmann de papier » et autres essais sur le révisionnisme, Paris, La Découverte, 1987.

Vokov (Shulamit), « Le texte et la parole : de l'antisémitisme d'avant 1914 à l'antisémitisme nazi », in *L'Allemagne nazie et le génocide juif*, Paris, Gallimard / Le Seuil, 1985, pp. 76-98.

Wardi (Charlotte), *Le Juif dans le roman français, 1933-1948*, Paris, A.-G. Nizet, 1973.

Webb (James), *The Age of the Irrational*, vol. I : *The Flight from Reason*, Londres, 1971 ; vol. II ; *The Occult Establishment*, La Salle, Ill., 1976. *The Harmonious Circle*, Londres, 1980.

Weber (Eugen), « Modern Anti-Semitism », in Henry Friedlander, Sybil Milton (eds), *The Holocaust : Ideology, Bureaucracy and Genocide*, New York, Krauss International Publications, 1980, pp. 37-52.

* Wilson (Keith M.), « The *Protocols of Zion* and the *Morning Post*, 1919-1920 », *Patterns of Prejudice*, vol. 19, n° 3, juillet 1985, pp. 5-14.

Winock (Michel), *Nationalisme, antisémitisme et fascisme en France*, Paris, Le Seuil, 1990, coll. « Points Histoire ».

Wistrich (Robert S.) (ed.), *Anti-Zionism and Antisemitism in the Contemporary World*, Londres, Institute of Jewish Affairs, 1990.

* Wolf (Lucien), *The Jewish Bogey and the Forged Protocols of the Learned Elders of Zion*, Londres, Press Committee of the Jewish Board of Deputies, 1920.
* *The Myth of the Jewish Menace in World Affairs ; or, the Truth about the Forged Protocols of the Elders of Zion*, New York, Macmillan, 1921 (2e éd. revue du précédent ouvrage) ; trad. espagnole Jehuda Sefardi, *El Fatasma judio y los falsos protocolos de los ancianos sabios de Sion*, Madrid, 1933.

* Woog (Peter), « The "Protocols" again », *Patterns of Prejudice*, vol. 1, n° 4, juillet-août 1967, pp. 19-20.

Wunenburger (Jean-Jacques), « Imaginaire phobique et représentation diabolique », in Jean-Marie Paul (sous la direction de), *L'Homme et l'Autre*, Presses Universitaires de Nancy, 1990, pp. 21-41.

Yadlin (Rivka), « Arab Antisemitism in Peacetime : The Egyptian Case », in Michael Curtis (ed.), *op. cit.*, 1986, pp. 86-96.

An Arrogant Oppressive Spirit. Anti-Zionism as Anti-Judaism in Egypt, Oxford, New York, etc., Pergamon Press, 1989.

* [anonyme], *Les Protocoles des Sages de Sion*, texte dactylographié, s.d., 30 p. [Etude critique non signée, rédigée après le procès de Berne, entre 1935 et 1937 ; Bibliothèque de l'Alliance Israélite Universelle, Manuscrit n° 533].

TABLE DES MATIERES
tome I

Achevé d'imprimer par Corlet, Imprimeur, S.A.
14110 Condé-sur-Noireau (France)
N° d'Imprimeur : 463 - Dépôt légal : février 1992
Imprimé en C.E.E.